KB131268

스탈린의 전쟁

스탈린의 전쟁

제2차 세계 대전에서 냉전까지, 스탈린은 소련을 어떻게 이끌었나

제프리 로버츠 지음 김남섭 옮김

STALIN'S WARS FROM WORLD WAR TO COLD WAR, 1939-1953
by GEOFFREY ROBERTS

Copyright (C) 2006 by Geoffrey Roberts
Originally published by Yale University Press.
Korean Translation Copyright (C) 2022 by The Open Books Co.
All rights reserved.

This Korean edition is published by arrangement with Yale University Press
through KCC(Korea Copyright Center Inc.), Seoul.

일러두기
• 옮긴이주는 각주로 넣었습니다.
• 소련 지명은 러시아어를 기준으로 표기했습니다.

이 책은 실로 꿰매어 제본하는 정통적인 사철 방식으로 만들어졌습니다.
사철 방식으로 제본된 책은 오랫동안 보관해도 손상되지 않습니다.

데니스 오그던(1927~2004)을 기리며

서언과 감사의 말

군사 지도자 및 평화 중재자로서 스탈린에 대한 이 연구가 첫발을 뗀 것은 제2차 세계 대전의 대연합에서 소련이 수행한 역할을 규명하는 작업에 들어가면서였다. 목표는 대연합이 어떻게 출현하여 발전했는지, 그리고 스탈린, 처칠, 루스벨트, 트루먼이 외교적 전투와 정치적 전투를 어떻게 치렀는지, 제2차 세계 대전 후 왜 이 연합이 붕괴했는지를 탐구하는 것이었다. 이 목표는 이 책의 중심적 요소로 남아 있으나 2001~2002년에 나는 스탈린의 전쟁 리더십의 군사적 차원을 좀 더 광범하게 파악할 수 있게 해준 스탈린그라드 전투에 대한 연구를 수행했다.[1] 나는 또 1940년대 소련의 국내 정치와 스탈린 체제의 사회사에도 더욱 관심을 갖게 되었다. 그 결과가 스탈린의 생애와 경력의 가장 중요한 마지막 단계에서 그가 보여 준 군사적·정치적 리더십을 세밀하게 연구한 지금의 책이다.

단도직입적으로 말해서 내가 내린 결론은 세 가지다. 첫째, 스탈린은 매우 유능하고 대단히 성공적인 전쟁 지도자였다. 스탈린은 많은 실수를 저질렀고 야만적인 정책을 추구하여 수많은 인민의 죽음을 야기했지만, 그의 리더십이 없었더라면 소련은 나치 독일에 맞선 전쟁에서 패배했을 것이다. 처칠, 히틀러, 무솔리니, 루스벨트, 그들은 모두 군사 지도자로서 대체 가능한 인물들이었지만 스탈린은 그렇지 않았다. 동부 전선의 참혹한 전쟁이라는 맥락에서 스탈린은 나치 독일을 상대로 소련이 승리를 거두는 데 빠질 수 없는 인물이었다. 둘째, 스탈린은 대연합의 성공을 위해 열심히 일했고 전쟁이 끝난 뒤에도 대연합이 계속되기를 원했다. 스탈린의 정책과 행동은 의심할 여지 없이 냉전의 발발에 기여했지만 그의 의도는 아니었으며, 스탈린은 1940년대 말과 1950년대 초에 서방과의 데탕트를 복구하려고 노력했다. 셋째, 스탈린의 전후 국내 체제는 전전(戰前) 시기의 소비에트 시스템과 매우 달랐다. 그것은 덜 억압적이고 더 민족주의적이었으며, 일상적으로 기능하는 데 스탈린의 의지와 변덕에 크게 의존하지 않았다. 그것은 스탈린 이후 시대의 상대적으로 더욱 이완된 사회적·정치적 질서로 이행 중인 과도기 시스템이었다. 〈탈스탈린화〉 과정은 스탈린 개인숭배가 스탈린이 죽는 날까지 소련에서 지배적이긴 했지만 그가 살아 있을 때 시작되었다.

스탈린을 이렇게 가장 위대한 전쟁 지도자로, 냉전보다 평화를 선택한 사람으로, 그리고 전후 국내 개혁 과정을 주관한 정치인으로 그리는 일은 모든 사람의 입맛에 맞지 않을 것이다. 유일하게 받아들일 수 있는 이미지가 세계에 재앙만 가져온 사악한 독재자로서의 스탈린이라는 사람도 일부 있다. 이것은 스탈린 숭배의 거울 이미지, 즉 신이 아니라 악마로서의 독재자 이미지이다. 그것은 정치 지도자로서의 그의 능력에 뻐딱한 경의를 표하는 스탈린에 대한 묘사이다. 확실히 스탈린은 노련한 정치인이었고 영리한 이데올로그였으며 매우 뛰어난 행정가였다. 스탈린은 또 자신과 긴밀하게 접촉한 모든 사람을 개인적으로 지배한, 카리스마가 넘치는 인물이었다. 그러나 스탈린은 초인이 아니었다. 그는 잘못 판단했고 잘못 인식했으며, 자신의 도그마 때문에 잘못 인도되었다. 스탈린은 자신이 무엇을 원하는지 혹은 자신이 사건이 어떻게 전개되기를 원하는지에 대해 언제나 분명한 것은 아니었다. 그는 계산적인 만큼이나 변덕스러웠고 자주 최선의 이익에 반하는 결정을 내리곤 했다. 이 책에서 시도하는 다른 일은 스탈린을 인간의 크기로 줄이는 것이다. 이는 스탈린이 격동의 시대를 살았다는 점을 부인한다거나 그의 많은 행동이 중대하거나 끔찍한 성격을 지니고 있었다는 점을 과소평가하는 것이 아니다. 하지만 나는 스탈린이 그를 헌신적으로 추종하는 사람이나 비난하는 사람들이 상상하는 것보다 더 평범했으며, 따라서 그의 영향력이 훨씬 더 비상하게 컸다고 주장한다. 이런 식으로 스탈린을 정상화하는 것은 그가 저지른 많은 범죄를 주변에서 아주 흔히 볼 수 있는 일로 만들 위험을 내포한다. 그것은 나의 의도가 아니며, 나는 가능한 한 스탈린과 그의 체제가 저지른 학살 행위를 상세히 전하려 했다. 그러나 이 책은 스탈린의 범죄 일람표가 아니다. 이 책의 목표는 스탈린을 더 잘 이해하는 것이다. 나의 동료 마크 해리슨Mark Harrison이 주장한 것처럼 우리는 도덕적 위험의 우려 없이 이 과제를 수행할 수 있고, 스탈린을 더 잘 이해한 뒤에, 원한다면 그를 훨씬 더 강력하게 비난할 수 있다.[2] 하지만 나에게 스탈린 통치의 교훈은 피해망상적이고 복수심에 불타며 피에 굶주린 독재자에 대한 단순한 도덕 이야기가 아니다. 그것은 유토피아적인 목적과 전체주의적 목적 둘 다를 성취하기 위해 애쓴 강력한 정치와 이념의 이야기이다. 스탈린은 자신의 의지를 강요하고 자신의 목표를 달성하기 위해 어떤 폭력 행사도 마다하지 않을 준비가 되어 있는 이상주의자였다. 히틀러와 거대한 싸움을 치르면서 스탈린의 방식은 불쾌했지만 효율적이었으며, 승리를 보장하기 위해서는 아마도 불가피했을 것이다. 이와 마찬가지로 스탈린의 야심은 제한적이었다. 그는 이데올로그일 뿐 아니라 현실주의자이고 실용주의자였으며, 소비에트 시스템이나 자신의 권력이 위협받지 않는 한 타협하고 적응하고 변할 각오가 되어 있는 지도자였다.

스탈린의 가장 위대한 전기 작가 중 한 사람인 로버트 맥닐Robert H. McNeal은 다음과 같이 말했다. 〈스탈린을 복권하려 해봤자〉 소용없다. 〈스탈린이 대량으로 사람들을 살육하고 고문하고 감옥에 가두고 억압했다는 기존의 인상은 틀린 게 아니다. 하지만 그 시대의 모든 범죄와 고통을 스탈린의 탓으로만 돌리면 이 엄청난 재능을 가진 정치인을 이해할 수도 없을뿐더러 그를 단순히 괴물이나 정신병 환자로 치부할 수도 없다.)³ 이 책의 목적은 스탈린을 복권하는 것이 아니라 다시 상상해 보는 것이다. 본문에서 당신은 전제 군주이자 외교관, 군인이자 위정자, 합리적 관료이자 피해망상에 시달리는 정치인 등 여러 얼굴의 스탈린을 발견할 것이다. 이 스탈린들이 모여 결국 총력전이라는 궁극의 시험에서 살아남을 수 있을 만큼 강력한 시스템을 만들고 이를 통제한 매우 유능한 독재자라는 복잡하고 모순적인 그림이 완성된다. 우리는 스탈린 시스템의 종국적인 실패 때문에 이 시스템의 장점, 특히 히틀러에 맞선 전쟁에서 승리하는 데 이 시스템이 발휘한 필수적인 역할을 보지 못하는 우를 범해서는 안 된다. 우리는 냉전에서 서방이 승리를 거둔 것을 자랑스럽게 알리기보다 전후의 장기적 평화를 유지하는 데 소련이 했던 역할을 기억해야 한다.

이런 유의 책은 지난 15년 동안 소련 문서고가 개방되면서, 즉 직접 문서고를 뒤지거나 문서고에서 나온 수많은 새로운 문서의 출간을 통해 얻은 엄청난 지식이 없었더라면 불가능했을 것이다. 자일스 리턴 스트레이치Giles Lytton Strachey는 〈빅토리아 시대의 역사는 결코 쓸 수 없을 것이다. 우리는 그것에 대해 너무 많은 것을 알고 있다〉고 불만을 털어놓았다.⁴ 스탈린과 그의 시대에 관한 산더미 같은 새로운 증거를 앞에 두고 나는 그가 어떻게 느꼈는지를 이제 알 수 있다. 스트레이치가 자신의 딜레마를 위해 내놓은 해결책은 저명한 빅토리아인들의 정체를 밝히는 일련의 초상화를 그리는 것이었다. 나는 스탈린의 정체를 폭로하기보다 그의 신비성을 제거하기를 원한 것 빼고는 이와 비슷한 전략을 채택했다. 이것은 틀에 박힌 전기가 아니라 정치 지도자로서의 스탈린에 대한 사사로운 인물 묘사이다. 나는 또 독자들이 스탈린에 대한 그들 자신의 인상과 판단을 형성할 수 있도록 스탈린에게 직접 자신의 목소리로 말할 수 있게 하려고 했다. 연구 과제는 엄청났다. 그러나 감사하게도 스탈린과 그의 시대의 많은 측면을 붙잡고 씨름해 온 기라성 같은 뛰어난 학자들의 도움을 제때 받을 수 있었다. 맥닐 같은 사람들이 그런 학자들이다. 맥닐은 문서고를 이용할 수 있기 전의 시기에 스탈린의 연설, 신문 기사, 있는 그대로의 사건 기록 같은 공개된 자료들에 의존해 글을 썼다. 러시아 문서고에서 수행한 나의 연구가 나에게 가르쳐 준 것 중 한 가지는 소련의 기밀 자료뿐 아니라 공개된 자료를 이용하는 것도 중요하다는 사실이었다. 스탈린이 생각하고 수행한 것의 대부분은 소련 신문들에서 모두 읽을 수 있다. 역사가들이 직면한 도전은 그런 전통적인 자료들을 러시아 문서고에서 나온 새로운 자료들과 합쳐서 잘 버무리는 것이다. 이는 또한 소련이 여전히 존재하고 문서고 접근이 막혀 있던 시절 이래로 엄청나게 쌓인 학문적 성과를 되살리는 것을 의미한다. 맥닐, 아이작 도이처Issac Deutscher, 존 에릭슨John Erikson, 윌리엄 맥캐그William McCagg, 파울로 스프리아노Paulo Spriano, 알렉산더 워스Alexander Werth 등의 저술들이 우리가 무시해서는 안 되는 매우 귀중한 자료이다. 옛 학문적 성과는 낡아서 쓸모없는 것이 아니라 여전히 존중할 만하다.

러시아 문서고에서 수행한 나의 연구는 내 전문 분야인 대외 정책과 국제 관계에 집중되었다. 알렉산드르 추바리얀Alexander Chubar'yan 교수의 러시아 학술원 〈일반 역사 연구소〉, 특히 올레크 르제솁스키Oleg Rzheshevskii 교수와 미하일 먁코프Mikhail Myagkov 박사가 이끄는 〈전쟁과 지정학〉 분과의 소중한 친구들은 모스크바에서의 내 연구가 순조롭게 진행되도록 지원을 아끼지 않았다. 나는 지난 10년 동안 수많은 방식으로 나를 도와준 세르게이 리스티코프Sergey Listikov 박사에게 아주 특별히 감사의 마음을 전한다.

같은 분야에 종사하는 친구와 동료 중에서 다음과 같은 분들이 나와 아이디어나 자료를 함께 나누었다. 레프 베지멘스키Lev Bezymenskii, 마이클 칼리Michael Carley, 알렉세이 필리토프Aleksei Filitov, 마틴 폴리Martin Folly, 데이비드 글랜츠David Glantz, 캐슬린 해리먼Kathleen Harriman, 데이비드 홀러웨이David Holloway, 캐럴라인 케네디파이프Caroline Kennedy-Pipe, 요헨 라우퍼Jochen Laufer, 멜 레플러Mel Leffler, 에두아르드 마크Eduard Mark, 에번 모즐리Evan Mawdsley, 블라디미르 네베진Vladimir Nevezhin, 알렉산드르 오를로프Alexander Orlov, 블라디미르 페차트노프Vladimir Pechatnov, 실비오 폰스Silvio

Pons, 알렉산드르 포즈데예프Alexander Pozdeev, 블라디미르 포즈냐코프 Vladimir Poznyakov, 로버트 서비스Robert Service, 테디 얼드릭스Teddy Uldricks, 제프리 워너Geoffrey Warner, 고(故) 데릭 왓슨Derek Watson이 그들이다. 나는 이 모든 분에게 진심으로 사의를 표한다. 앨버트 레시스Albert Resis는 실질적으로 원고 전체를 읽고 할 수 있는 한, 내가 수많은 실수를 저지르는 것을 막고자 했다. 나는 그가 나를 위해 들인 온갖 노력이 헛수고로 돌아가지 않기를 빈다. 나는 예일 대학교 출판부 검토 위원들의 논평으로부터도 큰 도움을 받았다. 친구이자 선생인 스베틀라나 프롤로바 Svetlana Frolova에게 러시아어의 영어식 표기와 일부 번역에 자문을 해준 데 대해 큰 감사의 마음을 보낸다.

기관들에 대해서는 무엇보다도 내게 몇 차례나 안식년 휴가라는 특권을 부여해 영국, 미국, 러시아에서 연구를 수행할 수 있도록 해준 아일랜드 〈코크 대학교University College Cork〉의 교직원들에게 감사한다. 코크 대학교의 교양학부는 2000년도에 누구나 탐내는 연구 업적상을 수여한 일을 비롯해 내가 연구 탐방을 수행하는 데 필요한 비용을 대는 등, 없어서는 안 될 재정 지원의 원천이었다. 2001년 9월에 나는 〈고등 러시아학 캐넌 연구소〉로부터 단기 연구비를 받아 미국을 처음 방문했다. 이 탐방을 통해 나는 워싱턴 D. C. 의회 도서관의 귀중한 〈해리먼 문서〉를 광범하게 연구할 수 있었다. 2004~2005년에는 〈아일랜드 인문학·사회 과학 연구 협의회〉로부터 〈고등 연구비〉를 수여받았다. 이 안식년 휴가 동안 〈풀브라이트 위원회〉는 하버드 대학교에서 3개월 동안 머무를 수 있도록 생활비를 지원했다. 하버드에서 나는 마크 크레이머Mark Kramer와 〈데이비스 러시아학 센터〉 〈냉전학 프로그램〉의 객원 연구원이었다. 러시아 문서고에서 수행한 마크의 굉장한 연구들은 우리 모두에게 영감의 원천이었고, 그의 프로그램 덕분에 소련 문서고 자료들을 정리한 수천 개의 마이크로필름 릴이 축적되었다. 나는 하버드에서 시간을 보내며 이 중 많은 자료를 들여다볼 수 있었다.

나는 여러 학술회의와 세미나에서 내 연구에 관한 글을 발표했는데,

특히 〈영국 국제사 그룹〉의 연례 회의들에 대해 언급해야겠다. 이 회의들을 통해 나는 국제사 동료 전문가들과 내 생각을 나눌 수 있었다. 1995년 가브리엘 고로데츠키Gabriel Gorodetsky 교수는 나에게 모스크바에서 진행되는 학술 모임들을 소개해 주었고, 나는 아이디어와 교류라는 면에서 헤아릴 수 없는 도움을 받았다. 스탈린과 1941년 6월 22일에 관한 고로데츠키 교수의 저서는 나의 길을 환히 비춰 준 고전적인 연구이다.[5] 모스크바에서 내가 들어가 작업한 주요 문서고 두 군데는 〈외무부〉 문서고와 스탈린 시대의 공산당 문서들이 보관되어 있는 〈러시아 국립 사회-정치사 문서고〉이다. 나는 또 〈모스크바 국립 공공 역사 도서관〉에서 소련 신문들을 읽으며 많은 시간을 보냈다. 나는 문서고 직원과 사서들에게 그들이 수년 동안 나를 대하면서 보여 준 인내심과 끈기에 감사하고 싶다. 런던에서 나의 버팀목은 여느 때와 마찬가지로 〈런던 정경대학〉 도서관과 〈슬라브·동유럽학 대학〉 도서관이었다.

이 책을 고 데니스 오그던에게 바친다. 데니스는 1956년 흐루쇼프가 스탈린 숭배의 가면을 벗길 때 그것을 받아들여야만 했던 영국 공산주의자 세대였다. 데니스는 당시 모스크바에서 번역가로 일했고, 출판사의 당 회의에 참석해 큰 소리로 〈비밀 연설〉을 읽는 것을 들었다. 그는 종종 회의에 참석한 사람들이 보인 실망과 불신, 충격과 침묵을 회상하곤 했다. 1970년대에 데니스를 만났을 때, 그는 소련의 사회주의 실험에 대한 비판적 연구에 앞장서 있었고, 소련의 권위주의와 반체제 인사들에 대한 탄압을 공개적으로 비판하는 것으로 유명했다. 그의 독립적이고 비판적인 정신은 이후 줄곧 나에게 영감을 주었다.

이 책은 내가 출판인 헤더 맥컬럼Heather McCallum과 함께 작업한 네 번째 책이다. 나는 그녀의 뛰어난 전문적 기량과 학술적이면서도 대중적인 역사서들을 출간하는 일에 그녀가 보여 준 헌신에 계속 깊은 인상을 받았다.

이 책은 내 파트너인 실리아 웨스턴Celia Weston과 함께 작업한 여덟 번째 책이다. 그녀의 도움은 편집과 관련되었을 뿐 아니라 지적이기도 했고, 물질적이었을 뿐 아니라 감정적이기도 했다. 어느 누구도 실리아보다 더 많이 이 책에 기여하지 않았다. 나는 그녀가 없다면 뭘 해야 할지 정말 모르겠다.

이것은 내러티브 역사이다. 제2차 세계 대전과 냉전에서 스탈린이 보여 준 사고와 결정, 행동을 다소 연대순으로 이야기한다. 그러나 책은 그것들에 대한 본격적인 탐구에 들어가기 전에 먼저 전쟁 시기의 스탈린을 전반적으로 묘사하고 평가하는 것으로 시작한다.

주요 사건 연표

1939년

8월 23일	나치-소비에트 협정
9월 1일	독일의 폴란드 침공
9월 3일	영국과 프랑스의 대(對)독일 선전 포고
9월 17일	붉은 군대의 동부 폴란드 침공 유럽 전쟁에서 소련의 중립 선언
9월 28일	소련-독일 국경 우호 조약 소련-에스토니아 상호 원조 조약
10월 5일	소련-라트비아 상호 원조 조약
10월 10일	소련-리투아니아 상호 원조 조약
11월 30일	소련의 핀란드 공격

1940년

3월 5일	폴란드 전쟁 포로 2만 명의 처형을 승인하는 정치국 결의안
3월 12일	소련-핀란드 평화 조약 체결

4월 9일	독일의 덴마크와 노르웨이 침공
6월 10일	이탈리아, 유럽 전쟁 참전
6월 22일	프랑스, 독일에 항복
6월 25일	소련, 발칸 지역에서의 세력권 협정 제안
6월 28일	소련, 베사라비아와 북부 부코비나 합병
7월 21일	발트 국가들, 소련 편입 동의
9월 27일	독일·이탈리아·일본, 3국 협정 체결
11월 12~14일	몰로토프-히틀러-리벤트로프, 베를린에서 회담
11월 25일	소련, 독일·이탈리아·일본과 4개 열강 협정 제안
12월 18일	히틀러의 바르바로사 작전 지시

1941년

3월 25일	중립에 관한 소련-튀르키예 성명
4월 5일	소련-유고슬라비아 우호 불가침 조약
4월 6일	독일의 유고슬라비아와 그리스 침공
4월 13일	소련-일본 중립 조약
5월 4일	스탈린, 인민 위원 회의 의장으로 임명
5월 5일	스탈린, 붉은 군대 참모 학교 졸업생들에게 연설
6월 13일	소련-독일 관계에 관한 타스 통신의 성명
6월 22일	바르바로사 작전 몰로토프, 독일군 침공에 관한 라디오 방송
6월 23일	스탑카 설립
6월 28일	민스크 함락
6월 30일	국가 방어 위원회GKO 설립
7월 3일	스탈린, 독일 침공에 관한 라디오 방송

7월 10일	스탈린, 최고 사령관이 됨
7월 12일	대(對)독일 합동 작전에 관한 소련-영국 협정
7월 16일	독일군, 스몰렌스크 점령
7월 19일	스탈린, 국방 인민 위원으로 임명
8월 14일	대서양 헌장
9월 6일	레닌그라드 포위
9월 19일	독일군, 키예프 점령
10월 1일	영국-미국-소련 공급 협정
10월 2일	독일군, 모스크바를 점령하기 위한 태풍 작전 개시
10월 16일	오데사 함락
11월 6~7일	스탈린, 모스크바에서 연설
12월 5일	붉은 군대의 모스크바 반격
12월 7일	일본군, 진주만 공격
12월 11일	히틀러, 미국에 선전 포고
12월 15~22일	이든, 모스크바 방문

1942년

1월 1일	연합국 공동 선언
4월 5일	히틀러, 블라우 작전 지시
5월 19~28일	하리코프 전투
5월 22일~6월 11일	몰로토프, 런던과 워싱턴 방문
5월 26일	영국-소련 동맹 조약
6월 11일	소련-미국 상호 원조 협정
6월 12일	1942년 제2전선 개설에 관한 영국-소련-미국의 공식 성명

6월 26일	바실렙스키, 참모 총장으로 임명
6월 28일	남부에서 독일군 하계 공세 시작
7월 4일	독일군, 세바스토폴 함락
7월 12일	스탈린그라드 전선군 편성
7월 23일	독일군, 로스토프 점령 히틀러, 스탈린그라드와 바쿠 점령 명령
7월 28일	스탈린 명령 제227호(〈한 걸음도 물러서지 마라〉)
8월 12~15일	처칠-스탈린, 모스크바에서 회담
8월 25일	스탈린그라드, 계엄 상태 선언
8월 26일	주코프, 부최고 사령관이 됨
9월 10일	독일군, 볼가강 도달
11월 8일	북아프리카에서 횃불 작전 시작
11월 19일	천왕성 작전(붉은 군대의 스탈린그라드 반격)
11월 23일	독일군 제6군 스탈린그라드에서 포위당함

1943년

1월 10일	스탈린그라드에서 고리 작전 개시
1월 18일	레닌그라드 봉쇄 돌파
1월 24일	무조건 항복에 관한 카사블랑카 선언
1월 31일	독일군 제6군 스탈린그라드에서 항복
2월 14일	붉은 군대, 로스토프 탈환
3월 6일	스탈린, 소련 원수 임명
4월 13일	독일군, 카틴에서 집단 매장지 발견 발표
4월 26일	소련, 런던의 폴란드 망명 정부와 외교 관계 단절
5월 22일	코민테른 해산을 제안하는 결의안 발표

7월 5~13일	쿠르스크 전투
7월 26일	무솔리니 실각
9월 3일	연합국의 이탈리아 침공
9월 25일	붉은 군대, 스몰렌스크 탈환
10월 13일	이탈리아, 대(對)독일 선전 포고
10월 19~30일	모스크바 외무 장관 회의
11월 6일	붉은 군대, 키예프 탈환
11월 28일~12월 1일	테헤란 회담
12월 12일	소련-체코슬로바키아 우호 상호 원조 전후 협력 조약

1944년

1월 27일	레닌그라드 봉쇄 완전 해제
4월 10일	붉은 군대, 오데사 탈환
5월 10일	붉은 군대, 세바스토폴 탈환
6월 6일	노르망디 상륙 디데이
6월 23일	벨로루시야를 해방하기 위한 바그라티온 작전 개시
7월 3일	붉은 군대, 민스크 탈환
7월 20일	히틀러 암살 기도
8월 1일	바르샤바 봉기 시작
8월 21일~9월 28일	덤버턴 오크스 회의
9월 5일	소련-핀란드 휴전 소련, 불가리아에 선전 포고
9월 9일	소련-불가리아 휴전
9월 12일	루마니아 항복
9월 19일	핀란드 항복

10월 2일	바르샤바 봉기 종결
10월 9~18일	모스크바에서 처칠-스탈린 회담
10월 20일	붉은 군대, 베오그라드 입성
10월 28일	불가리아 항복
12월 2~10일	드골, 모스크바 방문
12월 10일	프랑스-소련 동맹 조약
12월 16~24일	독일군의 아르덴 공세

1945년

1월 4일	소련, 폴란드 민족 해방 위원회를 폴란드의 임시 정부로 인정
1월 12일	비스와-오데르 작전 시작
1월 17일	붉은 군대, 바르샤바 점령
1월 27일	붉은 군대, 아우슈비츠 점령
2월 4~11일	얄타 회담
2월 13일	붉은 군대, 부다페스트 함락
4월 5일	소련, 일본과의 중립 조약 철회
4월 11일	소련-유고슬라비아 우호 상호 원조 전후 협력 조약
4월 12일	루스벨트 사망. 트루먼, 대통령이 됨
4월 13일	붉은 군대, 빈 함락
4월 16일	붉은 군대의 베를린 작전 개시
4월 25일~6월 26일	유엔 창립에 관한 샌프란시스코 회의
4월 30일	히틀러 자살
5월 2일	베를린, 붉은 군대에 항복
5월 7~8일	독일, 무조건 항복

5월 9일	붉은 군대, 프라하 점령
5월 24일	스탈린, 러시아 인민을 위해 축배
6월 24일	붉은 광장에서 승전 열병식
6월 28일	스탈린, 대원수로 선포
7월 17일~8월 2일	포츠담 회담
7월 17일	미국, 핵폭탄 실험
7월 24일	트루먼, 핵폭탄에 대해 스탈린에게 알림
8월 6일	히로시마에 핵폭탄 투하
8월 8/9일	소련, 일본에 선전 포고
8월 9일	나가사키에 핵폭탄 투하
8월 14일	일본, 항복에 동의
	중국-소련 우호 동맹 조약
9월 2일	일본, 항복 조약 서명
9월 11일~10월 2일	런던에서 외무 장관 협의회 첫 회의
12월 16~26일	모스크바 미국·영국·소련 외무 장관 회의

1946년

1월 10일~2월 14일	유엔 총회 첫 회기
2월 9일	스탈린의 선거 연설
2월 10일	최고 소비에트 선거
3월 5일	미주리주 풀턴에서 처칠의 〈철의 장막〉 연설
4월 25일~5월 16일	파리에서 외무 장관 협의회 회의
6월 15일~7월 12일	파리에서 외무 장관 협의회 회의
7월 29일~10월 15일	파리 평화 회의
8월 7일	소련, 튀르키예와 흑해 해협들 공동 통제 요구

8월 16일	즈다노프시나 시작
11월 4일~12월 12일	뉴욕에서 외무 장관 협의회 회의

1947년

2월 10일	불가리아, 핀란드, 헝가리, 이탈리아, 루마니아와 각각 평화 조약 체결
3월 10일~4월 24일	모스크바에서 외무 장관 협의회 회의
3월 12일	트루먼, 미국 의회에서 연설
6월 5일	마셜 플랜 연설
6월 27일~7월 2일	마셜 플랜에 관한 파리 회의
9월 22~28일	코민포름 창립 회의
11월 25일~12월 15일	런던에서 외무 장관 협의회 회의

1948년

2월 25일	체코슬로바키아에서 공산주의 쿠데타
6월 24일	베를린 봉쇄 시작
6월 28일	유고슬라비아, 코민포름에서 축출됨

1949년

3월 4일	비신스키, 몰로토프 후임으로 외무 장관이 됨
4월 4일	나토 조약 체결
5월 8일	서독 국가 수립
5월 12일	베를린 봉쇄 해제
5월 23일~6월 20일	파리에서 외무 장관 협의회 회의
8월 29일	소련의 핵폭탄 실험

10월 1일	베이징에서 중화 인민 공화국 선포
10월 7일	동독 국가 수립

1950년

2월 14일	중국-소련 우호 동맹 상호 원조 조약
6월 25일	북한, 남한 침공
10월 19일	중국군, 압록강 건너 북한으로 진입

1951년

3월 5일~6월 21일	소련, 프랑스, 영국, 미국 외무 차관들의 파리 회의
7월 8일	한국에서 평화 회담 시작

1952년

3월 10일	독일과의 평화 조약 조건에 관한 〈스탈린 각서〉
4월 9일	독일 문제에 관한 두 번째 〈스탈린 각서〉
10월 5~14일	제19차 소련 공산당 대회
12월 21일	스탈린, 마지막 공개 발언에서 새 아이젠하워 행정부와 협상 구상 환영

1953년

3월 5일	스탈린 사망

차례

제1장

서론:
스탈린과 전쟁

20세기 독재자들의 만신전(萬神殿)에서 잔혹 행위와 범죄 행위로 이오시프 스탈린의 악명에 버금가는 인물은 아돌프 히틀러뿐이다. 하지만 1953년 3월 스탈린이 세상을 떠났을 때 많은 사람이 그의 죽음을 애도했다. 모스크바에서는 눈물을 흘리는 군중이 거리를 가득 메웠고 소련 전역에서는 수많은 일반인이 비통한 감정을 숨기지 않았다.[1] 국장을 치르는 동안 당 지도자들은 대량 학살자가 아니라 성자의 죽음을 연상시키는 존경의 마음을 담아 세상을 떠난 수령을 칭송하기 위해 줄지어 순서를 기다렸다. 〈스탈린이라는 불멸의 이름은 우리 가슴속에, 소련 인민과 모든 진보적 인간의 가슴속에 언제나 살아 있을 것이다〉라고 소련 외무 장관 뱌체슬라프 몰로토프*는 주장했다. 〈우리 인민과 전 세계 노동자들의 처우를 개선하고 행복을 증진하는 데 스탈린이 거둔 위업의 명성은 영원히 살아 있을 것이다.〉[2] 이는 그리 놀라운 일이 아니다. 스탈린의 생애 마지막 20년 동안 그의 개인숭배는 소비에트 러시아에

　　*　Vyacheslav Mikhailovich Molotov(1890~1986). 소련의 혁명가이자 정치가. 1930~1941년 소련 인민 위원 회의 의장, 1939~1946년, 1946~1956년 외무 인민 위원 및 외무 장관을 지냈다. 1939년 독소 불가침 조약을 체결하고 제2차 세계 대전 동안 스탈린의 오른팔로서 소련의 외교 정책을 주도했다. 스탈린 사망 후, 탈스탈린화를 추진했던 흐루쇼프와 대립하다 좌천된 후 당적을 박탈당했다.

서 절정에 달했다. 숭배의 신화에 따르면, 스탈린은 소련의 위대한 조타수, 자신의 나라에 전시에는 승리를, 평시에는 초강대국 지위를 가져다준 정치 천재였을 뿐 아니라 〈민족들의 아버지〉이기도 했다.[3] 구호가 보여 주듯이 스탈린은 〈오늘날의 레닌〉이었고 이에 어울리게 스탈린의 시신은 붉은 광장에 있는 소비에트 국가 창건자의 영묘에 그와 나란히 안치되었다.

그러나 스탈린의 평판은 소련에서 곧바로 공격받기 시작했다. 겨우 3년 뒤인 1956년 2월 새 소련 지도자 니키타 흐루쇼프*는 개인숭배를 공산주의 원리의 왜곡이라고 비난했다. 또 스탈린을 동지들을 처형하고 많은 군사령관을 살해했으며 제2차 세계 대전 동안 나라를 연이어 재앙에 빠뜨린 전제 군주로 묘사했다.[4]

흐루쇼프는 제20차 소련 공산당 대회의 비밀 회기 중에 이 연설을 했지만 몇 달 되지 않아 일반인들은 당 중앙 위원회의 결의안인 〈개인 숭배와 그 결과들을 극복하는 문제에 대하여〉가 제기한 많은 비판적 주제를 알게 되었다.[5] 1961년의 제22차 당 대회에서 흐루쇼프는 공공연하게 스탈린에 대한 공격을 재개했고, 몇몇 연사들이 여기에 동참했다. 당 대회는 레닌의 영묘에서 스탈린의 시신을 없애는 데 동의했다. 한 대의원은 이 결의안에 대해 토론을 하면서, 〈일리치**의 자문을 구했는데, 그가 내 앞에 살아 있는 모습으로 나타나 당에 많은 해악을 가져다준 스탈린 옆에 누워 있으려니 기분이 좋지 않다고 말하는 것 같았습니다〉라고 주장했다.[6] 스탈린의 시신은 적절한 때에 레닌의 곁에서 제거되어 크렘린 성벽 근처에 마련된 소박한 무덤에 매장되었다.

1964년 흐루쇼프가 실각한 뒤에 새 소련 지도부는 스탈린을 부분적

---

* Nikita Sergeyevich Khrushchev(1894~1971). 소련의 혁명가이자 정치가. 1953년부터 1964년까지 소련 공산당 제1서기, 1958년부터는 소련 각료 회의 의장을 역임했다. 스탈린주의를 비판했고 대외적으로는 미국을 비롯한 서방 국가와 공존을 모색했다.

** Ilich. 레닌을 가리킨다. 레닌의 완전한 이름은 블라디미르 일리치 레닌Vladimir Ilich Lenin이다.

으로 복권시키는 것이 좋다는 것을 알았다. 흐루쇼프의 스탈린 비판이 야기한 문제점은 당이 왜 스탈린 독재를 통제하는 데 실패했는지, 또 소련의 다른 군부와 정치 엘리트들이 스탈린의 악행에 얼마나 책임이 있는지, 위험한 의문을 제기했다는 사실이었다. 스탈린은 흐루쇼프 실각 이후에도 계속 비판을 받았으나, 이 부정적 평가는 스탈린의 업적, 특히 소련의 사회주의 산업화에서 그가 했던 역할에 대한 긍정적 평가가 이루어지면서 균형이 유지되었다.[7]

그리고 1980년대 말에는 스탈린에 대한 비난과 비판의 새로운 국면이 시작되었다. 하지만 이번에는 스탈린에 대한 비판이 소련 공산주의 시스템에 대한 좀 더 전반적인 거부와 연결되었다. 이 반스탈린 운동의 원래 후원자는 개혁적 공산주의 지도자인 미하일 고르바초프*였다. 그는 정치적 변화의 반대자들에 맞선 투쟁의 무기로서 소련의 과거에 대한 비판적 토론을 고무했다.[8] 고르바초프는 소련 공산주의의 활기를 다시 북돋우지는 못했으나 그의 개혁 프로그램은 정치 시스템을 뒤흔들며 1991년 마침내 그 붕괴를 촉발하기에 이르렀다. 1991년 말 다민족 국가인 소련은 해체되었고, 고르바초프는 멸망한 소비에트 사회주의 공화국 연방의 대통령직을 사임했으며, 보리스 옐친**이 소련 몰락 이

---

* Mikhail Sergeyevich Gorbachev(1931~2022). 소련의 정치가. 1985년부터 1991년까지 소련 공산당 총서기, 1988~1990년 소련 최고 회의 의장, 1990~1991년 소련 대통령을 역임했다. 소련 최고 지도자로 재임하면서 개방 정책인 페레스트로이카를 추진하여 소련을 비롯한 중부 유럽과 동유럽 공산주의 국가들의 개혁과 개방에 큰 영향을 주었다. 소련 붕괴 이후 일반적으로 냉전을 종식시킨 인물로 평가받고 있다.

** Boris Nikolayevich Yeltsin(1931~2007). 러시아 연방 초대 대통령(재임 1991~1999). 1986년부터 1988년까지 소련 공산당 정치국 후보 위원을 지냈으며, 1990년 러시아 소비에트 사회주의 연방 공화국 최고 회의 의장이 되었고, 그해 7월 12일 소련 공산당에서 탈당했다. 1991년 6월 12일에는 러시아 공화국 대통령에 당선되었고, 8월에 보수파 공산주의자들이 일으킨 쿠데타를 저지했으며, 12월 벨로루시야, 우크라이나의 지도자와 만나 소련의 해체와 독립 국가 연합CIS의 결성을 선언했다. 1996년에 대통령에 재선되어 8년간 대통령직을 맡고 있다가 1999년 12월 31일 블라디미르 푸틴에게 자리를 물려주었다.

후 러시아의 지도자가 되었다. 옐친 시대에 스탈린 문제에 대한 토론은 한계가 없었고, 당과 국가 문서고들이 열리면서 더욱 활발히 이루어졌다. 문서고는 처음으로 스탈린 독재 지배의 수단과 기제를 상세히 밝혀 주었다.

1990년대에 들어서면서 사람들은 러시아에서 스탈린이 얻은 평판이 독일에서 히틀러가 얻은 평판과 같은 수준으로 추락하는 것을 보게 되리라 기대했을지도 모르겠다. 스탈린은 여전히 신스탈린주의적 숭배의 흠모를 받겠지만 러시아와 세계에 미친 스탈린의 영향은 대체로 부정적이라는 것이 일반적인 판단일 터였다. 그러나 이런 일은 생기지 않았다. 옐친 시대에 권위주의적 공산주의에서 고삐 풀린 자본주의로 강제로 이행하면서 발생한 물질적 박탈은 많은 러시아인에게 스탈린과 그의 시대를 덜 매력적이 아니라 더 매력적으로 보이게 했다.[9] 역사가들 사이에서 스탈린에 대한 비난과 비판이 넘쳐 났으나, 그의 체제에 대해서는 비방하는 사람뿐 아니라 변호하는 사람들도 존재했다. 변호자들은 특히 러시아와 유럽에 인종주의적 제국을 강요하려는 나치의 시도를 좌절시키는 데 스탈린이 필수 불가결한 역할을 했다고 주장하는 사람들 중에서 쉽게 찾을 수 있었다.

전직 국가 보안 위원회KGB 관리로서 블라디미르 푸틴*이 집권한 21세기 초에 스탈린은 사망 이후 그 어느 때보다도 더욱 생생하게 살아났다. 모스크바 서점들은 스탈린의 생애와 유산을 살펴보는 묵직한 책들로 가득 찼다. 사후에 발간된 스탈린 패거리의 회고록이나 그들의 자녀들이 쓴 회상록이 베스트셀러 목록에 올랐다.[10] 러시아 텔레비전은

---

* Vladimir Vladimirovich Putin(1952~). 러시아 연방의 정치가. 1999년 러시아 대통령 보리스 옐친에 의해 총리로 지명되었으며 그해 12월 31일 옐친이 사임하면서 총리로서 대통령직을 대행했다. 이듬해 3월 26일 열린 정식 대선에서 러시아 대통령으로 당선되어 2008년까지 제2대 대통령직을 맡았다. 대통령직에서 물러난 뒤 드미트리 메드베데프 정권하에서 총리직을 지냈고, 2012년 3월 대통령 선거에서 3선에 성공하여 다시 대통령직을 수행하게 되었다.

스탈린과 그의 이너 서클*에 대한 다큐멘터리들을 끝없이 보여 주었다. 우체국은 스탈린 숭배의 고전적 그림이나 사진을 복제한 엽서를 판매했고, 붉은 광장의 가판대와 매점은 스탈린의 이미지가 새겨진 스웨트셔츠 같은 기념품들을 팔았다.

스탈린 사망 50주년 때의 여론은 숭배 시대 때보다 스탈린에 훨씬 덜 매혹되었으나 그의 평판은 여전히 좋았다. 2003년 2~3월에 러시아 연방에 거주하는 성인 1,600명을 대상으로 한 여론 조사는 53퍼센트가 스탈린을 전반적으로 지지했고 33퍼센트만 반대했다. 조사 대상의 20퍼센트는 스탈린이 현명한 지도자라고 생각했으며, 비슷한 수의 사람들이 당시 상황에서는 〈강인한 지도자〉만이 나라를 통치할 수 있었을 거라고 생각했다. 응답자의 27퍼센트만 스탈린이 〈수백만 명의 죽음에 책임이 있는 잔인하고 냉혹한 폭군〉이라는 데 동의했고, 비슷한 비율의 응답자가 스탈린에 대한 완전한 진실은 여전히 모른다고 생각했다.[11]

서방에서도 스탈린에 대한 정치적·역사적 취급이 비슷한 궤적을 밟았다. 1953년 스탈린이 사망했을 때 냉전이 절정에 이른 상태였지만 스탈린의 죽음을 다룬 신문의 보도는 점잖았고 부고는 대체로 균형 잡혀 있었다. 당시 스탈린은 비교적 인자한 독재자, 심지어 위정자로 여겨졌고,[12] 대중들의 의식 속에는 소련 사람들을 이끌면서 히틀러와 맞서 승리하고 유럽을 나치의 만행으로부터 구하는 데 도움을 준 위대한 전쟁 지도자, 〈조 아저씨〉에 대한 애정 어린 기억이 남아 있었다.

이와 동시에 스탈린이 수많은 자국민의 죽음에 책임이 있다는 것도 전혀 비밀이 아니었다. 소련 농업을 강제적으로 집단화하는 동안 농민들이 추방되거나 굶어 죽었다. 〈인민의 적들〉을 수색하는 동안 당과 국

---

* inner circle. 특정 그룹 내부의 핵심적 권력 집단이나 의사 결정 기관을 뜻하는 용어. 영향력이나 정보, 힘 등을 소유하는 집단으로 외부에 모습을 잘 드러내지는 않지만 의사 결정 과정에 절대적 영향력을 행사하는 이른바 권력의 실세라고 할 수 있다.

가 관리들이 숙청당했다. 소수 인종들이 나치의 전시 부역자로 비난받았다. 귀국한 소련 전쟁 포로들이 비겁, 반역, 배신의 혐의를 받았다. 그러나 해설자들은 여전히 스탈린의 생애와 경력에서 찬양할 것을 많이 찾아냈다. 최초의 진중한 스탈린 전기 작가 중 한 사람인 아이작 도이처*는 스탈린이 러시아에서 후진성과 야만성을 몰아내기 위해 잔혹한 방법을 사용했다고 주장했다. 도이처는 1953년 독재자가 사망한 직후 〈스탈린이 거둔 진정한 역사적 위업은 러시아가 나무 쟁기로 일하고 있다는 것을 발견하고 이 나라에 원자로를 남긴 사실에 있다〉고 썼다.[13] 도이처가 스탈린의 비범한 라이벌인 레온 트로츠키**(1940년 멕시코에서 소련 보안 요원에 의해 살해당했다)의 추종자였고, 개인적으로 이 공산주의 독재자에게 동정적이지 않았다는 점을 지적해야 할 것이다.

제20차 당 대회에서 흐루쇼프가 한 〈비밀 연설〉은 고르바초프 시대까지 소련에서 여전히 출간되지 않았지만 그 사본이 서방으로 유출되면서,[14] 곧 스탈린 시대에 대한 서방 역사 연구의 기본 텍스트가 되었다. 그러나 많은 서방 역사가는 지난날 공산주의 체제가 저지른 범죄를 전부 스탈린과 그의 개인숭배 탓으로 돌리려는 흐루쇼프의 시도를 회의적으로 바라보았다. 흐루쇼프는 그 자신이 스탈린 이너 서클의 일원이

* Isaac Deutscher(1907~1967). 폴란드의 마르크스주의 문필가, 언론인, 정치 활동가. 1927년 폴란드 공산당에 입당해 당 기관지의 편집자가 되었으나 스탈린 및 코민테른에 반대하고 트로츠키의 반나치 통일 전선을 지지하다가 1932년에 당에서 제명당했다. 1939년 영국으로 망명해 런던에 머물면서 『이코노미스트』, 『옵서버』, 『트리뷴』의 기고자로 활동했다. 주요 저서로 트로츠키 전기 3부작 『무장한 예언자 트로츠키 1879~1921』, 『비무장의 예언자 트로츠키 1921~1929』, 『추방된 예언자 트로츠키 1929~1940』과 『스탈린』, 『소비에트 노동조합』 등이 있다.

** Leon Trotsky(1879~1940). 러시아의 혁명가이자 소련의 외교관, 정치가, 사상가. 초기에는 멘셰비키였다가 볼셰비키로 전환, 10월 혁명에서 레닌과 함께 볼셰비키당의 지도자 중 한 명으로 소련을 건설했다. 초대 소련의 외무 인민 위원을 맡았으며 붉은 군대의 창립자이다. 레닌 사후 스탈린과의 권력 투쟁에서 밀려나 종국적으로 멕시코로 망명했으나, 스탈린이 사주했다고 여겨지는 암살자에 의해 살해당했다.

었고 지금 비난하는 것이 여러모로 좋다는 사실을 알게 된 많은 정책과 사건에 직접 참여한 당사자였다. 또 흐루쇼프 개인에 대한 가벼운 숭배가 발전하면서 하나의 신화가 또 다른 신화로 대체되고 있다는 점은 누가 봐도 분명했다.[15]

서방 역사가들은 1960년대 스탈린의 복권에 동조하지 않았지만, 소련 내에서 그의 체제에 대한 균형 잡힌 논의가 다시 이루어지면서 새로운 증거와 시각이 나타났다. 특히 가치 있는 기여는 소련 군 인사들의 회고록이었다.[16] 1956년 이후 이 회고록들은 주로 스탈린의 전시 활동에 대한 흐루쇼프의 비난에 살을 붙여 그것을 더욱 정교하게 만들었다. 1964년 흐루쇼프가 실각한 후 회고록 집필자들은 마음껏 스탈린의 역할에 대해 좀 더 긍정적인 해석을 내놓으며, 예를 들어 스탈린이 지구본을 이용해 군사 작전을 계획했다는 식의 지나치게 단순하고 종종 믿기 힘든 비밀 연설의 주장들을 바로잡을 수 있었다.[17]

러시아에서도 서방에서도 스탈린의 생애와 유산에 대한 많은 논의는 제2차 세계 대전 동안 그가 한 역할에 집중되었다. 스탈린의 생애는 몇 가지 완전히 상이한 국면을 아우른다. 차르 러시아에서 비합법적인 정치 활동을 한 시기, 1917년 볼셰비키의 권력 장악과 연이은 내전에 참여한 일, 1920년대의 당내 지도부 투쟁, 1930년대의 산업화와 집단화 정책, 1940년대와 1950년대 서방과의 냉전 갈등 등이 그것들이다. 그러나 그의 생애에서 중심되는 일화는 소련 사람들이 대조국 전쟁(大祖國戰爭)*이라고 부르는 사건이었다.[18] 전쟁은 스탈린의 리더십과 그가 사력을 다해 구축하고자 했던 시스템 둘 다를 한계점까지 시험했다. 1946년 2월 스탈린은 한 연설에서 다음과 같이 말했다. 〈이것은 우리

---

* Great Patriotic War. 구소련과 러시아에서 제2차 세계 대전 당시 소련과 나치 독일 및 그 동맹국 사이에 벌어진 동부 전선의 전쟁을 가리킬 때 쓰는 용어이다. 1941년 6월 22일부터 1945년 5월 9일까지를 대조국 전쟁의 기간으로 보고 있으며 몇몇 학자들은 프라하 공세가 끝난 1945년 5월 11일을 대조국 전쟁의 종료일로 보기도 한다.

모국이 경험한 모든 전쟁 중에서 가장 잔인하고 힘들었던 전쟁이었습니다. (……) 전쟁은 우리 소비에트 시스템, 우리 국가, 우리 정부, 우리 공산당에 대한 일종의 시험이었습니다.〉[19]

1941년 6월 독일의 침공이 가한 괴멸적인 타격으로부터 붉은 군대가 회복하여 1945년 5월 베를린에 승리의 입성을 한 일은 세계가 지금까지 지켜본 무훈 중에서 가장 위대한 것이었다. 전쟁에서 소련이 승리하면서 동유럽과 세계의 다른 지역으로 공산주의가 확산되었고, 공산주의 시스템과 스탈린의 리더십을 정당화하는 새로운 원천이 마련되었다. 다음 40년 동안 소비에트 시스템은 서방의 자유 민주주의적 자본주의에 대한 실행 가능한 대안으로 여겨졌고, 이 국가는 냉전 시대 동안 경제적·정치적·이념적으로 서방과 효율적으로 경쟁했다. 실제로 1950년대와 1960년대에 소련의 도전이 절정에 올랐을 때 많은 이에게 공산주의 시스템이 전 지구적으로 승리할 거라는 스탈린의 통찰이 궁극적으로 실현될 것처럼 보였다.[20]

제2차 세계 대전은 공산주의 시스템에 중차대한 정치적 결과를 가져다주었지만 소련 인민들에게는 대재앙이었다. 전쟁 기간 동안 7만 개의 소련 도시와 마을들이 초토화되었다. 600만 채의 가옥, 9만 8,000개의 농장, 3만 2,000개의 공장, 8만 2,000개의 학교, 4만 3,000개의 도서관, 6,000개의 병원 그리고 수천 킬로미터의 도로 및 철로가 파괴되었다.[21] 사상자의 경우 스탈린이 살아 있는 동안 소련의 공식 수치는 사망자 700만 명이었다. 그 뒤 이 수치는 〈2000만 명 이상〉으로 올라갔다. 소련 몰락 이후 무려 3500만 명에 이르는 전쟁 관련 사망자 수가 언급되고 있지만 일반적으로 받아들여지는 수치는 약 2500만 명으로 그중 3분의 2가 민간인이다.[22]

스탈린은 전쟁이 소련에 가져다준 참상에 어느 정도 책임이 있는가? 스탈린의 전시 활동에 대한 흐루쇼프의 비판은 특히 독일이 러시아를 기습 공격해 그들의 군대를 모스크바와 레닌그라드 코앞까지 진격시켰던 1941년 6월 22일의 참사에 대한 그의 책임에 초점이 맞춰졌다. 많은 서방 역사가는 이 주제를 다루면서 그것을 더욱 확장하여 논란을 초래하는 1939~1941년의 나치-소비에트 불가침 협정에 대한 좀 더 광범위한 비판을 포함하게 되었다.

나치-소비에트 협정

히틀러는 1939년 9월 폴란드를 침공했을 때, 서쪽에서는 영국 및 프랑스와 전쟁에 직면하겠지만 동쪽은 1939년 8월 23일 스탈린과 맺은 불가침 협정의 형태로 보장된 소련의 중립에 의해 보호된다고 자신하며 크게 안심했다. 스탈린은 동유럽에서 소련 세력권*을 보장하는 비밀 합의에 대한 대가로 이 협정을 체결했다. 새로운 유럽 전쟁이 시작되기 바로 직전에 히틀러와 이러한 거래를 하겠다는 스탈린의 결정은 마지막 순간까지 저울질하던 극적인 즉흥적 행동이었다. 소련 정책의 이러한 급진적 선회가 이루어지기 며칠 전에 스탈린은 영국, 프랑스와 군사적 동맹의 조건을 협상했지만, 런던과 파리가 나치와 공산주의자들이 동부 전선에서 끝장을 볼 때까지 싸우는 동안 자신들은 그냥 비켜서서 지켜보기만 하는 호사를 누리게 해줄 소련-독일 전쟁을 도발하는 계책을 부릴까 봐 우려했다. 스탈린이 히틀러와 맺은 협정은 서방 열강에 대해 형세를 유리하게 역전시켜 다가올 전쟁에서 그에게 행동의 자유를 주기로 되어 있었다.[23]

전쟁이 발발한 뒤 스탈린은 협정에 따라 소련 세력권에 할당된 동부 폴란드를 점령하기 위해 움직였다. 에스토니아, 라트비아, 리투아니아의 발트 3국이 핀란드와 마찬가지로 스탈린의 목록에서 다음 순위에 있었다. 발트 3국은 자신들의 영토에 군사 기지를 설치해 달라는 소련의 요구에 동의하여 소련과 상호 원조 협정을 맺었지만 핀란드는 거부

---

* sphere of influence. 국제 관계에서 열강의 이해관계에 맞춰, 한 국가가 자신의 국경을 넘어 정치적·경제적·군사적·문화적 배타성을 발휘하는 지역을 일컫는다.

했다. 그래서 1939년 11월 말에 붉은 군대는 핀란드를 침공했다. 신속하고 손쉽게 승리할 거라는 스탈린의 기대와 달리 핀란드와의 전쟁은 질질 끌었고 군사적으로뿐 아니라 외교적으로도 매우 값비싼 대가를 치른 것으로 드러났다. 영국과 프랑스가 〈겨울 전쟁〉을 북부 스웨덴의 철광석 지대를 점령하는 구실로 삼을 목적으로 핀란드로 향할 원정군을 소집하기 시작했을 때 스탈린에게 가장 큰 위험이 닥쳤다. 이와 같은 상황에서는 독일이 그들의 전시 경제에 필수적인 원료를 보호하기 위해 개입할 것이고 소련은 더욱 규모가 큰 유럽 전쟁으로 끌려 들어갈 판이었다. 핀란드 역시 전쟁의 확대를 우려하여 화평을 청했다. 1940년 3월에 맺어진 평화 조약으로 핀란드는 소련의 영토 요구를 수용했으나 국가의 독립은 그대로 유지했다.

핀란드와의 전쟁 동안 소련을 외교적으로 지지해 준 유일한 국가는 독일이었다. 이는 1939~1940년에 소련과 독일 사이에 이루어진 광범위한 정치적·경제적·군사적 협력의 한 측면을 보여 주는 행동이었다. 하지만 1940년 여름에 서로를 의심하면서 스탈린과 히틀러의 동맹에 금이 가기 시작했고, 소련-독일 관계에서 가장 있을 법한 시나리오로 전쟁 가능성이 다시 등장했다. 그러나 스탈린은 전쟁이 1942년까지 연기될 수 있고 또 연기되리라고 믿었다. 스탈린으로 하여금 마지막 순간까지 소련의 군사적 동원을 자제하도록 만든 것은 바로 이 계산 착오였다. 히틀러의 군대가 소련 국경을 넘어 밀물처럼 들이닥쳐서야 스탈린은 마침내 전쟁이 터졌다는 사실을 받아들였다.

스탈린이 히틀러와 맺은 협정을 둘러싼 논란은 근본적으로 이 불경스러운 동맹*의 비용과 이득에 관한 논쟁이다. 한편에는 스탈린이 1939년 8월에 영국 및 프랑스와의 반독일 동맹에 등을 돌림으로써 나치가 유럽 대륙 대부분을 장악하는 것을 용이하게 했다고 주장하는 사

---

* unholy alliance. 어떤 특별하거나 숨겨진 이득을 취하기 위해 적대적인 그룹들 사이에 맺는 동맹을 가리킨다.

람들이 있다. 이 판단 착오의 대가는 1941년 6월 22일 괴멸적인 타격을 가한 독일의 소련 침공이 거의 성공할 뻔한 사실이었다. 다른 한편에는 소련이 1939년에 독일과 전쟁을 치를 태세가 되어 있지 않았고 히틀러뿐 아니라 스탈린도 협정으로부터 몇 가지 전략적 이득을 얻었는데, 결정적으로는 소련이 방어를 준비할 시간을 벌었다고 주장하는 사람들이 있다.

1990년대에 스탈린-히틀러 협정에 대한 토론은 몇몇 러시아 역사가들이 1941년 6월에 빚어진 참사의 근본 원인을 놓고 히틀러와 평화를 유지하려는 스탈린의 노력 때문이 아니라 독일에 선제공격을 가하려 한 그의 준비 때문이라고 주장하기 시작했을 때 새로운 전환점을 맞았다.[24] 이 견해에 따르면, 소련이 초기에 겪었던 패배의 주원인은 붉은 군대가 방어가 아닌 공격을 위해 전개되었기 때문이었다. 소련 군부는 허를 찔렸다기보다는 독일에 대한 공격을 준비하는 데 열중해 있었다. 이러한 해석의 참신성은 1940~1941년의 소련 전쟁 계획을 비롯해 러시아 문서고의 새로운 증거를 활용한 데 있었다. 이 전쟁 계획은 붉은 군대가 실제로 독일에 대해 공격전을 수행할 의도가 있었음을 보여 주었다. 그러나 스탈린이 왜 독일에 공격을 가하고 싶어 했는지 그 이유를 밝히기 위해 제공된 분석은 아주 케케묵은 것이었다. 1920년대와 1930년대 내내 반공적 성향의 해설자들은 이른바 〈전쟁-혁명 연계〉를 강조했다.[25] 스탈린이 제1차 세계 대전처럼 유럽 전역에서 혁명적 격변으로 가는 길을 열어 줄 새로운 세계 대전을 촉발할 음모를 꾸미고 있다는 아이디어였다. 이러한 논지를 받아들여 나치 선전가들은 독일의 러시아 침공은 임박한 소련의 공격에 맞선 선제공격이라고 주장하면서 전쟁을 아시아적 볼셰비키 무리로부터 문명화된 기독교 유럽을 지키는 십자군 전쟁으로 묘사했다.

사실, 스탈린은 전쟁과 혁명에 대해 음모를 꾸미기는커녕 대규모 군사적 충돌이 일어날까 봐 노심초사했다. 전쟁은 기회를 제공했지만 ─ 스탈린은 기회가 오면 확실히 잡았다 ─ 동시에 큰 위험을 제기하기도

했다. 제1차 세계 대전은 1917년의 러시아 혁명으로 이어졌으나 뒤따른 내전에서 공산주의자들의 적들은 막 태어나고 있던 볼셰비즘을 질식시키는 데 거의 성공했다. 내전에서 볼셰비키에 대항한 세력 중에는 영국, 프랑스, 미국 같은 자본주의 강대국들이 있었는데, 이들은 볼셰비즘의 확산을 막기 위해 러시아에서 반공산주의 세력을 지원하고 경제적·정치적 봉쇄 — 방역선 — 를 강행했다. 볼셰비키는 러시아 내전을 극복하고 1920년대에 국제적 고립을 탈피할 수 있었으나 다음 20년 동안 그들은 소비에트 사회주의 시스템을 분쇄하는 자본주의 대연합이 부활할까 봐 우려했다. 1940년대 초까지 소비에트 러시아는 훨씬 더 강해졌고 스탈린은 사회주의 모국을 방어하는 붉은 군대의 능력을 자신했지만, 적대적인 자본주의 국가들의 연합 전선을 상대로 전쟁에 휘말릴 수 있다는 악몽 같은 시나리오가 여전히 지속되었다. 1940년과 1941년에도 스탈린은 러시아를 상대로 한 영국-독일 동맹처럼 국가들 사이에 근본적인 재편성이 이루어질 가능성을 배제하지 않았다. 이런 이유로 일부 스탈린의 군사령관들이 독일에 대해 선제공격을 준비할 것을 촉구했지만 소련 독재자 자신은 그런 행동이 설익은 전쟁을 도발할 수 있다고 생각하여 히틀러와 평화를 유지할 수 있는 가능성에 모든 것을 걸기로 결심했다.

군사 지도자로서의 스탈린

나치-소비에트 협정에 관한 논쟁과 함께 지속적으로 역사적 논의의 초점이 되어 있는 또 다른 문제는 대조국 전쟁 기간에 스탈린이 보여 준 군사적·정치적 리더십이었다. 전쟁 동안 스탈린은 정부 수반이자 공산당 지도자였을 뿐 아니라 소련군 최고 사령관, 국가 방어 위원회 의장, 국방 인민 위원이었다. 스탈린은 소련군에 내려진 모든 주요 지시와 명령에 서명했다. 그의 연설과 발언은 소련의 군사 전략과 정치 목표를 공표하는 데 주요한 이정표였고, 인민들의 사기를 북돋우는 데 중요한 역할을 했다. 스탈린은 소련의 전시 동맹국인 영국 및 미국과 정상 회담을 할 때 나라를 대표했고,[26] 영국 총리 윈스턴 처칠,* 미국 대통령 프랭클린 델러노 루스벨트**와 정기적으로 연락을 취했다.[27] 1939년 이전에 스탈린은 동료 공산주의자들을 제외하고는 외국인들을 거의 접견하지 않았지만, 제2차 세계 대전 동안에는 고위 관리, 외교관, 군 인사들의 줄지은 방문에 낯익은 인물이 되었다. 소련의 전시 선전에서 스탈린은 독일과 맞선 투쟁에서 나라의 통합을 상징하는 요지부동의 중심인물로 묘사되었다. 전쟁 후반기에는 스탈린의 군사적 천재성에 대한 찬가가 소련 신문의 지면을 가득 채웠고, 전쟁 말기에 스탈린이 〈대원수 Generalissimus〉 ― 최고의 장군 ― 의 관(冠)을 받았을 때 그 행위는 적절한 듯싶었다.[28]

외부 관찰자들의 눈에 스탈린은 소련의 전쟁 수행 노력을 지휘하는 핵심 인물처럼 보였다. 이 당대의 인식은 1948년에 발간된 도이처의 스탈린 전기에 다음과 같이 요약되었다.

전쟁 동안 크렘린을 방문한 연합국 인사들은 스탈린이 얼마나 많은 크고 작은 군사·정치·외교 문제에 대해 최종 결정을 내리는지를 보고 깜짝 놀랐다. 스탈린은 사실상 총사령관이자 국방 장관, 병참 장교, 공급 장관, 외무 장관, 심지어 의전과장이었다. (……) 그는 4년간의 전쟁 시기 내내 하루하루 계속 나아갔는데, 어디서나 존재했고 모든 것을 다 아는, 인내와 끈기, 경계의 천재였다.[29]

* Winston Churchill(1874~1965). 영국의 보수주의 정치가. 1940~1945년, 1951~1955년 영국 총리를 지냈다.

** Franklin Delano Roosevelt(1882~1945). 미국의 제32대 대통령(재임 1933~1945). 임기 동안 대공황과 제2차 세계 대전을 모두 경험한 미국 지도자로서 뉴딜 정책을 통해 미국이 대공황에서 벗어나도록 도왔고, 제2차 세계 대전 때 연합군의 일원으로 독일, 이탈리아, 일본을 상대로 전쟁을 수행해 승리로 이끌었다.

60년 뒤 도이처의 평가는 러시아의 자료에서 나온 새로운 증거에 의해 옳은 것으로 입증되었다. 이 자료들은 전쟁 동안 스탈린이 어떻게 정책을 입안하고 결정을 내리며 활동을 했는지, 상세한 그림을 제공한다. 스탈린의 업무 일지에서 우리는 누가 크렘린의 집무실을 방문했고, 얼마나 오래 머물렀는지를 알 수 있다.[30] 우리는 스탈린의 집무실로 흘러들어 온 수천 건의 군사·정치·외교 보고서와 브리핑을 들여다볼 수 있다. 우리는 전쟁 동안 스탈린이 나눈 정치적·외교적 대화를 보여 주는 거의 완벽한 기록을 갖고 있다. 그 기록은 스탈린이 대체로 솔직하게 속내를 털어놓았던 외국 공산주의자들과의 대화도 포함한다. 우리는 그가 최전선의 군사령관들과 전화와 전신으로 나눈 많은 대화를 글로 풀어 쓴 사본을 갖고 있다. 우리는 일부 스탈린의 최측근들이 작성한 회고록과 일기를 갖고 있다. 이 새로운 증거들은 결코 완전하지 않다. 스탈린의 매우 사적인 생각과 판단을 보여 주는 증거는 여전히 제한적이다.[31] 그러나 우리는 이제 스탈린이 소련의 전쟁 수행 노력을 어떻게 세세히 지휘했는지, 또 그가 군사적·정치적 결정들을 어떤 맥락에서 내렸는지에 대해 상당히 많이 알고 있다.

1943년부터 1945년까지 모스크바의 미국 대사였던 애버렐 해리먼*은 전쟁 동안 어떤 다른 외국인보다 더 직접적으로 스탈린과 관계를 맺었던 인물일 것이다. 1981년의 인터뷰에서 해리먼은 스탈린의 전시 리더십을 다음과 평가했다.

전쟁 지도자 스탈린은 (……) 인기가 좋았고 소련을 단결시킨 사람이라는 데에는 의문의 여지가 없습니다. (……) 어떤 다른 사람도 그렇게 할 수 있었을 거라 생각하지 않고 스탈린이 세상을 뜬 이후 일어난 일을 보

* William Averell Harriman(1891~1986). 미국의 민주당 정치가, 사업가, 외교관. 1943~1946년 소련 주재 대사, 1946년 영국 주재 대사, 1946~1948년 상무 장관, 1955~1958년 뉴욕 주지사를 역임했다.

건대 이 견해를 바꿀 수 없습니다. (……) 비상 상황 — 한 사람이 엄청난 영향을 끼친 역사적 사건들 중 하나 — 에서 국가 지도자의 소임을 다했던 스탈린을 특히 찬양하지 않을 수 없다는 점을 강조하고 싶습니다. 그런다고 스탈린의 잔혹 무도함에 대한 혐오가 최소한으로 줄어들지는 않겠지만 저는 당신에게 다른 측면뿐 아니라 건설적인 측면도 보여 줘야 한다고 생각합니다.[32]

같은 인터뷰에서 해리먼은 그의 생각에 스탈린을 그처럼 유능한 전쟁 지도자로 만든 자질들을 매우 흥미진진하게 묘사했다. 해리먼의 견해에 따르면, 스탈린은 날카로운 지성의 소유자였고, 지식인은 아니지만 영특한 수완가로서 권력의 지렛대를 효과적으로 사용하는 법을 아는 실행가였다. 개인으로서 스탈린은 무뚝뚝하지만 다가가기 쉬웠고, 협상을 할 때 소기의 목적을 달성하기 위해 아부는 물론이고 충격 전술도 활용할 준비가 되어 있었다. 사교가 필요한 자리에서는 모든 사람을 배려하고 모든 사람과 건배했으나 일부 그의 지인들과는 달리 취하거나 자기 통제를 잃지 않았다. 해리먼은 스탈린이 (그냥 〈매우 의심 많은〉 정도가 아니라) 피해망상에 시달린다거나, 〈단순한 관료〉에 불과하다는 것을 부인하는 데 특히 공을 들였다.

스탈린은 세부 사항을 흡수해서 그에 따라 행동하는 데 엄청난 능력을 갖고 있었습니다. 그는 전쟁 기구 전체에 뭐가 필요한지 잘 깨닫고 있었지요. (……) 스탈린과 협상하면서 우리는 그가 사안을 매우 잘 알고 있다는 사실을 항상 발견했습니다. 스탈린은 자신에게 중요한 장비에 대해 뛰어난 지식을 갖고 있었습니다. 자신이 원하는 총기의 구경, 도로와 다리가 받을 탱크의 중량, 항공기를 만드는 데 필요한 금속 종류의 세부 사항을 잘 알았어요. 그것은 어떤 관료의 특성이라기보다는 극히 유능하고 활기찬 전쟁 지도자의 특성이었습니다.[33]

사회적 매력덩어리, 업무의 대가, 유능한 협상가, 그리고 무엇보다도 단호하지만 실용적인 활동가 스탈린. 해리먼의 이 주장들은 전쟁 동안 소련 독재자와 함께 일했던 사람들의 보고에 거듭 등장한다.

역사가들 사이에서 지난날을 되돌아보며 내리는 스탈린에 대한 평결은 좀 더 복잡하게 뒤섞여 있지만 가장 가혹한 비판가들조차도 전쟁이 스탈린의 삶과 활동에서 예외적으로 긍정적인 시절이었음을 인정한다. 공통의 견해는 스탈린의 통치가 일반적으로 끔찍했으나, 그의 독재의 악덕은 전쟁 리더십의 미덕이 되었다는 것이다. 예컨대 리처드 제임스 오버리*는 자신의 고전적 저작인 『연합국은 왜 이겼는가』에서 스탈린을 다음과 같이 평가했다.

스탈린은 소련의 전쟁 수행 노력에 강력한 의지를 발휘했는데, 이는 주변 사람들에게 동기를 부여하고 그들의 에너지에 방향을 부여했다. 그 과정에서 스탈린은 공격당한 인민들에게 비상한 희생을 기대하고 또 그것을 얻었다. 1930년대에 그를 둘러싸고 발전한 개인숭배 덕분에 전시에 이와 같은 요구가 가능했다. 당시 어떤 다른 소련 지도자가 국민들로부터 그런 노력을 짜낼 수 있었을 거라고 생각하기는 힘들다. 스탈린 숭배가 소련이 전쟁 수행 노력에 필수적이었다는 감이 든다. (……) 전시 체제의 야만성이 드러났다고 해서 스탈린의 소련 지배가 승리 추구에 방해가 되었다기보다는 도움을 주었다는 사실에 눈을 감아서는 안 된다.[34]

스탈린의 최측근 정치 인사들을 제외하면,[35] 전쟁 동안 그와 가장 긴밀하게 자주 접촉했던 그룹은 상급 사령부 구성원들이었다. 스탈린의

---

* Richard James Overy(1947~). 영국의 역사학자. 제2차 세계 대전과 나치 독일의 역사에 관한 전문가이다. 저서로 『제3제국의 전쟁과 경제』, 『연합국은 왜 이겼는가』, 『러시아의 전쟁』(한국에서는 2003년 〈스탈린과 히틀러의 전쟁〉이라는 제목으로 번역, 출간되었다), 『독재자들』, 『폭격전』 등이 있다.

장군들이 내놓은 해석은 전시 동안 소련 독재자가 일상 업무를 어떻게 처리했는지 아주 상세한 그림을 제공한다.[36] 60대였던 스탈린은 전쟁 내내 하루에 12~15시간 일하면서 부하들에게도 같은 것을 요구했던 엄격한 감독자였다. 스탈린은 하루 세 번씩 참모 본부 장교들에게서 전략적 상황에 대한 브리핑을 받았다. 그는 정확하고 정직한 보고를 기대했고 재빨리 모순과 오류를 잡아냈다. 스탈린은 사실과 이름과 얼굴에 대해 경이로운 기억력을 자랑했다. 또 그는 다른 사람들의 주장을 들을 자세가 되어 있었지만, 주장하는 사람들이 요점을 명확하게 이야기하기를 기대하고 자신의 의견을 간단명료하게 밝혔다.

하지만 소련 군 인사들의 회고록이 보여 준 주된 초점은 이러한 개인적 능력이 아니라 최고 사령관으로서, 군사 지도자로서 스탈린의 행위였다. 세베린 비알러*가 지적했듯이, 서방 사람들에게 깊은 인상을 남긴 것은 원대한 전략을 파악하고 소련 전쟁 수행 노력을 기술적·전술적으로 세세히 통제하는 스탈린의 역량이었다.[37] 그러나 정작 스탈린의 장군들에게 중요했던 것은 스탈린의 작전술, 큰 전투를 지휘하고 대규모 군사 작전을 통제하는 그의 능력이었다. 이 점에서 소련 군 인사들의 회고록은 스탈린이 범했던 많은 실수를 보고한다. 희생이 큰 잘못 계획된 공격을 감행하고, 적들의 포위에 직면해 전략적 후퇴를 명령하기를 거부하며 큰 전투를 조심성 없이 처리한 일 따위가 그것이다. 다른 불만 사항으로는 최전선의 작전에 지나치게 개입하고 결정적인 상황에서 평정심을 잃었으며 자신의 잘못에 대해 다른 이들을 희생양으로 삼은 일 등이 있다. 무엇보다도 스탈린이 인력과 물자를 낭비했고, 너무 큰 비용을 치르면서 대(對)독일 승리를 거두었다는 비판이 있다.

동부 전선에서 전쟁을 치르는 동안 소련군은 600개 이상의 적군 사

---

* Seweryn Bialer(1926~2019). 독일 태생의 미국 정치학자. 컬럼비아 대학교의 명예 교수였고 소련 공산당과 폴란드에 관한 전문가였다. 저서로 『스탈린과 그의 장군들』, 『고르바초프의 러시아와 미국의 대외 정책』 등이 있다.

단(독일군은 물론이고 이탈리아, 헝가리, 루마니아, 핀란드, 크로아티아군을 포함해)을 괴멸시켰다. 특히 독일의 경우 동부 전선에서 300만 명의 사망자를 포함해 1000만 명의 사상자를 냈고(독일 총 전쟁 사상자의 75퍼센트), 히틀러의 추축 동맹국들은 100만 명을 잃었다. 붉은 군대는 4만 8,000대의 적군 탱크, 16만 7,000문의 대포, 7만 7,000대의 항공기를 파괴했다.[38] 하지만 소련의 인명 피해는 독일보다 2~3배 많았다. 예를 들어 소련군 사상자는 800만 명의 사망자를 포함해 약 1600만 명에 달했다.[39]

전쟁 동안 스탈린의 부최고 사령관을 지냈던 게오르기 주코프* 원수는 소련군 상급 사령부가 인력과 물자를 낭비했다는 발상에 강한 이의를 제기했다. 그는 지금의 관점에서 보면 군이 좀 더 적게 동원되고 사상자도 좀 더 적게 나왔을 수도 있었다고 쉽게 주장할 수 있지만 전장의 상황은 훨씬 더 복잡하며 예측 불가능하다고 강조했다.[40] 붉은 군대의 사상자 가운데 상당 비율은 두 가지 요인의 결과라는 것이 거의 틀림없다. 첫째, 대량 사상자는 파멸적인 전쟁의 첫 몇 개월 동안 발생했다. 이 시기에 독일군은 소련군 수백만 명을 포위하여 사로잡았고, 이들 대부분은 나치의 포로가 되어 사망했다. 그 후 전쟁 후반기에는 독일 쪽으로 젖 먹던 힘을 다해 매우 능숙하게 후퇴하던 적군에 대규모 공격을 가하면서 큰 희생이 뒤따랐다. 전쟁 막바지인 1945년 4월에 벌어진 베를린 전투에서도 베어마흐트**는 붉은 군대에 8만 명의 사망자를 안겨 줄 역량을 갖고 있었다.

스탈린이 전투 중에 자국민 수백만 명을 죽음으로 몰아넣은 사실에

---

* Georgy Konstantinovich Zhukov(1896~1974). 소련의 군인이자 정치가. 제2차 세계 대전에서 크게 활약해 1943년 소련 원수로 승진했다. 1955~1957년 소련 국방 장관을 지냈다.

** Wehrmacht. 1935년부터 1945년까지 존재했던 나치 독일 국방군을 가리킨다. 제2차 세계 대전 동안 베어마흐트는 육군Heer, 전쟁 해군Kriegsmarine, 공군Luftwaffe으로 구성되어 있었다.

대해 조금이라도 양심의 가책을 느꼈다는 증거는 없지만 그렇다고 그가 감정이 없는 것은 아니었다. 스탈린은 지휘자의 가면을 멋있게 착용하고 무자비하게 승리를 추구했지만 독일에 대한 증오는 숨김 없이 드러냈다. 그는 동부 전선에서 히틀러가 수행한 섬멸 전쟁에 진정으로 충격받았는데, 이 전쟁의 목표는 공산주의 시스템을 완전히 파괴하고 소련의 도시들을 철저히 무너뜨린 뒤 수백만 소련 시민을 대량 학살하거나 노예로 만드는 것이었다. 1941년 11월 스탈린은 다음과 같이 경고했다. 〈독일이 절멸 전쟁을 원한다면 그들은 그렇게 할 겁니다.〉[41] 전쟁 내내 스탈린은 독일에 대해 징벌적 평화를 강제하고 싶어 했다. 이는 또 다른 히틀러의 대두를 막아 주는 보장책이 될 터였다. 스탈린은 나치의 전쟁 범죄와 독일 국민 전체의 전쟁 범죄를 일관되게 구분했지만, 적에 대해서는 일말의 동정심도 없었고 정치적 목적이나 경제적 목적에 들어맞을 경우에만 소련군의 보복을 제지했을 뿐이었다. 공개적으로 스탈린은 아들 야코프* — 전쟁에서 독일군의 포로가 되어 죽었다 — 의 죽음에 어떤 감정도 드러내지 않았으나 아들의 상실은 사랑하는 사람을 잃어버림으로써 같은 불행을 겪은 수많은 소련 국민과 그를 하나가 되게 했다.

스탈린은 독일과 독일인에 대한 적개심을 매우 감정적으로 분출하곤 했는데, 그 중 하나가 1945년 3월에 자신을 내방한 체코슬로바키아 대표단에게 한 발언에 담겨 있다.

지금 우리는 독일인들을 두드려 잡고 있는 중이고, 많은 사람이 독일인들이 다시는 우리를 위협할 수 없을 거라고 생각하지요. 하지만 그렇지 않습니다. 저는 독일인들을 증오합니다. 그러나 그 사실이 독일인들에 대

---

* Yakov Iosifovich Dzhugashvili(1907~1943). 스탈린의 생물학적 세 자녀 중 장남. 첫 부인 카토 스바니제Kato Svanidze의 아들로 태어나 14세에 모스크바로 이주했다. 처음에는 엔지니어가 되려고 공부했으나 포병 장교 훈련을 받고 제2차 세계 대전에 참전했다. 1941년 7월 독일군의 포로가 되어 1943년 4월 작센하우젠 수용소에서 사망했다.

한 판단을 가려서는 안 됩니다. 독일인들은 위대한 민족이지요. 매우 뛰어난 기술자이고 조직가입니다. 선천적으로 용감한 병사들이지요. 독일인들을 제거하는 것은 불가능합니다. 그들은 계속 남아 있을 겁니다. 우리는 독일인들과 싸우고 있으며 끝까지 싸울 겁니다. 그러나 우리는 우리의 동맹국들이 독일인들을 구하려 들면서 그들과 타협하려 할 것임을 명심해야 합니다. 우리는 독일인들에게 인정사정없겠지만 우리 동맹국들은 그들을 조심스럽게 다룰 겁니다. 그러므로 우리 슬라브인들은 독일인들이 우리에 맞서 다시는 일어서지 못하도록 준비해야 합니다.[42]

스탈린의 전쟁 리더십에 대한 가장 엄격한 비판가 중 한 사람은 그의 〈글라스노스트〉* 전기 작가인 드미트리 볼코고노프** 장군이다. 1945년에 붉은 군대에 들어간 볼코고노프는 20년 동안 군 선전 부서에서 일한 후 〈소련 군사사 연구소〉의 책임자가 되었다. 볼코고노프는 그의 배경과 직책 덕분에 고르바초프 시기 동안 소련의 군사적·정치적 문서와 기밀문서에 광범위하게 접근할 수 있었다.[43] 볼코고노프가 1989년에 출간한 스탈린 전기는 소련에서 발간된 소련 독재자에 관한 최초의 진지하고 비판적인 저작으로 널리 알려졌다. 전쟁 지도자로서 스탈린에 대한 볼코고노프의 평결은 스탈린이 〈무수한 책과 영화, 시, 연구서, 이야기에서 묘사된 것과는 달리 천재적인 군사 지도자가 아니며〉, 〈전문적인 군사적 수완이 없고〉, 〈오직 피에 젖은 시행착오를 겪고

---

* glasnost. 〈개방〉이라는 뜻의 러시아어. 좀 더 원어에 가까운 표기는 〈글라스노스치〉다. 소련의 지도자였던 미하일 고르바초프가 1985년에 실시한 개방 정책을 가리킨다. 이 정책에 따라 반소련적이라고 금지된 예전의 문학 작품이나 영화, 연극 등이 일반인들에게 공개되면서 보수적인 관료와 사회의 부패가 전면적으로 비판을 받는 등 소련의 민주화가 크게 앞당겨졌다.

** Dmitrii Antonovich Volkogonov(1928~1995). 러시아의 역사가. 심리전 책임자로서 소련군 연대장을 지냈다. 소련 해체 전후로 공개된 새로운 자료를 바탕으로 스탈린, 레닌, 트로츠키의 전기를 출간하여 서방에 잘 알려졌다.

나서야 전략적 지혜를 갖게 되었다〉는 것이었다. 그와 동시에 볼코고노프는 스탈린의 전쟁 지도력이 가진 긍정적인 측면, 특히 〈교전이 경제적·사회적·기술적·정치적·외교적·이념적·민족적 요인 같은 전 부문에 걸친 다른 비군사적 요인들에 깊이 의존한다는 사실〉을 간파한 소련 지도자의 능력에 눈을 감지 않았다.[44]

볼코고노프 저작이 발간된 이후 러시아 군사사가들 사이의 의견은 스탈린을 지지하는 쪽으로 다시 돌아갔다.[45] 많은 저자가 스탈린의 장군들이 전쟁에서 승리했고 스탈린의 지도가 없었더라면 훨씬 적은 희생으로 승리를 얻었을 거라고 계속 주장하고 있지만 말이다.

스탈린의 전시 활동에 대한 세세한 재구성과 해석은 지속적인 비판과 반비판의 타당성을 따져 보는 일과 마찬가지로 이 책의 주된 주제이다. 하지만 이 자리에서는 누구나 받아들일 수 있는 몇 가지 일반적인 견해를 제시하는 일이 가능할 것이다.

스탈린은 야전의 상급 사령관으로, 최전선은 아니지만 전투 지역에서 복무한 경험이 있었다. 러시아 내전* 동안 스탈린은 공산당 중앙 위원회의 대표인 정치 지도 위원**으로 활동했다. 물자를 확보해 붉은 군대에 공급하는 일을 하며 스탈린은 고위급 수준에서 이루어지는 군사적 정책 결정 과정에 참여할 수 있었다. 내전 동안 스탈린이 했던 가장 잘 알려진 행동은 1918년 차리친을 방어할 때 그가 한 역할이었는데, 이 도시는 1924년 그를 기려 스탈린그라드로 이름을 바꾸었다. 소련

---

* 러시아 내전(1917~1922). 구 러시아 제국에서 1917년 러시아 혁명이 벌어진 직후 발생한 여러 세력 간의 전쟁을 가리킨다. 크게 두 개의 교전 세력이 존재했는데, 레닌의 볼셰비키를 위해 싸우는 붉은 군대와 민주주의 및 반민주주의 성격의 다양한 군주제, 자본주의, 사회 민주주의 세력이 연합하여 형성된 백군이 있었다. 이에 더해 녹군을 비롯해 여러 다른 무장 세력도 내전에 참여했고 연합군과 독일군 같은 외국 군대도 전쟁에 개입했다.

** political commissar. 소련군, 인민 해방군, 조선 인민군 등 공산주의 국가의 중대급 이상 단위의 부대에서 정치적 임무를 담당하는 군인의 보직을 가리킨다. 이 직책을 받는 이들이 장교이기 때문에 정치 장교라고 부르기도 한다. 주로 해당 부대에서 정치 사업을 책임지고 담당하는 임무를 수행한다.

남부 볼가강 연안의 결정적인 요지에 자리 잡은 차리친은 캅카스에서 모스크바로 가는 식량과 연료의 공급 루트를 지키는 도시였다. 1920년 대와 1930년대에 군사 문제에 꾸준히 관심을 두었던 스탈린은 자신이 〈내전 마인드〉라고 칭했던 사고방식을 계속 비판하면서 붉은 군대가 교리와 무기를 현대화하고 이전의 영광에 안주하고 싶은 유혹에 저항 해야 한다고 주장했다.

제2차 세계 대전 동안 전쟁 지도자로서 스탈린의 역할에 특히 중요 하게 작용한 것은 1919~1920년에 겪었던 패배와 대참사였다. 내전이 한창일 때 볼셰비키는 모든 방면에서 공격해 오는 반혁명 백군에 포위 당해 나라의 중심부에서 통제하던 영토만 가까스로 유지할 수 있었다. 스탈린은 또 1920년 제프 피우수트스키* 장군이 붉은 군대가 바르샤바 로 진격하는 것을 저지하고 폴란드군이 반격을 가하는 것을 보았다. 그 결과 소비에트 국가는 새로 건국한 폴란드에 서부 벨로루시야**와 서 부 우크라이나를 잃었다.[46] 제2차 세계 대전 동안 스탈린이 승리에 대 해 비상하게 품고 있던 믿음을 고려할 때 이런 혹독한 후퇴 경험을 염두 에 두어야 한다. 이 믿음은 독일군이 소련의 절반을 점령하고 레닌그라 드, 모스크바, 스탈린그라드를 포위했을 때에도 결코 흔들리지 않았다.

대조국 전쟁 동안 스탈린은 장군의 역할을 떠맡았지만 (처칠처럼) 전투를 직접 지켜보거나 (히틀러처럼) 최전선 가까이에서 작전을 지휘 할 의향은 없었다. 스탈린은 단 한 차례 전투 지역을 방문했을 뿐이었

---

* Józef Klemens Piłsudski(1867~1935). 폴란드의 정치가이자 군인. 1892년 폴란드 사 회당을 결성하고 반(反)러시아 투쟁을 전개하다가 1900년 체포되었으나 이듬해 탈주했다. 러 시아의 1905년 혁명 후 오스트리아로 망명해 갈리치아에서 무장 집단을 조직하고 제1차 세 계 대전 때 이 〈폴란드 군단〉을 통솔하여 러시아와 싸웠다. 1916년 독일 측에 감금되었으나 1918년 독일 혁명 때 석방된 뒤 독립 폴란드군 최고 사령관 겸 국가 주석이 되었으며, 국내의 혁명 운동을 탄압했다. 1920년 말 한때 정계를 은퇴했다가 1926년 쿠데타로 정권을 잡고 독 재 정치를 폈으며, 1934년 히틀러와 동맹을 맺었다.

** Belorussia. 지금의 벨라루스를 가리킨다. 소연방의 구성 공화국 시절에는 러시아어로 벨로루시야라고 불렀다.

다. 그는 크렘린 집무실 내에서나 모스크바 근교의 다차(시골 별장)에서 머릿속으로 작전을 그리며 최고 지휘권을 행사하기를 좋아했다.

우리는 스탈린이 작전상의 오류를 범했다고 비판할 수 있을 것이다. 하지만 이러한 비판은 스탈린이 종종 전문적인 군사 자문관들의 충고와는 다르게 행동함으로써 오히려 일을 제대로 처리하기도 했다는 사실을 인정해야 공평하다. 이 지적은 특히 작전상의 쟁점들이 사기, 정치, 심리 문제와 겹칠 때 잘 들어맞는다. 볼코고노프가 언급했듯이, 스탈린의 〈사고는 좀 더 지구적이었고, 바로 이것이 그를 군사 리더십에서 다른 이들보다 우위에 서게 했다〉.[47]

스탈린에게 쏟아진 모든 비판이 정확하거나 옳다고 추정해서는 안 된다. 많은 경우 스탈린은 군사령관들의 자문에 따라 행동했고, 실수에 대한 책임을 이들과 함께 져야 한다. 지금 돌이켜 생각해 보면 실수임을 확인할 수 있기 때문에 당시 실수를 바로잡는 것이 가능했다고 추정하는 것은 전혀 현명하지 않다. 당시에는 값비싼 오류를 피하는 데 요구되는 지식과 통찰력을 어느 누구에게서도 찾아볼 수 없는 일이 흔했다. 군사적인 실제 경험 없이 목소리만 큰 전 세계의 자칭 전략가들과 마찬가지로, 소련의 군사 회고록 집필자들은 희생을 치르지 않고 이기는 일이 훨씬 쉬울 때 전투를 복기하고 싶은 유혹을 참아 내기 힘들었던 것이다.

끝으로, 소련의 군사 회고록들의 지면에서 스탈린에 대한 비판적 논평을 모아서 인용하기는 쉽지만, 그렇게 했을 때 그것들이 전달하는 주된 인상은 왜곡될 것이다. 그것은 전쟁이 계속 진행되면서 자신의 실수로부터 배워 일을 더욱 잘하게 된 지도자라는 인상이다. 이는 확실히 전쟁 동안 스탈린의 최측근 군사 동료였던 알렉산드르 바실렙스키* 원수

---

* Alexander Mikhailovich Vasilevskii(1895~1977). 소련의 장군. 1943년 소련 원수까지 승진했다. 제2차 세계 대전에서 소련군 참모 총장과 국방 차관을 역임했으며 전후 1949년부터 1953년까지 국방 장관을 지냈다. 제2차 세계 대전에서 스탈린그라드 반격에서부터 동프로이센 공세까지 소련의 결정적인 공격을 계획했다.

와 게오르기 주코프 원수가 보이는 견해이다.

소련이 동부 전선에서 전쟁을 치른 대부분의 시기 동안 소련군 참모 총장을 지냈던 바실렙스키는 붉은 군대의 주요 작전들을 계획하고 지휘하는 일에 참여했다. 그는 대면으로든 전화로든 매일 스탈린과 접촉했고, 최고 사령관의 인격 대리인으로서 자주 최전선으로 파견되었다. 1974년에 발간된 그의 회고록에서 바실렙스키는 스탈린의 전쟁 리더십에서 두 시기를 구분했다. 첫 번째는 스탈린에게 〈작전과 전략 면에서 부적절하게 훈련된 상태가 뻔히 보였던〉 전쟁 발발 첫 몇 달 동안의 시기이다. 두 번째는 스탈린그라드 전투가 절정에 오르면서 스탈린이 전문적인 자문과 교습에 귀를 기울이며 그것들을 받아들이기 시작했고, 그 결과 〈작전의 준비 및 실행과 관련된 모든 문제를 훌륭하게 파악한〉 1942년 9월 이후의 시기이다. 요컨대 바실렙스키는

스탈린은 특히 전쟁 후반부에 전략적 지휘의 가장 강력하고 뛰어난 인물이었다고 깊이 확신한다. 스탈린은 전선과 나라의 전쟁 수행 노력 전체를 성공적으로 감독했다. (……) 나는 스탈린이 소련군이 전략적 공세를 취하는 동안 소련 장군의 기본 자질을 전부 보여 주었다고 생각한다. (……) 최고 사령관으로서 스탈린은 대부분의 경우 극단적으로 너무 많은 요구를 했으나 충분히 근거가 있는 것이었다. 그의 지시와 명령은 전선의 사령관들에게 그들의 실수와 결점을 보여 주었고, 그들에게 온갖 종류의 군사 작전을 어떻게 능숙하게 다루는지 그 방법을 가르쳤다.[48]

바실렙스키가 일반적으로 붉은 군대의 전쟁 수행 노력 이면에서 두뇌 역할을 한 사람으로 평가된다면, 주코프는 가장 위대한 최전선 장군으로 여겨진다. 주코프는 1941년 가을에 성공적인 모스크바 방어를 지휘했고 — 동부 전선 전쟁에서 최초의 대전환점이었다 — 스탈린그라드 전투(1942), 쿠르스크 전투(1943), 베를린 전투(1945)에서 핵심적 역할을 했다. 주코프는 1942년 8월부터 스탈린의 부최고 사령관으로

근무했고, 1945년 6월에 붉은 광장에서 승전 열병식을 이끌었다. 단호하고 고집 세고 가차 없는 지휘관으로서 그의 명성은 군사 문제에 대한 스탈린의 판단에 대놓고 도전하면서 뒤따른 말다툼 속에서도 기꺼이 자기 입장을 지키려 한 몇 안 되는 소련 장군들 중 한 명이다. 전쟁 후 주코프는 스탈린의 총애를 잃고 강등되어 지역 군사령관으로 임명되었다. 스탈린 사망 후에는 황야에서 돌아와 국방 장관으로 근무했으나 흐루쇼프와 사이가 틀어져 1957년 사임했다. 흐루쇼프 실각 후 주코프는 복권되었고 1960년대 중반에 대조국 전쟁의 주요 전투들에 관한 일련의 중요한 연구서들을 발간했다.[49]

1969년에 발간된 주코프의 회고록은 최고 사령관으로서 스탈린의 능력을 실제보다 돋보이도록 묘사했다.

스탈린이 정말로 뛰어난 군사사상가이고 소련군의 발전에 크게 기여한 사람이며 전술적·전략적 원리의 전문가였다는 것이 사실인가? (……) 스탈린은 전선군 작전과 전선군 그룹들의 작전을 조직하는 기술에 통달했고, 복잡한 전략적 문제를 철저히 이해하면서 작전들을 능란하게 지도했다. (……) 그는 적군을 상대로 저항을 조직하고 주요 공격 작전을 수행하기 위해 전략적 상황에서 중요한 고리를 장악하는 솜씨가 있었다. 그는 확실히 훌륭한 최고 사령관이었다. 물론 스탈린은 부대와 모든 지휘 제대(諸隊)가 전선군이나 전선군 그룹의 작전을 적절히 준비하기 위해 꼼꼼하게 다루어야 할 모든 세부 사항을 알고 있지는 못했다. 이 문제에 대해서는 스탈린이 잘 알 필요가 없는 것이었다. (……) 스탈린의 장점은 그가 군사 전문가들의 자문을 올바르게 평가한 다음에 요약된 형태로 — 지시, 지령, 군율의 형태로 — 그것들을 즉시 실제 지침으로 부대에 배포했다는 사실에 있다.[50]

스탈린을 매우 유능한 최고 사령관으로 그리는 이 두 가지 칭송은 두 원수가 스탈린과 아주 가까운 인물이었다는 사실을 감안하면 그리 놀라운 일도 아니다. 그들은 스탈린이 임명하고 후원한 사람들이었다. 그들은 소비에트 국가에 충성을 다하는 사람들이었다. 그들은 공산주의를 진실로 믿는 자들이었고 스탈린을 숭배하는 사람들이었으며, 대조국 전쟁에서 승리의 영광을 함께했다. 무엇보다도 그들은 1937~1938년에 스탈린이 자행한 피에 젖은 군부 숙청에서 살아남았다.

스탈린의 테러

전쟁 전에 벌어졌던 스탈린의 소련군 숙청은 극적으로 시작되었다. 1937년 5월 국방 부인민 위원인 투하쳅스키* 원수가 소련 정부를 전복하기 위해 나치 독일과 음모를 꾸몄다는 반역 혐의로 기소되었다. 1935년 스탈린에 의해 원수로 승진한 투하쳅스키는 붉은 군대의 가장 혁신적이고 설득력이 있는 전략 이론가로서, 붉은 군대의 현대화와 장비 개선을 열성적으로 주창하며 그것의 실현을 위해 애쓰던 사람이었다.[51] 다른 고위 장군 7명도 투하쳅스키와 함께 체포되어 6월에 모두 비밀 재판에서 유죄 판결을 받고 총살당했다. 평결과 선고는 소련 언론에 발표되었고 재판이 있은 지 열흘 안에 980명의 장교가 추가로 체포되었다.[52] 숙청이 마무리되었을 때 3만 4,000여 명이 군에서 해직된 것으로 드러났다. 이 장교들 중 약 1만 1,500명이 결국 복권되었으나 대다수는 처형되거나 감옥에서 죽었다.[53] 사망자 중에는 원수 3명, 장군 16명, 제독 15명, 대·중령 264명, 소령 107명, 상·중·소위 71명이 포함되었다. 가장 심한 피해를 입은 장교 부류는 정치 지도 위원들이었는

---

* Mikhail Nikolayevich Tukhachevskii(1893~1937). 소련의 군인. 1914년 사관 학교를 졸업하고 제1차 세계 대전에 참가했다. 1918년 붉은 군대에 입대해 1925년 참모 총장, 레닌그라드 군관구 사령관을 거쳐 국방 부인민 위원, 소련 공산당 중앙 위원회 후보 및 원수가 되었다. 1937년 5월 불가 군관구 사령관으로 좌천되고, 6월 반소련 음모 혐의로 비공개 재판에 회부되어 총살당했다. 1956년 흐루쇼프의 〈스탈린 비판〉 이후 명예가 회복되었다.

데, 수천 명이 숙청으로 죽었다.[54]

스탈린 사망 후 숙청은 소련 군부와 정치 지도부에 의해 취소되어 희생자들은 무죄로 인정되거나 복권되었다.[55] 이후 숙청이 특히 나치와의 전쟁 초기 단계에서 군의 행동에 어떤 영향을 미쳤는지를 둘러싸고 토론이 벌어졌다. 숙청된 사람들 중에는 매우 노련하고 재능 있는 소련 장교단 구성원들도 일부 포함되었다. 숙청이 군사적 혁신과 창의성, 독립성을 질식시켰으며, 그 결과 일부 사람들이 말하듯이 붉은 군대와 상급 사령부가 스탈린의 의지에 완전히 종속되었다고 주장되었다. 이 때문에 소련 독재자가 마음대로 행동하여 군사적으로 실수를 저지르고 잘못된 판단을 내렸으며 수많은 소련 시민이 피를 흘리고 죽는 대가를 치렀다.

스탈린의 목표가 상급 사령부에 겁을 주는 것이었다면 그는 확실히 성공했다. 1941년 완전한 대참사에 직면했을 때에도 스탈린의 권위에 도전한 장군들은 전혀 없었고, 그가 군사적 실패를 무능한 사령관들의 탓으로 돌리면서 그들을 총살에 처했을 때도 어떤 반대도 없었다.[56] 그러나 스탈린이, 두려움에 몸을 떨며 숙청된 전임자들의 피 묻은 자리를 새로 맡은 후임자 집단의 상급 사령부를 지배했다고 말하는 것은 잘못일 테다. 스탈린의 전시 사령관들은 전투 경험을 쌓고 실수로부터 배우면서 뛰어난 성과를 거두었고 소련 독재자와 긍정적이고 협력적인 관계를 발전시켰다. 그 속에서 그들은 창의성과 재능, 상당한 독립성을 발휘했다. 이런 사정을 감안하면 숙청된 동료들이 훨씬 더 잘했을 것인지의 여부는 여전히 추측으로 남아 있을 뿐이다. 확실한 사실은 숙청된 장교들이 결백하고, 또 바로 소련군이 전쟁 준비를 위해 엄청나게 확대되고 있을 때 숙청을 단행한 것은 전문적인 지휘 능력의 엄청난 상실을 의미한다는 점이었다. 국방비 지출은 1932~1933년 국가 예산의 10퍼센트에서 1939년에는 25퍼센트로 증가했고, 군 병력은 100만 명 이하에서 400만 명 이상으로 늘어났다.[57] 1941년경에 붉은 군대는 세계에서 광범하게 장비를 갖춘 가장 큰 군대였고, 이 군의 장비 개선과 재훈련,

재조직 과정은 그해 6월 독일과의 전쟁이 발발할 때까지 계속되었다.

스탈린의 군 숙청은 고립된 현상이 아니었다. 1934년 12월 레닌그라드의 공산당 당수였던 세르게이 키로프*가 암살된 후에 수천 명의 당원이 소련 지도자들을 살해하려는 음모를 꾸민 혐의로 체포되었다.[58] 1930년대 중반에 간첩, 파괴 공작원, 반스탈린 음모 조직가[59]로 기소된 전 볼셰비키당 지도자들에 대한 일련의 공개적인 정치 연출 재판**이 진행되었다. 그리고 나서 이른바 예조프시나 — 스탈린의 보안 경찰 수장인 니콜라이 예조프***의 이름을 땄다 — 즉 소위 〈내부의 적〉에 대한 광적인 수색 활동이 벌어졌는데, 그 결과 당 관리와 국가 관리들이 대규모로 체포돼 처형당했다. 이 사건들은 집단적으로 〈대테러〉라고 알려졌다. 주로 1937~1938년에 수백만 명이 체포되어 수십만 명이 총살당한 극심한 정치적 억압과 폭력의 한 시기였다.[60]

대테러의 정도나 완전한 결과는 한참 뒤까지도 알려지지 않았으나 〈인민의 적들〉에 대한 수색 활동에 대해서는 어떤 비밀도 없었다. 테러는 모든 사람이 정치적 이단이나 경제적 파괴 행위, 혹은 외국 정부들의 술책에 가담했다고 의심되는 사람은 누구나 밀고할 것을 권장하는 공개 쇼, 대중이 참여하는 행사였다. 희생자들의 유죄에 대한 광범위한 믿음은 이러한 사태 진행에 대한 인민들의 열광을 부채질했고, 특히

---

* Sergei Mironovich Kirov(1886~1934). 소련의 정치가이자 공산당 지도자. 레닌그라드 공산당 당수였던 1934년에 암살당했으며, 이 사건을 구실로 스탈린이 대숙청을 개시했다고 흔히 알려져 있다.

** show trial. 사법 당국이 미리 피고의 유죄를 결정해 놓은 공개 재판. 재판의 주된 목적은 일반인들에게 피고의 혐의와 평결을 보여 줌으로써 반체제 가능성이 있는 사람들에게 본보기를 제시하고 경고를 주는 데 있다. 연출 재판은 교정보다는 보복의 성격을 띠는 경향이 있으며, 선전의 목적도 있다. 이 용어는 1930년대에 소련에서 처음 사용된 것으로 알려져 있다.

*** Nikolai Ivanovich Yezhov(1895~1940). 스탈린 〈대테러〉 동안 내무 인민 위원부 NKVD의 총수였다. 그의 시대는 보통 예조프시나Yezhovshchina(예조프 시대, 예조프 체제라는 뜻)라고 불린다. 스탈린의 명령을 받고 대테러를 실질적으로 주도했으나 1938년 내무 인민 위원부 총수에서 물러난 후 자신도 숙청 대상이 되어 1940년에 처형당했다.

1933년 1월 히틀러가 권좌에 오른 뒤 국제적 위협과 긴장이 배가되고 격화되면서 더욱 강화되었다. 소련 사회는 국내외 적들에 의해 정말 포위 공격을 받고 있는 것 같았다.[61]

그러나 스탈린은 무엇을 믿었는가? 대테러와 상급 사령부 학살의 동기는 무엇이었는가? 이는 스탈린과 스탈린 체제의 성격에 관한 논쟁의 핵심에 다가가는 질문이다.

대체로 역사가들 사이에는 이와 관련해 서로 다른 사고방식을 보여주는 두 파가 있다. 첫째, 스탈린은 테러를 이용해 자신의 독재 체제와 권력 시스템을 확고히 했다. 이러한 견해는 스탈린의 개인적 성격이 지닌 특성에 근거하여 그의 행동을 설명하는 일과 연관되는 경향이 있다. 즉 스탈린은 피해망상적이었고 복수심에 불탔고 가학적이었고 피에 굶주렸고 권력 의지가 넘치는 사람이었다는 것이다. 두 번째 견해는 스탈린이 국내의 전복 세력과 외국의 위협 세력이 치명적으로 결합할 가능성에 맞서 소비에트 시스템을 방어하는 데 테러가 필수적이라고 여겼다는 것이다. 이 후자의 해석은 스탈린이 이데올로그 ─ 공산주의의 진정한 신봉자이자 적대 계급에 대한 자신의 선전을 확신하는 사람 ─ 였음을 강조하는 시각과 연관되는 경향이 있다.

스탈린에 대한 이 두 가지 분석은 양립 불가능한 것은 아니다. 테러를 자행하기 위해 스탈린은 수십만 명의 시민을 처형하고 수백만 명을 투옥시키는 일을 정당화할 수 있는 성격이 필요했다. 하지만 그것은 이 사태가 스탈린의 심리적 특성이나 순전히 개인적인 야심에 의해 추동되었음을 의미하지는 않는다. 이와 마찬가지로 스탈린은 공산주의의 미덕을 진정으로 믿는 사람이었지만 결국 소비에트 시스템의 이익을 개인적 권력 입지의 강화와 동일시하게 되었고 그 목적을 위해 대테러를 이용했다.

그러나 스탈린의 동기를 설명하는 가장 중요한 실마리는 아마도 이념의 영역에 있을 것이다. 1920년대와 1930년대 소련 공산주의 이념의 중심 주제는 계급 투쟁 ─ 상호 양립 불가능한 경제적 이익 집단들 사이의 고유한 적대감 — 이었다. 서로 다투는 계급 세력들 사이의 갈등은 국가 내에서뿐 아니라 국가들 사이에서도 벌어지는 투쟁으로 여겨졌다. 스탈린이 이 계급-갈등 이념에 특별히 기여한 바가 있다면, 그것은 자본주의 국가와 사회주의 국가 사이에 발생하는 계급 투쟁이 국제적으로 제국주의 전쟁과 혁명적 격변이 고조되는 시대에는 더욱 격화한다는 점을 강조한 사실이었다. 스탈린에 따르면, 소련은 제국주의 음모의 표적이었다. 왜냐하면 소련은 공산주의 지도부를 겨냥한 간첩 활동, 파괴 공작, 살인적인 음모에 의해 전복되어야 하는, 자본주의에 대한 위협적인 대안 사회 시스템이기 때문이다.

국가 차원에서 벌어지는 공산주의-자본주의 계급 투쟁이라는 스탈린의 종말론적 시각은 1937년 2~3월 당 중앙 위원회 총회에서 절정에 달했다.

> 외국 요원들의 전복 공작과 파괴 및 간첩 활동은 경제 조직은 물론이고 우리 행정 조직이나 당 조직 전부 혹은 거의 전부를 건드렸고 (……) 트로츠키주의자들을 비롯해 외국의 요원들이 하급 조직뿐 아니라 심지어 몇몇 책임 있는 직책에도 침투했습니다. (……) 자본주의 포위가 존재하는 한 우리한테 외국 요원들이 국내로 보낸 전복 공작원, 간첩, 파괴 활동가, 살인자들이 있을 것임은 분명하지 않습니까?

> 우리는 앞으로 전진할 때마다 계급 투쟁이 점점 더 소멸하고 우리의 성공에 비례해 적대 계급이 점점 더 길들여질 거라는 썩어 빠진 이론을 분쇄하고 거부해야 합니다. (……) 이와는 반대로 우리가 앞으로 나아가면 나아갈수록, 우리가 성공하면 할수록, 패배한 착취 계급의 잔당들은 더욱더 분노하고, 좀 더 날카로운 투쟁 형태에 더욱더 재빠르게 호소하며, 소비에트 국가에 더욱더 심한 위해를 가하고, 가장 극단적인 투쟁 수단을 더욱더 단단히 움켜잡습니다. (……)[62]

공개적으로도 비공개적으로도 스탈린이 이러한 논지를 자주 되풀이한 것은 그가 자본주의의 소비에트 시스템 전복 시도에 맞서 자신이 진심으로 투쟁하고 있다는 것을 정말로 믿었음을 보여 준다. 스탈린의 최측근 정치 동료였던 몰로토프의 회고에 따르면, 대테러의 목적은 소련과 자본주의 국가들 사이에서 발생할 불가피한 전쟁에 앞서 잠재적인 오열(五列)을 미리 제거하는 것이었다.[63]

스탈린이 투하쳅스키를 비롯한 장군들을 겨냥한 터무니없는 반역 혐의를 진정으로 믿었다고 주장하는 것은 신뢰하기 힘들지만, 군부가 스탈린의 리더십에 맞서 그런 음모를 꾸몄을 가능성이 아주 희박한 일은 아니었다. 투하쳅스키는 재무장, 전략 교리, 민-군 관계에 대해 독자적인 구상을 가진 매우 강건한 인물이었고, 이 구상이 스탈린의 생각과 항상 일치하는 것은 아니었다. 투하쳅스키는 그의 직속상관으로 국방 인민 위원이자 스탈린의 오랜 친구였던 클리멘트 보로실로프*와 개인적으로 충돌했고, 배후에는 붉은 군대와 심각한 위기 때 군부의 충성심에 의문 부호를 달았던 공산당 사이에 긴장도 존재했다.[64]

확실히 군부와 공산당 내의 회색분자들은 전쟁을 대비하는 일환으로서 스탈린이 겨눈 유일한 집단이 아니었다. 전쟁이 일어나면 등을 돌릴 가능성이 있다고 여겨진 다수의 인종 집단이 소련의 변경 지역에 거주하고 있었다. 서부 국경을 따라 우크라이나인, 폴란드인, 라트비아인, 독일인, 에스토니아인, 핀란드인, 불가리아인, 루마니아인, 그리스인이 살았다. 근동 지역에는 튀르키예인, 쿠르드인, 이란인이, 극동 지역에는 중국인과 한국인이 있었다. 대테러에 빠질 수 없는 또 다른 구성 요소는 국경 지역에 살던 수십만 명의 사람을 체포하고 추방하고 처형한 인종 청소였다. 한 추산에 따르면, 예조프시나 동안 체포된 사람의 5분의

---

* Kliment Yefremovich Voroshilov(1881~1969). 소련의 육군 원수이자 정치가. 1934년 국방 인민 위원, 1935년 소련 최초의 원수가 되었다. 1946년 부총리, 1953년 최고 회의 간부회 의장이 되었으나 1960년 해임되었다. 1961년 제22차 당 대회에서 1957년 〈반당 그룹〉에 참가했다는 비난을 받았으나 자기비판을 함으로써 제명을 모면했다.

1과 처형당한 사람의 3분의 1이 그런 소수 인종 출신이었다.[65] 또 다른 추산에 따르면, 1936년부터 1938년 사이에 80만 명의 비러시아인들이 소련령 중앙아시아로 추방당했다. 당원과 국가 관리, 군 장교들의 대규모 숙청은 1939년에 끝났지만 스탈린은 국경 지대 주민들에 대한 정치적 인종 청소를 계속 진행했다. 1939년 소련이 폴란드 동부를 침공한 후 40만 명의 폴란드인이 체포되거나 추방당하거나 처형당했다. 총살당한 사람들 중에는 2만 명의 폴란드 전쟁 포로 — 1940년 4~5월의 악명 높은 〈카틴 학살〉*의 희생자들 — 가 있었다.[66] 1940년 여름, 붉은 군대가 발트 국가들을 점령한 뒤 수십만 명의 에스토니아인, 라트비아인, 리투아니아인들이 추방되었다. 1941년 6월 소련-독일 전쟁이 발발하면서 스탈린의 인종 청소는 적국과의 협력을 우려하여 다시 광란의 절정에 올랐다. 대조국 전쟁 동안 200만 명의 소수 인종 — 볼가 독일인, 크림 타타르인, 체첸인 등 자캅카지예 주민들 — 이 소련의 오지로 추방당했다.[67]

소비에트 애국주의

변경 지대 주민들을 상대로 벌인 스탈린의 전쟁은 개인적 피해망상이라기보다는 정치적 피해망상이었다. 그것은 전쟁 동안 민족주의적 분리주의가 소비에트 국가의 생존에 제기할 수 있는 위협에 대한 두려움이었다. 그러나 억압은 인종적으로 뒤섞인 소련 국민들 사이에서 감지되는 분리주의 경향이나 불충한 태도를 분쇄할 유일한 무기가 아니었다. 스탈린의 다른 전술은 소비에트 국가를 외국의 착취와 점령에 맞

---

* 카틴 학살. 소련 경찰 기관이었던 내무 인민 위원회가 1940년 4월부터 5월까지 스몰렌스크 근처 카틴 숲에서 폴란드 장교, 경찰, 지식인 등을 대량 학살한 사건을 가리킨다. 내무 인민 위원이었던 라브렌티 베리야가 1940년 3월 5일에 억류된 폴란드인들을 처형할 것을 제안했고, 스탈린을 비롯한 소련 공산당 정치국이 이를 승인하면서 발생했다. 희생자 수는 2만 2,000명으로 추산된다.

서 러시아를 애국적으로 방어하는 보호자로서 재정립하는 것이었다. 이는 공산주의 이념이나 혁명적 국제주의 혹은 소비에트 국가의 사회주의 목표를 버리는 일을 수반하지 않았다. 그것은 오히려 공산주의 정체성뿐 아니라 애국적 정체성도 스탈린과 소비에트 시스템이 채택했음을 의미했다. 이러한 재정립을 나타내는 단어가 〈민족 볼셰비즘〉이었고,[68] 또 다른 단어는 〈혁명적 애국주의〉였다.[69] 스탈린 자신의 용어는 그냥 〈소비에트 애국주의〉였는데, 이는 소비에트 사회주의 시스템과 소련의 다양한 민족 전통 및 문화를 대표하고 보호하는 소비에트 국가에 대한 시민들의 이중 충성을 말하는 것이었다. 다민족 국가인 소련은 〈내용은 프롤레타리아적, 형식은 민족적〉이라고 스탈린은 선언했다. 소련은 프롤레타리아의 문화와 전통은 물론이고 민족 문화와 전통도 육성하는, 계급에 바탕을 둔 국가였다. 이 이중 충성과 정체성을 통합하고 조직하는 기구는 스탈린이 이끄는 공산당이었다.

스탈린은 소련 시민들에게 기대되는 다중 정체성과 충성을 이상적으로 체현하는 데 적합한 인물이었다. 스탈린은 자신의 토착 전통을 과시적으로 소중하게 생각할뿐더러 러시아 문화, 언어, 정체성도 수용하는 그루지야인*이었다. 구두 수선공의 아들이었던 스탈린의 비천한 출신은 서민적 계급 정체성을 나타내는 것이었으나 많은 다른 사람과 마찬가지로 그는 볼셰비키 혁명과, 러시아의 사회주의 건설에서 비롯한 사회 이동으로부터 혜택을 입었다. 스탈린은 소련의 모든 민족을 방어할 강력하고 중앙 집권화된 소비에트 국가를 대표하는 변경 지대의 인간이었다. 요컨대 스탈린은 그루지야인이었고 노동자였으며 공산주의자였고 소비에트 애국자였다.[70]

공산당과 자신의 페르소나를 이처럼 애국적으로 재정립하는 초기 징후는 1931년 2월 스탈린이 산업화와 근대화의 급박한 필요성을 강

---

* Georgia. 1991년 4월 소련으로부터 독립을 선언한 후에는 〈조지아〉라고 부른다. 조지아인들은 자신들의 나라를 〈사카르트벨로Sakartvelo〉라고 일컫는다.

조했던, 자주 인용되는 연설에서 드러났다. 이 연설은 계급-정치적·애국적 주제들을 스탈린이 얼마나 능숙하게 다루면서 결합시키는지를 잘 보여 준다.

옛 러시아의 역사적 특징은 무엇보다도 러시아가 후진성 때문에 끊임없이 패배해 왔다는 데 있습니다. 러시아는 몽골의 칸들에게 패배했습니다. 러시아는 튀르크의 귀족들에게 패배했습니다. 러시아는 스웨덴의 봉건 통치자들에게 패배했습니다. 러시아는 폴란드-리투아니아 영주들에게 패배했습니다. 러시아는 영국-프랑스의 자본주의자들에게 패배했습니다. 러시아는 일본의 봉신들에게 패배했습니다. 러시아가 후진적이었기 때문에 모든 세력이 러시아를 두들겼습니다. 군사가 후진적이고, 문화가 후진적이고, 국가가 후진적이고, 공업이 후진적이고, 농업이 후진적이기 때문이었습니다. 그들이 러시아를 두들겨 팬 것은 그렇게 하는 것이 이익이고 그렇게 해도 무사했기 때문입니다. 여러분은 혁명 전 시인의 말을 기억할 겁니다. 〈어머니 러시아, 당신은 가련하고, 당신은 풍요롭고, 당신은 강력하고, 당신은 무력하다.〉 (······) 착취자들의 법은 그런 것, 말하자면 후진적인 놈을 두들겨 패라는 것입니다. 당신은 약하고, 그래서 당신은 잘못했고, 따라서 당신은 두들겨 패고 노예로 삼을 수 있다는 겁니다. (······) 우리는 선진국들에 비해 50년에서 100년 뒤처져 있지요. 10년 안에 이 격차를 좁혀야 합니다. 그렇게 하지 못하면 우리는 괴멸될 것입니다. 이는 소련의 노동자와 농민 앞에서 우리의 의무가 우리에게 명령하는 바입니다.[71]

레닌과 함께 스탈린은 소련 민족 정책의 설계자였다.[72] 1917년 이전에 스탈린은 이른바 민족 문제에 대한 볼셰비키의 이론적 분석을 집필했고,[73] 혁명 후에는 민족 인민 위원으로 근무했다.[74] 혁명적 국제주의자였던 레닌과 스탈린은 민족적 경계를 가로질러 이를 대체하는 노동계급의 단결을 믿었고, 원칙의 문제로서 민족주의적 분리주의에 반대했다. 하지만 그들은 민족 감정이 지속적으로 호소력을 지니고 있고, 차르 체제에 맞선 정치 투쟁과 사회주의 국가의 건설에서 토착 문화와 전통을 활용할 수 있는 가능성을 인정했다. 볼셰비키 이념은 소련의 민족들과 인종 집단들 사이에 문화적·언어적 민족주의를 육성하는 한편, 이와 동시에 계급에 바탕을 둔 모든 소련 민족의 정치적 단결을 도모하는 프로젝트를 수용하는 쪽으로 조정되었다. 1922년에 채택된 최초의 소련 헌법은 고도로 중앙 집권적이었으나 또한 이론적으로 연방주의적이었으며, 겉으로는 민족 공화국들의 자발적인 연합에 기반을 두었다.

1920년대에 볼셰비키의 민족 정책은 대체로 두 가지 실천적 갈래가 있었다. 지역의 공식 직책에 소수 인종 출신을 임명하는 〈현지화〉가 한 갈래이고, 또 한 갈래는 소련 시대 이전에 식별 가능한 민족적 정체성이 없는 일부 종족들을 포함하여 소련의 종족들 사이에서 문화적·언어적 민족주의를 육성하는 것이다. 그러나 이 종족들 중에서 한 집단은 현지화 정책과 문화적 민족주의를 면제받았다. 바로 러시아인들이었다. 러시아인 인구는 다른 민족들을 전부 합친 것보다 수가 많았다. 레닌과 스탈린은 러시아인들이 그 크기와 세련된 문화 때문에 다른 민족을 지배할 것이고, 러시아 민족의식을 고취하는 것은 광신적인 국수주의 경향을 분출시킬 것이라고 걱정했다. 하지만 1930년대에 러시아인들에 대한 스탈린의 태도는 근본적인 변화를 겪었다. 특정한 러시아 애국주의가 복원되었고, 혁명 이전 시절에 활약한 러시아의 영웅적 애국자들이 영웅들을 모신 볼셰비키의 만신전에 합류했다. 러시아인들은 이제 다민족 소비에트 국가를 구성하는 종족들의 유서 깊은 모임에서 핵심 집단으로 묘사되었다. 문화적인 측면에서 러시아인들은 동등한 소련 민족들 중에서도 으뜸 — 소련의 〈종족 친선〉을 단단히 결속시키는 접합제 — 으로 간주되었다. 정치적으로 러시아인들은 공산주의 대의에 가장 헌신적이며 소비에트 국가에 가장 충직한 집단으로 여겨졌다.

혁명 전에 볼셰비키는 차르 체제의 러시아화 정책에 반대하는 운동을 벌였다. 1930년대 말까지 러시아어는 교육, 군대, 국가에서 지배적으로 사용하는 언어로서의 지위를 회복했고, 러시아 음악, 문학, 민속은 새로 창안된 소비에트 문화 전통의 근간을 형성했다.[75] 스탈린의 민족 정책에서 이러한 〈러시아적 전환〉이 일어난 많은 이유 중 하나는 전쟁이 다가오면서 러시아화가 소련을 구성하는 100여 개의 민족을 묶어 주는 데 반드시 필요하다고 여겼기 때문이었다. 또 애국주의에 대한 호소는 사회주의 국가의 건설을 위해 인민들을 정치적으로 동원하는 데 유용한 수단으로도 생각되었고, 그 근대화와 산업화의 대부분은 러시아에서 진행되고 있었다. 무엇보다도 스탈린은 과거 러시아가 기울인 노력들을 소련의 현재 투쟁과 연결시키는 포퓰리즘적 역사 해석이 강력한 정치적 호소력이 있음을 보았다. 스탈린은 1937년 11월 보로실로프의 다차에서 가진 비공식적 연회에서 다음과 같이 건배했다.

러시아의 차르들은 나쁜 짓을 많이 했습니다. 그들은 인민들을 약탈했고 노예로 삼았지요. 차르들은 지주들의 이익을 위해 전쟁을 벌이고 영토를 손에 넣었습니다. 하지만 그들은 한 가지 좋은 일을 했지요. 그것은 엄청난 강대국을 형성했다는 것입니다. (······) 우리는 이 강대국을 물려받았지요. 우리 볼셰비키는 처음으로 지주와 자본가들의 이익이 아니라 고되게 노동하는 사람들을 위해, 이 나라를 구성하는 모든 위대한 민족을 위해 이 강대국을 더욱 튼튼하게 만든 사람들입니다.[76]

구성 민족들을 보호할 수 있는 힘을 획득하기 위한 러시아의 분투를 물려받은 상속자로서 소비에트 국가를 바라보는 스탈린의 시각은 외국의 위협, 국제적 위기, 점점 다가오는 전쟁이라는 과열된 분위기에서 유용성을 분명히 지니고 있었다. 1941년 전쟁이 일어났을 때 스탈린에게 이 전쟁은 유구한 외침의 역사에서 가장 최근의 침략자들에 대항해 민족을 방어하는 애국적 전쟁이었고, 이런 관점에서 그는 소련, 특히 러시아인 국민을 동원할 수 있었다. 1941년 9월 스탈린은 해리먼에게 다음과 같이 말했다. 〈우리는 인민들이 세계 혁명이나 소비에트 권력을 위

해 싸우는 것이 아니라 러시아를 위해 싸우리라는 것을 알고 있지요.〉[77]
소련-독일 전쟁처럼 서로의 수준이 비슷해 승부를 가리기 힘든 접전에
서는 소비에트 시스템에 대한 정치적 헌신은 물론이고 민족 감정과 애
국적 충성심에 의거할 수 있는 스탈린의 능력은 결정적으로 중요했다.
그와 동시에 소련의 모든 민족과 종족을 하나로 묶을 특별한 소비에트
애국주의 사상을 확산시키려는 노력이 이루어졌다. 한편 러시아 민족
주의 및 소비에트 애국주의를 고취하는 일과 함께 좀 더 폭넓은 슬라브
연대와 정체성이라는 개념도 고무되었고, 앞으로 있을지도 모를 독일
의 위협과 싸우기 위해 슬라브 국가들의 동맹을 모색하고자 하는 스탈
린의 시도도 나란히 진행되었다.[78]

스탈린의 러시아가 표방한 새로운 애국적 정체성은 전쟁 이후 발생
한 일에 중요한 영향을 미쳤다. 대승리를 거둔 후 스탈린은 소비에트 권
력과 영향력을 확대하는 형태로 공정한 보상을 받기를 기대했다. 여기
에는 흑해 해협들의 통제와 대양을 항해하는 해군을 위한 부동항의 확
보 같은 차르 시대 대외 정책의 전통적인 목표를 달성하는 일도 포함했
다. 그러나 스탈린의 야망은 히틀러를 물리친 대연합*의 파트너였던 영
국과 미국에 의해 좌절되었다. 그들은 흑해, 지중해, 태평양에서 소련이
취한 팽창주의를 그들 자신의 전략적·정치적 국익에 대한 위협으로 여
겼다. 1945년 12월에 스탈린은 〈상황을 보니, 영국은 자신의 세력권인
인도양에서 인도와 그 속령을, 미국은 중국과 일본을 갖고 있는데, 소련
은 아무것도 없습니다〉라고 영국 외무 장관 어니스트 베빈**에게 불만
을 토로했다.[79]

---

* Grand Alliance. 제2차 세계 대전 동안 나치 독일에 맞서 형성된 미국, 영국, 소련의 연
합을 가리킨다.

** Ernest Bevin(1881~1951). 영국의 노동조합 지도자이자 노동당 정치가. 운수 일
반 노동자 연합을 설립하여 1922~1940년 총서기를 지냈다. 1940~1945년 노동 장관,
1945~1951년 외무 장관을 역임했다. 미국의 재정 지원을 획득하고 공산주의에 강력히 반대
했으며 나토 창설을 도왔다.

하지만 스탈린의 주요 전략적 이해관계는 중부 유럽과 동유럽으로 소련이 팽창하는 데 있었기 때문에 그는 주변 지역에서 서방 열강과 대결하는 일로부터 물러났다. 스탈린은 전쟁 후 그리스에서 일어난 공산주의 반란을 지지하기를 거부했고, 흑해 해협들의 통제 요구를 철회했으며, 패전한 이탈리아의 북아프리카 식민지를 몫으로 달라고 했을 때 영국과 미국이 거부하자 이를 순순히 따랐다. 그러나 이전 동맹국들이 가한 소련의 애국적 자부심과 위신에 대한 손상은 여전히 그대로 남아 전쟁 후 스탈린의 대내외 정책이 외국인 혐오로 뚜렷이 전환하는 데 일조했다.

스탈린의 전후 정책에서 이 새로운 경향이 처음으로 심각하게 드러난 것은 1946년 8월 스탈린의 이념 책임자인 안드레이 즈다노프*가 소련의 신문·잡지와 작가들이 서방의 문학과 문화 앞에서 굽실거린다고 비판하는 연설을 했을 때였다. 이 연설은 즈다노프시나Zhdanovshchina — 서방 영향력에 반대해 소련 과학과 문화의 특별한 장점을 극찬하는 이념 운동 — 로 알려진 운동을 개시했다. 즈다노프의 연설은 스탈린에 의해 심하게 편집되었고 운동 자체는 그의 명령으로 수행되었다.[80] 스탈린은 비공식적으로 〈자유주의〉와 서방에 대한 〈굴종적 태도〉를 취했다며 자신의 이너 서클을 이미 질책했고, 외무 장관 몰로토프에게 미국 및 영국과의 외교적 협상에서 아무것도 양보하지 말라고 촉구했다.[81] 1947년에 스탈린은 세르게이 예이젠시테인**의 새 영화「이반 뇌제」

* Andrei Aleksandrovich Zhdanov(1896~1948). 소련의 정치가. 1939~1940년 소련 공산당 중앙 위원회 선전 선동부 부장, 1946~1947년 소련 최고 소비에트 연방 회의 의장을 역임했다. 1930년대부터 이념 및 문화 부문을 맡아 당의 정통 노선 확립을 도모했는데, 특히 제2차 세계 대전 후의 이념 부문 억압 정책은 〈즈다노프시나(즈다노프 비판)〉로 유명하다. 1947년의 코민포름 창설과 그 활동에도 영향력을 발휘하면서 스탈린, 말렌코프 다음가는 지위에 있었다.

** Sergei Mikhailovich Eizenshtein(1898~1948). 소련의 영화감독, 영화 이론가. 작품으로 「알렉산드르 넵스키」(1938) 외에도 「파업」(1925), 「전함 포툠킨」(1926), 「이반 뇌제」(1944) 등이 있다.

에 대해 말하며 다음과 같이 그에게 충고했다.

차르 이반은 위대하고 현명한 통치자였습니다. (……) 이반 뇌제*의 지혜는 그가 민족적 관점을 옹호했고 외국인들이 들어오는 것을 막아 외국의 영향력으로부터 나라를 보호한 사실에 있었지요. (……) 표트르 1세** 또한 위대한 통치자였으나 그는 너무 자유롭게 외국인들과 관계를 맺었고 외국의 영향력에 문호를 너무 심하게 개방했으며 나라의 독일화를 허용했습니다. 예카테리나***는 훨씬 더 많은 것을 허용했습니다. 그 후 알렉산드르 1세****의 궁정은 정말 러시아 궁정이라고 할 수 있었나요? 니콜라이 1세*****의 궁정은 정말 러시아 궁정이었습니까? 아닙니다. 그것들은 독일 궁정이었지요.[82]

냉전

즈다노프시나의 등장과 발전은 막 모습을 드러내던 서방과의 냉전과 긴밀하게 연관되었다. 냉전은 1947년이 되어서야 본격화했으나 스

---

* Ivan the Terrible(1530~1584). 러시아어 정식 명칭은 이반 4세 그로즈니이다. 1533년부터 1547년까지 모스크바 대공국의 대공을 지내면서 강력한 전제 권력을 수립했다.

** Peter I(1672~1725). 러시아어 정식 명칭은 표트르 1세 벨리키이며, 흔히 표트르 대제로 불린다. 러시아 제국 로마노프 왕조의 황제(재위 1682~1725)로서 서구화 정책과 영토 확장으로 러시아를 유럽의 주요 국가로 발전시켰다.

*** Catherine II(1729~1796). 러시아어 정식 명칭은 예카테리나 2세 벨리카야이다. 보통 예카테리나 여제(재위 1762~1796)라고 부른다. 로마노프 왕조의 여덟 번째 군주로 원래는 프로이센 출신의 독일인이었다. 무능한 남편 표트르 3세를 대신해 섭정을 맡았으며, 1762년 남편 표트르 3세를 축출하고 황제가 되었다.

**** Alexander I(1777~1825). 러시아 제국의 황제(재위 1801~1825)로 로마노프 왕조의 열 번째 군주이다. 예카테리나 2세에 뒤이어 황제가 된 파벨 1세가 불만을 품은 신하들에 의해 살해되자 반란군의 추대를 받아 황제가 되었다.

***** Nicholas I(1796~1855). 러시아 제국의 황제 겸 폴란드 국왕(재위 1825~1855)이다. 형 알렉산드르 1세 사후 로마노프 왕조의 열한 번째 군주로 등극했다.

탈린과 대연합 파트너들 사이의 균열은 거의 전쟁이 끝나자마자 생겨나기 시작했다. 폴란드, 일본에서의 점령 체제, 원자력 통제 문제 등을 두고 서방과 일련의 외교적 분쟁이 발생했지만 스탈린에게 가장 걱정스러운 일은 이념 전선에서 벌어지는 사건들이었다. 전쟁 동안 소련, 붉은 군대, 스탈린의 리더십에 대한 서방 언론의 보도 기조는 존중과 칭송이었다. 실제로 소련의 스탈린 숭배는 영국, 미국 및 연합국 진영에 속한 그 밖의 다른 나라들에도 존재했다. 하지만 전쟁이 끝나자 서방 미디어에서는 광범위한 반소련 운동이 개시됐다. 스탈린의 선전 책임자들은 이에 불만을 토로했다. 소련인들은 이 운동이 전후에 영국, 미국, 서유럽에서 반공산주의적인 정치적 추세가 다시 나타난 것과 연결되어 있다고 믿었다. 그것은 서방의 대외 정책에서 반소련적 전환을 알리는 징후였다.[83] 이 불길한 사태를 초기에 보여 준 것은 1946년 3월 미국 미주리주 풀턴에서 윈스턴 처칠이 한 〈철의 장막〉 연설이었다. 처칠은 소련과 계속 협력할 필요가 있다고 말했지만 연설의 주요 골자는 반공산주의 십자군에 대한 강력한 요청이었다. 처칠은 더 이상 영국 총리가 아니었으나, 스탈린은 그를 완강한 반공산주의자이자 전쟁광으로 비난하는 장문의 공개 답변을 하는 것이 필수적이라 생각했고, 이 답변은 『프라우다』 1면에 실렸다.[84] 하지만 일반적으로 스탈린은 서방과의 관계를 공개적으로 표명할 때는 자제심을 발휘하여 공존과 협력을 이어 갈 수 있다고 강조했다. 간단히 말해 스탈린이 공개적으로 온건함과 과묵함을 견지한 이유는 서방과의 냉전을 원하지 않았고 전후의 평화 협정을 두고 영국 및 미국과 계속 협상하기를 바랐기 때문이었다. 스탈린은 1947년 4월 자신을 방문한 미국 공화당 정치인 해럴드 스타센*에게 다음과 같이 말했다.

---

* Harold Edward Stassen(1907~2001). 미국 정치인으로 미네소타주 제25대 주지사(1939~1943), 펜실베이니아 대학교 총장(1948~1953)을 지냈다. 1944년부터 1992년까지 아홉 번에 걸쳐 미 대통령 공화당 후보 지명에 도전했으나 모두 실패했다.

독일과 미국의 경제 시스템은 똑같으나 그럼에도 두 나라 사이에 전쟁이 있었지요. 미국과 소련의 경제 시스템은 다르지만 전쟁 동안 함께 싸웠고 서로 협력했지요. 두 가지 다른 시스템이 전시에 서로 협력할 수 있다면, 평시에는 왜 협력할 수 없나요?[85]

앨버트 레시스*가 주장하는 대로, 〈스탈린의 범죄는 수없이 많지만 한 가지 범죄는 그에게 부당하게 덧씌워져 있다. 그것은 스탈린이 《냉전》이라고 불리게 된 현상을 시작한 데 대해 유일하게 책임 있는 사람이라는 주장이다. 사실 스탈린은 냉전을 계획하지도, 바라지도 않았다〉.[86] 그러나 스탈린 자신의 행동과 야심은 냉전의 발발에 기여했다. 제2차 세계 대전이 끝날 무렵 붉은 군대는 유럽의 절반을 점령했고 스탈린은 유럽 러시아와 국경을 맞댄 국가들에서 소련의 세력권을 수립하기로 마음먹었다. 또 대륙 전역에서 공산당 쪽으로 정치적인 쏠림이 크게 있었고, 스탈린은 인민 민주주의의 유럽 — 소련과 공산주의 영향력 아래 있는 좌익 정권들의 유럽 — 이라는 이상을 갖고 있었다. 스탈린은 이 이념적 프로젝트가 지구 전역에서 이익을 동등하게 분할하는 문제를 비롯해, 대연합의 파트너들과 전후에 장기적으로 협력하는 일이 양립 불가능하다고 보지 않았다.[87] 스탈린은 앞으로 서방 열강과 전쟁을 벌일 가능성이 있다고 생각했지만 그것을 먼 미래의 일로 여겼다. 스탈린은 1945년 11월에 폴란드 공산주의 지도자인 브와디스와프 고무우카**에게 〈저는 전쟁이 없을 것이라고, 전쟁은 헛소리라고 확신합니다. 그들[영국인과 미국인들]은 우리와 전쟁을 할 능력이 없습니다〉

* Albert Resis(1921~2021). 러시아사를 연구한 미국의 역사학자. 노던일리노이 대학교에서 교수로 재직했다.
** Władysław Gomułka(1905~1982). 폴란드의 공산주의 지도자. 1956년 공산당 총서기가 되어 소련을 배경으로 하는 당 수뇌들을 추방하고 민족주의적인 독자적 사회주의를 지향했다. 자유주의적 개혁을 단행했으며 농업 집단화를 철폐하고, 문화적 자유와 언론의 자유를 허용했다. 1970년 경제 정책 등의 실패로 사임했다.

라고 말했다. 〈30년쯤 뒤에 그들이 또 하나의 전쟁을 치르기를 원하느냐의 여부는 다른 문제입니다.〉[88]

동유럽에서 소련의 세력권을 수립하는 일 말고도 전쟁이 끝난 뒤에 스탈린이 해결해야 할 우선적 과제는 경제를 재건하고, 전후의 안보 대책 — 무엇보다도 향후 독일의 힘을 봉쇄하는 문제 — 을 마련하는 한편, 영국 및 미국과 상호 호혜적인 장기 데탕트를 확립하는 일이었다. 하지만 냉전은 그의 계획을 완전히 망쳐 놓았다. 냉전은 서방이 스탈린의 정치적·이념적 야심을 소련 공산주의의 무한한 팽창주의를 보여 주는 전조로 보았기 때문에 발생했다. 그러므로 영국과 미국은 유럽에서 소련의 패권을 수립하려는 시도라고 여긴 스탈린의 행동에 저항했고, 이에 스탈린은 이전 동맹국들이 그의 전시 수익을 도로 물리려 하고 있다고 우려했다.

서방 지도자들이 소련의 팽창주의를 언급하는 동안, 스탈린은 영국과 미국의 지구적 관여주의에 불만을 토로했다. 스탈린은 유럽을 대하는 소련의 행동이 자연스럽고 방어적이며 제한적이라고 생각하는데 왜 서방은 이 행동이 그토록 위협적이라고 느끼는지를 이해할 수 없었다. 나아가 스탈린은 전후 유럽에서 좌익 쪽으로 쏠리는 현상이 사회주의로 나아가는 필연적이고 돌이킬 수 없는 역사적 과정의 한 측면이라고 이념적으로 확신했는데, 이 확신 역시 그를 눈멀게 했다. 그러나 스탈린은 또한 서방과의 공개적인 정치적·이념적 경쟁에서 질 것 같다고 생각할 만큼 현실적이고 실제적이었다. 대연합이 해체되고 냉전이 다가오자 스탈린은 소련과 동유럽의 소비에트 권역을 서방 영향력으로부터 점점 차단하는 쪽을 선택했다. 국내에서 스탈린은 애국 카드를 다시 꺼내 들었는데, 이번에는 외국 혐오증적 분위기가 1930년대보다 훨씬 더 심하게 강조되었다. 국제 무대에서 스탈린의 이념적 기치는 영국과 미국의 지배로부터 유럽 국가들의 독립을 방어하는 것이 되었다.

냉전 자체는 1947년 3월에 공산주의 침략과 팽창주의에 맞선 세계적 규모의 투쟁이 필요하다는 트루먼의 선언이 있고, 그 후 6월에 전후 유럽의 정치적·경제적 재건을 위한 마셜 플랜*이 발표되면서 본격적으로 시작되었다. 스탈린은 동유럽에 완전한 소비에트 공산주의 통제를 강제하고, 1947년 9월에 즈다노프의 연설을 통해 전후 국제 정치에서 충돌하는 두 가지 경향이 두 진영으로의 분열로 굳어졌다고 선언함으로써 이에 대응했다. 그것은 제국주의, 반동, 전쟁의 진영과 사회주의, 민주주의, 진보의 진영이었다.[89]

그러나 냉전을 서로 선포하는 이런 일이 있은 후에도 스탈린은 서방과의 완전한 분열을 피하고 협상과 타협의 문을 계속 열어 놓으려 했다. 스탈린은 특히 독일 위협의 부활을 우려했다. 전쟁이 끝나자 독일은 소련, 미국, 영국, 프랑스의 점령지들로 분할되었다. 스탈린은 서방의 독일 점령지들이 반소련 블록의 기둥이 될 것을 걱정했고, 그래서 처음으로 냉전의 큰 위기를 도발했다. 1948~1949년의 베를린 공수 작전이 그것이었다. 베를린 역시 1945년에 분할되었으나 이 도시는 동독의 소련 점령지에 깊숙이 위치해 있었다. 독일의 장래에 대한 협상을 진전시키기 위해 스탈린은 베를린의 서방 구역으로 가는 육상 공급 루트를 차단했다. 그러나 스탈린의 계획은 항공편으로 서베를린으로 물자를 공수하는 작전 때문에 좌절되었고, 그는 물러설 수밖에 없었다. 오히려 베를린 위기는 1949년 5월 독립적인 서독 국가의 수립과 그보다 한 달 전에 이루어진 나토** 조약 — 서유럽을 소련의 공격과 위협으로부터 방어

---

* Marshall Plan. 정식 명칭은 유럽 부흥 계획이다. 제2차 세계 대전 후 유럽의 황폐화된 동맹국을 위해 미국이 계획한 재건·원조 계획이다. 미국의 국무 장관 조지 마셜이 제창하여 마셜 플랜이라 불리며, 공산주의의 확산을 막는 것이 목적이었다. 플랜은 1947년 6월에 있었던 서유럽-미국 회의에서 조직되었다. 미국은 소련과 그 동맹국에도 〈정치적 개혁과 외부 감독을 받는 조건하에〉 동일한 원조 계획을 제시했고, 당연히 소련은 이 제안을 거절했다.

** North Atlantic Treaty Organization, NATO. 북대서양 조약 기구를 일컫는다. 1949년 4월에 유럽의 여러 국가와 미국 및 캐나다 사이에 체결된 북대서양 조약에 의거하여 설립된, 북아메리카와 서유럽을 연결하는 집단 안전 보장 기구이다. 나토는 1989년까지 소련 및 중부 유럽 공산주의 국가들의 방위 체제인 바르샤바 조약 기구와 군사적·정치적 균형을 이루는 데 기여한 것으로 평가된다. 냉전 종식 후 1990년대 말부터 폴란드, 체코, 헝가리, 루마니

하기로 약속한 미국 주도의 군사적·정치적 동맹 ─ 의 체결로 가는 과정을 가속화시켰을 뿐이었다.

독일 문제를 둘러싼 소련의 실패는 냉전 동안 스탈린이 했던 많은 오판 가운데 하나에 지나지 않았다. 가장 값비싸고 위험했던 오판은 한국 전쟁이었다. 스탈린은 북한 지도자인 김일성의 요청을 받아들여 1950년 6월 남한에 대한 침공을 승인했다. 처음에는 모든 것이 순조롭게 진행되어 몇 주 만에 북한군이 나라의 대부분을 점령했다. 하지만 유엔의 지원을 받은 미국 주도의 군사적 개입이 전쟁의 흐름을 급속히 뒤바꿔 놓았다. 김일성의 군대는 북쪽으로 다시 밀려났고, 공산주의 중국이 마지못해 개입함으로써 그의 정권은 완전한 몰락을 겨우 면할 수 있었다. 이러한 사태의 전개는 스탈린과 중국 지도자 마오쩌둥* 사이의 관계가 틀어지는 결과를 낳았고, 전쟁 자체는 군사적·정치적·경제적으로 매우 값비싼 것으로 드러났다.

이처럼 스탈린은 차질도 빚었지만 일부 긍정적인 사태 전개도 있었다. 스탈린은 자신의 권력이 요시프 브로즈 티토**의 도전을 받아 1948년에 그때까지 가장 충직한 동맹국이었던 공산주의 유고슬라비아와 결별하는 일을 겪기도 했지만, 동유럽에 대한 지배를 확고히 할 수

아, 불가리아, 슬로베니아, 에스토니아, 알바니아 등 중부 유럽 및 북 유럽 등지의 12개국이 추가로 회원국이 되었다.

　　* 毛澤東(1893~1976). 중국의 군인, 공산주의 혁명가, 중국 공산당의 최고 지도자. 중화민국 정부에 대항해 국공 내전에서 승리를 거두고 1949년 중국 대륙에 중화 인민 공화국을 수립했다. 1949년 혁명 군사 위원회 주석과 1950년 임시 국가 수반을 거쳐 1954년부터 1959년까지 초대 중화 인민 공화국 국가 주석으로 권력을 행사했다. 1959년 국가 주석에서 물러난 뒤에는 후임 주석이 된 류사오치와 갈등하다가 린뱌오 등을 사주하여 1969년 류사오치를 실각시키고 사망 직전까지 막후에서 영향력을 행사했다.

　　** Josip Broz Tito(1892~1980). 유고슬라비아의 독립운동가, 노동 운동가, 공산주의 혁명가. 제2차 세계 대전 동안 유고슬라비아를 침공한 나치 독일에 맞서 파르티잔 운동을 이끌었다. 1953~1980년 유고슬라비아 사회주의 공화국 연방의 초대 대통령으로 재임했으며, 비동맹 운동의 의장을 지냈다.

있었다. 1949년 8월에 소련은 최초의 핵폭탄을 실험했고 10월에는 마오쩌둥의 공산주의자들이 중국에서 권력을 장악했다. 가장 중요한 일은 긴장된 국제적 분위기에도 불구하고 1940년대 말에 서방과의 직접적인 군사적 충돌이 회피되었다는 사실이었고, 1950년대 초에 스탈린은 국제적 평화 운동을 개시함으로써 정치적 주도권을 다시 잡으려 했다.

외국에서의 어려움은 국내에서 스탈린의 위상을 조금도 위협하지 못했다. 전쟁에서의 승리 덕분에 스탈린의 리더십은 의문의 여지가 없었고 어떤 이의 제기도 불가능했다. 그리고 인민들의 찬양은 다시 한번 우스꽝스러울 정도로 높은 경지에 도달했다.

전쟁 후 스탈린의 국내 정책은 종종 공산주의 〈정통〉과 〈정상〉으로의 복귀라고 특징지어지곤 한다. 여기에는 얼마간의 진실이 있다. 전쟁 동안 스탈린은 자신의 통치 방식을 상황의 요구에 맞췄다. 그는 군사적·문화적·경제적 업무에서 좀 더 유연해질 필요가 있음을 인정했고, 소련 언론에서 좀 더 다양하게 의견을 표명하는 목소리를 허용할 자세가 되어 있었다. 대연합이라는 맥락에서 스탈린은 나라를 외부의 영향력에 노출시켰다. 하지만 평화 시에는 스탈린도, 그의 주요 권력 수단인 공산당도 이런 유형의 리더십이 지속되는 것에 들어맞지 않았고, 국제 정세의 악화 역시 이념과 정치 방식에서 정통으로의 복귀를 고무했다. 그러나 전쟁은 모든 것을 변화시켰고, 스탈린이 관장한 시스템은 이전과 같지 않았다. 공산주의 시스템은 이제 대조국 전쟁이라는 새로운 정당성의 원천을 갖게 되었으나, 또한 미래에 대한 인민들의 새로운 기대도 처리해야 했다. 귀환한 수백만 명의 퇴역 군인들을 당과 국가 구조로 통합해야 했다. 민족주의적 요정을 병 속으로 다시 집어넣을 수도 없었다. 러시아 민족 감정의 동원은 승전에 도움이 되었으나 소련의 다른 인종 그룹들 사이에서 대응 민족주의를 유발했고, 정치적 수단과 억압으로 이 대응 민족주의에 맞서 싸우지 않으면 안 되었다.[90]

전쟁 동안 스탈린이 거둔 가장 인상적인 위업은 자신의 리더십 스타일과 자신이 관장한 시스템의 기능 모두를 바꾼 것이었다. 전쟁이 끝났을 때 스탈린이 누렸던 권력과 인기는 그에게 몇몇 선택권이 주어졌음을 의미했지만 스탈린이 국내외에서 직면한 복잡하고 도전적인 정세 때문에 강력한 형태의 공산주의 권위주의로의 복귀가 있을 법한 결과가 되었다. 냉전의 비극은, 냉전이 스탈린에게 전쟁 동안 잠시 경험했던 좀 더 다원주의적인 체제의 가능성을 계속 탐색하기보다는 그의 개인적 독재를 공고화할 동기를 제공했다는 점이었다. 스탈린은 개인적으로 어떤 다른 선택도 하지 못했을 수도 있지만 그가 전시에 보여준 유연성과 창의성은 그 반대의 가능성도 있었음을 시사한다. 더구나 1930년대의 대규모 테러로 회귀하는 일도 없었다. 대신 정치적 억압의 수준이 전반적으로 크게 하락했다. 스탈린의 전후 체제는 과도기의 시스템이었고, 그 목적지는 1953년 스탈린이 사망한 후 등장했던 좀 더 완화된 소비에트 정치 질서였다.

나이와 전쟁의 중압감은 1945년에 결국 스탈린의 발목을 잡았고, 그는 해마다 몇 달 동안 흑해의 다차에서 휴가를 보내는 습관이 생겼다.[91] 스탈린은 이제 모든 것에 적극적으로 관여해 관리하는 행태를 그만두고, 주로 외교 문제와 측근들에게 긴장을 늦추지 않게 하려는 계획적인 개입에 집중했다. 스탈린의 전후 통치 시스템에 대한 한 가지 묘사는 그것이 **신가산제***적이라는 것이다. 전임 차르들, 아니 어떤 다른 강력한 전제 군주와 마찬가지로, 스탈린은 자신의 세습 재산을 통해 국가를 통제했고, 어떤 의미에서는 국가를 소유했다. 전쟁 전과 전쟁 동안 스탈린은 수많은 결정을 내리고 정부의 일상적 활동을 세밀하게 감독하는 데 참여함으로써 자신의 〈소유권〉을 행사했다. 전후 시기에 스탈린은 그의 정치국 동료들이 이끄는 위원회가 많은 정부 업무를 수행하도록 허

---

* 가산제(家産制, patrimonialism). 가부장 제도에서 종속자에게 일정한 재산을 나누어 줌으로써 집안의 권력을 분산적으로 유지하던 지배 구조. 독일의 막스 베버가 군주의 사적인 세습 재산으로 취급되던 국가를 가산 국가(家産國家)로 개념화하면서 나온 이론이다.

용하고 스스로는 자제하는 모습을 보여 주었다. 이는 어느 누구도 〈보스〉의 심기를 건드리지 않고 싶어 했기에 심하게 관료화되고 매우 보수적이긴 했지만, 정부와 당 업무를 훨씬 더 질서 정연하게 수행하는 결과를 가져왔다. 그러나 스탈린의 무한한 권력과 변덕의 심화에도 불구하고 그의 전후 리더십은 이전보다 훨씬 더 근대적이고 합리적이었다.[92]

1952년 10월, 1938년 이후 처음 열린 제19차 당 대회에서 스탈린은 주요 정치 보고를 하는 수고도 하지 않으려 했고, 이 일을 정치국원인 게오르기 말렌코프*에게 위임했다.[93] 대회에서 스탈린이 관여한 것은 방문한 친선 사절들을 겨냥해 간략한 맺음말 몇 마디를 더한 일뿐이었다. 의미심장하게 스탈린은 또다시 애국적 주제를 되풀이했다.

이전에 부르주아는 민족의 우두머리, 민족의 권리와 독립의 변호자로 여겨졌습니다. (……) 지금은 〈민족적 원칙〉이라는 흔적이 전혀 없습니다. 지금 부르주아는 민족의 권리와 독립을 몇 달러에 팔아먹을 것입니다. 민족 독립과 민족 주권의 기치는 내팽개쳐졌습니다. 의심할 여지 없이, 여러분이 여러분 국가의 애국자가 되고 싶다면, 여러분이 민족의 지도 세력이 되고 싶다면, 공산주의 정당과 민주주의 정당의 대표인 여러분들은 이 기치를 꼿꼿이 세우고 앞으로 나가야 할 것입니다.[94]

흔히 예카테리나 여제가 말한 것으로 전해지는 〈승리자는 심판받지 않는다〉는 옛 러시아 격언이 있다. 스탈린은 자신의 차르 전임자보다 이를 훨씬 더 잘 알고 있었는데, 1946년 2월 연설에서 그는 이렇게 말한다.

* Georgii Maksimilianovich Malenkov(1902~1988). 소련의 정치가. 1939년 당 중앙위원에 선출되어 서기, 조직국원, 인사부장이 되었다. 1946년 정치국원으로 승진하여 당 중앙위원회 서기와 소련 각료 회의 부의장(부총리)을 겸임했다. 1953년 3월 5일 스탈린 사망 뒤 총리가 되었으나 1955년 2월 스탈린 비판에 임하여 사임했다. 그리고 1957년 6월에 흐루쇼프 당 제1서기의 추방을 획책하려다 실패한 후, 반당 분자로 비판받고 실각했다.

사람들은 승리자는 심판받지 않는다, 승리자는 비판받거나 통제받지 않아야 한다고 말합니다. 이 말은 틀렸습니다. 승리자는 심판받을 수도 있고, 또 받아야 합니다. 승리자는 비판과 점검을 받을 수 있고, 또 받아야 합니다. 그렇게 하면 일을 위해서뿐 아니라 승리자 자신들을 위해서도 좋습니다. 그렇게 하면 덜 교만해질 것이고, 더 겸손해질 것입니다.[95]

실수로부터 배워야 한다는 점은 스탈린의 공식적·비공식적 담화의 반복되는 주제였지만, 스탈린은 자신이 살아 있는 동안 유일하게 중요한 심판은 그 자신의 심판이라는 것을 알았다. 심지어 소련 밖에서도 즉각적인 전쟁의 여파 속에서 대부분의 사람들 — 어쨌든 승리한 쪽에 있는 사람들 — 이 내린 심판은 스탈린의 승리가 큰 비용을 들였음에도 그럴 만한 가치가 있었다는 것이었다. 유럽 문명에 대한 야만적인 위협은 좌절되었고, 그것은 대부분의 사람들에게 매우 좋은 일이었다. 냉전은 아직 본격적으로 시작되지 않았고, 많은 사람은 스탈린의 독재 체제가 소련 사람들이 희생을 치를 만하고 나치 독일에 대한 위대한 승리를 누릴 만한 좀 더 유순한 체제로 바뀌기를 바랐다. 이러한 희망은 냉전이 발발하고 스탈린이 공산주의의 권위주의를 확고히 하기 위해 전시의 자유화를 버림으로써 꺾이고 말았다.

그러나 스탈린은 전쟁에 대한 소련과 서방의 담론에서 불편하고 모순적인 자리를 계속 차지했다. 일부에게 스탈린은 승리의 원인이었다. 다른 일부에게 그는 대참사의 이유였다. 스탈린은 가장 위대한 전쟁 지도자인 동시에 가장 형편없는 전쟁 지도자로 여겨졌다. 승리로 가는 그의 길은 끔찍했지만 아마도 불가피한 일이었을 것이다. 스탈린은 수많은 사람을 학살한 억압적이고 폭력적인 시스템을 창출했지만, 그것은 히틀러에 맞선 매우 힘든 투쟁을 승리로 이끌 수 있었던 유일한 시스템이었을 것이다.

제2장

불경스러운 동맹:
스탈린과 히틀러의 협정

1939년 8월의 나치-소비에트 협정은 스탈린이 외교 분야에 처음 관여한 경우는 아니었으나, 스탈린이 1920년대에 권좌에 오른 후 시도했던 대외 업무 중에서 가장 중요하고 극적인 업무였다. 제2차 세계 대전 직전에, 1933년 히틀러가 집권한 후 소비에트 러시아와 나치 독일 사이의 관계를 괴롭혔던 적대적 대립은 양국이 불가침, 중립, 협의, 분쟁의 우호적 해결을 약속한 조약에 서명하면서 해소되었다고 공표되었다.

　이 비상한 사태 전환을 공개적으로 처음 어렴풋이 드러낸 사건은 나치 외무 장관 요하임 폰 리벤트로프*가 독일-소련 불가침 조약의 협상을 위해 모스크바로 날아갈 것이라는 발표였다. 리벤트로프는 8월 23일 소련 수도에 도착했고 그날 늦게 협상이 타결되었다. 8월 24일 『프라우다』와 『이즈베스티야』는 협정 소식을 보도했다. 신문 1면에는 스탈린이 미소를 지으며 쳐다보는 가운데 소련 외무 장관 뱌체슬라프

---

　*　Joachim von Ribbentrop(1893~1946). 나치 독일의 외교관이자 정치인. 1930년대 초 나치당에 입당했고, 히틀러 치하에서 영국 대사와 외무 장관을 역임했다. 이후 방공 협정과 뮌헨 협정, 독일-소련 불가침 조약, 강철 조약 등 제2차 세계 대전 직전에 맺어진 각종 주요 조약들의 협상과 조인을 담당했고, 동맹국이나 점령국의 정부에 대한 외교 활동도 맡았다. 전쟁 후 뉘른베르크 재판에 회부되어 사형 관결을 받고 교수형에 처해졌다.

몰로토프가 불가침 조약에 서명하는, 지금은 악명 높아진 사진이 함께 실렸다.

윈스턴 처칠은 〈불길한 뉴스가 갑자기 폭탄이 터진 것처럼 온 세계를 뒤흔들었다〉라고 썼다. 이탈리아 외무 장관 갈레아초 치아노* 백작은 일기장에 〈독일이 한 방 크게 먹인 것이 틀림없다〉, 〈유럽의 정세는 뒤집어졌다〉라고 적었다. 베를린 주재 미국 기자였던 윌리엄 샤이러**는 〈거의 믿을 수가 없었고 이제 전쟁이 불가피하다는 느낌을 받았다〉고 회상했다. 이는 수많은 사람의 심정을 대변하는 것이었다.[1]

충격과 경악의 이유는 그전 6개월 동안 스탈린이 영국, 프랑스와 **반히틀러** 동맹을 협상하고 있었기 때문이었다. 나치가 1939년 3월 체코슬로바키아를 점령한 후에 시작된 이 협상은 독일이 폴란드, 루마니아 및 여타 동유럽 국가들을 위협하면서 한층 탄력을 받았다. 4월에 소련은 영국, 프랑스, 소련 사이에 전면적인 3국 동맹을 맺을 것을 제안했다. 이 군사 동맹은 독일의 추가 팽창에 맞서 유럽 안보를 보장하고 필요하면 히틀러를 상대로 전쟁에 돌입할 것이다. 7월 말까지 동맹의 정치적 조건에 관한 합의가 이루어졌고, 협상은 모스크바에서 군사 회담을 개최하는 마지막 단계에 들어섰다.

3국 동맹 협상은 비공식적으로 진행되었으나 언론에 알려지지 않은 내용은 거의 없었다. 8월 10일 영국과 프랑스의 군사 대표단이 모스크바에 도착했을 때 적절한 공식 축하 행사로 그들을 맞이했고, 회담은 차

---

* Gian Galeazzo Ciano(1903~1944). 이탈리아의 정치가이자 외교관. 외무부 관리를 거쳐 중국 상하이 총영사를 지냈다. 1930년 베니토 무솔리니의 딸과 결혼했으며, 1934년 선전 장관을 거쳐 1936년 외무 장관이 되었다. 1940년 나치 독일, 일본 제국과 3국 군사 동맹을 체결했지만, 1943년 무솔리니를 몰아내는 데 찬성표를 던져 이듬해 무솔리니 정권의 특별 법정에서 사형 선고를 받고 총살당했다.

** William Lawrence Shirer(1904~1993). 미국의 언론인. 『시카고 트리뷴』과 뉴스 대행사인 〈국제 뉴스 서비스〉사의 해외 통신원으로 일했으며, 저서 『제3제국의 흥망』으로 유명하다.

르 시대의 호화롭고 장엄한 스피리도놉카 궁전에서 진행되었다. 3국 동맹이 맺어지면 히틀러는 단치히*와 〈폴란드 회랑〉**을 둘러싼 폴란드와의 분쟁을 새로운 유럽 전쟁으로 몰고 가지 않을 것이라는 희망이 컸다. 그러나 며칠 뒤 군사 협상이 결렬되어 8월 21일 무한정 연기되었으며, 다시는 재개되지 않을 운명에 놓였다.[2]

결렬의 표면적인 이유는 독일과 전쟁이 발발할 경우 붉은 군대가 폴란드와 루마니아의 영토를 통과할 수 있도록 해줄 것을 영국과 프랑스가 보장하라는 소련의 요구였다. 문제는 폴란드와 루마니아 — 둘 다 권위주의적이고 반공주의적인 국가로서 소련과 영토 분쟁을 겪고 있었다 — 가 독일의 침공을 우려하는 만큼이나 소련의 개입을 두려워해서, 전쟁이 일어나면 붉은 군대가 자동적으로 통과할 수 있는 권리를 양보할 마음이 없다는 사실이었다. 하지만 소련은 독일의 공격을 물리치기 위해서는 그들의 군사 계획이 폴란드와 루마니아를 통과하여 전진하는 데 달려 있고, 영국과 프랑스가 어떤 입장인지 알아야 한다고 고집했다. 소련 쪽에서 볼 때 영국 및 프랑스와의 3국 동맹은 무엇보다도 독일에 맞서 합동으로 전쟁을 치르는 조율된 군사 계획을 의미했다. 그러한 군사적 합의가 없다면 히틀러에 맞서는 정치 전선은 전혀 쓸모가 없었다.

---

* Free City of Danzig. 단치히(폴란드어로 그단스크) 자유시는 1920년 베르사유 조약에 따라 단치히에 설립된 도시 국가를 가리킨다. 1933년 단치히 의회는 독일 나치당에 장악되었으며 유대인에 대한 탄압 정책을 펼쳤다. 히틀러는 단치히를 반환받고 싶어 했고 1939년 9월 1일 독일군이 폴란드를 침공하자 단치히 의회는 나치 독일에의 합병을 선언했다. 그 후 나치 독일이 단치히를 점령하면서 자유시는 결국 소멸했다. 종전 후 단치히는 폴란드령으로 귀속되었고 독일인 주민은 모두 추방되어 지금에 이르렀다.

** Polish Corridor. 제1차 세계 대전 후 베르사유 조약에 의해 신생국인 폴란드의 영토가 된 좁고 긴 지역을 말한다. 원래는 폴란드의 영토였으나 18세기 폴란드 분할 당시 프로이센이 폴란드 서부를 차지하면서 자연스레 폴란드 회랑이 있는 지역도 프로이센령이 되었다. 그러나 제1차 세계 대전에서 독일 제국이 패하고 베르사유 조약을 체결하면서 폴란드가 러시아 제국과 독일 제국으로부터 독립하자 다시 신생 국가인 폴란드령이 되었다. 그러나 이로 인해 독일 제국 본토와 동프로이센이 분리되면서 독일인의 반감을 샀고, 히틀러는 폴란드 회랑을 구실로 폴란드를 침공했다.

히틀러는 어떤 외교적 합의로도 제지되지 못할 것이었다. 적어도 소련은 그렇게 믿었다.

군대가 루마니아와 폴란드를 통과할 수 있는 소련의 권리 문제 말고도 모스크바가 3국 동맹 협상을 중지하는 결정을 내린 좀 더 깊은 이유가 있었다. 그것은 스탈린이 영국과 프랑스가 히틀러와 싸우는 일에 진지하다고 믿지 않았다는 사실이었다. 사실 스탈린은 영국과 프랑스가 자신에게 그들을 위해 싸우도록 책략을 부리고 있다고 우려했다. 나중에 스탈린이 처칠에게 말했듯이, 스탈린은 〈회담이 불성실했고 오로지 히틀러에게 겁을 주는 것이 목표였으며, 그 뒤에 서방 열강은 히틀러와 타협할 것이라는 인상을 받았다〉.[3] 다른 기회에 스탈린은 영국 총리 네빌 체임벌린*이 〈근본적으로 러시아를 싫어하고 불신했다〉고 불만을 토로했으며, 〈만일 영국과 동맹을 맺을 수 없다면 [나는] 혼자 내버려져서는 — 고립되어서는 — 안 된다, 그렇게 되면 전쟁이 끝났을 때 승전국들의 희생자가 될 뿐〉이라고 강조했다.[4]

스탈린은 3국 동맹 협상을 끝냈을 때, 며칠 뒤 체결한 히틀러와의 협정에도 불구하고 향후 무슨 일이 일어날지 확신하지 못했다. 지난 몇 달 동안 독일은 영국과 프랑스보다 더 나은 조건을 제시할 수 있다고 계속 암시했다. 8월 초에 이 제안은 리벤트로프가 베를린의 소련 외교 대표인 게오르기 아스타호프**에게 〈발트해에서 흑해에 이르기까지 우리 양자 사이에 해결할 수 없는 문제는 없습니다〉라고 말했을 때 최고조

---

* Arthur Neville Chamberlain(1869~1940). 영국의 정치가, 외교관. 제41대 영국 총리를 지냈다. 1931년 맥도널드 내각의 재무 장관에 올라 경제 위기를 극복하는 데 성공했다. 1937년 총리가 되자 독일에 유화 정책을 써서 전쟁을 막고자 했으며, 이듬해 뮌헨 회담에서 히틀러의 요구를 받아들였다. 그러나 유화 정책이 실패하고 1939년 제2차 세계 대전이 일어나면서 외교 실패의 책임을 지고 이듬해 총리직에서 물러났다.

** Georgii Aleksandrovich Astakhov(1897~1942). 소련의 외교관. 일본, 극동, 영국, 독일 등지에서 외교관으로 활동했다. 특히 1939년 나치-소비에트 협정의 성사에서 중요한 역할을 한 것으로 알려져 있다. 1940년 체포되어 15년 형 선고를 받고 1942년 코미 자치 공화국의 노동 수용소에서 사망했다.

에 달했다.[5] 그때까지 스탈린은 리벤트로프에게 어떤 솔깃한 말도 하지 않았고, 아스타호프에게는 독일의 교섭자들이 내놓은 과장된 약속들에 어떻게 대응해야 하는지 전혀 지시가 없는 상태였다. 독일은 명백히 3국 동맹 협상을 파탄 내려 애썼고, 스탈린은 영국과 프랑스를 신뢰하지 않았지만 히틀러를 훨씬 더 신뢰하지 않았다. 그 자신 이데올로그였던 스탈린은 히틀러의 강렬한 반공산주의를 심각하게 여겼고, 나치 독재자가 『나의 투쟁』에서 옹호했던 독일의 러시아로의 팽창 프로그램을 기회가 닿는 대로 실행하리라는 것을 의심하지 않았다. 스탈린은 또 실패한 3국 동맹이 남긴 공백을 소련을 겨냥한 영국-독일의 암묵적 합의가 채울 것이라고 우려했다. 하지만 7월 말까지 3국 동맹 협상은 수개월 동안 질질 끌고 있었고, 예정된 군사 회담에 대한 영국과 독일의 미적대는 태도는 런던과 파리가 단지 영국-소련-프랑스 동맹의 가능성만으로도 히틀러가 폴란드를 공격하는 일을 포기하기를 희망하면서 회담을 최대한 오래 끌려 한다는 것을 보여 주었다. 그리하여 모스크바로 날아가는 대신에 영국-프랑스 군사 대표단은 느린 증기선을 타고 레닌그라드로 향했고 대(對)독일 합동 전쟁을 위한 어떤 세밀한 전략적 계획도 없이 그곳에 도착했다.

영국과 프랑스가 회담만으로 히틀러를 저지할 수 있다고 생각한 반면, 스탈린은 그런 확신이 없었고 대신 히틀러가 곧 폴란드를 공격할 거라는 정보기관의 보고를 믿었다. 이런 상황 — 3국 동맹 프로젝트의 불발과 다가올 폴란드 전쟁 — 에서 독일의 협상 제안은 좀 더 진지한 고려를 요구했고, 아스타호프는 독일의 의중을 떠보는 권한을 부여받았다. 독일이 소련 대외 정책 이해와 독일 대외 정책 이해의 윤곽을 그리는 특별 보충 협약에 서명하는 데 동의했을 때 이런 의사 타진에서 전환점이 찾아왔다. 8월 20일 스탈린에게 보낸 긴급 개인 메시지에서 히틀러는 리벤트로프가 보충 협약을 협상하기 위해 모스크바를 방문하는 일을 허용해 줄 것을 요구했다. 히틀러는 〈독일과 폴란드 사이의 긴장을 견딜 수 없게 되었고〉, 더 이상 잃을 시간이 없다고 지적했다. 스탈린은 이튿날 리벤트로프의 방문에 동의한다고 응답했다.

　저는 독일-소련 불가침 협정이 양국 간의 정치 관계가 개선되는 데 결정적인 전환점이 되기를 희망합니다. 양국의 국민들은 서로 평화적인 관계가 필요합니다. 독일 정부가 불가침 협정을 체결하는 데 동의한다면 정치적 긴장을 해소하고 양국 간에 평화와 협력을 확립하는 토대가 마련될 것입니다.[6]

　스탈린은 크렘린에서 친히 리벤트로프를 영접하며 온갖 예리함과 매력과 총명함을 보여 주었다. 스탈린은 외교계에서 곧 이런 자질로 유명해진다. 소련-일본 관계에서 드러난 문제점들을 중재하겠다는 리벤트로프의 제안에 스탈린은 자신은 일본을 두려워하지 않으며, 평화가 훨씬 좋겠지만 그들이 원한다면 전쟁도 불사하겠다고 응답했다. 스탈린은 독일-소련 협정에 대해 무솔리니가 어떤 태도를 취하는지 리벤트로프에게 캐물었고, 튀르키예가 무엇을 계획하고 있는지 알기를 원했다. 스탈린은 영국이 군사적으로 약하지만 전쟁을 교묘하게 수행할 것이고 프랑스군은 여전히 고려할 만하다는 의견을 밝혔다. 스탈린은 히틀러를 위한 건배를 제안하며 자신은 〈독일 국민이 총통Führer을 얼마나 사랑하는지〉를 안다고 리벤트로프에게 말했다. 리벤트로프가 떠나려 하자 스탈린은 〈소련 정부는 이 새 협정을 매우 진지하게 여깁니다. 저는 소련이 자신의 파트너를 배신하지 않을 것을 명예를 걸고 보장할 수 있습니다〉라고 했다.[7]

　그러나 스탈린은 리벤트로프와 무엇을 합의했고, 새로운 소련-독일 동반자 관계의 성격은 무엇이었는가? 발표된 불가침 조약의 텍스트는 독일이나 소련이 제3국을 침공할 경우 조약을 폐기 통고할 수 있는 조항의 주목할 만한 부재(不在)를 제외하고는, 소련이 1920년대와 1930년대에 체결했던 다른 많은 불가침 협정과 차이가 없었다. 이러한 부재가 보여 주듯이, 이 협정은 근본적으로 다가올 독일-폴란드 전쟁 동안 소련이 중립을 지키겠다는 약속이었다. 그 보상으로 스탈린은 히틀러로부터 친선과 불가침 그리고 더욱 중요한 것으로서, 발표된 협정에 부가된 〈비밀 추가 보충 협약〉 조항을 약속받았다. 이 비밀 보충 협약의 첫 조항은 발트 국가들인 핀란드, 에스토니아, 라트비아가 소련 세력권 안에 있음을 명시했다. 두 번째 조항은 폴란드를 나레프강, 비스와강, 산강을 따라 소련 세력권과 독일 세력권으로 분할했고, 〈양 당사국의 이해관계를 고려할 때 독립적 폴란드 국가를 유지하는 것이 바람직한지, 또 그와 같은 국가를 어떻게 경계 지어야 하는지의 문제는 향후 정치적 전개 과정에서 결정될 뿐〉이라고 언명했다. 이 짧은 보충 협약의 세 번째이자 마지막 조항은 루마니아 영토의 조그만 한 부분인 베사라비아에 대한 소련의 이해관계에 주목했다. 모스크바는 루마니아가 이 영토를 1918년에 러시아로부터 〈훔쳤다〉고 주장한 반면, 독일 측은 이 분쟁에 대한 어떤 이해관계도 부인했다.[8]

발트 국가들과 관련해 독일은 3국 동맹 협상 동안 소련이 영국과 프랑스에 요구했던 바를 인정했다. 그것은 레닌그라드의 안보에 긴요하다고 여기는 지역에서 소련의 전략적 지위를 보장하기 위해 발트해에서의 자유재량을 받아들인 것이다. 3국 동맹 협상의 맥락에서 〈자유재량〉은 나치가 발트 국가들을 전복하는 사태를 피하기 위해 선제 행동을 취할 모스크바의 권리와, 발트 국가들의 국민들이 정작 무엇을 원하는지 상관없이 독일의 발트 국가들에 대한 침공을 적절하다고 생각하는 대로 반격할 수 있는 유연성을 의미했다. 그러나 스탈린이 독일로부터 막 획득한 발트 세력권에서 기동(機動)의 자유를 어떤 식으로 행사하기를 원하는지는 분명하지 않았다. 스탈린은 발트 국가들을 점령할 것인가, 아니면 이 지역에서 소련의 이익을 보장하는 어떤 다른 방법을 모색할 것인가? 이와 유사한 불확실성이 스탈린의 대(對)폴란드 정책에도 드리워져 있었다. 독일은 폴란드 동부의 소련 세력권에 관여하지 않는 데 동의했지만, 실제적인 면에서 이 약속의 의미와 결과는 무엇일까? 이 질문에 대한 답변은 독일-폴란드 전쟁의 경과와 히틀러의 폴란드 공격에 대한 영국과 프랑스의 대응이라는 앞으로 벌어질 미지의 중요한 사건 전개에 달려 있었다. 1939년 8월에는 폴란드가 독일의 침공에 그렇게 맥없이 굴복하리라는 것이 아직 분명하지 않았다. 영국과 프랑스는 폴란드를 방어하기로 약속했으나 적어도 스탈린에게는 새로운 〈뮌헨〉* — 유화 정책으로서 폴란드를 히틀러에게 팔아먹는 거래 — 의 우려가 없는 것도 아니었다. 그렇게 되면 동부 폴란드에서 소련 세력권의 운명은 어떻게 될 것인가? 정세가 더 분명해질 때까지 스탈린은 조심스럽게 발걸음을 내딛기로 결심했다. 스탈린은 심지어 영국 및 프랑스와의 협상 재개에 계속 문을 열어 두면서, 폴란드를 둘러싼 국제적 위기가 고조되는 상황에서 소련의 중립을 유지하고, 폴란드와 발트 국가들에 대해 소련의 이익을 적극적으로 추구하는 것을 삼갔다.

스탈린의 얼버무리기 입장은 외무 장관 몰로토프에 의해 더욱 분명히 표현되었다. 몰로토프는 1939년 8월 31일 최고 소비에트의 한 연설에서 독일-소련 협정을 공식적으로 비준할 것을 제안했다. 몰로토프 연설의 핵심은 그가 유럽 정치에서 소련의 탈동맹을 선언했지만 — 소련은 이제 반(反)히틀러 동맹에 참여하지 않을 것이다 — 그렇다고 방향을 돌려 독일과 한패가 된 것은 아니라는 점이었다. 실제로 몰로토프는 특별히 애를 써서 독일-소련 불가침 조약이 3국 동맹 협상의 실패가 낳은 **결과**이지 그 원인은 아니라고 주장했다. 이는 히틀러와의 거래가 영국 및 프랑스와의 동맹에 대한 차선의 대안이었음을 암시하는

---

* 1938년 9월 30일 독일 뮌헨에서 영국, 프랑스, 독일, 이탈리아가 체결한 〈뮌헨 협정 Munich Agreement〉을 가리킨다. 제1차 세계 대전 종전 이후 국제 연맹은 오스트리아-헝가리 제국을 민족 자결주의에 따라 다수의 국민 국가로 분할하여 중부 유럽 문제를 해결하고자 했으나, 히틀러는 이를 역이용해 독일 민족의 자결과 독일인의 〈생활 공간 Lebensraum〉 확보를 요구했다. 이에 따라 1938년 3월 독일계 국가인 오스트리아를 합병한 독일은 이어 체코슬로바키아에서 독일인 거주자 다수 지역인 주데텐란트 할양을 요구했다. 이에 양국 사이에 군사적 긴장이 커지자, 또 다른 세계 대전의 발발을 피하려 했던 영국과 프랑스는 뮌헨 회담을 열어 히틀러의 요구대로 독일이 주데텐란트를 합병하도록 승인했다.

것이었다. 스탈린은 불가침 협정이 유럽에서 교전 가능성이 있는 지역을 축소하고 〈거대한 새로운 학살, 민족들의 새로운 홀로코스트〉를 도발하기 위해 소련과 독일을 서로 맞서게 하고 싶은 사람들의 기획을 좌절시킨다는 이유로 이 협정을 옹호했다.[9] 여기서 몰로토프는 스탈린이 1939년 3월 소련 공산당 제18차 대회에서 영국과 프랑스의 대외 정책을 비판한 것을 되풀이했다. 스탈린에 따르면,

불개입 정책은 침공을 묵인함으로써 전쟁이 활개를 치도록 놔두는 것을 의미합니다. (……) 불개입 정책은 침략 국가가 사악한 활동을 하는 것을 방해하지 않겠다는, 말하자면 일본이 중국과의, 아니 더 좋게는 소련과의 전쟁에 휩쓸리는 것을 방해하지 않겠다는, 말하자면 독일이 소련과의 전쟁에 휩쓸리는 (……) 것을 방해하지 않겠다는, 그들을 이렇게 하도록 은밀히 부추기겠다는, 그들이 서로를 약화시키고 소진시키도록 만들겠다는, 그리고 그들이 충분히 약해지면 새로운 힘을 갖고 현장에 나타나서, 물론 〈평화를 위해〉 나타나서 쇠약해진 교전국들에 조건을 들이대겠다는 열정과 욕망을 드러내 줍니다.[10]

스탈린은 나치-소비에트 협정을 체결했을 때 서방 유화론자들을 본떴는가? 스탈린은 〈전쟁-혁명〉 연계 — 새로운 세계 대전을 도발하는 것이 제1차 세계 대전이 끝났을 때 유럽을 집어삼켰던 그런 유의 혁명적 격변을 촉발할 거라는 발상 — 의 지지자였는가? 당시 많은 반공산주의 논평가는 그렇게 생각했고, 그것은 제2차 세계 대전의 주요 원인이 히틀러가 아닌 스탈린의 기획임을 밝히고자 한 바로 그 역사가들이 되풀이한, 스탈린의 목표를 바라보는 시각이다. 이 주장에 등장하는 핵심 텍스트 중 하나는 스탈린이 1939년 8월 19일 정치국에서 한 것으로 추정되는 연설인데, 스탈린은 이 연설에서 자신이 도발하고 그 뒤나치-소비에트 협정을 맺음으로써 연장하려 한 전쟁의 결과로 유럽을 〈소비에트화〉할 수 있는 가능성을 검토했다.[11] 문제는 그 〈연설〉이 위조

되었다는 사실이다. 그런 연설이 없었을 뿐 아니라 그날 정치국이 소집되었다는 것조차 의심스럽다(정치국은 1930년대 말 무렵에는 거의 소집되지 않았다). 러시아의 역사가 세르게이 슬루치*가 일컬었듯이, 그것은 〈존재하지 않는 스탈린의 연설〉이다.[12]

이른바 이 스탈린의 연설은 1939년 11월 말에 프랑스 언론에 처음 등장했다. 연설을 공개한 것은 확실히 스탈린의 위신을 떨어뜨리고 소련-독일 관계에 불화의 씨앗을 뿌리기 위해 계획된 흑색선전에 불과했다. 텍스트의 내용은 텍스트가 명백히 거짓임을 보여 주었다. 스탈린은 예를 들어, 이미 8월 19일에 루마니아, 불가리아, 헝가리에서의 소련 세력권을 히틀러에게 넘겨주기로 그와 합의했다고 말한 것으로 보도되었다. 이 보도는 비록 스탈린 자신은 보도된 연설에 울컥하여 거짓말이라고 비난하는 성명을 발표했으나, 프랑스 밖에서는 그리 심각하게 여겨지지 않았다.[13]

스탈린은 1939년에 전쟁을 은밀히 계획하기는커녕 자신과 자신의 체제가 대규모 군사적 충돌의 희생자가 될 것을 우려했다. 바로 그것이 스탈린이 히틀러와의 협정에 희망을 건 까닭이다. 협정은 평화와 안보의 보장책이 아니라 소련에 다가올 전쟁을 피할 수 있게 해주는 가장 좋은 기회를 부여했다. 의심할 여지 없이 스탈린은 다른 사람들과 마찬가지로 영국과 프랑스가 독일에 선전 포고를 한다면 충돌은 장기적인 소모전 — 소련에 국방력을 강화할 얼마간의 시간과 공간을 제공하는 전쟁 — 이 될 거라고 예상했다. 하지만 스탈린은 제1차 세계 대전의 단순한 되풀이에 모든 것을 걸기에는 너무나 신중했다.

---

* Sergei Zinovievich Sluch(1944~). 러시아의 역사가. 저서로 『1918~1939년의 독일과 소련』이 있다.

폴란드의 분할

스탈린의 시각에서 볼 때 나치-소비에트 협정이 체결된 후 가장 중요한 질문은 다음과 같았다. 폴란드에 무슨 일이 벌어질 것인가? 이 질문에 대한 답변은 독일의 폴란드 침공이 깜짝 놀랄 성공을 거둔 것이었다. 벌써 9월 3일에 리벤트로프는 폴란드군을 몇 주 안에 괴멸시킬 것이라고 소련에 말하면서 그들의 군대를 동부 폴란드의 러시아 세력권으로 보낼 것을 촉구하고 있었다.[14] 그러나 바로 같은 날 영국과 프랑스는 독일에 전쟁을 선포했다. 9월 5일 몰로토프는 소련의 행동이 필수적이라는 데 동의하지만 너무 빨리 개입하면 〈우리의 목표가 손상되고 적들의 단합이 촉진될 것〉이라고 말하면서 리벤트로프의 요청에 대답을 얼버무렸다.[15] 9월 9일이 되어서야 몰로토프는 소련군이 며칠 뒤 폴란드로 진입할 것이라고 독일에 알려 주었다.

전쟁과 폴란드 문제에 대한 스탈린의 생각은 1939년 9월 7일 〈공산주의 인터내셔널〉*의 지도자인 게오르기 디미트로프**와의 회동에서 드러났다.

전쟁은 세계의 재분할을 위해서, 세계의 지배를 위해서 (……) 두 그룹의 자본주의 국가들 사이에서 진행됩니다! 우리는 그들이 머리 터지게 싸워 서로를 약화시키는 데 나쁜 것은 전혀 없다고 생각합니다. 독일

---

* Communist International. 보통 코민테른Comintern이라고 일컬으며, 제3인터내셔널이라고도 부른다. 1919년 3월 레닌의 주도로 설립되어 1943년 스탈린에 의해 해체되었다. 코민테른의 목적은 자본주의 체제를 타도하고 프롤레타리아 독재를 통해 사회주의와 공산주의를 실현하기 위해서, 각국 공산당들 사이의 연계를 강화하고 그들의 활동을 통일적으로 지도하는 데 있었다.

** Georgi Dimitrov Mihaylov(1882~1949). 불가리아의 공산주의 정치가. 1935~1943년 코민테른 총서기, 1943~1945년 소련 공산당 국제 정책부 부장, 1946~1949년 불가리아 각료회의 의장과 불가리아 공산당 총서기를 역임했다.

의 손에 가장 부유한 자본주의 국가들(특히 영국)의 위상이 흔들리면 좋은 일일 겁니다. 히틀러는, 이해하지 못하거나 바라지도 않겠지만, 자본주의 시스템을 흔들고 훼손하고 있는 거지요. (……) 우리는 가능한 한 피터지게 싸우도록 서로 공작하고 물어뜯게 할 수 있습니다. 불가침 협정은 어느 정도 독일을 돕고 있습니다. 다음번에 우리는 다른 편을 응원할 겁니다. (……) 이전에 (……) 폴란드는 민족 국가였습니다. 그러므로 혁명가들은 분할과 노예화에 맞서 그것을 방어했지요. 지금 [폴란드는] 파시즘 국가로 우크라이나인, 벨로루시야인 등을 억압하고 있습니다. 현재의 정세에서 이 국가의 소멸은 겨루어야 할 부르주아 파시즘 국가가 하나 더 줄어드는 것을 의미하는 거죠! 폴란드가 궤멸하여 우리가 사회주의 시스템을 새로운 영토와 주민에게 확장할 수 있다면, 손해날 일이 뭐가 있겠습니까?[16]

이 발언은 디미트로프의 일기 — 전쟁 시기 동안 스탈린의 개인적인 생각을 알아보는 가장 중요한 자료 — 에 나오는데, 〈전쟁-혁명〉 연계 가설의 증거로 해석될 수 있기에 약간의 논평을 요한다. 이 만남을 가진 이유는 스탈린이 코민테른 정치 노선을 변경하겠다는 선언 때문이었다. 1935년 제7차 세계 대회 이후 그때까지 코민테른의 정치 노선은 반파시즘 인민 전선에 바탕을 두고 있었는데, 이는 소련과 서방 부르주아 민주주의 국가들 사이의 동맹을 지지하는 것이었다. 나치-소비에트 협정 이후 코민테른과 회원 당들은 인민 전선 정책을 지속하면서, 독일과 불가침 조약을 체결했지만 파시스트 침공에 맞선 민족 방어 전쟁을 계속 옹호하는 모스크바의 외교적 행동을 지지했다. 스탈린은 지난날을 돌이켜 보며 인민 전선 정책을 부인하지 않았고, 실제로 디미트로프 역시 스탈린이 이렇게 말한 것으로 기록하고 있다. 〈우리는 소위 민주주의 국가들과의 협정을 선호했고, 그래서 협상을 했어요. 그러나 영국과 프랑스는 공짜로 우리가 머슴이 되기를 원했죠!〉 하지만 상황은 변했고 실제로 일어난 전쟁은 제국주의자들 사이의 충돌이었으며, 〈자본주의 국가들이 파시즘 국가와 민주주의 국가로 분열한다는 것은 더는 타당하지 않습니다). 스탈린은 또 전쟁 동안 〈노예제의 절멸 가능성〉에 대해 이야기했으나, 레닌이 제1차 세계 대전 동안 했던 것과는 달리 제국주의 전쟁을 혁명적 내전으로 전화(轉化)시키는 것을 옹호하지 않았다. 스탈린이 추구한 당장의 목적은 다가올 붉은 군대의 폴란드 침공 ― 소비에트 국가의 역사에서 최초의 군사적 팽창 행동 ― 에 대해 이념적 근거를 제시하는 것이었고, 디미트로프에게 전한 그의 주요 메시지는 공산주의자들이 전쟁에 반대해야, 즉 전쟁을 벌이지 말아야 한다는 것이었다.

붉은 군대는 1939년 9월 17일 폴란드로 건너갔다. 라디오 방송으로 이러한 군사 행동을 발표하면서 몰로토프는 독일-폴란드 전쟁이 폴란드 국가의 파탄을 보여 주었다고 선언했다. 몰로토프는 이런 상황에서 소련군은 폴란드 영토에 거주하는 우크라이나인과 벨로루시야인들을 보호하기 위해 폴란드에 진입하고 있다고 말했다. 이 애국적인 설명은 폴란드가 우크라이나인과 벨로루시야인들을 억압하고 동쪽에서 온 붉은 군대 〈해방군〉이 박수와 환호로 환영받았다는 소련 신문의 기사들로 더욱 강화되었다.[17]

붉은 군대가 점령한 폴란드 영토 ― 대체로 나치-소비에트 협정하에 스탈린에게 배당된 영토 ― 는 사실 우크라이나와 벨로루시야의 서부 지역이었다. 그것은 소위 〈커즌선〉*의 동쪽에 자리했다. 커즌선은

---

* Curzon Line. 1919년 12월 8일 파리 강화 회의에서 확정된 소비에트 러시아와 폴란드 사이의 국경. 민족 자결의 원칙에 따라 폴란드인이 다수인 지역 전체를 폴란드로 편입했다. 편입된 이 선은 1797년 제3차 폴란드 분할 이후 영국에서 최종적으로 인정한 프로이센 왕국과 러시아 제국 사이의 국경과 일치한다. 이 선 서쪽으로는 폴란드계가 다수이며, 동쪽으로는 우크라이나인, 벨로루시야인, 폴란드인, 유대인, 리투아니아인이 섞여 있었다. 1919년부터 2년 동안 진행된 폴란드-소비에트 러시아 전쟁의 결과 1921년 3월 리가 조약에서 폴란드 동부 국경은 커즌선에서 대략 250킬로미터 동쪽으로 확장되었다. 그 후 제2차 세계 대전 중에 열린 테헤란 회담에서 비공식적으로 제안되고 얄타 회담에서 확정된 조약에 의해 루스벨트, 처칠, 스탈린은 커즌선을 기반으로 폴란드에 약간 유리하게 수정하여 폴란드와 소련의 국경선으로

1919년 파리 강화 회의의 한 위원회에서 그은 러시아와 폴란드 사이의 인종 경계였는데, 위원장이었던 영국 외무 장관 조지 커즌*의 이름을 땄다. 위원회의 목표는 갑자기 벌어진 러시아-폴란드 전쟁에서 휴전을 위한 기본 원칙을 제공하는 것이었다. 하지만 최종 경계는 전쟁에서 폴란드가 거둔 군사적 성공에 의해 결정되었고, 소련은 1921년 3월에 체결된 리가 조약에서 서부 우크라이나와 서부 벨로루시야를 폴란드에 양도했다. 그러나 소련은 소수의 폴란드인들만 있는 영토의 상실을 결코 감수하지 않았다. 외교적으로 두 국가의 영토 분쟁은 수면 아래로 가라앉았으나 특히 스탈린의 러시아가 좀 더 애국적인 정체성을 채택하기 시작한 1930년대에 막후에서 계속 맴돌았다. 또 모스크바에서는 폴란드에 살고 있는 비소비에트 우크라이나인과 벨로루시야인들이 소련 내 동포들의 파괴 활동을 위한 근거지로 이용될 수 있다는 우려가 끊이지 않았다. 실제로 1938년에 나치 선전 요원과 우크라이나 민족주의자들이 우크라이나의 재통일과 독립을 위해 언론 활동과 선전 운동을 전개한 바 있었다. 따라서 소련의 동부 폴란드 침공은 붉은 군대의 폴란드 진입이 소련 방어선을 서쪽으로 이동하는 것을 보장하고 독일의 동쪽으로의 팽창에 대해 명확한 한계를 설정하는 분명한 지정학적 근거뿐 아니라 특유의 〈민족주의적〉 논리도 구현했다.

소련군의 폴란드 진입을 환영한 사람은 처칠이었다. 이 영국 정치가는 오랜 기간 재야에 있다가 막 돌아와 해군 장관으로 내각에 복귀했다. 1939년 10월 1일 유명한 라디오 방송에서 그는 다음과 같이 주장했다.

정하는 데 동의했다. 이 안은 1945년 8월 16일 소련과 폴란드의 조약에 의해 확인되었고, 양국의 국경은 1951년 상호 합의에 따라 추가 조정되었다. 1991년 소련이 붕괴하자 이 선은 폴란드 동부에서 오늘날의 리투아니아, 벨라루스, 우크라이나와의 국경이 되었다.

   * George Nathaniel Curzon(1859~1925). 영국의 보수당 정치가. 1886년 하원 의원, 1891년 인도 차관, 1895년 외무 차관, 1898년 인도 총독을 역임했다. 1919년 외무 장관 임시 대리로 파리 강화 회의에 참석했고, 그해 10월 외무 장관이 되어 1924년까지 영국 외교를 책임졌다.

러시아는 차가운 이기적 정책을 추구해 왔습니다. 우리는 러시아 군대가 침략자가 아니라 폴란드의 친구이자 동맹으로 현재의 선에 서 있어야 한다고 바랐을 수도 있었습니다. 그러나 러시아 군대가 이 선에 서 있어야 한다는 것은 확실히 나치 위협에 맞서 러시아의 안전을 지키는 데 필수적이었습니다.

처칠은 청취자들을 안심시키는 설명을 덧붙였다.

저는 여러분에게 러시아의 행동을 예측해 줄 수 없습니다. 그것은 수수께끼 내부에 미스터리로 가득 찬 불가사의의 영역입니다. 하지만 아마도 이를 이해할 수 있는 열쇠가 있지 않을까 싶습니다. 그 열쇠는 러시아의 국익입니다. 독일이 흑해 해안에 자리 잡아야 한다든지, 독일이 발칸 국가들을 유린하고 남동부 유럽의 슬라브인들을 예속시켜야 한다든지 하는 것은 러시아의 이익과 안전에 부합할 수 없습니다. 그것은 러시아의 유구한 종신 소유권에 반할 겁니다.[18]

처칠이 옳았다. 러시아의 국익은 스탈린 대외 정책의 한 열쇠였다. 또 다른 열쇠는 공산주의 이념이었다. 9월 7일에 스탈린이 디미트로프에게 한 발언은 코민테른이 반(反)나치 정책을 포기한 것을 합리화하려는 수사를 상당히 담았지만 진정한 신념도 많이 포함되어 있었다. 나치-소비에트 협정에 대한 스탈린의 계산 저변에는 자본주의 위기와 제국주의 전쟁의 불가피성이라는 근본주의적 시각이 깔려 있었다. 1920년대와 1930년대 내내 스탈린은 제국주의자들이 소련과 전쟁을 벌여 국내에서 처한 곤경을 해결하려 한다면, 자기 나라들에서 노동 계급의 반란과 혁명에 직면하게 될 것이고 결국 몰락을 자초할 것이라고 경고했다. 그러나 스탈린은 소련의 안보를 외국에서의 혁명이라는 희망에 기대를 걸기에는 너무나 확고한 현실주의자였다. 스탈린은 경험을 통해 선진 자본주의 국가들에서의 혁명 운동은 매우 취약하여 의지할 수 없다는 것을 알았다. 따라서 전쟁 발발 후 스탈린이 디미트로프에게 내린 정치적 지시는 신중하고 보수적이었다. 1939년 10월 25일 디미트로프와의 만남에서 스탈린은 다음과 같이 언급했다. 〈제국주의 전쟁이 처음 발발했을 때 볼셰비키는 정세를 과대평가했습니다. 우리 모두 너무 앞서 나가는 바람에 실수를 저질렀지요. (⋯⋯) 그때 볼셰비키가 견지하던 입장을 지금 따라 해서는 안 됩니다. (⋯⋯) 또 지금의 상황이 다르다는 것도 기억해야 합니다. 그때는 집권한 공산당이 전혀 없었지요. 지금은 소련이 있습니다!〉 11월 7일 스탈린은 디미트로프에게 말했다. 〈저는 제국주의 전쟁을 내전으로 전화시키자는 구호(제국주의 전쟁이 처음 일어났을 때)가 러시아에만 적절하다고 믿습니다. (⋯⋯) 유럽 국가들에 이 구호는 맞지 않아요. (⋯⋯)〉[19]

제1차 세계 대전과 제2차 세계 대전의 주된 차이가 소련의 존재라는 스탈린의 지적은 디미트로프에게 강조할 필요가 없었을 것이다. 디미트로프는 당대의 모든 공산주의자와 마찬가지로 특히 소련의 존재 자체가 위협받을 수 있는 전쟁 시기에는 그의 첫 번째 임무가 이 사회주의 국가를 방어하는 행동을 취하는 것이라는 신념을 갖도록 훈련받았기 때문이다. 스탈린이 1939년에 공산주의 지지자들에게 요구한 것은 혁명전쟁의 수행이 아니라 평화를 위한 정치 운동을 전개하는 일이었다. 거기에는 히틀러가 폴란드를 둘러싼 갈등을 끝내자고 영국과 프랑스에 한 호소를 지지하는 행위도 포함되었다.

소련-독일의 〈평화 공세〉는 9월 27~28일에 스탈린과 리벤트로프의 두 번째 만남 이후 시작되었다. 리벤트로프는 점령한 폴란드에서 소련과 독일의 경계를 변경하자는 소련의 제안을 논의하기 위해 모스크바로 날아갔다. 스탈린은 리벤트로프에게 소련과 독일의 폴란드 분할은 가능한 한 인종 경계선을 따라야 한다고 말했다. 이는 폴란드 영토를 소련 세력권에서 독일 세력권으로 이전하는 일이 수반될 터였다. 그 대신 리투아니아가 발트해의 소련 세력권으로 이전될 것이었다. 스탈린은 리벤트로프에게 이러한 거래를 제의하면서, 폴란드 인종이 사는 지

지도 1. 나치-소비에트 협정(1939년 8~9월)

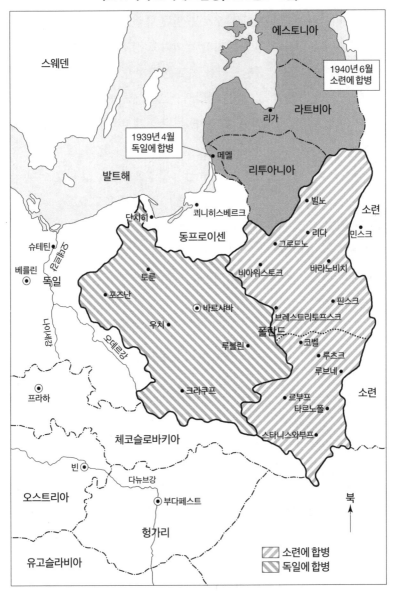

스웨덴

에스토니아

1940년 6월
소련에 합병

라트비아

리가

1939년 4월
독일에 합병

발트해

메멜

리투아니아

빌노

소련

단치히

쾨니히스베르크

동프로이센

리다

민스크

그로드노

베를린

독일

슈테틴

토룬

포즈난

바라노비치

비아위스토크

핀스크

오데르강

우치

브레스트리토프스크

폴란드

바르샤바

루블린

코벨

루츠크

루브네

크라쿠프

르부프

타르노폴

소련

프라하

체코슬로바키아

스타니스와부프

빈

다뉴브강

북

오스트리아

부다페스트

헝가리

유고슬라비아

소련에 합병
독일에 합병

역을 비폴란드계 인종이 압도적으로 거주하는 소련과의 국경 지역으로부터 분리시키는 구분선이 앞으로 통일된 폴란드에서 발생할 수 있는 민족주의적 선동을 미연에 방지할 것이라고 강조했다.[20] 이 논의의 결과, 1939년 9월 28일 폴란드에서 새로운 경계를 명시하고 (비밀 보충 협약에서) 리투아니아를 소련 세력권으로 이전한(95면의 〈지도 1〉을 보라) 〈독일-소련 경계와 우호 조약〉 형태의 새로운 나치-소련 협정이 맺어졌다.[21] 같은 날 소련과 독일은 폴란드가 없어졌으므로 유럽 전쟁을 종결해야 한다고 요구하는 공동 성명을 발표했다.[22] 그 뒤를 이어 히틀러는 평화 협상을 요청했고, 1939년 10월 말에 몰로토프는 최고 소비에트에서 이 요구를 되풀이하는 연설을 했다. 몰로토프는 영국과 프랑스가 전쟁을 멈추지 않는다고 비난하면서, 그 동기가 그들의 식민지 속령을 방어하고 세계 제패를 위한 제국주의 간 투쟁을 계속하는 데 있다고 주장했다.[23]

〈새로운 라팔로〉

그러나 스탈린은 정말로 유럽 전쟁이 끝나기를 원했는가? 아마도 그렇지 않았을 테지만 그는 전쟁이 얼마나 오래갈지, 또 어떤 경로를 취할지 전혀 몰랐고, 그 결과가 소련에 유리하리라는 보장도 없었다. 영국과 프랑스는 폴란드를 지지하여 독일에 전쟁을 선포했지만 당장은 프랑스-독일 국경을 따라 설치된 방어 시설인 〈마지노선〉 뒤에서 독일과 전쟁을 하는 데 만족하는 듯했다. 독일의 폴란드 정복은 유럽에서 힘의 균형을 근본적으로 바꾸었으나 이 변화의 결과가 정확히 어떨지를 예측하기란 어려운 일이었다. 이러한 상황에서 스탈린은 유럽 전쟁에 휩쓸리는 것을 피하면서 무슨 수를 써서라도 소련의 전략적 위상을 강화하는 도리밖에 없었다. 이는 당장 히틀러의 〈평화 제안〉에 대한 지지를 비롯해 독일과 긴밀하게 협력하는 것을 의미했다. 그와 동시에 스탈린은 영국 및 프랑스와 자신을 연결하는 다리를 불사르고 싶지 않았고, 소련과 서방 열강의 관계를 재건하는 일에 계속 여지를 둠으로써 히틀러를 지원하는 데 대한 균형을 잡으려 했다.[24]

히틀러와의 새로운 관계가 얼마나 오랫동안 지속될지는 말하기 어려웠으나 스탈린은 이 단계에서 장기적인 동반자 관계를 배제하지 않았다. 사실 장기적인 소련-독일 협력의 중요한 선례가 있었다. 1922년에 소련과 독일은 라팔로 조약*을 맺었다. 이것은 두 국가 사이의 외교 관계를 다시 수립하고(1918년에 외교 관계가 단절되었다), 10년 동안 긴밀한 경제적·정치적·군사적 협력을 가져온 협약이었다. 당시 〈라팔로 관계〉라고 불린 이 관계는 1933년 히틀러가 권좌에 오르면서 파탄났다. 그럼에도 1930년대 내내 특히 무역 관계에서 얼마간의 협력을 복원하려는 양측의 노력이 간헐적으로 이어졌다.[25] 9월 27일 스탈린은 리벤트로프와 논의하며 라팔로 선례를 강조했다.

소련의 대외 정책은 항상 독일과 소련의 협력 가능성에 대한 믿음에 바탕을 두었습니다. 볼셰비키는 집권했을 때 독일의 첩자 노릇을 했다고 비난받았습니다. 라팔로 협정을 맺은 것은 바로 볼셰비키였습니다. 협정은 상호 신뢰의 확대와 심화의 기반을 제공했지요. 독일에서 국가 사회주의자들이 집권하고 독일 정부가 내정을 우선적으로 고려할 필요가 있다고 생각하면서 관계가 악화되었습니다. 잠시 후 이 문제는 진이 다 빠지고 독일 정부는 소련과의 관계를 개선할 의지를 내보였지요. (……) 역사

* Rapallo Treaty. 1922년 4월 16일 이탈리아의 제노바 근교인 라팔로에서 바이마르 공화국과 소비에트 러시아 사이에 체결된 우호 조약이다. 제1차 세계 대전 후 패전한 독일과 사회주의 국가 소비에트 러시아는 국제적으로 소외된 존재였다. 특히 소비에트 러시아는 제노바 회의에서도 러시아 제국의 외채 승인 문제로 불만을 갖고 있었으며 경제 건설과 군 강화를 위해 독일과의 교섭을 원했다. 또한 독일도 비밀리에 국방군을 재군비하기 위해 소비에트 러시아의 협력에 적극적인 태도를 취했으며, 중공업계도 소비에트 러시아 시장에 매력을 느껴 경제 협력에 의욕적이었다. 원래 제네바 회의에서 영국 및 프랑스에 대한 러시아 제국의 채무를 독일의 소비에트 러시아에 대한 배상금으로 지불하려 했는데, 이 조약을 맺으면서 러시아 제국의 채무와 독일의 대소련 배상이 상쇄되어 영국과 프랑스의 계획은 수포로 돌아갔다.

적으로 소련 정부는 독일과 좋은 관계의 가능성을 배제한 적이 없습니다. 그러므로 소련 정부는 떳떳하게 독일과의 협력 복원을 시작합니다. 이 협력은 모든 다른 연합이 굽힐 수밖에 없는 힘을 나타냅니다.[26]

물론 나치 독일은 바이마르 공화국*이 아니었고 히틀러는 평범한 독일 정치인이 아니었지만, 스탈린은 민주주의 국가와 파시즘 국가를 질적으로 다른 현상이 아니라 공통의 자본주의 연속체 위에 공존하는 현상으로 바라보는 경향이 있었다.[27] 1930년대에 나치 독일은 소련에 엄청난 위협을 가했고, 스탈린은 서방 민주주의 국가들과 공통의 목표를 추구했다. 정세가 변했고, 이제 히틀러는 위협이 아니라 기회를 나타냈다. 〈기회〉는 위협으로 변질될 수도 있었지만 당분간 스탈린은 독일과의 〈새로운 라팔로〉에서 가능한 한 많은 이득을 올리는 데 만족했다.

1920년대 동안 소련과 독일은 매우 중요한 무역 파트너였는데, 이 관계는 히틀러가 집권하면서 붕괴했다. 그러나 나치-소비에트 협정으로 양국 사이에 상당한 경제 관계의 부활이 이루어졌다. 1939년 8월, 1940년 2월, 1941년 1월에 체결된 경제 협정 덕분에 소련과 독일 사이의 수출입이 10배나 늘어났는데, 이는 1930년대 초 이후 보지 못했던 수준이었다.[28] 무역 패턴은 이전 시기와 동일했다. 독일은 러시아에 기계와 공산품을 살 수 있도록 신용을 제공했고, 소련은 독일에 원자재를 수출했다. 1940년 1월부터 1941년 6월 사이에 소련은 다음과 같은 원자재를 독일에 공급했다.

---

* Weimar Republic. 제1차 세계 대전이 종결된 뒤 1919년부터 1939년까지 존재했던 〈독일 제국Deutsches Reich〉을 가리킨다. 바이마르 공화국은 출범 직후부터 초인플레이션과 극좌·극우 세력의 저항, 제1차 세계 대전 이후 외교 관계의 논란 등 많은 문제에 직면하며 혼란에 빠졌고, 1930년대에 들어 대공황의 여파로 경제가 붕괴하고 실업률이 폭등하면서 결국 1933년 나치의 집권이 이뤄졌다.

곡물 150만 톤

면화 10만 톤

석유 제품 200만 톤

목재 150만 톤

망간 14만 톤

크롬 2만 6,000톤[29]

특히 중요한 것은 곡물, 석유, 망간, 크롬이었다. 이것들은 영국 해군의 봉쇄에 직면한 독일 전시 경제의 필수 요소였다. 소련은 또 독일과, 제3자 구매자로서 독일을 대리하고 소련을 경유하여 독일에 제품을 운송할 수 있는 비밀 보충 협약도 체결했다. 이 밀약으로 소련은 그에 상응하는 양의 공작 기계, 금속 완제품, 화학 제품, 군사 장비 및 여타 설비를 받았다.[30] 가치 면에서 수입과 수출은 각각 약 5억 마르크로 동등했지만, 전략적 이득은 스탈린보다 히틀러가 훨씬 컸다. 에드워드 에릭슨Edward E. Ericson은 다음과 같이 논평했다.

소련의 공급이 없었더라면 (……) 독일은 승리할 뻔하기는커녕 소련을 공격도 할 수 없었을 것이다. 독일이 비축한 석유, 망간, 곡물은 1941년 늦여름까지는 완전히 소진되었을 것이다. 그리고 독일의 고무 비축량은 반년 전에 이미 고갈되었을 것이다. (……) 달리 말해 히틀러는 소련을 공격하는 데 필요한 물자를 스탈린이 공급해 주는 데 거의 의존했다. 히틀러가 거듭 독일이 경제 조약의 조건을 이행해야 한다고 고집한 것은 전혀 놀랄 일이 아니었다. 그는 소련 원자재를 충분히 수령할 때까지는 소련 영토를 조금이라도 정복할 수가 없었던 것이다.[31]

군사 분야에서 스탈린과 히틀러의 협력은 좀 더 제한적이었으나 역시 독일에 소중했다. 1939년 9월 독일 폭격기가 폴란드를 공격했을 때 소련의 라디오 방송국은 방향 신호로 그들을 도왔다. 이어 1939년 9월

17일 붉은 군대가 폴란드를 침공한 후에는 소련군과 독일군의 조율이 있었다. 소련은 피난처를 필요로 하는 독일 선박에 북극해의 항구들을 개방했고, 독일이 무르만스크 인근의 소련 영토에 비밀 독일 잠수함 기지를 설치하는 것을 허용했다. 이 기지는 1940년 4월 독일이 노르웨이를 침공한 후 더 이상 쓸모가 없어질 때까지 계속 운용되었다.[32]

이념 전선에서 소련 언론은 파시즘과 나치즘에 대한 공격을 멈추었고, 문화 분야에서는 독일과 소련의 연계를 다시 수립하고 발전시키기 위해 몇몇 조치가 시행되었다. 그러나 스탈린과 히틀러의 동반자 관계에서 단연코 가장 중요했던 영역은 지정학적인 것이었다. 전쟁이 계속 진행되고 히틀러가 자신의 동쪽 측면을 보호하기 위해 스탈린과의 우호 관계가 필요한 동안에는 독일은 소련에 부여된 발트해 연안의 세력권에서 소련과 경쟁하지 않았다.

세력권

스탈린은 심지어 폴란드 문제가 최종 해결되기 전에도 발트해 연안에서 행동에 나서기 시작했다. 1939년 9월 24일 무역 협정을 체결하기 위해 모스크바를 방문했던 에스토니아 외무 장관은 에스토니아에 소련의 공군 기지와 해군 기지를 세울 상호 원조 협약을 맺자는 몰로토프의 요구에 직면했다. 9월 27일 스탈린은 협상에 참여했고, 소련의 군사 기지에 대해 에스토니아를 안심시켰다.

이 주둔군을 두려워하지 마십시오. 우리는 소련이 에스토니아의 주권이나 정부, 경제 시스템, 내정, 대외 정책 등에 전혀 영향을 미치고 싶어 하지 않는다는 것을 당신에게 보장했습니다. (……) 소련 부대는 이 약속과 어울리지 않는 일은 무조건 삼갈 것입니다.[33]

형식적으로 말하자면 스탈린은 약속을 잘 지켰고, 1939년 9월 28일에 체결된 소련-에스토니아 상호 원조 협정의 텍스트는 에스토니아 내정에 대한 소련의 개입을 금지하는 조항을 포함했다.[34]

그다음은 라트비아 차례였다. 모든 발트해 정부와 마찬가지로 라트비아도 독일이 그들을 위해 중재에 나서기를 희망했으나, 스탈린은 이 환상을 재빨리 쫓아 버렸다. 10월 2일 스탈린은 〈저는 당신에게 세력권으로의 분할이 이미 이루어졌음을 솔직하게 말합니다〉라고 라트비아 외무 장관에게 알려 주었다. 〈독일이 관심을 가지는 한 우리는 당신들을 점령할 수도 있습니다. 그러나 우리는 힘의 남용을 원치 않습니다.〉[35] 다음 날 이어진 회담에서 스탈린은 훨씬 더 노골적이었다. 〈독일이 공격할지도 모릅니다. 지난 6년 동안 독일 파시스트와 공산주의자들은 서로 저주를 퍼부었지요. 지금 이 전력(前歷)에도 불구하고 예상치 않은 전환이 있었습니다만, 그것에 의존할 수는 없습니다. 우리는 늦지 않게 준비해야 합니다. 준비하지 않았던 이들은 그 대가를 치렀지요.〉[36]

라트비아는 10월 5일에 소련과 상호 원조 조약을 체결했고, 10월 10일에는 리투아니아가 이 흐름에 합류했다. 에스토니아 조약처럼 소련 군사 기지 조항과 불개입 약속이 있었다. 스탈린은 군사 기지가 〈리투아니아 안보를 위해 가장 소중한 요소〉[37]라고 리투아니아에 말했고 〈우리 군은 리투아니아에서 공산주의 반란이 일어날 경우 당신들이 이 반란을 진압하는 일을 도울 것〉이라고 재치 있게 덧붙였다.[38]

실제로 스탈린의 말은 100퍼센트 농담만은 아니었다. 언명된 정책에 맞춰 모스크바는 발트 국가들의 소련 외교관들과 군부대들에 지역 정치에 대한 개입을 삼가고, 이 지역이 〈소비에트화〉될 것이라는 소문에 기름을 부을 만한 어떤 일도 하지 말라는 엄격한 지시를 내렸다.[39] 10월 25일 스탈린은 디미트로프에게 다음과 같이 설명했다.

우리는 [발트 국가들과의] 상호 원조 협정에서 몇몇 국가들을 소련 세력권으로 편입시키도록 해주는 올바른 형식을 찾았다고 믿습니다. 그러나 이를 위해서 우리는 그들의 국내 체제와 독립을 엄격히 지켜 주는 등

일관된 태도를 유지해야 합니다. 우리는 그들의 소비에트화를 추구하지 않을 것입니다. 그들이 스스로 그렇게 할 때가 올 겁니다![40]

발트 국가들에 대한 스탈린의 자제는 서부 벨로루시야와 서부 우크라이나에서의 소련 정책과 날카롭게 대비되었다. 1939년 9월 붉은 군대가 이 지역들을 점령한 후, 정치국은 소비에트 정부의 수립과 벨로루시야 및 우크라이나의 동부 지역과 서부 지역의 재통일을 요구하는 구호를 내걸고 선거 운동에 돌입할 것을 명령했다. 대기업의 국유화, 은행 시스템의 접수, 농업 집단화에 관한 지시도 내렸다.[41] 말할 것도 없이 선거는 조작되었고, 11월에 이들 〈인민 의회〉는 소련으로의 편입을 만장일치로 가결했다. 총체적인 정치적 통제를 추구한 소련 당국은 무자비하게 테러를 가하고 공동체 내의 인종 간 폭력과 계급 전쟁을 부추겼다.[42] 특히 서부 벨로루시야와 서부 우크라이나의 소수 폴란드 인종을 대상으로 억압적인 정책이 시행되었다. 이들은 새 소비에트 체제에 대해 가장 적극적으로 저항에 나설 것 같은 원천으로 여겨졌다. 약 40만 명의 폴란드인들(총 1200만 명의 인구 가운데)이 투옥되거나 추방되었으며, 많은 경우 처형당했다. 희생자 중에는 1940년 4~5월에 스몰렌스크 인근의 카틴 숲에서 매우 악랄하게 총살당한 2만 명의 폴란드 장교 전쟁 포로와 정치범들이 포함되었다.[43]

스탈린은 발트 국가들에 똑같은 운명을 부과하려 했는가? 이는 확실히 1940년 여름에 발트 국가들이 붉은 군대에 점령당하고 소련에 편입되었으며, 서부 벨로루시야와 서부 우크라이나처럼 강제 소비에트화를 당한 사실에서 일부 사람들이 끌어낸 결론이다. 하지만 1939년 가을에 소련이 취한 행동이나 스탈린의 발언을 보면 적어도 당시에는 스탈린이 일관되게 좀 더 절제된 정책에 전념하고 있었음이 분명하다. 더구나 동부 폴란드에서 추구한 좀 더 급진적인 정책은 이유가 매우 명확했다. 이미 지적했듯이 소련은 서부 벨로루시야와 서부 우크라이나를 폴란드에 넘겨주는 것을 결코 감수할 수 없었고, 스탈린은 붉은 군대의 침공 처음부터 이 영토를 소련으로 편입시키려 했다. 동부 폴란드의 소비에트화는 발트 국가들에 선례를 만들어 주지는 않았지만, 1940년 6~7월 에스토니아, 라트비아, 리투아니아에서 약 2만 5,000명의 〈바람직하지 못한 사람들〉을 추방한 일을 비롯해 소비에트화가 어떻게 이루어질 수 있는지 그 모델을 제공했다.[44]

스탈린이 크게 관심을 보였던 다른 곳은 발칸 지역이었다. 폴란드 및 발트 국가들과 달리 이 지역에서는 세력권에 관해 독일과의 협정이 따로 없었지만 그렇다고 스탈린은 세력권을 추구하는 일을 단념하지 않았다. 스탈린 계획의 중심에는 불가리아와 튀르키예 두 나라가 있었다. 양국 모두 소련과 상호 원조 협정을 맺자는 제안을 받았다. 불가리아는 전쟁이 날 경우 소련이 그들에게 어떤 원조를 제공할 수 있는지 명확하지 않고 또 그러한 협정은 1939년 가을 발칸 지역에 감도는 긴장된 분위기 속에서 의심을 불러일으킬 거라고 지적하며 이 제안을 정중히 거절했다.[45] 튀르키예의 입장은 좀 더 복잡했다. 그들은 소련과 상호 원조 협정을 맺을 준비가 되어 있었으나 영국 및 프랑스와도 상호 원조 조약을 체결하기로 작정했다. 이는 스탈린이 받아들일 수 없는 것이었다. 스탈린은 1939년 10월 1일 튀르키예 외무 장관에게 다음과 같이 분명하게 설명했다.

사태는 자체 논리를 갖고 있습니다. 우리는 이렇게 말하는데 사태는 다른 식으로 흘러갑니다. 우리는 독일과 함께 폴란드를 분할했습니다. 영국과 프랑스는 우리에게 전쟁을 선포하지 않았지만 그렇게 할 수도 있습니다. 우리는 독일과 상호 원조 협정을 맺지 않았으나 영국과 프랑스가 전쟁을 선포한다면 우리는 그들과 싸워야 할 것입니다. 그러면 [영국-프랑스-튀르키예] 조약은 어떻게 될 것 같습니까? (……) [당신은] 그런 결과에 대비했으며 튀르키예는 스스로 행동을 결정하든지 아니면 중립을 지킬 것이라고 대답할 것입니다. 그러나 우리는 튀르키예가 전쟁에 돌입한다면 우리의 협정이 효력을 상실한다는 단서를 달아야 할 것입니다. 우리가 독일에 맞서는 일은 없을 것입니다. (……) 우리는 튀르키예와 협정을 체결하기를 원하나요? 우리는 원합니다. 우리는 튀르키예와 친선을 원하나요? 예, 그렇습니다. 그러나 내가 금방 말한 그런 상황에서는 [소련과 튀르키예 사이의] 협정은 휴지 조각으로 변해 버릴 것입니다. 사정이 튀르키예와의 그런 협정을 체결하는 데 불리하게 바뀐 사실은 누구 탓인가요? 어느 누구의 탓도 아니죠. 그것은 상황이고 사태의 전개입니다. 폴란드에서의 행동이 그 역할을 했습니다. 영국과 프랑스, 특히 영국은 우리 없이도 사태를 관리할 수 있다고 생각하여 우리와의 협약을 원하지 않습니다. 우리가 잘못한 게 있다면 이 모든 일을 예측하지 못했다는 것입니다.[46]

스탈린의 이와 같은 간청에도 불구하고 튀르키예는 계속 일을 진척시켜 1939년 10월 19일 영국 및 프랑스와 상호 원조 협약에 서명했다. 이 조약은 튀르키예가 소련과의 전쟁에 참여하는 것을 배제했으나, 이는 소련이 주도하는 튀르키예, 불가리아, 소련의 중립적 발칸 블록이라는 스탈린의 장대한 비전이 실패한 데 대한 조그만 보상에 불과했다.

스탈린은 명백히 예측하지 못한 상황과 의도하지 않은 결과를 언급함으로써 튀르키예를 겁주려 했고, 기본적으로 독일과의 동반자 관계에 대한 헌신을 분명히 했다. 그러나 스탈린의 발언은 또한 이 첫 몇 주 동안 유럽 전쟁의 양상이 유동적이고 빠르게 진행되고 있으며, 이 충돌에서 국가들의 동맹 관계가 최종적으로 어떻게 정리될지 예측하기 어렵다는 그의 느낌을 표출하는 것이기도 했다. 스탈린은 자신이 생각한 것보다 더 선견지명이 있었다. 몇 주 뒤에 발트 지역에서 전개된 사건들은 소련을 영국 및 프랑스와 전쟁 직전으로까지 몰고 가는 정세의 일변을 가져왔다.

겨울 전쟁

1939~1940년의 소련-핀란드 전쟁은 러시아 내전 이후 처음으로 군사 지도자로서 스탈린을 진정으로 시험하는 무대였다. 스페인 내전* 동안 스탈린은 프랑코**의 파시스트 세력과 싸우기 위해 약 2,000명의 소련 〈의용군〉을 파견하는 등, 모스크바가 충돌의 공화파 편을 지원하는 일을 감독했다. 1930년대 내내 때로는 사단급 전투를 비롯해 중-소 국경을 따라 일본과 간헐적인 무력 충돌이 벌어졌다. 그러나 어떤 경우에도 인접 주권 국가를 전면적으로 침공하는 일에 비견할 만한 전쟁은 없었다. 폴란드는 좀 더 적절한 소련 군사 행동의 사례였으나 붉은 군대 침공 당시 폴란드군은 독일군에 의해 이미 완전히 분쇄된 상태였다.

핀란드와의 〈겨울 전쟁〉은 스탈린이 선택한 것이 아니었다. 스탈린은 갈등을 촉발한 국경과 안보 문제를 협상으로 해결하고 싶어 했을 것이다. 그러나 핀란드와의 정치 협상이 파탄 나자 그는 지체 없이 군사

---

* Spanish Civil War(1936~1939). 마누엘 아사냐가 이끄는 스페인 제2공화국의 좌파 인민 전선 정부와 프란시스코 프랑코를 중심으로 한 우파 반란군 사이에 벌어진 전쟁이다. 인민 전선 정부를 소련이 지원하고, 프랑코파를 나치 독일, 이탈리아가 지원해 제2차 세계 대전의 전초전으로서의 양상을 띠었다. 스페인의 가톨릭교회는 프랑코파를 지원했다. 전쟁은 1936년 7월 17일 모로코에서 프랑코 장군이 이끈 쿠데타로 시작되어 1939년 4월 1일 공화파 정부가 마드리드에서 항복함으로써 프랑코 측의 승리로 끝났다. 공화파 정부군은 소련 외에 멕시코의 지원을 받았고, 의용병인 〈국제 여단〉의 도움도 받았다. 당시 살라자르가 집권하고 있던 포르투갈은 프랑코파 진영을 지원했다. 영국과 프랑스는 군수 물자를 보내긴 했으나 국제 연맹의 불간섭 조약을 이유로 공화파 정부에 대한 지원에 미온적이었다. 미국은 공식적으로 중립을 표방했다.

** Francisco Franco(1892~1975). 스페인의 군인이자 정치가. 1935년 육군 참모 총장이 되었으며 1936년 인민 전선 정부가 수립되자 반정부 군사 쿠데타를 일으켜 반란군의 총사령관 겸 정부 주석에 올랐다. 1939년 내전에서 승리한 후 팔랑헤당의 당수 및 국가 주석(총통)이 되어 파시즘 국가를 수립하고, 1947년 〈국가 원수 계승법〉을 발표하여 종신 원수에 취임했다. 1960년대 후반 경제 성장과 정치적 안정을 이루어 파시즘 체제를 조금씩 완화시켰으나 권위주의 정치 체제는 계속 유지했다.

행동을 인가했다.

소련이 소련-핀란드 상호 원조 협정을 논의하기 위해 모스크바에 대표단을 파견해 달라고 핀란드에 요청했던 1939년 10월 5일, 전쟁으로 가는 길이 열렸다. 모스크바에서 핀란드 대표단은 협정에 대한 요구만 받은 것이 아니었다. 소련은 해군 방어 시설을 구축하기 위해 핀란드만(灣)의 몇몇 섬을 조차하거나 임차하고 싶다는 요구도 내밀었다. 가장 중요한 사항으로, 스탈린은 레닌그라드에서 30여 킬로미터 정도밖에 떨어져 있지 않은 소련-핀란드 국경을 북서쪽으로 옮기기를 원했다. 그 보상으로 핀란드에는 극북(極北)의 소련령 카렐리야의 영토가 주어졌다.

협상을 준비하면서 소련 외무부는 일련의 최대 요구와 최소 요구를 세밀하게 작성했다. 최대 요구에는 핀란드에서의 군사 기지, 북부 핀란드의 페차모 니켈 광산 지역 양도, 발트해 연안의 핀란드 군사 시설에 대한 거부권이 포함되었다.[47] 그러나 핀란드 대표단은 양보를 하더라도 아주 조금만 할 준비가 되어 있었고, 소련은 소련-핀란드 상호 원조 협정까지 포기하며 최소한의 영토를 요구하는 쪽으로 물러났다. 협상은 10월 한 달을 끌었으나 어떤 긍정적인 결과도 내놓지 못했다.[48] 오히려 핀란드는 10월 중순에 군대를 동원했고, 전쟁을 예상하며 핀란드 공산주의자들을 다수 체포했다.[49]

스탈린은 매우 일찍 핀란드와의 전쟁이 필연적이라고 결심한 것 같다. 10월 29일 레닌그라드 군관구는 국방 인민 위원 클리멘트 보로실로프에게 〈핀란드 육군 및 해군 분쇄 작전 계획〉을 제출했다.[50] 1939년 11월 중순에 스탈린은 〈군사 평의회〉에 〈우리는 핀란드와 싸워야 할 것입니다〉라고 말한 것으로 전해졌다.[51] 그즈음에 보로실로프는 11월 20일까지 소련군을 레닌그라드 지역에 완전히 집결시키고, 지역 사령관들은 11월 21일까지 기동 준비를 끝내라고 명령했다.[52] 소련군과 핀란드군 사이에 벌어진 국경 충돌에서 개전 이유를 찾았고, 11월 28일 몰로토프는 1932년에 맺은 소련과 핀란드의 불가침 협정을 폐기했다.

다음 날 소련은 핀란드와 외교 관계를 끊었다.[53] 그날 밤 스탈린은 보로 실로프를 비롯한 최측근들과 크렘린 집무실에서 여덟 시간이나 계속될 회의를 시작했다.[54] 이튿날 붉은 군대는 핀란드를 공격했다.

흐루쇼프에 따르면, 소련 지도부는 핀란드와의 충돌이 오래 갈 거라 예상하지 않았고, 핀란드가 군사 행동의 위협에 직면해 물러서거나 아무리 나빠도 첫 총성이 울리면 항복할 거라고 믿었다.[55] 전쟁이 손쉬울 것이며 금방 승리를 거둘 것이라는 모스크바의 믿음은 충돌을 정치적으로 준비하는 과정에서 분명하게 드러났다. 11월 30일 몰로토프는 독일 대사에게 다음과 같이 말했다. 〈핀란드에서 소련과 독일에 우호적인 또 다른 정부를 구성하는 일을 배제하지 않습니다. 이 정부는 소비에트 공화국이 아니라 민주주의 공화국이 될 것입니다. 어느 누구도 핀란드에 소비에트들을 설립하지 않을 것이며, 우리는 그 정부가 레닌그라드의 안보를 지키는 문제에 관해 협정을 맺을 수 있는 정부이기를 바랍니다.〉[56] 몰로토프가 의도한 바가 무엇인지는 소련이 핀란드 공산주의자 오토 쿠시넨*이 이끄는 〈핀란드 인민 정부〉라는 그들 자신의 허수아비 정부를 수립했던 이튿날 밝혀졌다. 12월 2일 쿠시넨 정부는 소련과 상호 원조 협정을 정식으로 체결하며 스탈린의 주요 영토 및 안보 요구를 들어주고 그 대가로 7만 제곱킬로미터의 소련령 카렐리야를 받았다.[57]

쿠시넨 정부의 창설은 핀란드에 대한 소련의 공격을 어느 정도 가려주는 이념적 무화과 잎사귀에 불과했다. 그러나 이 정부의 수립은 붉은 군대의 침공이 부르주아 헬싱키 정부에 반대하는 인민들의 봉기로 환영받을 거라는 소련의 진정한 믿음 — 혹은 희망 — 을 표출한 것이기

---

* Otto Wilhelm (Wille) Kuusinen(1881~1964). 핀란드 태생의 소련 정치가, 문학사가, 시인. 1918년 핀란드 내전에서 패배한 후 소련으로 도주하여 그곳에서 일생을 보냈다. 1939년 11월 30일, 붉은 군대가 핀란드를 침공하면서 겨울 전쟁이 시작되었을 때 핀란드 민주 공화국의 수반으로 발표되었다. 소련 정치국 국원으로서 특히 1957~1964년에는 소련 공산당 중앙 위원회 서기를 맡았다.

도 했다.[58] 핀란드 전쟁의 이념적 차원에 대한 스탈린의 견해는 1940년 1월 디미트로프에게 한 발언에서 표명되었다. 스탈린은 핀란드와 소련의 전쟁을 사회주의를 위한 세계적 규모의 정치 투쟁과 연결시켰다. 〈단일한 행위로서 세계 혁명은 말도 안 되는 소리입니다. 세계 혁명은 나라마다 시기마다 제각각 다르게 일어납니다. 붉은 군대의 행동 역시 세계 혁명의 문제죠.〉[59] 하지만 스탈린은 자신의 이념에 눈이 먼 게 아니라 눈이 흐려졌을 뿐이었다. 핀란드의 정치가 스탈린의 이념적 청사진에 따라 전개되지 않는 점이 분명해지자마자 쿠시넨 정부는 시야에서 사라졌다. 실제로 디미트로프와의 대화에서 스탈린은 핀란드에 대해 훨씬 더 제한적인 야심을 드러내는 쪽으로 후퇴했음을 보여 주었다. 〈우리는 핀란드 영토에 대한 욕심이 없어요. 그러나 핀란드는 소련에 우호적인 국가여야 합니다.〉[60]

군사 전선에서 소련-핀란드 전쟁은 두 단계를 거쳤다(109면의 〈지도 2〉를 보라). 1939년 12월 붉은 군대는 1,500대의 탱크와 3,000대의 항공기 지원을 받는 가운데 약 120만 명으로 이루어진 5개 군(軍)을 동원하여 핀란드 방어에 대한 광정면(廣正面) 공격을 개시했다. 주요 공격은 카렐리야 지협에 있는 〈만네르헤임선(線)〉을 겨냥했다. 핀란드 군 총사령관의 이름*을 딴 이 방어선은 지협을 횡단하는 방어 벨트였는데, 자연지세를 활용한 곳도 있었고 사람들이 직접 건설한 곳도 있었다. 만네르헤임선에 대한 주공격은 레닌그라드 군관구를 지휘하던 키릴 메레츠코프** 휘하의 제7군이 맡았다. 소련의 목표는 만네르헤임선을 깨

---

* Carl Gustaf Emil Mannerheim(1867~1951). 핀란드의 군사 지도자, 정치인. 핀란드 내전에서 백핀란드 사령관, 핀란드 왕국의 섭정(1918~1919), 제2차 세계 대전에서 핀란드 방위군 총사령관, 제6대 핀란드 공화국 대통령(1944~1946)을 역임했다.

** Kirill Afanasiyevich Meretskov(1897~1968). 소련의 군사령관. 겨울 전쟁에서 핀란드 공격의 선봉에 섰고 독소 전쟁에서는 야전군 사령관으로 레닌그라드 포위전 등에서 활약했다. 소련이 일본에 선전 포고를 한 후에는 극동군을 이끌고 만주에서 일본 관동군을 격파했으며, 한반도 북부에도 진주했다.

지도 2. 소련-핀란드 전쟁(1939~1940년)

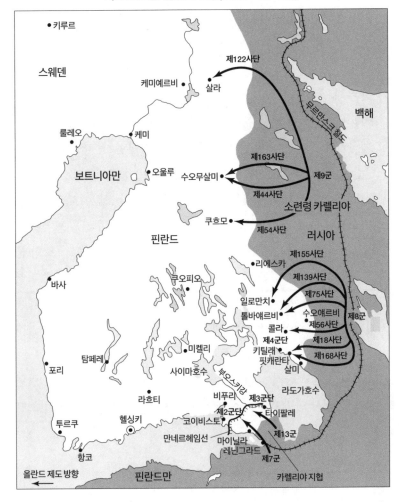

키루르

스웨덴

케미예르비 · 살라

제122사단

무르만스크철도

백해

룰레오 · 케미

보트니아만 · 오울루

수오무살미 · 제163사단 · 제9군

제44사단 · 소련령 카렐리야

핀란드 · 쿠흐모 · 제54사단 · 러시아

바사 · 쿠오피오 · 리에스카 · 제155사단

일로만치 · 제139사단

톨바얘르비 · 제75사단

수오얘르비 · 제56사단 · 제8군

콜라 · 제4군단

탐페레 · 미켈리 · 키틸래 · 제18사단

포리 · 사이마호수 · 핏캐란타 · 제168사단 · 살미

라도가호수

라흐티 · 뷰오크시강 · 비푸리 · 제3군단

헬싱키 · 코이비스토 · 제2군단 · 타이팔레

투르쿠 · 만네르헤임선 · 마이닐라 · 제13군

레닌그라드 · 제7군

항코

올란드 제도 방향

핀란드만

카렐리야 지협

뜨리고 비푸리를 점령한 다음 서쪽, 핀란드 수도 헬싱키 쪽으로 방향을 트는 것이었다. 최초의 소련 공격은 실패로 돌아갔다. 방어는 매우 탄탄했고 핀란드군은 잘 싸웠다. 나쁜 날씨에 소련군의 공격은 서툴렀고 조율도 엉망이었다. 1940년 1월 소련군은 조직을 개편하고 군을 증강했다. 그리고 스탈린은 세묜 티모셴코*를 소련의 핀란드 공격 총사령관으로 임명했다. 2월 중순 티모셴코는 잘 준비된 공격을 개시하면서 다시 한번 만네르헤임선에 전력을 집중했다. 그 결과, 소련군은 핀란드 방어를 깨뜨리고 광범위한 전선을 따라 만네르헤임의 병력을 뒤로 물러나게 하는 데 성공했다.[61]

1940년 3월까지 붉은 군대는 핀란드 방어의 남은 부분을 붕괴시키고 헬싱키로 진격한 다음 온 나라를 짓밟고 점령할 수 있었다. 하지만 스탈린은 핀란드의 평화 협상 타진에 반응하여, 종전 조약을 협상해서 체결하기로 했다. 1940년 3월 12일에 맺은 조약의 조건에 따라[62] 핀란드는 소련의 주요 영토 요구를 들어주었으나 독립과 주권을 보전했고, 여느 발트 국가들과는 달리 상호 원조 협정을 맺는 일과 본토에 소련 군사 기지를 설치하는 일은 하지 않아도 되었다. 스탈린이 핀란드에 취한 상대적으로 온건한 태도는 충돌의 파장이 점점 커져 가는 데 대한 대응이었다. 소련은 전쟁이 일으킨 파문 때문에 1940년 봄 무렵에는 자칫하면 유럽 전쟁에 전면적으로 휩쓸릴 판이었다.

소련의 핀란드 공격에 대한 국제적 반응은 극히 적대적이었다. 런던 주재 소련 대사 이반 마이스키**가 회고록에 적었듯이, 〈수많은 반소련

* Semyon Konstantinovich Timoshenko(1895~1970). 소련의 군사령관. 러시아 내전에 참전했고 겨울 전쟁에서 핀란드군을 격파했으며, 1940~1941년에 국방 인민 위원을 지냈다. 소련 영웅 칭호와 레닌 훈장을 받았다.

** Ivan Mikhailovich Maisky(1884~1975). 소련의 외교관, 정치가, 역사가. 1929~1932년 핀란드 주재 전권 대표, 1932~1943년 영국 주재 대사, 1943~1946년 외무 부인민 위원을 역임했다. 1953년 스탈린 사망 직전 체포되어 간첩 혐의로 6년 형을 선고받았으나 1955년 풀려나 복권되었다.

폭풍우 속에서 살았지만 1939년 11월 30일 이후 뒤따른 폭풍우는 모든 기록을 깨뜨리는 것이었다).[63] 프랑스의 분위기는 훨씬 더 살벌했는데, 파리 주재 소련 대사인 야코프 수리츠*는 12월 23일 모스크바에 다음과 같이 보고했다. 〈우리 대사관은 전염병 지역이 되었고 한 무리의 사복 경찰이 둘러싸고 있다.〉[64] 이탈리아에서 소련은 소련에 반대하는 인민들의 격렬한 시위에 항의하여 로마에서 대사를 철수했다. 미국 정부는 대(對)소련 전쟁 관련 물자 수출에 관한 〈도덕적 통상 금지령〉을 발표했다. 12월 14일 국제 연맹**은 소련을 추방했다. 이는 국제 연맹의 역사에서 침략국에 반대하여 그런 조치를 취한 첫 번째이자 마지막 사례였다(독일, 이탈리아, 일본은 모두 스스로 탈퇴했다). 이 무렵 국제 연맹은 권위와 존중심이 거의 남아 있지 않았으나, 소련은 1930년대에 침공에 반대하여 집단 안보를 적극 옹호한 국가로서 국제 연맹으로부터의 추방은 모스크바의 마음을 끊임없이 괴롭혔다.

스탈린은 1939년 12월 에스토니아군의 수장과 대화를 나누면서 이러한 정세 변화에 대한 자신의 초조함을 명확히 드러냈다.

세계 언론에서 소련에 대한 공격이 조직적으로 전개되고 있습니다. 소련은 특히 핀란드-소련의 충돌과 관련하여 제국주의 팽창 정책을 실행하고 있다는 비난을 받고 있습니다. 널리 퍼진 소문에 따르면, 소련은 영국 및 프랑스와 협상하면서 핀란드, 에스토니아, 라트비아를 차지할 권

* Yakov Zakharovich Surits(1882~1952). 소련의 외교관. 1937~1940년 프랑스 주재 소련 전권 대표, 1946~1947년 브라질 주재 특명 전권 대사를 지냈다.

** League of Nations. 제1차 세계 대전이 끝난 후 1920년 미국 대통령 우드로 윌슨의 제안으로 만들어진 국제기구. 제안국이었던 미국은 상원의 베르사유 조약 비준 동의의 거부로 참여하지 않았다. 상임 이사국은 영국, 프랑스, 일본, 이탈리아 4개국이었다. 그러나 1930년대 이후부터 계속되는 국제적인 분쟁에 무기력한 모습을 보였으며, 제2차 세계 대전을 억제하는 데 아무런 역할도 하지 못했다. 제2차 세계 대전 동안 지리멸렬하다가 결국 국제 연합(유엔)에 승계되면서 해체되었다.

리를 스스로 요구했다고 합니다. (……) 우리에 대한 소문을 퍼뜨리고 날조하고 있는 영국과 프랑스가 이런 소문의 확인을 공식 문서로 발표하지 않기로 결정한 것은 그들이 늘 하는 수법입니다. 이유는 매우 단순하죠. (……) 속기록은 프랑스와 영국이 전쟁을 피하게 했을 수도 있는 공정하고 정직한 합의를 우리와 함께 이룰 진지한 욕구가 없었음을 보여 줍니다. 그들은 언제나 교묘하게 얼버무렸습니다.[65]

겨울 전쟁의 정치적 결과는 매우 나빴지만, 훨씬 더 우려스러운 점은 영국과 프랑스가 핀란드를 돕기 위해 연합 원정군을 파병할 준비를 하고 있다는 보고가 모스크바에 도착한 것이었다. 심지어 1940년 초에는 독일에 대한 소련의 석유 공급을 끊기 위해 바쿠 유전의 폭격을 연합군이 계획하고 있다는 보고도 있었다.[66]

핀란드와 관련해 영국-프랑스의 목표는 〈의용군〉을 노르웨이와 스웨덴을 거쳐 전장으로 수송하는 것이었다. 이 작전이 진행되는 동안 영국-프랑스군은 노르웨이의 나르비크에 대한 통제권을 장악하고, 또 독일 전시 경제의 필수적 자원인 북부 스웨덴의 철광 지대를 점령할 것이었다. 독일과의 전쟁을 확대하는 행동이라면 무엇이든 관심을 보였던 처칠은 원정의 열렬한 지지자였고, 핀란드를 둘러싼 소련-서방 전쟁의 위험을 최소화하면서도 명백히 그런 전쟁을 감수할 태세가 되어 있었다.[67] 처칠의 판단은 지금의 관점에서 보면 정당화하기 힘든 것이었다. 연합 원정은 노르웨이와 스웨덴의 중립을 심각하게 위반하는 결과를 가져왔을 것이다. 한편으로 독일은 스웨덴에서 공급되는 철광석을 보호하기 위해 행동에 나섰을 것이다. 다른 한편으로 스웨덴은 자신들의 중립을 지키고 무력으로 연합 원정군에 저항할 것이라고 핀란드에 알렸다. 스탈린은 영국 및 프랑스와의 충돌을 원하지 않았으나, 바로 문 앞의 연합군과 스칸디나비아에서의 큰 전쟁의 발발에 직면해 히틀러와 군사적으로 한패가 될 수밖에 없다고 생각한 것도 무리가 아니었을 것이다.

앨런 존 퍼시베일 테일러*는『영국사 1914~1945』에서 핀란드 원정 계획에 대해 〈영국 정부와 프랑스 정부가 이성을 잃었다〉고 결론지었다.[68] 스탈린도 아마 이러한 감정을 같이했을 것이다. 다만 그는 또 다른 가설을 갖고 있었을 뿐이었다. 즉 핀란드와 관련한 영국-프랑스의 계책은 영국과 프랑스가 유럽 전쟁을 소련에 맞서게 하는 쪽으로 돌리려 하고 있다는, 스탈린이 늘 품고 있는 두려움을 더욱 부채질했다. 마이스키는 1939년 12월 23일 모스크바에 보낸 긴급 공문에서 한 가지 가능한 시나리오를 묘사했다. 영국의 지배층 사이에는 영국-소련 관계를 두고 두 가지 견해가 존재한다고 마이스키는 말했다. 한 가지 견해는 전쟁에서 소련이 중립을 유지하는 것을 지지했다. 이 중립이 좀 더 우호적이 되어 독일에 반대하는 동맹으로까지 발전할 수 있을 거라는 희망이었다. 또 다른 견해는 소련의 중립이 영국과 프랑스에 유리하게 작동하지 않을 것이며, 핀란드 사태는 소련을 독일 편에서 전쟁에 돌입하게끔 몰아세울 기회를 제공한다는 것이었다. 소련의 참전은 소련을 기진맥진하게 만들 것이고, 그런 상황에서 미국이 서방 연합군에 가담할 가능성이 존재했다. 더구나 전쟁에 기진맥진한 소련을 두고 볼셰비키 러시아와 싸우기 위해 심지어 독일까지 포함하여 국제 자본주의 동맹을 결성할 수도 있을 터였다.[69]

1940년 3월 29일 몰로토프는 최고 소비에트에서 영국과 프랑스를 맹렬하게 공격하는 연설을 통해 이러한 우려와 의심을 공개적으로 표출했다. 그는 다음과 같이 말했다. 〈전쟁이 핀란드에서 시작되자 영국과 프랑스 제국주의자들은 이를 소련에 대한 전쟁의 출발점으로 삼을 태세가 되어 있었습니다. 그 전쟁에서는 핀란드뿐 아니라 스칸디나비

* Alan John Percivale Taylor(1906~1990). 영국의 역사가. 19~20세기 유럽의 외교를 주로 연구했다. 언론인이자 방송인으로 활동하면서 특히 텔레비전 강연을 통해 널리 알려졌다. 저서로『유럽 외교에서의 이탈리아 문제. 1847~1949』,『비스마르크: 인간과 정치인』,『영국사 1914~1945』,『제2차 세계 대전의 기원』등이 있다.

아 국가들, 즉 스웨덴과 노르웨이도 이용될 것입니다.〉 몰로토프는 런던과 파리가 소련을 공격할 경우 핀란드를 부대 집결지로 삼을 거라고 주장했다. 핀란드가 외국으로부터 받은 원조를 지적하면서 몰로토프는 다음과 같이 말했다. 〈핀란드에서 진행되고 있는 일은 단순히 우리와 핀란드군의 충돌만이 아닙니다. 그것은 몇몇 제국주의 국가들의 연합 세력과 충돌하는 것입니다.〉 몰로토프는 또 소련의 시각에서 겨울 전쟁을 개략적으로 설명하며 붉은 군대가 만네르헤임선을 격파한 것을 찬양했고 평화 조약의 미덕을 극찬했다. 이 평화 조약은 제국주의 계획을 좌절시키고 소련의 안전을 지키며 핀란드를 독립 국가로 유지하는 것이었다. 몰로토프는 전쟁에서 소련이 입은 인적 피해가 사망자 4만 8,745명, 부상자 15만 8,863명인 반면에 핀란드인의 사망자는 6만 명, 부상자는 25만 명이라고 밝혔다.[70]

전쟁에 대한 몰로토프의 승리주의*적 허식에도 불구하고, 다른 한편으로 소련은 닫힌 문 뒤에서 이 충돌의 결과와 교훈을 철저하고 면밀하게 검토했다. 그 과정은 3월 28일 공산당 중앙 위원회 총회에서 보로실로프가 전쟁 수행에 관해 비판적으로 보고하고 이를 활발하게 논의하면서 시작되었다.[71] 뒤이어 4월 14~17일에는 〈대(對)핀란드 군사 작전의 경험〉에 관한 상급 사령부의 특별 회의가 있었다. 스탈린은 회의 내내 자리를 지키면서 자주 논의에 개입했고 전쟁의 교훈을 요약하는 것으로 회의를 마감했다.

스탈린은 레닌그라드의 안보가 긴요했다는 지적과 함께 전쟁에 돌입한 결정을 옹호하는 것으로 마무리 발언을 시작했다. 레닌그라드는 소련의 제2 도시이며 국방 산업의 30~35퍼센트를 담당하는 중심지였다. 전쟁을 언제 개시할지, 그 시점에 대해 스탈린은 침공 준비가 더 완

---

* triumphalism. 특정 교리나 종교, 문화 혹은 사회 시스템이 다른 어떤 것들보다 뛰어나 그것들에 대해 당연히 승리를 거둘 것이라는 신념이나 태도를 가리킨다. 혹은 특히 패배시킨 사람들을 속상하게 할 요량으로 큰 승리나 성공을 축하하는 행동을 일컫기도 한다.

벽해질 때까지 몇 달 기다리기보다는 유리한 유럽 전쟁 상황을 이용하는 것이 더 나았다고 주장했다. 몇 달을 기다리는 일은 영국, 프랑스, 독일이 갑자기 화해할 경우 레닌그라드의 처지가 안전해지기까지 20년이 더 필요하다는 것을 의미했다. 전쟁 기간에 대해 스탈린은 소련 지도부가 전쟁이 1940년 8월이나 9월까지 지속될 거라 생각했다고 밝히면서 과거에 수년 동안 계속된 핀란드에서의 몇몇 러시아 군사 행동을 지적했다. 하지만 소련 군부는 핀란드와의 전쟁을 동부 폴란드의 침공처럼 수월하게 이길 거라고 기대하면서 그리 심각하게 여기지 않았다. 게다가 스탈린에 따르면, 군대 내에는 러시아 내전에 대한 숭배가 여전히 만연했다. 그러나 〈내전은 대포, 비행기, 탱크, 로켓이 없는 전쟁이었기 때문에 현대전이 아니었다〉. 스탈린은 공격하지 못하는 소극적인 군대는 진정한 현대식 군대가 아니라고 주장하면서 핀란드 군대가 방어적 성향을 갖고 있다고 비판했다. 스탈린은 소련이 핀란드뿐 아니라 그들의 〈유럽 교사들〉도 물리쳤음을 지적하는 것으로 연설을 마무리했다. 〈우리는 핀란드만 이긴 게 아닙니다. 그건 큰 과업이 아니었죠. 우리의 승리에서 중요한 것은 우리가 선도적인 유럽 국가들의 기술과 전술, 전략을 능가했다는 사실입니다. 이것이 우리의 승리에서 중요한 점입니다.〉[72]

회의가 끝난 후 핀란드 전쟁 경험의 본질을 더욱 추출하기 위해 위원회를 설치했다.[73] 이 위원회와 부속 기구들의 활동은 다음 몇 달 동안 진행된 일련의 소련군 개혁에 기여했다. 개혁을 주관한 사람은 티모셴코였는데, 그는 5월에 보로실로프를 대신해 국방 인민 위원으로 임명되었다. 같은 달에 정부는 법령을 통해 고위 지휘관급에서 장군과 제독의 직함을 부활시켰고, 6월에는 전투 경험이 있는 노련한 수백 명의 장교들을 고위직으로 승진시킨다고 발표했다. 티모셴코와 메레츠코프도 진급했는데, 티모셴코는 원수가 되었고, 메레츠코프는 육군 대장이 되었다. 바로 그 무렵 스탈린은 숙청당해 물러난 수천 명의 장교들을 군으로 다시 불러들이는 데 동의했다. 돌아온 장교 중에는 콘스탄틴 로코솝스키* 대령이 있었다. 그는 1940년 6월에 장군으로 진급했고 대조국 전쟁 동안 아주 유명한 소련의 원수가 될 운명이었다. 1940년 5월 16일에는 소련군 훈련에 관한 규정이 개정되어 좀 더 현실적인 전투 대비를 할 수 있게 되었다. 7월에는 군 징계 규정이 강화되었고 8월에는 전술적 수준에서 일원화된 지휘 체계가 부활했다. 이는 영관급 장교들이 지휘할 때 더는 정치 지도 위원의 동의를 받지 않아도 된다는 것을 의미했다. 그와 동시에 군내 선전 활동을 개선하고 장교와 사병을 공산당으로 더 많이 충원하기 위한 조치를 취했다.[74]

겨울 전쟁은 스탈린 리더십의 대실패로 종종 묘사된다. 그것은 붉은 군대를 엄청난 곤경에 빠뜨리고 히틀러에게 러시아 침공이 비교적 쉬울 거라고 생각하도록 부추긴, 희생이 큰 전쟁이었다. 소련을 외교적으로 고립시켰고 영국 및 프랑스와 전쟁 직전으로까지 몰고 갔다. 또 핀란드를 적으로 만들어 1941년 6월 독일의 소련 침공에 합세하도록 했다. 그러나 이것은 스탈린이 겨울 전쟁과 그 결과를 바라본 방식이 아니었다. 어쨌든 전쟁은 승리했고, 지형이 힘들고 날씨가 험악했음에도 3개월밖에 걸리지 않았다. 소련은 영토상의 목표를 달성했고 시의적절한 종전은 영국-프랑스의 제국주의 음모를 좌절시켰다. 전쟁은 군의 훈련, 장비, 구조, 교리 면에서 일부 결함을 노출시켰지만, 그것은 이 결함들을 고치려는 조치를 취하면 좋은 일이었다. 오히려 핀란드 전쟁을 통해 스탈린은 소련이 좀 더 판이 커진 유럽 전쟁의 예측 불가능한 영향에 대처할 수 있을 만큼 강하다는 확신을 갖게 되었다.

---

* Konstantin Konstantinovich Rokossovskii(1896~1968). 소련의 군인. 제2차 세계 대전 동안 게오르기 주코프와 함께 붉은 군대에서 가장 유능했던 지휘관으로 평가된다. 전후에는 폴란드 인민 공화국의 국방 장관을 지냈다. 하지만 1956년 폴란드에서 반소 봉기가 일어나고, 소련의 영향력을 배제하려는 민족주의적인 공산주의자 브와디스와프 고무우카가 집권하자, 폴란드군에 복무하던 폴란드계 소련인들이 대부분 소련으로 돌아가면서, 로코숍스키도 폴란드 정치 무대에서 은퇴하고 소련으로 귀국했다. 그 후 소련 국방 장관이었던 주코프가 해임되자 1957년 7월 소련 국방 차관에 임명되어 1958년까지 근무했다.

핀란드 전쟁은 최고 사령관으로서 스탈린의 스타일을 아주 잘 드러 냈다. 〈인민 민주주의 핀란드〉라는 이념적 프로젝트를 버리는 결정과, 전쟁을 신속하게 마무리 짓겠다는 적극적인 의지는 현실적으로 필요하 다면 교조적인 입장도 멀리할 수 있는 그의 능력을 보여 주었다. 이와 마찬가지로 오랜 친구인 보로실로프를 국방 인민 위원직에서 해임하고 숙청당한 장교들을 복권시키며, 젊고 유능한 군사 지휘관들을 고위직 으로 진급시킨 일은 인사 문제에서 그가 얼마나 유연하게 행동할 수 있 는지를 드러내 주었다. 전쟁에 관한 내부의 사후 분석은 스탈린의 무오 류성 — 모든 소련 정책 결정에 구석구석 퍼져 있는 모습 — 이라는 가 정이 다양한 쟁점을 충분하고 진솔하게 논의함으로써 잘못들을 시정하 고 개혁을 근본적으로 시행하는 일을 배제하지 않은 사실을 보여 주었 다. 하지만 온갖 논의가 이루어지는 동안 스탈린이 개입주의적 모습을 발휘하고 이에 대해 사람들이 그의 의견을 존중한 것은 소련의 지휘 체 계가 전략적 수준에서 스탈린이 올바른 결정을 내리는 데 심하게 의존 하고 있음을 의미했다. 다행히 현대적인 장비와 기술의 장점에 대한 스 탈린의 볼셰비키적 미래주의 신념은 많은 군사 문제에서 그에게 큰 도 움이 되었다. 스탈린이 현대적 군사 기술의 장점에 대한 믿음을 종종 표 명한 것은, 그가 1940년 5~6월에 독일군이 기갑 부대를 앞세운 전격 전을 통해 프랑스를 정복한 일이 얼마나 중요했는지를 재빨리 파악했 다는 사실을 의미했다. 1940년 7월 스탈린은 붉은 군대의 탱크 군단을 폐지하는 이전의 결정을 뒤집고 중무장한 대규모 탱크 기계화 군단을 편성하는 일을 인가했다.[75] 바로 그 무렵 대조국 전쟁에서 소련군의 지 주 역할을 할 많은 모델의 탱크, 대포, 비행기를 조달하고 생산하는 업 무에 관한 결정도 내려졌다.[76] 1941년 1월 상급 지휘관들과의 회의에 서 스탈린은 말이 탱크보다 더 신뢰할 수 있으며, 탱크는 대포에 매우 취약하다고 생각하는 비판가들에 맞서 기계화를 옹호했다. 스탈린은 〈현대전은 엔진의 전쟁이 될 것〉이라고 역설했다. 〈육상에서도, 공중에 서도, 수상과 수중에서도 엔진입니다. 이러한 상황에서 승리하는 쪽은

더 강력한 엔진을 더 많이 갖고 있는 쪽일 것입니다.)[77]

프랑스의 함락과 나치-소비에트 협정의 종결

1940년 6월 프랑스가 함락될 때까지 나치-소비에트 협정은 스탈린에게 큰 도움이 되었다. 히틀러와의 거래로 소련은 전쟁을 피했고, 영국과 프랑스가 옆에서 지켜보고 있는 동안 동부 전선에서 소련과 독일이 충돌하는 악몽을 모면했으며, 나라의 방어를 준비할 시간을 벌었다. 폴란드와 발트 국가들에서 정치적 이득과 영토상의 이익도 얻었다. 독일과 맺은 라팔로 관계의 복원은 많은 경제적 혜택을 가져다주었고, 겨울 전쟁 동안 히틀러가 지킨 중립은 열렬한 환영을 받았다. 그렇다고 대차 대조표가 순전히 일방적이지만은 않았다. 히틀러 역시 많은 이득을 보았는데, 특히 두 개의 전선에서 큰 전쟁을 치러야 한다는 걱정 없이 폴란드를 공격할 자유를 얻었다. 서유럽에서 독일 전격전이 깜짝 놀랄 정도로 성공을 거둔 일은 이 대차 대조를 뒤집어엎었다. 1940년 6월 22일 프랑스가 항복함으로써 히틀러는 유럽 대륙에서 우위를 차지하게 되었다. 영국은 새로운 처칠의 리더십 아래 싸움을 계속하기로 결심한 것 같았지만, 히틀러에 저항하거나 평화 협상을 요구하는 유화 정책의 유혹적인 목소리에 저항할 능력이 과연 있는지 의심스러워 보였다. 스탈린은 이제 승리한 독일이 유럽 전쟁을 끝내고, 그 조건을 강요할 평화 조약을 맺어야 할 가능성에 직면했다.

이 새로운 상황에 대한 스탈린의 대응은 전쟁이 진행되는 동안 전략적 이득을 최대한 확보하는 일련의 행동에 착수하는 것이었다. 1940년 6월 중순에 스탈린은 발트 국가들에 대한 통제권을 강화하는 조치를 취했다. 발트 국가들에서의 민족주의적 음모와 이 지역에 대한 독일의 침투를 우려한 스탈린은 에스토니아, 라트비아, 리투아니아에서 친소련 정부를 수립하고 붉은 군대가 세 나라를 모두 점령할 것을 요구했다. 스탈린은 발칸 지역에서 소련의 세력권을 구축하기 위해 다시 애쓰기 시작했다. 이탈리아가 당장 전쟁에 돌입할 것이라는 보고에 대응해 몰로토프는 이탈리아 및 독일과 발칸 지역의 〈세력권〉 문제를 협상하자고 로마에 제의했다. 6월 10일 이탈리아는 전쟁에 들어갔고, 소련의 의사 타진은 점점 강도가 세져 6월 25일에는 소련이 지중해에서 이탈리아의 패권을 인정하는 대가로 이탈리아는 흑해에서 소련의 우위를 인정하자고 제안하기까지 했다.[78] 6월 26일에 몰로토프는 루마니아 대사에게 베사라비아(오늘날의 몰도바 일부)의 반환을 요구하는 최후통첩을 건넸다. 몰로토프는 또 루마니아가 우크라이나인 주민이 있는 북부 부코비나도 양도할 것을 요구했다. 이전에 소련은 이 영토에 대한 권리를 주장한 적이 없었다. 이틀 후 루마니아는 소련의 요구에 굴복했다. 베사라비아를 다시 취득한 일은 오데사와 세바스토폴의 소련 해군 흑해 기지를 방어하는 데 깊이를 더해 주었고, 북부 부코비나를 점령한 일은 베사라비아와 우크라이나 사이의 육상 연결을 보장했다. 이제 루마니아와 소련의 국경은 다뉴브강 하구의 북동부 기슭을 따라 그어졌고, 모스크바에 하천 운송을 통제하는 체제에 참여할 권리를 부여했다.[79] 서부 벨로루시야 및 서부 우크라이나처럼 베사라비아와 북부 부코비나는 소련 영토로 빠르게 편입되었다. 1940년 7월에는 유사한 편입 과정이 발트 국가들에서도 시작했다. 국민 대다수가 저항했지만, 도시에 기반을 둔 소수의 좌익 활동가들은 붉은 군대의 점령을 환영하며 소비에트 권력과 소련으로의 편입을 요구했다. 모스크바는 국민 일부에서 나타난 이 급진적 분위기에 고무되어 〈소비에트화〉에 대한 자신의 반대를 다시 생각하게 되었다. 그리고 8월 중순 발트 3국에서 새 인민 의회를 뽑는 조작된 선거가 실시되었고, 그 후 인민 의회는 투표를 통해 적절하게 소련으로의 편입을 가결했다.[80]

스탈린은 이 조치들을 방어적이며, 소련-독일 동맹의 다음 단계를 협상할 평화 회의의 사전 준비로 여겼다. 하지만 히틀러에게 스탈린의 행동은 도발과 위협을 가하는 것으로 보였다. 스탈린의 발트 국가 접수는 독일의 동부 국경을 따라 소련이 진행하는 군사적 증강의 일환이라고 해석했다. 이탈리아를 발칸 지역에서 세력권 협상을 중재할 나라로 이용하려는 모스크바의 시도는 팽창주의적인 것으로 여겨졌다. 베사라비아와 부코비나로 붉은 군대가 진입함으로써 루마니아의 플로이에슈티 유전에서 들어오는 독일의 석유 공급이 위태롭게 되었다.

소련에 새 영국 대사가 임명된 일도 히틀러의 의심을 더욱 부채질했다. 6월 중순 스태퍼드 크립스*가 스탈린에게 보내는 처칠의 친서를 갖고 모스크바에 도착했다. 처칠은 스탈린에게 유럽에서의 독일 패권이 나타내는 위협에 대해 경고하며 그것이 소련과 영국의 국익에 제기하는 문제점을 논의하자고 제의했다. 7월 1일 크립스를 만난 스탈린은 영국의 제안을 거절했다. 영국이 유럽에서 힘의 균형을 위해 싸우고 있다는 크립스의 지적에 스탈린은 다음과 같이 대답했다. 〈소련에 불리하게 작동하는 유럽의 낡은 균형을 바꾸고 싶습니다. 협상이 보여 주었듯이, 영국과 프랑스는 이 문제에 대해 타협하고 싶어 하지 않아요. 이는 독일과 소련의 관계 개선을 가져오는 데 도움이 되었습니다. (……) 만일 쟁점이 소련과 관련해 균형을 잡는 것을 비롯해 평형을 회복하는 것이라면, 우리는 이에 동의할 수 없다고 말해야 합니다.〉 그러고는 말을 이었다. 〈독일의 유럽 지배에 대해 말하는 것은 시기상조입니다. 프랑스의 패배는 그런 지배를 나타내는 것이 아닙니다. 독일이 유럽을 지배하려면 바다에 대한 지배가 필요할 텐데, 그건 거의 불가능하죠. (……) 독일 대표들과의 모든 회담에서 저는 독일의 세계 지배 야욕을 보지 못했습니다. (……) 저는 국가 사회주의자들 중에서 독일의 세계 지배에 대해 말하는 사람들이 있다는 것을 부인하지는 않겠습니다. 그러나 (……) 독일에는 독일이 세계를 지배할 힘이 없다는 사실을 아는 지적인 사람들이 있습니다.〉[81] 이 회담이 있고 2주 후 몰로토프는 독일 대사인 프리드

* Richard Stafford Cripps(1889~1952). 영국의 노동당 정치인, 변호사, 외교관. 1941~1942년 소련 주재 영국 대사, 1942~1945년 항공 산업부 장관, 1947년 경제부 장관, 1947~1950년 재무부 장관을 지냈다.

리히 폰 데어 슐렌부르크* 백작에게 스탈린과 크립스의 대화에 관해 적절히 손봤지만 부정확하지 않은 보고를 제공했다.[82] 히틀러에게 보낸 스탈린의 메시지는 명확했다. 그는 나치-소비에트 협정이 지속되기를 원했다. 몰로토프는 1940년 8월 1일 최고 소비에트에서 한 연설을 통해 이 메시지를 강화했다. 몰로토프는 소련이 유럽에서 독일이 차지한 새로운 권력 위상이 비위에 거슬리고 위협적이라는 것을 알았다는 언론의 추측을 비웃었다. 몰로토프는 이와는 반대로 나치-소비에트 협정이 이제 그 어느 때보다도 더 중요하며, 〈일시적 성격의 우연한 고려〉가 아니라 〈양국의 근본적인 정치적 이해관계에 기반을 두고 있다〉고 말했다.[83]

하지만 히틀러는 영국-소련 관계에 무슨 일인가 벌어지고 있으며, 영국이 유럽에서의 독일의 힘에 대한 평형추로서 새로 발견된 소련의 역할로부터 용기를 얻고 있다고 믿었다. 7월 31일 히틀러는 상급 사령부에 다음과 같이 말했다.

영국의 희망은 러시아와 미국에 있습니다. (……) 러시아는 영국이 가장 의존하고 있는 요인입니다. 런던에서 무슨 일이 일어났음에 틀림없습니다. (……) 그러나 러시아가 패배한다면, 영국의 마지막 희망이 사라질 것입니다. 그러면 유럽과 발칸 지역은 독일이 지배할 것입니다. 결정은 이것입니다. 이 갈등에서 러시아는 끝장나야만 합니다, 1914년 봄에. 러시아가 빨리 파괴되면 될수록 더욱더 좋을 것입니다. 작전은 우리가 이 국가를 한 방에 파괴할 경우에만 의미가 있을 것입니다.[84]

인용문이 보여 주듯이, 당시 히틀러는 러시아가 아닌 영국에 집착하고 있었고, 왜 영국이 또 하나의 평화 협상 제의를 거절했는지 이해할

* Friedrich von der Schulenburg(1875~1944). 독일의 외교관. 1922~1931년 이란 주재, 1931~1934년 루마니아 주재, 1934~1941년 소련 주재 독일 대사를 지냈다.

수 없었다. 독일의 군사 계획가들이 러시아 침공을 입안하고 있는 동안, 히틀러는 리벤트로프가 영국뿐 아니라 미국에도 맞설, 독일·이탈리아·일본으로 이루어진 〈대륙 블록〉에 소련을 참여시키려고 애쓰는 것을 승인해 주었다.[85] 반(反)영국적인 리벤트로프가 특히 좋아한 이 프로젝트를 히틀러가 얼마나 진지하게 여겼는지 판단하기 힘들지만, 그는 이 프로젝트에 기회를 줄 자세가 되어 있었던 것 같다. 히틀러가 러시아 침공을 준비하라는 공식 지시를 내린 것은 대륙 블록 제안이 무산된 뒤였음이 확실하다.

리벤트로프의 대륙 블록은 1940년 9월 27일에 독일, 이탈리아, 일본이 체결한 3국 협정에 러시아가 참여할 것을 요구했다. 이 3국 협정의 조건에 따라, 조인국들은 당시 전쟁에 참여하지 않은 어느 열강의 공격을 받을 경우 서로 돕기로 약속했다. 이에 덧붙여 리벤트로프는 각국이 앞으로 어디로 팽창할지 그 방향을 명기하는 비밀 보충 협약도 서명할 것을 상정했다.[86]

10월 13일 리벤트로프는 협상을 위해 몰로토프를 베를린으로 초청하면서 스탈린에게 다음과 같이 썼다.

저는 총통의 의견에 따라 (……) 원대한 장기 정책을 채택하여 세계적 차원에서 4대 열강 — 소련, 이탈리아, 일본, 독일 — 이 가진 이익의 각국 범위를 획정함으로써 각국 국민들의 미래 발전을 올바른 경로로 향하게 하는 것이 4대 열강의 역사적인 임무처럼 보인다고 말씀드리고 싶습니다.[87]

스탈린은 10월 22일 긍정적으로 응답했다. 〈저는 우리 양국의 관계 개선이 상호 이익의 원대한 장기 획정에 영구히 바탕을 두고 더 진행될 수 있다는 귀하의 의견에 동의합니다.〉[88]

그러나 이런 우호적인 분위기 이면에서는 소련-독일 관계의 긴장이 점점 고조되고 있었다. 8월 31일 독일과 이탈리아는 오랜 헝가리-루마니아 영토 분쟁을 중재하여 트란실바니아*를 헝가리에 양도했지만 일부 불가리아 요구를 해결할 때까지 나머지 루마니아 영토의 보전을 보장했다. 모스크바는 이 결정에 대해 미리 상의받지 못한 것에 격분했다. 이는 루마니아가 이제 독일의 지배를 받고 있음을 의미했고, 9월에 독일 군사 사절단이 루마니아에 도착했다. 같은 달 며칠 후에는 독일군 부대가 핀란드 땅에도 나타났다. 이탈리아가 그리스를 공격하려 해서 (10월 28일에 실제로 공격했다) 유럽 전쟁이 발칸 지역으로 확산되는 조짐도 쌓여 가고 있었다.

1940년 11월 9일 몰로토프에게 내린 지시에서 스탈린은 리벤트로프 및 히틀러와의 협상을 위한 목표를 제시했다. 몰로토프는 독일의 의도를 철저히 조사하여 히틀러의 계획에서 소련을 어떻게 생각하는지 알아내라는 지시를 받았다. 모든 일련의 국제적인 문제들, 특히 불가리아를 소련 세력권으로 편입하는 사안과 관련하여 소련의 이해관계를 확고히 해야 했다. 스탈린은 불가리아의 소련 세력권 편입을 〈협상의 가장 중요한 문제〉라고 불렀다.[89]

몰로토프에게 내린 스탈린의 지시를 보면 스탈린은 독일과 폭넓게 협상할 자세가 되어 있었고 여전히 히틀러와의 동반자 관계가 가능하다고 생각한 사실이 드러난다. 11월 12일 베를린에 도착한 몰로토프는 스탈린의 지시를 이행하려 했다. 그러나 몰로토프는 새로운 세력권 담합에 대한 협상이 아니라 독일이 주도하는 지구적 동맹에서 하급 파트너 역할을 하라는 제의에 직면했음을 알게 되었다. 이 동맹에서 소련은 인도 쪽으로 팽창하기로 되어 있기 때문에 영국과의 충돌을 피할 수 없었다. 스탈린은 그런 식의 조정에는 관심이 없었고 회의는 곧 교착 상태

---

* Transylvania. 제1차 세계 대전 전에는 오스트리아-헝가리 제국의 일부였으나, 이후 루마니아 왕국에 편입되었다. 이런 이유로 지금도 많은 헝가리인이 거주한다. 1940년 8월 제2차 빈 중재 당시 루마니아는 트란실바니아 북부를 헝가리에 할양했으나 제2차 세계 대전이 끝난 후 다시 루마니아에 편입되어 현재에 이르고 있다.

에 빠졌다. 몰로토프는 집요하게 당장의 현안에 대해 구체적인 합의를 하도록 독일을 옭아매려 했지만 소용이 없었다. 11월 14일 마지막 회담에서 몰로토프와 리벤트로프가 나눈 날 선 대화는 협상의 정체(停滯)를 잘 요약하고 있다.

근동에서 소련의 관심을 불러일으킨 문제는 튀르키예뿐 아니라 불가리아에도 영향을 미친다. (……) 루마니아와 헝가리의 운명은 소련에도 관심 사항이고 어떤 일이 있더라도 소련에 중요하지 않을 수가 없다. 추축국이 유고슬라비아 (……) 그리스 (……) 폴란드에 대해 어떻게 생각하는지를 아는 것은 소련 정부의 또 다른 관심사일 것이다. (……) (몰로토프)

소련이 대영 제국의 대대적인 해체에서 우리와 협력할 준비가 되어 있고 또 협력할 수 있는지가 결정적인 문제라고 계속 되풀이할 수 있을 뿐이다. 모든 다른 문제에 관해서 우리가 우리의 관계를 확대하고 세력권을 규정하는 데 성공한다면 쉽게 합의점에 도달할 수 있을 것이다. 세력권이 어디인지 거듭 확인한 바 있다. (리벤트로프)[90]

인민 위원 회의*에서 고위 행정가를 지냈던 야코프 차다예프**에 따르면, 몰로토프가 베를린에서의 논의를 정치국에 보고하자 스탈린은 히틀러가 전쟁을 작정하고 있다고 확신했다.[91] 하지만 베를린 협상에 대한 소련의 공식적인 반응은 스탈린이 히틀러와의 거래를 완전히 포기하지 않았음을 시사한다. 11월 25일 몰로토프는 슐렌부르크에게 소

* Council of People's Commissars(Sovnarkom). 1923년부터 1946년까지 존재했던 소련의 최고 행정 기관. 일반적으로 서방의 각료 회의에 해당한다.

** Yakov Yermolayevich Chadaev(1904~1985). 소련의 정치가, 경제학자. 1930년대부터 1970년대 중반까지 소련의 인민 위원 회의(소브나르콤) 부의장, 국가 계획 위원회(고스플란) 부의장 등을 역임하는 등 소련의 고위 행정가로 일했다.

련이 3국 협정을 고수할 수 있는 조건을 제시하는 메모를 건넸다. (1) 핀란드에서 독일군의 철수, (2) 소련 군사 기지의 설치를 포함한 소련-불가리아 상호 원조 협정, (3) 페르시아만 방향으로의 소련의 야심 인정, (4) 흑해 해협들에 소련 군사 기지를 허용하는 튀르키예와의 조약, (5) 북부 사할린에서 일본의 석유 및 석탄 채굴권의 취소.[92] 존 에릭슨 John Erickson이 논평했듯이, 〈스탈린의 반응은 (……) 모든 의미에서 히틀러의 의도에 대한 시험이었다. 4국 협정에 참여하는 소련의 조건은 스탈린에 맞서 성공적인 전쟁을 수행하는 히틀러의 선택을 배제하는 대가로 그에게 서유럽에서 완전한 자유를 누리도록 하는 것이었다〉.[93] 바로 그 회담에서 몰로토프는 독일 주재 신임 소련 대사인 블라디미르 데카노조프*가 이튿날 베를린으로 떠날 것이라고 슐렌부르크에게 알려 주었다. 데카노조프는 12월 19일 히틀러를 만났다. 독일 독재자는 몰로토프와 시작했던 협상을 공식적으로 계속하겠지만 더 이상 질질 끌지 않으면 좋겠다고 데카노조프에게 말했다.[94] 실제로 히틀러는 이미 전쟁을 결정한 상태였다. 전날인 1940년 12월 18일 히틀러는 바르바로사 작전 — 독일의 러시아 침공 암호명 — 에 대한 지시를 내렸다.[95]

1939년 12월에 스탈린은 자신의 60세 생일을 축하하는 리벤트로프의 전보에 회답하면서 흔들림 없는 소련-독일 동맹을 극적으로 공개 확인했다. 〈피로써 결속된 소련 국민과 독일 국민의 우애는 탄탄하게 지속될 충분한 이유가 있습니다.〉[96] 하지만 1년 뒤 양국은 전쟁으로 가는 초읽기를 시작했다.

---

* Vladimir Georgiyevich Dekanozov(1898~1953). 소련의 외교관이자 정치가. 스탈린 억압의 적극적인 조직자 중 한 사람으로 1940~1941년 독일 주재 소련 대사, 1953년 그루지야 공화국 내무 장관을 역임했다.

제3장

거대한 환상:
스탈린과 1941년 6월 22일

베를린에서 몰로토프가 협상에 실패한 뒤 소련-독일 전쟁으로 나아가는 불길한 조짐들이 점점 더 나타나기 시작했다. 11월 25일 스탈린은 디미트로프에게 말했다. 〈독일과 우리의 관계는 겉으로는 정중하지만 우리 사이에는 심각한 마찰이 있습니다.〉[1] 디미트로프는 모스크바가 소피아에 내놓은, 불가리아와 소련 두 나라가 상호 원조 협정을 맺자는 제안을 지지하는 코민테른 운동을 불가리아에서 시작하라는 명령을 받았다. 이 제의는 몰로토프가 베를린에서 모스크바로 돌아온 후 되살아났다.[2] 다시 한번 불가리아는 소련의 제안을 정중하게 거절하며, 3국 협정에 서명함으로써 추축국과 동맹을 맺겠다는 의향을 드러냈다.[3] 이 가능성에 직면해 소련은 발칸 지역에서 불가리아를 자신들의 안보 지역 내에 있는 것으로 생각한다고 베를린에 항의했다. 하지만 소용이 없었다. 불가리아는 1941년 3월에 3국 협정에 서명했다. 이는 1940년 11월에 추축국 동맹에 모두 가담했던 헝가리, 루마니아, 슬로바키아의 서명에 자국의 서명을 더하는 것이었다. 모스크바의 걱정을 더한 것은 1940년 10월 이탈리아가 침공한 그리스에서의 위상이었다. 현재 그리스 땅에서는 10만 명의 영국군이 싸우고 있었다. 이는 유럽 전쟁을 나머지 발칸 지역으로 확대할 것 같았다.

1941년 봄까지 교전 중인 그리스를 제외하고 동유럽에서 독립국으로 남은 유일한 국가는 유고슬라비아였다. 모스크바는 일찍이 1940년 10월에 유고슬라비아를 발칸 지역의 반(反)독일 전선에 합류시키는 조치를 취했고, 그 후 1941년 3월 말에 친독일 정부를 무너뜨린 베오그라드에서의 인민 봉기로부터 용기를 얻었다. 베오그라드에서 소련 대사관은 〈러시아와의 동맹!〉을 요구하는 대중 시위에 대해 보고했고, 유고슬라비아 공산당은 소련과의 상호 원조 협정을 맺으려는 운동을 시작했다.[4] 3월 30일 새 유고슬라비아 정부는 특히 유고슬라비아의 중립을 보호하려면 무기가 필요하다는 점을 강조하며, 유고슬라비아와 소련의 군사적·정치적 동맹에 대한 제안을 들고 소련 대사관에 접근했다. 다음 날 몰로토프는 긴급 협상을 위해 베오그라드에 모스크바로 대표단을 보내 달라고 요청했다.[5] 4월 3~4일 모스크바에서 회담이 열렸고, 소련에서는 외무 부인민 위원인 안드레이 비신스키*가 협상에 나섰다. 유고슬라비아는 군사 동맹을 원했으나 스탈린의 제안은 〈불가침·우호 협정〉이었다. 비신스키는 그 이유를 매우 솔직하게 말했다. 〈우리는 독일과 조약을 맺고 있으며, 우리가 이 조약을 위반하고 있다는 인상을 주고 싶지 않습니다. 무엇보다도 이 조약을 깨고 싶지 않습니다.〉[6] 이러한 우선 사항에 따라 몰로토프는 4월 4일 저녁에 슐렌부르크에게 전화를 걸어 소련이 유고슬라비아와 불가침 조약을 맺겠다고 말했다. 슐렌부르크는 유고슬라비아와 독일의 관계가 유고슬라비아의 3국 협정 가담 문제로 불확실하기 때문에 지금 긴장 상태에 있다고 항의했다. 몰로토프는 유고슬라비아의 추축 동맹 고수와 제안한 협정 사이에는 어떤 모순도 없으며, 독일-유고슬라비아 관계에서 발생한 쟁점들은 베를린과 베오그라드가 해결할 문제라고 대꾸했다. 몰로토프는 소련으로서는 유고

---

* Andrei Yanuarevich Vyshinskii(1883~1954). 소련의 법률가이자 정치가. 오데사 출생. 1949~1953년 소련 외무 장관을 지냈다. 1920년대에는 모스크바 대학교 교수 및 학장으로 근무했고, 1930년대에는 일련의 숙청 재판이 진행되는 동안 검찰 총장으로 활동했다. 냉전시대에 소련을 대변하는 독설가로 외무 장관과 유엔 대표로서 미국과 자주 언쟁을 벌였다.

슬라비아와의 불가침·우호 협정을 평화에 기여하고 발칸 지역에서의 긴장을 줄이는 협정으로 여긴다고 말했다.[7]

소련-유고슬라비아 불가침 협정은 날짜가 4월 5일이지만 실제로는 1941년 4월 6일 이른 시간에 이루어졌다.[8] 조인식이 끝난 후 크렘린에서 연회가 열렸다. 참석자 중에는 소련 외교관 니콜라이 노비코프*가 있었고, 그는 자신의 회고록에서 스탈린과 유고슬라비아 대표단 단장인 드라구틴 사비치Dragutin Savić 사이에 오간 대화를 다음과 같이 기억했다.

사비치 만일 그들[독일]이 우리를 공격한다면 우리는 마지막 한 사람까지 싸울 것이고, 당신네 러시아 역시 좋든 싫든 싸워야 할 것입니다. 히틀러는 결코 스스로 멈추지 않을 것입니다. 그는 저지당해야 합니다.

스탈린 예, 그렇지요. 히틀러는 스스로 멈추지 않을 겁니다. 그는 자신의 계획을 멀리 밀고 나갈 것입니다. 독일은 우리를 협박하려고 하지만 우리는 그들을 두려워하지 않습니다.

사비치 물론 귀하는 독일이 5월에 소련을 공격하려 한다는 소문에 대해 알고 있지요?

스탈린 한번 해봅시다. 우리는 용기와 배짱이 두둑해요. 우린 전쟁을 원하지 않습니다. 그 때문에 히틀러와 불가침 협정을 체결했고요. 하지만 히틀러는 지금 어떻게 하고 있습니까? 귀하는 독일이 얼마나 많은 부대를 우리 국경 쪽으로 이동시켰는지를 아십니까?[9]

그러나 스탈린의 허세에 찬 말은 그의 행동과 맞지 않았다. 그날 몇 시간 뒤 베오그라드의 새 정부에 대한 적대감은 물론이고 이탈리아의 불안한 그리스 출정을 우려하던 독일은 유고슬라비아와 그리스를 침공

---

* Nikolai Vasiliyevich Novikov(1903~1989). 소련의 외교관. 1943년 11월 카이로 회담의 소련 대표였고, 1946~1947년 미국 주재 소련 대사를 지냈다.

했다. 2주 뒤 베오그라드는 강화를 요청했다. 그리스에서 싸우던 영국군은 좀 더 버텼으나 5월 초에 그들은 그리스 본토에서 축출되었고 그리스 역시 독일에 점령당했다. 유고슬라비아는 소련으로부터 물자도 많은 동정도 받지 못했다. 만일 유고슬라비아가 좀 더 오래 버텼더라면 일부 소련의 지원이 있었을 수도 있지만,[10] 또 한 번의 손쉬운 독일의 전격전 승리에 직면하여 스탈린은 유고슬라비아를 두고 히틀러와의 충돌을 피하는 쪽을 택했다. 실제로 유고슬라비아가 함락되자 스탈린은 이제부터 히틀러를 다루는 가장 좋은 방법은 유화 정책이라고 결정했던 것처럼 보인다.

소비에트 스타일의 유화 정책

제2차 세계 대전 이전에 스탈린은 히틀러에게 양보할수록 더 많은 영토를 확보하고 싶어 하는 그의 욕망을 부채질할 뿐이라는 이유로 영국-프랑스의 유화 정책을 종종 비판하곤 했다. 스탈린은 1941년 6월 22일 독소 전쟁이 발발하기 세 달 전에 이러한 생각을 접었다. 스탈린은 독일에 대한 자신의 평화적 의도를 보여 주기 위해 일련의 과장된 친선 제스처들을 취함으로써 히틀러로 하여금 전쟁을 일으킬 생각을 하지 못하도록 만들려고 했다.

최초의 제스처는 1941년 4월 13일 일본과 중립 조약을 맺는 일이었다. 스탈린은 일본이 3국 협정에서 독일의 파트너 중 하나였기 때문에 소련-일본 조약의 체결을 통해 히틀러에게 여전히 추축국과의 협상과 합의에 관심이 있다는 메시지를 보내고자 했다. 실제로 소련 언론은 중립 협정을 소련이 3국 협정에 가담해야 한다는 이전 제안의 논리적 결과로 묘사했다.[11] 물론 일본과의 협정은 독일과 전쟁을 치를 경우 소련의 극동 측면을 보호하는 것이기도 했다. 그러나 스탈린은 그런 상황에서 일본이 중립을 지키리라는 것을 크게 믿지 않았다. 협정의 전략적 중요성보다 더 중요한 것은 정치적 상징성이었다. 스탈린은 4월 13일 일본 외무대신 마쓰오카 요스케*가 기차로 모스크바를 떠날 때 환송 행사에서 공개적으로 독일에 대한 호의를 표함으로써 베를린에 보내는 메시지를 더욱 강화했다. 스탈린은 기차역에서 마쓰오카에게 작별을 고한 후 슐렌부르크를 찾아 공개적으로 포옹을 하며 다음과 같이 말했다. 〈우리는 친구로 남아야 하고, 귀하는 그 목적을 달성하기 위해 있는 힘을 다해야 합니다.〉 그런 다음 스탈린은 독일 무관 한스 크레브스** 대령에게 몸을 돌려 말했다. 〈우리는 당신들의 친구로 남아 있을 겁니다. 무슨 일이 있어도 말입니다.〉[12]

5월 7일 소련 언론은 스탈린이 인민 위원 회의 의장으로 임명되었다고, 즉 소련 공산당 총서기뿐 아니라 정부의 수반도 되었다고 발표했다. 1930년 이래 소련 총리직을 유지하면서 1939년 5월에 외무 인민 위원으로 임명되어 이중 역할을 계속했던 몰로토프는 스탈린의 대리가 되었다. 이 결정을 기록한 5월 4일의 정치국 결의안에 따르면, 스탈린의 임명 이유는 나라의 국방을 크게 강화할 것을 요구하는 긴장된 국제 정세 속에 당과 국가 기관의 조정을 개설할 필요가 있었기 때문이었다.[13]

모스크바는 평화 중재자이자 조정자로서 오랫동안 스탈린의 이미지를 가꿔 왔고, 당연히 슐렌부르크는 〈스탈린이 소련과 독일의 좋은 관계를 유지하고 발전시키기 위해 그의 새로운 직위를 활용할 것임을 확신〉한다고 베를린에 타전했다.[14] 스탈린의 총리직 임명에 이어 일련의 추가 유화 신호들이 뒤따랐다. 5월 8일 소련 통신사 타스Tass는 소련 국경에 군대를 집결시키고 있다는 소문을 부인했다. 다음 날 소련은 독일군이 점령한 벨기에, 노르웨이, 유고슬라비아의 망명 정부들에 대한 외교적 인정을 철회했다. 5월 12일 소련은 이라크의 반(反)영국 정권

---

* 松岡洋右(1880~1946). 일본의 외교관. 1920~1930년대에 중의원 의원, 만주의 남만주 철도 간부 등으로 활동하다가 1940~1941년 일본 외무대신을 지냈다. 제2차 세계 대전 후 연합국 최고 사령부에 체포되어 스가모 구치소에 수감 중 사망했다.

** Hans Krebs(1898~1945). 제2차 세계 대전에 참전한 독일의 장군. 붉은 군대에 항복 협상을 시도했으나 실패했으며, 독일 항복 직전인 1945년 5월 2일 자살했다.

을 인정했다. 5월 24일 슐렌부르크는 스탈린의 정책이 〈지난 몇 주 동안 소련 정부가 보여 준 태도와 소련 언론의 논조 (……) 독일과 체결한 무역 협정의 준수에서〉 드러나듯이 〈무엇보다도 독일과의 충돌을 피하는 쪽으로 향해〉 있다고 본국에 보고했다.[15] 6월 초 크레타섬이 독일군에 함락되고 뒤이어 그리스 주권에 대한 소련의 인정이 철회되었다. 스탈린의 유화 정책은 1941년 6월 13일 타스가 소련과 독일 사이의 갈등과 임박한 전쟁에 대한 소문을 부인하는 성명을 발표하는 데에서 절정에 올랐다. 타스는 소련이 독일과 마찬가지로 소련-독일 불가침 협정을 지키고 있으며, 이에 반대되는 보도는 모두 거짓말이며 도발이라고 말했다. 성명은 독일이 소련에 새로운 요구를 했다는 것을 부인했으나, 만일 그게 사실이라면 협상할 수 있다는 뜻도 내비쳤다.[16] 이후 남은 평화의 날들 동안 소련은 대화의 문이 열려 있다는 암시를 독일에 몇 차례 더 건넸다.

헷갈리는 신호들

대단한 현실주의자이자 냉소주의자인 스탈린은 이와 같은 제스처들이 히틀러의 행동 경로를 바꿀 수 있다고 진정으로 믿었을까? 독일이 소련을 공격하기 전 몇 주 동안 스탈린이 마음 깊은 곳에서 무슨 생각과 계산을 했는지는 여전히 장막에 가려져 있지만, 그는 히틀러가 1941년 여름에 전쟁을 개시하지 않을 것이며, 외교를 통해 잠깐은 좀 더 평화를 유지하리라고 믿었던 것 같다.

우선 소련-일본 중립 협정에서 나온 신호는 스탈린의 관점에서 보았을 때 두 방향의 문제였다. 모스크바와 도쿄는 나치-소비에트 협정의 소련-일본판을 체결하는 일을 두고 18개월 동안 대화를 나누었다. 이 협정은 국경, 어업권 그리고 북부 사할린에서 일본의 석유 및 광산 개발 이권에 대한 분쟁을 해결할 것이었다. 1941년 3~4월에 마쓰오카가 유럽을 순방하는 동안 최종 협상을 위한 테이블이 마련되었다. 마쓰오카는 3월에, 그리고 히틀러와 회담하기 위해 베를린을 다녀온 직후인 4월에 재차 모스크바를 방문했다. 마쓰오카는 히틀러가 러시아와 전쟁을 벌일 의향이 있다는 사실을 몰랐고, 4월 12일 스탈린과 대화하는 자리에서 소련-독일 관계가 곤란해질 거라고 생각한다는 어떤 암시도 하지 않았다.[17] 스탈린으로서는 히틀러가 전쟁을 하기로 작정했다면 동맹국인 일본이 소련과 협정을 맺지 못하도록 했을 거라고 추론했음에 틀림없다. 일본이 기꺼이 중립 협정을 조인하겠다는 태도는 도쿄뿐 아니라 베를린으로부터도 나온 긍정적인 신호였다. 유고슬라비아 사태의 긴박한 여파 속에서 스탈린은 히틀러에게 자신의 평화적 의도에 대한 메시지를 보낼 기회를 감지했다. 스탈린은 일본이 북부 사할린에서의 경제적 권리를 포기해야 한다는 오랜 소련의 요구를 철회하며 곧바로 중립 조약을 체결하는 데 동의했다.

그 후 슐렌부르크가 역할을 수행하기 시작했다. 슐렌부르크는 헌신적인 라팔로주의자로서 독일 대외 정책이 동쪽을 지향하여 러시아와 동맹을 맺어야 한다고 믿는 사람이었다. 그래서 베를린에 보낸 그의 보고는 종종 소련-독일 관계를 긍정적으로 분식(粉飾)하곤 했다. 1941년 4월 중순 슐렌부르크는 이 문제를 상의하려고 독일로 돌아왔다. 4월 28일 히틀러를 만났을 때 총통은 유고슬라비아 위기 동안 소련이 취한 행동에 대해 신랄하게 불만을 터뜨렸다. 슐렌부르크는 소련의 행동을 변호하며 〈스탈린이 추가로 양보할 준비가 되어 있다〉고 히틀러를 설득했다.[18] 그러나 만남은 모호하게 끝났고, 슐렌부르크는 5월 초에 독일-소련 관계의 미래에 대해 매우 불길한 예감을 갖고 모스크바로 돌아갔다. 슐렌부르크는 베를린을 떠나 휴가 중이던 독일 주재 소련 대사 데카노조프와 일련의 만남을 가졌다. 슐렌부르크는 소련-독일 관계의 긴장을 완화하기 위해 소련이 중대한 외교적 행동에 나설 것을 촉구했다. 5월 5일에 있었던 첫 번째 만남에서 슐렌부르크는 소련-유고슬라비아 조약 일화에 대한 총통의 우려를 강조하면서, 자신이 히틀러와 했던 논의를 데카노조프에게 꽤 정확히 전해 주었다. 하지만 슐렌부르크는 러시아와 독일의 전쟁에 대한 보고를 더 걱정하며 이 소문을 불식하기 위해 뭔가를 해야 한다고 말했다. 데카노조프가 무엇을 할 수 있는지 물었지만, 슐렌부르크는 함께 생각해 봐야 하고 논의를 더 하기 위해 다시 만나자고 말했을 것이다. 5월 9일 두 번째 만남에서 슐렌부르크는 스탈린이 히틀러와 다른 추축국 지도자들에게 소련의 평화적 의향을 밝히는 서한을 보낼 것을 제안했다. 데카노조프 자신은 소련과 독일이 공동으로 성명을 발표할 것을 제의했고, 슐렌부르크도 그것이 좋은 아이디어라고 생각했으나 관건은 신속한 행동이었다. 5월 12일 세 번째이자 마지막 만남에서 데카노조프는 스탈린이 공동으로 성명을 발표하고 전쟁 소문에 대해 히틀러와 서한 교환을 하는 데 동의했지만, 슐렌부르크가 문안을 두고 몰로토프와 협상을 해야 한다고 보고했다. 그러자 슐렌부르크는 자신은 그런 협상을 할 권한이 없다고 말하며 개인적인 발의에서 발을 뺐다.[19] 그날 저녁 데카노조프는 거의 한 시간 동안 스탈린을 만났는데, 아마도 슐렌부르크와 나눈 대화에 대해 보고했을 것이다.[20]

슐렌부르크의 발의는 순전히 개인적이었지만, 그는 독일 대사였고 베를린의 히틀러와 이야기를 나눈 후 모스크바로 막 돌아온 상태였다. 스탈린이 데카노조프에 대한 슐렌부르크의 접근을 격식은 차리지 않았지만 공식적으로 의향을 타진한 것으로 해석했다고 해서 잘못했다고 말할 수는 없을 것이다. 이 해석은 또한 독일 지배층 내에 소련과의 전쟁을 옹호하는 사람들과 소련과의 협력을 찬성하는 사람들로 분열이 일어났다는 인식이 모스크바에서 점점 커져 가는 사정과도 잘 들어맞았다. 이런 견지에서 슐렌부르크의 의사 타진은 베를린에서 〈평화파〉가 활동 중인 증거로 읽을 수 있을 것이다. 가브리엘 고로데츠키가 적절하게 이름 붙인 이 〈분열 이론〉은 히틀러가 권좌에 오른 후 이런저런 형태로 모스크바에 유포되었다. 이러한 믿음은 독일에서 강력했던 라팔로주의적 전통의 현실을 반영했으나, 독일 자본주의에서 동쪽으로의 영토 팽창에 찬성했던 경제 집단과 소련과의 교역을 선호했던 경제 집단 사이에 분열이 있다는 마르크스주의 교의에 의해 더욱 뒷받침되었다. 베를린에 〈매파〉와 〈비둘기파〉가 존재한다고 믿는 모스크바의 경향은 많은 정보 보고에 의해 강화되었다. 거기에는 독일 내 모스크바 간첩망 중 하나에 침투했던 게슈타포 이중 첩자가 제출한 보고서도 있었다.[21]

분열 이론을 분명히 보여 주는 듯한 또 하나의 사건은 1941년 5월 10일 히틀러의 대리인 루돌프 헤스*가 극적으로 영국으로 비행한 일이었다. 헤스는 영국과 독일의 평화 협상을 중재한다는 임무를 자임하고 영국으로 날아갔다. 모스크바에서 이 사건을 두고 내놓은 한 가지 의견은 헤스의 목표가 볼셰비키 러시아에 맞서 영국-독일 동맹으로 가는 길을 닦을 평화였다는 것이었다. 좀 더 낙관적인 해석은 헤스의 변절이 러시아와의 전쟁을 원하는 자들과 영국을 여전히 주적으로 보는 자들로 분열되어 있음을 보여 주는 추가 증거라는 것이었다. 헤스의 변절은 지금 스탈린의 책상을 거쳐 간, 다가올 독일 공격에 관한 수많은 정보 보고를 바라보는 그의 시각에 영향을 미쳤다. 이 보고들은 정확한가, 아니면 소련-독일 전쟁을 촉발시키기를 원하는 사람들이 유포한 소문에 불과한가? 이 점에서 스탈린의 의심은 크게 틀리지 않았다. 영국은 헤스 사건을 이용해 헤스가 러시아에 맞서 영국-독일 동맹을 결성하는 공식 임무 중이었다는 소문을 유포함으로써 소련-독일 관계에 불화의 씨앗을 뿌리고자 했다.[22] 끔찍한 아이러니는 독일이 실제로 러시아를 곧 침공하려 한다는 것을 영국이 확신하고 스탈린에게 그 위험을 경고했을 때, 그 말을 믿지 않았다는 사실이었다. 6월 2일, 10일, 13일, 16일에 마이스키를 만난 영국 관리들은 소련 국경에서 이루어진 독일

---

* Rudolf Walter Richard Hess(1894~1987). 나치 독일에서 히틀러의 대리인이었던 나치당의 주요 인물. 1941년 5월 10일 평화안을 전달한다는 이유로 직접 비행기를 조종해 영국으로 향했으나, 영국군에 사로잡혀 종전 때까지 전쟁 포로로 억류당했다. 종전 후에는 뉘른베르크 재판에 회부되었으며, 종신형을 선고받고 복역 중이던 1987년 자살했다.

의 부대 이동에 대해 상세한 정보를 제공했다.[23] 마이스키는 이 정보를 모스크바에 보고했으나 거의 영향을 주지 못했다.

이 같은 불확실한 상황에서 스탈린은 히틀러가 가졌을 법한 의도를 평가하기 위해 자기 자신의 추론에 의존했다. 영국이 끝장나기 전에 독일이 러시아에 등을 돌리는 것은 말도 되지 않는 소리였다. 소련이 독일에 당장 위험을 제기하지 않는 것이 자명한데 무엇 때문에 두 개의 전선에서 싸우려 들 것인가? 1941년 5월 스탈린은 붉은 군대 사관 학교 졸업생들에게 독일이 1870년에 프랑스를 이긴 것은 오직 한 개의 전선에서 싸웠기 때문이고, 제1차 세계 대전에서 진 것은 두 개의 전선에서 싸워야 했기 때문이라고 말했다. 스탈린에게 제시된 일부 정보 보고서가 내린 평가는 이 합리화를 더욱 강화했다. 예를 들어 1941년 3월 20일에 소련군 정보기관의 수장이었던 필리프 골리코프* 장군은 소련에 대한 독일의 군사 행동이 있을 시기에 관한 보고들을 요약해 제출했다. 하지만 골리코프는 〈대(對)소련 군사 행동이 있을 가능성이 가장 큰 날짜는 영국에 승리를 거둔 뒤나 영예로운 평화 협정을 영국과 체결한 뒤〉라고 결론을 내렸다. 〈이해 봄에 대소련 전쟁이 불가피하다고 주장하는 소문과 문서는 영국에서 나왔거나 심지어 독일 정보기관에서 나왔을 것 같은 허위 정보로 간주되어야 한다.〉[24] 하지만 뒤이어 골리코프는 스탈린에게 독일군(과 루마니아군)이 훨씬 더 정연하게 소련 국경을 따라 집결하고 있다는 정보를 제시했다.[25] 예를 들어 5월 5일에 소련 국경에 집결한 독일군 사단의 수가 지난 두 달 동안 70개에서 105개로 늘어났는데, 그중 탱크 사단은 6개에서 12개로 증가했다고 보고했다. 골리코프는 루마니아와 헝가리가 서로 합쳐 약 130개 사단을 갖고 있으며, 유고슬라비아와의 전쟁이 끝나면 소련 국경에 집결한 독일군은 더

* Filipp Ivanovich Golikov(1900~1980). 소련의 군사령관. 소련군 정보 총국 국장을 지내면서 1941년 6월에 있었던 나치 독일의 소련 침공 계획에 대한 여러 정보를 진지하게 분석한 것으로 잘 알려져 있다. 1961년 소련 원수로 진급했다.

늘어날 것 같다고 덧붙였다.[26]

소련을 겨냥한 독일의 전쟁 준비를 계속 경고하는 또 다른 정보원(情報源)은 독일에서 활동하는 두 명의 고위직 소련 첩자였다. 루프트바페* 본부에서 근무하는 〈스타르시나Starshina〉와 독일 경제부에서 일하는 〈코르시카네츠Korsikanets〉가 그들이었다. 그들은 다가오는 독일 공격의 증거를 포함한 수십 건의 보고를 모스크바에 보냈다.[27] 이들 두 명의 1941년 6월 17일 자 정보에 바탕을 둔 보고를 두고 스탈린은 그의 정보기관 수장인 프세볼로트 메르쿨로프**에게 다음과 같이 썼다. 〈독일 공군 참모부의 당신《정보원》에게 엿이나 먹이시오. 이자는《정보원》이 아니라 허위 정보 유포자입니다.〉[28] 하지만 스탈린은 임박한 독일 공격을 똑같이 시사한 코르시카네츠의 정보에 대해서는 말이 없었다. 가브리엘 고로데츠키가 주장하는 대로, 스탈린의 격한 반응은 독일 공격이 곧 있을 것이라는 이 보고들에 점점 당황하여 이것들이 진짜일 수도 있다고 우려하기 시작했음을 보여 주는 조짐이었다.[29]

또 다른 경고의 흐름은 극동에서 나왔다. 리하르트 조르게***는 도쿄에서 독일 기자로 위장해 일하는 소련 첩자였다. 그의 주 정보원은 도쿄의 독일 대사와 독일 무관이었다. 조르게의 보고는 이 두 정보원이 표명한 의견에 기반을 두었는데, 완전히 정확한 것은 아니었다. 조르게의 초기 보고는 독일이 영국을 끝장낸 후에야 소련을 침공하리라는 것이었

---

* Luftwaffe. 제2차 세계 대전 당시 독일 국방군(베어마흐트)의 공중전 담당 군대이다. 공군을 가리키는 독일어 일반 명사로 쓰이기도 하며, 현대 독일 연방군의 독일 공군 역시 루프트바페라고 부른다.

** Vsevolod Nikolayevich Merkulov(1895~1953). 1941년, 1943~1946년 국가 안보 인민 위원부NKGB의 수장을 지냈다. 이른바 라브렌티 베리야의 〈그루지야 마피아〉의 일원으로 알려져 있다. 1953년 스탈린 사망 후 베리야와 함께 체포되어 처형당했다.

*** Richard Sorge(1895~1944). 일본을 주 무대로 활약한 소련의 간첩이다. 독일 신문의 일본 특파원으로 일하면서 제2차 세계 대전 중 추축국의 정보를 소련에 넘겨 연합국의 승리에 큰 기여를 했다. 특히 독일의 소련 침공 계획인 바르바로사 작전의 개시 날짜를 전달했으나, 스탈린은 이를 무시하여 소련군의 대패를 초래했다. 1944년 일본에 체포되어 처형당했다.

다. 조르게의 최초 보고는 독일 공격의 날짜를 1941년 5월로 예측했다. 1941년 6월 17일에도 조르게는 독일 무관이 전쟁이 있을 것인지 없을 것인지 확신하지 못하고 있다고 보고했다. 하지만 6월 20일에 조르게는 독일 대사가 이제 전쟁이 불가피하다고 생각하고 있음을 보고했다.[30]

좀 더 정곡을 찌른 것은 베를린의 데카노조프가 제출한 보고였다. 이보고들 역시 불분명한 요소가 있었다. 6월 4일 데카노조프는 임박한 소련-독일 전쟁에 관한 소문이 광범위하게 퍼져 있으나, 또 한편으로 새로운 세력권 협상과 유럽 일에 간섭하지 않겠다는 모스크바의 약속이라는, 독일에 대한 소련의 양보를 바탕으로 양국의 **관계 개선**이 있을 거라는 이야기도 있다고 보고했다.[31] 6월 15일 데카노조프는 덴마크와 스웨덴 무관들이 독일군의 소련 국경 집결은 모스크바로부터 양보를 얻어 내기 위한 시위가 아니라 〈소련과의 직접적인 전쟁 준비〉의 일환이라 믿고 있다고 모스크바에 타전했다.[32] 하지만 데카노조프는 이런 견해에 동감한다는 점을 분명히 하지 않았다.

소련 국경에 독일군이 대규모로 집결하는 이유를 해명하기 위해 독일이 허위 정보를 광범위하게 유포하는 행위는 불확실성을 더했다. 독일은 먼저 군사적 증강이 방어적 조치라고 주장했다. 그다음 그들은 동부에서의 증강이 영국을 안심시켜 잘못된 안보 의식을 갖게 하려는 계략이라고 소문을 퍼뜨렸다. 또 다른 설명은, 독일의 사단이 그곳에 있는 까닭은 침공을 위해서가 아니라 소련을 협박해 경제적·영토적으로 양보하도록 하기 위해서라는 것이었다. 가장 널리 퍼진 소문 중 하나는 히틀러가 침공하더라도 스탈린에게 먼저 최후통첩을 제시하리라는 것이었다. 이는 독일이 실제로 계획하고 있는 기습 공격을 은폐하려는 아이디어였다.[33]

사건이 마무리된 뒤에, 어떤 보고가 맞고 어떤 보고가 틀렸는지를 확인하는 것은 쉬운 일이었다. 또 스탈린에게 들어온 많은 정보에서 모호함을 걷어 내고 그것들을 제대로 꿰뚫어 보는 것도 수월한 일이었다. 하지만 당시에는 특히 독일 공격의 시기에 대해 의혹을 품을 여지가 있었다. 스탈린의 추정은 히틀러가 아직 공격하지 않을 것이며, 다른 예상을 시사하는 증거는 분열 이론이나 영국 정보기관의 술책으로 설명할 수 있다는 것이었다. 그와 동시에 스탈린은 짧은 시일 내에 전쟁이 일어날 가능성도 외면할 수 없었다. 스탈린은 결코 무모하지 않았다. 그는 외국의 정보를 멍청한 첩자나 공작원의 엉터리 보고로 폄하할 수도 있었지만, 소련 국경 정찰대가 내놓은 독일의 군사적 증강에 관한 증거는 무시하기에는 너무 중대했다. 전쟁 동안 제국 참모 총장을 지낸 앨런 브룩* 육군 원수는 나중에 스탈린에 대해 다음과 같이 지적했다.

> 스탈린은 현실주의자다. (……) 오직 사실만 중요하다. (……) 계획, 가설, 미래의 가능성은 스탈린에게 아무 의미가 없으며, 그는 심지어 싫더라도 사실을 직시할 준비가 되어 있다.[34]

스탈린은 히틀러가 공격하지 않기를 바라고 심지어 공격하지 않을 거라고 믿을 수도 있었지만, 독일 독재자가 곧 공격을 계획**할 것 같다**는 증거는 분명했다. 스탈린은 최전선 소련군의 대규모 증강을 비롯해 전쟁 준비를 계속하고 또 실제로 가속화함으로써 이러한 가능성에 대응했다.

- 5~6월, 80만 예비군을 소집했다.
- 5월 중순, 28개 사단을 소련 서부 관구들에 배치했다.
- 5월 27일, 이 관구들에 야전 지휘소를 설치하라는 명령을 내렸다.
- 6월, 국경 관구들의 요새 지역으로 3만 8,500명의 병력을 보냈다.
- 6월 12~15일, 관구들에 국경 지역으로 부대를 이동하라는 명령을

---

* Alan Francis Brooke(1883~1963). 영국군 고위 장교. 제2차 세계 대전 동안 제국 참모 총장을 지냈고, 1944년 육군 원수로 승진했다.

내렸다.

•6월 19일, 관구 본부들에 새로운 야전 지휘소로 이동하라는 명령을 내렸다. 또 관구들에 표적을 위장하고 항공기를 분산하라는 명령도 내렸다.[35]

1941년 6월 현재 붉은 군대는 300여 개의 사단에 약 550만 병력이 있었는데 그중 270만 명은 서부 국경 관구에 주둔 중이었다.[36] 6월 21~22일 밤에 이 거대한 병력에 경계령이 떨어졌고, 독일군의 기습 공격에 대비하라고 경고했다.[37]

그러나 여전히 의문은 남는다. 스탈린은 오직 예방 조치로라도 가능성 있는 공격에 앞서 미리 왜 소련군을 전면적으로 동원하라는 명령을 내리지 않았는가? 대답의 일부는 스탈린이 히틀러를 도발해 그가 공격을 서두르기를 원하지 않았다는 것이다. 〈동원은 전쟁을 의미한다〉는 소련의 평상적인 전략적 사고였다. 그것은 제1차 세계 대전의 발발을 야기했던 위기 때 러시아가 얻은 경험에서 나왔다. 그들은 1914년 7월 예방 조치로서 차르 니콜라이 2세*가 러시아군을 동원하는 결정을 내리자 독일도 이에 대응하여 동원령을 내렸고, 그 결과 〈7월 위기〉**가 유럽 전쟁으로 확대되었다고 믿었다. 스탈린은 이러한 실수를 되풀이하지 않기로 작정한 데다, 히틀러가 기습 공격을 감행하더라도 크게 문

---

* Nikolai II(1868~1918). 로마노프 왕조의 열네 번째 군주로 러시아 제국의 마지막 황제이다. 1917년 2월 혁명으로 퇴위했으며, 1918년 7월 볼셰비키에 의해 가족과 함께 총살당했다.

** July Crisis. 1914년 여름 유럽의 강대국들 사이에 발생해 결국 제1차 세계 대전으로 이어진 외교적 위기 사태를 가리킨다. 세르비아의 민족주의자 가브릴로 프린치프가 오스트리아-헝가리 제국의 황태자 프란츠 페르디난트 폰 외스터라이히에스테 대공을 사라예보에서 암살한 것이 위기의 시작이었다. 이 사라예보 사건은 오스트리아-헝가리, 러시아, 독일, 프랑스가 연쇄적으로 전쟁을 선포하는 결과를 낳았다. 그 후 독일이 프랑스를 침공하는 과정에서 중립국 벨기에를 공격했고 이에 영국이 독일에 선전 포고하면서 동맹 노선에 따라 적대 관계가 확산되었으며, 마침내 유럽 전역이 전쟁에 휩싸이게 된다.

제 된다고 생각하지 않았다. 왜냐하면 소련의 군사 교리에 따르면, 독일과의 교전이 발발하더라도 양측이 주요 병력을 동원하여 집결하는 데 2~4주의 기간이 걸리기 때문이다. 그사이 국경을 따라 전술적인 전투가 진행될 것이고, 약한 곳을 찾아 대규모 측방 이동의 길을 준비할 기동 부대의 제한된 침투와 급습이 있을 것이었다. 여하튼 전쟁이 발발하고 몇 주 후에 결전을 치를 것이다. 또다시 모델은 제1차 세계 대전이었지만 스탈린의 장군들은 어리석지 않았고 일반적으로 주장되듯이 단순히 다시 한번 지난번처럼 전쟁을 벌일 준비만 하지는 않았다. 그들은 독일이 전격전으로 폴란드와 프랑스에 승리하는 것을 지켜보았고, 기동성이 매우 좋은 베어마흐트의 부대들이 벌이는 집중적인 탱크 공격과 대규모 포위 작전의 효율성에 주목했다. 하지만 그들은 붉은 군대가 프랑스군이나 폴란드군처럼 맥없이 당할 거라고 생각하지 않았다. 스탈린의 장군들은 폴란드가 군사적으로 약하고, 〈마지노 심리〉에 젖어 있는 프랑스는 싸울 배포가 없다고 보았다. 그들은 붉은 군대가 주요 부대를 전장으로 이동시키는 동안 소련의 방어 부대가 버티면서 이를 엄호할 거라고 확신했다. 에번 모즐리Evan Mawdsley가 주장한 것처럼, 〈스탈린과 소련 상급 사령부는 약자의 위치가 아니라 **강자의 위치**에서 히틀러를 다루고 있다고 믿었다〉.[38]

미래에 대한 이와 같은 분석에 근거하여 스탈린은 히틀러의 기습 공격을 두려워하지 않았다. 기껏해야 국경 지역에서 벌어질 전술적 전투에서 몇 번 패배하는 데 그칠 터였다. 그런 계산이라면 스탈린이 평화 유지에 판돈을 건 행동은 십분 이해가 된다. 그렇게 되면 1942년까지 전쟁이 연기될 수 있고, 그사이 소련의 국방은 더 튼튼해지고 전쟁 준비는 완수될 것이었다. 따라서 역설적이게도 1941년 6월 22일에 있은 독일의 기습 공격은 어느 누구도, 심지어 스탈린조차도 놀라게 하지 못했다. 하지만 기습 공격은 **끔찍했다**. 그것은 베어마흐트가 전쟁 첫날부터 주력 부대를 전투에 투입하는 **전략적** 공격이었다. 베어마흐트는 붉은 군대의 방어 부대를 강타하면서, 강력한 기갑 종대로 러시아 깊숙이 침투하여 지리멸렬하고 기동성 없는 소련군을 포위하고 해체했다.

스탈린과 그의 장군들이 전략적 기습 공격을 상상하는 데 실패한 것은 이처럼 잘못 짜인 군사 교리도 한몫했지만, 그것은 원인의 일부에 불과했다. 초점의 문제도 있었다. 전쟁 직전에 소련 상급 사령부가 몰두한 문제는 독일 침공에 맞서 어떻게 방어할 것인가가 아니라 언제 어디서 **공격**을 개시할 것인가였다. 그들은 독일에 맞서 방어전이 아닌 공격전을 수행할 것을 계획해서 준비하고 있었다.

소련의 공격전 계획

소련이 독일에 맞서 공격 행동에 나설 준비를 하고 있었다고 해도 스탈린이 히틀러에 대해 예방 전쟁을 준비하고 있었고, 선제공격을 개시할 의도가 있었다는 발상을 받아들이는 것은 아니다.[39] 스탈린의 정치적·외교적 책략은 그가 1941년 여름에 평화를 유지하고자 필사적이었음을 보여 준다. 만일 스탈린이 1942년까지 전쟁을 연기하는 데 성공했더라면 그는 주도권을 잡고 먼저 공격을 가하기로 결정했을 수도 있었겠지만, 스탈린의 의향은 언제나 가능한 한 오래 전쟁을 미루는 것이었다. 스탈린은 붉은 군대의 군사적 용맹을 확신했지만 소련이 큰 전쟁에 휘말렸을 때 감당해야 할 결과를 두려워했다. 전쟁이 나면 소련의 자본주의 적들은 공동의 공산주의 적들에 맞서 하나로 뭉칠 위험이 있었다. 그와 동시에 1941년 여름에 히틀러와의 평화 유지에 명운을 건 스탈린의 도박은 만일 그의 판단이 잘못된 것으로 판명 날 경우에 대비해 적절한 비상 방어 대책을 마련할 것을 요구했다. 하지만 그의 장군들은 방어에 초점을 맞춘 것이 아니라 자체 공격과 반격 계획을 짜는 데 초점을 맞추었다. 실제적인 면에서 스탈린의 외교 전략과 장군들의 군사 전략이 서로 맞지 않았다. 정치 전략과 작전 교리, 계획, 준비 사이의 이 같은 위험한 단절은 1941년 6월 22일 붉은 군대에 닥친 대재앙에서 가장 중요한 요인이었다.

이러한 단절의 원천은 붉은 군대가 가진 공격 지향의 군사 교리였는데, 이는 1920년대까지 거슬러 올라간다. 소련의 상급 사령부는 적에게 싸움을 걺으로써, 공격과 반격을 개시함으로써, 적의 영토에 깊숙이 침투와 침공을 단행함으로써 다음 전쟁을 치르고자 했다. 이러한 공격적 행동에 대한 정책적 전념은 양차 세계 대전 사이에 군사 기술이 발달하면서 — 탱크, 항공기, 대포가 한층 위력이 세지고 기동성이 좋아지고 믿을 만해지면서 — 더욱 강화되었다. 이 발달한 군사 기술은 기동성이 매우 뛰어난 공격과 신속한 측방 이동, 심지어 준비가 가장 잘된 방어 진지의 파괴도 가능하게 했다. 붉은 군대의 교리에서 방어는 공격 다음의 차선책이었고, 공격 행동을 준비하는 하나의 단계에 지나지 않았다. 독일이 폴란드와 프랑스에서 승리를 거두는 것을 지켜보고 소련 자신이 1940년 핀란드에서 강력한 만네르헤임 방어선을 격파한 경험을 얻으면서 교리상의 이 우선적 순서는 더욱 강화되었다.

1940년 12월 말 상급 사령부의 한 회의에서 국방 장관 티모셴코는 회의를 마무리 짓는 연설을 통해 소련의 최신 전략적 사고를 요약하며, 발언의 대부분을 공격 문제에 할애했다. 티모셴코는 방어 문제를 무시하지 않았다. 실제로 그의 연설은 방어를 논의하는 부분을 온전히 포함했다. 티모셴코는 〈현대적 방어의 위기〉 같은 것은 전혀 없다고 역설하면서 폴란드와 프랑스의 급속한 패배는 방어자들이 현대적 화력과 기동성 있는 공격자들에 맞서 효과적으로 방어할 수 없음을 보여 준다는 발상에 강력히 반대했다. 티모셴코는 현대적인 조건에서도 효과적인 방어가 가능하지만 종심(縱深) 깊이 방어해야 하며, 일련의 방어 구역과 방어 제대가 있어야 한다고 말했다. 그러나 티모셴코는 심지어 이 부분의 보고에서도 다음과 같은 점을 명확히 했다. 〈방어는 적을 패배시키는 결정적인 수단이 아닙니다. 결국 공격만이 그렇게 할 수 있습니다. 방어는 공격할 힘이 충분치 않거나 공격 준비에 필수적인 조건을 확립하는 데 도움이 될 때에만 의지해야 합니다.〉[40]

회의의 다른 주요 연사는 전(前) 기병 장교로서 기갑 기동전의 옹호자인 게오르기 주코프 장군이었다. 주코프는 1939년 8월 중국-몽골 국경에서 충돌이 벌어진 후 할힌골에서 일본군에 성공적으로 공격을 가해* 최전선 사령관으로서 이름을 날렸다. 주코프는 〈현대 공격 작전의 성격〉에 관해 보고했다. 그의 논지는 붉은 군대가 유럽 전쟁의 최근 경험으로부터 배워서 공격 행동의 준비를 최신화할 필요가 있다는 것이었다.[41] 회의가 끝나고 1941년 1월 상급 사령부는 두 개의 모의 실전 훈련을 실시했다. 두 훈련 모두 소련의 서부 국경에서 이루어지는 공격 행동과 기동 연습에 바탕을 두었다. 승자는 둘 다 주코프였고 이후 주코프는 참모 총장이 되었다. 에번 모즐리가 말했듯이, 〈주코프를 임명한 것은 스탈린이 붉은 군대의 공격 지향성을 승인했다는 것 외에 다른 의미가 있다고 생각하기 힘들다〉.[42]

스탈린은 공격 행동 교리에 푹 빠졌다. 그는 이 전략의 군사적 근거를 함께했을 뿐만 아니라 신성한 소련 땅의 공격적 방어에도 오랫동안 몰두했다. 스탈린은 1930년 제16차 당 대회에서 다음과 같이 말했다. 〈우리는 외국 영토를 한 치도 원하지 않습니다. 마찬가지로 우리는 그 누구에게도 우리 영토를 한 뼘도 넘겨주지 않을 것입니다.〉[43] 내전 시대까지 거슬러 올라가는 공격 개념과 주장은 스탈린주의 정치 문화에서도 만연했다. 스탈린주의 정치 문화에서는 사회적·경제적 문제들에 대한 해결책을 일반적으로 전위 노동자 부대가 돌격 전술을 이용해 당 정책의 시행을 방해하는 적들을 뿌리 뽑고 파멸시킨다는 측면에서 바라보았다. 적국의 영토에서 미래 전쟁을 수행한다는 붉은 군대의 개념은

---

* 할힌골 전투Battle of Khalkin Gol. 1939년 5월부터 8월까지 몽골과 만주국의 국경 지대인 할하강 유역에서 소련군과 몽골군이 일본 제국의 관동군, 만주국군과 교전한 사건을 말한다. 이 전투에서 현대화된 소련군의 기갑 전력에 〈총검 백병주의〉를 앞세우던 일본군은 참패하여 소련이 주장하는 대로 할힌골강을 경계로 만주국과 몽골의 국경선이 확정되었다. 또한 양국은 소련-일본 불가침 조약을 맺게 되었고, 바르바로사 작전 이후 독일이 소련의 극동을 공격해 달라는 요청을 계속했음에도 불구하고, 일본이 끝까지 소련과 맺은 조약을 지킨 것도 바로 이 전투에서 패배한 영향이 컸다. 일본에서는 보통 〈노몬한 사건〉이라고 부른다.

소련 이념의 메시아적 경향과도 잘 들어맞았다. 스탈린은 무력으로 혁명을 수출할 수 있다고 믿지 않았다.[44] 그러나 스탈린은 붉은 군대를 해방 세력으로 보았다. 그들의 외국 영토 침입은 공산주의 관점에서 볼 때 긍정적인 정치적 충격을 가할 수 있었다. 스탈린은 나중에 다음과 같이 말했는데, 이 언급은 곧 사람들의 입에 오르내렸다. 〈영토를 점령한 누구든 자신의 사회 시스템도 강제합니다. 모든 사람이 자신의 군대가 도달하는 곳까지 자신의 시스템을 강제합니다. 틀림없습니다.〉[45] 당시 스탈린이 염두에 두고 있던 것은 1944~1945년에 동유럽에서 공산주의자들이 지배하는 인민 전선 정부의 수립을 뒷받침하는 일에서 붉은 군대가 수행한 역할이었다. 하지만 1939~1940년에는 모델이 서부 벨로루시야, 서부 우크라이나, 베사라비아, 부코비나, 발트 국가들에서 일어난 〈혁명〉에서 붉은 군대가 수행한 역할이었다. 이와 대조되는 것이 겨울 전쟁 동안 핀란드에서 붉은 군대의 〈해방 임무〉가 실패로 돌아간 사례였는데, 이는 당연히 경계가 필요했다. 그러나 공격적으로 행동하고 침공에 맞서 적국의 영토를 대응 침공한다는 붉은 군대의 기본자세는 일차적으로 이념적 고려가 아닌 전략적 고려에 의해 추동되었다. 간단히 말해 공격이 최선의 방어로 여겨졌고, 붉은 군대의 전방 기동으로 생겨나는 잠재적인 정치적 이득은 예기치 않은 선물이었다. 그럼에도 붉은 군대의 전쟁 준비에 반드시 필요한 한 부분은 군사 행동이 소련과 자본주의 세계 사이의 더욱 폭넓은 정치 투쟁의 한 측면이라는 생각을 병사들에게 불어넣는 것이었다. 1940~1941년에 소련 당국은 핀란드와의 전쟁에서 참패한 후 무적의 붉은 군대라는 신화를 더욱 강화하면서, 이 이념적 선전을 확대했다.[46]

전략적으로 붉은 군대의 공격 지향성은 전쟁 계획 속에 구체화되었다. 이 〈계획들〉은 잠재적인 적을 확인하고 적군의 규모와 가능한 배치를 평가하며 예상되는 적의 공격로를 예측하는 문서들로 이루어졌다. 계획들은 또 붉은 군대의 원대한 전략 — 일반적인 면에서 적의 침공에 대항하는 계획을 어떻게 세울지 — 에 대해서도 윤곽을 그렸다.

1928년부터 1941년 사이에 그런 계획들을 일곱 개 입안했다. 제2차 세계 대전 발발 전에 입안된 마지막 계획은 당시 참모 총장이었던 보리스 샤포시니코프* 원수의 감독 아래 1938년 3월에 준비되었다.[47] 샤포시니코프의 문서는 주적을 유럽에서는 독일과 그 동맹국들로, 극동에서는 일본으로 삼았다. 비록 소련군은 두 개의 전선에서 전쟁을 치를 준비를 해야 했지만, 독일을 기본적인 위협으로, 서쪽을 주된 작전 무대로 확인했다. 문서에 따르면, 독일군은 프리퍄티 습지 북쪽의 민스크, 레닌그라드, 모스크바 방향이나 키예프로 진격해 우크라이나를 정복할 목적으로 습지 남쪽으로 소련 침공을 시도할 것이었다. 어떤 경로를 채택할지는 유럽의 정치 정세와 동유럽에서 독일 및 그 동맹국들이 소련에 맞서 진용을 정확히 어떻게 짜느냐에 달려 있었다. 그런 다음 이 문서는 독일 주도의 침공에 대항하는 소련의 작전 계획을 두 가지 안으로 상세히 기술했다. 독일군이 북쪽에서 공격한다면 붉은 군대는 거기서 반격을 가할 것이고, 남쪽에서는 여전히 방어 태세를 취할 것이었다. 두 가지 안의 목표는 모두 집결한 주요 적군 부대들과 교전을 시작하여 그 무리들을 파괴하는 것이었다.

계획의 다음 안은 티모셴코가 보로실로프를 대신해 국방 장관이 된 후 정세가 크게 변했던 1940년 여름에 준비되었다.[48] 개괄적인 면에서 이 안은 1938년 문서와 매우 유사했다. 하지만 1940년 안은 독일군이 북쪽에서 동프로이센(이제 폴란드를 정복한 후 독일 본토와 다시 합쳐졌다)으로부터 리투아니아, 라트비아, 서부 벨로루시야(이제 모두 소련의 일부였다)로 돌진하며 공격에 나설 것이라고 예측했다. 그러므로 붉은 군대 병력의 대부분은 북쪽에 집결해야 한다고 계획은 지적했다. 또다시 훈련 목표는 적의 주력이 어디에 있든 그들과 교전해 파괴하는 것이었다.

* Boris Mikhailovich Shaposhnikov(1882~1945). 소련의 군사령관. 1928~1931년, 1937~1940년, 1941~1942년 소련군 참모 총장을 지냈다. 1940년 원수로 승진했다.

전쟁 계획의 이 안 역시 샤포시니코프의 참모 장교들이 준비했다. 하지만 1940년 여름에 샤포시니코프는 건강 악화로 참모 총장직에서 내려왔고 메레츠코프 장군이 그를 대신했다. 계획에 대한 추가 작업이 이루어져 9월 18일 자로 새로운 안이 준비되었다.[49] 9월 계획은 독일군이 북쪽에서 공격할 가능성이 가장 크다고 보는 발상을 되풀이했지만, 독일군이 주력을 남쪽에 집결할 가능성도 배제하지 않아 두 가지 안으로 소련의 전략적 대응을 상정하는 계획이 필요하다고 재천명했다. 만일 독일군이 남쪽에 집결한다면 붉은 군대 역시 그곳에 집결해 독일이 점령한 폴란드에서 루블린과 크라쿠프로 향한 다음, 남부 독일에서 브레슬라우로 나아갈 터였다. 이는 히틀러를 그의 발칸 동맹국들과 이 지역의 긴요한 경제 자원들로부터 차단하는 것이 목표였다. 만일 독일군이 북쪽에서 기동한다면 붉은 군대는 동프로이센을 침공할 터였다. 또다시 목표는 독일군 주력을 찾아 그들과 싸우는 것이었다.

9월 계획은 토론을 위해 스탈린과 소련 지도부에 제출되었다. 10월 초에 이 논의의 결과로부터 결정적으로 중요한 수정이 나왔다. 붉은 군대의 주력 공격 부대는 남쪽에 집결해 루블린, 크라쿠프, 브레슬라우로 진격하는 임무를 맡았다. 이렇게 변경된 이유는 티모셴코와 메레츠코프가 스탈린에게 보낸 제안서에 구체적으로 적혀 있지 않지만,[50] 가장 그럴듯한 설명은 전쟁이 터졌을 때 독일군 주요 부대는 남쪽에 집결해 있을 거라는 예상이었다. 확실히 1941년 3월에 준비된 전쟁 계획의 다음 안에서 남쪽은, 비록 북쪽에서의 집결과 동프로이센으로부터의 공격이 배제되지는 않았지만, 가장 가능성 있는 독일군 집결 장소로 확인되었다.[51] 1941년 봄부터 소련 정보 보고서들은 독일군의 공격이 주로 남쪽에서 이루어질 것이라고 강조했다. 이 그릇된 평가는 북쪽에서 민스크-스몰렌스크-모스크바 축을 따라 공격을 집중하려는 독일의 진짜 의도를 은폐하기 위한 독일의 허위 정보 유포가 효과적이었음을 반영했다(150면의 〈지도 3〉을 보라).

붉은 군대의 남쪽 집결을 찬성하는 결정은 주코프 등이 그들의 회고

지도 3. 소련의 대(對)독일 공격전 계획(1941년)

록에서 간절히 설명하고 싶어 하는 운명적인 것이었다. 그들의 설명에 따르면, 이 결정을 내린 사람은 히틀러가 캅카스의 석유를 비롯해 우크라이나와 남부 러시아의 경제적 자원과 광물 자원을 장악하려 한다고 믿은 스탈린이었다. 스탈린이 다가올 전쟁에서 원자재를 획득하기 위한 몸부림이 매우 중요할 거라고 생각한 것은 사실이다. 하지만 스탈린은 병력을 남쪽에 집결하자는 결정에 틀림없이 찬성은 했겠지만, 그 결정이 명확히 스탈린의 결정이라는 직접적인 증거는 없다. 가브리엘 고로데츠키가 제시한 또 하나의 가능성은, 1940년 전쟁 계획이 작성될 때 소련 지도부가 발칸 지역에서 진행되고 있던 사태에 몰두한 나머지 히틀러를 그의 발칸 동맹국들로부터 고립시키는 데 전적으로 초점을 맞추고 있었다는 것이다.[52] 이 관점에서 보면 남쪽에 집중하겠다는 결정은 아마도 군사적 고려보다 정치적 고려에 의해 내려진 듯했다. 그리고 마트베이 자하로프* 원수가 소련 참모 본부에 대한 그의 연구에서 내놓은 주장이 있다. 즉 개인적인 선호와 관료적 요인이 이 결정에서 확실한 역할을 했으리라는 것이다.[53] 자원이라는 면에서 주요 수혜자는 키예프 군관구였다. 메레츠코프, 티모셴코 둘 다 키예프 군관구의 전 사령관들이었고 주코프도 1941년 1월 참모 총장으로 임명되었을 때 바로 그 직위에 있었다. 전쟁 계획을 작성하는 데 참여한 몇몇 하급 참모 본부 장교들도 남서부 전선에서 복무했다. 키예프 군관구는 독일군이 남서부에 집결할 것이라는 발상의 적극적인 주창자였고 더 많은 전력을 투입해 이러한 전개에 대응하라고 활발하게 로비 활동을 벌였다.[54] 끝으로, 스탈린과 그의 장군들이 남쪽에 집중하기로 한 이유는 붉은 군대가 독일을 상대로 선제공격을 계획하고 남부 폴란드의 평원이 동프로이센의 강, 호수, 늪지, 삼림보다 더 수월한 침공 경로를 제공했기 때

* Matvei Vasiliyevich Zakharov(1898~1972). 제2차 세계 대전 때 활약한 소련의 군인. 1959년 원수로 승진했으며, 1960~1963년, 1964~1971년 참모 총장이자 국방 차관을 지냈다.

문이었다는, 좀 더 급진적이고 논란을 불러일으키는 주장이 있다.[55]

선제공격 가설의 주창자들에게 핵심적인 증거는 1941년 5월 중순에 준비된 새로운 전쟁 계획안이다.[56] 이 특별한 문서의 상태 ─ 이는 러시아에서 광범위한 논쟁의 주제였다[57] ─ 는 불확실하다. 그것은 주코프와 티모셴코의 이름으로 당시 작전국 부국장이던 알렉산드르 바실렙스키 장군이 준비했으나 주코프와 티모셴코 어느 누구의 서명도 없는, 손으로 쓴 문서였다. 게다가 스탈린이 이 문서를 봤는지, 심지어 그것에 대해 말을 들었는지도 확실하지 않다.[58]

이 1941년 5월 문서는 이전 전쟁 계획들의 덜 정교하고 덜 체계적인 버전이었다. 그것은 신시아 로버츠Cynthia A. Roberts가 주장했듯이, 〈계획이라기보다는 계획을 위한 작업 문서〉 느낌이 난다.[59] 이 문서에 따르면, 독일과 그 동맹국들(핀란드, 헝가리, 루마니아)은 소련에 대항해 240개 사단을 동원할 수 있을 것이고, 약 100개 사단의 독일 주력은 코벨, 로브노, 키예프 방면으로 공격하기 위해 십중팔구 남쪽에 전개될 것이었다. 나아가 이 문서는 독일군이 동원 상태에 있으며 〈전개 중에 우리를 선제공격하여 일격을 가할 가능성이 있다〉고 지적했다. 문서는 다음과 같이 이어 간다.

이것을 막기 위해 (그리고 독일군을 파괴하기 위해) 나는 어떤 상황에서도 독일군 사령부에 주도권을 넘겨주지 않고 전개 중인 적군의 기선을 제압하는 것이, 그리고 여전히 전개 단계에서 아직 전선군을 조직하지 못했거나 상이한 병과들을 조율하지 못한 바로 그 순간에 독일군을 공격하는 것이 필수적이라고 생각한다. 붉은 군대의 기본적인 전략 목표는 뎀블린 남쪽에 전개되어 있는 독일군의 주력을 파괴하는 것이다. (······) 독일을 남쪽 동맹국들로부터 차단하면서, 크라쿠프와 카토비체 방면으로 남서부 전선군에 주타격을 가해야 한다. 세들레츠와 뎀블린 방면으로 서부 전선군 좌익이 이를 지원하는 일격을 [가할 것이다.] 이는 바르샤바 진형(陳形)을 견제하고 남서부 전선군이 적의 루블린 진형을 파괴하는 것을 돕는 데 목적이 있다. 핀란드, 동프로이센, 헝가리, 루마니아에 맞서 적극적으로 방어하는 한편, 상황이 유리해지면 루마니아를 공격할 준비를 해야 한다.

이 문서는 스탈린에게 독일과의 전쟁이 발발할 경우 제안된 전개 계획을 수용하고 결정적으로는 상급 사령부의 모든 예비군을 비밀리에 동원하는 것을 비롯해, 몇 가지 행동을 취할 것을 요청하는 것으로 마무리했다.

5월 문서는 연속적으로 이어진 전쟁 계획들의 한 부분으로 읽으면 놀라운 내용이 전혀 없었다. 그것은 다가올 전쟁에서 붉은 군대가 남부에 전개 중인 독일 주력을 공격할 것이라는 발상의 논리적 발전이었다. 독일군의 동원과 전개의 최종 단계에 선수를 치자는 문서의 제안은 의심할 여지 없이 1941년 봄에 소련 국경을 따라 베어마흐트가 대규모로 집결하고 있다는 정보들이 쌓이고 전쟁이 곧 닥칠 것이라는 깨달음이 커지면서 야기된 우려를 반영했다. 남부 폴란드를 침공하는 형태로 반격하자는 제안은 이전과 동일했고, 비밀리에 예비군을 기동하자는 제안은 은밀하게 계속 진행된 기존의 동원 조치를 확장한 것이었다.

이 문서에서 드러나는 문제점은 두 가지였다. 첫째, 소련의 선제공격이 언제 이루어져야 하는지 그 시기가 매우 모호했다. 목표가 독일군을 파괴하는 것이라면 그렇게 하기 가장 좋은 순간은 그들이 충분히 동원되고 전개되고 집결하고 조율되지 않은 때일 것이다. 그러나 그때가 정확히 언제인지 누가 판단할 수 있겠는가? 둘째, 스탈린은 독일군이 먼저 공격할 경우 소련 방어망은 붕괴할 것 — 그런 시각이 소련 군부 내에 뚜렷하게 부각된 증거는 없다 — 이라고 설득되지 않는 한, 여전히 평화의 기회가 있다고 믿는 상황에서 이 새로운 안을 받아들일 가능성은 없었다. 사건이 일어난 이후에야, 1941년 6월 22일의 대재앙이 닥친 이후에야, 전쟁이 끝난 이후에야, 스탈린이 사망한 이후에야 비로소 소련의 고위 사령관들은 방어에, 그리고 매우 파괴적일 독일의 기습을 피하는 데 주의를 더 기울였어야 한다고 말하기 시작했다.

5월 계획의 출현이 1941년 5월 5일 붉은 군대 참모 학교의 2,000명 졸업생들에게 스탈린이 한 연설과 연결되어 있다는 주장이 있어 왔다. 이즈음 소련에서는 스탈린의 모든 공개적 발언이나 반(半)공개적 발언이 널리 유포되는 일이 보통이었다. 하지만 이 경우에는 공표된 텍스트가 없고, 다음 날 『프라우다』에 〈우리는 어떤 기습에도 대처할 준비를 해야 한다〉는 제목으로 짧은 기사가 났을 뿐이다.

스탈린 동지는 그의 연설에서 지난 몇 년 동안 붉은 군대에서 일어난 깊은 변화에 주목하여 현대적 전쟁의 경험을 통해 붉은 군대의 조직이 중요한 변화를 겪었으며 장비가 크게 개선되었다고 강조했다. 스탈린 동지는 군사 학교를 졸업한 장교들을 환영하며 그들 모두 직무를 완수하기를 기원했다.[60]

놀랄 것도 없이, 스탈린이 졸업하는 간부 후보생들에게 또 다른 발언도 했다는 소문이 퍼지기 시작했다. 어떤 보고에 따르면, 스탈린은 독일과의 전쟁이 확실히 다가오고 있다고 경고했다. 다른 보고에 따르면, 그는 사회주의 시스템을 확장하기 위해 공격하는 전쟁을 옹호했다. 소련이 독일에 유출한 설명은, 스탈린이 히틀러와의 새로운 타협에 대해 말했다는 것이었다. 보통 그렇듯이 진실은 어떤 소문보다도 더 무미건조했다. 1995년에 빛을 본 스탈린 연설의 원문에 따르면, 그의 주된 논지는 붉은 군대의 개혁, 개편, 장비 개선과 같은, 『프라우다』가 보도한 내용 그대로였다. 하지만 연설은 개혁과 붉은 군대의 전력에 관한 몇몇 세부 사항을 포함했다. 이는 전쟁 직전에 공표할 수 있는 종류의 정보가 아니었다. 스탈린은 또 독일군에 대해 비판적으로 언급하면서 독일군이 생각하는 것처럼 무적은 아니며 만일 그들이 침략과 정복의 깃발을 들고 싸운다면 지난날처럼 성공하지 못할 것이라고 주장했다. 이는 다시 한번, 스탈린이 히틀러에게 자신이 평화적 의향을 갖고 있다고 설득하려 애쓰고 있을 때 공개를 하면 현명하지 못했을 그런 발언이었다.

졸업식이 끝난 후 크렘린에서 리셉션이 있었고, 스탈린은 여느 때처럼 몇 차례 건배를 제안했는데 건배사 일부가 보존되어 있다. 예를 들어 디미트로프에 따르면, 스탈린은 〈유난히 기분이 좋았고〉, 〈우리의 평화와 안보 정책은 동시에 전쟁 준비 정책이기도 합니다〉라고 말했다. 〈공격 없이는 방어도 없습니다. 군대는 공격적 행동의 정신으로 훈련받아야 합니다. 우리는 전쟁을 준비해야 합니다.〉 또 다른 관찰자는 스탈린이 〈좋은 방어는 공격을 의미합니다. 공격은 최선의 방어입니다〉라고 말했다고 기록했다. 공식 기록에 따르면, 스탈린은 또 다음과 같이 말했다.

평화 정책은 좋은 것입니다. 우리는 지금까지 (……) 방어[에 바탕을 둔] 노선을 견지했습니다. (……) 그리고 우리 군대가 재건되었고, 우리 군대에 현대적 전투를 위한 장비가 충분히 공급되었으며, 우리가 더 강해진 지금, 방어에서 공격으로 나아가는 것이 필수적입니다. 우리는 우리 나라를 방어하면서 공격적으로 행동해야 합니다. 방어에서 공격적 행동의 군사 교리로 나아가는 것이 필수적이라는 것입니다. 우리는 우리의 훈련, 우리의 선전, 우리의 선동, 우리의 언론을 공격적 정신으로 변화시켜야 합니다. 붉은 군대는 현대적인 군대이고, 현대적인 군대는 공격적인 군대입니다.

이 발언은 군대를 소집하고, 선제공격을 위해 부대를 집결시키고, 참모 본부에 필수적인 계획을 작성하라는 신호를 보내는 것이었는가? 스탈린이 과연 그 같은 공개적인 무대에서 그런 의도를 갖고 있다는 신호를 보냈을 거라고 믿기는 어렵다. 더구나 발언의 공격 친화적 내용은 1년 전 핀란드 전쟁의 경험에 관해 사령부 회의에서 비공식적으로 한 발언과 크게 다르지 않았다. 좀 더 믿을 만한 해석은 스탈린이 젊은 장교들에게 공격 정신이 필요하다는 점을 인식시키기를 원했으며, 무심코 한 자신의 발언을 임박한 독일과의 전쟁에 직면하여 사기를 진작하고 자신감을 키우는 활력소로 여겼다는 것이다. 하지만 그것은 전쟁 도발을 계획하고 준비하는 일과는 한참 거리가 멀다.

스탈린의 연설이 있고 나서 소련의 전쟁 준비 속도는 더욱 빨라졌으나 1941년 여름에 선제공격을 가하는 데 필요한 규모와 성격에는 미치지 못했다.[61] 이런 점에서 일부 학자들은 1941년 5월 24일에 스탈린이 크렘린 집무실에서 사실상 모든 최고 군사령관과 세 시간에 걸친 회의를 가진 사실을 중시했다. 그들의 주장은 이것이 독일에 대한 선제공격을 결정한 회의라는 것인데, 이러한 의구심은 무엇이 논의되었는지 뒤이은 정보가 전혀 없어서 더욱 확대되었다. 하지만 스탈린의 업무 일지에 따르면, 그는 열흘 동안 국방 인민 위원인 티모셴코와 참모 총장인 주코프는 물론이고 그의 장군들 중 어느 누구와도 다시 만나지 않았다.[62] 이는 독일에 공격을 개시하는 중차대한 결정을 실행하는 일과는 거의 맞지 않는 행동이었다. 따라서 5월 24일의 회의는 그냥 계속 진행되어 온 방어적 전쟁 준비의 일환이었던 듯싶다.

지금 돌이켜 보면, 소련-독일 평화의 마지막 몇 주 동안 스탈린이 취한 행동에 대해 가장 공통적으로 가해지는 비판은, 스탈린이 공격을 준비하고 있었다는 게 아니라 독일 침공 전에 미리 붉은 군대를 전면적인 비상경계 상태에 두기를 거부했다는 점이었다. 바실렙스키는 자신의 회고록에서 가능한 한 오랫동안 평화를 유지하려는 스탈린의 정책을 지지했지만, 〈모든 문제는 (……) 우리가 이 정책을 얼마나 오래 계속해야 하는지 시간의 문제로 귀착되었다〉고 주장했다. 〈어쨌든 나치 독일은 실제로 소련 국경에서 특히 지난달에 아주 노골적으로 전쟁 준비를 했다. 그 시간에 우리는 신속히 동원령을 내리고 국경 관구를 전면적인 전시 체제로 바꾸면서 강력하고 견고한 방어 진지를 세웠어야 했다.〉[63] 사후(死後)에 공개된 인터뷰에서 바실렙스키는 이 문제를 스탈린이 1941년 6월 전쟁의 루비콘강에 도착했으나 그다음의 힘든 발걸음을 내딛지는 못했던 문제로 규정했다.[64] 하지만 주코프는 견해가 달랐다. 〈바실렙스키의 의견은 현실에 충분히 부응하지 않는다. 나는 우리가 전쟁 직전에 우리의 모든 전력(戰力)을 국경에 전개했더라면 소련은 일찍부터 두들겨 맞았을 것이며, 독일군은 그들의 계획을 완수하고 국경에서 우리 부대를 포위, 파괴했을 것으로 믿는다. (……) 그 후 히틀러의 군대는 군사 기동을 강화할 수 있었을 것이고 모스크바와 레닌그라드는 1941년에 함락되었을 것이다.〉[65] 로코숍스키 원수는 자신의 회고록에서 이 주장을 더욱더 밀고 나가 붉은 군대의 주력이 국경에 전개되는 것이 아니라 소련 영토 깊숙이 전개되었어야 했다고 말했다. 그렇게 했더라면 붉은 군대는 독일의 최초 공격에 의한 전멸을 피하고 진격하는 베어마흐트에 맞서 기동성 있는 집중적 반격을 수행할 수 있었을 것이다.[66]

바르바로사 작전에 대처하는 최선의 방법이 기동성 있는 전략적 방어였을 것이라는 발상은 신시아 로버츠 같은 몇몇 서방 분석가들도 상세히 검토했다. 붉은 군대가 그러한 전략을 실행할 능력이 있었는지, 혹은 그것이 소련에 훨씬 유리하게 작동했을 것인지의 여부는 추측의 문제다. 그러나 전략적 방어 개념의 이른바 고유한 장점이 무엇이었든 그것은 당시 소련 상급 사령부의 교리 세계에서는 발붙일 데가 없었다. 주코프가 자신의 회고록에서 인정했듯이, 〈당시 우리의 군사-이론 학문은 전략적 방어를 중요하지 않다고 잘못 생각하면서 일반적으로 그것의 심오한 문제들을 고려하지 않았다〉.[67] 1941년 6월 22일 독일군이 침공했을 때, 티모셴코와 주코프는 오랜 공격 행동 계획들을 실행하라는 명령을 내려 이에 대응했다. 심지어 독일군이 소련 영토 깊숙이 밀고 들어와 모스크바와 레닌그라드의 문턱에 이르렀을 때에도 붉은 군대가 선호한 대응 조치는 그들이 공격할 수 있을 때, 그리고 할 수 있는 곳에서 공격하는 것이었다. 마침내 붉은 군대는 방어의 장점을 알게 되었지만 그것은 알아야 했기 때문일 때만 그랬고, 전쟁 내내 공격적 행동 교리는 끈질기게 지속되었다. 전략적인 면에서 붉은 군대는 동부 전선에서 완전히 공격적인 전역(戰役)을 수행했다. 1943년 여름 쿠르스크 전투 동안에만 붉은 군대는 대규모 반격을 가하기 전에 대대적인 독일의 탱크 공격을 흡수, 완화시키면서 일시적으로 전략적 방어 자세를 채택했다.

전쟁이 끝난 후 1941~1942년에 붉은 군대가 맛본 후퇴와 패배는 독일군을 파괴하기 위해 그들을 러시아 깊숙이 끌어들이는 스탈린의 거대한 계획의 일환으로 세탁되고 신화화되었다. 그것은 차르의 장군들이 나폴레옹 전쟁 동안 프랑스군을 상대로 실행했던 작전과 유사했다.* 스탈린이 사망한 뒤에야 1941년 6월 22일의 대재앙에 대한 좀 더 현실적이고 비판적인 설명이 나타나기 시작했다. 그러나 새로운 신화는 공격 행동을 특히 좋아한 스탈린이야말로 전쟁 초기 몇 달 동안 재앙을 불러일으킨 붉은 군대의 공격 전술에 책임이 있다는 것이었다. 사실 공격과 반격에 대한 예찬은 소련 상급 사령부의 합의를 나타냈고, 교리와 그 결과에 대한 책임은 모두의 몫이었다.

소련의 시각에서 1941년 6월 22일의 비극이 얼마나 컸는지는 스탈린이 독일 침공에 맞서기 위해 집결시킨 군대가 어떤 운명을 겪었는지를 보면 알 수 있다. 그해 말까지 붉은 군대는 전투에서 200개 사단을 잃었고 400만여 명의 사상자를 기록했다. 이 중에는 14만 2,000명(44만 명 중에서)의 장교들이 있었는데 그 가운데 장군 40명이 죽었고 44명이 포로로 잡혔다.[68] 당대의 많은 관찰자는 폴란드와 프랑스를 너무 쉽게 정복했던, 전투로 다져진 독일군이 러시아에서 비슷한 성과를 달성할 것이라고 예상했다. 다른 관찰자들은 소련이 더 선전할 수도 있었을 거라고 생각했다. 하지만 모든 사람을 놀라게 한 것은 붉은 군대가

* 여기서는 1812년 프랑스 황제였던 나폴레옹이 러시아 제국을 침공하여 일어난 전쟁을 가리킨다. 나폴레옹군은 이 러시아 원정에서 모스크바에 무혈입성하는 데 성공했으나 오랜 원정으로 인한 피곤과 굶주림 등으로 다시 퇴각할 수밖에 없었고 모스크바를 버리고 내륙 깊숙이 후퇴했던 러시아 군대는 철수하는 프랑스 군대를 후방과 측면에서 공격하여 궤멸시키는 데 성공했다. 일반적으로 이 전쟁에서의 완패를 계기로 나폴레옹의 몰락이 시작되었다고 평가된다.

독일군이 가한 엄청난 타격을 이기고 살아남아 그 후 군사사(軍事史)에서 가장 대대적으로 이루어졌던 이 침공을 밀어내기 시작했다는 사실이었다.

제4장

섬멸전:
스탈린 대 히틀러

독일의 소련 침공은 1941년 6월 22일 일요일, 동쪽 하늘이 밝아 오기 조금 전에 시작되었다. 1,600킬로미터의 국경을 가로질러 공격을 이끈 것은 152개 독일군 사단이었으며, 이들은 북쪽에서는 14개 핀란드군 사단과 남쪽에서는 14개 루마니아군 사단의 지원을 받았다.[1] 그후 350만 명의 침공 부대에 헝가리군과 이탈리아군, 스페인의 〈푸른 사단〉,* 크로아티아와 슬로바키아의 분견대 그리고 나치 점령하의 유럽 각국에서 징집된 의용 부대가 합류했다.

침공군은 3개의 대규모 집단군으로 조직되었다. 북부 집단군은 동프로이센에서 공격을 시작하여 발트해 연안 지역을 따라 싸우면서 레닌그라드로 향했다. 중부 집단군은 민스크, 스몰렌스크, 모스크바를 향해 진격했고, 남부 집단군은 우크라이나와 그 수도인 키예프로 향했다 (164면의 〈지도 4〉를 보라).

히틀러는 1940년 12월 18일, 자신이 내린 지령에서 침공의 전략적 목표를 다음과 같이 설정했다.

---

* Blue Division. 제2차 세계 대전 동안 동부 전선에서 활약한 1만 8,000여 명의 독일군 내 스페인 의용 부대를 가리킨다. 공식 명칭은 스페인에서는 〈스페인 의용 사단〉, 독일에서는 〈제250 보병 사단〉이었다.

지도 4. 바르바로사 작전(1941년 6~12월)

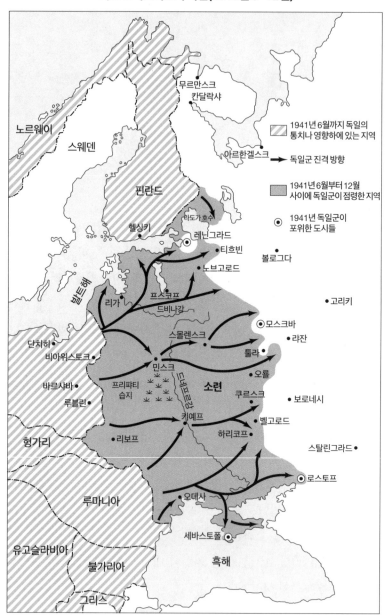

노르웨이

스웨덴

핀란드

무르만스크
칸달락샤

아르한겔스크

1941년 6월까지 독일의
통치나 영향하에 있는 지역

독일군 진격 방향

1941년 6월부터 12월
사이에 독일군이 점령한 지역

1941년 독일군이
포위한 도시들

라도가호수

헬싱키

레닌그라드

티흐빈

볼로그다

노브고로드

발트해

리가

프스쿠프

드비나강

고리키

모스크바

단치히

비아위스토크

스몰렌스크

라잔

툴라

오룔

민스크

소련

드네프르강

바르샤바

루블린

프리퍄티
습지

쿠르스크

보로네시

헝가리

키예프

하리코프

벨고로드

리보프

스탈린그라드

루마니아

오데사

로스토프

유고슬라비아

세바스토폴

흑해

불가리아

그리스

독일 베어마흐트는 한 번의 신속한 작전으로 소비에트 러시아를 패배시킬 준비를 해야 한다. (……) 서부 러시아에 주둔한 [붉은] 군대는 판처*선봉 부대의 깊고 빠른 침투를 통한 과감한 작전으로 파괴될 것이고, 전투 능력이 있는 분자들이 거대한 러시아 오지로 철수하지 못하도록 막을 것이다. (……) 작전의 최종 목표는 볼가강에서 아르한겔스크까지의 일반적인 선을 따라 러시아에 맞서 방어벽을 설치하는 것이다.[2]

침공 암호명은 신성 로마 제국의 프리드리히 1세(〈붉은 수염〉)**를 기리는 바르바로사 작전이었다. 프리드리히 1세는 이슬람의 통제로부터 기독교의 성지를 해방시키기 위해 12세기에 십자군을 이끈 황제였다. 6월 22일 히틀러는 독일 제국에 대한 소련의 공격에 선수를 치기 위해 소련을 공격했다고 선언했다.[3] 그 후 나치 선전 요원들은 러시아에서의 독일군 군사 행동을 유럽 문명을 위협하는 불경스러운 볼셰비키 제국에 맞선 방어적 십자군 전쟁으로 제시했다.

바르바로사 작전에 대한 나치의 이념적 프레임 씌우기는 독일군이 러시아에서 싸우기로 계획한 종류의 전쟁 — 파괴와 섬멸의 전쟁, 즉 페어니흐퉁스크리크Vernichtungskrieg — 을 암시했다.[4] 붉은 군대는 물론이고 소련 공산주의 체제 전체가 파괴될 것이었다. 이 섬멸을 몰아붙이는 것은 소련을 유대인-볼셰비키 국가로 보는 나치의 시각이었다. 이 국가는 유대인들의 통제를 받는 공산주의 체제로서 그것을 파괴하려면 소비에트 국가를 운영하는 유대인 간부들을 섬멸하는 일이 필수적이었다. 나치의 인종주의 이념은 소련의 슬라브인도 운터멘셴Untermenschen, 즉 〈인간 이하〉라는 열등 인종으로 규정했지만, 슬라브인들에 대한 독

* panzer. 탱크 혹은 기갑 부대를 가리키는 독일어.
** Friedrich I(1122~1190). 호엔슈타우펜 왕가 출신의 신성 로마 제국 황제(재위 1152~1190). 그의 이명인 바르바로사Barbarossa는 붉은 수염을 의미한다. 해외에서는 이탈리아의 군주 및 교황들과 대립했고, 독일 국내에서는 특히 하인리히 사자공과 평생에 걸친 라이벌이었다.

일의 태도는 그들을 특별한 집단 학살의 대상이 아니라 착취의 대상으로 보는 것이었다. 나중에 히틀러는 슬라브인들에 대해 이렇게 말했다. 〈우리의 지침은 우리의 이익을 위해 그들을 경제적으로 착취하는 것만이 이러한 사람들의 존재를 정당화한다는 것이다.〉

히틀러가 러시아를 상대로 수행하기를 원했던 이념적·인종주의적 전쟁은 바르바로사 작전을 위한 군사적 준비에 포함되었다. 1941년 3월 30일 히틀러는 장군들에게 다음과 같이 말했다. 〈러시아에 대한 전쟁은 기사들의 전쟁처럼 수행될 수는 없을 것입니다. 이 전쟁은 이념과 인종적 차이의 싸움이며, 유례없고 가차 없이 가혹하게 수행되어야 할 것입니다.〉[5]

1941년 3월 특수 작전 집단인 아인자츠그루펜Einsatzgruppen의 역할에 관해 베어마흐트와 친위대SS 사이에 합의가 이루어졌다. 아인자츠그루펜은 독일군을 따라 러시아로 들어가 〈유대인-볼셰비키〉 장교, 활동가, 지식인들을 섬멸하기로 되어 있는 특수 〈행동대〉였다. 1941년 5월 13일 히틀러는 독일 병사들이 러시아에서 저지를 수 있는 어떤 야만 행위에 대해서도 사실상 처벌을 면제받는 법령을 공포했다. 며칠 후 베어마흐트는 〈러시아에서 전투 부대의 행동 지침〉을 발표했다.

1. 볼셰비즘은 국가 사회주의 독일 인민들의 철천지원수다. 독일의 싸움은 이 파괴적인 이념과 그 주창자들을 겨냥한다.

2. 이 싸움은 볼셰비키 선동가, 게릴라, 파괴 공작원, 유대인들에 맞서 가차 없이 활기차게 행동하고, 적극적이든 소극적이든 어떤 저항도 완전히 박멸할 것을 요구한다.

3. 위험한 전투 방식이 예상되므로 심지어 포로들도 포함하여 붉은 군대의 구성원 모두에 대해 극단적인 신중함과 빈틈없는 경계 태세가 요청된다. 붉은 군대의 아시아인 병사들은 특히 이해할 수 없고 예측할 수 없으며 음흉하고 잔혹하다.

6월 6일 베어마흐트는 〈지도 위원 처리 지침〉을 발표했다. 바로 이것이 붉은 군대 정치 장교들의 운명을 다룬 악명 높은 〈지도 위원 명령〉이었다. 그들은 〈전투나 저항을 하다가 사로잡히면 원칙의 문제로서 무기로 단번에 끝장나야 한다〉.

러시아와의 다가올 전쟁에 대한 이 이념적 프레임 씌우기는 왜 독일이 단 한 번의 전격전으로 붉은 군대를 파괴할 수 있다고 상상했는지를 설명하는 데 도움이 된다. 독일 군사 계획가들은 붉은 군대가 전쟁 전의 숙청으로 상당히 약화되었을 뿐 아니라 핀란드 전쟁 동안 성과가 인상적이지 못했다고 생각했지만, 그에 못지않게 중요한 것은 그들이 스탈린 체제의 정치적 허약에 대해 이념적으로 왜곡된 인식을 가졌다는 사실이었다. 히틀러는 〈당신은 단지 문을 걷어차기만 하면 됩니다. 그러면 썩은 건물 전체가 우르르 무너져 내릴 것이오〉라고 말했다.[6] 독일은 러시아에서 심각한 저항을 예상하기는커녕 소련 국민 다수로부터 해방군으로 환영받을 것이라고 상상했다.

바르바로사 작전의 초기 며칠 동안 신속하고 수월한 승리를 거둘 것이라는 히틀러의 예측은 맞아 들어가는 것 같았다. 작전 첫날 루프트바페는 66개의 적군 비행장을 공격하고 지상에서 900대의 소련 항공기와 공중에서 300대의 항공기를 파괴했다.[7] 며칠 내에 독일군은 전투 지대 전역에서 완전히 제공권을 장악했다. 7월 3일 독일군 참모 총장 프란츠 할더* 장군은 자신의 일기에 다음과 같이 적었다. 〈내가 대(對)러시아 군사 행동이 2주 내에 승리를 거둔다고 주장하더라도 주제넘은 일은 아닐 것이다.〉[8] 3주 만에 소련군은 75만 명의 사상자가 났고 1만 대의 탱크와 4,000대의 항공기를 잃었다. 세 달 만에 독일은 키예프를 점령했고 레닌그라드를 포위했으며 모스크바 문턱에까지 이르렀다.[9]

---

* Franz Ritter Halder(1884~1972). 독일의 군인. 제2차 세계 대전 초기에 독일군 참모 총장을 맡아 각종 작전을 입안하고 조정했다. 후에 히틀러와의 불화로 해임된 뒤 반(反)히틀러 음모에 가담했다가 체포되었으나, 연합국에 의해 석방되었다.

독일은 폴란드와 프랑스에서 채택했던 전술과 거의 마찬가지 전술을 구사했다. 강력한 기갑 사단의 밀집 종대가 적군의 방어 진지를 돌파해 후방으로부터 소련군을 포위했다. 독일 판처들 뒤를 보병 사단들이 따랐다. 이들에게는 포위된 적군을 섬멸하고 점령한 영토를 지키는 임무가 부여되었다. 6월 민스크 포위에서 독일군은 40만 명의 소련군을 포로로 잡았다. 7월에는 스몰렌스크(30만 명의 포로)가, 9월에는 키예프(50만 명의 포로)가 독일군에 포위되었다. 10월에는 모스크바 인근의 브랸스크와 뱌지마가 포위되었고 50만여 명의 소련군 병사들이 그물에 걸렸다(169면의 〈지도 5〉를 보라). 1941년 말까지 독일군은 300만 명의 소련군 포로를 붙잡았다. 1942년 2월까지 이 전쟁 포로들 중 200만 명이 주로 굶주림과 질병, 영양실조로 사망했다. 게다가 독일군은 공산주의자로 의심되는 포로들을 그냥 처형했다. 동부 전선 전쟁이 종결될 때까지 16만 명의 사로잡힌 〈지도 위원들〉이 독일군에게 살해당했다.

많은 소련 시민, 무엇보다도 유대인 시민들이 소련군 전쟁 포로들과 같은 운명을 겪었다. 1941~1942년 동안 약 100만 명의 유대계 소련 사람들이 독일군에게 학살당했다.[10] 이 대량 학살의 주된 도구는 친위대 아인자츠그루펜이었다. 처음에 아인자츠그루펜은 신체 건강한 유대인 남성을 죽이라는 임무를 부여받았다. 하지만 1941년 8월에 친위대 대장 하인리히 힘러*는 유대인 공동체 전체를 통째로 살육하라는 명령을 내렸다. 남자와 여자, 부모와 자식, 늙은이와 젊은이, 병자와 건강한 자, 구분이 없었다. 이러한 정책 변화를 잘 보여 준 것이 1941년 9월 말에 키예프 외곽의 산골짜기인 바비야르**에서 3만 명의 유대인들을 총

---

* Heinrich Himmler(1900~1945). SS로 약칭되는 친위대Schutzstaffel 지도자로서 SS와 게슈타포를 지휘했다. 독일 내 최초의 나치 강제 수용소인 다하우 강제 수용소를 설립하고, 그 후 수백만 명의 희생자를 낳은 홀로코스트의 주된 설계자 중 한 명이 되었다. 연합군에 의해 전범으로 체포되자 자살했다.

** Babi Yar. 우크라이나의 수도 키예프에 있는 골짜기를 가리킨다. 1941년 9월

지도 5. 독일군의 소련군 포위(1941년)

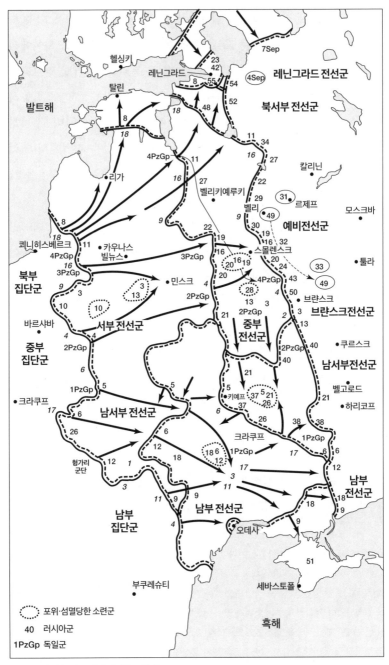

헬싱키

레닌그라드

7Sep

23
42
8 55 54
52

4Sep 레닌그라드 전선군

탈린

발트해

북서부 전선군

48

18

리가

11 34

16

칼리닌

모스크바

4PzGp 11

27

벨리키예루키

22

27

29

31 르제프

16

9

22

19

벨리

9

49

예비전선군

쾨니히스베르크 11 카우나스

18

빌뉴스

4PzGp

16 3PzGp

3PzGp

스몰렌스크

16 32

30

20

19

16 19

24

33

49

북부
집단군

9

3

3
13

10 10

민스크

4

2PzGp

20

4PzGp

28

13

43

4

50

툴라

브란스크

브랸스크전선군

3

2

서부 전선군

21

2PzGp

13

바르샤바

4

4

중부
전선군

2PzGp

40

쿠르스크

중부
집단군

2PzGp

6

남서부전선군

크라쿠프

1PzGp

5

5

21

벨고로드

17

6

남서부 전선군

6

5 키예프 37 5 21

26

하리코프

21

26

12

18 6

1PzGp

37

26

38 38

1PzGp

헝가리
군단

12

1

18

12

크라쿠프

17

6 6

3

17

11

남부
전선군

12

3

11

9

남부 전선군

18

9

남부
집단군

4

오데사

9

부쿠레슈티

세바스토폴

51

흑해

⬭ 포위·섬멸당한 소련군

40 러시아군

1PzGp 독일군

· 후방의 원내 숫자는 예비 전력을 뜻한다.

· 숫자 및 약어 예시: (3) 제3군, (1PzGP) 제1 판처 집단, (4Sep) 제4 독립 야전군

살한 사건이었다.

유대인 남성을 선별적으로 살해하는 것에서 모든 유대인을 대량 학살하는 쪽으로 바뀐 이유는 홀로코스트를 연구하는 역사가들 사이에서 광범위한 토론의 주제가 되어 왔다.[11] 그것은 독일군의 반(反)파르티잔 전술이 확대된 사실과 연관된 듯싶다. 전쟁이 터진 지 수일 만에 침공하는 독일군의 뒤편에서 소련의 파르티잔 행동들이 시작되었다. 후퇴하는 붉은 군대 부대들이 독일군의 포위로부터 벗어나는 과정에서 이러한 행동을 종종 시작하거나 고취하거나 지원했다. 독일군의 대응은 그리스, 유고슬라비아, 폴란드에서처럼 마을을 불태우고 파르티잔을 돕는 것으로 의심되는 사람들을 처형하는 것이었다. 1941년 9월 베어마흐트는 파르티잔 공격에 희생된 독일군 한 명마다 50~100명의 〈공산주의자들〉을 죽여야 한다는 명령을 내렸다.

베어마흐트의 반파르티잔 전술과 친위대의 반유대인 운동 사이에는 긴밀한 연관 관계가 있었다. 유대인은 모두 공산주의자이자 파르티잔으로, 파르티잔은 모두 유대인으로 낙인찍혔다. 〈유대인은 파르티잔이다. 파르티잔은 유대인이다.〉 〈유대인은 볼셰비키이고 볼셰비키는 파르티잔이다.〉 이것은 유대계 소련인의 대량 학살을 합리화하면서 가혹하고 무차별적인 반파르티잔 조치를 정당화하는 이중 목적에 들어맞는 독일의 구호였다.[12] 예를 들어 바비야르 학살은 키예프 중심지에서 퇴각하는 붉은 군대가 설치한 시한폭탄에 희생된 일부 독일군 장교들의

29~30일에 독일군이 유대인들을 집단 학살한 곳으로 유명하다. 이 이틀 동안의 작전으로 3만 3,000명 이상의 유대인뿐만 아니라 수천 명의 소련군 포로, 공산주의자, 집시, 우크라이나 민족주의자 및 일반 민간인들도 죽임을 당했다. 그 후에도 이곳에서는 독일군에 의한 대량 학살이 계속되었다. 정확한 숫자는 알려져 있지 않으나 1941~1943년의 나치 점령 기간 동안 대략 10만~15만 명이 목숨을 잃은 것으로 추산된다. 또한 1942년 6월에는 이곳에서 불과 수백 미터 떨어진 곳에 시레츠 강제 수용소도 세워져 공산주의자, 소련군 포로 및 파르티잔들을 구금하고 살해했다. 1943년 11월 소련군이 키예프를 탈환할 때까지 총 2만 5,000명의 우크라이나인들이 수용소에서 죽은 것으로 확인된다.

죽음에 대한 보복이었다.

독일군의 눈부신 성공에도 불구하고 전쟁의 흐름은 전적으로 독일군 쪽으로 흐르지 않았다. 소련의 방어 진지가 전부 분쇄되지는 않았다. 일부 진지는 몇 주, 심지어 몇 달 동안 버티면서 계속 싸웠다. 독일군에 점령된 폴란드와의 접경 지역에 위치한 브레스트 요새에서는 3,000명의 소련군 병사들이 2만 명의 독일군 공격에 맞서 일주일을 버티며 최후의 한 사람까지 싸웠다. 흑해에 있는 소련 해군의 주 항구 도시인 오데사는 1941년 8월부터 10월까지 제4 루마니아군의 공격에 맞서 10주 가까이 저항했다. 오데사의 자매 항구인 세바스토폴은 훨씬 더 큰 맹공격에 직면했으나 1942년 여름까지 함락되지 않았다. 수백만 명의 소련군 병사들이 포로로 잡혔지만 수만 명의 병사들 — 개인, 소집단, 소대, 대대, 여단, 사단 전체 — 은 포위망을 뚫고 붉은 군대 본대에 합류했다.[13] 소련군의 거센 반격에 독일군은 후퇴해 전열을 가다듬을 수밖에 없었다. 소련군의 키예프 방어는 동부 전선에서 독일군 진격을 거의 한 달 동안 지연시켰고, 1941년 7~8월에는 스몰렌스크 지역에서 전투가 벌어져 독일군은 두 달 동안 모스크바로 나아갈 수가 없었다. 레닌그라드 지역에서도 맹렬한 반격이 가해지면서 소련의 제2도시를 점령해 완전히 파괴하려던 히틀러의 목표는 좌절되었다.

격렬한 전투에 독일군은 흔들렸고 손쉬운 전쟁에 대해 처음에 느꼈던 자기만족의 미몽에서 깨어났다. 8월 11일까지 할더 장군은 이미 의심을 품기 시작하고 있었다. 〈전쟁이 시작될 때 우리는 대략 적의 사단 200개가 우리에게 대항할 것이라고 판단했다. 그러나 벌써 360개를 헤아렸다. 이 사단들은 무장도 되어 있지 않고 장비도 갖추지 못했다. 우리가 이 말의 원래 뜻을 이해하는 바에 따르면 말이다. 그들의 전술 리더십은 그리 만족스럽지 못하다. 하지만 그들은 존재한다. 우리가 10개 사단을 파괴하면 러시아인들은 또 다른 10개 사단을 우리에게 내놓는다.〉[14]

독일군이 승리하면서 치른 대가는 매우 컸다. 전쟁 첫 3주 동안 독일군은 10만 명의 사상자가 났고 1,700대의 탱크와 다량의 공격용 무기, 950대의 항공기를 잃었다. 7월까지 그들은 매일 7,000명의 사상자를 기록했다. 8월까지 총 사상자는 18만 명에 이르렀다.[15] 이는 천문학적인 소련군의 사상자 수에 전혀 비교할 바 아니지만 그럼에도 독일군의 평소 사상자 수보다 훨씬 더 컸다. 1940년 한 해 서유럽 전역에서 군사 행동이 진행되던 동안 독일군의 총 사상자 수는 사망자 3만 명을 포함해 15만 6,000명에 지나지 않았다.[16] 결정적으로 중요한 것은, 베어마흐트가 러시아로 거침없이 진격했음에도 불구하고 전략적 목표를 달성하는 데 실패했다는 사실이다. 레닌그라드는 포위되었지만 함락되지는 않았다. 남부에서 독일군의 진격은 캅카스와 바쿠 유전으로 가는 관문인 로스토프나도누에 이르렀으나 기력이 다했고, 11월 말에 러시아군은 이 도시를 탈환했다.

히틀러가 단 한 번의 군사 행동으로 전쟁에서 이길 기회는 모스크바를 점령하는 것이었다. 1941년 10월 독일군은 70여 개 사단 — 100만 명의 병력, 1,700대의 탱크, 1만 4,000문의 대포 그리고 1,000대에 이르는 항공기 — 을 동원해 소련 수도 공격에 나섰다. 이 공격으로 중부 집단군은 크렘린 30킬로미터 지점까지 나아갔지만 더는 진척이 없었다. 12월 5일 붉은 군대는 모스크바 바로 앞에서 반격을 개시해 독일군을 70~80킬로미터 뒤로 밀어냈다. 제2차 세계 대전에서 베어마흐트가 처음으로 당한 뼈아픈 패배였다. 그것은 바르바로사 작전이 실패했고, 동부 전선에서 장기적인 지구전에 직면했음을 암시했다. 두 명의 전시 사건 관찰자가 결론을 내렸듯이, 〈1941년의 러시아군이 보여 준 군사 행동은 독일군에 심각한 **전략적** 패배를 안기는 것이었다〉.[17]

1941년 12월에 유럽 전쟁은 지구적 전쟁으로 변모했다. 12월 7일 일본의 진주만 공격 이후 미국은 극동에서 독일 동맹국과의 싸움에 휩쓸렸고, 12월 11일에는 히틀러가 미국에 선전 포고를 하자 유럽 무대에도 등장했다. 이는 1941년 여름부터 형성되던 미국-영국-소련 동맹을 완성하는 것이었다. 이러한 새로운 정세 속에서 히틀러는 이 동맹에 맞서 지구적 전쟁에서 버티기 위해 어떤 자원이 필요할지를 숙고하기 시작했다. 그의 시선은 점차 우크라이나와 남부 러시아, 캅카스의 석유, 산업, 원자재에 머무르게 되었다.

독일 공격에 대한 스탈린의 반응

바르바로사 작전에 대한 스탈린의 반응을 두고 회자되는 이야기가 스탈린이 독일 공격에 충격을 받고 깜짝 놀랐으며 공격이 가해졌다는 사실을 믿지 않으려 했다는 것이다. 그러고는 정치국 동료들이 정신 차리라고 촉구할 때까지 침울한 상태에서 빠져나오지 못했다는 것이다. 스탈린에 대한 많은 이야기가 그렇듯이 이 이야기의 기원은 흐루쇼프가 1956년 제20차 당 대회에서 했던 비밀 연설이다.

전선에서 최초의 혹독한 참사와 패배를 겪은 후 스탈린이 모든 게 끝났다고 생각했음을 잊어버리는 일은 온당치 못할 것입니다. 당시 스탈린은 그의 연설 중 하나에서 〈우리는 레닌이 창조한 모든 것을 영원히 상실했다〉고 말했습니다. 이후 스탈린은 오랫동안 사실상 군사 작전을 지도하지 못했고 어떤 일도 하지 않았습니다. 스탈린은 정치국의 일부 구성원들이 그를 찾아와 전선의 상황을 호전시키기 위해 당장 조치를 취해야 한다고 말했을 때 비로소 전시 복무로 복귀했습니다.[18]

전쟁이 시작되었을 때 키예프에 있었던 흐루쇼프는 자신의 회고록에서 이 이야기의 전말을 상세히 설명했는데, 라브렌티 베리야*가 스탈

---

* Lavrenti Pavlovich Beriya(1899~1953). 소련의 정치가. 1931년 그루지야(지금의 조지아) 공산당의 제1서기가 되었다가, 1938년 말 내무 인민 위원이 되어 대숙청 뒤의 치안 기관을 맡았다. 1941년 인민 위원 회의 부의장이 되었고, 제2차 세계 대전 중에는 원수로 임명되었다. 전쟁이 끝난 뒤 정치국원, 수용소의 최고 책임자가 되었으며, 군사 기술, 특히 로켓과 핵폭탄 개발에 힘썼다. 또한 동유럽권 치안 조직까지 장악했고, 1953년 스탈린이 죽은 뒤 말렌코

린이 어느 땐가 지도자의 자리에서 물러나 절망에 빠진 채 다차로 칩거했다고 자기에게 말한 것으로 적었다.[19]

이 특별한 사건에 대한 또 다른 설명은 스탈린의 무역 장관인 아나스타스 미코얀*의 회고록에서 제시되었다. 미코얀에 따르면, 정치국원들은 스탈린의 다차로 가서 숨어 있는 지도자에게 〈국가 방어 위원회〉를 설립하기로 결정했고 그가 위원회를 이끌기를 원한다고 말했다. 미코얀은 이러한 행동을 부추긴 사람이 베리야와 몰로토프라고 언급했다.[20] 그러나 로이 메드베데프Roy Medvedev와 조레스 메드베데프Zhores Medvedev는 이는 전혀 사실일 것 같지 않다고 주장했다. 몰로토프와 베리야는 스탈린의 이너 서클에서 가장 순종적인 사람이라 감히 그렇게 단도직입적이지는 않았을 것이다.[21]

그다음으로 야코프 차다예프의 증언이 있는데, 대체로 미코얀의 이야기를 뒷받침한다. 즉 정치국원들이 스탈린을 보러 그의 다차로 갔고, 몰로토프의 주도로 그에게 업무에 복귀할 것을 요청했다는 것이다. 하지만 이 사건에 대한 차다예프의 설명은 목격자의 설명이 아니라 풍문에 근거한 것이다. 차다예프 자신이 기억하는, 전쟁 첫 며칠 동안의 스탈린의 정신 상태를 솔직하게 털어놓은 글을 읽으면, 소련 독재자의 행동이 매우 모순적이었다는 인상을 받는다. 스탈린은 한편으로는 강인하고 단호했으며, 다른 한편으로는 말이 없고 머뭇거렸다.[22] 게다가 1982년의 한 인터뷰에서 차다예프는 전쟁의 첫 몇 달 동안 스탈린이 한 행동을 묻는 질문에 다음과 같이 답했다. 〈위기의 날들, 전선에서의 결정적 상황의 날들 동안 스탈린은 자신감과 침착함을 보이며 전반적

프, 몰로토프와 함께 집단 지도부를 구성했다. 일정한 자유화를 내세웠으나, 권력 투쟁에 패해 1953년 6월 스탈린에 대한 지나친 〈개인숭배〉의 책임을 물어 체포되었으며, 그해 말 총살당했다.

* Anastas Ivanovich Mikoyan(1895~1978). 아르메니아 출신의 볼셰비키이자 소련의 정치인. 1920년대부터 주로 국내 상업과 해외 무역 관련 고위직을 역임했다. 1935~1966년 소련 공산당 정치국원이었으며, 1964~1965년 소련 최고 소비에트 간부회 의장을 지냈다.

으로 스스로를 잘 통제했으며 아주 부지런히 움직였지요.〉[23] 다른 회고록 증거에는 몰로토프가 다차에서의 일화에 대해 질문받았을 때 한 대답이 있다. 〈스탈린은 매우 흥분한 상태에 있었습니다. 그는 욕은 하지 않았지만 평소의 자기 모습이 아니었어요. 저는 스탈린이 분별력을 잃어버렸다고는 말하지 않겠습니다. 그는 괴로워했으나 괴로워하고 있다는 어떤 낌새도 보여 주지 않았어요. 의심할 여지 없이 스탈린은 힘든 순간을 맞이했습니다. 그가 괴로워하지 않았다는 것은 말도 안 돼요. 그러나 스탈린은 진짜 보였던 모습대로 묘사되고 있지 않아요. (······) 그는 여느 때처럼 밤낮으로 일했고 분별력이나 언어적 재능을 잃지 않았습니다. 스탈린은 어떻게 처신했는가? 해야 할 행동을 확고히 하고 있었을 뿐입니다.〉[24] 주코프에 따르면, 〈스탈린은 의지가 굳셌고 겁쟁이가 아니었어요. 그가 약간 침울해 있는 모습을 본 것은 단 한 번뿐이었습니다. 전쟁을 피할 수 있다는 그의 믿음이 흔들렸던 1941년 6월 22일 새벽이 그때였지요. 그날 이후, 그리고 전쟁 기간 내내 스탈린은 굳건하게 나라를 다스렸습니다. (······)〉[25] 또 다른 정치국원인 라자리 카가노비치*는 전쟁이 터졌을 때 스탈린이 겁을 먹었는지에 대한 질문을 받자 〈그건 거짓말입니다〉라고 대답했다.[26] 몰로토프와 카가노비치는 완고한 스탈린 충성파였던 반면에 흐루쇼프와 미코얀은 1950년대의 반(反)스탈린 투쟁을 이끈 변절자였다. 주코프는 전쟁이 끝난 뒤 스탈린에게 숙청당했지만 1957년 흐루쇼프와 사이가 틀어졌고 이후 **자신의** 전쟁 수행에 대해 흐루쇼프의 비난을 받았다.

전쟁 첫 며칠 동안 스탈린이 한 행동에 대한 당대의 증거를 눈여겨보면 독일 공격에 대한 스탈린의 개인적 반응을 좀 더 잘 살펴볼 수 있지 않을까 싶다. 스탈린의 업무 일지에 따르면, 전쟁이 터지자 그는 소

---

* Lazar Moiseyevich Kaganovich(1893~1991). 소련의 정치가이자 스탈린의 측근 중 한 사람. 소련 운송 인민 위원(1935~1944), 우크라이나 공산당 제1서기(1925~1928, 1947), 소련 각료 회의 제1부의장(1953~1957) 등을 역임했다.

련의 군부 및 정치 지도부의 구성원들과 많은 회의를 열었다.[27] 전쟁 초기 며칠 동안 스탈린은 수많은 결정을 내려야 했다. 전쟁이 터진 당일 그는 20건의 법령과 명령을 승인했다.[28] 6월 23일 스탈린은 주 사령부의 스탑카Stavka(본부)를 설치했다. 이는 전쟁의 전략적 방향을 감독하는 정치적·군사적 혼성 기구로서 국방 인민 위원 티모센코가 의장이었다. 6월 24일 전쟁 지역에서 사람과 물자의 소개(疏開)를 조직할 〈철수 대책 평의회〉를 설립하고, 선전전을 조율하고 감독할 〈소련 정보국Sovinform〉을 창설할 것을 결의했다.[29] 6월 29일 스탈린은 최전선 지역의 당과 국가 기관들에 긴급 지시를 내려 한 뼘의 소련 영토도 내주지 말고 마지막 피 한 방울까지 흘릴 각오로 싸울 것을 명령했다. 붉은 군대의 보급과 후방 지역은 철저히 보호될 것이고, 겁쟁이와 공황을 일으키는 자들은 모두 즉시 군사 법정에 회부될 것이었다. 적군에게 점령당한 지역에서는 파르티잔 부대가 결성될 것이고, 후퇴할 수밖에 없는 경우에는 초토화 정책이 뒤이을 것이며, 적에게는 이용 가능한 도로나 철도, 공장, 식료품이 조금도 남아 있지 않을 것이었다. 이 지시들은 며칠 뒤 스탈린이 소련 인민들에게 한 라디오 방송 대본의 기초가 되었다.[30]

6월 22일 몰로토프가 독일의 선전 포고 소식을 전하는 슐렌부르크와의 만남에서 돌아온 새벽 5시 45분에 스탈린의 집무실에서 하루가 시작되었다.[31] 처음 내린 결정 중 하나는 스탈린이 아닌 몰로토프가 당일 정오에 국민에게 라디오 연설을 해야 한다는 것이었다. 몰로토프에 따르면, 스탈린은 자신이 직접 국민들에게 연설하기 전에 상황이 분명해질 때까지 기다리기로 결정했다.[32] 스탈린은 현장에서 몰로토프의 연설문 초안을 크게 손질했다. 스탈린은 몇 가지 방식으로 내용을 확대했다. 첫째, 몰로토프는 서두에서 자신이 스탈린을 대리하여 연설하고 있다는 점을 분명히 밝히고 결론에서는 온 나라가 스탈린의 리더십을 중심으로 결집하라고 요청할 터였다. 둘째, 몰로토프는 소련이 어쨌든 독일과의 불가침 협정을 위반하지 않았다는 점을 명확히 할 것이었다. 셋째, 몰로토프는 독일의 노동자, 농민, 지식인이 아니라 프랑스, 폴란드,

유고슬라비아, 노르웨이, 벨기에, 덴마크, 네덜란드, 그리스 등의 나라들도 노예화한 독일 파시스트들이 소련에 전쟁을 강요했다는 점을 강조할 것이었다. 넷째, 몰로토프는 히틀러의 러시아 침공과 나폴레옹의 침공을 비교하며 모국 방어를 위한 애국적 전쟁을 요청할 터였다. 스탈린의 수정은 광범했지만 가장 기억할 만한 연설 문구는 몰로토프 자신의 말이었던 것처럼 보인다. 그것은 연설 마무리 부분으로 소련의 전쟁 수행 노력에서 주 선전 구호의 하나가 되었다. 〈우리의 대의는 정당합니다. 적들은 패배할 것입니다. 승리는 우리의 몫입니다.〉[33]

그날 일찍 스탈린의 집무실을 찾은 또 다른 방문자는 코민테른 지도자 게오르기 디미트로프였다. 그는 일기에 다음과 같이 기록했다.

> 아침 7시에 크렘린으로 긴급 소환되었다. (……) 스탈린과 다른 사람들은 놀라운 침착함과 결연함, 자신감을 보여 주었다. (……) 코민테른은 당장은 어떤 공개적인 행동도 취하지 않을 것이다. 각국에서 당들은 소련을 방어하는 운동을 시작할 것이다. 사회주의 혁명 문제는 제기되지 않을 것이다. 소련 국민은 파시스트 독일에 맞서 애국적 전쟁을 수행하고 있다. 그것은 몇몇 국민을 노예화하고 훨씬 많은 국민을 노예화하기로 작정한 파시즘을 궤멸시키는 문제이다.[34]

그날 스탈린의 집무실을 들락날락한 사람은 외무 부인민 위원인 안드레이 비신스키였고, 그는 외교가 어떻게 전개되고 있는지를 보고했다. 비신스키는 얼마간의 좋은 소식을 갖고 있었다. 런던에서 마이스키는 영국이 계속 싸울 것이고, 헤스의 임무를 둘러싸고 생긴 이런저런 소문과는 상관없이 런던이 독일과 개별 평화 조약을 맺는 일은 없다는 외무 장관 앤서니 이든*의 장담을 타전했다. 이든은 또 처칠이 그날 저녁

---

* Robert Anthony Eden(1897~1977). 영국의 정치가. 1923년 하원 의원으로 당선되어 의회에 진출했다. 1935년 이후 세 번 외무 장관을 역임했으며 처칠의 뒤를 이어 보수당을

라디오로 독일의 공격과 영국-소련 관계에 대해 연설할 것이라고 마이스키에게 알려 주었다.[35] 처칠의 방송은 스탈린에게 상당한 안도감으로 다가왔음에 틀림없다.

지난 25년 동안 저보다 공산주의를 일관되게 반대한 사람은 없었습니다. 저는 공산주의에 대해 말해 온 바를 한마디도 철회하지 않을 것입니다. 그러나 이 모든 것은 지금 전개되는 광경과 함께 사라져 가고 있습니다. 공산주의의 범죄, 공산주의의 어리석은 행동, 공산주의의 비극으로 얼룩진 과거가 휙 지나가고 있습니다. (……) 우리는 단 한 가지 목표와 단 하나의 취소할 수 없는 목적을 갖고 있습니다. 우리는 히틀러와 나치 체제의 모든 흔적을 파괴하기로 결심했습니다. 그 무엇도 이것으로부터 우리를 돌려세우지 못할 것입니다, 그 무엇도 말입니다. (……) 그러므로 우리는 러시아와 러시아 국민들을 위해 어떤 도움이든 제공할 것입니다. (……) 만약 히틀러가 소비에트 러시아에 대한 그의 공격이 목표를 조금이라도 분열시킬 것이고 그를 파멸시키기로 결심한 위대한 민주주의 국가들의 노력을 조금이라도 감소시킬 것이라고 상상한다면, 그는 한심하게도 잘못 판단한 것입니다. (……) 히틀러의 러시아 침공은 영국 제도(諸島) 침공 기도의 서막에 불과합니다. (……) 그러므로 러시아의 위험은 우리의 위험이고 미국의 위험이듯이, 자신의 나라를 지키기 위해 러시아인들이 벌이는 싸움의 대의는 지구 모든 곳의 자유민들과 자유 민족들의 대의이기도 합니다.[36]

미국은 겉으로는 중립을 지켰으나 1년 가까이 영국에 상당한 지원을 하고 있었고, 6월 24일 백악관의 기자 회견에서 루스벨트는 이 정책이 소련으로 확장될 것이라고 발표했다.[37] 7월 12일 영국과 소련은 대(對) 독일 전쟁에서의 공동 행동에 관한 협정에 서명하면서, 어느 편도 휴전

이끌고 총리를 지냈다. 1957년 이집트 침공의 실책으로 사임했다.

이나 평화 조약을 놓고 히틀러와 개별 협상을 하지 않을 것을 약속했다.[38] 7월 말 루스벨트는 자신의 인격 대리인인 해리 홉킨스*를 모스크바에 보내 소련의 전쟁 수행 노력에 대한 미국의 지원을 놓고 스탈린과 논의하게 했다.[39] 8월 초 두 국가는 미국이 소련에 전쟁 물자를 공급하겠다는 약속을 공식화한 각서를 교환했다.[40] 9월 말 영국의 병참 장관인 비버브룩** 경은 런던에 주재하던, 루스벨트의 무기 대여*** 행정가 애버렐 해리먼과 함께 모스크바로 가서 러시아를 지원하기 위한 영국-미국의 공급 문제에 관해 공식 협정을 맺었다.[41]

그러나 가장 중요한 사태 전개와 결정은 전선에서 이루어지고 있었다. 6월 22일 이른 시간에 티모셴코와 주코프는 독일의 기습 공격을 경고하는 지시를 내렸다. 붉은 군대의 국경 관구에는 6월 22일 동이 트기 전에 군을 완벽한 전투태세에 있게 하며, 항공기를 분산시키고 위장하라는 명령이 떨어졌다. 그와 동시에 사령관들에게는 어떤 〈도발 행동〉도 피하라는 명령이 내려졌다. 크렘린에서 스탈린과 회의를 가진 후 티모셴코와 주코프는 아침 7시 15분에 두 번째 지시를 내렸다. 독일군의 공습과 대포 공격을 보고한 부대에는 소련 국경을 넘는 독일군은 공격하되 특별한 허가 없이는 스스로 국경을 넘지 말라는 명령이 떨어졌다. 밤 9시 15분에 티모셴코와 주코프는 세 번째 지시를 내려, 붉은 군대의 북서부 전선군과 서부 전선군에 북부 집단군을 공격, 포위, 파괴하고,

* Harry Lloyd Hopkins(1890~1946). 프랭클린 루스벨트 미국 대통령의 최측근 자문관 중 하나로 1938~1940년 미국 상무 장관을 지냈다. 뉴딜 정책, 특히 공공사업 진흥국의 구제 프로그램의 설계자로 알려져 있으며, 제2차 세계 대전 동안 500억 달러에 이르는 무기 대여 프로그램의 핵심 정책 결정자이기도 했다.

** William Maxwell Aitken, Baron Beaverbrook(1879~1964). 영국의 신문 발행인이자 정치인. 1940~1941년 항공기 생산 장관, 1941~1942년 병참 장관 등을 역임했다.

*** Lend Lease Act. 정확한 명칭은 〈미합중국 방위 촉진을 위한 조례〉로 미국이 제2차 세계 대전 동안 영국, 소련, 중국 등의 연합국들에 막대한 양의 전쟁 물자를 제공할 수 있게 만든 법이다. 1941년 3월에 발효되어 1945년 9월 2일에 만료되었다. 이 법으로 미국은 제1차 세계 대전 이후로 계속 지켜 오던 고립주의 정책을 포기하고 국제 정세에 개입하는 쪽으로 돌아섰다.

남서부 전선군에는 남부 집단군을 공격, 포위하라고 명령했다. 붉은 군대의 북부 전선군과 남부 전선군(각각 핀란드 및 루마니아와의 접경 지역에 주둔해 있다)에는 방어에 전념하라는 명령이 내려졌다. 서부 전선군에는 북서부 전선군의 공격 행동을 지원하면서 바르샤바-민스크 축을 따라 중부 집단군의 진격을 저지하라는 지시가 내려졌다.[42] 이 지시는 전쟁이 발발했을 때 붉은 군대가 취할 반격 행동을 위해 전쟁 전에 수립해 두었던 계획과 대체로 맞아떨어졌다. 이는 스탈린과 상급 사령부가 붉은 군대가 독일의 공격에 대처하고, 독일 영토에 효과적인 대응 침공을 가하는 것을 비롯해 자신의 전략적 임무를 수행할 수 있을 거라고 충분히 기대했음을 보여 준다. 실제로 세 번째 지시에 따르면, 붉은 군대는 이틀 안에 동프로이센과 남부 폴란드에서 처음 목표를 달성할 거라고 예상했다.

이 전망에 맞춰 우크라이나에 대한 독일군 주력 부대의 진격을 예상해 소련군 상당 병력이 집결해 있던 남서부 전선군의 공격 작전을 감독하고자 주코프가 키예프로 즉시 파견되었다. 전 참모 총장이었던 샤포시니코프와 소련군 포병부 의장 그리고리 쿨리크*는 서부 전선군으로 파견되어 지원 임무를 맡았다.[43] 세르게이 시테멘코** 장군은 자신의 회고록에서 이 초기 조치들의 밑바탕에 깔린 침착함과 자신감에 주목했다. 〈처음부터 참모 본부의 분위기는 긴박했지만 사무적이었다. 우리 중 어느 누구도 히틀러의 기습 전술이 그에게 일시적인 이점만 줄 수 있음을 의심하지 않았다. 수장들은 물론 그들의 부하들도 보통 때처럼 자신감을 갖고 행동했다.〉[44] 소련 일반 국민들도 승리에 대한 자신감을 공

---

* Grigory Ivanovich Kulik(1890~1950). 소련의 군사령관. 1940년 원수로 승진했다. 1941년 6월까지 붉은 군대의 포병부를 책임졌지만, 1942년 3월, 패배에 대한 책임을 지고 군법 회의에 회부되어 소장으로 강등되었다. 1947년 반역 혐의로 체포되어 처형당했다.

** Sergei Matveyevich Shtemenko(1907~1976). 소련의 장군. 제2차 세계 대전 동안 크림, 캅카스, 스탈린그라드 전투, 러일 전쟁의 작전 계획을 세우는 데 참여했다. 1948~1952년 소련군 참모 총장을 지냈다.

유했다. 모스크바 시민들은 독일군이 겁도 없이 공격을 가했다는 사실에 놀랐으며, 수천 명의 사람들이 군대와 민병대에 참여하기 위해 몰려들었다.[45]

6월 23~25일 소련의 반격이 별다른 진척을 보지 못하고 베어마흐트가 모든 전선에서 계속 진격하자, 참모 본부는 독일의 최초 공격이 지닌 무게를 엄청나게 과소평가했음이 명백해졌다. 주코프는 회고록에서 다음과 같이 지적했다.

우리는 모든 주요한 전략적 방향으로 미리 전개된 가용 병력 전체가 일거에 대규모 기습 공격을 개시하리라고는 예상하지 못했다. 요컨대 우리는 타격의 성격을 온전히 파악하지 못했던 것이다. 인민 위원도, 나 자신도, 샤포시니코프, 메레츠코프 같은 나의 전임자들도, 참모 본부 최고급 장교들도, 적군이 그토록 엄청난 수의 기갑 부대와 차량 부대를 집결시켜, 쐐기를 박는 강력한 공격을 가할 목적으로 첫날에 강력한 소규모 집단들을 이뤄 모든 전략적 방향에서 행동에 나설 것이라고는 예측하지 못했다.[46]

스탈린은 벨로루시야의 수도 민스크가 독일군에 함락되었다는 소식을 듣고 모든 것이 계획대로 진행되지 않고 있다는 끔찍한 사실을 깨달았다. 주코프(남서부 전선군의 반격이 실패한 뒤 모스크바에 돌아와 있었다)에 따르면, 스탈린은 6월 29일 국방 인민 위원부를 두 번 찾아 서부 전선군에서 벌어지고 있는 상황에 우려를 표명했다.[47] 6월 30일까지 민스크가 함락되었을 뿐만 아니라 소련 육군의 4개 군 중 대부분이 벨로루시야 수도 서쪽에서 포위당했고, 〈[소련] 서부 전선군은 사실상 조직된 세력으로는 더 이상 존재하지 않았다〉.[48] 바로 그날 스탈린은 자신이 의장을 맡을 〈국가 방어 위원회Gosudarstvennyi Komitet Oborony, GKO〉를 설치하는 법령을 공포했다.[49]

국가 방어 위원회의 구성은 7월 3일 스탈린이 라디오 방송으로 발표했다. 일부 보도에 따르면, 스탈린은 머뭇거리고 떠듬대며 연설했지만(스탈린은 결코 공개적으로 연설을 잘하는 사람이 아니었다), 하나의 텍스트로서 — 그날 모든 소련 신문에 실렸다 — 그것은 고도의 예술적 기교를 보여 준 공연이었다. 스탈린은 〈동지들이여! 시민들이여! 형제자매들이여! 우리 육군과 해군의 전사들이여! 바로 여러분에게 저는 지금 호소하고 있습니다, 친구들이여!〉라는 인사말로 연설을 시작했다. 그러고는 적군이 이미 상당 면적의 소련 영토를 점령했다고 밝히면서 나라가 급박한 위험에 직면했음을 강조했다. 이런 상황이 어떻게 발생했는가? 라고 스탈린은 물었다. 〈진실은 전쟁 중인 나라인 독일의 부대가 전면적으로 동원되어 있었고 국경에 집결해 소련에 덤벼든 170개 사단이 완전히 준비된 상태였던 (……) 반면에, 소련 부대는 여전히 동원을 해서 국경까지 올라가야 했다는 사실입니다.〉 나치-소비에트 협정은 실수였는가? 〈아니다〉라고 스탈린은 말했다. 독일은 기습 공격으로 단기적인 군사적 이득을 보았지만 정치적으로는 피에 굶주린 침략자임을 다시 한번 드러낸 반면에, 이 협정으로 우리 나라는 전쟁을 준비할 시간과 여유가 생겼다. 스탈린은 이것이 소비에트 시스템만을 방어하는 애국적 전쟁이 아님을 강조했다. 그것은 〈러시아인, 우크라이나인, 벨로루시야인, 리투아니아인, 라트비아인, 에스토니아인, 우즈베크인, 타타르인, 몰도바인, 그루지야인, 아르메니아인, 아제르바이잔 등 소련에 거주하는 자유 인민들〉의 민족 문화와 민족적 생존을 지키는 애국적 전쟁이기도 하다. 스탈린은 반파시즘 논지와 함께, 전쟁이 독일의 지배로부터 유럽을 해방시키기 위한 투쟁이며, 영국 및 미국과 공조하여 수행될 것이라고 힘주어 말했다. 스탈린의 어조는 급박했지만 자신만만했다. 스탈린은 독일군이 천하무적이라는 것을 부인하며, 그들은 오직 소련에서만 심각한 저항에 부딪혔다고 지적했다. 〈동지들, 우리의 병력은 셀 수 없이 많습니다. 우쭐대는 적은 곧 쓴맛을 보고 나서야 이 사실을 깨달을 것입니다.〉[50] 스탈린의 연설에 대한 인민들의 반응은 엇갈렸으나, 적어도 모스크바에서는 전반적으로 긍정적이었다. 모스크바에서 당과 경찰의 보고는 연설이 사기를 진작시키고 열광적인 애국심을 고취하는 역할을 하고 있다고 언급했다.[51]

하지만 이 용맹스러운 연설의 이면에서 전황은 악화 일로였다. 7월 중순까지 붉은 군대는 28개 사단을 잃었고, 70개 사단이 병력과 장비의 절반을 상실했다. 그리고 독일군은 광범한 전선을 가로질러 러시아로 300~600킬로미터를 밀고 들어왔다.[52]

재앙에 대처하기

스탈린은 정치 인생 동안 여러 차례 비상 상황에 직면했다. 1917년 혁명, 내전, 소련 농업의 집단화 및 산업화 정책, 1930년대 내부의 적 사냥, 전쟁 전 위기, 그리고 지금은 소련 방어 계획의 붕괴가 그것이었다. 이 마지막 비상 상황에 대한 그의 대응은 전형적이었다. 조직을 개편하고 숙청을 단행하며 인사이동을 하고 점점 더 직접적인 정책 결정 권한을 자신의 수중에 집중시켰다.

국가 방어 위원회는 전쟁 동안 스탈린의 정책 결정 시스템의 정점에 있었다(184면의 도표를 보라). 스탈린이 주재한 일종의 전시 내각인 국가 방어 위원회는 소련 전쟁 수행 노력의 모든 측면을 감독하고 통제하는 정치 기구였다. 외무 장관 몰로토프, 보안 책임자 라브렌티 베리야, 정치국원 게오르기 말렌코프, 스탈린의 오랜 군 친구인 보로실로프 원수가 초기 위원들이었다. 당의 정치국은 전쟁 동안 형식적 의미에서 계속 존재하며 기능했지만 기구로서는 거의 소집되지 않았으며, 국가 방어 위원회가 사실상 소련 지도부의 최고 집단 기구로서 그 자리를 대신했다. 인민 위원 회의와 여러 정부 부처 및 국가 계획 기관들은 국가 방어 위원회에 종속되었다.

7월 10일 주 사령부의 스탑카, 즉 본부는 스탈린을 의장으로 하는 상급 사령부의 스탑카로 개편되었다. 8월 8일 그것은 최고 사령부의 스탑카Stavka Verkhovnogo Glavnokommandovaniya로 이름을 바꿨고, 스탈린은 〈군 최

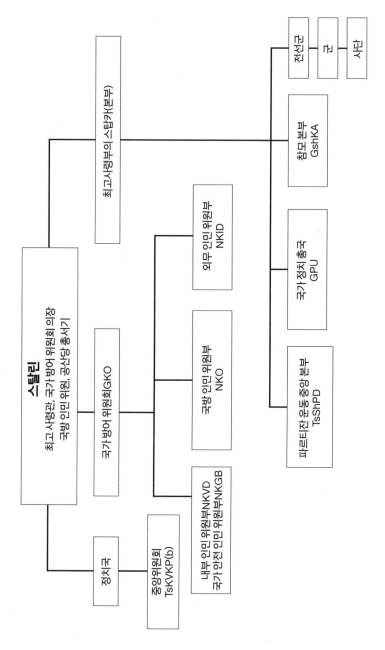

· 도표: 대조국전쟁 시기 소련의 군사적·정치적 결정 구조

고 사령관)이 되었다.[53] 참모 본부의 지원을 받아 스탑카는 군사 전략을 짜고, 대규모 작전을 계획, 준비, 수행하는 책임을 졌다.

소련 전쟁 기구의 수뇌부를 완성한 것은 국방 인민 위원부Narodnyi Kommissariat Oborony, NKO였다. 1941년 7월 19일, 스탈린은 국방 인민 위원으로 임명되었다.[54] 국방 인민 위원부는 일련의 부서 — 포병, 장갑, 공수, 방공, 통신, 예비군, 후방 지역 업무, 교육, 군사 정보와 대적(對敵) 정보, 선전 — 로 이루어졌다.[55]

이 개편의 효과는 형식적으로는 소련의 전쟁 수행 노력 전체의 통제와 방향을 스탈린 한 사람에게 결집하는 것이었다. 소련의 전쟁 수행 노력에 대한 스탈린의 개인적 통제는 제2차 세계 대전의 어느 다른 군사 지도자보다도 더 광범하고 철저했다. 하지만 실제에 있어 스탈린은 군사적 정책 결정에 집중했다. 스탈린은 다른 분야의 국사에 관해서도 감독하고 많은 결정을 내렸지만, 베리야(국내 보안), 니콜라이 보즈네센스키(경제),* 미코얀(물자 공급), 라자리 카가노비치(운송) 같은 신뢰하는 부하들에게 주도권과 책무를 맡기는 경향이 있었다. 대외 정책에서만 스탈린의 정책 결정은 군사 분야만큼이나 지속적이며 상세했고, 몰로토프는 스탈린의 최측근으로 남아 전쟁 동안 어느 누구보다도 소련 독재자와 함께 많은 시간을 보냈다.

군의 개편도 마찬가지로 급격했다. 7월 10일 붉은 군대의 5개 〈전선군〉(북부, 북서부, 서부, 남서부, 남부)은 3개의 다전선 전략적 〈방면군Napravlenie〉으로 줄어들었다. 북서부 방면군을 지휘하기 위해 보로실로프 원수를, 서부 방면군을 지휘하기 위해 티모셴코 원수를, 남서부 방면군을 지휘하기 위해 세묜 부돈니** 원수를 파견했다.[56] 7월 15일 스탑

---

* Nikolai Alekseyevich Voznesensky(1903~1950). 소련의 정치가이자 경제학자. 1941~1946년 소련 인민 위원 회의 제1부의장, 1946~1949년 소련 각료 회의 부의장, 1942~1949년 소련 국가 계획 위원회(고스플란) 의장 등을 역임했다. 1950년 〈레닌그라드 사건〉으로 체포되어 처형당했으나 1954년 복권되었다.

** Semyon Mikhailovich Budyonnyi(1883~1973). 소련의 군인. 스탈린의 오랜 동료

카는 불과 1년 전에 구성된 대규모 기계화 군단을 폐지하는 지령을 내렸고, 규모가 줄어든 탱크 사단들을 보병을 지원하는 역할로 다시 배당했다. 방면군들에는 다루기 불편한 대규모 군들을 폐지하고 5~6개의 사단들로 이루어진 좀 더 작고 좀 더 유연한 야전군으로 대체하라는 명령이 떨어졌다. 이 지시는 또 독일군의 지휘 체계와 통제 체계를 혼란에 빠뜨리고 병참선을 공격하는 등 적의 후방에서 타격을 가할 고도의 기동성을 갖춘 일련의 기병 부대들도 창설할 것을 계획했다.[57]

7월 16일 국방 인민 위원부의 정치 선전부가 〈붉은 군대 주 정치 행정부Glavnoe Politicheskoe Upravlenie RKKA〉로 개편되고, 이와 동시에 군에 〈군사 인민 위원 제도Institution of Military Commissars〉가 재도입되었다.[58] 이는 정치 장교들이 다시 한번 지휘 결정을 거부할 권한을 갖고 군의 모든 단계에서 부사령관으로 활동할 것임을 의미했다. 7월 20일 스탈린과 주 정치 행정부의 신임 수장 레프 메흘리스* 장군은 모든 정치 지도 위원에게 상황의 엄중성에 관한 지시를 내려 지도 위원들이 군의 기강을 유지하고 겁쟁이, 탈영병, 공황 유발자를 가혹하게 다룰 특별한 책임이 있음을 강조했다. 허락 없는 후퇴는 있을 수 없고, 이 정책의 실행을 보장하는 것은 지도 위원의 개인적 책임이었다.[59] 이 지시는 붉은 군대의 초기 패배와 후퇴가 부분적으로는 특히 지휘관들 사이에 만연한 기강 해이로 야기되었다는 믿음을 반영하는, 스탈린이 내린 일련의 지시 중 하나였다. 7월 17일 국가 방어 위원회의 결의로 내무 인민 위원부Narodnyi Kommissariat Innostrannyk Del, NKVD 안에 붉은 군대 내 첩자와 반역자들에 대항하는 책임을 지고 탈영병들을 현장에서 처형하는 권한으로 무장한 〈특수부Osobyi Otdel〉가 설립되었다.[60] 8월 16일 스탈린은 명령 제270호

로 1935년 원수로 진급했다. 제2차 세계 대전 동안 남서부 방면(남서부 전선 및 남부 전선)군 최고 사령관을 지냈다.

* Lev Zakharovich Mekhlis(1889~1953). 소련의 정치가. 1940~1944년 인민 위원 회의 부의장, 1946~1950년 국가 통제부 장관을 역임했다. 1944년 소장으로 진급했다.

를 내렸다. 그것은 군의 모든 구성원에게 겁쟁이와 탈영병들을 제거하고, 전투를 앞두고 〈수줍음〉을 보이는 어떤 사령관도 즉각 대체될 것이라고 지시하는 명령이었다. 포위된 부대에는 마지막 한 사람까지 싸우라는 지시가 주어졌다. 가장 엄중한 지시는 스탈린이 겁쟁이, 탈영병, 반역자의 가족이 체포당할 거라고 발표한 것이었다.[61] 9월 12일 스탈린은 붉은 군대 병사들이 후방으로 도망가는 것을 막고 공황과 탈영을 부추기는 선동가들을 제거하기 위해 〈독전대 zagraditel'nyi otriad〉를 조직할 것을 최전선 사령관들에게 지시했다. 흥미롭게도 스탈린은 이 부대의 역할이 공황이나 포위의 두려움에 굴복하지 않으려는 병사들을 지원하는 데 있다고 명시했다.[62]

군에 가혹한 규율을 강제하려는 스탈린의 결의는 민스크에서 엄청난 패배를 겪은, 불운한 서부 전선군의 지휘관들을 숙청하는 데에서 잘 드러났다. 체포된 사람들의 명부의 첫 번째 자리를 차지한 사람은 서부 전선군 총사령관 드미트리 파블로프* 장군이었다. 체포를 발표한 7월 16일의 국가 방어 위원회 결의에서 스탈린은 기강을 문란케 한 고급 장교에게 객관적인 교훈을 전하고 있다는 점을 분명히 했다.[63] 파블로프는 7월 초에 체포되었을 때, 1937년에 투하쳅스키가 체포되었을 때와 유사하게 반(反)소련 음모에 가담했다고 비난받았으나, 7월 22일 군사 법정이 그에게 사형 선고를 내렸을 때는 죄목이 비겁, 공황 유발, 태만에 의한 과실, 승인받지 않은 후퇴였다.[64] 스탈린의 노여움에 희생된 또 다른 고급 지휘관은 몇몇 〈붉은 공군〉 고위 장교들이었다. 그들은 1941년 6월 22일 소련 비행장이 루프트바페의 궤멸적 공격을 받았다고 비난받고 체포되었다. 체포된 장군들로는 이반 프로스쿠로프,** 예

* Dmitrii Grigoriyevich Pavlov(1897~1941). 소련의 장군. 독소 전쟁 초기에 서부 전선군 총사령관이었다. 독일군에 패배한 후 처형당했으나 스탈린 사후인 1956년에 복권되었다.

** Ivan Iosifovich Proskurov(1907~1941). 소련의 조종사. 1939년 소련의 군사 정보 기관 수장이자 국방 부인민 위원으로 임명되었다. 1941년 6월 19일 제7군 공군 사령관으로

브게니 프투힌,* 파벨 리차고프,** 야코프 스무시케비치***가 있었는데,[65] 1941년 10월 모두 재판 없이 총살당했다. 스탈린의 숙청에서 거의 희생될 뻔했던 전 참모 총장 메레츠코프는 파블로프가 고문을 받아 반소련 음모의 공모자로 그의 이름을 대면서 체포되었다. 하지만 메레츠코프는 내무 인민 위원부로부터 심한 심문을 받았음에도 기소 없이 석방되었고, 9월에 오랜 근무지인 레닌그라드로 돌아가 1945년 극동 전역(戰域)으로 전출될 때까지 스탑카 대표로 복무했다.[66]

서부 전선군 사령관으로 파블로프를 대신한 인물은 안드레이 예료멘코****장군이었다. 7월 중순에 전선군이 방면군으로 개편되었을 때 예료멘코는 사령관직을 보유했으나, 티모센코가 서부 방면(즉 민스크-스몰렌스크-모스크바 축)군의 총사령관이 되었고, 샤포시니코프는 참모장으로 임명되었다.[67] 7월 말 샤포시니코프는 모스크바로 소환되어 주코프를 대신해 참모 총장이 되었다. 주코프의 새 직책은 서부 방면군 뒤 모스크바 전선의 중앙 구역에서 2개의 예비 군대를 지휘하는 것이었다.[68] 주코프의 새 지휘는 중요한 임무였다. 그것은 스몰렌스크 지역의 중부 집단군에 대한 대대적인 반격에, 그의 경우에는 옐냐에 집중된 작전에 참가하는 것이었다. 주코프가 자신의 회고록에서 지적했듯이,

---

임명되었으나 6월 27일 체포되어 10월 28일 총살당했다.

* Yevgenii Savvich Ptukhin(1902~1942). 소련 공군 장교. 러시아 내전, 스페인 내전, 겨울 전쟁 동안 다양한 사령관직을 역임했다. 독소 전쟁 발발 직후 반역죄 혐의로 체포되어 몇 달 후 총살당했다.

** Pavel Vasiliyevich Rychagov(1911~1941). 소련 공군 사령관. 독소 전쟁 개시 직후 해임되었고 몇 달 후 처형당했다.

*** Yakov Vladimirovich Smushkevich(1902~1941). 소련 공군 사령관. 독소 전쟁 개시 직후 체포되어 처형당했다.

**** Andrei Ivanovich Yeremenko(1892~1970). 소련의 장군. 1955년 원수로 진급했다. 제2차 세계 대전의 스탈린그라드 전투에서 남동부 전선군(후에 스탈린그라드 전선군으로 명칭이 바뀌었다)을 지휘했다. 1945년에는 서부 헝가리와 체코슬로바키아의 해방을 책임진 군을 지휘하고, 1946~1952년 카르파티아 군관구의 총사령관과 1953~1958년 서부 시베리아 군관구 총사령관을 역임했다.

〈옐냐 작전은 내가 처음 독자적으로 진행한 작전으로 히틀러 독일과의 거대한 전쟁에서 나의 작전-전략 능력을 테스트하는 무대였다〉.[69] 작전은 8월 중순에 시작되어 9월 초까지 주코프의 군대는 옐냐를 탈환하고 독일군으로부터 꽤 큰 면적의 영토를 수복했다.[70] 소련 언론에서는 옐냐의 성공을 위대한 승리로 환영했고, 당국은 외국 특파원들의 전장 방문을 주선했다.[71]

옐냐 공세는 1941년 여름 스몰렌스크 지역에서 진행된 일련의 복잡한 붉은 군대 작전들 중 하나였다. 옐냐는 7월 중순 독일군에 함락되었으나, 이 지역에서는 격렬한 전투가 계속 이어졌다. 소련군 부대의 명운이 걸린 가장 중요한 과업은 독일군이 스몰렌스크에서 불과 300킬로미터 정도밖에 떨어져 있지 않은 모스크바로 가지 못하도록 길을 틀어막는 것이었다. 하지만 스탑카는 스몰렌스크에서 방어적인 전투를 벌이지 않았다. 스탑카의 전략은 공격이었고, 옐냐에서의 전략처럼 수많은 역공, 역습, 반격의 형태를 띠었다. 돌이켜 보면, 이 전략은 종종 비판을 받곤 하지만 성공도 거두었다. 독일군은 스몰렌스크에서 두 달 동안 발이 묶였고, 히틀러는 베어마흐트가 겪은 곤경 때문에 모스크바로의 진군을 연기하고 병력을 좀 더 물러 보이는 표적인 북부의 레닌그라드와 남부의 키예프로 돌렸다. 중부 집단군의 진격을 저지하고 일부 지역에서는 심지어 뒤로 물러나게 하면서 붉은 군대의 사기 역시 크게 진작되었다. 그러나 이러한 성과를 거두는 데 치른 희생은 매우 컸다. 예를 들어 10만 명의 주코프 군대는 옐냐 작전에서 3분의 1이 죽거나 다쳤고, 9월 말 독일군이 모스크바로의 돌진을 재개했을 때 붉은 군대는 불과 몇 주 전에 엄청난 희생을 치르고 수복했던 지역을 계속 지켜 낼 수 없었다.[72] 스몰렌스크 지역에서 두 달 동안 독일군과 싸우면서 붉은 군대가 입은 총 피해는 사망 및 실종이 50만 명, 부상이 25만 명에 이르렀다.[73]

독일군의 진격을 늦추는 것 말고는 별다른 성과가 없는, 이런 패턴의 값비싼 소련군의 공세는 1941년 여름 내내 동부 전선 전역에서 되풀이

되었다. 이 전략은 극심한 비판을 받았다. 비판의 요체는 방어적 대응이 더 효과적이고 희생이 덜했을 것이며, 시의적절한 후퇴가 최후의 1인까지 버티며 싸우는 것보다 더 현명했으리라는 것이었다. 특히 스탈린에게 포화가 집중되었는데, 그는 1941년 여름 붉은 군대의 공격적 지향을 막후에서 주동한 인물로 비난받고 있다. 하지만 공격적 행동 교리는 스탈린의 개인적 창조물이나 책임이 아니라 붉은 군대의 전략적 전통과 군사 문화의 일부였다. 스탈린은 특히 그의 정치 및 이념과 맞아떨어진 전략이고 스타일이었기 때문에 이를 포용한 것이었다. 스탈린은 무엇보다도 인간 의지와 결의의 변혁적 힘을 믿는 주의주의자(主意主義者)였다. 스탈린이 붉은 군대에 설정한 군사적 목표는 그가 산업 경영자와 당 간부에게 성취할 것을 기대한 경제적·정치적 목표만큼이나 부담이 크고 야심 찬 것이었다. 〈볼셰비키가 급습할 수 없는 요새는 없다〉는 스탈린의 심정에 가까운 당의 구호였고, 그는 일단 정책이 결정되면(보통은 스탈린 자신에 의해), 조직과 간부가 〈모든 것을 결정한다〉는 금언을 끊임없이 환기시켰다. 유감스럽게도 스탈린의 군사령관들은 그의 경제 간부나 정치 간부들과 마찬가지로 그의 승리주의적 기대를 충족시킬 능력이 없었다. 데이비드 글랜츠David Glantz는 다음과 같이 주장했다. 〈스탑카는 자기 군대의 역량과 베어마흐트의 역량을 철저하게 오해했다. (……) 스탑카는 선천적으로 소련군을 과대평가했고, 독일군을 과소평가했다. 이 때문에 스탑카는 자신의 군대에 비현실적인 임무를 맡겼다. 예상대로 결과는 대참사였다. (……) 스탑카가 자신의 군대가 성취할 수 있는 바를 착각함으로써 패배는 점점 더 엄청나게 커져 갔다.〉[74]

스탈린은 이러한 착각을 충분히 같이했고, 최고 사령관으로서 참담한 실제 결과에 대해 최종 책임을 졌다. 테일러가 지적했듯이, 공격 교리에 대한 스탈린의 몰두는 〈어느 다른 군대가 당한 것보다도 더 큰 참변을 소련군에 안겨 주었다〉.[75] 스탈린이 어떤 희생을 치르더라도 후퇴해서는 안 되고 반격해야 한다는 정책을 개인적으로 고집함으로써 소련군이 엄청난 피해를 본 경우 역시 많았다. 가장 잘 알려진 사례가 1941년 9월 키예프에서의 재앙이다.

스탑카의 남서부 전선군은 많은 기갑 부대를 비롯해 붉은 군대의 최전선 사단들의 큰 몫을 배당받은 덕분에, 1941년 6월 22일 이후 독일군의 진격을 늦추는 데 중부 및 북부 러시아의 전선군들보다 더 성공적이었다. 그럼에도 8월 초까지 남부 집단군은 키예프에 접근하고 있었고, 스탈린의 군사 자문관들은 그에게 우크라이나 수도에서 철수해야 한다고 경고했다.[76] 하지만 8월 18일 스탈린과 스탑카는 키예프를 적으로부터 사수해야 한다는 지시를 내렸다.[77] 8월 말 붉은 군대는 드네프르강을 따라 구축된 방어선까지 밀려났고, 길고 공격에 취약한 돌출부 끝에 위치한 키예프는 무방비로 노출되었다. 이 시점에 매우 유명한 독일군 탱크 사령관이었던 하인츠 빌헬름 구데리안* 장군과 그의 제2 판처군은 중부 집단군으로부터 분리되어 남쪽에서 남서부 전선군을 후방으로부터 공격하고, 키예프와 그 주위의 소련군에 포위 위협을 가하라는 히틀러의 명령을 받았다. 스탑카는 이러한 움직임을 지켜보았으나 스탈린은 예료멘코가 지휘하는, 새로 편성된 브랸스크 전선군이 이 위협에 대처할 수 있을 거라고 자신했다. 8월 24일, 예료멘코와 전신을 교환하면서 스탈린은 그의 전선군에 추가 병력을 배치하면 〈악당〉 구데리안을 궤멸시킬 수 있는지 물었다. 예료멘코는 대답했다. 〈악당 구데리안에 대해 말하자면, 우리는 귀하께서 우리에게 부여한, 그를 궤멸시키라는 과업을 완수하기 위해 노력을 다할 것임은 의심의 여지가 없습니다.〉[78] 하지만 9월 2일쯤에 스탈린은 의심하기 시작했고 예료멘코에게 다음과 같은 전갈을 보냈다. 〈스탑카는 당신의 활동이 여전히 마

* Heinz Wilhelm Guderian(1888~1954). 독일의 군인, 군사 이론가. 제2차 세계 대전 당시 폴란드 및 프랑스 침공에서 전차 부대 지휘관으로 활약했고, 독소 전쟁 초기에 독일군의 승리에 기여했다. 대전이 끝난 뒤 1945년에서 1948년까지 미군에 억류되었다가 무혐의로 풀려났다. 이후 서독 연방군 재무장 자문관을 지냈다.

음에 들지 않습니다. (……) 구데리안과 그의 집단 전체는 완전히 박살 나야 합니다. 그전까지는 성공을 확신하는 당신의 모든 장담이 가치가 없습니다. 우리는 구데리안 집단의 파멸에 대한 당신의 보고를 기다립니다.〉[79]

바실렙스키에 따르면, 9월 7일 남서부 전선군의 군사 평의회는 구데리안의 진격으로부터 우익을 보호하기 위해 일부 병력을 데스나강으로 철수하려 하면서 허락을 요청했다. 바실렙스키와 샤포시니코프는 이 제안을 들고 스탈린을 찾아갔다. 오래전에 키예프를 버리고 드네프르강 동쪽으로 철수했어야 한다고 그를 설득시키는 것이 목적이었다. 〈대화는 격렬하고 강경했다〉고 바실렙스키는 회상했다. 〈스탈린은 우리가 [부됸니 원수처럼] 거의 저항하지 않는 노선 ─ 적을 격퇴하기보다 후퇴하는 것 ─ 을 취한다고 말하며 크게 질책했다.〉[80] 9월 9일 스탈린은 부분적인 철수를 허가했으나, 바실렙스키의 말로는 〈키예프를 긴급히 버릴 필요가 있다고 언급만 했을 뿐인데도 스탈린은 노발대발했고 일시적으로 자기 통제력을 잃었다. 우리는 명백히 이러한 통제할 수 없는 분노의 분출이나 임박한 대참사에 우리가 져야 할 책임에 대한 적절한 평가를 견뎌 낼 충분한 의지력이 없었다〉.[81] 9월 10일 남서부 방면군의 총사령관인 부됸니는 샤포시니코프와의 전화 통화에서 예료멘코 부대가 그들의 과업을 달성하는 데 실패했다고 지적하며 증원군 없이는 예료멘코가 후퇴 명령을 내릴 수밖에 없을 것이라고 말했다.[82] 부됸니는 샤포시니코프에게 자신의 견해를 최고 사령관에게 전해 달라고 요청했으나 이튿날 그는 스탈린에게 직접 전신을 보냈다. 〈남서부 전선군 군사 평의회는 현재의 정세에서는 전선군의 전면적인 후방 철수를 허락하는 것이 필수적이라고 생각합니다. (……) 남서부 전선군의 철수를 연기하면 병력과 많은 물자의 상실을 불러올 것입니다. 최후의 수단으로 저는 만일 철수 문제가 고려될 수 없다면 키예프 지역으로부터 병력과 장비를 철수하는 것을 허락해 달라고 요청합니다. 이는 의심할 바 없이 남서부 전선군이 포위에 대응하는 것을 도와줄 수 있을 겁니다.〉[83] 몇 시간 후 스탈린은 남서부 전선군 사령관 미하일 키르포노스* 장군에게 다음과 같이 말했다. 〈병력을 철수하자는 당신의 제안을 (······) 우리는 위험하다고 생각합니다. (······) 후퇴선을 찾는 일을 그만두고 저항, 오직 저항선만을 찾는 일을 시작하시오.〉[84] 스탈린은 또 그날 부됸니를 남서부 방면군의 사령관직에서 해임하고 티모센코를 임명하기로 결정했다.[85] 9월 13일 키르포노스의 참모장은 대참사가 2~3일 안에 닥칠 것이라는 보고를 샤포시니코프에게 제출했다. 격분한 스탈린은 직접 답변을 받아쓰게 했다. 〈바실리 투피코프** 소장이 극심한 공포에 휩싸인 급보를 (······) 참모 본부에 보냈습니다. 그러나 모든 제대의 지휘관들이 비상하게 명료한 머리와 자제심을 유지할 것을 요구합니다. 어느 누구도 극심한 공포에 허둥대서는 안 됩니다. (······) 전선군의 모든 부대는 뒤를 돌아보는 일 없이 완강하게 싸울 필요가 있다는 것을 알아야 합니다. 모든 사람이 스탈린 동지의 지시를 흔들림 없이 이행해야 합니다.〉[86] 스탈린의 독려에도 불구하고 최후는 금방 닥쳤다. 9월 17일 스탑카는 마침내 키예프에서 드네프르강 동쪽 기슭으로의 후퇴를 승인했다.[87] 하지만 그 정도로는 어림없는 데다 너무 늦기까지 했다. 키예프 동쪽에서 독일군의 포위망은 이미 완성되었다. 4개 소련 군, 43개 사단 전부가 포위당했다. 남서부 전선군은 75만 명의 사상자를 냈는데, 특히 키예프 전투에서 60만 명 이상이 죽거나 포로로 잡히거나 실종되었다.[88] 사망자 중에는 키르포노스와 투피코프도 있었다.

이반 바그라먄*** 장군은 키예프 참사의 생존자였다. 키르포노스의

---

* Mikhail Petrovich Kirponos(1892~1941). 소련의 군인. 겨울 전쟁에서 사단장으로 활약하여 소련 영웅 칭호를 받았다. 1941년 독소 전쟁의 키예프 전투에서 참모장으로 방어 부대를 지휘하다 전사했다.

** Vasilii Ivanovich Tupikov(1901~1941). 소련의 군인. 1939~1940년 하리코프 군관구 참모장, 1941년 남서부 전선군 참모장으로 근무하다 전사했다.

*** Ivan Khristoforovich Bagramyan(1897~1982). 아르메니아 출신의 소련의 군사령관. 1943년 제1 발트 전선군의 사령관으로 임명되어 발트 지역에서 독일군을 격퇴하는 공격

작전 참모장이었던 그는 포위망을 가까스로 뚫고 탈출할 수 있었다. 바그라먄은 자신의 회고록에서 스탈린이 키예프 방어에 그토록 목을 맨 이유를 다음과 같이 추측했다. 즉 스탈린이 루스벨트의 특사인 해리 홉킨스에게 붉은 군대가 키예프에서 모스크바, 레닌그라드로 이어지는 방어선을 지킬 수 있다고 말했기 때문이라는 것이다.[89] 7월 말에 있었던 이 홉킨스와의 대화에서 스탈린은 독일군이 피로에 지쳐 더 이상 공격할 의욕이 없다고 말하면서 자신감을 내비쳤다. 스탈린은 홉킨스에게 비가 많이 와서 독일군은 9월 1일 이후 중대한 작전을 수행할 수 없을 것이며, 여하튼 10월 1일까지는 전선이 안정될 거라고 언급했다.[90] 그러나 한 달은 동부 전선에서 매우 긴 시간이었고 9월 초에 스탈린은 처칠에게 새로운 적들이 도착하면서 전선이 와해되었다고 보고했다. 스탈린은 처칠에게 발칸 지역이나 프랑스에 동부 전선으로부터 적의 30~40개 사단을 뺄낼 제2전선을 열어 달라고 촉구했다. 이는 스탈린이 영국에 제2전선을 열어 달라고 처음 요청한 것은 아니었지만 호소가 이전보다 훨씬 더 긴급성을 띠었다. 처칠이 1941년에는 제2전선을 열 수 없을 거라고 알려 주자 스탈린은 영국군 25~30개 사단을 소련에 파병해 싸우게 할 것을 제안했다.[91]

위신의 문제가 의심할 여지 없이 일정 역할을 했지만 — 키예프는 우크라이나의 수도이자 러시아 국가의 역사적인 탄생지이기도 했다 — 패주의 주원인은, 바실렙스키가 회고록에서 주장했듯이, 스탈린이 독일군 포위의 위협을 과소평가하고 이 위협에 대처할 수 있는 소련군의 능력을 과대평가했기 때문이었다.[92]

에번 모즐리는 독일군의 키예프 포위가 〈독일군이 동부에서 거둔 가장 큰 승전이자 단일한 전투로서 붉은 군대가 당한 가장 큰 군사적 패배〉라고 논평했다.[93] 그러나 키예프 전투가 스탈린에게 완전한 재앙만

에 참가했다. 1952년 원수로 승진하며 국방 차관이 되었고, 1961년 소련 공산당 중앙 위원회 위원이 되었다.

안겨 준 것은 아니었다. 히틀러 역시 값비싼 대가를 치렀다(바실렙스키에 따르면, 10만 명의 사상자와 10개 사단).[94] 그리고 구데리안이 남부에서 분주히 움직이고 있었지만, 중부 집단군은 모스크바로 진격을 재개할 수가 없었다. 독일군은 키예프에서 승리한 후 동부 우크라이나와 크림반도로 진입했고, 캅카스로 가는 관문인 로스토프나도누로 향했다. 1941년 11월 독일군은 로스토프를 점령했으나 지켜 낼 수 없었고, 크림반도에서는 고전 중인 세바스토폴이 1942년 7월까지 싸움을 계속했다.

스탈린의 최고 사령부의 관점에서 볼 때 키예프 일화는 의지에 대한 소련 군사 지도자의 낙관주의가 지성의 충분한 비관주의에 의해 담금질되지 않았음을 보여 주었다. 나아가 그것은 스탈린이 장군들에게 자신이 원하는 바를 얼마나 쉽게 강제할 수 있었는지, 또 스탈린이 일단 결심하면 장군들이 그에게 자신들의 자문을 받아들이게 하는 것이 얼마나 어려웠는지도 보여 주었다. 스탈린이 더 나은 결정을 내리거나 더 나은 자문을 수용하기를 배우지 못한다면 붉은 군대의 생존 전망은 사실 암울했다.

레닌그라드 전투

바르바로사 작전의 최종 결과는 1941년 10~11월의 모스크바 전투에 의해 정해졌지만, 독일군이 러시아를 처음 침공할 때 주된 목표는 레닌그라드를 점령하는 것이었다.[95] 북부 집단군이 레닌그라드를 점령한 후에야 독일군은 모스크바에 집중할 것이었다. 처음에는 모든 것이 계획대로 돌아갔다. 리투아니아 국경에서 소련군의 방어 진지는 손쉽게 뚫렸고, 6월 23~24일 북부 집단군에 대한 스탑카의 반격 시도는 실패했다. 3주 만에 독일군은 드넓은 전선을 가로질러 450킬로미터를 진격하며 발트 지역 대부분을 점령했다. 그 후 독일군의 진격 속도는 7월에 매일 5킬로미터에서 8월 2.2킬로미터, 9월 1.4킬로미터로 떨어지기 시작했다. 8월 중순 소련군은 노브고로드 인근의 스타라야루사 지역에서 또 한 차례 반격을 시도했지만 이 역시 실패했다. 그러나 이 때문에 독일군은 북부 집단군을 지원하기 위해 중부 집단군에서 부대를 이동할 수밖에 없었으며, 증가하던 사상자 수도 더 늘어났다. 전선 사령관들의 이러한 반격 계획에 대해 스탈린이 보인 반응을 살펴보면 그가 어느 정도 신중함을 배우고 있음이 드러난다.

지금 시점에서 작전 계획은 (……) 비현실적입니다. 여러분이 가용할 수 있는 전력을 고려하는 것이 필수적이고, 그러므로 여러분은 제한된 임무를 부과해야 합니다. (……) 하루에 15킬로미터의 기동 속도라는 여러분의 생각은 확실히 여러분의 실행 능력을 뛰어넘는 것입니다. 우리가 공격하는 동안 적군이 우리 돌격 부대 앞에서 일부러 후퇴하리라는 것은 경험을 통해 잘 알고 있습니다. 이렇게 공격이 신속하고 수월하다는 인상을 주면서, 적들은 동시에 우리 돌격 부대의 측면에 자신의 전력을 재편성하여 돌격 부대를 포위하고 주 전선으로부터 차단하는 임무를 수행할 것입니다. 따라서 나는 여러분에게 공격이 진행되는 동안 너무 앞으로 나아가지 말 것을 명령합니다. (……) 비밀을 절대적으로 엄수하는 가운데 작전을 준비하고 (……) 그래서 종종 그러듯이, 작전이 시작될 때 적이 우리 계획을 알아내 공격을 망치는 일이 없도록 하시오.[96]

스타라야루사에서 소련군의 반격이 실패한 후 독일군의 진격이 재개되었고, 9월 초에 북부 집단군은 레닌그라드 교외에 도달했다. 하지만 이 시점에 히틀러는 주요 표적을 모스크바로 바꿨고, 레닌그라드를 기습하기보다는 포위한 다음 굶겨서 항복하게 만들기로 결정했다. 레닌그라드 북쪽에서 계속된 핀란드군 공격의 지원을 받아 독일군은 레닌그라드가 곧 함락될 것이라고 확신했다. 9월 22일 히틀러는 레닌그라드에 관한 지시를 내렸다. 〈총통은 지표면에서 페테르부르크*를 지워버리기로 결심했다. 나는 소비에트 러시아가 패배한 후 주민들이 모여 있는 이 거대한 장소의 향후 존재에 대해서는 관심이 없다. (……) 우리는 이 도시를 단단히 봉쇄한 뒤 온갖 종류의 대포로 포격을 가하고 또 공중에서 계속 폭격을 감행하여 지상에서 흔적도 없이 지워 버릴 것을 제안한다.)[97]

스탈린에게 레닌그라드에 대한 위협은 우크라이나에서 소련의 입지가 무너진 것보다 훨씬 더 위험했다. 레닌그라드가 함락된다면 독일군이 모스크바를 측방에서 공격할 수 있는 길이 뚫릴 터였다. 소련은 중요한 방위생산 중심지를 나치에 빼앗기게 되고, 볼셰비키 혁명의 요람을 잃어버림으로써 받는 심리적 충격도 엄청날 것이다. 레닌그라드 상황에 대한 스탈린의 우려는 지역 지도부와 그의 껄끄러운 관계에 반영되었다. 레닌그라드 당수는 의문의 여지 없는 스탈린 충성파이지만 재능과 활력, 진취성이 넘치던 안드레이 즈다노프였다.[98] 국가 방어 위원회가 설립된 뒤 다음 날 즈다노프는 레닌그라드에 지역판 방어 위원회를 조직했다. 그 후 1941년 8월 20일 즈다노프는 〈레닌그라드 방어를 위한 군사 평의회〉를 신설했는데, 이 기구에 부과된 과업은 도시의 방어를 거리마다 집마다 준비하는 것이었다. 하지만 스탈린은 자신과 미리 상의하지 않아 기분이 좋지 않았다. 8월 22일 즈다노프와 전신을 교환하면서 스탈린은 다음과 같이 말했다.

1. 귀하는 레닌그라드 방어를 위한 군사 평의회를 결성했습니다. 귀하는 군사 평의회가 정부나 그 대표인 스탑카에 (……) 의해서만 결성될 수 있음을 알아야 합니다.
2. 보로실로프[북서부 방면군 사령관]도, 즈다노프도 이 군사 평의회에 없습니다. (……) 이는 정치적으로 올바르지 않고 심지어 해롭기까지

---

* 레닌그라드를 말한다. 원래 이름이 상트페테르부르크인 이 도시는 1914~1924년에는 페트로그라드, 1924~1991년에는 레닌그라드로 불리다가 1991년 9월 6일 처음 명칭을 되찾아 다시 상트페테르부르크로 불리게 되었다.

합니다. 활동가들은 즈다노프와 보로실로프가 레닌그라드 방어를 믿지 않고 방어 문제에서 손을 뗐으며 그 임무를 다른 사람들에게 맡겼다는 식으로 알고 있습니다. (……)

3. 군사 평의회에 관한 귀하의 법령에서 (……) 귀하는 [노동자 분견대의] 대대 지휘관을 선출할 것을 제안하고 있습니다. 이것은 조직적으로 올바르지 않을뿐더러 정치적으로도 해롭습니다. (……)

4. 귀하의 법령에 따르면, 레닌그라드 방어는 노동자 분견대에 한정될 것입니다. (……) 우리는 레닌그라드 방어가 무엇보다도 포병 방어여야 한다고 생각합니다.

즈다노프는 평의회의 권한과 기능이 제한되어 있으며, 자신과 보로실로프가 레닌그라드 방어를 여전히 총체적으로 책임지고 있다고 회답했다. 하지만 스탈린은 그들에게는 그런 기구를 결성할 권리가 없다고 되풀이 말하면서 그들이 또다시 정상적 절차의 위반을 머리에 떠올리지 않을까 하는 우려를 표명했다. 즈다노프는 지휘관을 선출하자는 제안이 잘못일 수도 있음을 시인했지만, 경험을 통해 노동자 분견대가, 자신들이 직접 뽑은 자들과 함께 도망가 버린 지휘관들을 대체했다는 사실이 드러난다고 언급했다. 그러나 스탈린은 그런 관례가 군 전체로 확산된다면 무정부 상태에 빠질 것이라고 우겼다.[99] 8월 24일 국가 방어 위원회는 레닌그라드에서 즈다노프와 보로실로프도 일원으로 참여하는 〈군사 방어 평의회〉를 설립하는 안건에 관한 결의안을 통과시켰다. 8월 26일 국가 방어 위원회는 도시의 방어와 산업체 및 주민의 소개에 관한 문제를 검토하기 위해 강력한 권한을 가진 위원회를 레닌그라드에 보내기로 결정했다. 몰로토프가 이끄는 위원회는 8월 27일 레닌그라드에 도착했다. 이틀 뒤 위원회는 25만 명의 여성과 아이들을 도시에서, 그리고 6만 6,000명의 시민들을 인근의 최전선 지역에서 소개시킬 것을 권고했다. 위원회는 또한 9만 6,000명의 독일계와 핀란드계 소련인들을 그 지역에서 추방할 것도 촉구했다.[100]

스탈린은 즈다노프와 보로실로프는 물론이고 레닌그라드 전선군 사령관인 마르키안 포포프* 장군의 행동에 여전히 불만을 가지고 있었다. 8월 29일 스탈린은 레닌그라드의 몰로토프에게 다음과 같이 전신을 보냈다.

나는 어리석기 짝이 없는 미친 짓 때문에 레닌그라드를 잃어버릴까 우려합니다. 포포프와 보로실로프가 무슨 짓을 하고 있습니까? 그들은 위험에 맞서 어떤 조치를 취했는지 우리에게 알려 주지도 않고 있습니다. 그들은 후퇴선을 찾느라 바쁩니다. 내가 보기에는 이것이 그들의 유일한 목적입니다. (……) 이것은 순전히 농민 체념론입니다. 무슨 사람들이 이렇습니까! 나는 아무것도 이해할 수 없습니다. 귀하는 누군가가 이 중요한 방향으로 독일군에 길을 내주고 있다고 생각하지 않나요? 고의로? 포포프라는 자는 도대체 어찌 된 사람입니까? 보로실로프는 뭘 하고 있나요? 그가 레닌그라드를 어떻게 돕고 있습니까? 나는 레닌그라드 사령관의 태만에 마음이 어지러워서 이렇게 씁니다. (……) 모스크바로 돌아오세요. 늦지 마세요.[101]

같은 날 북서부 방면군이 폐지되고, 북서부 전선군과 레닌그라드 전선군의 사령부들이 합쳐졌다. 9월 5일 보로실로프는 새 레닌그라드 전선군의 사령관으로 지명되었고, 포포프는 그의 참모장이 되었다. 하지만 보로실로프는 곧 사령관직에서 해임되었고, 9월 11일 스탑카는 그 대신에 주코프를 임명했다.[102]

주코프가 레닌그라드를 방어하기 위해 택한 방식은 반격을 명령하고 매우 엄격한 규율을 강제하는 것이었다. 9월 17일 주코프는 레닌그

---

* Markian Mikhailovich Popop(1902~1969). 소련의 군사령관. 제2차 세계 대전 동안 일련의 소련군과 전선군을 지휘했다. 1943년 〈군 장군〉으로 승진했고, 1965년 〈소련 영웅〉 칭호를 받았다.

라드 남부 구역을 방어하는 문제에 관한 명령을 내렸다. 〈전선군이나 군 군사 평의회의 서면 명령 없이 지정된 선을 포기하는 모든 지휘관, 정치 활동가 및 병사들은 즉각 총살될 것이다.〉스탈린은 주코프의 이 위협이 담고 있는 뜻을 글자 그대로 전폭적으로 지지했다. 9월 20일 스탈린은 주코프와 즈다노프에게 이 메시지를 지역 지휘관들에게 전하라고 명령하는 글을 썼다.

독일 악당들이 레닌그라드로 진격하면서 우리 부대에 (……) 노인과 부인, 아이들을 먼저 보내 (……) 볼셰비키에게 레닌그라드를 포기하고 평화를 회복할 것을 요구했다고 합니다. 레닌그라드의 볼셰비키 사이에 이런 개인들을 상대로 무기를 사용할 수 없다고 생각하는 사람들이 있다고 합니다. 나는 볼셰비키 중에 그런 사람이 있다면 그들을 죽여야 한다고 믿습니다. (……) 왜냐하면 그들은 독일 파시스트들을 두려워하기 때문입니다.

내 대답은 감상적으로 되어서는 안 되며 그 대신 병자든 건강한 자든 가리지 말고 적과 그 공범들을 물어뜯어라, 입니다. 전쟁은 냉혹하며 나약함을 보이고 동요를 용인하는 사람들은 (……) 결국 패배할 것입니다. (……)

그들이 누구든 독일군과 그들의 앞잡이들을 모든 방법을 써서 때려 부수고 적들을 학대하세요. 자발적으로 적이 되었든 마지못해 적이 되었든 차이가 없습니다.[103]

1941년 9월 말까지 레닌그라드 주위의 전선은 안정되었다. 독일군과 핀란드군(그리고 나중에는 스페인의 〈푸른 사단〉)이 도시를 거의 완전히 포위 공격했으나 공중과 라도가 호수를 통해 여전히 물자를 공급할 수 있었다. 레닌그라드의 거대한 드라마가 시작되었다. 100만 명 이상의 소련 병사들이 레닌그라드 지역에서 싸우다 목숨을 잃었다. 3년에 이르는 포위 기간 동안 64만 명의 민간인들이 굶어 죽었고 피란을 가다가 40만 명이 더 죽거나 실종되었다. 에번 모즐리가 지적했듯이, 레닌그라드 포위는 주로 여성들에게 고난을 안겼다. 남성 주민 대부분은 붉은 군대에 있거나 〈인민 민병대〉에 징집되었다.[104] 독일군은 여러 차례 도시의 방어를 뚫고 방어자의 저항 의지를 꺾으려 노력했지만 1941년의 성공에 견줄 만한 성공을 거두지 못했다. 포위는 즈다노프와 공산당을 시험하는 중요한 무대였다. 무자비한 독려와 인민들의 동원이 지속적으로 이루어지면서 도시의 민간인들은 똘똘 뭉쳤고 영웅적인 레닌그라드라는 신화가 창조되었다.[105]

전략적인 측면에서 볼 때 포위는 많은 적군 병력(1941년 베어마흐트의 3분의 1)을 꼼짝 못 하게 함으로써 모스크바를 지키는 데 일조했다. 특히 중요한 것은 1941년 11~12월의 성공적인 티흐빈 반격이었는데, 이 반격으로 북서쪽에서 모스크바를 포위하려던 독일군의 전술은 실패로 돌아갔다. 그러나 스탈린과 레닌그라드 동지들 사이의 마찰이 때때로 표면에 떠올랐다. 예를 들어 1941년 12월 1일 스탈린은 즈다노프와 전신으로 대화하면서, 〈레닌그라드가 이처럼 어려운 시기에 즈다노프 동지가 우리에게 서로 정보를 교환할 것을 요구하기 위해 기관을 찾을 필요가 있다고 느끼지 않다니 정말 이상합니다〉라고 신랄하게 말하는 것으로 포문을 열었다. 〈만일 모스크바 사람들이 당신을 부르지 않는다면, 즈다노프 동지가 모스크바와 모스크바 사람들을 완전히 잊어버릴 것 같습니다. (……) 사람들은 즈다노프 동지의 레닌그라드가 소련이 아닌 태평양에 있다고 결론을 내릴지도 모르겠습니다.〉 이 인용문이 생생히 보여 주듯이 즈다노프와 스탈린의 관계에는 의심할 여지 없이 모스크바와 레닌그라드의 경쟁이라는 요소가 있었지만, 더 중요한 것은 모스크바 방어에 대한 스탈린의 집착이었다. 스탈린은 동일한 전신문의 뒷부분에서 즈다노프에게 다음과 같이 말했다. 〈시간을 낭비하지 마시오. 귀중한 것은 매일만이 아닙니다. 매 시간이 귀중합니다. 적은 모스크바 앞에 모든 병력을 집결시키고 있습니다. 귀하의 전선군을 포함해 다른 모든 전선군은 지금 적을 공격할 좋은 기회를 맞이하

고 있습니다.〉[106]

스탈린이 모스크바를 구하다

모스크바 전투는 스탈린에게 닥친 두 개의 재앙과 함께 시작되었다. 10월 초에 독일군은 뱌지마와 브랸스크에서 소련군 7개 군을 엄청나게 큰 포위망에 가두는 데 성공했다. 이 포위망은 모스크바로 가는 접근로를 방어하는 브랸스크 전선군과 서부 전선군, 예비 전선군에 궤멸적인 타격을 가했다. 그들은 전부 합해 64개 소총 사단, 11개 탱크 여단, 50개 포병 연대를 상실했다.[107] 병력 손실은 70만 명에 이르는 병사들이 포로로 잡히는 등 100만 명을 헤아렸다. 데이비드 글랜츠가 말하듯이, 〈붉은 군대가 10월에 겪은 이 재앙들은 (……) 거의 모든 점에서 7월, 8월, 9월의 재앙들을 뛰어넘었다〉.[108] 이 엄청난 패배는 부분적으로는 독일군의 수적 우세가 불러온 결과였다. 중부 집단군은 100만 병력, 1,700대의 탱크와 돌격포, 1만 4,000문의 대포와 박격포, 950대의 항공기를 동원해 공격에 나섰고, 이는 80만 병력, 6,808문의 대포와 박격포, 782대의 탱크, 545대의 항공기로 방어에 나선 3개 소련 전선군들을 압도했다.[109] 소련군 전력은 또 8월과 9월에 있었던 격렬한 공격 때문에 허약해져 있었고, 그 이후로 적절하게 자리를 잡고 다제대 방어를 구축할 시간도 갖지 못했다. 여느 때처럼 작전상의 실수가 있었으나 독일군이 더 잘 싸우고 더 잘 기동했다는 것이 단순한 진실이며, 바로 이것이 병력과 물자의 우세와 함께 그들에게 승리를 가져다주었다. 어쨌든 독일군의 성공은 소련의 수도가 이제 당장 직접적으로 위협받고 있음을 의미했다.[110]

스탈린은 10월 5일 주코프를 레닌그라드에서 모스크바로 소환해 10월 10일 그를 새로운 서부 전선군을 지휘하는 자리에 앉힘으로써 악화 일로의 전황에 대응했다.[111] 10월 5일 스탑카는 모스크바 동쪽에 10개 예비군을 창설할 것을 명령했다.[112] 모스크바 전투 동안 거의

100개의 사단이 전선의 중앙 구역으로 이동했는데, 여기에는 스탈린이 이 단계에서는 일본이 독일의 공격에 합류하지 않을 것 같다고 판단함에 따라 극동에서 이동한 9개 사단을 포함했다.[113]

이러한 전력의 집중에도 불구하고 소련 수도의 부분적 소개를 위한 계획이 작성되었다. 이 계획은 10월 15일 실행되었고, 모스크바 남동부로 800킬로미터 떨어진 볼가강에 자리 잡은 쿠이비셰프로 처음 소개된 사람이나 기관들 중에는 외국 외교관과 기자들, 외무 인민 위원부, 국방 인민 위원부가 있었다. 참모 본부 대부분은 모스크바와 쿠이비셰프 중간에 위치한 아르자마스로 보냈다. 베리야는 필수적이라고 판단되면 모스크바 대부분을 날려 버릴 폭발물을 설치하라는 명령을 받았다.[114] 이것들은 모스크바가 독일군에 함락될 경우를 예상해 반드시 해야 할 필요는 없는 예방적 조치였지만, 주민들 사이에 떠도는 괴상한 소문과 함께 극심한 공포를 촉발했다. 주민들은 자발적으로 수도를 빠져나가기 시작했다. 10월 17일 모스크바 당수인 알렉산드르 셰르바코프*가 시민들에게 스탈린이 수도에 머무르고 있다고 라디오 방송으로 알려 주고 나서야 불안감이 누그러졌다. 10월 19일 계엄 상태를 선언하고 통행금지를 실시하며 도시의 보안을 베리야의 내무 인민 위원부에 맡기는 국가 방어 위원회의 결의안이 나오면서 상황은 더욱 안정되었다.[115]

이른바 〈대탈주bolshoi drap〉에 대해 많은 이가 글을 썼지만,[116] 모스크바의 평범한 시민 대다수는 수도에 대한 임박한 독일군의 위협에 직면하여 여전히 흔들림이 없었다.[117] 1941년 10~11월 소련 수도를 방어한 세력 중에는 5개의 의용군 사단이 있었다. 거의 훈련을 받지 못하고 장비도 형편없었던 이들은 최전선에서 독일군과 싸우면서 극히 높은 사상자 비율을 기록했다. 또 다른 50만 명의 민간인들이 모스크바

---

* Aleksandr Sergeyevich Shcherbakov(1901~1945). 소련의 정치인. 1938~1945년 소련 공산당 모스크바 위원회 제1서기, 1941~1945년 정치국 후보 의원을 지냈다.

지역에서 도시 앞쪽에 방어 요새를 건설하는 것을 도왔다.

주코프가 수도의 도시 방어를 책임졌을 때 계획은 모스크바 서쪽으로 120킬로미터쯤 떨어진 모자이스크를 관통하는 선을 방어하는 것이었다. 그러나 주코프는 방어 진지를 도시 쪽으로 더 가까이 물리는 계획도 짰다.[118] 10월 말까지 독일군은 모자이스크선(線)을 돌파하거나 우회하여 중앙 쪽에서 진격하는 것은 물론이고 북서쪽이나 남서쪽에서 모스크바를 향해 모여들고 있었다. 11월 초에 베어마흐트는 소련 수도에서 80킬로미터 떨어진 지역까지 진입했으나 결정적인 돌파구를 마련하는 데에는 실패했다. 바로 이때가 스탈린이 직접 모스크바를 독일군으로부터 구하는 데 결정적이었을 기여를 한 순간이었다. 매년 볼셰비키 혁명 기념일을 축하하는 행사가 열렸는데, 당 지도자가 연설을 하고 붉은 광장에서 열병식을 갖는 것이 전통이었다. 주코프에 따르면, 11월 1일 스탈린은 주코프에게 전선의 상황이 축제를 정상적으로 진행하는 데 문제가 없는지를 물었다. 주코프는 독일군이 수일 내에는 대규모 공세를 시작할 수 없는 상태에 있다고 대답했다.[119] 하지만 독일군이 폭격을 가할 위험이 있었으므로 전통적인 기념식 전야제는 지하인 마야콥스키 지하철역에서 열렸다.

스탈린은 이러한 위기에서 수완을 발휘해 대가다운 연출을 선보였다. 독일군이 모스크바 코앞까지 진입해 있는 상황에서 스탈린은 위험의 심각성을 부인할 수가 없었다. 실제로 스탈린은 독일군에 엄청난 크기의 영토를 빼앗긴 사실을 솔직하게 인정했다. 그러나 스탈린은 베어마흐트의 전격전 전략이 실패했음을 지적하며, 왜 〈전격전〉이 서유럽과는 달리 소련에서는 성공하지 못했는지를 물었다. 그러면서 스탈린은 세 가지 이유가 있다고 말했다. 첫째, 히틀러는 영국과 미국을 반(反)볼셰비키 동맹으로 끌어들이지 못했다. 둘째, 독일은 소련 후방의 국민들 내에 번지는 불안과 불신 — 소련의 급속한 해체를 낳을 계급과 인종 차이 — 에 의존했다. 셋째, 독일은 사기를 유지하고 고국의 효율적인 방어를 수행할 수 있는 붉은 군대의 힘과 능력을 과소평가했다.

스탈린은 자신이 붉은 군대의 〈일시적인 실패〉라고 특징지은 사안에 관해 두 가지 요인을 강조했다. 한 가지는 유럽에 제2전선이 부재하다는 것이고, 다른 한 가지는 탱크가 부족하다는 사실이었다. 그런 다음 스탈린은 〈히틀러 침략자들〉의 정치와 이념에 대해 언급했다. 그들은 스스로 주장하듯이 민족주의자나 사회주의자가 아니라 제국주의자라고 스탈린은 말했다. 실제로 〈히틀러 체제는 차르 체제하의 러시아에 존재했던 반동 체제의 복사판입니다. 히틀러주의자들이 차르 체제만큼이나 기꺼이 노동자들의 권리, 지식인들의 권리, 민족들의 권리를 억압하고 차르 체제만큼이나 기꺼이 중세의 유대인 포그롬*을 조직하는 것은 잘 알려진 사실입니다. 히틀러 당은 민주적 자유에 반대하는 적들의 당, 중세 반동과 [반유대]《검은 백인단》** 포그롬의 당입니다.〉 스탈린은 〈독일 침략자들이 소련 인민들과 절멸 전쟁을 원하고 있다〉고 역설하면서, 특히 〈위대한 러시아 민족〉과 그 문화에 절멸의 위협을 가하고 있음을 강조했다. 스탈린은 히틀러와 나폴레옹 사이에 유사한 점이 있다는 나치의 주장을 반박했다. 이는 아마도 프랑스 황제가 러시아에서 후퇴를 강제당하기 전에 실제로 모스크바를 점령했다는 사실을 염두에 두었기 때문일 것이다. 스탈린에 따르면, 〈나폴레옹은 반동 세력에 대항해 싸웠고 진보적 세력에 의지했던 반면에, 히틀러는 (……) 반동 세력에 의지하고 진보 세력과 싸우고 있다〉. 이러한 언명은 독일의 후방이 나치가 점령한 유럽뿐 아니라 독일 국내에서도 불안정하고 진

---

　　* pogrom. 종교적·인종적·민족적으로 소수인 사람들과 그들의 재산에 대해 군중들이 당국의 묵인이나 허가를 받고 가하는 공격. 주로 19세기 말과 20세기 초 러시아에서 유대인을 겨냥해 일어난 조직적인 폭력 행위를 가리킨다.

　　** Black Hundred. 러시아어로는 초르나야 소트냐Chornaia Sotnia라고 하며 그 지지자들을 체르노소텐치Chernosotentsy라고 불렀다. 20세기 초 러시아에서 발생한 극단적 민족주의 우익 운동이다. 로마노프가(家) 황실을 철저히 지지했으며, 제정 러시아의 전제 군주제로부터 조금의 변화도 용납하지 않으려 했다. 우크라이나에 대한 증오, 반유대주의적 성격도 띠었으며, 이에 따라 포그롬을 여러 차례 일으켰다.

보 세력의 저항을 받고 있다는 스탈린 주장의 일부였다. 그러나 히틀러에게 진정한 파멸을 불러일으킨 것은 결정적인 〈엔진들의 전쟁〉에서 승리를 거둘 강력한 경제적 동맹인 미국-영국-소련 연합이었다. 〈엔진 생산에서 압도적으로 우세한 쪽이 전쟁에서 승리할 것입니다.〉 스탈린은 히틀러와의 투쟁을 정당한 전쟁으로, 그리고 소련은 물론이고 유럽의 〈노예화된 인민들〉을 해방시키는 투쟁으로 규정하며 연설을 마무리했다.[120]

다음 날인 1941년 11월 7일 스탈린은 붉은 광장을 행진하는 부대를 상대로 연설했다. 스탈린은 그들에게 상황은 심각하지만 과거에 소련 체제는 훨씬 더 힘든 어려움에 봉착했었다고 말했다.

우리가 10월 혁명을 처음으로 기념하던 1918년을 상기해 보십시오. 우리 나라의 4분의 3이 (……) 외국 간섭주의자들의 손아귀에 있었습니다. 우크라이나, 캅카스, 중앙아시아, 우랄, 시베리아, 극동이 일시적으로 우리의 수중에서 빠져나갔습니다. 우리는 동맹도 없었고, 붉은 군대도 없었습니다. (……) 식량도, 무기도 부족했습니다. (……) 14개의 국가가 우리 나라를 압박하고 있었습니다. 그러나 우리는 실의에 빠지지 않았고, 낙담하지 않았습니다. 전쟁의 불길 속에서 우리는 붉은 군대를 조직했으며 우리 나라를 군영으로 개조했습니다. 위대한 레닌의 정신이 우리에게 생기를 불어넣었습니다. (……) 그리고 무슨 일이 벌어졌습니까? 우리는 간섭주의자들을 격파했고 잃어버린 영토를 되찾았으며 승리를 거두었습니다.

연설을 마무리하면서 스탈린은 애국적인 주제로 돌아가 과거에 외국 침략자들에 맞서 러시아가 벌였던 투쟁을 환기했다.

위대한 해방 임무는 여러분이 감당해야 할 운명입니다. 이 임무를 받을 만한 사람들이 되십시오. (……) 우리 위대한 선조들 ─ [스웨덴을 격퇴한] 알렉산드르 넵스키,* [타타르족을 물리친] 드미트리 돈스코이,** [폴란드인들을 모스크바에서 쫓아낸] 쿠지마 미닌***과 드미트리 포자르스키,**** [나폴레옹 전쟁의 영웅들인] 알렉산드르 수보로프*****와 미하일 쿠투조프****** — 의 남자다운 모습에 감화되어 이 전쟁에서 더욱 힘을 내십시오. 위대한 레닌의 승리의 깃발이 여러분의 북극성이 되기를 빕니다.[121]

훗날 이 연설들이 지닌 특별한 애국적 내용에 대해 많은 논평이 가해졌다. 예를 들어 알렉산더 워스는 〈스탈린의 신성 러시아 연설〉에 대해 썼다. 하지만 워스가 또한 주목했듯이, 스탈린의 애국적 페르소나는 새로운 것이 아니었다. 스탈린은 오래전부터 민족주의자이고 국가 건설

---

* Aleksander Yaroslavich Nevsky(1220~1263). 몽골(킵차크한국) 지배 시대의 러시아 대공. 1240년 노브고로드 영토에 쳐들어온 스웨덴의 대군을 적은 병력으로 네바강 변에서 섬멸했다. 넵스키라는 이름은 이 싸움에서 얻었다. 1242년에는 독일 기사단장이 거느린 대군과 결전하여 페이푸스 호수의 〈빙상(氷上) 전투〉에서 대승을 거둠으로써 러시아를 가톨릭화하려는 로마 교황의 야망을 봉쇄했다.

** Dmitry Ivanovich Donskoy(1350~1389). 모스크바 대공국의 대공(재위 1359~1389). 1368년부터 1372년까지 모스크바 대공국을 침공한 리투아니아 대공국을 상대로 전쟁을 벌였다. 그 후 1380년 9월 8일에는 돈강 상류에서 벌어진 쿨리코보 전투에서 모스크바 대공국의 지배국이었던 킵차크한국 군대를 물리쳤다. 이를 계기로 드미트리 대공은 〈돈강의 드미트리〉라는 뜻을 가진 드미트리 돈스코이라고 부르게 되었다.

*** Kuz'ma Minin(?~1616). 니즈니노브고로드 출신의 러시아 상인. 드미트리 포자르스키와 함께 17세기 초 폴란드 침공에 맞서 나라를 지킨 국민적 영웅이다.

**** Dmitry Mikhailovich Pozharsky(1577~1642). 러시아의 군주로, 1611~1612년의 폴란드-모스크바 공국 전쟁 당시에 쿠지마 미닌과 함께 모스크바 전투에서 폴란드군을 격퇴했다.

***** Alexander Vasiliyevich Suvorov(1729~1800). 러시아 제국의 군사령관. 7년 전쟁, 러시아-튀르크 전쟁, 프랑스 혁명전쟁 등에 참가했다.

****** Mikhail Illarionovich Kutuzov(1745~1813). 러시아의 육군 원수로서 1812년 나폴레옹의 러시아 원정 기간 중 프랑스군을 패퇴시킨 것으로 유명하다. 이 승리는 나폴레옹 전쟁의 중요한 전환점이 되어 나폴레옹의 몰락을 불러왔다.

자이며 국가 보호자임을 자임했다. 그리고 러시아 애국 주제가 특히 부각되는 동안에는 소비에트 시스템과 소련, 소련 민족들의 우애를 언급함으로써 균형을 맞췄다. 이 연설들에 대해 정말로 놀라운 것이 있다면, 바로 소련 공산당에 대한 언급이 전혀 없다는 점이었다. 레닌은 언급되었지만 볼셰비키당의 창건자로서가 아니라 러시아 영웅 만신전의 일원으로서 그의 역할에 대해서였다. 스탈린은 공산당을 버리지 않았다. 그렇기는커녕 당은 전쟁을 위해 나라 전역에서 이루어진 동원의 핵심 도구였다. 그러나 스탈린의 연설에서 당에 대해 침묵한 것은 그가 헌신적 공산주의자들의 대열을 훨씬 뛰어넘어 애국적 단합을 구하고 있다는 메시지가 담겨 있었다.

스탈린의 연설은 소련 신문에 전재되었고, 군대 전역에 전단 형태로 배포되었다. 그리고 최전선에서 선전전에 사용하기 위해 독일어, 이탈리아어, 핀란드어, 헝가리어, 루마니아어, 스페인어로 번역된 전단들이 수백만 장 인쇄되었다.[122] 연설들이 있은 후 얼마 동안 소련의 군 검열관들은 전선을 오간 수많은 시민의 편지를 들여다보았는데, 인민들의 분위기가 상당히 고양되었다고 보고했다.[123] 레닌그라드에서 내무인민 위원부는 다음과 같이 전했다. 〈노동자들은 스탈린 동지의 연설과 11월 7일 붉은 광장에서 있었던 그의 발언에 대해 폭넓게 토론하는 중이다. (……) 노동자, 관리, 지식인들은 스탈린 동지의 연설이 자신감을 고취하고 모든 사람에게 전쟁에 대한 당장의 전망을 분명히 했다. 고갈될 줄 모르는 소련의 예비군과 병력은 독일 파시즘의 완전한 파괴를 보장한다. 스탈린이 언급한 미국과 영국의 지원은 독일 파시스트 침략자들의 패배를 재촉할 것이다.〉[124] 스탈린의 개입이 모스크바 전투에서 소련이 성공을 거두는 데 얼마나 기여했는지 정확히 평가하기는 불가능하지만, 승리와 패배 사이에서 차이를 만들었다고 해도 무리는 아닐 것이다.

11월 중순, 독일군은 수도에 대한 공격을 재개했고, 몇몇 장소에서는 시 중심부가 보이는 곳까지 진출했다. 소련의 방어는 무너졌으나 모스크바 남서쪽의 툴라 같은 중요한 도시에서는 계속 유지되었다. 스탑카의 예비군을 이용해 방어의 구멍을 틀어막음으로써 독일군의 진격을 중단시킬 수 있을 때까지 아슬아슬한 상태가 이어졌다. 이 예비군은 원래 대규모 반격의 선봉에 서려 했던 부대인데, 예상보다 빨리 방어 역할을 부여받고 전개되지 않으면 안 되었다. 12월 초까지 모스크바에 대한 독일의 공격은 사그라졌다. 독일군 병력의 고갈, 장기간의 공급망을 유지하는 데 베어마흐트가 겪은 병참상의 어려움, 궂은 겨울 날씨가 각각 일정 역할을 했지만, 결정적인 요인은 스탑카의 예비 병력이었다. 이 예비군은 수도를 방어하는 것뿐만 아니라 공격을 가하기에도 충분했고, 주코프는 이제 역공에 나설 준비가 되었다.

공격

주코프는 11월 30일 스탈린에게 모스크바 앞쪽에서 반격을 가하는 계획을 제출했고, 작전은 닷새 뒤에 시작되었다(210면의 〈지도 6〉을 보라). 주코프의 계획은 북쪽과 남쪽에서 모스크바 측면에 배치된 적을 공격해 소련 수도에서 쫓아내는 것이었다. 스탈린은 반격 전야에 패기만만한 분위기였다. 〈러시아인들은 이미 두 번이나 베를린에 갔고, 세 번째로 그곳에 갈 겁니다〉라고, 그는 1941년 12월 3일 폴란드 망명 정부 지도자였던 브와디스와프 시코르스키*에게 말했다.[125]

12월 중순까지 독일군은 광범한 전선을 가로질러 모스크바에서 150~300킬로미터 떨어진 곳까지 물러설 수밖에 없었다. 12월 16일

---

* Władysław Eugeniusz Sikorski(1881~1943). 폴란드의 군인이자 정치가. 1908년 유제프 피우수트스키와 함께 민족주의 비밀 군사 조직을 창설했고, 제1차 세계 대전에서는 폴란드 군단 사령관으로 오스트리아군과 함께 러시아군에 맞서 싸웠다. 1922~1923년 폴란드 총리직에 있었고 1926년 피우수트스키가 정권을 장악하면서 1928년 국방 장관직에서 축출되었다. 1939년 제2차 세계 대전 당시 독일의 침공으로 폴란드가 점령당하자 폴란드 망명 정부를 이끌다가 1943년 7월 4일 지브롤터 해협에서 비행기 추락 사고로 사망했다.

지도 6. 모스크바에서의 소련군 반격(1941년 12월)

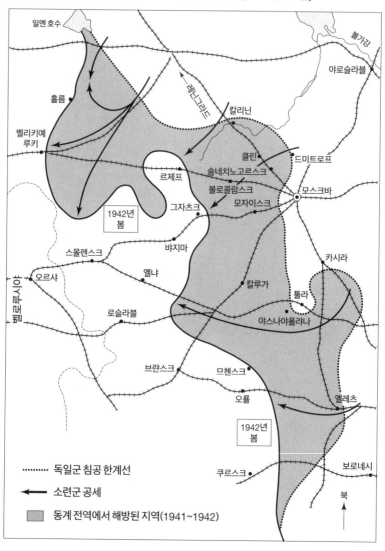

일멘 호수

볼가강

야로슬라블

레닌그라드

홀름

칼리닌

벨리키예
루키

클린

드미트로프

르제프

솔네치노고르스크

모스크바

볼로콜람스크

1942년
봄

그자츠크

모자이스크

카시라

스몰렌스크

뱌지마

오르샤

옐냐

칼루가

툴라

벨로루시아

로슬라블

야스나야폴랴나

브랸스크

므첸스크

옐레츠

오룔

1942년
봄

쿠르스크

보로네시

북

·········· 독일군 침공 한계선

◄── 소련군 공세

동계 전역에서 해방된 지역(1941~1942)

중부 집단군 사령관인 육군 원수 페도르 폰 보크*는 히틀러에게 방어적 후퇴를 요청했다. 히틀러는 이를 거부했고 12월 18일 〈현 위치 사수〉 명령을 내려, 후퇴를 금지하고 소련군의 진격에 전력을 다해 저항할 것을 고집했다.[126] 이는 아마도 베어마흐트를 총체적인 참패로부터 구한 행동이었을 것이다. 그 결과 소련군의 반격은 매우 결정적으로 모스크바-스몰렌스크 축을 따라 중단, 저지되었다.

독일군이 방어 태세에 들어가는 동안 스탑카는 훨씬 더 야심적인 프로젝트를 준비하고 있었다. 바로 동부 전선 전역에서 총공격을 개시하는 것이었다. 이 작전의 전략적 목표는 중부 집단군을 포위하여 스몰렌스크를 탈환하고, 북부 집단군을 섬멸해서 레닌그라드 봉쇄를 해제하는 것이었다. 또 우크라이나에서 남부 집단군을 격퇴하여 세바스토폴을 구출하고 크림반도를 수복하는 것이었다. 이 목표들은 베어마흐트를 무력화시켜 단 하나의 전략적 작전으로 전쟁에서 이길 수 있도록 타격을 가하는 것이었다. 이는 사실 거꾸로 된 바르바로사 작전이었다. 이 웅대한 계획이 어떻게 생겨나고 준비되었는지 그 역사는 복잡하지만,[127] 소련의 계획들은 12월 중순에 작성되기 시작하고 예비 명령도 내려지기 시작한 듯싶다. 1942년 1월까지는 주요 반격을 아직 가하지 않았지만, 1941년 12월 중순부터 총반격의 초기 요소들을 실행하기 시작했다.

이 웅대한 계획을 스탈린이 입안했다는 것이 일반적인 주장이다. 예를 들어 존 에릭슨은 이를 〈스탈린의 첫 전략적 공세〉라고 불렀다. 스탈린이 거대한 프로젝트를 좋아하고 또 성공적인 모스크바 반격 — 전쟁에서 독일군이 당한 첫 참패 — 에 수반된 소련 언론의 승리주의를 감안하면, 스탈린이 그와 같은 계획을 체계적으로 세워서 밀고 나갔다

---

* Fedor von Bock(1880~1945). 독일의 육군 원수. 제2차 세계 대전 동안 중부 집단군과 남부 집단군의 사령관을 역임했다. 1945년 4월 히틀러 자살 후 연합국과의 정전 교섭 임무를 맡았으나 1945년 5월 3일 영국 전투기의 공격을 받고 사망했다.

고 생각하기는 어렵지 않다. 하지만 이후 회고록들의 주장을 별도로 하면,[128] 스탈린의 장군들이 전략적 반격이라는 발상에 의견을 달리했다는 증거는 없다. 그것은 붉은 군대의 공격 교리에 완벽하게 들어맞는 작전으로, 전략적 주도권을 되찾기 위한 이전 노력들의 실패를 무효로 만들 기회가 되고, 만일 성공한다면 독일의 침공을 좌절시킬 것이었다.

다가올 작전에 대한 스탈린의 자신감은 12월 16일 영국 외무 장관 앤서니 이든과의 대화에서 분명하게 드러났다.

우리는 현재 전환점을 맞고 있어요. 독일군은 녹초가 되었습니다. 독일군 사령관들은 겨울이 오기 전에 전쟁을 끝내기를 희망해 겨울 작전에 필수적인 대비를 하지 않았습니다. 지금 독일군은 군복도 음식도 형편없으며 사기를 잃어 가고 있습니다. 그들은 긴장감을 느끼기 시작했습니다. 한편 소련은 대규모 증원군을 준비했고 최근 몇 주 동안 그들을 작전에 투입했습니다. 이것은 전선에 근본적인 변화를 일으켰지요. (……) 우리의 반격은 점차 대규모 역공으로 발전했습니다. 우리는 겨울 내내 이와 유사한 정책을 따를 생각입니다. (……) 우리가 공세를 퍼부으며 얼마나 멀리 진격할 수 있을지 추측하기는 힘들지만, 어쨌든 그런 것이 봄까지 우리가 견지할 노선입니다. (……) 우리는 모든 전선에서 진격하고 있으며, 앞으로도 계속 진격할 것입니다.[129]

이든은 영국-소련 동맹의 조건들과 전후 협력 문제를 상의하기 위해 모스크바에 있었다. 스탈린은 이미 1941년 9월 말에 비버브룩 및 해리먼과 논의를 하면서 전후 동맹뿐 아니라 전후 세계에 관한 협정의 필요에 대해 운을 뗀 상태였다. 그 후 스탈린은 처칠과 서신을 교환하면서 이 문제들을 제기했고, 처칠은 좀 더 광범위한 의견 교환을 위해 이든을 모스크바로 보내는 데 동의했다. 모스크바에서 이든은 영국이 예상한 것보다 훨씬 더 급진적인 제안을 받았다. 스탈린은 영국-소련 협정이 두 개가 있어야 한다고 말했다. 하나는 전쟁 동안의 상호 군사 원조에 관한 것이고, 다른 하나는 전후 문제의 해결에 관한 것이었다. 전후 문제의 해결에 관한 협정에는 전쟁 후 유럽 국경의 재편에 관한 비밀 보충 협약이 첨부될 것이었다. 소련이 마련한 보충 협약의 초안에 따르면, 소련의 국경은 1941년 6월 현재 존재하는 국경일 것이다(즉 발트 국가들, 서부 벨로루시야, 서부 우크라이나, 베사라비아, 북부 부코비나 그리고 1940년 3월에 핀란드가 양도한 영토를 포함). 폴란드는 서쪽 독일 영토로 확장함으로써 동부 지방의 상실을 보상받을 것이다. 핀란드는 페차모 지역을 소련에 내줄 것이다. 체코슬로바키아, 그리스, 알바니아, 유고슬라비아, 오스트리아는 독립 국가로 복원될 것이다. 중립을 유지하는 데 대한 보상으로서 튀르키예는 도데카니사 제도, 일부 불가리아 영토 그리고 아마도 일부 시리아 영토를 얻을 것이다. 독일은 무장 해제되고 해체 — 일련의 작은 정치 단위로의 분해 — 됨으로써 약해질 것이다. 영국은 벨기에 및 네덜란드와 동맹을 맺고 서유럽에 군사 기지들을 가지며, 소련은 핀란드와 루마니아에 군사 기지를 갖게 될 것이었다. 끝으로 유럽에서 평화를 보장할 전후 군사 동맹이 있을 것이다.[130]

스탈린이 실제로 1945년에 성취했던 동유럽에서의 세력권과 비교해 볼 때, 그것은 매우 수수한 제안이었다. 그것은 본질적으로 유럽의 현재 상태를 복구하고 적국(특히 독일)을 처벌하며 영국과 소련의 안보를 강화하는 것이었다. 하지만 이든과의 대화를 통해 스탈린은 자신이 우선적으로 당장 실현해야 할 사항이 나치-소비에트 협정으로, 소련이 얻은 영토를 영국이 인정하는 것임을 분명히 했다. 스탈린은 이든에게 다음과 같이 말했다. 〈우리가 평화 회의에서 서부 국경을 놓고 영국과 싸워야 하는지 그 여부를 아는 것이 매우 중요합니다.〉[131]

스탈린의 관점에서 볼 때 전쟁은 몇 달 안에 끝날 것처럼 보였다. 전쟁이 어떤 식으로 끝날지는 예측하기 어려웠다. 단기적인 군사적 성공을 자신한 스탈린은 전쟁이 끝나기 전에 정치적 위상을 극대화하려고 했다. 그러나 이든은 처칠 및 내각과 상의해야 하고 미국도 제안에 관심이 있다고 말하며 스탈린의 요구에 저항했다. 이든은 1941년 12월

22일 모스크바를 떠났으나, 1942년 4월이 되어서야 영국은 스탈린의 제안에 공식적으로 반응했다. 영국은 어떤 것도 약속하지 않고 소련의 중요한 요구를 전혀 들어주지 않는, 전시와 전후 협력에 대한 일련의 온건한 일반적 사항만을 제시했다. 4월 22일 스탈린은 처칠에게 소련과 영국 입장의 차이를 논의하기 위해 몰로토프를 런던에 보낼 것을 제안한다고 썼다.[132] 5월 20일 런던에 도착한 몰로토프는 지시받은 대로 소련의 입장을 끈질기게 다시 말했다. 그 후 흥미로운 일이 일어났다. 몰로토프가 갑자기 전후 협력에 관한 모호한 언질만 들어 있는, 영국의 전시 동맹 조약 제의를 수용하는 데 동의한 것이다. 영국의 제안에 대한 몰로토프의 최초 반응은 그것이 〈공허한 선언〉에 불과하므로 거부해야 한다는 것이었고, 그는 이 내용을 모스크바에 타전했다. 하지만 5월 24일 스탈린은 다음과 같이 입장을 변경하라고 명령했다.

> 우리는 이든이 당신에게 건네준 조약 초안을 받았습니다. 우리는 그것을 공허한 선언이 아니라 중요한 문서로 간주합니다. 그것은 국경의 안전 문제가 빠져 있지만 우리에게 자유재량권을 주기 때문에 과히 나쁘지 않습니다. 국경 문제, 좀 더 정확히 말하면 우리 나라의 이런저런 구역에서 우리 국경의 안전을 보장하는 문제는 힘으로 결정될 것입니다.[133]

스탈린의 정책 변화를 촉구한 것은 악화하는 국내의 전황 때문이었다. 12월에 스탈린은 전후 세계의 모습에 대해 곰곰이 생각했다. 이제 그의 우선 사항은 영국-소련 동맹을 강화하고, 1942년 유럽에서 동부 전선의 압력을 완화시켜 줄 제2전선을 여는 약속을 영국과 미국으로부터 얻어 내는 것이었다.

스탈린은 승리를 확신하며 1942년에 들어섰다. 1월 초 스탑카는 동부 전선 전역에서 독일군 진지를 무너뜨리기 위해 군대를 개편하여 반격을 개시할 준비를 했다. 10월 10일 스탈린은 사령관들에게 다음과 같은 지시를 내렸다.

붉은 군대는 독일 파시스트 군대를 충분히 약화시키는 데 성공한 후 반격으로 넘어가 독일군 침략자들을 서쪽으로 몰아냈습니다. 독일군은 우리의 진격을 저지하기 위해 방어 태세에 들어갔습니다. (……) 그렇게 함으로써 독일군은 봄까지 우리의 진격을 지연시킬 작정이고, 이후 병력을 모아 다시 한번 붉은 군대에 공세를 가할 수 있습니다. (……)

우리의 과업은 독일군이 숨 쉴 틈을 주지 말고 그들을 중단 없이 서쪽으로 몰아내며, 우리는 새로운 대규모 예비군을 갖게 되지만 독일군은 더 이상 예비군이 없게 될 봄이 오기 전에 독일군이 예비군을 고갈시킬 수밖에 없도록 만드는 것입니다. 이는 1942년에 나치군의 완전한 패배를 보장할 것입니다.[134]

소련의 공세는 얼마간의 지역적 성과를 거두었으나 중요한 목표는 전혀 달성하지 못했다. 2월까지 공격은 기력을 다하기 시작했다. 붉은 군대 창설 24주년인 2월 23일에 스탈린은 모든 부대에 〈특별 명령〉을 내렸다. 정치적으로 명령의 주요 논지는 붉은 군대가 〈약탈 전쟁, 제국주의 전쟁이 아니라 애국 전쟁, 해방 전쟁, 정의의 전쟁〉을 수행하고 있다는 것이었다. 스탈린은 또한 소련이 독일 인민의 말살이나 독일 국가의 파괴를 도모하지 않는다는 점도 강조했다. 〈역사의 경험은 히틀러 같은 자는 나타났다 사라졌다 하지만 독일 인민과 독일 국가는 남는다는 것을 보여 줍니다.〉 스탈린은 소비에트 국가와 붉은 군대의 반인종주의적 성격을 역설했다. 소비에트 국가와 붉은 군대는 침략자들이 〈독일 출신이어서가 아니라 우리의 모국을 노예로 삼기를 원하기 때문에〉 섬멸했다. 군사 문제에서 스탈린은 낙관적이고 자신감에 차 있었다. 그는 〈소련이 주도권을 쥐었고〉, 〈붉은 군대가 (……) 야만적인 적들을 몰아내고 (……) 소련 땅 전역에 승리의 붉은 깃발이 힘차게 휘날릴 날이 머지않았다〉고 주장했다. 하지만 스탈린은 1942년에 승리를 예견하는 대신 전쟁이 〈항상적으로 작동하는 요인들〉에 의해 결정될 것이라는 쪽을 택했다. 〈후방의 안정, 군대의 사기, 사단의 수와 질, 군대의 장비,

군 지휘관들의 조직 능력)이 그런 요인이었다.[135] 이 모든 것은 전쟁에서 승리하려면 짧은 기간이 아니라 상당한 기간이 필요하리라고 암시하는 것이었다.

1942년 3월 다방면의 소련 공세가 라스푸티차Rasputitsa, 즉 봄의 진창에 빠져 꼼짝 못 하게 되었다. 4월에 스탑카는 공세를 취소했고 붉은 군대는 방어에 들어갔다. 그러나 1942년 여름에 소련군의 반격을 재개하는 계획이 이미 마련되고 있었다. 1941년 12월에 모스크바에서 승리를 맛본 스탈린과 그의 장군들은 다시 한번 전략적 주도권을 잡고 독일군에 방어 태세를 취하게 할 작정이었다. 하지만 히틀러는 자신의 생각이 있었고, 베어마흐트는 러시아에서 또 다른 전격전 기동을 계획, 준비하고 있었다.

1941년 말까지 붉은 군대는 전투에서 거의 200개 사단을 잃었고, 무려 430만 명의 사상자를 기록했다. 1942년 봄의 헛된 반격에서는 훨씬 많은 병력과 사단을 잃었다. 하지만 소련 체제는 히틀러의 섬멸전에서 살아남아 독일의 침공을 저지한 다음 그들을 뒤로 밀어냈다. 스탈린은 전쟁의 물결이 자기 쪽으로 계속 흐를 것이라고 자신했다. 그러나 소비에트 시스템과 스탈린의 전쟁 리더십을 시험하는 최대의 무대는 아직 마련되지 않았다.

제5장

스탈린그라드와 쿠르스크에서의 승리:
스탈린과 그의 장군들

1942년 동안 히틀러는 러시아에서 또 다른 전격전 기동을 계획하고 있었다. 이 계획의 범위와 목적은 바르바로사 작전과는 매우 다른 것이었다. 1941년 큰 승리들을 거두었음에도 불구하고 베어마흐트는 붉은 군대로부터 극심한 타격을 받아 더는 동부 전선에서 다방면의 전략적 공세를 수행할 수가 없었다. 1942년 3월까지 독일군은 110만 명이 죽거나 다치거나 실종되거나 포로로 잡혔는데, 이는 동부 전선에서 그들 전력의 약 35퍼센트에 해당하는 것이었다. 162개 사단 중 불과 8개 사단만이 전력을 온전히 유지하고 있었고 62만 5,000명의 대체 병력이 필요했다. 4만 대의 트럭, 4만 대의 오토바이 그리고 3만 대에 이르는 차량과 수천 대의 탱크를 잃으면서 독일군의 기동성은 현저히 손상되었다. 베어마흐트의 다른 운송 수단은 짐을 끄는 동물(주로 말)이었는데, 소련군의 공격으로 이 중 18만 마리를 잃었으며 겨우 2만 마리만 대체되었다.[1]

　　히틀러의 유일한 현실적 선택지는 단 하나의 전선에서 공세를 가하는 것이었고, 그는 남부와 석유 탐색에 집중했다. 캅카스산맥 남쪽에 바쿠 유전이 있었는데, 소련 연료의 90퍼센트가량을 책임지고 있었다. 히틀러는 이 유전을 장악하면 소련에 석유가 전달되지 않고 독일과 추축 동맹국들에 대한 공급이 늘 것이며, 공격에 취약한 루마니아의 플로이에슈티 유정(油井)에 대한 베어마흐트의 의존을 줄일 수 있을 거라고 판단했다. 심지어 소련-독일 전쟁이 있기 전에도 히틀러는 독일군의 석유 공급을 걱정했다. 1941년 1월에 히틀러는 말했다. 〈지금 공군력의 시대에 러시아는 루마니아의 유전을 연기가 풀풀 나는 광활한 폐허로 만들 수 있고, 추축국의 생사 자체가 이 유전에 달려 있습니다.〉[2] 히틀러는 또한 미국의 전쟁 참가가 무엇을 의미하는지 점차 우려하게 되었다. 미국의 경제력과 군사력은 제1차 세계 대전 동안 힘의 균형을 독일에 불리한 쪽으로 기울게 하는 데 결정적인 것으로 여겨졌고, 히틀러는 영국-미국의 프랑스 침공이 자신의 유럽 요새Festung Europa에 가할 위험에 대해 걱정했다. 이 침공은 1944년 6월까지는 없을 테지만, 1942년 초에는 몇 년이 아니라 몇 달 안에 진행될 것 같았다. 이는 유럽에서 두 개의 전선에서 벌어지는 지상전을 의미했고, 히틀러는 서쪽에서 영국과 미국을 상대하기 전에 스탈린과 셈을 끝내기를 간절히 원했다. 장기적인 안목에서 보면, 히틀러는 서유럽과 동유럽은 물론이고 대서양, 지중해, 북아프리카, 중동 등 다수의 전선에서 연합군과 오랜 지구전을 벌일 수단이 필요했다.[3]

1942년의 독일군 하계 전역(戰役)의 목표는 1941년 4월 5일 자 총통 지시 제41호에 다음과 같이 제시되었다.

가용할 수 있는 모든 병력을 남부 구역의 주요 작전에 집중할 것이다. 목표는 캅카스 유전과 캅카스산맥을 통과하는 길을 확보하기 위해 돈강 앞에서 적을 파괴하는 것이다.[4]

1941년과 달리 히틀러는 1942년에 동쪽에서 반드시 전쟁에서 승리할 것이라고 예상하지 않았다. 히틀러의 목표는 돈강 지역과 도네츠 분지(돈바스)에서 붉은 군대를 파괴함으로써 그들에게 궤멸적인 타격을 가하고 우크라이나, 남부 러시아, 자캅카지예의 석유 및 다른 소련의 경제 자원들에 대한 통제권을 장악하는 것이었다. 이는 단기적으로 승리를 가져올 수도 있겠지만, 더 중요한 것은 장기적으로 전 지구적인 전쟁을 수행할 수단을 획득하고 위치를 확보하는 데 있었다.

히틀러의 장군들은 자원 확보를 위한 그의 전략적 견해를 공유했으나 그들의 작전상 우선순위는 붉은 군대의 파괴였다. 군사 행동 계획은 돈바스와 돈강 서쪽의 모든 영토를 점령하는 것이었다. 이 지역의 소련군은 포위, 파괴될 것이고 돈강 기슭을 따라 방어선이 세워질 것이다. 붉은 군대를 무사히 가두면, 독일군은 로스토프 남쪽에서 돈강을 건너 쿠반강, 캅카스, 바쿠로 향할 수 있을 터였다(222면의 〈지도 7〉을 보라).

1942년 여름에 제2차 세계 대전에서 가장 중요한 전환점인 스탈린그라드 전투를 낳은 것은 바로 이 계획이었다. 스탈린그라드는 볼가강의 한 굽이에 자리 잡고 있었다. 이 굽이의 서쪽 맞은편에는 돈강의 큰 굽이가 있었고, 볼가강의 이 굽이에서 돈강 굽이의 동쪽 맨 끝까지의 거리는 80킬로미터쯤 되었다. 돈강 선을 방어한다는 관점에서 볼 때 독일군이 스탈린그라드 부근의 볼가강 서쪽 기슭에 위치한 핵심 지점들을 점령하는 것은 타당한 일이었다. 이 지점들을 점령하면 그들은 두 강 사이에 방어 육교(陸橋)*를 건설할 수 있을 터였다. 스탈린그라드는 커다란 산업 중심지이기도 했으며, 볼가강 상류를 따라 아스트라한에서 북부 러시아로 가는 석유의 수송을 감시하는 역할을 했다. 히틀러 지시 제41호에 따르면, 〈스탈린그라드가 더는 산업 중심지나 교통 중심지로서 쓸모가 없도록 스탈린그라드 자체에 당도하거나 적어도 중포로 도시에 포탄을 퍼붓기 위해 전력을 다할 것이다〉.[5] 하지만 아직은 도시를 점령하겠다는 어떤 절대적인 방침도 없었다.

계획된 군사 행동의 암호명은 〈블라우(청색) 작전〉이었고, 크림반도에 주둔한 제11군뿐 아니라 제6군과 제17군, 제1 판처군과 제4 판처군으로 이루어진 남부 집단군이 실행할 것이었다. 헝가리 제2군, 이탈리아 제8군, 루마니아 제3군과 제4군을 비롯하여 많은 추축국 사단이 독

---

* landbridge. 두 육지를 잇는 가늘고 긴 실제 또는 가상의 땅을 가리킨다.

지도 7. 블라우 작전 계획(1942년 4월)

블라우 작전에서 제안된 진격
전선(1942년 5월 10일)
독일군의 지역 공격
핀란드만
라도가 호수
레닌그라드
볼호프강
네바강
페이푸스 호수
일멘 호수
프스코프
리빈스크 저수지
북부 집단군
르제프
모스크바
고리키
비텝스크
스몰렌스크
중부 집단군
칼루가
툴라
브랸스크
오룔
볼가강
남부 집단군
쿠르스크
1단계
보로네시
스타리오스콜
벨고로드
2단계
키예프
하리코프
돈강
폴타바
이줌
드네프르강
파블로그라드
밀레로보
스탈린그라드
드네프르페트롭스크
3단계
스탈리노
자포로지예
로스토프
타간로크
마리우폴
마니치강
옐리스타
아스트라한
페레코프
아조프해
마니치 운하
크림
케르치
4단계
크라스노다르
보로실롭스크
카스피해
세바스토폴
노보로시스크
마이코프
쿠반강
투압세
테레크강
캅카스 산맥
그로즈니
흑해
수후미
바쿠

일군을 지원하고 있었다. 이들은 9개의 기갑 사단을 포함해 89개의 사단이었는데, 병력이 전부 합쳐 200만 명에 달했다.[6]

독일군은 주요 군사 행동을 시작하기 전에 먼저 크림반도 정복 완수 작전에 들어갔다. 그들은 1941년에 사실상 모든 크림반도 지역을 정복했으나, 1942년 초에 케르치반도에 대한 통제권을 상실했다. 이는 세바스토폴 성채 도시의 포위당한 방어 병력을 구하기 위해 붉은 군대가 벌인 일련의 대응 행동의 결과였다.[7] 독일 제11군은 5월 8일 케르치반도를 재점령하기 위한 군사 행동을 시작하여, 2주 동안 전부 21개 사단으로 이루어진 소련군 3개 군을 파괴하며 17만 명을 포로로 잡았다.

이 패배를 겪은 후 스탈린과 스탑카는 크림 전선군 사령관들의 행동을 세세히 논평하는 내용의 문서를 작성했다. 붉은 군대의 고위급 전체에 배포된 1942년 6월 4일 자 문서에서 크림 전선군의 지도부는 다음과 같은 이유로 비판받았다. 첫째, 그들은 현대 전쟁의 성격을 이해하지 못했다. 둘째, 그들은 자기 부대에 대한 통제력을 잃었다. 셋째, 그들은 스탑카의 지시를 이행하는 과정에서 기강 해이를 드러냈다. 문서는 또한 사실상 전선군의 모든 고위 장교를 해임, 강등시킨다고 공표했다. 강등된 장교들 중에는 전선군 사령관 드미트리 코즐로프* 장군과 스탑카의 대표로 크림반도에 파견되었던 〈붉은 군대 국가 정치 총국GPU〉 국장 레프 메흘리스가 포함되었다. 메흘리스는 국가 정치 총국 직책과 함께 국방 부인민 위원직도 상실했으며, 일등 군 지도 위원에서 군단 지도 위원으로 강등당했다. 메흘리스에 대한 스탈린의 분노는, 메흘리스가 독일 공격에 대응한 코즐로프 장군의 행동에 대해 불평하는 내용의 전신을 모스크바에 타전했던 베어마흐트의 케르치 공세 처음 며칠 동안

* Dmitrii Timofeyevich Kozlov(1895~1967). 소련의 군사령관. 제2차 세계 대전 동안 자캅카지예, 캅카스, 크림 전선군 사령관직을 역임했다. 1942년 6월 케르치반도 상륙 작전의 실패로 사령관직에서 해임되고 소장으로 강등되었다가 그 후 보르네시 전선, 레닌그라드 전선, 자바이칼리예 전선에서 활약했다. 전쟁이 끝난 후 1946~1954년 동안 자바이칼리예 부사령관으로 근무했다.

분명하게 드러났다. 답신에서 스탈린은 신랄한 비난을 쏟아 냈다.

> 귀하는 크림 전선군의 전황에 책임이 없는 외부 관찰자라는 이상한 입장을 취하고 있습니다. 이러한 입장이 편할지는 모르겠지만 완전히 수치스러운 짓입니다. 어떤 외부 관찰자가 아니라 (……) 전선군의 모든 성공과 실패를 책임지고 현장에서 지휘관의 잘못을 교정할 의무가 있는, 막중한 책임을 가진 총사령부의 대표입니다.[8]

다른 기회에 스탈린은 코즐로프에게 다음과 같은 전신을 보냈다. 〈메흘리스가 아니라 귀하가 전선군의 사령관입니다. 메흘리스는 귀하를 도와야 합니다. 메흘리스가 돕지 않으면, 귀하는 그 사실을 보고해야 합니다.〉[9] 스탑카의 6월 4일 자 문서에 상세히 기술된 사건의 일반적인 교훈은 모든 사령관이 〈현대 전쟁의 성격을 적절히 습득하고〉, 〈모든 교전 행위는 조율〉이 중요하다는 사실을 이해해야 하며, 〈해로운 관료적 리더십 방식을 일거에 끝내야 (……)〉 한다는 것이었다. 〈그들은 명령을 내리는 데 그치지 말고 부대와 군, 사단을 더 자주 방문해서 부하들이 명령을 수행하도록 도와야 한다. 우리의 과업은 우리의 지휘 참모들, 인민 위원들, 정치 장교들이 지위 고하를 막론하고 사령관들 사이에 퍼져 있는 기강 해이 요소들을 철저히 뿌리 뽑는 것이다.〉[10]

독일군은 케르치에서 붉은 군대를 축출함으로써 세바스토폴에 최후의 공격을 가할 수 있는 길을 열게 되었다. 공격은 6월 2일 대규모 공습 및 포격과 함께 시작되었다. 한 달간의 포위 동안 루프트바페는 2만 3,000회 이상 출격해 2만 톤의 폭탄을 도시에 떨어뜨렸다. 독일군은 또한 1톤, 1.5톤, 심지어 7톤짜리 포탄을 발사하는 대포를 비롯해 가장 무거운 중포를 레닌그라드 전선에서 이동시켰다. 보병들의 공격과 상륙 강습이 있은 뒤 7월 초 세바스토폴이 함락되었다. 소련군 전사자는 수만 명에 이르렀고, 9만 5,000명이 포로가 되었다. 반면 독일군은 2만 5,000명의 사망자를 포함해 7만 5,000명의 사상자를 기록했다. 독일군이 이겼으나 세바스토폴의 방어 부대는 매우 훌륭하게 싸웠다. 그들은 1941년 6월 브레스트에서 시작해 오데사, 스몰렌스크, 레닌그라드, 툴라, 모스크바가 이어받았던 붉은 군대의 영웅적 방어라는, 날로 커져 가는 신화와 전통을 더해 주었다.[11]

하리코프 참사

그사이 동부 우크라이나에서는 대규모 군사 행동이 진행되고 있었다. 하지만 이 행동은 독일군이 아니라 소련군이 개시했다. 5월 12일 붉은 군대는 우크라이나에서 두 번째로 큰 도시인 하리코프를 탈환하기로 계획된 대규모 공세에 착수했다. 불행히도 소련군이 공격할 때 지역 독일군은 블라우 작전을 위해 집결해 있었기 때문에 제6군과 제1 판처군은 효과적으로 방어하며 반격을 가할 수 있었다. 러시아군은 하리코프를 탈환하는 데 실패했을 뿐 아니라 작전에 참가한 소련군 3개 군이 독일군에 포위되어 대부분 괴멸되었다. 5월 28일에 전투가 끝났다. 소련군 사상자는 28만 명에 달했는데, 그중 17만 명이 전사하거나 실종되거나 포로로 잡혔다. 또 붉은 군대는 약 650대의 탱크와 5,000문에 이르는 대포도 잃었다.[12]

하리코프는 훗날 스탈린에게 책임을 물은 또 하나의 군사적 참사였다. 이 비난을 주도한 사람은 다시 한번 흐루쇼프였다. 흐루쇼프는 당시 하리코프 작전을 수행한 남서부 방면군의 정치 지도 위원이었다. 1956년에 흐루쇼프는 스탈린에게 소련군이 독일군에 포위되기 전에 작전 취소를 허락해 줄 것을 요청했다고 주장했다.[13] 사건에 대한 흐루쇼프의 이 설명은 흐루쇼프가 여전히 소련의 지도자였던 1960년대 초에 발간된 대조국 전쟁 공식 역사서에 정식으로 포함되었다.[14] 그러나 주코프는 자신의 회고록에서 흐루쇼프의 이야기를 단호하게 부인하며 남서부 방면군 지도부에 비난의 화살을 돌렸다. 주코프에 따르면, 남서부 방면군 지도부는 작전을 실행하기 위해 로비 활동을 했고 그후 전투의 경과에 대해 스탈린을 속였다는 것이었다.[15] 작전에 참가한 군사령 관 중 한 명인 키릴 모스칼렌코* 원수는 지역 지도부에 대한 이 같은 비판을 받아들였다. 그가 보기에 남서부 방면군은 독일군의 저항을 과소평가하고 자신들의 전력을 과대평가했다.[16] 1970년대에 발간된 소련의 제2차 세계 대전 공식 역사서는 사건에 대한 이 새로운 해석을 특별히 크게 다뤘다.[17] 하지만 바실렙스키는 자신의 회고록에서 이와는 조금 다른 의견을 표명했다. 바실렙스키는 사건에 대한 주코프-모스칼렌코의 견해에 동조했으나, 흐루쇼프가 작전 전체를 취소하라고 스탈린을 설득하려 했다는 이야기는 사실이라고 확인했다. 바실렙스키는 또 스탑카가 남서부 방면군을 위해 더 많은 일을 할 수도 있었을 거라고 주장했다.[18] 이 마지막 지적은 남서부 방면군의 참모장이었던 이반 바그라만 원수의 회고록에서 인정되었다. 바그라만은 스탑카가 자원을 너무 적게 제공한 것이 주된 문제였다고 생각했다.[19]

스탈린은 6월 26일 남서부 방면군에 보낸 서한에서 하리코프 실패에 대한 자신의 평결을 내렸다. 서한은 바그라만이 스탑카에 분명하고 정확한 정보를 제공하지 못했기 때문에 참모장직에서 해임했다고 공표했다. 이 불분명하고 부정확한 정보 때문에 〈절반의 승리를 거둔 하리코프 작전을 실패했을 뿐만 아니라 18~20개 사단을 적에게 갖다 바치는 데 성공했다〉. 스탈린은 이 〈재앙〉을 제1차 세계 대전에서 차르 군대가 겪은 가장 큰 참사 중 하나에 비유하면서, 실수를 저지른 사람은 바그라만뿐만 아니라 흐루쇼프와 남서부 방면군 총사령관인 티모셴코도 실수를 범했다고 지적했다. 〈만일 우리가 이 재앙에 대해 국민들에

---

* Kirill Semyonovich Moskalenko(1902~1985). 러시아 내전과 제2차 세계 대전에서 활약한 소련의 군인. 1941년 6월 독소 전쟁이 발발했을 때, 대전차포 여단의 지휘관이었다. 이후 보병, 기병, 탱크 군 등 여러 부대의 지휘관을 역임하면서 모스크바 공방전, 스탈린그라드 전투, 쿠르스크 전투 등의 결정적인 전투에 참가했고, 1943년부터 종전 때까지 제38군을 지휘하며 체코슬로바키아까지 진격했다. 1955년 원수 계급에 올랐고, 1960년까지 모스크바 군관구 사령관을 지냈다.

게 낱낱이 보고했을 때…… 나는 그들이 귀하들을 매우 엄하게 다룰까 봐 두렵습니다.〉하지만 그에 대한 처벌은 솜방망이에 그쳤다. 바그라 먄은 방면군급 참모장에서 군급 참모장으로 강등되었지만 나중에 전쟁 전체를 책임진 고위급 소련 사령관들 중 한 명으로 다시 등장했다. 당시 여러 군으로 이루어진 전선군을 지휘하는 고위 사령관으로 딱 두 명의 비슬라브인이 있었는데, 바그라먄이 그중 한 명이었다(바그라먄은 아르메니아인이었고 다른 한 사람은 유대인이었다).[20] 그중 어느 누구도 〈희생양〉이 되어 죄를 뒤집어쓰지는 않았다. 사실 작전에 참가한 사람들 중 많은 이가 나중에 소련 상급 사령부에서 고위직을 차지했다. 예를 들면 1942년 12월부터 스탈린의 참모 차장이 된 알렉세이 안토노프* 장군이 그랬다. 1942년 7월에 티모셴코는 레닌그라드로 전출되어 북서부 전선군 사령관이 되었다. 이는 처벌이나 강등으로 볼 수도 있지만, 마찬가지로 소련-핀란드 전쟁에서 티모셴코가 거둔 승리의 현장으로 그를 다시 보낸 경우로 여길 수도 있었다.[21]

　남서부 방면군의 지도부에 대한 스탈린의 관대함은 크림 사령부의 죄인들을 강등시킨 것과 날카롭게 대비되었다. 이는 아마도 하리코프 재앙이 스탑카와 최고 사령관의 집단 책임이라는 것을 스탈린 자신이 어느 정도 인정한 사실을 반영한다고 봐야 할 것이다. 이런 점에서 1942년 3~5월에 남서부 방면군이 스탑카에 제출한 제안과 보고는 매우 흥미롭다.[22] 이 문서들은 방면군 지도부가 작전을 제안하면서 성공을 매우 자신했으며 극도로 야심적이었던 사실을 보여 준다. 그들은 하리코프 탈환뿐만 아니라 드네프르강까지 가는 것을 목표로 삼았다. 전투가 벌어지는 동안 독일군이 예상보다 훨씬 강하고 달성한 목표가 작

* Aleksei Innokentiyevich Antonov(1896~1962). 소련의 장군. 1941년 소련 남서부 전선군과 남부 전선군의 참모장, 이듬해 소련군의 참모 차장 및 작전과장이 되었다. 1944년 수석 대변인이 되어 얄타 회담과 포츠담 회담에 참가했다. 전쟁이 끝난 후 자캅카지에 군관구 사령관을 지냈고, 1955~1962년에는 바르샤바 조약 기구 통합군의 참모 총장을 지냈다.

전상의 기대에 훨씬 못 미치는 점이 분명해졌을 때에도 방면군 지도부는 모스크바에 낙관적인 보고를 계속 올렸다.

　방면군은 — 이 점에서 방면군만 그런 게 아니었다[23] — 그러한 계획을 짜고 그러한 낙관론을 유지하며 1942년 봄에 동부 전선에서 붉은 군대의 향후 전망에 대해 스탈린과 스탑카가 지녔던 자신만만한 시각을 반영했다. 즉 공격 행동을 재개하면 그해 말까지 독일군을 소련에서 축출할 수 있으리라고 본 것이었다. 하리코프는 1942년 봄에 스탈린과 스탑카가 승인한 일련의 야심적인 공격 작전 중 하나에 지나지 않았다. 크림반도에서 붉은 군대의 추가 공격은 5월 8일 독일군의 공격 개시로 겨우 미연에 방지되었다. 5월 초에 북서부 전선군은 데만스크 지역에서 강력한 독일군 진영을 상대로 작전을 시작했다. 5월 중순에 레닌그라드 전선군은 류본 지역에 갇힌 소련군을 구하기 위해 작전을 개시했다. 중부 구역에서는 붉은 군대가 벌이는 당장의 군사 행동은 없었으나 르제프, 뱌지마, 오룔 방향으로 공격을 개시하기 위한 계획이 진행되었다.[24]

　거의 틀림없이, 하리코프 참사의 뿌리에 놓여 있던 것은 스탈린이나 남서부 방면군이 범한 작전상의 오류보다는 공격 교리에 대한 스탑카의 전략적 몰두였다. 회고록에서 서로 책임을 전가하고 1942년 봄의 소련 상급 사령부 내 논의에 대한 주코프와 바실렙스키의 설명이 광범위하게 받아들여지면서 하리코프를 둘러싼 깊은 진실은 표면으로 드러나지 않았다. 그들에 따르면, 스탑카의 1942년을 위한 기본 계획은 여름까지는 방어 태세에 머물러 있었다. 이런 맥락에서 하리코프 작전은 본계획으로부터의 불운한 일탈인 동시에 스탈린의 특별한 공격 선호와 자신의 지역에서 대규모 공세를 취하고자 한 티모셴코의 적극적인 로비 활동의 결과로 나타난다.[25] 〈우리는 방어만 하면서 빈둥거리며 시간을 보내고 독일군이 먼저 공격하기를 기다려야 합니까?〉라고 주코프는 스탈린의 말을 인용한다.[26] 의심할 바 없이 스탈린은 여느 때처럼 공격적 행동에 매우 열광했으나 스탑카는 전략적 방어에 기본적으로 전념했다는, 주코프와 바실렙스키가 제시한 설명은 설득력이 없다. 예를 들어 주코프에 따르면, 자신은 방어 태세를 선호했으나, 또한 하리코프 작전에 밀려 기각되었지만 뱌지마-르제프 지역에서 중부 집단군을 상대로 일찌감치 대규모 공세에 나서는 제안도 밀고 나갔다. 이는 스탑카 내부에서 계속 방어 태세에 있을 것인지의 여부에 대한 토론이 이루어졌다기보다는 어디에 공격 자원을 전개해야 하는지에 대한 논의가 진행되었음을 시사한다. 이 해석은 뱌지마-르제프 작전 ─ 1942년 7~8월에 다양한 형태로 진행되었다 ─ 이 좀 더 많은 병력을 배당받았더라면 모스크바 앞 중부 구역의 전략적 상황 전체를 바꿔 놓았을 것이라는, 주코프가 그 후 자기만족적으로 내놓은 주장에 의해 사실로 확인된다.[27] 스탑카 내부 논의에 대한 바실렙스키의 설명도 마찬가지로 모순적이다. 바실렙스키는 〈전략적 방어와 동시에 몇몇 구역에서 지역적 공격 작전을 수행하는〉 결정이 내려졌다고 말한다. 〈이 공격 작전들은 스탈린이 보기에 동계 군사 행동의 성공을 확고히 하고, 우리 부대들의 작전 상황을 개선하며, 우리가 전략적 주도권을 유지하면서 1942년 여름에 있을 나치의 새로운 공세 계획을 파탄시키는 일을 도와줄 것이었다. 이 모든 것이 결합되면 붉은 군대가 여름에 발트해에서 흑해에 이르는 모든 전선에서 훨씬 규모가 큰 공격 작전들을 개시하는 데 유리한 상황이 조성될 것이라고 상정되었다.〉[28] 이것은 전략적 방어라기보다는 단계적으로 발전해 가는 공격적 행동 프로그램처럼 들리는데, 바로 그것이 참모 본부가 짠 1942년 봄 계획 문서들에 구현된 개념이었다. 이 문서들은 바실렙스키가 언급한 지역적 군사 행동들을 예상했지만, 훨씬 더 야심적인 공세와 1942년 말까지 소련 서부 국경으로의 진격이 뒤이을 것이고, **그 후에야** 붉은 군대는 방어에 들어갈 터였다.[29] 스탈린은 1942년 3월 14일의 메시지에서 이 공격 전략적 전망을 처칠에게 제시했다. 〈저는 우리 부대들의 결합된 노력이 이따금 차질을 빚긴 하겠지만 결국 공동의 적을 분쇄할 것이고, 1942년에는 반히틀러 전선에서 결정적인 전환점을 맞을 것임을 자신합니다.〉[30] 공개적으로는

1942년 5월 1일 스탈린의 특별 명령이 현재의 전쟁 국면을 〈히틀러 쓰레기들에게서 소련 영토를 해방시키는 시기〉로 규정하고, 붉은 군대에 〈1942년을 독일 파시스트 부대들을 최종적으로 궤멸시키고 소련 영토를 히틀러 불한당들로부터 해방시키는 해로 만들 것!〉을 요구했다.[31]

1942년 봄에 진행된 스탑카 계획의 또 다른 중요한 면은 독일군 공격 행동의 주요 방향에 대한 예측과 관련되었다. 독일군의 주요 공세가 남쪽에서 있을 것이고 그 목적이 소련의 경제 자원들에 대한 통제권을 장악하는 것이라는 정확한 첩보가 있었지만 이 정보가 확정적이지는 않았다. 70개 사단의 중부 집단군이 모스크바에서 160킬로미터도 떨어지지 않은 곳에 여전히 있다는 사실은 스탈린과 스탑카의 예측을 무겁게 짓눌렀다.[32] 스탈린은 남쪽에서 독일군의 주요 진격이 이루어질 가능성을 배제하지 않았지만, 그 진격이 모스크바에 대한 측방 공격에 기여하는 데 주된 목표가 있다고 보았다. 모스크바의 안전에 필수적인 이 전선 구역들을 방어하는 일에 최고의 우선순위가 주어졌고, 스탑카의 예비군이 적절한 장소에 배치되었다. 무엇보다도 히틀러가 모스크바를 점령하는 데 목표가 있다는 생각이 1942년 전역 내내 만연했는데, 이 생각은 크레믈Kreml 작전에 의해 더욱 강해졌다. 크레믈 작전은 독일군이 소련 수도를 공격하는 척하려고 정교하게 준비한 기만적인 군사 행동이었다.[33] 1942년 11월 볼셰비키 혁명 25주년 기념식 — 남부에서 독일군의 진격이 최고조에 올랐을 때 — 에서 연설하면서 스탈린은 독일군의 하계 군사 행동이 일차적으로 석유에 관한 것임을 부인하고, 주요 목표는 (여전히) 동쪽에서 모스크바를 측면 공격한 다음 후방에서 소련 수도를 치는 것이었다고 단언했다. 〈요컨대 독일군이 도모하는 여름 공세의 주요 목표는 모스크바를 포위하여 올해 전쟁을 끝내는 것이었습니다.〉[34]

처음 있는 일은 아니었지만, 스탈린과 스탑카의 계획과 예상은 사건이 실제로 진행되면서 완전히 헝클어졌다. 하리코프와 그 외 지역에서 이루어진 붉은 군대의 공격적 행동들은 실패했을 뿐만 아니라 많은 사상자를 내고 스탑카의 예비군도 고갈시켰다. 독일군은 공격을 개시했을 때 모스크바가 아니라 스탈린그라드와 바쿠를 겨냥했다. 1942년 붉은 군대와 베어마흐트의 결정적인 전투는 모스크바 앞이 아니라 스탈린그라드에서 벌어졌다.

스탈린그라드로 가는 길

블라우 작전은 1942년 6월 28일 개시되어[35] 신속하게 진행되었다. 7월 말 독일군은 돈 지방의 상당 부분을 차지하는 돈바스 전역을 점령하고 스탈린그라드와 캅카스산맥으로 향했다. 1941년 여름처럼 독일군 상급 사령부는 곧 성공에 도취되었다. 7월 6일 할더는 〈우리는 적의 전력을 과대평가했고, 공격은 그들을 완전히 분쇄했다〉고 언급했다. 7월 20일 〈러시아는 끝장났습니다〉라는 히틀러의 말에 할더는 응답했다. 〈저는 그런 것처럼 보인다고 절대적으로 인정합니다.〉 8월 말 독일군은 볼가강에 있었고 스탈린그라드는 포위당했다. 남쪽에서 독일군은 캅카스산맥의 구릉 지대에 도달했고 마이코프 유전을 점령했으며 체첸의 그로즈니에 있는 또 다른 유전을 위협하고 있었다. 1942년 8월 21일 독일군의 깃발이 캅카스산맥의 가장 높은 봉우리인 엘부르스산 정상에 휘날렸다(232면의 〈지도 8〉을 보라).[36]

7월과 8월 동안 독일군은 62만 5,000명을 포로로 잡았고 탱크 7,000대, 대포 6,000문, 항공기 400대 이상을 노획하거나 파괴했다. 독일군 사상자도 많았다. 8월에만 약 20만 명에 달했다. 붉은 군대의 피해도 컸지만 1941년 여름의 규모에는 미치지 못했다. 그 이후 소련군은 퇴각하는 법을 배웠고, 포위 공격을 피하는 데 더 능숙해졌다. 깊숙이 침투하여 대규모 포위 공격을 가하는 독일군의 전략은 적군이 포위를 피하기보다는 물러서지 않고 싸우기를 선택하는 한 원활하게 작동했다.[37] 비록 일반적으로 〈후퇴 금지〉 정책을 고수하긴 했지만 스탈린과 스탑카는 이전보다 더 자주 퇴각을 허락했다. 사망자가 증가하고

지도 8. 남부에서의 독일군 진격(1942년 여름)

범례:
- ——— 전선, 1942년 6월 28일
- - - - - 전선, 1942년 7월 6일
- –·–·– 전선, 1942년 7월 11일
- –··–··– 전선, 1942년 7월 22일
- – – – 전선, 1942년 11월 18일
- ·········· 전선, 1942년 8월 19일

브랸스크
오룔
옐레츠
탐보프
쿠르스크
보로네시
포보리노
부투를리놉카
옐란
볼찬스크
돈강
팔라솝카
하리코프
클레츠카야
카찰린스카야
도네츠강
도네츠 회랑
모로좁스크
스탈린그라드
드네프로페트롭스크
자포로지예
도네츠 분지
타간로크
로스토프
코텔니코바
볼가강
아조프해
프롤레타르스카야
옐리스타
아스트라한
케르치
쿠반강
크라스노다르
아르마비르
스타브로폴
카스피해
마이코프
퍄티고르스크
모즈도크
투압세
흑해
엘부르스산
그로즈니
캅카스산맥
오르조니키제

예비 병력이 고갈되는 사태에 직면해 소련군 상급 사령부는 전력을 보전하기를 간절히 바랐다. 이 시기 동안 스탈린이 전선군 사령관들에게 포위된 부대의 운명에 대해 문의하고 그들이 포위를 피하는 것을 도와주기 위해 무엇을 하고 있는지 알려 주기를 요구하는 일련의 연락이 있었다.[38] 하지만 독일군의 입장에서 볼 때 비교적 적은 수의 적군 포로들은 전술의 변화라기보다는 소련군의 허약함과 전면적인 후퇴를 나타내는 것 같았다. 이 잘못된 인상은 1942년 7월에 있었던 블라우 작전의 전략적 방향 전환에 결정적인 영향을 미쳤다.

애초 구상에서 블라우는 조율된 통합 작전으로서 목표를 단계적으로 성취하기로 되어 있었다. 먼저 돈강과 볼가강에 대한 통제권을 확보하고 그런 다음 남쪽 캅카스산맥으로 대대적으로 밀어붙일 것이다. 하지만 7월 9일 남부 집단군이 별개의 A 집단군 사령부와 B 집단군 사령부로 쪼개졌다. 남부 집단군 사령관 폰 보크는 제6군과 제4 판처군 그리고 여러 추축국 군대로 이루어진 B 집단군을 책임졌다. B 집단군의 과업은 쿠르스크와 하리코프에서 동쪽 보르네시 방향으로, 그 후에는 남동쪽 돈강의 큰 굽이를 향해 공격을 가하는 것이었다. A 집단군은 육군 원수 빌헬름 리스트*가 이끌었는데, 그는 제17군과 제1 판처군을 통제했다. 빌헬름 리스트에게는 로스토프나도누를 점령하고 바쿠로 진격하라는 임무가 주어졌다. 7월 13일 보크는 작전상의 이견으로 해임되고 육군 원수 막시밀리안 폰 바이흐스** 남작으로 대체되었다. 같은 날

---

    * Wilhelm List(1880~1971). 독일의 군인. 1939년 제2차 세계 대전 개전 당시 제14군을 이끌고 폴란드 침공에 참여했다. 1939~1941년에는 프랑스와 그리스에서 제12군을 지휘했다. 1941년 남동부 방면군 총사령관이 되었고, 1942년 7월에 동부 전선 A 집단군을 맡아 소련군과 싸웠다. 전쟁이 끝난 후 1947년 전범으로 기소되어 종신형을 선고받았다.

    ** Maximilian von Weichs(1881~1954). 독일의 육군 원수. 제2차 세계 대전 개전 당시 제13군단을 이끌고 폴란드를 침공했다. 프랑스, 유고슬라비아, 소련 침공 때는 제2군을 지휘했다. 1942년 8월 블라우 작전 당시 B 집단군의 사령관이 되었고, 1944년에는 발칸 지역에서 F 집단군을 지휘했다. 전쟁 후에 전범으로 기소되었으나 질병을 사유로 재판에서 배제되었다.

제4 판처군이 B 집단군으로부터 떨어져 나와 A 집단군의 군사 행동에 합류하기 위해 남쪽으로 향했다. 열흘 후인 7월 23일 히틀러는 지시 제 45호를 내렸다. 지시는 〈3주 남짓 지속된 군사 행동에서 동부 전선 남 쪽 측면에 대해 내가 개괄한 광범한 목표들이 대체로 성취되었다〉고 확 언했다. 크림반도에 있는 제11군의 지원을 받아 A 집단군은 이제 로스 토프 남쪽의 적군을 파괴한 다음 〈흑해의 동부 해안 지대 전역을 점령 하고〉 바쿠에 도달하는 임무가 주어졌다. B 집단군의 잔여 병력은 〈스 탈린그라드로 밀고 들어가 그곳에 집결해 있는 적군을 분쇄하고 도시 를 점령하며, 돈강과 볼가강 사이의 육상 연락을 차단할〉 것이었다.[39]

남쪽 공격을 나눠 바쿠 점령과 스탈린그라드 함락이라는 두 개의 전 략적 목표를 동시에 추구한 히틀러의 결정은 치명적 실수라고 널리 알 려져 있다. 베어마흐트는 병력과 자원을 스탈린그라드나 바쿠 가운데 한 곳에 집중함으로써 이 두 가지 목표 중 하나를 달성할 수 있었을지는 모르지만, 두 가지 야심을 한꺼번에 추구하기에는 충분히 강하지 않았 다. 그러나 당시 히틀러에게는 그런 것 같지 않았고 7월 23~24일 로스 토프를 재함락시킨 일은 그의 낙관론을 확인시켜 주었다.

독일군은 이제 자캅카지예에서 군사 행동에 들어갈 태세가 되어 있 었지만, 독일군 상급 사령부 작전 참모장이었던 알프레트 요들* 장군이 7월 말에 역설적으로 지적했듯이, 〈캅카스의 운명은 스탈린그라드에서 결정될 것이었다〉. 그 이유는 스탈린그라드야말로 독일군이 바쿠로 돌 진할 때 소련군의 측방 반격으로부터 독일군을 보호하기 위해 세울 필 요가 있는 돈강과 볼가강 방어벽의 중심축이었기 때문이었다. 그러나 히틀러는 이것의 달성을 자신했고, 독일군 제6군이 8월 말에 스탈린그 라드 교외에 도착하자 총통은 도시를 기습, 점령할 수 있을 것으로 기대 했다.

---

* Alfred Josef Ferdinand Jodl(1890~1946). 독일의 군인. 1939~1945년 독일군 상급 사령부 작전 참모장을 지냈다.

1942년에 모스크바가 독일군의 주요 표적일 것이라는 스탈린의 지속적인 믿음 — 이 인식은 남부에서 독일군이 처음 공격할 때 스탈린그라드보다 모스크바에 더 가까운 보로네시를 겨냥한 사실로써 확인되었다 — 은 블라우 작전에 대한 그의 대응에 영향을 미쳤다. 이 시점에서 독일군이 돌파에 성공했더라면 소련 남부와 수도의 연락이 위태로워졌을 것이다. 보로네시는 7월 7일 독일군에 함락되었으나, 이는 붉은 군대가 보로네시 지역에서 거듭 반격을 가한 지 몇 주 지나서였다. 스탑카가 이 작전에 부여한 중요성은 보로네시 전선군을 조직하고 참모 본부에서 가장 유능한 장교 중 한 명인 니콜라이 바투틴* 장군을 사령관으로 임명한 데에서 잘 드러났다.[40] 1942년 여름 붉은 군대가 끈질기게 공격 행동을 취한 또 다른 곳은 르제프-뱌지마 지역이었다. 이 작전은 주코프의 서부 전선군이 칼리닌 전선군과 브랸스크 전선군의 지원을 받아 실행했다. 주코프는 자신의 회고록에서 좀 더 많은 병력을 배당받았더라면 이 작전이 성공했을 거라는 언급 말고는 이에 대해 거의 말하지 않고 있다. 주코프는 하리코프 작전에 부여된 우선순위를 둘러싸고 스탈린과 감히 논쟁을 벌였기 때문에 이 일화를 자신의 역할이 많지 않은 또 하나의 사례로 제시한다. 사실 르제프-뱌지마 작전은 스탑카에 우선순위가 높은 것이었고, 주코프는 남부에서 소련군의 진영이 붕괴되고 있는 중이어서 병력 증원이 급박하게 필요했던 시기임에도 상당한 추가 병력을 배정받았다.[41]

적어도 스탈린그라드가 헤드라인을 장식할 때까지는 보로네시 전투가 소련 언론에서 매우 폭넓게 다루어진 반면에, 르제프-뱌지마 교전에 대한 보도는 거의 보이지 않았다. 그러나 이 두 작전은 참모 본부의 일간 전황 보고에서 매우 비중 있게 취급되었고, 심지어 가장 위험하고

---

* Nikolai Fyodorovich Vatutin(1901~1944). 소련의 군인. 독소 전쟁 동안 남서부 전선군, 보로네시 전선군, 제1 우크라이나 전선군의 사령관으로 전투에 참가했다. 1944년 2월 우크라이나 반란군의 습격을 받고 사망했다.

어려운 상황에서도 스탑카가 공격 행동에 계속 전념하는 모습을 생생하게 보여 준다.[42]

더 남쪽에서는 하리코프 참변 이후 티모셴코가 지휘하는 남서부 전선군의 허약함 때문에 공격 행동의 가능성이 제한되었다. 7월 초 독일군의 공격이 남쪽으로 방향을 바꾸자 티모셴코의 방어는 붕괴되었고, 스탑카는 돈강 쪽으로 후퇴를 명령할 수밖에 없었다.[43] 스탈린그라드에 대한 위협이 곧 분명해졌고, 7월 12일 스탑카는 스탈린그라드 전선군을 조직하는 명령을 내렸다.[44] 이것은 티모셴코의 남서부 전선군을 개명한 것이지만 스탈린그라드 방어에 배치한 3개 예비군 — 제62군, 제63군, 제64군 — 이 추가되었다.[45] 전부 합쳐 티모셴코는 38개 사단을 운용할 수 있게 되었는데, 이 전력은 1,000대의 탱크와 750대에 이르는 항공기 그리고 50만여 명의 병력으로 이루어졌다.[46] 하지만 스탈린그라드 전선군에서 티모셴코의 재임은 오래가지 않았다. 7월 22일 티모셴코의 자리는 바실리 고르도프* 장군으로 대체되었다.[47] 다음 날 6월 26일 참모 총장으로 임명된 바실렙스키가 수많은 전투 지대 방문 중 첫 방문으로 스탈린그라드에 도착했다.[48] 바실렙스키는 전투가 진행되는 동안 현장에서 전황에 대해 자문하고 보고하기 위해 스탈린그라드로 파견된 몇몇 고위급 군인과 정치인 중 한 명이었다. 스탑카의 대표들을 매우 중요한 전선 지역으로 보내는 스탈린의 관행은 이미 잘 확립되어 있었으나, 스탈린그라드 전투 동안 방문 빈도가 높아지고 열정이 더욱 강해졌다.

러시아와 소련의 역사 연구에서 1942년 7월 17일은 스탈린그라드 전투를 일컫는 이른바 〈포화의 200일〉이 시작된 〈공식〉 일자이다.[49] 그

---

* Vasilii Nikolayevich Gordov(1896~1950). 소련의 군인. 독소 전쟁 동안 제21군 사령관으로 스몰렌스크 전투, 키예프 전투, 하리코프 반격, 보로네시 전투에 참여했다. 1942년 7~9월 스탈린그라드 전선군의 사령관을 지내고 그 후 남서부 전선군의 부사령관이 되었다. 전쟁이 끝난 뒤 반소 테러 혐의로 체포되어 1950년 처형당했다.

날 독일군 제6군 전방 부대들은 치르강에서 소련의 제62군 및 제64군과 충돌했다. 소련군은 남(南)돈강의 주요 방어선으로 곧 밀려났고, 강이 돌파당하는 일이 벌어질 것 같았다. 스탈린은 7월 23일 남부 전선군, 북캅카스 전선군, 스탈린그라드 전선군에 내린 지시에서 이 위험에 대한 우려를 표명했다.

> 만일 독일군이 돈강을 가로지르는 부교를 건설하는 데 성공하여 탱크와 대포를 강 남쪽 기슭으로 이동시킬 수 있다면, [귀하의] 전선군들에 심각한 위협이 가해질 것입니다. 만일 독일군이 남쪽 기슭으로 부교들을 설치할 수 없다면 그들은 보병만 보낼 것이고, 이는 우리에게 큰 위협이 아닙니다. (……) 이런 관점에서 돈강 남쪽 기슭에서 우리 병력과 우리 항공기들의 주요 과업은 독일군이 돈강에 부교를 건설하지 못하도록 막는 것이고, 만일 그들이 성공한다면 우리의 모든 대포와 공군력을 동원해 그들을 파괴할 것입니다.[50]

며칠 지나지 않아 독일군은 남쪽 돈강을 대대적으로 건너 캅카스와 스탈린그라드를 향해 신속히 진격했다. 가장 중요한 사태는 7월 말에 로스토프를 상실한 것이었는데, 이는 전략적으로 중요한 사건일 뿐 아니라 상징적인 중요성을 띤 사건이기도 했다. 로스토프는 캅카스로 가는 관문을 지키는 도시였고, 이는 독일군이 돈강과 자캅카지예의 산악 지방 사이에 놓여 있는 비옥한 농업 지대인 쿠반을 점령하는 길이 열렸음을 의미했다. 이와 마찬가지로 중요한 것은 로스토프의 상실이 소련군의 사기에 가한 충격이었다. 로스토프는 처음에는 1941년 11월에 독일군이 점령했다가 며칠 뒤 붉은 군대가 탈환했다. 붉은 군대의 탈환은 전쟁의 거대한 전환점으로 축하되었다. 그것은 모스크바 앞에서의 승리로 최고조에 달한, 점점 발전하는 소련군 반격의 일부였다. 그러나 로스토프는 다시 함락되었고 독일군이 도시를 손쉽게 재점령한 사실은 붉은 군대와 붉은 해군이 세바스토폴을 오랫동안 영웅적으로 방어한

사실과 크게 비교되었다.[51]

1942년 7월 28일 스탈린은 〈한 걸음도 물러서지 마라!Ni shagu nazad!〉로 널리 알려진 명령 제227호를 내렸다. 이 명령은 신문에 게재되지 않았지만 텍스트는 소련군 전체에 배포되었다. 전선의 게시판에 명령서가 나붙었고 장교들은 병사들에게 큰 소리로 명령을 읽어 주었다. 〈한 걸음도 물러서지 마라!〉는 1942년 여름에 곧 소련 언론의 가장 중요한 구호가 되었고, 수많은 기사와 사설은 그 주요 논지를 주민들에게 널리 유포했다.

명령은 나라가 직면한 심각한 상황을 솔직하게 설명하는 것으로 시작했다.

적군은 전선에 새로운 병력을 투입하고 (……) 새로운 지역을 침공하면서 소련 깊숙이 침투하고 있습니다. 그리고 우리의 도시와 마을들을 유린하고 파괴하며, 소련 인민들을 능욕하고 약탈하고 죽이고 있습니다. 보로네시 지역에서, 돈강에서, 남쪽의 북캅카스로 가는 관문에서 전투가 불타오르고 있습니다. 독일 점령군은 스탈린그라드와 볼가강을 향해 돌파구를 찾고 있으며, 어떤 대가를 치르더라도 쿠반강과 북캅카스, 그곳의 석유와 식량 자원을 탈취하기를 원합니다.

그러나 붉은 군대는 나라에 대한 책무를 다하지 못하고 있다고 스탈린은 말했다.

공포에 빠진 서부 전선군 부대들은 저항다운 저항도 없이 모스크바의 명령도 받지 않고 로스토프와 노보체르카스크를 버림으로써 그들의 깃발을 부끄러움으로 덮어 버렸습니다. 우리 나라 인민들은 (……) 붉은 군대에 대한 믿음을 잃어버리고 (……) 자기들은 동쪽으로 도피하면서 우리 인민들은 독일 압제자의 멍에에 얽매이게 했다고 붉은 군대에 욕을 퍼붓고 있습니다.

스탈린은 지금까지 입은 피해의 정도를 강조하면서, 〈더 후퇴하는 것은 우리 나라와 우리 자신의 파멸을 의미할〉 거라고 힘주어 말했다. 〈우리가 새로운 영토 한 자투리를 잃어버릴 때마다 적은 한층 더 강력해질 것이고, 우리의 방어, 우리의 모국은 심하게 약해질 것입니다.〉 스탈린의 해결책은 후퇴를 중단하는 것이었다.

한 걸음도 물러서지 마라! 바로 이것이 우리의 으뜸 구호여야 합니다. 마지막 피 한 방울까지 바쳐서 모든 위치, 한 뼘의 소련 영토도 지켜야 하며, 한 뙈기의 소련 땅도 꽉 붙잡고 힘이 닿는 한 지켜 내야 합니다.

이 정책을 실행하기 위해서는 특히 장교와 지도 위원들 편에서 철(鐵)의 규율이 필요할 것이다. 그들은 명령 없이 후퇴하면 반역자로 취급될 것이라고 스탈린은 말했다. 명령은 좀 더 구체적으로 규율 위반의 죄를 지은 자들이 복무할 형벌 대대의 설치를 공표하고, 동요하는 사단들 뒤에 독전대를 배치할 것을 요구했다. 형벌 대대는 가장 위험한 전선에 파견될 것이며 대원들에게는 기강 해이의 죄를 속죄할 기회가 주어지는 반면, 독전대는 공포를 조장하는 자들과 후방으로 도피하는 겁쟁이들을 총살할 것이었다.[52]

명령 제227호에 새로운 것은 없었지만 명령의 급박한 논조는 스탈린이 그해 여름 거듭되는 패배와 늘어나는 피해에 대해 걱정하고 있음을 보여 주는 뚜렷한 신호였다. 철의 규율, 가혹한 처벌, 승인 없는 후퇴 금지는 바로 전쟁 초기부터 스탈린이 견지한 원칙이었다. 스탈린은 형벌 대대를 설치하는 제안을 독일군으로부터 얻은 발상이라고 했으나, 그것은 사실 규율 위반의 죄를 범한 자들을 형벌 부대에 집어넣는 이전의 소련군 관행을 부활시켜 공식화한 것이었다. 1942년부터 1945년 사이에 600개의 형벌 부대가 설치되었고, 약 43만 명이 그 부대에서 복무했다. 스탈린이 지시한 대로 이 부대들에는 적군 진영에 대한 정면 공격 같은 힘들고 위험한 임무가 주어졌고, 그 결과 50퍼센트가 죽거나 다쳤다.[53] 독전대는 몇몇 전선군에 이미 존재하고 있었지만, 명령 제227호 이후 그 수와 활동이 눈에 띄게 늘어났다. 내무 인민 위원부 요약 보고서에 따르면, 명령 제227호가 내려진 후 193개의 독전대가 조직되었다. 8월 1일부터 10월 15일 사이에 이 부대는 14만 755명을 억류했다. 억류자들 중에서 3,980명이 체포되고 1,189명이 총살당했으며, 2,961명이 형벌 대대나 형벌 중대에 보내졌고, 13만 1,094명이 소속 부대로 돌려보내졌다.[54]

명령 제227호는 전선에서 복무하고 있는 군인들의 지지를 받았고 사기를 진작하는 데 큰 힘이 되었다.[55] 사실 새로운 규율 체제의 핵심은 위반자들을 처벌하는 것이 아니라 동요하는 자들을 억제하고, 어떤 희생을 치르더라도 의무를 다하기로 결심한 자들에게 규율을 깨뜨린 편에서 싸우는 사람들은 붙잡혀 가혹한 취급을 받는다는 사실을 재확인하는 것이었다. 스탈린은 내무 인민 위원부가 기록하는 반역자 사망자 수보다 훨씬 더 많은 영웅을 필요로 했고, 그의 주된 관심사는 대의를 위해 기꺼이 목숨을 내놓을 사람들을 북돋워 주는 것이었다.[56]

처벌의 위협과 함께 전개된 것은 애국주의에 대한 호소였다. 애국적 의무에 대한 요청은 전쟁이 시작된 후 소련에서 이루어진 정치적 동원의 주요 주제였다. 그러나 그것은 참담한 패배의 조짐이 다시 한번 드러났던, 알렉산더 워스의 표현을 빌리면 〈1942년의 검은 여름〉에 훨씬 더 뚜렷해졌다. 이 시기의 위기 분위기는 1941년의 암울한 상황이 반복되지 않을 거라는 인민들의 기대가 좌절되면서 더욱 강해졌다. 그와 같은 낙관론은 공식 선전에 의해 강화되었다. 6월 21일 붉은 군대의 기관지인 『크라스나야 즈베즈다(붉은 별)』는 〈1942년의 독일군은 여전히 완강하게 방어하고 있으나, 이전에 보여 주었던 공격적 투지는 이미 사라졌다. (……) 지난여름과 같은 독일군의 공세가 재개될 가능성은 전혀 없다〉라고 사설을 썼다. 이튿날 소련 정보국Sovinform은 전쟁 첫해를 복기하는 성명을 발표했다. 정보국은 〈1942년의 독일군은 1년 전의 독일군이 아니다. (……) 독일군은 작년의 규모와 유사한 규모로 공격 작전을 수행할 수 없다〉라며 독자들을 안심시켰다. 『프라우다』의 그날 사설은 다음과 같이 언명했다. 〈1942년은 독일이 최종적으로 패배하는 해, 우리가 최종적으로 승리하는 해가 될 것이다.〉[57] 이 때문에 남부에서 독일군이 신속하게 진격하자 대다수 사람은 이를 난데없이 벌어진 일로 받아들였고, 이 충격으로 사람들이 미몽에서 깨어나면서 그해 여름 〈조국이 위험에 처해 있다〉*는 강렬한 분위기가 조성되었다. 그러자 소련의 선전은 재빨리 전술을 바꿔 상황이 심각하게 위험하다는 것을 강조하기 시작했다. 7월 19일 『크라스나야 즈베즈다』의 사설은 남부 상황을 1941년의 모스크바 전투 및 레닌그라드 전투와 비교했다.[58] 반(反)독일 증오심이 언론을 가득 채웠고, 소련 병사들에게 가능한 한 많은 독일군을 죽일 것을 — 혹은 그들의 가족, 친구, 지역의 절멸에 용감히 맞설 것을 — 독려했다.[59] 명령 제227호가 내려진 후 주요 구호는 〈한 걸음도 물러서지 마라!〉와 〈승리가 아니면 죽음을!〉이 되었다.[60]

애국적 희생의 호소가 겨냥한 핵심 표적 집단은 소련 장교단이었다. 그들 말고는 어떤 집단도 소련의 전쟁 수행 노력에 더 헌신적이거나 더 중요하지 않았다. 전쟁 동안 100만 명의 장교들이 전사했고, 또 다른 100만 명이 상이군인이 되어 복무를 할 수 없게 되었다. 1942년 7월 30일 스탈린은 장교만을 위한 새로운 훈장을 도입했다. 쿠투조프 훈장, 넵스키 훈장, 수보로프 훈장이 그것이었다. 이튿날 『크라스나야 즈베즈다』의 사설은 독자들에게 〈수보로프, 쿠투조프, 알렉산드르 넵스키처럼 조국의 곁을 끝까지 지켜 달라〉고 요청했다.[61] 그리고 소련 신문들의 지면은 규율을 유지하는 데 장교들이 수행하는 특별한 역할과, 승리를 보장하는 데 그들이 가진 기술적 지식과 전문성의 중요성을 고취하는

---

* patrie-en-danger. 1792년 7월 11일 프랑스 국민 의회가 오스트리아의 대(對)프랑스 전쟁에 프로이센이 합류하자 이에 대응해 발표한 선언의 첫머리에 나오는 구절. 프랑스 혁명이 진행되는 동안 이 인식은 〈인민들의 전쟁〉이라는 이념으로 발전하고, 평범한 프랑스 인민들은 외세의 침략에 맞서 위험에 빠진 나라를 구하기 위해 자발적으로 전쟁에 참여하게 된다.

기사들로 넘쳐 나기 시작했다. 같은 해 말에는 장교들에게 견장과 금몰(영국에서 특별히 수입해야 했다)로 멋지게 장식한 새 제복이 지급되었다.[62] 그 후 1943년 1월에는 〈오피체르〉*라는 용어가 부활하여 일반적으로 사용되기 시작했다. 스탈린그라드 전투가 한창이던 1942년 10월 9일에는 지도 위원 제도를 폐지하고, 장교와 정치 장교라는 이중 지휘 시스템을 끝내는 법령이 공포되었다. 이처럼 급진적인 조치를 취한 이유는 장교들이 전쟁 동안 애국적 충성을 증명했으며, 이중 지휘는 그들의 군사적 리더십은 물론이고 정치적 리더십의 발전도 저해하기 때문이라고 이야기되었다. 지도 위원 제도는 군대 내 선전 활동에 전념하는 몇몇 새로운 조직들로 대체되었고, 매우 노련한 지도 위원 일부는 군사 사령관직으로 전출되었다.[63] 이 법령은 군대 내, 특히 지도 위원들 사이에서 보편적으로 환영받지는 못했다. 많은 사람이 지도 위원 제도 폐지의 시기가 적절하지 못했으며, 전선에서 규율을 유지하기 위한 싸움을 약하게 만들 것이라고 생각했다. 또 다른 사람들은 지도 위원들이 일을 잘했으며, 주된 문제는 군사 장교들의 능력 부족이지 지휘 결정에 대한 정치적 개입이 아니라고 생각했다.[64]

점점 더 많은 소련 신문의 지면이 혁명 전 시기의 애국적 위업을 찬양하는 데 할애되었지만, 그렇다고 1917년 이후의 역사가 경시되지는 않았다. 독일군이 스탈린그라드에 접근함에 따라 내전 주제가 특히 뚜렷해졌고 유의미하게 되었다. 1918년 스탈린이 차리친을 방어한 일과 스탈린그라드를 구하기 위해 곧 벌이게 될 전쟁에서 대놓고 유사점을 찾으려 했다. 스탈린그라드 방어군은 내전 동안 빛나는 전과를 올렸던

---

* ofitser. 장교라는 뜻의 러시아어. 소련에서는 러시아 혁명과 함께, 붉은 군대 내 차별의 상징인 기존의 계급 제도와 〈장교〉라는 호칭을 폐지하는 대신 직위별 호칭과 〈지휘관 komandir〉이라는 명칭을 도입했다. 직위별 호칭 제도는 부사관과 장교 계급의 상징성을 없애는 것이 목표였고 1924년에 그 기틀이 마련되면서 확고히 자리 잡았다. 그러다가 1935년에 계급 제도가 부활했고 제2차 세계 대전 중인 1943년에는 장교라는 호칭도 다시 사용되기 시작했다.

그들의 선배들을 뒤따르겠다고 맹세했다. 당시 모스크바 주재『선데이타임스』특파원이었던 알렉산더 워스가 지적했듯이, 소련 선전에서 애국주의가 지배하는 동안 〈소비에트 사상은 결코 퇴색되지 않았고, 《소비에트》와 《러시아》의 결합은 위험한 한 해였던 1942년에는, 이전 시기나 이후 시기와 다른 양상으로 나타났을 뿐이었다〉.[65]

스탈린은 1942년 여름에 결전이 다가오고 있다는 사실을 점점 깨달아 가고 있었다. 8월 초에 스탑카는 스탈린그라드 전선군을 스탈린그라드 전선군과 남동부 전선군의 2개 전선군으로 나누기로 결정했다. 혼란스럽게도 스탈린그라드 자체는 남동부 전선군의 관할로 들어왔지만, 스탈린그라드 전선군은 돈강을 따라 도시의 북쪽과 서쪽으로 전개되었다. 예료멘코가 남동부 전선군의 사령관에 임명되었고, 고르도프 장군이 새 스탈린그라드 전선군을 책임지게 되었다.[66] 스탈린그라드 방어의 조율을 용이하게 하기 위해 8월 9일 예료멘코가 두 전선군의 총사령관이 되었다. 이 새로운 지휘 체계를 공표하는 지시에서 스탈린은 예료멘코와 고르도프에게 다음을 명심하라고 단호하게 말했다. 〈스탈린그라드의 방어와 적군의 격퇴는 (……) 모든 소련 전선군에 결정적으로 중요합니다. 최고 사령부는 귀하에게 스탈린그라드를 방어하고 적군을 궤멸시키기 위해 어떤 노력도 어떤 희생도 마다하지 말 것을 요구합니다.〉[67]

모스크바의 처칠

독일군이 스탈린그라드에 접근하고 있는 동안, 8월에 윈스턴 처칠이 좋지 않은 소식을 가지고 모스크바에 도착했다. 1942년에 유럽에 제2전선은 열리지 않으리라는 것이었다. 피해가 막심해서 영국이 북극해를 통한 러시아로의 물자 수송을 더 이상 하지 않을 거라는 처칠의 이전 발표에 더해, 이는 스탈린에게 엄청난 타격을 가하는 것이었다. 그것은 동부 전선에서 독일군의 압박을 당장 경감시킬 가능성이 없음을 의미했다.

　스탈린은 개전 초기부터 처칠에게 제2전선을 만들어 달라고 계속 재촉했다. 코민테른은 영국과 미국을 비롯한 그 외 동맹국들에서 프랑스에 제2전선을 열기 위한 운동을 대대적으로 벌였다. 1942년 5~6월에 몰로토프가 런던과 워싱턴을 방문했을 때 그의 주요 임무 중 하나는 미국과 영국으로부터 가능한 한 빨리 제2전선을 열겠다는 약속을 받아내는 것이었다. 그 결과 6월 12일, 〈1942년에 유럽에서 제2전선을 만드는 긴급한 과업에 관해 충분한 양해가 이루어졌다〉고 언명하는 영국-소련의 공식 성명이 나왔다.[68] 이 선언은 같은 날 발표된 소련-미국 공식 성명에서 되풀이되었다.[69] 스탈린의 고집으로 두 공식 성명에 포함된 이 표현은[70] 프랑스에서 1942년에 제2전선이 실제로 열릴 것이라는 기대를 불러일으켰다. 6월 13일 자 『프라우다』의 사설은 이 선언이 반히틀러 동맹을 크게 강화하는 것이라며 환호했고, 1942년이 〈히틀러 무리들이 최종 패배하는〉 해가 되기를 요구했다.[71] 6월 18일 몰로토프는 영국과 미국 방문의 결과를 최고 소비에트에 보고하면서 이 선언이 〈소련 인민들에게 매우 중요합니다〉라고 말했다. 〈왜냐하면 제2전선의 개설은 우리의 전선에서 히틀러 군대에 극복할 수 없는 어려움을 줄 것이기 때문입니다. 우리는 우리의 공동 적이 강화되어 가는 세 열강의 군사적 협력이 가진 무게를 곧 온전히 느낄 것을 희망합니다.〉 공식 기록에 따르면, 이 발언은 오랫동안 쏟아진 우레와 같은 박수로 환영을 받았다.[72] 하지만 비공식적으로 몰로토프는 제2전선의 전망에 대해 비관적이었다. 선언에 동의하면서 영국은 〈1942년 8월이나 9월에 대륙에 상륙할 수 있도록 준비하겠으나, (……) 우리는 (……) 이 문제에 대해 어떤 약속도 할 수 없다. 다만 건전하거나 합리적으로 보이면 우리의 계획을 실행에 옮기는 데 전혀 주저하지 않을 것〉이라고 경고했던 것이다. 몰로토프와 대화를 나누면서 처칠은 이것이 기껏해야 6개 사단을 대륙에 상륙시키는 일이고, 그 뒤를 이어 1943년에 훨씬 더 큰 규모의 침공이 단행된다는 사실을 뜻한다는 점을 명확히 했다. 스탈린에게 한 보고에서 몰로토프의 결론은 〈영국 정부가 올해 제2전선을 여는 어떤 의무도 수행하지 않을 것이지만, 시험 상륙 작전을 준비하고 있다고 말했습니다. 그것도 유보 조건을 달고 말입니다〉라는 것이었다.[73]

몰로토프가 이 보고를 제출했을 때, 스탈린은 하리코프와 크림반도에서의 실패에도 불구하고 1942년에 상당한 군사적 진격을 이루기를 여전히 희망하고 있었다. 그런 맥락에서 제2전선에 대한 어떤 약속도 반가웠다. 최선의 경우 제2전선이 만들어져 서쪽으로 병력을 끌어냄으로써 동부 전선에서 베어마흐트를 뒤로 밀어붙이는 데 기여할 것이다. 최악의 경우라도 이 위협은 히틀러가 서유럽으로부터 많은 부대를 빼내 다시 배치하는 일을 저지할 수 있을 터였다. 어쨌든 스탈린은 제2전선에 대한 공개적 약속이 서방 정부들에 그런 작전을 추진하도록 정치적 압박을 더욱 가하는 역할을 할 것이라고 믿었다. 하지만 7월 중순까지 동부 전선의 전황은 급격히 악화되었고, 스탈린은 이제 제2전선을 군사적 균형에서 결정적인 요인으로 간주했다. 독일군이 남쪽으로 진격하면 할수록 제2전선을 열겠다는 약속을 실행하도록 서방 동맹국들을 설득하는 소련의 외교적 노력은 더욱더 다급해졌다.[74] 7월 23일 스탈린은 처칠에게 〈유럽에서 제2전선을 여는 일과 관련해 저는 이 문제가 부적절한 쪽으로 방향을 틀까 봐 두렵습니다〉라고 직접 썼다. 〈소련-독일 전선의 상황을 고려해 볼 때 저는 유럽에서의 제2전선이 1943년으로 연기되는 것을 소련 정부가 용납할 수 없다는 점을 매우 단호하게 말씀드리는 바입니다.〉[75] 처칠은 1942년의 군사 행동을 위한 영국-미국 계획에 대해 스탈린에게 말할 수 있는 개인적 만남을 제안함으로써 이에 답변했다. 스탈린은 처칠을 만나는 데 동의했으나, 자신도 참모 본부 구성원도 이 같은 결정적으로 중요한 시기에 아무래도 수도를 비울 수 없기 때문에 총리에게 모스크바로 올 것을 요청했다.[76]

회담의 전망은 그리 밝지 않았다. 처칠이 모스크바에 도착하기 몇 주 전에 영국과 미국의 소련 첩자들은 영국-미국이 1942년에 유럽에서 제2전선을 열지 않을 것이며, 그 대신 북아프리카에서 대규모 군사 작전을 계획하고 있다고 보고했다.[77] 비관적인 상황은 스탈린의 미국 주재 대사인 막심 리트비노프*의 보고에도 분명하게 드러났다. 그는 루스벨트가 프랑스에서 제2전선을 만드는 것을 선호하지만, 처칠이 이 구상에 반대했고 대신 미국 대통령에게 북아프리카에서의 행동이 갖는 장점을 설득했다고 썼다.[78]

8월 7일 런던의 소련 대사인 이반 마이스키는 스탈린에게 처칠의 모스크바 방문 목적에 대한 보고서를 제출했는데, 그 목적이 세 가지라고 썼다. 첫째, 영국에서 제2전선을 요구하는 공개적인 소동을 진정시키는 일. 둘째, 좀 더 긍정적으로는 독일을 격퇴하기 위해 통일된 연합 전략을 논의하는 일. 셋째, 스탈린에게 1942년에 유럽에 제2전선을 만드는 것이 불가능한 데다 바람직하지도 않다는 것을 설득시키는 일. 마이스키에 따르면, 처칠은 영국이 군사적으로 성공을 거둘 가능성에 대해 전혀 자신하지 못했으며, 영국군이 북아프리카와 극동에서 당한 잇단 패배가 그의 태도에 부정적인 영향을 미쳤다. 마이스키는 또한 스탈린을 계속 괴롭힌 문제도 제기했다. 영국은 독일과 소련 양국 모두 약화되기를 바라고 있는가? 마이스키는 그렇다고 말했지만 부르주아 영국인, 특히 처칠은 나치의 승리를 두려워하고 제2전선 없이 소련을 지원할 방법을 찾고 있다고 했다. 결론 부분에서 마이스키는 처칠이 제2전선에 대해 입장을 바꿀 것 같지 않으므로 소련 측은 보급품을 늘리는 문제 같은 〈제2선〉 요구들에 집중하고, 그의 방문을 이용해 〈그런 전략이 없다면 승리를 상상도 못 할, 단일한 연합 전략을 짜기〉 시작할 것을 주장했다.[79]

8월 12일 처칠이 모스크바에 도착했다. 그는 미국 대통령의 요청으로 총리 일행에 합류한 루스벨트의 런던 주재 무기 대여 조정관이었던 애버렐 해리먼을 대동했다. 두 사람은 그날 저녁 스탈린과 첫 회담을 가

---

* Maxim Maximovich Litvinov(1876~1951). 소련의 정치가이자 외교관. 1930~1939년 외무 인민 위원, 1941~1943년 미국 주재 소련 대사를 역임했다.

졌다.[80] 회담은 군사적 상황에 대한 견해를 교환하는 것으로 시작되었다. 처칠이 이집트의 상황을 이야기하자 스탈린은 다음과 같이 말했다.

이 소식은 좋지 않은데, 독일군이 바쿠와 스탈린그라드에 닿기 위해 엄청난 노력을 기울이고 있습니다. 저는 그들이 그토록 많은 부대와 탱크, 그토록 많은 헝가리, 이탈리아, 루마니아 사단을 어떻게 모을 수 있었는지 모르겠습니다. 저는 그들이 유럽 전역에서 부대를 빼냈다고 확신합니다. 모스크바에서 진지는 견고하지만 저는 러시아인들이 독일군의 공격을 견뎌 낼 수 있다고 보장할 수는 없습니다.

처칠은 독일군이 보로네시나 북쪽에서 새로운 공세를 개시할 수 있을 것인지를 물었다. 스탈린은 〈전선의 길이를 고려해 볼 때 히틀러가 20개 사단을 보내 강력한 공격력을 만들 수 있다〉고 대답했다.[81] 그 후 논의는 제2전선 문제로 옮겨 갔다. 처칠은 1942년에 파드칼레를 가로질러 프랑스를 침공하는 일은 불가능하다고 설명했다. 요새화된 해안을 상대로 그런 작전을 수행하기에 충분한 상륙정이 없기 때문이라는 것이었다. 회담의 미국인 통역관의 보고에 따르면, 스탈린은 〈매우 침울해 보이기〉 시작했고 채널 제도의 침공 같은 여러 대안을 제시했다. 처칠은 그런 행동들이 도움이 되기보다는 해가 될 것이며, 1943년에 전개되는 것이 더 나은 자원들을 고갈시킬 것이라고 주장했다. 스탈린이 프랑스에서의 독일군 전력에 대한 처칠의 평가에 이의를 제기했지만 영국 총리는 〈전쟁은 전쟁일 뿐 어리석은 짓이 아니며, 어느 누구에게도 도움이 되지 않는 참사를 자초하는 일은 어리석은 짓〉이라고 역설했다. 이즈음 스탈린은 〈안절부절못했고〉, 〈전쟁에 대한 제 견해는 다릅니다. 위험을 감수할 각오가 되어 있지 않은 사람은 전쟁에서 이길 수가 없습니다〉라고 말했다. 스탈린은 나아가 영국과 미국은 〈독일을 두려워하지 말아야 하며〉, 독일의 전력을 과대평가하는 경향이 있다고 언급했다. 스탈린은 〈제 경험에 따르면, 부대는 실전에서 유혈을 맛보게 해야 합니다. 만일 귀하의 부대를 유혈에 익숙하게 만들지 않으면 귀하는 그들의 가치를 알 수 없을 겁니다〉라고 말했다. 프랑스에서 상륙할 가능성에 관한 대화를 좀 더 나눈 후 주제는 독일에 대한 연합 폭격 작전으로 옮겨 갔다. 여기서 두 지도자는 얼마간의 공통점을 찾았다. 스탈린은 독일의 사기를 떨어뜨리는 유일한 방법이기 때문에 산업은 물론이고 주민들도 폭격할 것을 희망했다. 이에 처칠은 진심으로 동의했다.

민간인들에 대해서 말하자면, 우리는 그들의 사기를 군사적인 표적으로 여깁니다. 우리는 어떤 자비도 구하지 않고, 어떤 자비도 보여 주지 않을 겁니다. (……) 필요하다면 전쟁이 진행되면서 우리는 거의 모든 독일 도시의 거의 모든 주택을 산산조각 낼 것을 희망합니다.

대화에 대한 미국의 보고에 따르면, 처칠의 〈말은 회담에 매우 고무적인 영향을 미쳤으며, 그때부터 분위기는 점점 더 화기애애해졌다〉.

그런 다음 처칠은 횃불 작전에 대해 스탈린에게 이야기했다. 이것은 미군과 영국군이 1942년 10~11월에 프랑스령 북아프리카를 침공하기로 한 작전인데, 튀니지와 리비아에서 독일군과 이탈리아군을 공격할 진지를 확보하는 것이 목적이었다. 이 작전은 이집트에서 개시될 영국군 제8군의 공격과 조율될 터였다. 작전의 가치를 생생히 보여 주기 위해 처칠은 스탈린에게 악어 한 마리를 그린 뒤, 영국-미국의 의도는 북부 프랑스에서 짐승의 주둥이를 공격하기보다는 지중해에서 부드러운 아랫배를 공격하는 것이라고 말했다. 스탈린은 악어의 딱딱한 주둥이가 동부 전선을 겨냥하고 있으며 붉은 군대가 이미 그것과 싸우고 있다고 생각했다. 스탈린은 정보원으로부터 이미 많은 것을 들어 알고 있었으나 횃불 작전에 대해 큰 관심과 지지를 보내는 척했다. 스탈린은 횃불이 프랑스에 적대감을 불러일으킬지 모른다고 걱정했지만 〈아주 좋은〉 네 가지 이점이 있다고 보았다. (1) 횃불은 후방의 적을 공격할 것이다. (2) 횃불은 독일과 프랑스를 서로 싸우게 할 것이다. (3) 횃불은 이탈리아를 꼼짝 못 하게 할 것이다. (4) 횃불은 스페인에 중립을 지키도록 만들 것이다.

다음 날 횃불에 대한 스탈린의 열광은 얼마간 식었다.[82] 스탈린은 처칠과 해리먼에게 횃불은 군사적으로는 옳지만 소련과 직접 관련이 없다고 말했다. 제2전선에 관계되는 한, 문제는 러시아 전선이 영국과 미국에는 부차적으로 중요하지만 소련 정부에는 기본적으로 중요하다는 사실이었다. 그런 다음 스탈린은 영국과 미국이 소련에 보급품을 지원하겠다는 약속을 이행하지 않는 데 불만을 표명했고, 러시아 전선에서 매일 1만 명의 병사들이 희생되고 있는 점을 고려할 때 그들이 희생을 더 감수할 필요가 있다고 주장했다. 처칠은 러시아가 서방 동맹국들이 공동의 대의를 위해 충분히 협조하지 않고 있다고 생각한다는 사실에 너무 슬프다고 응답했다. 스탈린은 다음과 같이 답변했다.

그것은 불신의 문제가 아니라 견해의 차이를 보여 주는 문제일 뿐입니다. 저의 견해는 영국과 미국이 공중을 지배하고 있기 때문에 셰르부르반도에 6개 내지 8개 사단을 상륙시키는 일이 가능하다는 것입니다. 저는 만일 영국군이 러시아군처럼 독일군과 싸운다면 그들을 그렇게 겁내지 않을 거라고 생각합니다. 러시아군 그리고 사실 영국 공군은 독일군을 무찌를 수 있다는 것을 보여 주었습니다. 영국군 보병도 러시아군과 동시에 행동한다면 그렇게 할 수 있습니다.

스탈린은 또 소련의 여름과 가을 작전을 위한 군사 계획이 1942년에 유럽에 제2전선이 만들어진다는 가정하에 나왔다고 주장하는 제안서를 처칠과 해리먼에게 제시했다.[83]

8월 15일 처칠은 이번에는 해리먼 없이 스탈린을 다시 만났다. 이것은 첫 두 회담보다 훨씬 더 친밀하고 우호적인 만남으로 밝혀졌고, 스탈린의 크렘린의 관저에서 비공식적인 만찬을 갖는 것으로 발전했다.[84] 스탈린은 제2전선 문제를 좀 더 밀어붙였다. 그는 횃불 작전이 성공한다면 동맹국들은 남부 프랑스도 점령할 필요가 있을 거라고 주장했는데, 처칠은 선뜻 이를 수긍했다. 그러나 대화의 주된 초점은 다른 문제에 있었다. 특히 흥미로운 점은 스탈린이 동부 전선의 전황에 대해 처칠에게 매우 낙관적으로 설명한 사실이었다. 스탈린은 독일군이 두 방향으로 침공하고 있다고 말했다. 하나는 캅카스산맥 쪽이고, 다른 하나는 보로네시와 스탈린그라드 쪽이었다.

전선은 붕괴되었고 적군은 성공을 거두었지만 저는 상황을 진전시킬 충분한 힘이 없었습니다. (……) 그들은 스탈린그라드까지 돌진하기를 기대했으나 볼가강에 이르는 데 실패했습니다. [저는] 그들이 거기에 도달하지 못할 거라고 생각합니다. 보로네시에서 그들은 옐레츠와 랴잔까지 가서 모스크바 전선을 배후에서 공격하려 했지만 여기서 그들은 또 실패했습니다. (……) 르제프에서 러시아군은 얼마간 문제를 해결했고 르제프는 당장 점령될 것입니다. 그 후 러시아군은 스몰렌스크를 베어 버리기 위해 남쪽 방향으로 움직일 것입니다. 보로네시에서 독일군은 돈강 너머로 쫓겨났습니다. 러시아군은 스탈린그라드 북쪽에 (……) 다수의 예비군이 있고, 저는 (a) 로스토프 쪽과 (b) 좀 더 남쪽, 두 방향으로 머지않아 공격을 수행하기를 바랍니다. (……) 목표는 북캅카스에서 적군을 차단하는 것입니다. (……) 저는 히틀러가 한 번에 전선의 한 구역 이상을 상대로 공세를 취할 힘이 없다고 말하는 것으로 이야기를 끝낼까 합니다.

만찬회에서 스탈린과 처칠은 영국의 무르만스크행 호송 루트를 보호하기 위해 북부 노르웨이에서 합동 작전을 펼칠 가능성을 논의했고,[85] 또 독일의 장래에 관한 견해도 교환했다. 처칠은 프로이센 군국주의와 나치즘이 파괴되고 독일은 전쟁이 끝나면 무장 해제되어야 한다고 생각한 반면, 스탈린은 독일의 군 간부들이 제거되고 루르 지방을 떼어 냄으로써 독일을 약화시켜야 한다고 말했다. 스탈린은 베를린과 런던을 폭격하지 않겠다는 영국-독일 협정의 소문에 대해 질문했는데,

처칠은 밤이 더 길어지면 폭격을 재개할 것이라고 말하며 이를 부인했다.[86] 처칠은 마이스키가 좋은 대사라고 말했으나 스탈린은 그가 더 잘할 수 있다고 생각했다. 〈그는 이야기를 너무 많이 하고, 입을 다물 줄모르는군요.〉 처칠은 전쟁 전에 자신이 계획했던, 〈세계를 이끌 수 있는 영국, 미국, 소련의 민주주의 3개 강대국 연맹〉에 대해 언급했다. 스탈린은 이에 동의하며, 네빌 체임벌린의 정부만 아니었다면 좋은 구상이었을 것이라고 말했다. 만찬이 끝나 갈 무렵 처칠의 방문에 관한 공동성명 텍스트가 작성되었고, 두 지도자는 서명한 사진들을 교환했다. 영국 통역관의 보고가 끝맺고 있듯이, 〈분위기 전체가 아주 화기애애하고우호적이었다〉.

처칠이 모스크바를 떠난 후, 몰로토프는 마이스키에게 방문 결과를간단히 보고하는 글을 썼다. 몰로토프는 〈처칠과의 협상이 매우 원활한것은 아니었습니다〉라고 마이스키에게 말했다. 그러나 협상의 뒤를 이어 〈스탈린 동지의 관저에서 폭넓은 대화가 이루어지면서 손님과 친밀한 개인적 관계가 형성되었습니다. (……) 처칠은 [제2전선이라는] 주요 문제에 만족할 만한 반응을 내놓지 못했지만 그럼에도 결과는 만족스러운 것으로 여길 수 있습니다〉. 몰로토프는 덜 긍정적인 논조로 다음과 같이 마이스키에게 알려 주었다. 〈통일된 전략을 마련한다는 당신의 구상은 논의되지 않았습니다. 우리가 유일하게 전쟁을 하고 있는 당사국인 이 단계에서 이 구상은 우리에게 받아들여질 수 없는 것 같습니다. 귀하는 이 구상을 영국에 제기하면 안 됩니다. 귀하는 우리에게서그런 지시를 받지 않았고, 또 받았을 리가 없습니다.〉[87]

스탈린은 처칠 및 해리먼과 대화를 나누는 동안 내내, 보급이나 다른문제를 둘러싼 논란에도 불구하고 제2전선을 둘러싼 논쟁은 배신이나신뢰 부족의 문제가 아니라 동맹국들 사이의 의견 차이에 불과하다는점을 강조했다. 스탈린은 처칠에게 그들 둘 사이의 개인적 만남이 매우중요하다고 말했다. 스탈린은 또 해리먼에게도 가능한 한 빨리 루스벨트를 만나기를 고대한다는 점을 분명히 했다.[88] 하지만 스탈린의 태도는 스탈린그라드의 위기가 점점 심각해지고 프랑스에 제2전선이 부재함으로써 생겨난 충격이 더 심해지자 곧 싸늘해졌다. 동맹국들에 대한 스탈린의 조바심은 그가 모스크바의 연합 통신사Associated Press 특파원 헨리 캐시디Henry Cassidy가 제출한 서면 질문에 응답하기로 결정한 10월 3일 공공연하게 한계점에 도달했다.

질문　소련의 현 상황 평가에서 제2전선의 가능성은 어떤 위치를 차지하고 있습니까?

답　매우 중요한 위치, 제일 중요한 위치라고 말할 수 있을 겁니다.

질문　소련에 대한 연합국의 지원은 얼마나 효과적인 것으로 판명되고 있으며, 지원을 확대하고 개선하기 위해 무엇을 할 수 있을까요?

답　독일-파시스트 군대의 주력을 소련 쪽으로 끌어냄으로써 소련이 연합국에 하고 있는 지원과 비교해 볼 때 연합국이 소련에 하는 지원은 지금까지 거의 효과가 없었습니다. 지원을 확대하고 개선하기 위해서는 단 한 가지, 즉 연합국이 의무를 제때 철저히 이행하는 것만이 요구될 뿐입니다.[89]

스탈린의 공개적 비판은 영국과 미국의 언론에서 센세이션을 일으켰고,[90] 그가 당분간 제2전선을 포기하고 보급 문제를 우선시하고 있다는 사실을 암시했다. 그것은 무엇보다도 항공기의 긴급 지원을 강조한, 영국 및 미국과의 비공식적 연락과 일치했다.[91] 스탈린은 1942년 11월 6일 볼셰비키 혁명 25주년 기념식 연설에서 제2전선 문제를 다시 거론했다. 스탈린은 모스크바에 모인 청중들에게 유럽에 제2전선이 없다는 사실은 러시아에서 독일군이 현재 군사적으로 성공한 사실을 설명해 준다고 말했다. 왜냐하면 독일군이 모든 예비군을 동부 전선에 집중할 수 있었기 때문이었다. 제2전선이 개시되었더라면 붉은 군대는 지금 프스코프, 민스크, 지토미르, 오데사 부근에 있을 것이고, 〈독일-파시스트 군대는 참사를 당하기 직전이었을 것이다〉.[92] 서방의 제2전선 정책에 대한 스탈린의 비판은 수많은 신문 기사와 사설에서 되풀이되었고, 여론에 관한 내무 인민 위원부 보고를 믿을 수 있다면 소련 일반인들에 의해 널리 공유되었던 것 같다.[93]

제2전선을 둘러싼 대연합 내의 이러한 긴장은 전쟁 범죄자들의 재판과 처벌에 관한 연합국 내의 논쟁과 동시에 발생했다. 10월 초 영국과 미국은 소련에 전쟁 범죄 위원회에 참여해 줄 것을 요청했다. 그러나 모스크바가 이 요청에 대답하기도 전에 영국은 전쟁 범죄자들의 **전후** 처벌 계획을 공표했다. 이에 대한 대응으로 몰로토프는 〈유럽의 피점령 국가들에서 히틀러 침공자들과 그 공범들이 저지른 범죄에 대해 그들이 져야 하는 책임〉에 관한 성명서를 냈다.[94] 10월 4일에 발표된 이 성명서의 핵심은 전쟁 동안 체포된 나치 지도자들, 특히 1941년 5월에 영국으로 극적으로 비행한 후 감옥에서 시들어 가고 있는 히틀러의 전 부관 루돌프 헤스가 국제 법정이 열리기 전에 기소 인정 여부 절차에 부쳐져야 한다는 요구였다. 10월 19일 『프라우다』는 헤스를 전쟁 범죄자로 재판에 넘길 것을 요구하는 사설을 실으며, 〈헤스가 전쟁이 끝날 때까지 재판에 회부되지 않고, 전쟁 전(全) 기간 동안 국제 법정의 재판을 피하는 것을 인정하는 일은 피를 뒤집어쓴 히틀러 범죄자 중 한 명이 저지른 범죄에 눈을 감고 헤스를 범죄자가 아니라 또 다른 국가의 대표, 히틀러의 사절로 여긴다는 것〉을 의미한다고 논평했다.[95]

전쟁 범죄 논쟁은 바로 그날 스탈린이 마이스키에게 보낸 기이한 전신의 배경이 되었다.

모스크바의 우리 모두는 처칠이 소련을 패배시키고 그런 다음 우리를 희생시키면서 (……) 히틀러와 (……) 타협하려는 데 열중하고 있다는 인상을 받았습니다. 그런 추정을 하지 않고는 유럽에서 제2전선을 여는 문제에 대한, 영국에서는 생산이 늘어나고 있음에도 점차 줄어드는 대(對)소련 무기 공급의 문제에 대한, 처칠이 유보하고 있는 것 같은 헤스 문제에 대한 처칠의 행동을 설명하기가 힘듭니다. 그리고 처칠이 모스크바에서 그러겠노라 선언했고, 의심할 여지 없이 그렇게 할 수 있다는 사실에도 불구하고 조금도 이행하지 않고 있는, 9월에 영국이 베를린을 체계적으로 폭격하는 문제에 대한 그의 행동도 마찬가지입니다.[96]

마이스키는 10월 23일 스탈린에게 답신을 보내 소련에 대한 독일의 승리는 히틀러가 유럽뿐만 아니라 아프리카와 아시아 대부분을 지배하도록 내버려 둘 것이므로 처칠이 환영하지 않을 거라고 지적했다. 영국에는 소련의 패배와 히틀러와의 타협을 옹호하는 사람들이 있었으나 그들의 영향력은 현재 그리 크지 않았다. 마이스키는 처칠의 잘못을 그가 〈쉬운 전쟁〉을 원하고 있다는 사실 탓으로 돌렸다. 공급 물자는 횃불 작전의 수요 때문에 줄어들고 있었다. 처칠은 런던에 대한 보복을 두려워해 베를린을 폭격하지 않았다. 헤스는 독일이 영국군 전쟁 포로에 대해 억압적 조치를 취하는 보복을 할지도 모르기 때문에 재판에 회부되지 않았다. 나아가 마이스키는 처칠은 전쟁이 오랫동안 지속될 것이고, 언젠가는 헤스를 유용하게 써먹을 수 있을 거라고 생각한다며 말을 마쳤다.[97] 스탈린은 10월 28일 마이스키에게 다음과 같이 답신했다.

저는 쉬운 전쟁의 옹호자로서 처칠이 여전히 소련의 패배를 추구하는 사람들의 영향을 받고 있다고 생각합니다. 왜냐하면 우리 나라의 패배와 소련을 희생으로 하는 독일과의 타협은 영국과 독일 사이의 가장 손쉬운 전쟁 형태이기 때문입니다.

물론 영국은 훗날 러시아 전선 없이는, 프랑스가 기동하지 않고서는, 그들 영국은 파멸할 수밖에 없는 운명임을 이해하게 될 것입니다. 그러나 영국은 이것을 언제 이해할까요? 지켜보도록 하죠. (……)

처칠은 모스크바에서 1943년 봄에 약 100만 명의 영국-미국 병력이 유럽에 제2전선을 열 것이라고 우리에게 말했습니다. 그러나 처칠은 잊어버리거나 깨뜨리기 위해 쉽게 약속하는 그런 지도자들에 속하는 것 같습니다. 또 그는 모스크바에서 9~10월에 베를린을 맹폭격하겠다고 약속했습니다. 하지만 처칠은 약속을 이행하지 않았고, 모스크바에 불이행의 이유가 무엇인지 알려 주지도 않았습니다. 자, 지금부터 우리는 우리가 어떤 종류의 동맹국들을 상대하고 있는지 알게 될 것입니다.

저는 〈횃불〉 작전에 대한 믿음이 거의 없습니다. 예상과 달리 작전이 성공적으로 끝난다면 작전을 위해 우리에게서 항공기를 뺏어 가고 있다는 사실을 받아들일 수 있을 겁니다.[98]

스탈린은 제2전선의 부재에, 공급 부족에, 헤스 사건에, 그리고 이른바 동맹국의 많은 사람이 독일이 이기는 것을 보고 싶어 한다는 의심에 확실히 당황해했다. 무엇보다도 스탈린은 스탈린그라드 전투에 압박감을 느끼고 있었다. 지금도 붉은 군대는 스탈린그라드 지역에서 적군을 격퇴하기 위해 대대적인 반격을 준비하고 있었다. 이 행동은 스탈린그라드를 계속 지키는 데 달려 있지 않았다. 전략적으로 중요한 것은 도시의 측면을 따라 다가오는 독일군을 저지하는 것이었다. 그러나 도시 자체의 상실은 소련의 사기와 스탈린 개인에게 궤멸적인 타격을 가할 터였다. 감정적으로나 정치적으로나 스탈린은 히틀러가 점령을 위해 그랬던 것만큼이나 〈스탈린의 도시〉를 방어하는 데 전력을 다했다.

스탈린그라드 포위

스탈린그라드 포위 공격은 1942년 8월 23일 대규모 공습으로 시작되었다. 이틀 동안 루프트바페는 2,000회를 출격하여 적어도 2만 5,000명의 민간인들을 살해하는 등 도시를 맹폭했다. 루프트바페 제8 비행 군단장 볼프람 폰 리히트호펜* 장군은 폭격당한 도시 상공을 비행

---

* Wolfram von Richthofen(1895~1945). 제2차 세계 대전 동안 활약한 독일의 전투기 조종사. 육군 원수까지 진급했다. 1939년 공대지 공격 부대인 제8 비행 군단 군단장이 되어 폴란드 침공에 종군했다. 이후 1940년 5~6월에는 서유럽 전체의 공군을 통솔하고,

한 뒤, 그의 일기에 〈스탈린그라드는 파괴되었고, 더는 가치 있는 표적이 없다〉고 적었다.[99] 공습이 시작된 다음 날 프리드리히 폰 파울루스*
장군의 제6군 선발 부대가 볼가강에 이르러 스탈린그라드 북부 외곽에 위치한 리노크와 스파르타카놉카에 당도했다. 하지만 파울루스 군대의 주력은 9월 초까지 스탈린그라드 중앙부의 외곽에 도착하지 않았다. 도시 남쪽에서는 헤르만 호트**의 제4 판처군 — 스탈린그라드를 공격하기 위해 캅카스 전역에서 빠져나와 재배치되었다 — 이 9월 10일까지 볼가강의 쿠포로스노예에 도달하지 않았지만, 그들이 마침내 그곳에 이르자 소련 방어군은 볼가강 건너 동쪽을 제외하고는 모든 방향에서 차단되었다.

도시를 방어하는 병력은 스탈린그라드 중앙과 북부의 제62군과 남부 외곽의 제64군이었다. 하지만 그들은 독일군이 볼가강으로 진격하면서 서로 고립된 상태였다. 소련이 제공한 수치에 따르면, 스탈린그라드와 그 주변 지역 60여 킬로미터 전선을 따라 독일군은 13개 사단을 배치했는데, 이들은 병력 약 17만 명과 탱크 500대, 대포 3,000문, 항공기 1,000대로 이루어져 있었다. 그들을 대적한 병력은 소련군 9만 명이었는데, 이들은 대포 2,000문, 탱크 120대 그리고 400대가 채 안 되는 비행기를 갖고 있었다.[100]

1940~1941년 영국 본토 항공전과 발칸 전역에 참여했다. 독소 전쟁에서 최대의 성과를 올렸으며, 특히 1942년 크림 전역에서 활약했다. 스탈린그라드 전투 당시 그의 제4 항공 함대는 육군 남부 집단군에 전술적 지원을 제공했고, 그 후 지중해 전구로 옮겨 가서 이탈리아 전역에서 공군을 지휘했다. 1945년 7월 뇌종양으로 사망했다.

  * Friedrich von Paulus(1890~1957). 제2차 세계 대전에서 활약한 독일의 장군. 1942년 제6군 사령관으로 스탈린그라드 전투에 참여했다. 전투에서 소련군에 패배하여 포로 생활을 하다 1944년 이후 소련이 지원하는 〈자유 독일 국민 위원회〉를 이끌면서 소련군의 선무 활동에 앞장섰다.

  ** Hermann Hoth(1885~1971). 독일 제3제국의 장군. 기갑 부대를 이끌며 독소 전쟁에서 활약했고, 전쟁 후에는 뉘른베르크 재판에 회부되어 6년 동안 수감 생활을 했다. 출옥 후에는 군사사 분야 저술가로 활동했다.

처음에 스탈린은 스탈린그라드를 방어할 수 있다고 자신했다. 도시는 7월 초부터 포위 공격에 대비했고, 스탑카의 예비군이 이 지역으로 쏟아져 들어왔다. 7월 중순부터 9월 말 사이에 스탑카는 50개 사단과 33개 독립 여단을 스탈린그라드 지역으로 이동시켰다. 동부 전선 사령부에서 온 몇몇 정예 사단과 해군에서 온 수병 10만 명이 증원군에 포함되었다.[101] 8월 23일 스탈린은 예료멘코에게 전선을 돌파하는 적군이 그리 강하지 않으며, 자신은 그들을 대적할 충분한 힘이 있다고 언급하는 지시를 내렸다. 예료멘코는 비행기와 대포를 모두 동원해 적을 공격하고 밤낮으로 그들을 괴롭히라는 재촉을 받았다. 스탈린은 〈중요한 것은 공포에 빠지지 않고, 적의 뻔뻔스러운 행동을 두려워하지 않으며, 우리가 성공할 것이라는 자신감을 유지하는 것〉이라고 말했다.[102] 이튿날 스탈린은 추가로 지시를 하달하여 예료멘코에게 소련 방어의 결함을 보완하고 독일군을 스탈린그라드에서 밀어낼 것을 명령했다.[103] 그러나 스탈린은 그동안 얼마간의 신중함도 배워, 8월 25일 스탑카 대표들로 스탈린그라드를 방문 중인 바실렙스키와 말렌코프에게 메시지를 보내 제62군과 제64군이 동쪽 돈강의 방어선으로 후퇴해야 한다고 생각하는지를 물었다.[104] 8월 26일 주코프가 모스크바로 소환되어 부최고 사령관으로 임명되었다.[105] 그 역시 스탈린그라드로 파견되어 상황을 보고했다. 9월 초 스탈린은 자신감이 약해지기 시작했고, 9월 3일에 주코프에게 다음과 같이 지시했다.

상황이 점점 나빠지고 있습니다. 적은 스탈린그라드에서 [3킬로미터] 지점에 있습니다. 그들은 오늘이나 내일 스탈린그라드를 탈취할 수 있습니다. (……) 부대 사령관들에게 스탈린그라드 북쪽과 북서쪽으로 지체 없이 적군을 공격하게 하십시오. (……) 약간의 지체도 용서할 수 없습니다. 이 순간 지체하는 것은 범죄를 저지르는 것과 같습니다. 모든 항공기를 투입해 스탈린그라드를 도우십시오. 스탈린그라드에는 항공기가 거의 남아 있지 않습니다.[106]

9월 9일 스탑카는 바실리 추이코프* 장군을 제62군 사령관으로 임명했다.[107] 추이코프는 부임했을 때 병력 약 5만 4,000명, 대포 900문, 탱크 100대가 있었던 반면, 파울루스는 이 전력의 약 2배를 스탈린그라드에 배치해 놓고 있었다. 화력도 병력도 열세였으나, 이 추이코프의 부대야말로 독일군의 완전한 점령으로부터 스탈린그라드를 구했다. 도시 측면에서 작전을 벌인 제63군, 제64군, 제66군 역시 방어전에 빼놓을 수 없는 기여를 했지만 말이다.

스탈린그라드는 볼가강 서안을 따라 50~60킬로미터를 뻗어 있는 좁은 도시였고, 세 개의 주요 구역으로 나뉘어 있었다. 남부에는 기차역과 부잔교식 강 중앙 선착장과 맞닿아 있는 구시가지가 있었다. 중앙 구역에는 넓은 가로수 길과 백화점, 시 건물, 공공 편의 시설이 들어선 현대식 도시 중심지가 있었다. 도시 북부는 강기슭을 따라 늘어선 큰 공장 세 개가 있었다. 제르진스키 트랙터 공장(전쟁 시기에는 탱크를 생산하는 쪽으로 개조되었다), 바리카디 병기 공장, 크라스니 옥탸브리(붉은 10월) 금속 공장이 그것이었다. 도시의 남부 구역은 차리차강(이 강에서 도시의 원래 이름인 차리친이 나왔다. 차리친은 1924년 러시아 내전 동안 스탈린이 도시를 방어한 것을 기려 스탈린그라드로 바뀌었다)에 의해 양분되었다. 도시 중심부에는 높이 100미터 언덕인 마마예프 쿠르간이 솟아 있었다.

전술적인 면에서 도시 쟁탈 전투는 강기슭을 누가 통제하는가에 달려 있었다. 붉은 군대가 강기슭을 점령하고 있는 동안에는 스탈린그라드에서 싸우는 부대가 볼가강 건너 동쪽으로부터 재보급을 받을 수 있었다. 독일군이 강기슭의 통제권을 장악하면 도시 내의 소련군 교두보

---

* Vasilii Ivanovich Chuikov(1900~1982). 소련의 군인. 프룬제 군사 아카데미를 졸업하고 1940년 중국에 파견되어 중일 전쟁을 치르는 장제스 총통의 군사 자문관으로 일했다. 독소 전쟁에서 크게 활약하고 전후에는 독일 주둔 소련군 사령관을 맡았다. 1960년 소련군 최고 사령관이 되었다.

를 제거할 수 있었다.

　도시 내의 전투는 네 단계로 전개되었다(260면의 〈지도 9〉를 보라).[108] 9월 13일에 시작한 첫 번째 단계에서 전투는 도시 남부와 중앙부에 집중되었다. 독일군의 목표는 차리차강 남쪽에서 도시의 통제권을 장악하고 중앙 부잔교를 점령하며 제62군을 두 개로 쪼개는 것이었다. 차리차강 북쪽에서 독일군의 목표는 도시 중앙부를 점령하고 마마예프 쿠르간을 확보하는 것이었다. 9월 26일 파울루스는 도시의 남부와 중앙부를 차지했다고 선언할 수 있었다. 하지만 중앙 부잔교가 포화를 받았음에도 독일군은 이 구조물을 확실히 점령하지 못했다. 이와 유사하게, 큰 언덕뿐 아니라 몇 개의 낮은 봉우리들로 이루어진 마마예프 쿠르간의 고지대도 접전이 벌어지는 영토로 남았다.

　9월 27일부터 10월 7일까지 전투의 두 번째 단계 동안 마마예프 쿠르간을 차지하려는 전투가 계속되었으나, 주요 투쟁은 북쪽에서 공장 지구의 통제를 둘러싸고 전개되었다. 또다시 독일군이 상당한 진전을 보였지만 공장들을 탈취한다거나 볼가강 서안의 주요 강변 인접지를 점령하는 데에는 실패했다.

　스탈린은 도시의 소련군 진지를 지켜 낼 수 있을지 그 가능성을 점점 더 우려했는데, 10월 5일 예료멘코에 내린 분노에 찬 지시는 이를 잘 보여 주었다.

　저는 귀하가 스탈린그라드 전선의 부대를 위협하는 위험을 보지 못하고 있다고 생각합니다. 도시 중앙부를 점령하고 북부 스탈린그라드의 볼가강 쪽으로 진격하는 적들은 제62군을 포위해서 포로로 잡고, 그런 다음 남부의 제64군을 포위해서 포로로 잡으려 (……) 하고 있습니다. 적들이 스탈린그라드의 북부와 중앙부, 남부에서 볼가강 도하 지점들을 점령한다면 이 목표를 달성할 수 있습니다. 이 위험을 막기 위해서는 적군을 볼가강에서 축출하고 적들이 귀하에게서 빼앗은 거리와 건물들을 점령하는 것이 필수적입니다. 그러려면 스탈린그라드의 모든 거리와 건물

지도 9. 스탈린그라드 전투(1942년 9~11월)

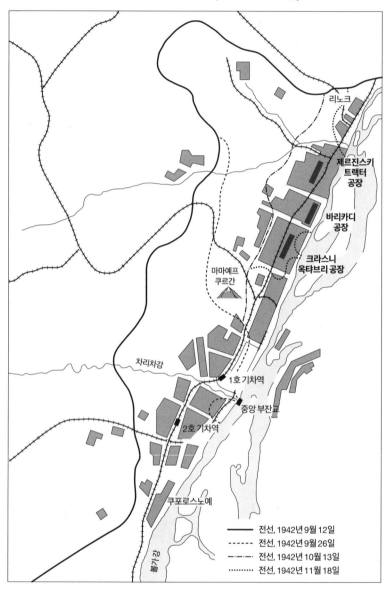

리노크

제르진스키
트랙터
공장

바리카디
공장

크라스니
옥탸브리 공장

마마예프
쿠르간

차리차강

1호 기차역

중앙 부잔교

2호 기차역

쿠포로스노예

볼가강

전선, 1942년 9월 12일
전선, 1942년 9월 26일
전선, 1942년 10월 13일
전선, 1942년 11월 18일

을 요새로 만들어야 합니다. 그러나 유감스럽게도 귀하는 이렇게 하지 못했고 구역들을 잇달아 적들에게 내주고 있습니다. 이것은 귀하가 일을 잘못하고 있다는 사실을 말합니다. 귀하는 스탈린그라드 지역에서 적들보다 병력이 많습니다. 그럼에도 적들은 귀하를 계속 쥐어짰습니다. 저는 스탈린그라드 전선에서 귀하가 하고 있는 일이 마음에 들지 않으며, 귀하에게 스탈린그라드를 방어하기 위해 할 수 있는 조치를 다할 것을 요구합니다. 스탈린그라드를 적에게 내줘서는 안 되며, 적들이 점령한 스탈린그라드의 모든 곳을 해방시켜야 합니다.[109]

스탈린의 독려에도 불구하고, 붉은 군대는 10월 14일 공장 지구에 대한 공격 재개로 시작된 전투의 제3단계에서 훨씬 더 많은 지역을 내주었다. 그달 말까지 독일군은 트랙터 공장과 바리카디 그리고 크라스니 옥탸브리 공장 대부분을 탈취했다. 추이코프의 군대는 장소에 따라서는 폭이 불과 수백 미터밖에 되지 않는 볼가강 서쪽 측면의 긴 땅 안으로 쫓겨 들어갔다.

마침내 11월 11일 파울루스는 스탈린그라드에서 최후의 대대적 공격에 나섰다. 또다시 표적은 공장 지구였고, 독일군은 볼가강으로 뚫고 나아가는 데 얼마간 성공을 거두었다. 그 결과 강 서쪽 기슭의 또 다른 구역을 차지하면서 제62군을 세 부분으로 쪼갰다. 11월 중순까지 독일군은 스탈린그라드의 90퍼센트 이상을 점령했지만, 결정적으로 추이코프의 부대는 볼가강 서쪽 기슭을 따라 25킬로미터에 걸쳐 있는 긴 땅에 여전히 견고하게 자리를 잡고 있었다. 붉은 군대가 이 교두보를 차지하고 있는 한, 독일군은 스탈린그라드에서 완전한 승리를 주장할 수 없었고 소련군의 반격 위험에 노출된 상태였다. 더욱이 파울루스는 이 정도까지 성과를 내느라 부대가 탈진해 있어서, 제6군은 더 이상 공격에 나설 수도 없었다. 추이코프는 스탈린그라드에서 계속 버티며 완전한 패배를 피함으로써 도시의 통제권을 확보하기 위한 전략적 전투에서 사실상 승리했다.

추이코프의 성공은 세 가지 요인에 바탕을 두었다. 첫째, 추이코프는 어느 정도 효과적인 시가전 전술을 채택했다. 이 전술은 도시의 폐허 속에서 요새화된 진지를 맹렬하게 방어하는 것뿐만 아니라 스탈린그라드의 무너진 공장과 건물에서 소규모 전투를 수백 차례나 벌이면서 적군과 싸우는 것도 포함했다. 붉은 군대의 공격 정신은 스탈린그라드에서 건재한 것으로 드러났다. 둘째, 볼가강 너머로부터 재공급이 계속 이루어졌다. 특히 중요한 것이 병력 증원이었다. 강 건너로 파견된 부대 중에 알렉산드르 로딤체프*가 지휘하는 불운한 제13 근위 사단이 있었다. 〈근위〉 사단들은 전투 경험이 있는 검증된 엘리트 부대로서, 급료가 높고 일반적으로 보급을 잘 받았다. 제13 근위 사단은 9월 14일과 15일에 볼가강을 건너 도시 중앙부에서 곧바로 전투를 개시했다. 전투 첫날에 1만 명에 달하는 사단의 30퍼센트가 죽거나 다쳤는데, 많은 병사가 탄약 없이 강을 건넜기 때문이었다.[110] 스탈린그라드 전투가 끝날 즈음 이 사단의 생존자는 320명에 불과했다. 추이코프는 회고록에서 〈로딤체프의 사단이 없었더라면, 도시는 대략 9월 중순에 적의 수중에 완전히 떨어졌을 것이다〉라고 적었다.[111] 셋째, 스탈린그라드 방어군을 위한 공군과 포병의 지원이 있었다. 전투의 이미지들은 거리와 공장 전투라는 그림이 압도적이나, 이에 못지않게 중요한 사실은 볼가강 동쪽 기슭에 소련군 대포들이 수없이 포격을 가하여 독일군에게 포탄이 쏟아졌고, 스탈린그라드 상공에서 제공권을 차지하기 위한 경쟁이 치열하게 벌어진 것이었다.

스탈린그라드에서 소련이 성공을 거둔 또 다른 이유도 있었다. 이것은 적어도 연합국의 세계에서 당대 관찰자들에게 누가 보더라도 대번에 알 수 있을 것 같은 이유였다. 전투가 진행되는 동안 추이코프의 부

---

* Aleksandr Ilich Rodimtsev(1905~1977). 소련의 군인. 독소 전쟁 당시 공수 여단, 소총 사단(보병 사단), 소총 군단(보병 군단)을 지휘하는 야전 지휘관으로 용맹을 떨쳤고, 전후에는 동시베리아 군관구 사령관, 북부 군관구 사령관, 국방부 검열관 등 군 요직을 두루 거쳤다.

대는 75퍼센트가 죽거나 다쳤지만 제62군의 저항 의지는 꺾이지 않았다. 소련과 연합국의 일반인들은 붉은 군대의 복원력에 경탄을 금치 못했지만, 그렇다고 그것에 특별히 놀라지는 않았다. 스탈린그라드는 붉은 군대가 성취한 영웅적 방어의 긴 역사에서 가장 최근에 승리를 거둔 전투였던 것이다. 이 전투에서 다른 점이 있다면, 그것은 1942년 8월부터 11월 사이에 서방과 소련의 신문들 지면에서 매일같이 다루어짐으로써 전투가 장기적이고 공공연한 성격을 띠게 되었다는 사실이다. 당연히 소련의 선전 담당자들은 스탈린그라드에서 붉은 군대가 거둔 위업을 장황하게 자랑했고, 도시에서 싸우는 병사들에게 영웅주의의 이미지를 부여했다. 영웅적인 스탈린그라드라는 신화는 실제 영웅적 행동에 뿌리박혀 있었지만 언론 보도에 의해 증폭되었다. 그 후 수십 년 동안 스탈린그라드가 사활을 건 방어의 상징으로 우뚝 선 것은 놀라운 일이 아니었다.

물론 영웅적 행동만 있었던 것은 아니었다. 다른 곳과 마찬가지로 스탈린그라드에서도 스탈린의 가차 없고 무자비한 규율 체제가 끝까지 버티게 하는 데 일정 역할을 했다. 전투가 벌어지는 내내 내무 인민 위원부는 스탈린그라드에서의 활동에 대한 보고서들을 제출했다. 그중 한 보고서는 9월 21일에 일어난 다음과 같은 사건을 기록했다.

오늘 적군의 돌파 공격 때 제13 근위 사단의 두 부대가 동요하여 후퇴하기 시작했다. 그중 한 부대의 지휘관인 미롤루보프 중위 역시 공포에 빠져 자신의 부대를 놔둔 채 전장에서 도망갔다. 제62군의 독전대가 퇴각하는 부대를 붙잡아 진지를 안정화시켰다. 미롤루보프 중위는 병사들이 보는 앞에서 총살당했다.[112]

전투가 진행되는 동안 스탈린그라드와 그 주변의 내무 인민 위원부 부대들은 75만 명의 서류들을 검토했고, 그 결과 2,500명의 탈영병과 255명의 적군 첩자, 정치적 일탈자, 공수대원들을 구금했다.[113] 또 다른 내무 인민 위원부의 요약 보고에 따르면, 돈강과 스탈린그라드 전선군 지역에서 활동 중인 그 부대들은 8월 1일부터 10월 15일까지 4만 명 이상의 병사들을 구금했다. 그중 900명을 체포하고 700명을 총살했으며, 1,300명을 형벌 대대로 넘겼다. 그리고 나머지는 소속 부대로 돌려보냈다.[114] 하지만 스탈린그라드에서는 내무 인민 위원부마저 영웅적이었다. 내무 인민 위원부는 보안과 방첩 활동을 수행했을 뿐 아니라 전투에도 활발히 참여했고 많은 사상자를 낳았다. 내무 인민 위원부 요원들은 적진 깊숙이 침투하여 수많은 파괴 활동도 벌였다.[115]

〈화성〉, 〈토성〉, 〈목성〉, 〈천왕성〉

스탈린그라드에서 전투가 벌어지던 내내 스탑카는 반격 작전을 계획하고 준비했다. 이것은 11월 19일 스탈린그라드 전선군, 돈 전선군, 남서부 전선군에 의한 합동 반격의 개시와 함께 찾아왔다. 스탈린그라드 전선군과 돈 전선군은 예료멘코의 남동부 전선군이 스탈린그라드 전선군으로 이름을 바꾸고, 로코솝스키가 돈 전선군으로 개칭된 옛 스탈린그라드 전선군의 지휘를 맡았던 9월 28일에 조직되었다. 돈 전선군에 인접한 남서부 전선군은 10월 31일 바투틴 장군의 지휘하에 결성되었다.[116] 천왕성 작전의 기본 구상은 칼라치를 향해 진격하면서 그곳으로 모여들고 있는 이 세 전선군의 부대들이 스탈린그라드의 적들을 포위하는 것이었다(265면의 〈지도 10〉을 보라).

극비리에 반격을 준비했고 일련의 속임수와 허위 정보 유포 조치maskirovka를 실행에 옮겼다.[117] 최전선 지역에서 민간인들을 소개했고,[118] 최후의 순간까지 주요 공격 부대를 배치하지 않았다. 게다가 러시아 역사가 베샤노프V. V. Veshanov가 표현했듯이, 〈이번에는 스탈린이 사령관들을 재촉하지 않았고, 작전은 조심스럽고 효율적으로 준비되었다〉.[119] 필요한 공격 부대와 예비군을 확보하기 위해 다른 전선군과 군들이 방어에 들어가거나, 보유한 전력으로 어떻게든 해보라는 말을 들었다.[120]

지도 10. 천왕성 작전(1942년 11월)

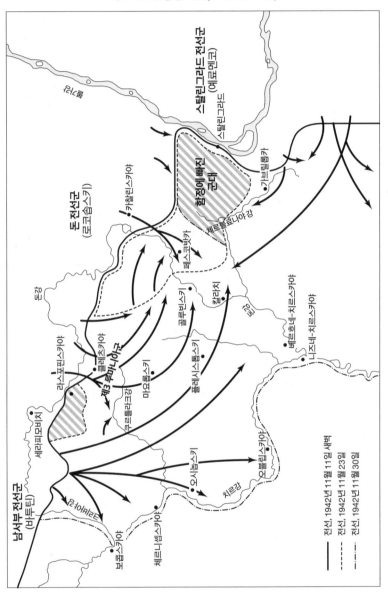

범례:
- 전선, 1942년 11월 11일 새벽
- 전선, 1942년 11월 23일
- 전선, 1942년 11월 30일

스탈린그라드 전선군 (예로멘코)
스탈린그라드
함정에 빠진 군대
가브릴롭카

돈 전선군 (로코솝스키)
카찰린스카야
체르블료나야 강
메스크바카
칼라치
돈강
베른호네-치르스카야
나즈네-치르스카야
골루빈스키
마요롭스키
라스포핀스카야
제3루마니아군
클레츠카야
폴레이스롭스키
오시눕스키
치르강
오블림스카야
베르흐네르그강
세라피모비치
남서부 전선군 (바투틴)
예라피오
카라이츠
체르니솁스카야
보콥스카야

11월 중순까지 스탑카는 75만 명의 공격 병력을 집결시켰다.

천왕성 작전은 엄청난 성공을 거두었다. 11월 23일까지 스탈린그라드의 파울루스 군대를 완전히 포위했다. 스탑카는 10만 명가량의 적군을 궁지에 몰아넣기를 기대했다. 결국 그들은 이 숫자의 3배를 붙잡았고, 천왕성은 붉은 군대가 처음으로 성공한 대대적인 포위 작전이었다. 포위 작전 동안 궤멸된 적군 중에는 파울루스의 측방을 보호하는 게 임무인 독일 추축 동맹국들의 군대가 있었다. 이 사태 이후 독일은 참패 원인을 허약한 동맹국들의 탓으로 돌리려 했지만, 베어마흐트는 루마니아와 헝가리, 이탈리아에 자원 공급을 차단했고, 또 이들 나라에는 적의 돌파를 막을 예비군이 전혀 없는 상태에서 툭 트인 광대한 땅을 지키라는 불가능한 임무가 주어졌다.[121]

천왕성 작전의 기원은 얼마간 논란을 불러일으킨다. 러시아 속담처럼, 실패는 고아지만 성공은 아버지가 여러 명이다. 가장 널리 받아들여지는 주장은 주코프의 주장인데, 주코프는 회고록에서 자신과 바실렙스키가 이 구상을 떠올려 1942년 9월 13일 스탈린에게 제안했다고 썼다. 그 뒤 바실렙스키는 날짜를 특정하거나, 스탈린이 완전히 새로운 계획을 채택하도록 설득당했다는 식의, 주코프가 극적으로 제시한 이야기를 되풀이하지는 않았지만, 자신의 회고록에서 주코프의 설명을 뒷받침했다.[122] 하지만 스탈린의 업무 일지에 따르면, 스탈린은 8월 31일과 9월 26일 사이에 주코프와 회의를 가진 적이 없었다. 스탈린은 이 기간 동안 바실렙스키를 만났으나 9월 9일부터 9월 21일 사이는 아니었다.[123] 주코프의 회고록에 있는 다른 의심스러운 주장들을 감안하면, 주코프의 이야기는 지어낸 듯싶다. 그렇다고 주코프가 천왕성 작전의 입안자 중 한 사람이 아니라고 말하는 것은 아니다. 주코프는 스탈린의 부관이었고, 참모 총장으로서 작전 계획을 작성할 책임이 있는 바실렙스키와 긴밀하게 일했다. 주코프도 바실렙스키도 전투가 벌어지는 동안 스탈린그라드 지역에서 많은 시간을 보냈고 보탬이 될 만한, 직접 체험한 지식을 상당히 갖고 있었다.

그러므로 천왕성 작전의 상세한 계보는 여전히 불분명하지만, 작전이 독일군을 측방에서 공격함으로써 스탈린그라드 방어군에 대한 압박을 완화시키는 다양한 계획과 구상으로부터 발전한 것 같다. 그런 식으로 반격을 가한다는 사고방식과 계획은 그즈음 붉은 군대의 표준적인 작전 운용 규정이었다. 어쨌든 10월 초에 스탈린그라드에서 대대적으로 반격을 가한다는 결정이 내려졌고, 전선군들은 상세한 행동 계획을 작성하라는 요청을 받았다.[124]

천왕성 작전을 둘러싼 또 하나의 논쟁은 다른 공격인 화성 작전과도 관련이 있다. 화성 작전은 칼리닌 전선군과 서부 전선군이 중부 집단군을 상대로 르제프 돌출부에 있는 독일 제9군을 포위하는 데 목표를 둔 공격이었다. 화성은 원래 천왕성 전에 시작하기로 일정이 잡혀 있었으나 날씨와 다른 요인들 때문에 11월 25일까지 연기되었다. 화성에 할당된 병력은 천왕성에 주어진 병력과 맞먹었지만, 화성은 큰 성공을 거두지 못했다. 12월 말에 작전은 소련군이 10만 명의 사망자를 비롯해 35만 명의 사상자를 낸 사실 외에는 보여 줄 만한 성과가 거의 없어서 결국 중단되고 말았다.

주코프는 자신의 회고록에서 화성 작전을 천왕성을 지원하는, 대체로 성공적인 작전으로 제시했다. 이 작전의 의도는 중부 집단군의 부대가 남부에 재배치되는 일이 절대 없도록 하는 것이었다.[125] 이러한 설명은 대부분의 러시아 군사사가가 받아들였지만, 미국의 역사가 데이비드 글랜츠는 『주코프의 가장 위대한 패배』에서 화성은 부쵸고 사령관이 가장 선호한 작전이고, 목성이나 해왕성이라는 또 다른 작전 — 중부 집단군의 대대적인 포위와 궤멸을 위한 계획 — 을 후속 작전으로 실행할 생각이었다고 주장했다.[126] 글랜츠가 보기에 목성은 남부에서 진행된 토성 작전의 자매 격으로 계획된 것이었다. 토성 작전은 천왕성의 후속 작전으로, 로스토프를 탈환해 캅카스에서 A 집단군을 차단하는 데 목표가 있었다. 스티븐 월시 Stephen Walsh가 표현한 대로, 스탑카가 염두에 두고 있던 것은 숨 막힐 정도로 〈장대한 전략적 계획〉이었다.[127]

작전 지도를 대충 훑어보면(269면의 〈지도 11〉을 보라), 화성-토성-천왕성-목성이라는 행성 이름을 사용한 것은 구상한 포위 작전들에 대한 비유로 여길 수 있다. 화성과 천왕성의 경우는 비교적 작은 작전이고 토성과 목성의 경우는 거대한 포위 공격이었던 것이다. 글랜츠와 그의 공동 저자인 조너선 하우스Jonathan House는 좀 더 무미건조하게 다음과 같이 썼다. 〈소련의 전략적 목표는 남부 러시아에서 독일군을 단순히 격퇴하는 일을 훨씬 뛰어넘었다. 스탑카는 사실상 동부 전선 전역에서 적의 방어망을 붕괴시키고자 했다.〉[128] 달리 말해 화성-토성-천왕성-목성은 베어마흐트를 일거에 파괴하기 위한 스탈린의 또 다른 원대한 계획이었던 셈이다. 확실히 그것은 스탈린이 혹할 만한 야심적인 프로젝트였다. 실제로 화성이 실패했을 때에도 스탈린은 독일군을 동부 전선 너머로 대대적으로 밀어낸다는 구상을 고수했다.

화성 작전에 대해 말하자면, 그것은 아마도 주코프의 가장 큰 패배라기보다는 르제프-뱌지마 지역에서 그가 가장 최근에 겪었던 실패였던 것 같다. 화성은 이 지역에서 중부 집단군에 대항해 전진하고자 했던 이전의 많은 노력으로부터 발전한 작전이었다. 차이가 있다면 화성이 이전의 작전들보다 훨씬 나은 자원을 제공받았으며, 개념적으로 이중 공세의 한 갈래로서 천왕성과 연결되어 있었다는 것이었다. 사실 이는 이 두 작전이 화성이 실패로 끝나 헤드라인에서 사라질 때까지 소련 언론에 제시된 방식이었다.[129] 화성은 중부 집단군이 남부의 독일군보다 더 강했고, 더 잘 준비된 진지에 견고하게 자리 잡고 있었기 때문에 성공하지 못했다. 또한 중부 집단군은 군사 행동을 매우 힘들게 하는 여름 날씨에도 직면하지 않았다. 그 같은 실패에도 불구하고 화성은 천왕성에 필수적인 부속 작전이었다. 스탑카는 특히 스탈린과 아마도 주코프 역시 소련의 수도가 히틀러의 주 표적임을 계속 믿고 있을 때 문간에 들이닥친 강력한 독일군을 무시할 수가 없었다. 미하일 먀코프가 주장했듯이,[130] 스탑카의 관점에서 볼 때 남부에서의 전략적 변화는 만일 중부 구역 역시 안정되지 않는다면 일시적인 성공으로 판명될 수도 있었다.

지도11. 〈화성〉, 〈목성〉, 〈토성〉, 〈천왕성〉

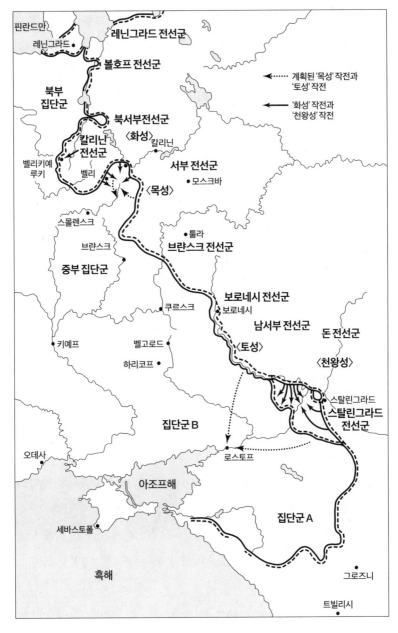

핀란드만
레닌그라드
레닌그라드 전선군
볼호프 전선군
북부 집단군
북서부전선군
〈화성〉
칼리닌 전선군
칼리닌
벨리키예 루키
벨리
서부 전선군
모스크바
〈목성〉

계획된 '목성' 작전과 '토성' 작전
'화성' 작전과 '천왕성' 작전

스몰렌스크
브랸스크
중부 집단군
브랸스크 전선군
툴라
쿠르스크
보로네시 전선군
보로네시
남서부 전선군
돈 전선군
키예프
벨고로드
하리코프
〈토성〉
〈천왕성〉
스탈린그라드
스탈린그라드 전선군
집단군 B
오데사
로스토프
아조프해
세바스토폴
집단군 A
흑해
그로즈니
트빌리시

조만간 붉은 군대는 중부 집단군을 상대해야 할 터였다.

스탈린그라드에서 파울루스의 군대가 포위된 데 대한 히틀러의 대응은 이중적이었다. 첫째, 항공기로 제6군에 계속 물품을 공급하려는 시도가 있었다. 문제는 루프트바페가 매일 300톤의 물자를 싣고 비행해야 한다는 사실인데, 루프트바페는 그럴 만한 비행기가 충분하지 않았다(수송기의 절반은 횃불의 충격에 흔들리며 북아프리카에서 후퇴 중인 독일군을 돕느라 바빴다)는 것이었다. 날씨 역시 독일의 공수에 불리했고 스탈린그라드 상공에서는 붉은 공군의 위력이 점점 커져 가고 있었다.[131] 둘째, 돈 집단군이 주도해 스탈린그라드로 뚫고 나아가려는 시도인 겨울 폭풍Wintergewitter 작전이 있었다. 돈 집단군은 바로 이러한 목적을 위해 설치된 특수 부대였다. 육군 원수 에리히 폰 만슈타인*이 지휘하는 독일군은 얼마간 전진하는 데 성공했으나 스탈린그라드 앞 40~50킬로미터 지점에서 멈추었고, 파울루스의 부대는 그들을 만나기 위해 빠져나올 수가 없었다. 어쨌든 히틀러는 제6군이 위험하고 수치스러운 후퇴를 하기보다는 버티며 싸워야 한다고 결정했다. 스탈린처럼 히틀러도 특히 그 문제에서 선택의 여지가 없을 때는 영웅적으로 싸우다가 패배하는 것이 더 낫다고 생각했다. 소련은 겨울 폭풍 작전의 부작용 때문에 토성 작전 계획을 수정할 수밖에 없었다. 대신 스탑카는 만슈타인의 군사 기동을 멈추기 위해 소토성 작전을 시작했다.[132] 만슈타인은 저지되었지만 로스토프는 1943년 2월까지 탈환되지 않았다. A 집단군은 이러한 지체 덕분에 캅카스에서 빠져나올 수 있었다.

소련은 스탈린그라드에서 덫에 가둔 부대의 전체 규모를 알게 되자 포위망을 좁히는 대규모 작전을 준비했다. 1943년 1월 10일, 로코솝스

* Erich von Manstein(1887~1973). 독일의 장군. 1940년 독일이 프랑스를 침공할 때 실행한 〈낫질 작전〉을 입안한 것으로 유명하다. 그 후 독소 전쟁에서 세바스토폴 포위전, 레닌그라드 포위전, 하리코프 공방전, 쿠르스크 전투 등에 참전했다. 1949년 전쟁 범죄 혐의로 기소되어 18년 형을 선고받았으나 4년 동안 수형 생활을 한 뒤 석방되었다. 1950년대 중반에는 서독 정부의 군사 고문으로 일하면서 독일 연방군 재건에 기여했다.

키가 지휘하는 소련군 7개 군이 공격에 나서, 그달 말에 전투에서 승리했고 9만 명의 독일군이 항복했다. 이때 파울루스도 항복했는데, 그는 스탈린그라드에서 소련군의 포로가 된 24명의 독일 장군 중 한 명이었다.

그사이 붉은 군대는 남부 구역에서 총공세를 개시하여 1월 26일 보르네시를, 2월 14일 로스토프를 탈환했다. 다음 날 독일군은 하리코프를 떠났다(그러나 3월 중순에 반격을 가해 도시를 다시 점령했다). 2월 초에 오룔, 브랸스크, 스몰렌스크 방향으로 대규모 공격이 개시되었다. 며칠 뒤 북극성 작전이 시작되었다. 그것은 레닌그라드 봉쇄를 해제시키려는 시도였다. 1943년 2월 23일 스탈린은 특별 명령에서 〈유럽에서 제2전선이 열리지 않아 붉은 군대 혼자 전쟁의 모든 짐을 지고 있다〉는 사실에 개탄을 금치 못했지만, 소련이 확고하게 주도권을 쥐고 있다고 주장했다. 〈현재, 겨울이라는 열악한 조건이지만 붉은 군대는 1,500킬로미터의 전선 전역에서 전진하고 있으며, 사실상 모든 곳에서 성공을 거두고 있습니다.〉[133] 이는 사실이었으나, 소련의 전진은 봄의 진창Rasputitsa 속에서 곧 서서히 멈추었다. 다시 한번 붉은 군대는 스탑카의 야심을 충족시키기에는 역량이 부족했고, 독일군은 스탈린그라드에서 궤멸적인 패배를 당하고도 놀라울 정도로 빠르게 회복할 수 있는 군대로 밝혀졌다.

스탈린그라드와 쿠르스크에서의 승리

스탑카는 가장 야심적인 목표를 달성하는 데에는 실패했지만, 스탈린그라드에서 거둔 승리는 너무나 눈부신 전과였다. 독일군과 추축국 동맹군들은 1942년에 남부에서 진행된 군사 행동 동안 150만 명의 사상자를 내고도 아무것도 얻지 못했다. 블라우 작전 개시 1년 후 독일군은 처음 작전을 시작했던 선으로 다시 밀려났다. 독일군은 정예 제6군 전체를 포함하여 거의 50개 사단을 잃었다. 스탈린그라드에서만 독일군 15만 명이 사망했다. 핀란드를 제외하고 독일의 모든 유럽 추축 동맹국들의 군대가 정비가 불가능할 정도로 산산조각 났다. 그것은 유럽에서 추축 동맹의 종언이 시작되었음을 알리는 것이었고, 실제로 이 동맹은 1943~1944년에 완전히 해체될 터였다.[134] 독일에 점령당한 유럽 전역에서 벌어지던 저항 운동은 히틀러가 스탈린그라드에서 패배한 소식에 자신감을 얻었다. 심리적인 고무는 이루 헤아릴 수 없을 정도여서 소련과 연합국의 사기가 크게 진작되었다. 독일은 전쟁에서 처음으로 큰 패배를 맛보았고 연합국의 승리가 확실한 것 같았다.

돌이켜 생각해 보면 스탈린그라드는 동부 전선에서 전쟁의 **전환점**으로 종종 자리매김되곤 했다. 스탈린그라드에서 소련은 전략적 주도권을 쥐었고 그 후 주도권을 잃은 적이 없었다. 스탈린그라드 이후 독일군의 패전은 항상 시기와 방식의 문제였지 가능성의 문제가 더는 아니었다. 1943년 여름 쿠르스크에서 전개된 최후의 노력을 제외하면 베어마흐트는 계속 베를린 쪽으로 퇴각했다.

연합국의 세계에서 당대의 관찰자들은 스탈린그라드의 중요성을 재빨리 파악했다. 영국에서 소련군의 승리는 유럽 문명을 구원한 위업으로 언론에서 묘사되었다.[135] 1943년 2월 2일 『워싱턴 포스트』에 쓴 글에서 바넷 노버Barnet Nover는 스탈린그라드를 당시 연합국을 구원하고 그들에게 승리를 가져다준 제1차 세계 대전의 대격전들에 비유했다. 〈이 전쟁에서 스탈린그라드의 역할은 마른, 베르됭, 제2차 마른 전투의 역할이 하나로 합쳐진 것이었다.〉

1943년 2월 4일 자 『뉴욕 타임스』의 사설에 따르면,

스탈린그라드는 이 전쟁에서 가장 희생이 크고 가장 완강한 투쟁 현장이다. 이곳에서 한쪽이 쓰러질 때까지 진행된 전투는 오랜 전쟁의 역사에서 결정적인 전투 중 하나로 판명될 것이다. (……) 전투의 강도, 파괴력, 공포의 수준에서 스탈린그라드는 비견할 만한 게 없다. 그것은 유럽에서 가장 큰 두 군대가 전력을 다해 부딪친 전투였고, 말 그대로 대지를 에워싼, 목숨을 건 갈등이라는 틀에 잘 들어맞는 전투였다.

당시 소련은 스탈린그라드의 중요성에 대해 좀 더 차분한 견해를 갖고 있었다. 당연히 전투는 대승리로 묘사되었지만,[136] 전쟁에서 마침내 이겼다는 승리주의적 확언은 없었다. 소련 상급 사령부는 위대한 승리를 거두었으나, 동부 전선 전역에서 독일군을 패주시킬 희망을 충족시키기에는 많이 모자라다는 것을 알았다. 그것은 또 소련이 매우 힘들게 승리한 전투였고, 사상자 수도 공식적으로 인정된 수를 훨씬 초과했다. 독일군이 남부에서 군사 행동을 벌이는 동안 소련군의 사상자는 줄잡아 250만 명이었다. 이 수치는 1942년에 전선의 다른 곳에서 발생한 수십만 명은 물론이고 1941년에 발생한 엄청난 인적 피해를 뛰어넘는 것이었다. 더구나 스탈린과 스탑카는 중부 집단군에 맞서 결정적인 전투가 아직 벌어지지 않았다고 믿었다. 베를린으로 가는 도로는 스몰렌스크, 민스크, 바르샤바를 지나는 상대적으로 짧은 중앙 축을 따라 놓여 있었다. 이 경로가 여전히 독일군에 의해 차단되어 있는 동안에는 승리에 대한 만족이 있을 수가 없었다.

1943년 이른 봄에 겨울 공세가 서서히 중단되면서 스탑카는 향후 작전의 선택지를 고려했다. 3월과 4월에 여러 회의와 상의를 거쳐 붉은 군대가 당분간은 방어 태세에 있어야 한다는 합의가 이루어졌다. 방어 자세를 지지하는 스탈린의 태도는 세 가지 주요 요인의 영향을 받았던 것 같다. 첫째, 스탈린그라드 이후의 작전들이 별 진전을 보지 못했다는, 아니 사실은 몇몇 구역, 특히 하리코프 지역에서 밀려났다는 실망감. 둘째, 스탑카는 당장 공격 작전에 나서는 데 필요한 예비군이 부족했다. 스탑카는 3월 말까지는 가용할 수 있는 예비 병력이 10개 군으로 늘어나긴 했지만, 3월 1일 현재에는 4개 군밖에 없었다.[137] 셋째, 독일군의 다음 표적이 작전의 중앙 전역과 남부 전역의 교차점에 있는 쿠르스크 인근의 소련군 방어선에서 바깥쪽으로 돌출된 부분으로 명확히 확인될 수 있었다. 이는 독일군의 공격에 대비하고 완화한 다음 반격을 개시할 가능성이 있음을 암시했다. 이 전략의 초기 주창자는 주코프였는데, 그는 4월 8일 스탈린에게 다음과 같이 글을 썼다.

1942~1943년 겨울 군사 행동 동안 심각한 피해를 입은 적군은 봄까지는 캅카스 장악과 볼가강 도달을 도모하는 새 공세를 준비하는 데 충분할 만큼 예비군을 증강시킬 수 없을 것입니다. 이 공세는 모스크바를 광범위하게 에워싸는 것이 목표입니다. 한정된 예비군 때문에 적군은 좀 더 협소한 전선에서 공격 작전을 개시하고 (……) 모스크바를 탈취하려는 그들의 주요 목표를 천천히 추구할 수밖에 없을 것입니다. 지금 적군이 우리의 중부 전선군, 보로네시 전선군, 남서부 전선군과 대적하고 있는 것을 보면 저는 적군이 가능한 한 가까이서 자유롭게 기동하며 모스크바를 측면에서 공격할 수 있는 입지를 확보하기 위해 이곳의 우리를 분쇄할 의도로 전선군들에 타격을 가할 거라고 믿습니다. 시작 단계에서 적군은 쿠르스크를 에워싸는 두 갈래 기동 속에서 (……) 대대적으로 공격할 것 같습니다. (……) 우리 병력이 다음 며칠 동안 예방 공격을 개시하는 것은 적절치 않으며, 방어적 행동으로 적군을 약화시키고 그들의 탱크를 파괴하는 것이 우리에게 더 이익이라고 믿습니다. 그런 다음 새 예비군을 투입하고 총공세를 감행하여 적의 본대를 철저히 파괴해야 합니다.[138]

나중 단계에서 총공세를 단행할 것을 옹호하고 모스크바에 대한 위협을 강조함으로써 주코프는 스탈린이 원하는 바를 제대로 짚어 내고 있었다. 참모 본부의 작전과장 시테멘코에 따르면, 주코프의 제안을 들은 스탈린의 반응은 〈적군에 대한 예측에 흥분하지 않는다〉는, 오랫동안 견지해 온 자신의 원칙에서 벗어나는 것이었다.[139] 스탈린은 전선군 사령관들의 의견이 어떤지 알아보라는 명령을 내렸고, 그들이 주코프와 동일한 의견을 표명하자 쿠르스크 지역에서 방어 전투를 준비하는 것이 좋겠다고 생각했다. 이러한 견해에 따라 1943년 5월 1일 스탈린이 내린 특별 명령의 주요 내용은 겨울 전투의 성공을 확고히 하는 것이었다.[140]

쿠르스크가 베어마흐트의 다음 표적이 될 거라는 예측은 독일의 의향과 준비에 대한 첩보들로 확인되었다.[141] 사실 5월에 독일군의 공격이 임박했다는 몇몇 설익은 보고들이 있었고, 이 때문에 스탑카는 전선군 사령관들에게 일련의 경보를 울려야 했다. 공격이 실제로 구체화되지 않자 상급 사령부의 일부 인사들은 공격이 이루어지지 않을 것이고 붉은 군대가 선수를 칠 필요가 있다는 결론을 내렸다. 공격을 옹호한 이들 중 한 사람은 보로네시 전선군의 사령관으로 되돌아온 바투틴 장군이었다. 그는 바실렙스키에게 〈우리는 보트를 놓칠 것이고, 그 순간은 지나가 버릴 것입니다〉라고 말했다고 한다. 〈적군은 움직이지 않을 것이고, 곧 가을이 오면 우리 계획 전부가 엉망이 될 것입니다. 엉덩이를 털고 일어나 먼저 시작합시다. 우리에겐 그럴 만한 충분한 병력이 있습니다.〉[142] 주코프와 바실렙스키는 스탈린에게 계속 버티면서 독일군의 공격을 기다리라고 설득할 수 있었지만, 최고 사령관은 방어 준비, 특히 붉은 군대가 전면적인 탱크 공격을 견뎌 낼 수 있는지 걱정이었다. 6월에 지중해에서 작전이 진행되고 있었지만 1943년에 프랑스에서 제2전선이 절대 없을 것이라는 처칠과 루스벨트의 소식은 긴장을 고조시켰다.[143]

쿠르스크에서 독일의 공격은 7월 4/5일에 시작되었다.[144] 그들의 계획은 중부 집단군과 재편성된 남부 집단군이 함께 돌진하여 쿠르스크 돌출부를 잘라 내는 것이었다. 포위 공격 안에 갇힌 소련군은 괴멸될 것이고 독일군의 방어선은 단축되면서 견고하게 자리 잡을 것이다. 실제로 독일군이 상정했던 것은 전략적 방어전이었는데, 이는 붉은 군대에 손상을 가하고 중앙 구역에서 주도권을 되찾아 줄 것이며, 당분간은 베어마흐트가 동부 전선의 전장에서 생존할 수 있게 해줄 것이었다.

히틀러는 18개 보병 사단, 3개 차량화 사단, 17개 판처 사단을 전투에 투입했다. 판처 사단들에는 소련군의 무기고에 있는 어떤 것보다 화력이 우세한 많은 신형 티거 탱크와 판터 탱크도 포함했다. 독일군의 공격은 일주일 정도 계속되었고 7월 11~12일 대규모 탱크 전투에서 절정에 올랐다. 이 전투는 제2차 세계 대전에서 가장 큰 탱크전이었고 양측에서 수백 대의 탱크를 상실하는 결과를 가져왔다. 붉은 군대가 독

지도 12. 쿠르스크 전투(1943년 7월)

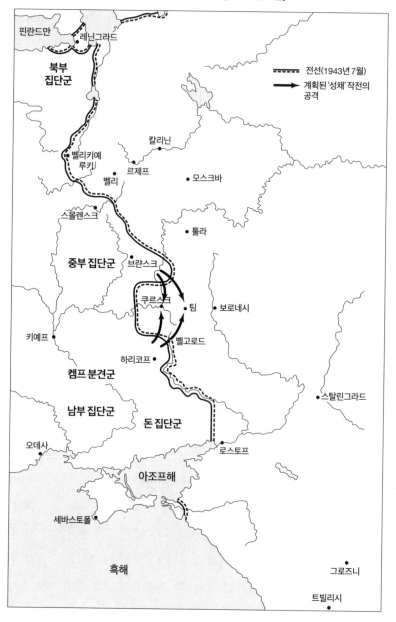

일군의 공격을 물리치고 살아남았다는 사실은 결정적인 전투에서 승리했고 스탑카는 이제 공격 모드로 전환함을 의미했다(276면의 〈지도 12〉를 보라). 쿠르스크 지역에서 밀려난 독일군은 동부 전선의 다른 지점들에서 공격을 가했다. 7월 24일 스탈린은 다음과 같이 공개적으로 선언했다. 〈독일의 여름 공격 계획은 완전히 실패한 것으로 볼 수 있습니다. (……) 여름 공세에서 독일군이 언제나 성공적이고, 소련군이 후퇴할 수밖에 없다는 신화는 (……) 잘못된 것으로 밝혀졌습니다.〉[145] 소련군의 반격은 곧 총공세로 발전했다. 몇 주 만에 베어마흐트는 광범한 전선을 따라 드네프르강으로 쫓겨났다. 붉은 군대가 일찍이 재정복한 땅 중에는 8월 초에 오룔과 벨고로드가 있었다. 모스크바에서는 이 도시들의 탈환을 120발의 예포로 축하했는데, 이것은 나머지 전쟁 기간 동안 스탈린의 명령으로 실행된 300차례의 일제 발포 중 첫 번째 경우였다. 알렉산더 워스가 말하듯이 〈승리의 예포〉 시대가 시작된 것이다.[146] 이는 또한 스탈린이 소련군의 승리에 주목하고 성공을 거둔 사령관들에게 훈장을 수여하는 특별 명령을 빈번하게 내리기 시작한 시기이기도 했다. 8월에 하리코프가, 뒤를 이어 9월에 스몰렌스크가, 그리고 11월에는 키예프가 탈환되었다. 1943년 말까지 붉은 군대는 독일군이 1941~1942년에 점령한 영토의 절반을 해방시켰다. 스탈린은 1943년 11월의 연설에서 그해의 군사 행동을 〈전쟁의 근본적 전환점〉으로 요약했는데, 이는 나치 독일이 군사적·정치적 파국에 직면했음을 의미했다.

스탈린과 그의 장군들

쿠르스크에서 승리를 일궈 낸 두 명의 주요 인물은 주코프와 바실렙스키였다. 그들은 부참모 총장인 안토노프와 함께 1943년 봄에 전략적 중단의 장점에 대해 스탈린을 설득했다. 쿠르스크 전투 동안 바실렙스키는 보로네시 전선군과 남서부 전선군을 조율하기 위해 현장에 파견되었고, 주코프는 중부 전선군, 브랸스크 전선군, 서부 전선군을 책임졌다. 이와 동시에 스탈린은 그 어느 때보다도 더, 전선군 사령관들에게 중대한 작전 결정을 내리게 하고, 가장 좋은 행동 노선을 결심하기 전에 전선 사령관들의 자문을 요청할 마음이 있었다. 시테멘코에 따르면, 스탈린은 쿠르스크 전투 동안 전선군 사령관들이 언제 방어적 행동에서 공격적 행동으로 전환해야 하는지에 대해 스탑카보다 결정을 내릴 수 있는 더 좋은 위치에 있다고 생각했다.[147]

쿠르스크 전투 동안 스탈린과 장군들의 관계는 1942~1943년에 소련 상급 사령부 내의 관계가 어떻게 더욱 폭넓게 변하는지를 분명히 보여 주었다. 스탈린이 전문적인 군사적 자문에 기꺼이 귀를 기울이고 장군들의 판단을 더 잘 받아들이게 되었다고 말하곤 한다. 주코프, 바실렙스키 등의 회고록에서 비롯된 이러한 이야기가 주는 교훈은 스탈린이 장군들에게 관심을 기울이자 붉은 군대가 이기기 시작했다는 것이다. 스탈린의 장군들이 그려 낸 얼마간 자기선전적인 이 그림은 부분적으로만 맞는 이야기이다. 사실 스탈린은 상급 사령부의 자문에 언제나 귀를 기울여 왔고, 종종 그것을 수용하곤 했다. 스탈린그라드 때부터 쭉 있었던 일은 스탈린이 더 많이 귀를 기울였고, 자문이 좋을수록 그것을 더 잘 받아들이게 되었다는 것이다. 스탈린뿐 아니라 소련 장군들도 전쟁 1일 차부터 가파른 학습 곡선을 그리고 있었는데, 바로 이 쓰라린 패배 경험을 통해 장군들은 더 좋은 사령관이 되었고 스탈린은 더 나은 최고 사령관이 되었을 뿐이다. 게다가 실수는 패배하면 과장되지만 승리하면 가려지는 경향이 있었다. 스탈린그라드와 쿠르스크 이후 소련 상급 사령부는 계속해서 실수를 저지르고 훨씬 많은 군사적 좌절을 맛보았지만, 재앙을 초래할 것 같았다거나 역사적인 사건으로 언론에서 크게 다루어졌다거나 하는 경우는 없었다. 스탈린과 장군들의 관계를 변화시키고 그의 권력과 그들의 전문 지식 사이에 좀 더 균형 잡힌 관계를 가져온 요인은 그 무엇보다도 승리였음이 거의 틀림없다. 그와 동시에 스탈린은 확실하게 총체적인 지휘권을 유지하고 있었고, 정치적 리더십뿐 아니라 군사적 리더십도 계속 행사했다.

스탈린이 장군들만큼 현명했는지, 혹은 어리석었는지의 문제를 넘어서 밝히고 싶은 좀 더 중요한 주장이 있다. 사이먼 세백 몬테피오레 Simon Sebag Montefiore가 스탈린의 정치 궁정 생활에 대한 묘사에서 매우 효과적으로 보여 주었듯이,[148] 소련 독재자가 지속적으로 갖고 있던 권력의 원천 중 하나는 그의 이너 서클이 보여 준 충성과 안정이었다. 1920년대 말부터 1950년대 초까지 당과 나라를 통치한 스탈린 정치 집단에는 뚜렷한 연속성이 있었다. 스탈린의 최측근 인사들 — 몰로토프, 카가노비치, 보로실로프, 베리야, 즈다노프, 말렌코프, 미코얀, 흐루쇼프 — 은 스탈린을 두려워했고 그에게 위압당했으며, 그의 손에 관리되고 조종되었다. 그러나 그들은 또 스탈린에게 매료되었고, 그들의 개인적 욕구와 그들 가족들의 욕구에 대한 스탈린의 배려에 매혹당했다. 이런 것들이 쌓인 결과는 좋을 때나 궂을 때나 항상 함께 뭉쳐 있고 가장 암울한 상황에서도 스탈린에 대한 불충이 **결코** 중요한 사안이 **되지 않는** 지도부 패거리였다. 전쟁 동안 스탈린은 그의 최측근 군 인사들 사이에서 이와 유사한 응집력과 충성심을 만들어 냈고, 이를 확보하기 위해 많은 동일한 수법을 구사했다. 예를 들어 로코솝스키 원수는 자신의 회고록에서 스탈린의 리더십 자질을 묘사하면서 특히 주코프(로코솝스키와 종종 충돌했다)와 비교해 그의 개인적 자질을 매우 추켜세웠다. 로코솝스키는 〈최고 사령관이 보여 준 관심은 헤아릴 수 없을 만큼 매우 소중했다. 아버지 같은 친절한 어조는 힘을 북돋우고 사람들의 자신감을 고양했다〉[149]고 썼다. 이와 비슷하게 바실렙스키도 자신의 회고록에서 스탈린이 모스크바 전투 동안 자신을 장군으로 진급시키려 했던 일을 상세히 설명했다. 바실렙스키는 이를 거절하면서 그의 일부 보좌관을 진급시켜 줄 것을 요청했다. 스탈린은 동의했고 그들 모두 바실렙스키와 함께 진급했다. 〈우리에게 보여 준 이 배려는 우리를 진심으로 감동시켰다〉라고 바실렙스키는 썼다. 〈나는 이미 스탈린이 얼마나 거칠고 화를 잘 낼 수 있는지를 언급했다. 그러나 더 놀라운 것은 그런 중대한 시기에도 부하들에게 보여 준 이와 같은 배려였다.〉스탈린의 작전과장 시테멘코 장군은 자신의 회고록에서 스탈린이 매력적일 뿐 아니라 장난이 얼마나 심했는지를 말해 주는 일화를 전했다. 시테멘코는 간단한 보고회를 마친 후 중요한 지도를 스탈린의 집무실에 무심코 두고 나와 버렸다. 시테멘코가 그 지도를 가지러 갔을 때 스탈린은 갖고 있지 않는 척하면서 잃어버린 것이 틀림없다고 말했다. 시테멘코가 두고 간 것이 분명하다고 주장하자 그때서야 스탈린은 지도를 꺼내 보이며 다음과 같이 말했다.〈여기 있어요. 다시는 두고 가지 마세요. (……) 사실을 말한 것은 잘한 일입니다.〉[150] 하지만 일반적으로 스탈린이 상급 사령부를 대하는 방식은 공손하고 점잖았다. 스탈린이 전선군 사령관들과 나눈 대화를 기록한 내용을 보면 가혹하고 신랄한 사례가 많은 것이 사실이지만, 대부분 그는 군사적 참사의 와중에서 이루어진 대화를 포함해 이들 대화에서 사무적이었고 예의가 발랐으며, 장교들에게 임무를 완수하기를 빈다는 말을 잊지 않았다. 또한 스탈린은 대체로 단순히 실패했다고 해서 사령관들을 벌주거나 책임을 묻지는 않았다. 1941년 파블로프의 서부 전선군과 붉은 공군을 숙청한 후 소련 상급 사령부는 1941~1942년에 재앙들과 거의 패배에 가까운 일을 겪었음에도 안정되어 뚜렷한 연속성을 갖게 되었다. 전투에서 포로가 되거나 죽은 이들을 제외하면 스탈린의 장군들은 거의 모두 전쟁 기간 동안 고위 사령관직을 유지했다. 데이비드 글랜츠에 따르면,

사람들의 믿음과는 달리, 1942년 11월 이후는 물론이고 전쟁 첫 18개월 동안에도 지휘의 안정은 붉은 군대에서 훨씬 더 강했으며, 지휘의 혼란은 이전에 추정된 것보다 훨씬 덜 해를 끼쳤다. 게다가 지휘는 붉은 군대의 전선군, 핵심 군, 탱크와 기계화 부대들 그리고 최대 규모의 항공, 포병, 방공 지원 편대에서 가장 안정적이었다. (……) 더 중요한 사실은 1941년과 1942년에 지휘가 가장 불안정했을 때도, 스탈린은 여전히 지난 2년 동안의 전쟁에서 붉은 군대를 승리로 이끌 핵심 사령관들이 누구

인지 알아내 그들을 발탁할 수 있었다는 것이다. (······) 요컨대 1945년 5월에 붉은 군대를 승리로 이끈 원수와 장군들 대부분은 1941년 6월 22일 전쟁이 시작되었을 때 이미 장군이나 대령으로 책임 있는 사령관 자리에서 복무 중이었다. 놀라운 것은 이 장교들 중 비교적 높은 비율이 1941년과 1942년에 베어마흐트의 손아귀에서도 살아남아 1945년에 승리한 붉은 군대의 성공적인 사령관으로 등장했다는 사실이다.[151]

스탈린은 장군들이 충성을 다하고 규율이 잡혀 있으며 그런대로 유능하면 계속해서 그들을 곁에 두었다. 앞의 첫 두 가지 자질은 붉은 군대의 모든 고위 장교에게 요구되는 것들이었다. 그들은 스탈린과 당에 충성을 다하지 않았거나 전력을 다해 소비에트 시스템을 방어하지 않았더라면 결코 그런 계급에 오르지 못했을 것이다. 전쟁 전의 숙청 경험과 1941년 파블로프 등에게 가한 본보기 처벌은 어떤 의심도 억눌렀다. 스탈린은 역량 문제에 대해서라면 좀 더 마음이 풀어져 자기에게 충직한 자들에게는 그들의 가치를 입증할 기회를 한 번 이상 부여하는 경향이 있었다. 하지만 그의 인내심은 한계가 있어 그들이 너무 무능한 것으로 드러나면, 가장 충직한 친구조차도 좀 더 안전한 환경으로 전출되었다.

훨씬 더 주목할 만한 점은 충성과 규율이라는 침해 불가능한 구조 속에서, 스탈린이 붉은 군대의 상류층에게 상당한 재능과 창의성을 어떻게 기를 수 있었는가이다. 그것은 스탈린이 경험에서 배우기, 실험, 변화하는 상황에 대한 적응에 개인적으로 특히 역점을 두었다는 사실로써 이를 설명할 수 있을 것이다. 대조국 전쟁 동안 붉은 군대는 극단적인 학습 조직이었다. 전투 및 지휘의 경험과 교훈은 신중하게 체계적으로 수집된 후 문서와 훈련을 통해 유포되었다. 붉은 군대의 지휘 체계와 무력 조직은 지속적으로 검열을 받았고 많은 경우 개편되었다. 예를 들어 1941년 여름에 폐지된 대규모 기계화 군단은 1942년에 탱크 군단과 군으로 재편되었다. 또한 항공군을 조직했다. 공격의 선봉에 서기 위해 〈돌격〉 부대들을 편성했고, 실전에서 검증된 〈근위대〉라는 명칭을 사단과 사단 아래의 하위 부대들에도 부여했다. 〈전선군〉의 호칭과 경계선은 군사적 상황에 따라 바뀌었고, 전쟁 끝 무렵에는 복수의 전선군들에 의한 복잡하고 조율된 공격 작전이 일반적인 모습이었다. 전쟁이 진행되면서 붉은 군대 장교들은 특히 공격할 때는 위험을 무릅쓰고 스스로 결정을 내리라는 독려를 받았다. 군사 교리는 지속적으로 재검토되었다. 여전히 공격이 우선시되었으나 공격 작전의 기획, 준비, 시행은 훨씬 더 정교해졌다. 군대 내 선전 활동의 효율성을 개선하려는 노력이 지속적으로 이루어지는 만큼이나 집중적으로 진행되었다. 물론 이 모든 혁신과 활력이 스탈린 덕분이라고 할 수는 없지만, 스탈린은 그것들을 가능케 한 시스템과 문화를 관장했으며, 그 어떤 것도 스탈린의 동의가 없었다면 불가능했을 것이다. 스탈린은 또 전쟁 동안 붉은 군대가 거둔 성과에 한 가지 매우 구체적인 기여를 했다. 보급과 예비군에 우선권을 부여한 것이 그것이었다. 그는 이 두 가지를 장기적으로 독일과의 투쟁 결과를 결정할 〈영구적 작동 요인들〉에 포함시켰다. 서방의 회고록과 소련의 회고록 둘 다에서 스탈린의 전쟁 리더십 중 가장 주목할 만한 자질이 베어마흐트를 상대로 붉은 군대가 승리를 거둘 수 있는 물질적 토대를 만드는 데 그가 수행한 역할이라는 것은 근거가 있다.

1943년 3월에 그에게 수여된 소련 원수라는 직함은 스탈린그라드 승리 이후 스탈린의 군사적 지위와 입지에서 일어난 변화를 상징적으로 보여 주었다. 패배를 면하고 승리를 확신하면서 그의 개인숭배를 군사 업무 영역으로 확장하는 과정을 개시해도 무리가 없게 되었고, 1943년 초부터 전략적 천재로서의 스탈린이라는 신화가 소련 언론에 조금씩 등장하기 시작했다. 그러나 새 직함은 단순히 선전과 숭배 정치를 넘어선 무엇인가를 반영했다. 그것은 스탈린의 군사적 능력이 발전하고 1941년 6월 이래 그가 장군들과 긍정적인 관계를 맺었던 사실을 온당하게 반영한 것이었다. 무엇보다도 새 직함은 최고 사령관으로서 스탈린의 통솔력, 군사적 정책 결정 구조에 대한 그의 지배, 소련 전쟁 기구에서 그가 차지하는 중심적이고 필수 불가결한 위치라는 현실을 나타냈다.

승리의 경제적 기반

스탈린그라드와 쿠르스크에서 소련군이 거둔 승리는 몇 가지 요인들이 합쳐진 결과였다. 스탈린의 리더십, 장군들의 양호한 통솔 능력, 독일군의 실수, 애국적 동원, 영웅적 행동, 가혹한 규율, 적지 않은 행운 등이 그런 요인들이었다. 그러나 이 모든 요인의 효과를 압도한 것은 엄청난 경제적·조직적 성취였다.[152]

스탈린그라드 전투가 시작될 때까지 독일군은 유럽 러시아의 절반을 점령했다. 면적이 250만 제곱킬로미터가 넘었고, 8000만 명, 즉 소련 인구의 40퍼센트나 되는 사람들이 그곳에 살고 있었다. 점령된 지역은 소련 경작지의 거의 50퍼센트, 선철 생산의 70퍼센트, 석탄과 철강 생산의 60퍼센트, 전력 생산의 40퍼센트를 차지했다. 그러나 1942년 말까지 소련의 연간 소총 생산은 1941년과 비교했을 때 4배(거의 600만 정) 증가했고, 탱크와 대포 생산은 각각 연 2만 4,500대와 28만 7,000문으로 5배 늘어났다. 항공기는 8,200대에서 2만 1,700대로 증가했다. 이러한 성취는 소련 경제의 동원력을 입증할 뿐만 아니라 1941~1942년에 산업 공장들을 동부로 대규모로 재배치할 수 있는 소련의 놀라운 수완을 증명하는 것이었다. 스탈린이 처음 공포한 전시 법령 중 하나는 1941년 여름에 1,500개 이상의 대규모 기업체들을 동부로 이송하는 일을 조직할 소개 위원회의 설립을 명령하는 것이었다. 공장 및 기계와 함께 수십만 명의 노동자들이 움직였다. 수만 대의 트럭이 동원되었고, 철도 화차로 후송한 화물은 150만 대분에 이르렀다. 이러한 성과는 150개의 큰 공장들이 돈강과 볼가강 유역에서 소개되었던 1942년 여름에 좀 더 작은 규모로 되풀이되었다. 소련은 산업을 재배치했을 뿐 아니라 전쟁 동안 대부분이 군비 생산에 전념하는 3,500개의 새로운 공장들도 건설했다.

인력 전선에서는 1941년 말까지 당초 500만 명에 이르던 붉은 군대 병력 전체가 독일군에 사실상 전멸당했다. 하지만 소련은 10년 이상 전쟁에 대비했고, 기본 군사 훈련을 받은 민간인이 1400만 명이나 있었다. 덕분에 소련 당국은 전쟁이 발발하자 500만 명의 예비군을 소집할 수 있었고, 1941년 말에 붉은 군대는 800만 명을 헤아렸다. 1942년에는 그해 사망자가 상당했음에도 1100만 명으로 증가했다. 스탈린그라드 반격 당시 붉은 군대는 장비를 충분히 갖춘 새로운 사단 90개로 이루어진 공격군을 천왕성 작전만을 위해 배치할 수 있었다. 한편 붉은 군대의 〈인력〉에는 100만 명의 소련 여성들이 포함되었다는 사실을 지적할 필요가 있다. 이 중 절반은 전선에서 전투 역할을 온전히 수행했다.

소련이 전시 동안 인적·물적 자원을 매우 성공적으로 동원할 수 있었던 것은 스탈린 때문이었는가? 아니면 스탈린에도 불구하고 그렇게 할 수 있었던 것인가? 중앙 집중적·명령적 스탈린주의 국가 경제가 전시 물자를 배달했는가? 아니면 정책 결정의 탈집중화와 시장 경제 요소들의 도입이 그런 행동을 가능하게 했는가? 성공과 실패의 차이를 만든 것은 전시의 계획적 작업이었는가, 아니면 즉흥적 행위와 개별적 주도였는가? 시스템과 리더십이 더 좋았다면 성과도 더 좋았을까? 논쟁은 계속되지만 한 가지는 분명하다. 스탈린은 잘못된 결정으로 생산의 흐름을 방해하고 경제의 실제 성과를 손상시킬 만한 힘을 갖고 있었다는 것이다. 대신, 스탈린은 대체로 전시의 경제 운용 문제들을 그의 경제 전문가들에게 맡겨 놓았다. 그는 긴급 목표를 달성하는 것이 필수적이라고 생각할 때는 개입했지만, 보통은 민간인들의 생활 수준이 급감하는 사태가 벌어져도 군대에 우선적으로 물자를 공급하는 일을 유지하는 업무에 자신의 역할을 한정했다.

서방의 지원이 소련의 전쟁 수행 노력에 어느 정도 기여했는가의 문제는 이와 관련된 논쟁이다. 1941년부터 1945년 사이에 서방 동맹국들은 소련이 전시에 필요한 물자의 약 10퍼센트를 공급했다. 예를 들어 미국은 무기 대여 프로그램에 따라 트럭 36만 대, 지프 4만 3,000대, 기관차 2,000대, 철도 차량 1만 1,000대를 공급했다. 이 덕분에 붉은 군대는 독일군보다 더 기동성을 갖췄고, 말이 견인하는 운송에 훨씬 덜 의존하게 되었다. 캐나다와 미국의 식료품은 전쟁 동안 소련 인구의 3분의 1을 먹여 살렸다. 오스트레일리아는 수천 벌의 양가죽 코트를 보내 붉은 군대가 겨울 작전 동안 추위에 떨지 않도록 해주었다. 소련은 서방이 공급 약속을 이행하지 않는다며 계속 투덜거렸고 전쟁 초기에 이 불평은 공공 무대로 넘쳐 나기도 했으나, 일반적으로 소련은 서방의 공급에 대해 지나칠 정도로 감사해했다. 언론은 다양한 공급 협정들을 크게 조명했고, 수많은 개별적인 서방 원조도 마찬가지로 관심을 기울였다. 전쟁이 끝나 갈 무렵 소련 당국은 그들이 받았던 물질적 지원 내용을 시민들에게 밝히기 시작했다.[153] 이 지원의 대부분은 스탈린그라드 이후 도착했고, 따라서 그것의 주된 역할은 패배를 피하기보다는 승리를 촉진하는 것이었다. 다른 한편 마크 해리슨이 지적했듯이, 1942년 중반의 영토 상실과 경제적 피해는 소련 경제가 붕괴의 칼날 위에 아슬아슬하게 서 있는 것을 의미했다. 1941~1942년에 받은 제한된 서방 지원을 포함해 모든 원조는 결정적인 차이를 만들어 냈다.[154] 서방과의 정치적 동맹이 소련의 사기를 진작시킨 것도 이에 못지않게 중요했다. 그것은 소련이 추축국을 상대로 혼자 싸우고 있지 않다는 사실을 상징적으로 보여 주었다. 소련에서 일컫는 이른바 반히틀러 동맹은 또한 평화적인 미래의 희망도 나타냈다. 스탈린은 자신의 전시 연설들에서 평화가 무엇을 가져올지를 두고 인민들이 품었던 희망과 기대를 교묘히 이용했다. 실제로 스탈린그라드와 쿠르스크에서 승리를 거둔 후 스탈린은 영국-미국 동맹국들에 대한 자신의 두려움과 실망을 제쳐 두기 시작했고, 전쟁이 끝나면 전후 세계를 보호하기 위해 평화 시의 〈대연합〉이 있어야 한다는 구상을 기꺼이 수용했다. 그리고 소련은 이 새로운 안보 질서를 형성하고 통제하는 데 결정적인 역할을 할 것이었다.

제6장

전쟁의 정치학:
스탈린, 처칠, 루스벨트

처음부터 스탈린은 히틀러와의 전쟁을 군사적 투쟁은 물론이고 정치적·외교적 다툼으로 보았다. 전쟁과 그 뒤를 이은 평화는 전장에서뿐 아니라 각자가 형성하는 정치적 동맹을 통해서도 성패가 결정될 것이었다. 스탈린에게 영국 및 미국과의 대연합은 군사적인 연합만큼이나 정치적인 동맹이었다. 1943년 중반까지 대연합 내에서 보여 준 스탈린의 외교적 노력은 히틀러와 영국 및 미국 내의 반공산주의 분자들이 소련-서방 연합을 분열시키지 못하게 하는 데 초점이 있었다. 스탈린은 1941년 11월 연설에서 독일이 공산주의와 혁명에 대한 두려움을 이용해 영국과 미국을 반소련 연합에 가담시키려는 목적을 갖고 있다고 장황하게 말했다.[1] 1942년 6월 소련 정보국Sovinform은 소련-독일 전쟁의 첫해를 평가하는 성명을 발표했는데, 그 성명에서 소련이 정치적 고립을 피하고 서방 동맹국들과 성공적으로 연합을 형성하는 데 거둔 성과를 강조했다.[2] 스탈린이 모든 주요 정부 성명을 신중하게 세심히 살피는 사정을 감안하면 정보국의 견해가 스탈린의 견해를 반영하는 것은 의심의 여지가 없다. 그러나 1942년 10월 헤스 사건에 대해 마이스키 대사와 나눈 대화에서 드러나듯이, 스탈린은 히틀러가 스탈린그라드 전투에서 승리를 거둔다면 영국이 독일과의 단독 강화를 숙고할까 봐 여전히 걱정했다. 이 점에서 소련이 영국과 미국에 프랑스에서 제

2전선을 열어 달라고 극도의 압박을 가한 것은 군사적 목적뿐 아니라 정치적 목적도 있었다. 즉 서방 동맹국들로 하여금 피비린내 나는 전투에 자국의 부대를 투입하게 함으로써 독일을 상대로 끝까지 전쟁을 수행하겠다는 그들의 약속을 반드시 지키도록 만들기 위해서였다. 심지어 매우 암울한 패배의 날들 동안에도 스탈린은 소련이 독일의 초기 군사적 맹공을 이겨 내고, 영국 및 미국과의 연합이 지속된다면 조만간 전쟁에서 승리할 것이라고 자신했다.

그러나 스탈린은 대안 생존 전략, 즉 소련과 독일의 단독 강화를 생각해 본 적이 있었는가? 전쟁 동안 스탈린이 히틀러를 유인해 평화 협정을 맺으려 한다는 소문과 보고들이 많았다. 그중 한 소문은 모스크바 주재 불가리아 대사 이반 스타메노프*의 입을 통해 알려진 1941년 여름의 평화 협상 타진에 대해 말하고 있다.[3] 하지만 이러한 정보 업무를 맡은 내무 인민 위원부 관리 파벨 수도플라토프**에 따르면, 스타메노프는 소련의 첩자였고, 이 활동의 목적은 그를 이용해 추축국 진영에 허위 정보를 퍼뜨리는 데 있었다.[4] 또 다른 주장은, 1941년 가을에 스탈린이 독일군의 모스크바 접근에 너무 불안해져서 항복에 의한 평화를 심각하게 숙고했다는 것이다. 그러나 그와 같은 시나리오는 모스크바 위기 동안 스탈린이 보여 준 처신과도 맞지 않고, 소련 수도에 대한 독일군의 위협을 단호하게 저지하기 위한 그의 계획이나 준비와도 일치하지 않는다.[5] 수도플라토프가 분별 있게 논평했듯이, 〈스탈린과 지도부는 매우 가혹하고 전례 없는 전쟁에서 어떤 항복 시도도 나라를 경영하는 지도부의 능력을 자동적으로 망칠 것임을 깨달았다〉.[6] 러시아의 역사가이자 참전 용사인 블라디미르 카르포프Vladimir V. Karpov는 자신의 저

* Ivan Stamenov(1893~1976). 불가리아의 외교관. 루마니아와 이탈리아의 대사관에서 근무하고 1940~1944년 소련 주재 불가리아 대사를 지냈다.

** Pavel Anatolyevich Sudoplatov(1907~1996). 국가 정치 총국, 국가 안전부, 내무부 등 주로 정보기관에서 활동한 소련의 관리. 스탈린 사후 베리야가 몰락한 뒤 체포, 투옥되었다가 1968년에 석방되었다. 1994년 자서전 『특별 임무』를 출간하며 서방 세계에 알려졌다.

서 『대원수*Generalissimus*』에서 스탈린이 1942년 초에 히틀러와 단독 강화를 모색했다고 주장하는 문서들을 전재했다. 문서로 알려진 이 종이들 중 하나는 스탈린이 즉각적인 휴전을 제안한 것인데, 1942년 2월 19일 자로 서명했다. 내용에 따르면, 이 휴전의 뒤를 이어 러시아에서 독일군이 철수하고 그런 다음 소련-독일은 영국과 미국이 대표하는 〈국제 유대인들〉에 맞서 합동으로 전쟁을 벌일 터였다.[7] 1942년 2월에 스탈린이 그해 말까지 독일의 패배를 예상하고 있었다는 사실은 이 문서가 뻔뻔할 뿐만 아니라 터무니없는 위조라는 것을 말해 준다.

이러한 이야기들은 스탈린과 소련 전쟁 기록의 신빙성을 떨어뜨리려는 너무나 속보이는 시도여서 진지한 학자들마저 그런 억측에 혹하지만 않았더라면 논평할 가치도 없을 것이다. 예를 들어 보이테흐 마스트니Vojtech Mastny는 고전적 연구 『냉전으로 가는 러시아의 길*Russia's Road to the Cold War*』에서 1942~1943년에 스탈린이 스탈린그라드와 쿠르스크에서의 승리를 이용해 히틀러와 유리한 협상을 추진할 것을 숙고하고 있었다고 장황하게 추측했다.[8] 마스트니는 1970년대에 글을 쓰면서 1943년 여름에 중립국 스웨덴에서 소련-독일이 평화 협상을 벌였다는 전시의 소문을 되풀이했다. 사실 모스크바는 이러한 보도를 너무나 간절하게 반박하고 싶어서 소련의 공식 통신사 타스는 소련이 독일과 비공식적 평화 협상을 벌이고 있다는 소문을 두 차례나 부인할 정도였다.[9] 1943년 10월 미국, 영국, 소련의 외무 장관들이 모스크바에서 회의를 열고 추축국 측에서 평화 협상을 위해 접근하면 그 사실에 대해 정보를 공유하기로 합의했다. 소련은 추축국과의 협상을 위한 유일한 기반이 추축국의 무조건 항복이라는 입장을 확고히 견지했다. 1943년 10월 30일 회의를 종결하는 만찬 행사에서 스탈린은 모스크바 주재 신임 미국 대사 애버렐 해리먼에게 자신은 〈소련이 독일과 단독 강화를 하려 한다〉고 영국과 미국이 생각하고 있음을 확신하며, 〈영국과 미국이 이런 일이 생기지 않을 것임을 알기를 바란다〉고 말했다.[10] 회의에서의 합의에 따라 11월 12일 몰로토프는 해리먼에게 보고서를 보내 스톡홀름의 소련 대사관에 이른바 독일 산업가 그룹의 대표라는 자가 접근했으며, 이자는 소련과의 단독 강화를 선호하는 히틀러의 외무 장관 리벤트로프와 긴밀히 접촉하고 있다는 소문이 돈다고 밝혔다. 몰로토프에 따르면, 소련 대사관 직원은 그의 접근을 거절했고 어떤 대화도 나누기를 거부했다.[11] 1943년 여름 스웨덴에서 소련-독일 평화 협상이 진행되었다는 이 소문은 냉전 초기에 부활하여 되풀이되었지만,[12] 당시 이 소문을 뒷받침할 어떤 구체적인 증거도 없었을뿐더러, 그 후 수십 년 동안 어떤 증거도 나타나지 않았다. 실제로 스탈린이 승리를 눈앞에 두고 그런 조치를 고려했으리라는 것은 도저히 믿을 수가 없다. 또 스탈린이 지난날 그토록 신의 없는 것으로 밝혀졌던 히틀러와 단독 강화를 맺기 위해 대연합의 해체를 각오했으리라는 것도 전혀 이치에 맞지 않는다. 과연 어떤 소련 체제가 — 심지어 스탈린의 체제조차도 — 히틀러와의 평화 협상이 촉발했을 내부 저항을 이기고 살아남을 수 있었을까?

사실 독일과의 휴전은 스탈린그라드와 쿠르스크 전투 이후 스탈린의 마음으로부터 가장 멀리 있는 것이었다. 스탈린은 다시 자신감을 갖고 승리를 기대했으며, 대연합 내에서 전쟁과 관련된 문제로부터 전후 평화 문제로 우선순위의 초점을 맞추기 시작했다. 스탈린은 이미 1941년 가을에 소련의 전쟁 목표와 전후 세계의 모습을 생각하기 시작했고, 그해 12월 영국 외무 장관 앤서니 이든과의 회담에서 유럽 국경의 해결과 전후 안보의 유지를 위한 광범위한 프로그램을 제안했다. 그의 요구 중 최우선 사항은 1941년 6월 현재 소련 국경의 회복과 핀란드 및 루마니아에 군사 기지를 설치하는 것을 포함한 유럽에서의 소련 세력권이었다. 1942년 1월 스탈린은 〈외교 문서 준비 위원회〉 설립을 명령했다. 이것은 외무 인민 위원부의 내부 위원회로서 몰로토프가 위원장이었는데, 그는 전후에 발생할 문제 전반 — 국경, 전후의 경제적·정치적 질서, 유럽에서의 평화와 안보의 조직 — 을 점검하는 책임을 졌다. 이 위원회는 몇 차례 회의를 열어 얼마간의 자료와 보고서를 생산했지만, 깊은 심의에 들어가지는 않았다.[13] 이는 아마도 1942년에 군사적 상황이 악화되어 감에 따라 전후 문제에 대한 스탈린의 관심이 시들해졌기 때문일 것이다. 그러나 스탈린그라드 이후 승리의 가능성이 다시한번 손짓하자 소련 지도자는 몇몇 전후 문제의 해결에 대한 관심을 다시 드러냈다. 1941~1942년과는 달리 처칠과 루스벨트 역시 이제 전후 세계에 대해 얼마간 구체적인 합의를 간절히 보고 싶어 했다. 스탈린그라드 전투는 동부 전선에서 독일군이 완전히 패배하고, 소련은 유럽 대륙에서 가장 유력한 강대국이 되어 등장할 것임을 암시했다. 힘의 균형이 모스크바로 이동하며 런던과 워싱턴을 대연합 내에서 구혼자로 남겨 두었다. 또 스탈린그라드에서 붉은 군대가 보여 준 영웅적 행동에 대한 찬사의 물결이 연합국 세계를 휩쓸면서 소련의 위상을 한층 드높였다.[14] 스탈린으로서는 평화 시에 영국 및 미국과 대연합을 맺을 수 있는 가능성을 기꺼운 마음으로 탐색했다. 세 거두는 평화를 말할수록 전시에 더욱더 협력하고 뭉치는 것 같았다. 스탈린은 영국과 미국이 부활한 독일과 공동으로 자신에 대항해 단합하게 하기보다 그들과 전후에 단합을 유지하는 것이 훨씬 낫다고 생각했다. 평화 시의 대연합은 소련이 안보 목표를 달성하고 위신을 제고하며 전쟁의 피해를 복구하는 데 필요한 시간을 확보할 수 있는 틀을 제공할 터였다.

그러나 이 외교적 전망은 스탈린의 공산주의적인 정치적·이념적 전망들과 어떻게 맞물렸는가? 이에 대한 대답은 얼마간 역설적이게도 1943년 5월 공산주의 인터내셔널을 해체하겠다는 그의 결정에 놓여 있었다.

코민테른의 해체

공산주의 인터내셔널(코민테른)의 해체는 꽤 오랫동안 스탈린의 개인적 의제였다. 1941년 4월, 밤에 볼쇼이 발레단 공연을 관람한 후 스탈린은 디미트로프에게 자기 생각에 여러 공산당이 코민테른으로부터 독립하여 국제 혁명의 과업보다는 각자의 민족적 과업에 집중해야 한다고 말했다. 스탈린은 코민테른이 국제 혁명을 기대하여 결성되었지만 오늘날의 정세에서는 민족적 기반 위에서 개별 공산당들이 발전하는 것을 방해하는 장애물이 되었다고 언급했다.[15]

스탈린이 사전 준비도 없이 무심코 빨리 서두르라고 말하자, 코민테른 집행 위원회의 디미트로프와 그의 동지들은 코민테른을 어떻게 개혁해서 구성 정당들을 더욱 효율적으로 지원하게 만들 것인지를 논의하기 시작했다. 하지만 스탈린은 이 구상을 더는 추진하지 않았고, 1941년 6월 전쟁이 발발하면서 그가 꾸몄을 수도 있는 어떤 계획도 진행되지 않았다. 그러나 스탈린은 2년 뒤 이 구상을 되살려 코민테른을 해산해야 한다고 몰로토프를 통해 디미트로프에게 통보했다.[16] 코민테른 집행 위원회는 정식으로 자체 해체를 논의했고, 외국 공산당들과 이 문제를 상의했다. 일부 공산당은 제안된 조직 해체에 유감을 표했으나 제안에 이견은 없었다. 실제로 논의의 전반적인 방향은 코민테른 해체가 공산주의 운동에 긍정적인 일보 전진이라는 것이었다.[17] 1943년 5월 22일 해체 결의안이 『프라우다』에 게재되었다. 결의안은 서로 다른 국가들의 역사 발전에 깊은 차이가 있으며, 이 같은 차이 때문에 각국 공산당들은 다양한 전략과 전술을 추구할 필요가 있음을 강조했다. 전쟁은 이러한 차이를 가속화했고, 어쨌든 코민테른은 각국의 당들이 각자의 정책을 결정하는 것을 점점 더 허용해 왔다.[18] 6월 8일까지 31개의 민족 분과가 결의안을 승인했고, 이틀 뒤에 조직은 공식적으로 해체되었다.[19]

스탈린은 디미트로프에게 결의안 텍스트와 상의 절차의 처리에 관해 자문하는 등 코민테른의 해산을 가져온 내부 심의에 깊숙이 관여했다. 처음에 스탈린은 디미트로프에게 절차를 서두르지 말라고 충고했으나, 그 후에는 외국 공산당들의 답변을 모두 받기도 전에 해산에 관한 결의안을 발표하도록 그를 다그쳤다.[20] 1943년 5월 21일 스탈린은 코민테른의 운명을 논의하기 위해 전시에 드문 소련 정치국 회의를 소집했다. 이 회의에서 통과된 결의안은 전시에, 특히 일부 나라에서는 그들 정부의 패배를 모색하고 다른 일부 나라에서는 승리를 위해 노력하는 등 각국 공산당들이 매우 상이한 과업에 직면해 있을 때, 단일한 국제 센터가 모든 공산주의자의 활동을 감독하는 일이 사실상 불가능한 현실을 해체의 주요 이유라고 지적했다. 또 다른 이유는, 정치국의 결의안에 따르면, 조직을 해체하면 적들이 공산당들의 활동을 한 나라가 감독한다고 더 이상 말할 수 없게 되리라는 것이었다.[21] 결의안 원문은 스탈린이 회의에서 한 발언에 명백히 기반을 두었는데, 스탈린이 그렇게 말한 것으로 디미트로프의 일기에 기록되어 있다. 스탈린은 또 해체의 긍정적인 영향에 대해서도 자신감을 내비쳤다. 〈지금 내려진 조치는 의심할 여지 없이 각국의 노동 계급 정당인 공산당들을 더욱 튼튼하게 만들 것이고, 그와 동시에 소련이 그 기지인 인민대중의 국제주의도 강화할 것입니다.〉[22] 스탈린의 낙관적인 평가는 코민테른 해체에 관해 5월 28일에 한 공개적 발언에서도 분명하게 드러났다. 모스크바 주재 로이터 통신사 특파원이었던 해럴드 킹Harold King의 서면 질문에 답변하면서 스탈린은 코민테른의 해산이 네 가지 이유 때문에 좋은 일이라고 말했다. 첫째, 해체는 모스크바가 다른 나라들을 〈볼셰비즘화〉하기를 원한다는 히틀러의 거짓말을 폭로할 것이다. 둘째, 해체는 공산주의자들이 자기 인민들의 이익을 위해서가 아니라 외부의 명령을 받고 활동한다는 비방을 폭로할 것이다. 셋째, 해체는 〈당이나 종교적 신념과는 상관없이〉 진보 세력의 애국적 단결을 촉진할 것이다.[23] 넷째, 해체는 모든 자유 애호 인민들의 국제적 단결을 촉진하고 〈민족들의 우의를 조직하는〉 길을 닦을 것이다. 이 네 가지 요인은 모두 함께 히틀러에 맞선 대연합을 더욱 강화하는 결과를 낳을 것이라는 말로 스탈린은 끝을 맺었다.[24]

그러나 스탈린은 왜 코민테른 해체를 위해 1943년 5월이라는 특정 순간을 선택했는가? 이 시간 선택은 그전 달에 전개된 주요 정치적 사태에 크게 영향을 받았던 듯싶다. 그것은 런던의 폴란드 망명 정부와 소련의 외교 관계의 단절을 가져온 〈카틴〉 위기였다. 이 위기는 독일이 당시 베어마흐트의 점령하에 있던 스몰렌스크 인근의 카틴 숲에서 수천 명의 폴란드 장교 전쟁 포로들의 공동묘지를 발견했다고 발표하면서 촉발되었다. 모스크바는 그것이 나치의 선전 술책이며, 베를린이 주장하듯 내무 인민 위원부가 아니라 독일군이 폴란드인들을 총살했음이 틀림없다고 주장하는 것으로 대응했다. 하지만 폴란드 망명 정부는 전쟁 포로들에게 무슨 일이 일어났는지를 결정하기 위해 독립적인 의학 위원회에 묘지를 검사하게 하자는 독일의 제안을 지지했다. 러시아는 격노했고 『프라우다』와 『이즈베스티야』는 망명 폴란드인들을 히틀러의 공범으로 비난하는 증오에 찬 사설을 게재했다.[25] 4월 21일 스탈린은 처칠과 루스벨트에게 폴란드인들의 반소련 비방 운동을 개탄하는 분노에 찬 전신을 급히 보냈다.[26] 나흘 뒤에는 런던의 폴란드인들과 외교 관계가 단절되었다.

카틴 위기의 이면에는[27] 1939년 9월 붉은 군대가 동부 폴란드를 침공한 후 1939~1940년에 수십만 명의 폴란드 전쟁 포로들이 소련 당국에 체포되어 투옥된 사건들이 놓여 있었다. 이 죄수 가운데 많은 이는 짧은 기간 동안만 구금되었고, 나머지 대다수는 소련과 폴란드 망명 정부 사이에 맺어진 전시 동맹 조약에 따라 1941년 6월 이후 석방되었다. 1941년 10월까지 소련은 약 40만 명의 폴란드 시민들을 감옥이나 감금 장소에서 석방했다. 하지만 2만 명 이상의 장교와 정부 관리들은 여전히 실종 상태였고, 폴란드는 소련 당국에 그들의 행방에 대한 정보를 달라고 압박했다. 폴란드 총리 브와디스와프 시코르스키 장군과 소련 땅에서 육성된 폴란드 군대의 사령관 브와디스와프 안데르스* 장군은 이 문제를 가지고 스탈린에게 캐묻기까지 했다. 하지만 스탈린은 그들

* Władysław Albert Anders(1892~1970). 폴란드 서부군의 장군이자 폴란드 망명 정부의 일원. 1939년 소련의 폴란드 침공 당시 소련군의 포로가 되었다가 시코르스키-마이스키 협정 이후 석방되었다. 이른바 〈안데르스의 군대〉를 이끌고 팔레스타인으로 도피하여 폴란드 제2군단을 창설했다. 그 후 폴란드 서부군을 맡아 1944년 이탈리아에서 활약했다.

의 행방에 대해 아는 바가 없으며, 그들은 나라를 떠난 것이 틀림없다고 우겼다.

실제로는 실종된 전쟁 포로들은 정치국이 1940년 3월 5일 그들의 처형을 명령한 결의안을 채택한 후 내무 인민 위원부에 의해 총살당했다.[28] 이 결정은 으스스한 만큼이나 기이하며 스탈린 체제의 디스토피아적 성격에 대해 많은 것을 보여 주었다. 폴란드인 전쟁 포로들이 사로잡혔을 때 소련의 의도는 그들을 살해하는 것이 아니었다. 그들을 새로 편입된 영토인 서부 벨로루시야와 서부 우크라이나의 주민들로부터 분리시킨 다음 재교육시켜 동부 폴란드의 새로운 소비에트 질서로 수용하는 것이 목적이었다. 하지만 전쟁 포로 수용소에서 내무 인민 위원부가 시도한 전향 작업은 별 진전이 없었고, 소련은 곧 〈부르주아〉 장교 전쟁 포로들이 완고한 적대 계급이기 때문에 청산할 수밖에 없다는 결론을 내렸다. 이에 따라 내무 인민 위원이었던 베리야는 3월 초에 내무 인민 위원부가 전쟁 포로들을 약식 재판에 회부한 다음 처형할 것을 권고하는 글을 정치국에 썼다. 정치국의 결정을 압박한 것은 핀란드와의 전쟁이 국경 충돌로 번질 수 있다는 소련의 두려움 때문이었는데, 그런 맥락에서는 완강하게 반항하는 폴란드인들이 훨씬 더 큰 안보 문제인 것으로 드러날 판이었다. 대량 처형은 1940년 3~4월에 카틴뿐 아니라 러시아, 벨로루시야, 우크라이나의 몇몇 다른 장소들에서도 진행되었다. 그와 동시에 처형된 전쟁 포로의 가족들은 카자흐스탄으로 추방되었다.

스탈린이 이 끔찍한 결정을 깊이 생각하고 내렸다는 증거는 없지만, 그가 뒤이은 난처하고 복잡한 상황을 보고 몹시 후회한 것은 틀림없다. 독일의 국제 의학 위원회는 전쟁 포로들이 1940년 봄에 내무 인민 위원부에 의해 총살되었다는 사실을 매우 정확히 알아냈다. 붉은 군대가 스몰렌스크를 탈환하자 소련은 독일이 가해자라는 것을 세계에 설득하기 위해 정교한 은폐 공작을 개시했다. 소련의 술책 중 하나는 1944년 1월에 미국 언론인들을 초청해 카틴 학살 현장을 방문하게 하는 것이었다. 초청된 사람 중에는 애버렐 해리먼의 딸 캐슬린 해리먼*이 있었다. 1944년 1월 28일 캐슬린은 언니 메리에게 스몰렌스크 여행에 대해 다음과 같이 썼다.

카틴 숲은 작고 빈약한 수풀에 불과한 것으로 밝혀졌어. 우리는 챙이 있는 하얀 모자를 쓰고 하얀 앞치마를 두르고 고무장갑을 낀 요리사처럼 보이는 몸집이 큰 소련 의사가 작업하는 광경을 보았지. 이 의사는 우리에게 검사할 목적으로 정찬용 접시에 조심스럽게 놓여 있는 얇게 썬 폴란드인의 뇌 조각을 보여 주었어. 그런 다음 우리는 일곱 개의 묘지 하나하나를 둘러보았어. 우리는 상당히 많은 시신이나 시신의 일부를 본 것이 틀림없어. 모두 부패 정도가 다양했지만 주변에는 고약한 냄새가 나(다행히 나는 감기에 걸려서 다른 사람보다 악취에 덜 고생했어). 독일은 처음으로 이야기를 자기 식대로 해석해 내놓기 시작한 후 1943년 봄에 일부 시신들을 파냈지. 시신들은 6~8줄로 정연하게 열을 맞춰 놓여 있었어. 나머지 묘지의 시신들은 아무렇게나 널브러져 있었고. 우리가 그곳에 있던 내내 군복을 입은 사람들이 평상시 하던 대로 발굴 작업을 계속했어. 아무튼 나는 그런 일을 하지 않아도 되어 정말 다행이었지! 가장 흥미로운 것이면서 가장 설득력 있는 증거 하나는 모든 폴란드인이 머리 뒤쪽에 단 한 발의 총알을 맞고 죽었다는 거야. 시신 중 일부는 등 뒤로 손이 묶여 있었는데, 이는 전형적으로 독일인들이 하는 짓이야. 프로그램의 다음 차례에 우리는 검시 천막으로 안내됐어. 천막은 더웠고 통풍이 되지 않아 악취가 진동했어. 많은 검시가 진행되고 있었고, 시신 전부를 하나하나 꼼꼼히 살피고 있었는데, 우리도 검시 중인 시체를 몇 구 봤어. (……) 개인적으로 나는 시신이 얼마나 온전한 모습을 하고 있는지를

* Kathleen Harriman Mortimer(1917~2011). 미국의 언론인. 1945년 2월 얄타 회담에서 소련 주재 미국 대사 애버렐 해리먼과 루스벨트 미국 대통령을 도와 막후에서 미국 대표단을 관리하는 데 중요한 역할을 했다. 1944년 1월에는 폴란드의 카틴 숲을 방문했고, 독일군이 폴란드인들의 학살에 책임이 있다고 잘못 결론을 내렸다.

보고 놀랐어. 대부분은 아직 머리칼이 있었다니까. 심지어 내부 장기도 알아볼 수 있었고, 허벅지에는 꽤 많은 붉은 색깔의 〈단단한〉 근육도 남아 있었지. (……) 있잖아, 독일은 러시아가 이미 1940년에 폴란드인들을 죽였다고 말하고 있는 반면에 러시아는 1941년 가을까지는 폴란드인들이 죽임을 당하지 않았다고 말하고 있어. 그래서 시간상으로 큰 차이가 있어. 독일인들이 폴란드인들의 주머니를 찢어서 뒤져 보았지만, 일부 글이 쓰인 문서들을 잃어버리고 없는 상태야. 내가 보고 있는 동안 그들은 1941년 여름 날짜의 편지 한 장을 찾아냈어. 그건 굉장히 좋은 증거야.[29]

카틴 위기가 일으킨 또 다른 복잡한 문제는 폴란드 공산당, 즉 당시 이름으로는 폴란드 노동자당이 받은 충격이었다. 위기가 발생하자 폴란드 공산주의자들은 독일군의 폴란드 점령에 맞서, 폴란드 국내군* ― 런던의 망명 정부와 연결되어 있었다 ― 과의 단합을 비롯해 광범위한 거국적 저항 전선을 구축하고자 한창 협상을 시도하고 있는 중이었다. 이 협상은 폴란드 공산주의자들이 망명 정부에 복종하고 폴란드에 대한 소련의 영토 요구를 거부하며 코민테른과의 관계를 끊으라는 요구에 직면하여 1943년 4월 말에 결렬되었다.[30] 5월 7일 ― 몰로토프가 코민테른 해체에 대해 디미트로프에게 말하기 전날 ― 폴란드 공산주의 지도자 반다 바실레프스카**는 스탈린을 만났고, 아마도 국내군과의

---

* Home Army. 폴란드어로는 Armia Krajowa(AK)라고 한다. 제2차 세계 대전 당시 독일에 점령된 폴란드 국내에서 이루어진 저항 운동 조직이다. 1942년 2월 〈무장 저항 연맹〉의 후신으로 발족했다. 이후 2년에 걸쳐 대부분의 폴란드 지하 저항 조직들을 흡수, 통합했으며, 폴란드 망명 정부와 공조했다. 1944년 당시 국내군의 병력은 20만~60만 명이며, 가장 널리 인정받는 설은 40만여 명으로 유럽에서 가장 큰 저항 조직 중 하나였다. 국내군은 폴란드의 공산화에 장애물로 판단한 소련군에 의해 1945년 1월 해산당했다.

** Wanda Wasilewska(1905~1964). 폴란드와 소련의 소설가, 언론인, 공산주의 정치 활동가. 1939년 9월 독일군이 폴란드를 침공하자 소련으로 도피했다. 소련에서 폴란드 인민군의 모태인 폴란드 제1 타데우시 코스치우슈코 보병 사단을 창설하고 1944년 7월 폴란드 민족 해방 위원회의 수립에, 그리하여 폴란드 인민 공화국의 건국에 큰 역할을 했다.

협상 실패에 대해 보고한 것으로 추정된다.[31] 바로 이러한 사태의 전개가 스탈린으로 하여금 코민테른을 해체하도록 부추겼을 가능성이 매우 짙다. 이 조치는 폴란드 공산주의자들이 애국자가 아니라 소련의 첩자라는 민족주의자들의 주장을 약화시키는 데 도움이 될 것이었다.

스탈린의 코민테른 해산은 영국과 미국에 전형적으로 제스처를 취하는 것이었다.[32] 그것은 전쟁이 끝났을 때 스탈린이 유럽에서 혁명이나 공산주의 탈취를 추구하지 않겠다는 신호였다. 아마도 스탈린은 대연합 파트너들에게 자신의 선의로 깊은 인상을 주기를 원했겠지만, 스탈린이 카틴 위기에 뒤이어 정치적 주도권을 되찾으려 하고 있었다는 것이 좀 더 그럴싸해 보인다. 전후 폴란드 — 소련의 서부 국경에서 단연코 가장 중요한 나라 — 에서 정치적 영향력을 확보하기 위해 계획된 투쟁이라는 맥락에서 보면, 좀 더 직접적이고 단순한 동기가 떠오른다. 즉 코민테른은 유럽 공산주의의 전략적 도전을 고양시키기 위해 폐지되었던 것이다. 폴란드에서, 그리고 유럽 전체에서 공산주의자들은 나치 점령에 대한 저항과, 전쟁 후에는 진보 정책을 위한 투쟁을 이끌 반파시즘 민족 전선의 형성을 통해 영향력과 정치권력을 모색하고 있었다. 달리 말해 유럽 공산주의자들은 소련인들이 그랬듯이, 프롤레타리아 국제주의만큼이나 자기 나라의 민족적 이익에 헌신하는 급진적 애국자들로 거듭날 것이었다. 전쟁 중반까지 이와 같은 애국적 재탄생 과정은 공산당들이 부활하고 전쟁 전 인민 전선들의 반파시즘 정치에 기반을 둠에 따라 많은 나라에서 이미 상당히 진행된 상태였다. 그리하여 코민테른 폐지는 소련이 대연합의 편의를 위해 외교적으로 맞춰 주는 조치이기는커녕 오히려 소련의 서방 동맹국들에 대한 이념적·정치적 도전을 나타내는 것이었다. 스탈린은 전시에서뿐 아니라 평화 시에도 대연합을 유지하는 데 전념했지만, 그렇다고 스탈린이 유럽에서 전쟁 전의 정치적 상황으로 돌아갈 수 있고 또 돌아가야 한다고 믿었던 것은 아니었다. 이 단계에서 스탈린은 전쟁의 결과로 유럽의 정치가 어떻게 바뀔지는 정확히 몰랐으나, 일종의 급진적 변화가 있을 가능성이 매우 농후하다는 것을 깨닫고 공산주의 동맹자들이 어떤 정치적 기회도 생기는 대로 이용할 수 있는 강력한 위치에 있기를 원했다.

이탈리아 역사가 파올로 스프리아노Paolo Spriano는 코민테른 해체의 중요한 의미를 또 한 가지 강조했다.[33] 스탈린의 명성과 신화는 이제 너무나 높고 위대해서 그는 국제 공산주의 운동과 자신의 관계를 중재할, 코민테른 같은 기관이 더는 필요하지 않았다. 이제부터 스탈린은 공산주의 전략과 정책의 일반적인 노선을 직접 감독할 것인데, 필요할 때마다 외국 당 지도자들과 대면 회의를 개최함으로써 그렇게 할 터였다. 스탈린은 오랫동안 국제 공산주의 운동을 정치적·이념적으로 지배했지만, 그의 권력은 집단적 조직 형태인 코민테른과 공공적으로 뛰어난 몇몇 다른 공산당 지도자들에 의해 어느 정도 균형이 잡혔다. 예를 들어 디미트로프는 1933년의 제국 의회 방화 사건*의 영웅이었고, 코민테른의 반파시즘 인민 전선 정치를 체현한 인물로 널리 알려졌다. 사적으로 스탈린은 디미트로프를 직접 지배했으나, 공개적으로 이 코민테른 지도자는 프랑스 당 지도자 모리스 토레즈,** 이탈리아 공산주의자 팔미

---

* 1933년 2월 27일 베를린의 제국 의회 의사당이 화재로 불탄 사건을 가리킨다. 용의자로 체포된 네덜란드 출신의 공산주의자 마리뉘스 반 데르 뤼버Marinus van der Lubbe는 이 방화가 자신의 단독 행위라고 주장했지만, 나치는 이를 무시하고 코민테른의 주요 인물로서 불가리아 공산주의자들인 게오르기 디미트로프, 바실 타네프, 블라고이 포포프 등을 범인으로 지목했다. 나아가 이 화재가 공산당이 폭동을 일으키기 위해 계획한 신호라고 주장하며 대대적인 공산주의자 탄압에 나서는 한편, 종국적으로 수권법의 통과를 비롯한 나치당의 독재 체제를 완성하는 기폭제로 삼았다.

** Maurice Thorez(1900~1964). 프랑스의 정치가이자 공산당 지도자. 1930년 공산당 총서기에 취임했다. 사회 민주주의가 주요 적이라고 한 당시에 코민테른의 방침에 충실했으며 1934년 반파시즘 통일 전선을 부르짖었다. 1939년 독소 불가침 조약 후 코민테른이 다시 방침을 변경하자, 제2차 세계 대전 초 프랑스군에서 탈주하여 전쟁이 끝날 때까지 모스크바에 머물렀다. 1944년 귀국하여 당원들에게 드골 임시 정부에 협조할 것을 호소했으며, 1945년 11월 제2차 드골 내각에 국무 장관으로 입각했다. 이듬해 드골이 퇴진한 뒤에도 여러 내각의 부총리로 일했다.

로 톨리아티,* 미국 당과 영국 당의 얼 브라우더**와 해리 폴릿***처럼 매우 독립적이고 카리스마 넘치는 인물로 보였다. 그러나 전쟁에서 소련이 성공을 거둔 것은 스탈린의 모습이 이제 국제 공산주의 운동 전체에 거대한 그림자를 드리우는 것을 의미했다. 코민테른을 해산하는 순간, 국제 공산주의 운동은 사실상 스탈린의 당이 되었다.

비록 코민테른은 1943년 6월에 하나의 기구로서 더는 존재하지 않게 되었지만, 그것을 구성하던 조직적 요소들 중 많은 요소는 이전처럼 계속 기능했다. 이는 은밀하게 활동하고 파르티잔 투쟁에 참여한 공산당들에 물질적·재정적 지원을 제공하는 조직들에는 특히 더했다.[34] 디미트로프는 새로 설치된 〈국제 정보부〉로 이동했다. 이 조직은 전후 시기에 소련 공산당의 〈국제부〉로 바뀐, 당의 중앙 기관을 구성하는 한 요소였다. 디미트로프의 국제 정보부는 국제 문제들에 관한 정보와 분석을 정치국과 중앙 위원회에 제공하고 외국 공산당들과 연락하면서 연계를 유지하고자 했다. 1944년 말에 국제 정보부는 비밀 브리핑 회보인 『대외 정책의 문제들 *Voprosy Vneshnei Politiki*』을 발간하기 시작했다. 『전쟁과 노동 계급 *Voina i Rabochii Klass*』은 국제 관계에 관해 소련의 견해가 어떻게 변화하는지를 좀 더 대중적으로 설명하는 간행물이었다. 격주로

---

* Palmiro Michele Nicola Togliatti(1893~1964). 이탈리아 공산주의 운동 지도자. 1921년 창당된 이탈리아 공산당에 참가하여 이듬해 제2차 당 대회에서 중앙 위원에 선출되었다. 1926년 공산당이 무솔리니에 의해 불법화되어 그람시가 체포되자, 파리에 지도부를 설치하고 국외에서 지도 체제를 장악했다. 1935년 코민테른 제7차 대회에서는 디미트로프와 함께 인민 전선 전술에 힘썼다. 제2차 세계 대전 후 여러 정부에 각료로 참가하여 합법 정당으로서 공산당의 지위를 확립했다. 소련의 제20차 당 대회로 시작된 스탈린 비판을 배경으로 이탈리아 공산당 제8차 대회에서는 〈사회주의로 가는 이탈리아의 길〉, 즉 구조 개혁 노선을 제기하여 국제적으로 주목받았다.

** Earl Russell Browder(1891~1973). 미국의 공산주의 정치 활동가. 1930년부터 15년 동안 미국 공산당 총서기를 지냈으며, 1936년과 1940년 미국 대통령 선거에 출마했다.

*** Harry Pollitt(1890~1960). 영국의 공산주의자. 1929~1939년, 1941~1956년 영국 공산당 총서기직을 역임했다. 소련과 스탈린에 충성했다.

발행된 이 잡지는 1943년 6월에 발간되었다. 정치국이 이 잡지의 출간을 시작했을 때, 잡지는 소련 검열 체제의 공식 절차에서 면제되었다.[35] 대신 스탈린과 몰로토프가 잡지 내용을 면밀히 감시했다. 부분적으로 그것은 코민테른의 정기 간행물인 『공산주의 인터내셔널 *Communist International*』을 대체하는 것이었지만, 내용의 많은 부분이 외무 인민 위원부 내에서 발표된 내부 브리핑과 보고들에 기반을 두는 등 주로 외무 인민 위원부의 관보로 기능했다. 그 기사들은 소련 언론과 공산주의 언론에서 널리 전재되었고, 아주 적절하게도 현재의 국제적 사건들과 전후 세계의 계획에 관한 모스크바의 견해를 믿을 만하게 진술하고 있는 것으로 여겨졌다.

평화를 준비하기

『전쟁과 노동 계급』의 출현은 스탈린이 전후 세계를 준비하고 계획하는 프로젝트에 점점 더 관심을 기울이고 있음을 암시했다. 1943년 여름 〈외교 문서 준비위원회〉를 두 개의 새 위원회로 대체하기로 결정했다. 보로실로프 원수가 이끄는 〈휴전 조건에 관한 위원회 Komissiya po Voprosam Peremiriya〉와 1943년 여름 미국 대사직에서 소환된 리트비노프가 이끄는 〈평화 조약과 전후 질서에 관한 위원회 Komissiya po Voprosam Mirnykh Dogovorov i Poslevoennogo Ustroistva〉가 그것이었다. 소련의 제2전선 운동이 실패로 끝나면서 앞날에 약간 먹구름이 낀 마이스키는 런던에서 소환되어 〈배상에 관한 위원회〉를 책임지게 되었다.[36] 스탈린이 리트비노프를 핵심 위원회를 이끄는 자리에 임명한 것은, 특히 리트비노프와 1939년 그를 대신해 외무 인민 위원이 된 몰로토프 사이의 오랜 개인적 경쟁을 감안하면 매우 중요한 일이었다.[37] 리트비노프는 스탈린의 외교관들 중에서 식견과 경험이 단연코 가장 풍부한 인물이었고, 소련 지도자는 그의 기량과 전문 지식이 필요했다. 리트비노프는 또 영국 및 미국과의 협력을 강력히 옹호했으며 스탈린에게 오래전부터 소련-

서방 협력을 제도화할 3자 기구를 발전시킬 것을 촉구해 왔다. 리트비노프는 1943년 5월 미국에서 귀국한 후 스탈린과 몰로토프를 위해 〈미국의 정책〉에 관한 긴 글을 썼다. 그는 이 문서에서 소련이 〈유럽 추축국에 맞선 공동 투쟁에서 생기는 일반적인 군사-정치 문제들을 논의할 미국-영국-소련 위원회에 참여〉할 것을 주장했다. 리트비노프는 이 위원회가 소련으로 하여금 영국과 미국의 전략 계획에 영향을 미치고 서방 국가들의 정치 여론을 흔들 거라고 말했다.[38] 리트비노프가 내놓은 군사-정치 연합 위원회 제안은 스탈린의 사고에 영향을 미쳤던 것 같다. 스탈린은 8월 22일 처칠과 루스벨트에게 다음과 같이 썼다.

저는 우리가 독일로부터 떨어져 나온 여러 정부와 협상하는 일과 관련된 문제들을 고찰하기 위해 (……) 세 나라의 대표로 이루어진 군사-정치 위원회를 설립할 시기가 무르익었다고 생각합니다. 지금까지 일은 이렇게 진행되었습니다. 즉 미국과 영국이 그들 사이에 협정에 도달하는 한편 소련은 두 강대국 간의 협정에 대해 수동적으로 바라보기만 하는 제3자로서 통보를 받습니다. 저는 이러한 상황이 더는 용납될 수 없다고 말할 수밖에 없습니다.[39]

1943년 여름 연합국이 시칠리아와 이탈리아를 침공한 일에 자극받아 쓴 이 글은 같은 맥락에서 루스벨트와 처칠에게 보냈던 메시지 가운데 첫 메시지였다. 무솔리니가 사임한 뒤 군주주의자인 피에트로 바돌리오* 원수가 이끄는 새 정부는 영국 및 미국과 휴전 조건을 협상하고 있었다. 스탈린은 소련이 이탈리아의 항복을 끌어낼 협상과 이탈리아

* Pietro Badoglio(1871~1956). 이탈리아의 군인, 정치가. 1935~1936년 제2차 이탈리아-에티오피아 전쟁에서 이탈리아군을 승리로 이끌었다. 1943년 7월 무솔리니가 실각하자 총리에 임명되어 반파시즘 정권을 수립한 후 1943년 9월 연합군과 휴전 협정을 체결함과 동시에 나치 독일에 선전 포고를 했다. 1944년 6월 로마가 연합국에 의해 해방되자 보노미에게 총리직을 물려주었다.

에 수립될 연합국의 점령 체제에 참여하는 데 관심이 있었다. 스탈린의 관점에서 볼 때, 붉은 군대가 아직 포위하지 못한 땅에 상응하는 서방의 영향력을 허용하는 조치를 취하는 대가로 영국군과 미군이 점령한 적국 영토에서 소련의 영향력을 촉진하는 협정을 확보하는 것이 합리적이었다. 루스벨트와 특히 처칠은 다른 견해를 갖고 있었다. 그들은 자신들이 가지고 있는 것을 계속 보유하기를 원했고, 이탈리아의 점령 체제는 현장에 있는 군사령관의 책임이라고 고집했다. 그 결과 소련은 연합국이 점령한 이탈리아를 통치하는 문제에서 어떤 실질적인 발언권도 갖지 못하게 되었다. 소련 대표들이 연합국 관리 위원회와 나중에는 자문 회의에 앉아 있었지만, 그들은 권한을 거의 행사하지 못했다.[40] 이탈리아 점령에 대한 영국-미국의 태도는 1944~1945년에 붉은 군대가 침공한 동유럽 추축 국가들의 점령 체제에 선례를 제공하는 것이었기 때문에 장기적으로 역풍을 맞았다. 즉 스탈린은 이탈리아에 수립된 이 모델을 이용해 소련의 군사적 점령 지역에서 서방의 영향력을 최소화할 수 있었던 것이다.

하지만 1943년에 스탈린은 이탈리아의 상황이 종국적으로 자신에게 이익이 되리라는 것을 몰랐으며, 부외무 인민 위원 안드레이 비신스키를 보내 이탈리아 자문 회의에서 일하게 하는 등 점령 체제에 대한 소련의 영향력을 극대화하려고 애썼다. 그러나 몇 달 만에 소련은 이탈리아에서의 3국 자문 기구가 시간 낭비라는 결론을 내렸다. 1944년 3월에 스탈린은 3개 강대국 중에서 바돌리오 정부(이제 연합국의 공동 참전국이 되어 이탈리아에서 독일군을 상대로 전투에 참가했다)와 사실상의 외교 관계에 들어가는 첫 번째 국가가 됨으로써 연합국 간의 협정을 교묘하게 회피하기로 결정했다. 『프라우다』에 실린, 〈이탈리아 문제〉에 관한 장문의 1면 사설은 이탈리아에서 영국과 미국이 일방주의를 취하고 있다고 언급함으로써 소련이 바돌리오 정부를 인정한 것을 정당화했고, 반파시즘 투쟁을 강화하는 데 그런 조치가 필수적이라고 주장했다.[41] 이와 동시에 바돌리오 정부 내에서 소련의 영향력을 뒷받침하기 위해 스탈린은 톨리아티에게 이탈리아 공산주의자들이 군주주의자 원수가 이끄는 연립 정부에 참여하는 일에 더 이상 반대하지 말라는 명령을 내렸다. 스탈린은 톨리아티에게 다음과 같이 말했다.

> 두 진영(바돌리오-국왕과 반파시즘 정당들)의 존재는 이탈리아 인민들을 약화시키고 있습니다. 이것은 지중해에서 이탈리아가 약해지기를 바라는 영국에 이롭습니다.[42] (……) 공산주의자들은 독일에 맞선 전쟁을 더욱 가열하게 (……) 수행하기 위해 바돌리오 정부에 참여해 이탈리아의 민주화를 실행하고 이탈리아 인민들을 단결시킬 수 있습니다. 본질적인 것은 독립적이고 강한 이탈리아를 위해 독일군에 맞선 투쟁에서 이탈리아 인민들을 단결시키는 것입니다.[43]

또 스탈린이 이탈리아에 대한 자신의 외교적·지정학적 위상을 뒷받침하기 위해 이탈리아 공산당을 이용한 것은 공산주의자들의 정치적 기반을 확대함으로써 이탈리아에서 공산주의의 영향력을 제고하려는 계산도 있었다. 스탈린은 이탈리아에서 공산주의자들이 권력을 장악할 가능성에 비관적이었고, 독일에 맞선 전쟁이 여전히 불타오르고 있는 동안에는 어떤 모험도 완강하게 반대했다.[44] 스탈린은 프랑스에 대해서도 유사한 정치적·외교적 전략을 구사했다. 1944년 3월 프랑스 공산주의자들은 〈당이 자신의 추종자는 물론이고 좀 더 광범한 계층에 대해서도 논쟁을 벌여 그들을 자기편으로 끌어들일 수 있는 국가 정당으로서의 포부를 밝히면서 민족을 이끄는 주도 세력으로 행동해야 한다〉는 지시를 받았다.[45] 스탈린은 샤를 드골*을 높이 평가하지 않았으

---

* Charles de Gaulle(1890~1970). 프랑스의 군인이자 정치가. 제2차 세계 대전이 발발하자 1940년 6월 육군 정무 차관이 되었다. 프랑스가 독일군에 항복하자 런던에서 자유 프랑스군을 조직해 연합군에 가담했으며, 1944년 6월 프랑스 임시 정부의 총리가 되었다. 8월 25일 파리 해방과 함께 전후 프랑스의 최고 지도자로 등장했지만, 공산당을 비롯한 여러 당과 대립하여 1946년 1월 총리직에서 물러났다. 1958년 5월 알제리 위기 때 다시 등장해 6월 1일

나, 1944년 10월에 그는 영국과 미국에 동참하여 드골 장군의 〈프랑스 민족 해방 위원회〉를 프랑스 임시 정부로 인정했다. 스탈린은 공산주의 지도자 모리스 토레즈가 해방된 프랑스로 귀국하기 직전인 1944년 11월 그를 만난 자리에서 드골 정부를 지지하고, 공산주의자들이 고립되지 않도록 정치적 동맹을 모색하라고 촉구했다. 심지어 스탈린은 프랑스의 저항 운동을 〈부활 전선〉으로 명칭을 바꾸고, 프랑스 공산당의 강령이 〈산업의 복구, 실업자들에게 직업의 부여, 민주주의의 방어, 민주주의를 질식시킨 자들의 처벌〉이어야 한다고 주장하기까지 했다.[46]

스탈린이 1943년 여름 이탈리아의 연합국 점령 체제에 동의하는 그런 접근 방식을 밀어붙인 또 다른 이유는 루스벨트 및 처칠과의 회담이 다가오고 있었기 때문이었다. 루스벨트는 스탈린에게 오래전부터 자신을 만나 줄 것을 설득해 왔고, 1943년 5월에 전 소련 주재 미국 대사인 조지프 데이비스*의 손에 모일 시기와 장소를 제안하는 문서를 들려 모스크바로 보냈다.[47] 스탈린은 루스벨트를 만나는 데 원칙적으로 동의했지만 독일군의 쿠르스크 여름 공세를 처리하기 전까지는 세부적인 논의에 전념하고 싶지 않았다. 9월이 되어서야 회담 일자와 장소에 대한 합의가 이루어졌다. 그때까지 회담은 처칠을 포함시키는 것으로 확대되었고, 미국·영국·소련 외무 장관들이 1943년 10월에 테헤란에서 11월 말로 예정된 세 거두의 회담을 준비하는 작업의 일환으로 모스크바에서 만나는 것도 합의되었다.

총리가 되었고 헌법을 개정하여 제5공화국의 대통령으로 선출되었다. 그 뒤 10년 동안 경제 개혁을 실시하고 알제리 전쟁을 종결시키는 한편, 핵무기 개발에 착수하고 중국을 승인하는 등 미·소 양 대국 사이에서 프랑스의 독자적 지위를 주장하는 외교 정책을 펴나갔다. 그러나 1969년 4월 지방 제도 개혁과 상원 개편 국민 투표에서 패배해 대통령직을 사임했다.

* Joseph Edward Davies(1876~1958). 미국의 법률가이자 외교관. 1936~1938년 소련 주재 미국 대사를 지내고, 1938~1939년 벨기에 주재 대사 및 룩셈부르크 공사를 겸임했다.

모스크바 외무 장관 회의

　모스크바 회의를 준비하면서,[48] 영국과 미국은 논의를 위한 많은 의제를 제출했다. 영국은 이탈리아와 발칸 지역, 연합국 사이의 자문 기구 설립, 유럽에서의 공동 책임(개별 책임이 아니라) 문제, 폴란드 문제, 전후 문제에 관한 강대국과 강소국 사이의 합의, 독일 및 다른 추축국의 전후 처리, 유고슬라비아의 파르티잔 운동에 대한 정책, 프랑스 임시 정부의 구성, 동유럽에서의 연방 형성, 이란 및 소련과의 전후 경제 협력 등을 논의하고 싶어 했다. 미국의 의제는 국제 안보 조직의 설립, 적국들의 처리, 전후 재건, 전쟁 동안 발생한 정치적·경제적 문제들을 검토하는 방식 등이었다. 이에 대응해 소련은 단 한 가지 항목, 즉〈유럽에서 독일과 그 동맹국들에 맞선 전쟁을 단축하는 조치〉만 제안했다. 소련은 서방 동맹국들이 제기한 문제들을 논의할 준비가 되어 있었지만 영국과 미국에 구체적인 제안을 상정하라고 요청했다. 모스크바는 또 회의가 오직 준비를 위한 것에 불과하며, 그 후 3개국 정부가 심의할 초안들을 논의할 수 있다고 주장했다.[49] 서방의 의제 제안에 대한 소련의 반응은 영국과 미국의 의도가 제2전선 문제로부터 주의를 돌리는 것이고 특히 독일의 미래와 관련된 몇 가지 문제들에 대해 소련의 입장이 무엇인지를 탐색하는 것이라는 모스크바의 견해를 반영했다.[50] 소련의 협상 태도는 좋은 전조는 아니었으나, 영국과 미국의 제안은 소련이 제기된 문제들에 관해 자국의 입장을 명확히 하고자 하는 노력을 촉진했다. 외무 인민 위원부 안에서 많은 브리핑 문서와 의견서가 생산되었고, 이것들은 외무 장관 회의에서 소련이 취한 태도의 기반이 되었다.[51] 이 내부 토론에 크게 기여한 사람 중 한 명이 몰로토프를 위해 몇몇 문서를 작성한 리트비노프였다. 일부 소련 분석가들의 제안과는 달리 리트비노프의 제안은 그가 특정의 소련 이익들을 무시한다거나 너무 쉽게 서방의 입장을 용인했음을 의미하지는 않았지만, 3자주의 맥락 내에 확고히 포함되어 있었다. 실제로 리트비노프 문서들이 표방한 논지 중 하나는 포괄적인 국제 조직의 틀 안에서 세계를 개별 안보 지역으로 나눔으로써 미래에 일어날 수 있는 소련-서방 갈등을 억제하는 것이 바람직하다는 내용이었다. 국제적 논의를 위해 문서를 작성한 다른 사람들, 특히 코민테른에서 활동했던 사람들은 영국과 미국을 좀 더 의심했고 소련-서방 사이에 동의보다 차이가 있음을 강조했다. 그러나 어느 누구도 3국 간의 협력이 바람직하고 가능하다는 것에 직접 이의를 제기하지는 않았다. 그와 같은 광범위한 합의는 소련 정책 결정 위계제의 최상층부, 즉 스탈린으로부터만 나올 수 있었을 것이며, 이 친3자 정신이 회의에 반영돼 영국 및 미국과의 솔직하지만 매우 우호적인 논의를 낳았고, 테헤란을 위한 준비 회의로서 외무 장관 회의라는 처음의 구상을 훨씬 뛰어넘는 일부 중요한 협정을 체결하는 성과도 가져왔다.

스피리도놉카 궁전에서 열린 회의에서 소련 대표단을 이끈 사람은 몰로토프였고, 리트비노프가 그의 부관으로 참석했다. 영국은 외무 장관 앤서니 이든, 미국은 국무 장관 코델 헐*이 대표했다. 스탈린은 참석하지 않았으나 몰로토프와 리트비노프 그리고 여타 소련 대표단의 주요 구성원들에게서 회의 진행 상태에 대해 광범위한 브리핑을 받았다.[52] 회의가 열리기 전날인 10월 18일 스탈린은 논의 예정인 문제들에 관해 소련의 입장을 정리한 요약 문서를 제출받았다.[53] 회의가 진행되는 동안 스탈린은 이든을 두 번, 헐을 한 번 만났다. 그는 또 10월 30일 회의를 마감하는 만찬회도 주관했다.

스탈린이 회의에서 제일 먼저 다루고 싶어 한 사항이 무엇인지는 10월 27일 그가 이든과 대화를 나눈 자리에서 분명히 드러났다. 스탈린은 예상대로 이든 외무 장관에게 제2전선 문제를 꺼내 압박을 가하

---

* Cordell Hull(1871~1955). 미국의 정치가. 1920년대에 민주당 국민 위원회 위원장을 지냈고, 1930년 상원에 선출되었다. 1933~1944년 루스벨트 대통령 밑에서 국무 장관으로 일했다. 제2차 세계 대전 수습을 위해 미국과 일본 간의 교섭을 담당했고, 이 일로 1945년 노벨 평화상을 받았다. 전쟁 시기 동안 국제 연합 창설을 추진했다.

면서 만일 히틀러가 서쪽으로부터의 실질적인 위협 때문에 자신의 군대를 억지로나마 나누지 않는다면 소련은 독일군을 상대로 더는 대대적인 공세에 나설 수 없을 거라고 강조했다.[54]

회의에서 서방 열강은 프랑스에 제2전선을 열겠다는 그들의 약속을 재확인했는데, 이번에는 개설 시기가 1944년 봄이었다. 튀르키예를 설득하여 대독일 전쟁에 참전시키는 안에 대한 합의도 이루어졌고, 중립국 스웨덴에 연합국 공군 기지를 설치하자는 소련의 제안에 대한 논의가 있었다. 코델 헐의 우선 사항은 불신받는 국제 연맹을 대신할 후계 기구의 설립에 대한 동의를 구하는 것이었다. 회의는 이런 취지의 선언을 공표했다. 소련의 제안으로 제기된 새로운 안보 기구에 대해서는 3자 논의를 더 진행하기로 합의되었다. 또 다른 중요한 결정은 세 열강으로 이루어진 〈유럽 자문 위원회〉를 설립하자는 영국의 제안을 채택한 일이었다. 이 위원회의 첫 과제는 독일과의 휴전 조건을 검토하는 것이었다. 독일의 미래에 대해 회의에서 유일하게 합의한 구체적 사항은 오스트리아가 독일 제국에서 떨어져 나와 다시 독립 국가가 될 것이라는 선언이었다. 하지만 독일 문제를 논의하면서 외무 장관 3인 모두 독일을 무장 해제하고 탈군사화하고 탈나치화하고 민주화하고 해체할 필요에 대해서는 대체로 의견의 일치를 본 것이 분명했다. 또한 주요 나치 지도자들을 전쟁 범죄자로 재판에 넘기는 것도 합의되었다.[55]

회의 말미에 발표한 공식 성명은 〈전쟁 수행 과정에서 이루어진 현재의 긴밀한 합작과 협력을 교전이 종결된 이후에도 계속하겠다〉는 세 나라의 약속을 발표하고 〈회의의 모든 활동을 특징지은 상호 신뢰와 양해의 분위기〉를 지적하는 것으로 끝을 맺었다.[56] 이러한 감정은 단순히 선전을 위한 과장된 표현이 아니었다. 회의는 굉장한 성공을 **거두었고**, 전후 세계를 계획하는 데 있어 3국 간의 광범위한 협력의 시기가 시작되었음을 나타내는 것이었다. 소련은 이 회의야말로 세 거두의 협력이 보장하는 장기간의 안정된 평화가 도래했음을 알리는 전령이라고 공개적으로 칭송했다.[57] 내부적으로 소련 외무 인민 위원부는 자국의 외교관들에게 다음과 같이 지시했다. 회의는 〈외무 인민 위원부의 활동에서 중대한 사건이며〉, 〈외무 인민 위원부의 모든 일꾼은 그것을 세밀하게 연구해야 하고 (……) 가능하다면 그 결정들을 어떻게 실현할지에 대해 제안해야 한다〉.[58] 영국과 미국도 그에 못지않게 열광했다. 영국은 모두가 동의했듯이, 특히 회의에서 몰로토프가 수행한 멋진 역할에 칭찬의 말을 쏟아 냈다. 회의가 끝날 즈음에 이든은 앞으로 열리게 될 어떤 세 외무 장관의 회담도 몰로토프가 의장이 되어 주재할 것을 제안하기까지 했다.[59] 이든은 런던으로 돌아오자 하원에서 다음과 같이 말했다. 〈저는 몰로토프 씨보다 기량과 인내, 판단을 더 잘 보여 준 의장 아래 있어 본 적이 없습니다. 저는 길고 복잡한 의제를 다루는 데 몰로토프 씨가 보여 준 능숙한 솜씨야말로 우리가 이룬 성공의 많은 부분을 [설명한다고] 말할 수밖에 없습니다.〉[60] 헐은 미국 하원에 새로운 국제 안보 기구의 설립에 대한 선언이 의미하는 바를 다음과 같이 말했다. 〈불행한 지난날에 각국이 자신의 안전을 지키거나 이익을 증진시키기 위해 너도나도 확보하고자 애썼던 세력권이나 동맹, 힘의 균형 혹은 어떤 다른 특별한 협정 같은 것이 더는 필요 없을 것입니다.〉[61] 해리먼 대사는 회의가 〈영국과 우리가 서로 논의할 때 보이는 그런 유형의 친밀성에 아주 비슷하게 다가갔다〉고 판단했고, 미국 대사관에서 그의 부관으로 일하던 찰스 볼렌*은 회의가 〈책임감을 가진 국제 사회의 일원으로서 소련의 복귀를 알렸다〉고 생각했다.[62]

스탈린은 1943년 11월 6일의 혁명 기념 연설에서 회의에 대한 판단을 표명했다. 당시 이 기념식은 소련의 군사 및 대외 정책을 제시하는 데 공공적으로 매우 중요한 연례행사였다. 〈반히틀러 연합의 강화와 파시스트 블록의 해체〉라는 제목이 붙은 연설의 한 부분에서 스탈린은 다

---

* Charles Eustis Bohlen(1904~1974). 미국의 외교관으로 소련 전문가였다. 1953~1957년 소련 주재, 1957~1959년 필리핀 주재, 1962~1968년 프랑스 주재 미국 대사를 역임했다.

음과 같이 말했다.

> 우리의 공동 적에 대한 연합국의 승리가 다가오고 있으며, 적의 노력에도 불구하고 연합국 사이의 관계와 그 군대들의 군사적 협력은 약화되는 것이 아니라 더욱 강화되고 더욱 확고해지고 있습니다. 이 점에서 모스크바 회의의 역사적 결정은 (……) 감동적인 증거입니다. (……) 이제 우리 연합국은 적들에 맞서 공동 타격을 실행하기로 굳게 다짐했으며, 그 결과 우리는 마침내 승리하게 될 것입니다.

대연합의 미래에 대한 논의에도 불구하고 스탈린의 우선 사항은 여전히 서쪽으로 상당한 독일군을 끌어내 동부 전선에서 소련이 좀 더 쉽게 승리할 수 있도록 프랑스에 제2전선을 여는 것이었다. 자신의 연설에서 스탈린은 북아프리카, 지중해, 이탈리아에서 수행된 연합 군사 행동과 독일 산업을 겨냥하여 계속 진행된 폭격의 영향에 주목했다. 스탈린은 또 서방에서 제공받은 물자들이 여름에 벌인 소련군의 군사 행동이 성공을 거두는 데 큰 도움이 되었다고 말하면서 일부러 칭찬을 늘어놓기까지 했다. 불쾌한 마무리는 남부 유럽에서의 연합 군사 행동이 제2전선이 아니며, 만약 제2전선이 만들어지면 연합국의 군사적 협력이 더욱 강화되고 나치 독일에 대한 승리가 더 빨라질 것이라는 게 그의 의견이었다.[63] 테헤란 회담이 보여 주겠지만, 제2전선의 실현은 처칠 및 루스벨트와의 관계에서 계속 스탈린의 주요 목표로 남아 있었다. 〈이제 결정될 주된 쟁점은 그들이 우리를 도와줄 것인지 아니면 도와주지 않을 것인지입니다〉라고 스탈린은 테헤란으로 가는 길에 말한 것으로 전해진다.[64]

테헤란 회담

처칠 및 루스벨트와 스탈린의 만남은 테헤란에서 이루어졌다. 소련 지도자들이 스탈린이 모스크바의 참모 총장과 전화나 전신으로 직접 연락할 수 있는 장소를 고집했기 때문이다. 스탈린의 작전과장인 시테멘코 장군에 따르면, 그는 테헤란으로 가는 도중에(바쿠까지는 기차로, 그 후엔 비행기로) 전선의 상황에 대해 하루에 세 번씩 스탈린에게 보고해야 했다. 시테멘코는 회담 내내 스탈린에게 브리핑을 했고, 스탈린은 부참모 총장 안토노프가 전신으로 보낸 군사 지시들을 계속 인가했다.[65]

이란은 테헤란에서 친독일 정부를 축출하고 남부 소련으로 향하는 공급 루트를 확보하는 작전 과정에서 1941년 8월 이후 영국군과 소련군에 점령되었다. 1943년까지 영국군과 소련군은 형식적으로 이란 수도에서 철수했으나, 테헤란은 여전히 연합국 병사들로 가득했고, 소련 대사관 영내는 회의를 개최하기에 안전한 장소로 여겨졌다. 보안을 이유로 루스벨트는 스탈린과 함께 소련 대사관에 머물렀고, 처칠은 근처 영국 공사관에 있었다.

테헤란 회담에 대해 많은 이야기가 전해져 왔다. 세 거두를 납치하거나 암살하려는 독일의 음모가 있었다는 둥, 소련이 처칠과 루스벨트를 몰래 감시했다는 둥, 앙카라의 영국 대사관에 있는 첩자가 베를린에 회담 전체 의사록을 제공했다는 둥 하는 이야기들이 그것이다.[66] 그러나 진짜 드라마는 테헤란에서 말하고 결정한 것들이 수많은 사람의 삶에 미칠 영향이었다.

스탈린이 1943년 11월 28일 테헤란에서 처음 회담을 한 상대는 루스벨트였다. 스탈린의 통역관 중 한 명인 발렌틴 베레시코프*에 따르면, 이 회담은 주 회의장 옆에 있는 방에서 열렸고, 소련 지도자는 휠체어에 앉은 루스벨트를 고려해 좌석 배치가 이루어질 수 있도록 고심했다.[67] 이 회담은 두 지도자가 처음 만난 자리였기 때문에 다른 무엇보다

---

* Valentin Mikhailovich Berezhkov(1916~1998). 소련의 통역관. 제2차 세계 대전 당시 독소 불가침 협정, 테헤란 회담, 얄타 회담 등에서 통역관으로 활동했다.

도 사교적인 성격이 강했다. 대화는 루스벨트가 동부 전선의 상황에 대해 물어보고 30~40개 적군 사단을 스탈린의 군대에서 떼어 내고 싶다고 말하면서 시작되었다. 스탈린은 당연히 흐뭇해했고, 미국이 미 대륙으로부터 4,800킬로미터나 떨어진 200만 병력을 지원하면서 겪고 있는 병참상의 어려움에 동정을 표했다. 그러자 루스벨트는 소련과의 무역 문제를 비롯해 전후 쟁점들에 대해 스탈린에게 이야기할 생각이라고 말했다. 스탈린은 전쟁이 끝나면 러시아가 미국의 큰 시장이 될 거라고 말했다. 루스벨트는 이에 동의하며 미국은 소련이 제공할 수 있는 원자재를 크게 필요로 할 것이라고 언급했다. 그런 다음 중국의 전투력을 주제로 대화가 이어졌는데, 두 사람은 중국인들이 훌륭한 용사이긴 하지만 장제스* 같은 유의 사람들이 잘못 지도하고 있다는 데 의견을 같이했다. 드골과 프랑스에 대한 대화에서는 의견 일치가 훨씬 더 컸다. 스탈린에 따르면,

정치에서 드골은 현실주의자가 아닙니다. 드골은 스스로를 진짜 프랑스의 대표라고 생각하는데, 물론 그는 프랑스를 대표하지 않습니다. 드골은 두 개의 프랑스가 있다는 것을 이해하지 못하고 있습니다. 그가 대표하고 있는 상징적인 프랑스와 라발,** 페탱*** 등의 모습으로 독일군을 도와주고 있는 진짜 프랑스가 그것입니다. 드골은 독일을 지원한 죄목으

---

* 蔣介石(1887~1975). 군인이자 정치가로 중화민국의 최고 지도자였다. 황푸 군관 학교 교장, 국민 혁명군 사령관, 중화민국 국민 정부 총통(재임 1925~1975) 등을 역임했다.

** Pierre Jean Marie Laval(1883~1945). 프랑스의 정치인. 1930년대에 세 번에 걸쳐 프랑스의 총리를 지냈다. 제2차 세계 대전 당시 비시 정부에서 페탱의 뒤를 이어 다시 총리가 되어 적극적인 대독 협력 정책과 반유대주의 정책을 실시했다. 프랑스 해방 이후 반역죄로 체포돼 총살당했다.

*** Henri Philippe Pétain(1856~1951). 프랑스의 군인이며, 비시 정부의 수반으로 알려져 있다. 제1차 세계 대전 때 세운 무훈으로 한때 프랑스의 국부로 칭송받았지만, 제2차 세계 대전 당시 비시 정부의 총리가 되어 나치 독일에 협력했다. 전쟁 후 프랑스 국민들의 〈공공의 적〉으로 지목되어 종신형을 선고받았다.

로 처벌받아야 하는 진짜 프랑스와는 관계가 없습니다.

　루스벨트의 감정은 비슷했고, 또 두 사람은 전쟁이 끝난 뒤 프랑스 식민지들의 지위를 검토할 필요가 있다는 데에도 동의했다. 스탈린은 〈식민지에 관한 국제 위원회〉를 만들자는 미국의 구상에도 동의했으나 그들이 처칠에게 인도 문제 — 영국 지도자의 아픈 곳이었다 — 를 제기하지 않는 게 낫다는 루스벨트의 의견에 공감했다. 인도는 의회 제도가 맞지 않고 아래로부터 만들어진 일종의 소비에트 시스템이 더 나을 수 있다는 루스벨트의 제안에 스탈린은 〈이것은 혁명의 길을 따라가겠다는 것을 의미할 겁니다〉라고 응수했다. 〈인도에는 수많은 민족과 문화가 있습니다. 하지만 나라를 이끌 위치에 있는 세력이나 집단이 없습니다.〉 그러나 스탈린은 그들 자신들처럼 인도 문제를 좀 더 공정하게 바라볼 수 있는 사람들이 그것을 객관적으로 검토할 더 나은 위치에 있다는 루스벨트의 의견에 동의했다.[68]

　이처럼 루스벨트와 스탈린 사이에 맺어진 친밀한 관계는 당일 늦게 열린 첫 전체 회의 동안 계속 이어졌다. 세 거두의 첫 전체 회의에서 논의의 주요 주제는 1944년에 계획된, 영국 해협을 건너 프랑스를 침공하는 문제였다. 실제로 스탈린과 루스벨트는 처칠에 함께 대항하여 이른바 오버로드 작전이 1944년의 영국-미국 군사 작전에서 무조건 최우선되어야 한다고 고집했다. 이 논의에서 루스벨트 편을 든 스탈린은 첩보 보고를 통해 영국과 미국이 지중해에서 진행 중인 작전보다 오버로드 작전을 우선하는 문제를 두고 오래전부터 말싸움을 벌여 왔다는 사실을 잘 알고 있었다. 처칠은 원칙적으로 오버로드에 동의했지만 영국 해협을 건너 방어 시설이 좋은 프랑스 해안을 침공하는 것이 과연 현명한 일인지 의구심을 가졌고, 대신 추축국의 〈부드러운 아랫배〉를 공격하는 데 찬성했다.[69] 스탈린은 이탈리아와 발칸 지역에서의 작전에 집중된 처칠의 지중해 전략에 대비되는 오버로드를 지지하며 프랑스에서 제2전선을 열고자 하는 오랜 소련의 목표를 추구하고 있었다. 스탈린은 이 문제를 두고 서방이 꾸물대는 것에 완전히 종지부를 찍고 싶었다. 이 회의 동안 스탈린이 한 다른 주요 발언은 독일이 항복한 뒤 소련이 극동에서 대일(對日) 전쟁에 참여할 거라는 발표였다. 이는 스탈린이 이전의 모스크바 회의에서 이미 해리먼과 헐에게 자신의 의향을 밝혔기 때문에 미국인들에게는 그리 놀라운 일이 아니었다. 하지만 그것은 미래의 군사적 약속, 즉 루스벨트가 진주만 공격 이후 소련으로부터 구하고 있던 약속을 여전히 드러냈다.[70]

그날 저녁 3자 만찬에서 스탈린의 주요 주제는 독일의 전후 운명이었다. 테헤란에서 미국의 통역관으로 활동했던 볼렌에 따르면,

독일에 대해 스탈린 원수는 루스벨트나 처칠이 독일의 지배와 통제를 위해 제안했던 모든 조치를 부적절한 것으로 간주하는 듯이 보였다. (……) 스탈린은 독일 인민들의 교정 가능성에 대한 믿음이 없는 것 같았고 독일 노동자들이 대(對)소련 전쟁에서 취한 태도에 대해 씁쓸하게 말했다. (……) 스탈린은 히틀러가 매우 유능한 사람이지만 기본적으로 총명하지 않으며 문화가 부족하고 정치 문제를 비롯한 여러 문제에 대해 원시적으로 접근하고 있다고 말했다. 그는 히틀러가 정신적으로 불안하다는 루스벨트의 의견에 동조하지 않았으며, 오직 매우 유능한 사람만이 우리가 그 방법에 대해 어떻게 생각하든 히틀러가 독일 인민들을 결속시키면서 했던 바를 해낼 수 있다고 역설했다.

스탈린은 또 1943년 1월에 루스벨트가 발표하고 이어서 자신과 처칠이 수용한 무조건 항복의 원칙이 얼마나 유용한지에 대해서도 의구심을 제기하며, 이 원칙은 연합국에 맞서 독일 인민들을 단결시키는 데 도움이 될 뿐이라고 주장했다.[71] 만찬이 끝난 뒤 스탈린은 처칠과 독일 문제를 놓고 좀 더 대화를 나눴다. 그는 처칠에게 다음과 같이 말했다. 〈저는 독일이 이 전쟁으로부터 회복할 가능성이 충분히 있으며 비교적 짧은 시간 내에 새로운 전쟁을 개시할 거라고 생각합니다. 저는 독일 민

족주의를 우려합니다. 베르사유 조약* 이후 평화가 보장된 것 같았지만 독일은 매우 빨리 부활했습니다. 그러므로 우리는 독일이 새로운 전쟁을 시작하는 것을 막기 위해 강력한 기구를 설립해야 합니다. 저는 독일이 부활할 거라고 확신합니다.〉 독일이 부활하는 데 얼마나 걸릴 것 같냐는 처칠의 질문에 스탈린은 15~20년이라고 대답했다. 스탈린은 적어도 50년 동안 세계를 독일로부터 안전하게 만드는 것이 과제라는 처칠의 의견에 동의했으나, 처칠이 제안한 조치들 — 무장 해제, 경제 통제, 영토 변경 — 로는 충분치 않다고 생각했다. 이 특별한 대화에 대한 보고뿐 아니라 테헤란에서의 이후 논의를 바탕으로 판단해 보면, 축소되고 통제되는 독일이라는 처칠의 비전은 자신이 제안한 제한된 해체 조치 — 기본적으로 프로이센을 독일의 나머지로부터 따로 떼어 내는 것 — 에 집중되어 있었고, 이 역시 스탈린에게 충분하지 않았다. 처칠은 또 스탈린에게 폴란드 문제도 제기했는데, 스탈린은 많이 답변하지 않았지만 폴란드가 독일 영토를 획득하는 것을 비롯해 폴란드의 전후 국경을 논의할 준비가 되어 있음을 내비쳤다.[72]

11월 29일 두 번째 전체 회의를 갖기 전에 스탈린은 루스벨트를 다시 만났다. 이 대화의 주요 주제는 루스벨트의 전후 국제 안보 기구 계획이었다. 스탈린은 루스벨트가 이미 1942년 중반에 평화 유지에 전념하는 국제경찰을 자임하는 강대국들이라는 구상을 몰로토프에게 제시한 때부터 미국 대통령의 견해를 알고 있었다. 루스벨트의 제안을 듣고 스탈린은 1942년 6월 1일 워싱턴의 몰로토프에게 〈전쟁 후 평화를 지키는 문제에 대한〉 대통령의 〈고려는 전적으로 건전합니다〉라고 타전했다. 〈침략을 막을 능력이 있는 영국, 미국, 소련의 연합 군사력을 창

---

* Versailles Treaty. 제1차 세계 대전 후 독일 제국과 연합국 사이에 맺어진 평화 협정을 가리킨다. 파리 강화 회의 중에 완료되었고 협정은 1919년 6월 28일에 베르사유 궁전에 있는 거울의 방에서 서명되어 1920년 1월 10일 공포되었다. 조약은 국제 연맹의 설립과 패전국 독일에 대한 제재를 규정하는 내용을 포함한다.

출하지 않으면 평화를 유지하기가 불가능하리라는 점은 의심의 여지가 없습니다. 루스벨트에게…… [그가] 전적으로 옳으며 소련 정부는 그의 입장을 완전히 지지할 것이라고 말하시오.〉73 테헤란에서 루스벨트는 스탈린에게 세 가지 구성 요소로 이루어진 국제기구에 대한 자신의 계획을 개괄적으로 설명했다. 모든 〈연합 국가〉의 총 기구, 10~11개 국가들의 집행 위원회, 세 강대국에 중국을 추가한 〈경찰 위원회〉가 그것이다. 유럽의 작은 국가들은 그런 기구를 좋아하지 않을 거라고 스탈린은 말했고(중국의 역할을 언급하면서), 그 대신 두 가지 기구 — 하나는 유럽을 위해서, 또 하나는 극동을 위해서 — 의 설립을 제안했다. 루스벨트는 그것이 처칠의 제안과 비슷하다고 지적했지만, 미국 의회가 유럽만 참여하는 기구의 회원 자격에는 결코 동의하지 않을 거라고 덧붙였다. 스탈린은 세계 기구가 형성되면 미국이 자국의 군대를 유럽에 파견할 것인지를 물었다. 루스벨트는 꼭 그렇지는 않다고 말했다. 유럽에서 만약 침공 사건이 발생하면 미국은 배와 비행기를 보내겠지만 병력은 영국과 러시아에서 보낼 수 있을 것이다. 루스벨트는 이에 관해 스탈린의 견해를 물었고, 소련 지도자는 전날 밤 만찬에서 처칠이 독일은 전쟁 후에 자신의 힘을 빠르게 재건할 수 없을 거라 했다고 하면서 이야기를 시작했다. 스탈린은 이에 동의하지 않았다. 스탈린은 독일이 15~20년 만에 재건할 수 있으며, 그다음에는 새로운 침략 전쟁을 개시할 위치에 있을 거라고 생각했다. 이 침략을 막기 위해 강대국들은 독일과 그 주변의 전략적 요충지를 점령하지 않으면 안 되었다. 이것은 일본에도 해당되었고, 새로운 국제기구는 이 전략적 지점을 점령할 권리를 가져야 했다. 루스벨트는 〈스탈린 원수의 의견에 100퍼센트 동의한다〉고 말했다.74

잘 알려져 있지는 않지만 테헤란에서 스탈린이 독일 문제에 명백히 집착한 데에는 중요한 배경이 있었다. 외무 인민 위원부 내부에서 최근에 전후 독일의 미래를 계획하는 작업이 진지하게 시작되었다. 이 계획의 요지는 연합국들에 의한 장기적인 독일의 점령과 독일 국가의 해체였다. 그와 동시에 소련은 독일인들이 재통일 압박을 가하는 것에 대해서도, 또 독일을 오랫동안 약한 국가로 유지하는 것에 대해서도 신경을 써야 했다. 전략적 지점을 점령할 준비를 하자는 스탈린의 구상은 독일 문제에 대한 소련 내부 토론의 자연스럽고 논리적인 결과였다.[75]

스탈린과 루스벨트의 대화는 스탈린이 〈스탈린그라드의 검〉 — 영웅적 도시의 시민들을 기려 영국 국왕 조지 6세가 하사한 선물 — 을 수령하는 의식에 참석해야 했기 때문에 중단되었다. 이런 의식에는 으레 그렇듯이, 악단이 「인터내셔널가(歌)」(당시 여전히 소련의 국가였다)와 「하느님 국왕 폐하를 지켜 주소서」를 연주했다. 소련 독재자와 영국 총리가 영국-소련 관계에 대해 덕담을 주고받은 뒤 스탈린은 처칠에게서 검을 받아 그것에 키스한 다음 보로실로프에게 건네주었다. 보로실로프는 검을 떨어뜨릴 뻔했는데, 이는 연합국 언론에는 보도되지 않은 의식의 한 측면이었다.

두 번째 전체 회의에서 오버로드 작전에 관한 논의가 계속되었다. 스탈린은 몇 가지 관련 문제들에 대해 처칠을 압박했다. 프랑스 침공 날짜(그래서 소련은 자신들의 상태를 점검하고 그에 맞춰 계획을 짤 수 있었다), 작전을 지휘할 영국-미국 최고 사령관의 임명(스탈린의 의견으로는 계획이 현실성을 갖는 데 필수적이었다), 오버로드 작전과 서방 연합국이 계획한 다른 군사 행동의 관계가 그것들이었다. 이 전체 회의 동안 처칠과 나눈 날카로운 대화는 〈영국이 정말 오버로드 작전을 믿는 것인지 아니면 러시아를 안심시키려고 그냥 입에 발린 소리를 하는 것인지 알고 싶다〉는 스탈린의 가시 돋친 말에 잘 요약되었다.[76]

다음 날 11월 30일에 처칠은 스탈린과 양자 회담을 가졌다. 처칠은 프랑스에 대규모 독일 병력이 있으면 침공이 성공할 수 있을지 확신할 수 없다고 주장하며 오버로드에 대해 계속 주저했다. 하지만 스탈린은 붉은 군대가 연합국의 북부 프랑스 침공에 의지하고 있고, 작전의 진행 여부를 지금 알아야 한다고 역설했다. 진행된다면 붉은 군대는 공세를 여러 갈래로 실행하여 독일군을 동부에 계속 묶어 둘 수 있을 것이었다.[77] 이어진 3자 오찬에서 루스벨트는 1944년 5월에 오버로드를 개시하고 이 작전을 지원하기 위해 남부 프랑스 침공을 함께 수행한다는 데 합의했다고 발표했다. 제2전선에 대한 결정이 마침내 내려지자 처칠과 스탈린의 대화는 훨씬 우호적이 되었다. 처칠은 러시아가 부동항에 대한 권리를 갖고 있다고 말하는 것으로 이야기를 꺼냈고, 스탈린은 튀르키예의 흑해 해협 통제 문제를 제기해 해협 체제를 러시아에 유리하게 수정할 필요가 있다고 주장할 기회를 잡았다. 스탈린은 또 19세기에 차르 러시아가 조차했으나 1904~1905년의 러일 전쟁에서 패배한 이후 일본에 양도한 만주의 다롄 항과 뤼순 항을 비롯해 극동에서 부동항 출구를 확보하는 문제에 대해서도 말했다. 처칠은 〈러시아는 따뜻한 바다에 접근할 수 있어야 한다〉고 거듭 말함으로써 이에 대꾸했고, 그런 뒤 다음과 같이 계속 이야기를 이어 갔다. 〈세계의 방향은 충분히 믿을 만하고 가식이 전혀 없는 국가들의 수중에 집중되어야 하는데, 우리 세 나라가 바로 그런 국가들입니다. 중요한 것은 우리가 서로 합의를 본 뒤에 스스로 충분히 믿을 만하다고 여길 수 있을 거라는 사실입니다.〉[78]

이튿날 여러 정치적 문제와 관련해 우호적인 대화가 이어졌다. 오찬이 진행되는 동안 연합국 편에서 참전하도록 튀르키예를 설득하는, 처칠이 특히 좋아한 프로젝트를 두고 기나긴 논의가 있었다. 스탈린은 회의적이었으나, 튀르키예의 참전이 불가리아-튀르키예 갈등을 촉발시킨다면 소련이 불가리아에 전쟁을 선포하겠다고 다짐했다. 이것은 처칠을 크게 만족시켰고, 스탈린이 그런 약속을 한 것에 감사를 표했다. 핀란드에 관한 논의에서 처칠은 레닌그라드와 관련된 소련의 안보 요구에 공감과 이해를 표명했으나 전쟁이 끝난 후 러시아가 핀란드를 완전히 집어삼키지 말 것을 희망했다. 스탈린은 핀란드의 독립을 믿지만, 소련에 유리하게 영토를 조정해야 하고 핀란드는 전쟁 피해에 대해 보상해야 한다고 대꾸했다. 처칠은 스탈린에게 제1차 세계 대전 동안 볼셰비키가 내걸었던 구호인 〈병합도 없고 배상도 없다〉를 상기시켰으나 소련 지도자는 〈저는 보수주의자가 되었다고 이미 귀하께 말씀드렸습니다〉라고 재치 있게 말했다.

　오찬이 끝난 뒤 공식적인 전체 회의에서 이탈리아의 해군 함대와 상선대(商船隊)의 배분에 대해 원만한 합의가 이루어졌고, 처칠과 루스벨트는 가급적 빨리 스탈린에게 선박을 보내 주겠다고 약속했다. 논의의 다음 주제는 좀 더 까다로운 폴란드 문제였다. 처칠과 루스벨트는 스탈린에게 소련이 런던의 폴란드 망명 정부와 다시 관계를 수립하는 문제를 제기했다. 스탈린은 폴란드 망명 인사들이 독일에 계속 협력하는 한 그런 일은 없을 것이라며 단호한 태도를 취했다. 영토 문제에 관해서 스탈린은 폴란드가 독일을 희생해 보상받는다는 구상을 지지했으나, 동부 국경이 1939년에 확립된 국경, 즉 서부 벨로루시야와 서부 우크라이나를 소련에 편입하는 국경이어야 한다고 고집했다. 이든이 이것이 〈몰로토프-리벤트로프선(線)〉을 의미하는 것이냐고 묻자 스탈린은 좋을 대로 부르라고 말했다. 몰로토프가 끼어들어 〈커즌선〉에 대해 이야기하고 있다면서, 영국 외무 장관 커즌 경이 세운 인종적 국경과 소련이 제안한 러시아-폴란드 국경 사이에는 본질적으로 차이가 없다고 말했다. 하지만 스탈린은 다수의 폴란드 인종이 거주하는 커즌선의 동쪽 지역은 어디든 폴란드에 합쳐질 수 있다는 데 수긍했다.

　테헤란에서 세 거두가 논의한 마지막 주제는 독일의 해체였다. 루스벨트가 〈독일 문제〉를 제기했고, 스탈린은 그가 무엇을 염두에 두고 있는지를 물었다. 루스벨트는 〈독일의 해체〉라고 말했다. 스탈린은 〈바로 이것이 우리가 찬성하는 것입니다〉라고 끼어들었다. 처칠 역시 독일의 분할에 찬성한다고 말했으나, 스탈린이 프로젝트의 구체적 내용이 뭐냐고 질문하자, 영국 지도자는 프로이센을 독일의 나머지 지역보다 더 가혹하게 다루어야 한다고 생각하며, 앞으로 있을 독일 재통일에 대한 요구의 싹을 잘라 버리기 위해 독일의 남부 주들로 이루어진 도나우 연합에 찬성한다고 설명했다. 영국 측의 논의 기록에 따르면, 스탈린의 견해는 다음과 같았다.

독일 종족들을 분해해서 뿔뿔이 흩뜨리는 게 훨씬 낫습니다. 물론 그들은 아무리 쪼개져도 뭉치기를 원할 겁니다. 그들은 항상 다시 뭉치기를 원할 겁니다. 여기서 저는 큰 위험을 보는데, 여러 경제적 조치들과 결국 필요하면 무력으로 이 위험을 제압해야 할 겁니다. 바로 이것이 평화를 지키는 유일한 길입니다. 그러나 만약 우리가 그 속에서 독일인들과 긴밀하게 공동으로 뭔가를 해보려 한다면 곤란한 일이 생길 가능성이 큽니다. 우리는 독일인들이 반드시 계속 떨어져 있게 해야 합니다. (……) 재결합을 향한 움직임을 차단하는 어떤 조치도 취해지지 않고 있습니다. 독일인들은 항상 재결합해서 복수하기를 원할 겁니다. 우리는 독일인들이 또 전쟁을 일으키더라도 그들을 물리칠 만큼 강력한 힘을 계속 유지하는 것이 필수적일 겁니다.

처칠은 스탈린에게 산산조각 난 작은 국가들의 유럽에 찬성하는지를 물었다. 스탈린은 유럽이 아니라 독일만 그렇게 하면 좋겠다고 대답했다. 루스벨트는 독일이 107개의 공국으로 나뉘어 있을 때 더 안전했다고 말했으나, 처칠은 5~6개의 좀 더 큰 단위가 나을 것이라는 자신의 견해를 고수했다. 스탈린은 〈독일은 다시 결합하지 못하도록 무슨 수를 써서라도 해체되어야 한다〉고 되풀이하면서 이 문제를 독일의 항복 및 점령 조건을 검토하기 위해 모스크바 회의에서 설립된 3개국의 유럽 자문 위원회에 회부할 것을 제안했다.

회담 말미에 처칠은 폴란드 국경 문제로 다시 돌아와 국경이 동부에서는 커즌선에 의해, 서부에서는 오데르강에 의해 이루어지게 하자는 공식적인 제안을 상정했다. 스탈린은 다음과 같이 말했다. 〈러시아는 발트해에 부동항이 없습니다. 그러므로 러시아는 쾨니히스베르크와 메멜의 부동항이 필요합니다. (……) 러시아는 독일 영토 한 덩어리가 필요합니다. 만일 영국이 이 영토를 우리에게 넘기는 데 동의한다면, 우리는 처칠이 제안한 방안에 동의할 겁니다.〉처칠은 매우 흥미로운 이 제안을 연구해 보겠다고 말했다.[79]

1943년 12월 7일 테헤란에서 세 거두의 회담이 열렸다는 사실이 세계에 발표되었고, 처칠, 루스벨트, 스탈린이 회담이 열린 건물 앞에 앉아 있는 유명한 사진이 연합국 언론에 게재되었다. 세 지도자의 이름으로 된 공식 성명은 다음과 같이 언급했다.

우리는 우리 국가들이 전쟁과 그 후에 있을 평화를 위해 서로 협력할 것이라는 결의를 표명합니다. 전쟁에 대해서, 군사 참모들이 원탁 토론에 참여했고, 우리는 공동으로 독일군 괴멸 계획을 세웠습니다. 우리는 동쪽, 서쪽, 남쪽에서 실행될 작전의 범위와 시기에 대해 완전한 의견 일치를 보았습니다. (……) 평화에 대해서, 우리는 우리의 의견 일치를 바탕으로 지속적인 평화를 쟁취할 수 있을 것이라고 확신합니다. (……) 우리는 희망과 결의를 품고 여기에 왔습니다. 우리는 이제 실제에서, 정신에서, 그리고 목적에서 친구가 되어 여기를 떠납니다.[80]

테헤란의 결과에 대한 소련 언론의 보도는 모스크바 회의를 다룰 때보다 더 찬양 일색이었다. 『이즈베스티야』에 따르면, 테헤란의 결정들은 〈전 세계의 운명에 역사적인 중요성〉을 지녔다. 『프라우다』는 회담의 선언이 〈승리의 도래뿐만 아니라 장기적이고 안정된 평화의 도래를 알리는 전령〉이었다고 썼다.[81] 스탈린 자신은 테헤란에 관한 타스 통신 보도의 헤드라인을 중립적인 〈소련, 미국, 영국 정부 수반들의 회담〉에서 〈3개 연합국 지도자들의 회담〉으로 바꾸는 수고까지 했다.[82]

12월 10일 테헤란에서의 논의를 요약한 문서가 스탈린을 위해 준비되었다. 스탈린의 비서들은 언제나 매우 신중하게 그가 나눈 대화 기록을 정확히 편찬하려 했고, 대화의 요약은 테헤란 회담에 대한 소련 측 공식 기록을 긴밀하게 쫓아갔다. 그러나 스탈린이 손으로 쓴 정정과 주석은 그가 이 문서를 매우 신중하게 읽었고, 따라서 그 문서는 스탈린의 생각에 자신이 테헤란에서 말하고 언질을 주었던 바를 기록한 것으로 간주될 수 있다.

폴란드 국경에 관한 처칠의 제안과 관련하여 이 요약 문서는 메멜과 쾨니히스베르크를 소련에 넘겨주는 데 동의하면 그것을 받아들이겠다는 스탈린의 제의를 되풀이했다. 튀르키예에 관해서 문서는 〈소련처럼 큰 나라는 흑해에 갇혀 있어서는 안 되고, 해협 체제를 재검토하는 것이 필수적이다〉라는 스탈린의 발언을 인용했다. 독일의 해체에 관한 스탈린의 견해와 관련하여 문서는 다음과 같이 언급했다.

스탈린 동지는 독일을 약화시키는 목표와 관련하여 소련 정부는 독일의 해체를 선호한다고 선언했다. 스탈린 동지는 루스벨트의 계획을 긍정적으로 지지했으나 독일을 몇 개 국가로 분해할 것인지는 결정하지 않았다. 스탈린 동지는 독일을 쪼갠 후 도나우 연합 같은 지속될 수 없는 새로운 국가를 창설하자는 처칠의 계획에 반대하고 나섰다. 스탈린 동지는 별개의 오스트리아 국가와 헝가리 국가에 찬성했다.

전후의 국제 안보 기구에 관해서 문서는 루스벨트의 견해를 요약하고 스탈린의 역제안인 두 가지 기구 — 하나는 유럽을 위해, 또 하나는 극동을 위해 — 를 특별히 언급했다. 스탈린은 이 부분의 내용을 변경해 자신은 루스벨트의 제안에 반대하지 않는다고 말했으나[83] 전략적 요충지에 관한 자신의 견해를 요약한 부분은 수정하지 않고 남겨 두었다. 〈스탈린 동지는 그런 기구의 결성이 그 자체로 충분하지 않다고 지적했다. 독일과 일본이 새로운 침략을 개시하지 못하도록 전략적 요충지를 점령할 권한을 가진 기구를 창설하는 것이 필수적이다.〉[84]

스탈린, 처칠, 루스벨트

처칠은 테헤란으로 가면서 제국 참모 총장 앨런 브룩 육군 원수를 대동했다. 스탈린이 테헤란에서 보여 준 행동에 대해 브룩은 다음과 같이 평가했다. 〈스탈린은 발언하면서 단 한 번도 전략적 오류를 범하지 않았고, 빠르고 정확한 눈으로 상황이 의미하는 바를 전부 올바르게 이해하는 데 실패하지도 않았다.)[85] 미국 해군 총사령관 어니스트 킹* 제독은 〈스탈린은 테헤란에 왔을 때 자신이 원하는 바를 알고 있었고 그것을 얻었다〉라는 의견을 내놓았다.[86] 브룩의 또 다른 논평은 〈스탈린은 미국 대통령을 손에 쥐고 놀았다〉였다.[87] 루스벨트 자신은 스탈린이 재치 있고 재빠르고 유머러스하며, 화강암처럼 단단한 인물이라고 생각했다. 대통령은 스탈린이 예상보다 훨씬 완강했으나 러시아의 권리와 요구가 적절히 인정된다면 소련 지도자가 평화적인 협력을 하는 쪽으로 넘어올 수 있다는 것을 여전히 믿는다고 해리 홉킨스에게 털어놓았다.[88] 처칠은 판단이 좀 더 신중했지만 1944년 1월에 〈우리 마음속에서 커져 온 스탈린에 대한 새로운 신뢰〉에 대해 썼다.[89]

스탈린에게 테헤란 회담에서 가장 중요한 성과는 오버로드 작전에 대한 합의였다. 스탈린은 더는 프랑스에서의 제2전선을 필수적인 군사행동으로 보지 않았지만 서방 동맹국들이 독일에 대한 지상전의 부담을 나눠 지는 것은 여전히 중요했다. 만일 소련이 전쟁으로 너무 쇠약해져서 평화를 획득할 수 없다면 승리는 피루스의 승리**에 그칠 터였다. 또 유럽 대륙의 영국군과 미군은 독일의 힘을 억누르기 위해 연합국이 오랫동안 독일을 군사적으로 점령할 필요가 있다는 스탈린의 시각과 잘 맞아떨어졌다. 독일 문제에 관해 루스벨트는 독일의 근본적인 해체를 비롯해 징벌적 평화를 원한다는 점에서 스탈린과 의견을 같이했다. 처칠은 약간 이의를 제기했으나, 그 역시 독일의 위력이 부활하는 것을 막기 위해서는 가혹한 조치가 필요하다는 데 동의했다. 폴란드에 관해 스탈린은 처칠과 루스벨트가 국경을 서쪽으로 옮기는 문제에 열의

---

* Ernest Joseph King(1878~1956). 미국의 해군. 제2차 세계 대전 당시 미합중국 함대 총사령관 겸 해군 작전부장을 지냈다.

** Pyrrhic victory. 기원전 279년에 에피루스의 왕 피루스는 큰 희생을 치르고 로마군을 꺾었는데, 이를 빗대 일반적으로 큰 희생을 치르고 얻은 승리를 〈피루스의 승리〉라고 부른다.

를 보이자 환영의 뜻을 나타냈다. 이는 나치-소비에트 협정의 결과로 설정된 소련-폴란드 국경을 정당화했기 때문이었다. 국제 안보에 관한 루스벨트의 시각은 전후 세계의 관리에서 소련에 두드러진 역할을 약속하는 것이었고, 부동항 출구에 대한 러시아의 권리와 관련해 처칠이 한 언급은 해협 체제의 변경에 좋은 전조였다. 개인적인 차원에서 스탈린은 루스벨트와 좋은 업무 관계를 맺었다. 처칠과 약간 삐걱거리는 순간이 있었지만 회담이 끝나 갈 무렵에는 두 사람의 조화로운 관계가 다시 제자리를 찾았다.

그러나 스탈린은 처칠과 루스벨트를 정말 어떻게 생각하고 또 느꼈을까? 스탈린의 마음속 깊은 생각이 무엇인지에 대한 대부분의 질문에 대해서는 스탈린이 드러낸 바가 거의 없어 추측과 추정의 영역에 들어가는 것을 피하기 힘들다. 그들의 면전에서 스탈린은 정치적·개인적으로 지극히 친밀했으나, 스프리아노가 주목했듯이 스탈린은 〈대화 상대를 신뢰 관계로 끌어들이는 데 능숙했고〉, 그와 같은 행동은 서방 정치인들과의 숱한 만남에서 되풀이되었다. 다른 한편 처칠과 루스벨트는 전쟁 동안 거의 대등한 조건으로 스탈린에게 접근할 수 있는 사람들이었다. 대등한 권력과 중요성을 가진 다른 사람들이 자신을 존중하고 또 자신은 원하는 바를 얻을 수 있었던 이상, 이번에 그들을 상대할 수 있었다는 사실은 스탈린에게 안도감을 주었음에 틀림없다. 물론 거대한 이념적 심연이 스탈린을 처칠과 루스벨트로부터 떼어 놓고 있었다. 그러나 이 간격조차 처음에 보였을 때보다도 더 좁았다. 소련의 이념 담론에서 처칠과 특히 루스벨트는 각자의 나라에서 지배 계급의 진보적 부문을 대표하는 사람으로 그려졌다. 그들은 전시뿐 아니라 평화 시에도 소련과 진정으로 협력하기를 원하는 지도자들이었다. 물론 처칠과 루스벨트의 정책은 이기적이지만 스탈린의 마르크스주의 세계에서 모든 정치는 궁극적으로 진짜든 그렇게 지각된 것이든 물질적 이익에 따라 추동되었다. 스탈린은 무엇보다도 이념적·정치적 행위자이고 이 물질적 이익은 그가 다른 사람들을 판단하고 이해할 때의 조건이었다. 이는 순전히 개인적인 요인들이 스탈린에게 중요하지 않았다는 것을 의미하지는 않았다. 소련의 정치 문화, 특히 스탈린 자신의 운용 방식은 신뢰, 충성, 우애에 바탕을 둔 개인적·집단적 관계에 의해 더욱 매끄러워졌다. 스탈린은 또한 역사에서 중요한 개인의 역할을 진심으로 믿는 사람이었다. 1931년의 한 인터뷰에서 스탈린은 위대한 개인은 새로운 상황과 그것을 어떻게 변화시킬지를 정확히 아는 사람이라고 주장했다.[90] 이 인터뷰에서 스탈린은 러시아 역사에서 자신이 수행한 역할과 표트르 대제나 위대한 레닌의 역할 사이에 유사점이 전혀 없다고 겸손하게 몸을 낮췄으나 스탈린이 히틀러처럼 스스로를 운명을 지배하는 사람으로 여긴 것은 간파하기가 어렵지 않다. 하지만 스탈린은 히틀러와 달리 병적으로 자기중심적인 사람이 아니었으며, 그는 자신의 목적과 이익에 계속 맞는 한, 운명을 지배하는 다른 두 사람 — 처칠과 루스벨트 — 과 역사적 각광을 나눌 자세가 되어 있었다.

테헤란 회담이 끝나고 2주 후 찰스 볼렌은 모습을 드러내는 소련의 전쟁 목표에 대해 많이 인용되는 개괄적 평가를 다음과 같이 썼다.

독일은 해체되어야 하고 계속 해체된 상태로 있어야 한다. 동부와 남동부, 중부 유럽 국가들은 어떠한 연방체나 결사체로도 무리 짓는 일이 허용되지 않을 것이다. 프랑스는 국경 밖의 식민지와 전략적 기지를 뺏길 것이고, 어떤 상당한 군사 기구도 유지할 수 없을 것이다. 폴란드와 이탈리아는 대체로 지금의 영토 크기를 보존하겠지만, 양국 모두 상당한 무력을 유지하는 것이 허용될지는 의심스럽다. 그 결과 소련은 유럽 대륙에서 유일하게 중요한 군사적·정치적 강국이 될 것이다. 유럽의 나머지는 군사적·정치적으로 무기력해질 것이다.[91]

볼렌의 평가는 스탈린이 소련 영토를 1941년 현재의 국경으로 다시 확정하는 것을 넘어 자신의 전쟁 목표를 설정한 정도를 과장했지만 불공정한 것은 아니었다. 그러나 볼렌의 개괄은 스탈린의 관점 중에서 필수적인 구성 요소를 빠뜨렸다. 소련의 목표는 처칠 및 루스벨트와의 협력 속에 성취되고, 영국과 미국이 자신들의 세력권에서 갖는 목표에 대해서는 응분의 보상이 있으리라는 점이 그것이다. 더 중요한 사실은 점점 분명해지는 스탈린의 목표가 전략적일 뿐 아니라 정치적·이념적이라는 것이었다. 소련 지도자가 지배하고자 한 유럽은 사회적·경제적 격변과 공산주의의 정치적 진전으로 모습이 싹 바뀐 대륙일 터였다. 스탈린은 대연합을 계속해서 유지할 의향이 충분히 있었으나, 이 목표는 유럽 정치의 급진적 변화라는 점점 분명해지는 자신의 비전과 긴장 상태에 있었다. 스탈린은 평화 시에 대연합을 유지하는 일과 유럽적 규모에서 사회주의와 공산주의로의 이행이 시작된 상황 사이에서 어떤 모순도 보지 못했지만, 처칠과 루스벨트는 이러한 관점을 공유하지 않았다. 전후 세계에 대한 그들의 관점은 민주적 기반 위에서, 그리고 영국과 미국의 경제적·전략적 이익에 따라 유럽 자본주의를 복구한다는 비전에 지배되었다. 전쟁이 맹렬히 계속되고 있는 동안에 전후 세계에 대한 소련의 시각과 서방의 시각 사이에 존재하는 이 같은 근본적인 차이는 반파시즘 단결이라는 수사에 의해 교묘하게 처리되었다. 그러나 승리가 다가오자, 소련-서방 연합 내에서 긴장과 모순이 증가하면서 평화 시에도 대연합을 유지하기 위한 스탈린의 노력에 찬물을 끼얹었다.

제 7 장

승리와 비극:
스탈린 승리의 해

소련사의 연대기에서 1944년은 〈10개의 위대한 승리〉의 해가 되었다. 이 영웅담의 원저자는 스탈린이었는데, 그는 적을 상대로 한 10개의 〈괴멸적 타격〉을 1944년의 군사적 상황에 대한 자신의 해석을 구조화하는 수단으로 이용했다. 볼셰비키 혁명 27주년 기념식에서 한 스탈린의 연설이 바로 이 경우였고, 그것은 스탈린이 자신의 전시 선언에서 서사 기법을 이용한 좋은 사례였다. 이 선언은 전투와 작전들을 순차적으로 이야기하는 형태로 전쟁의 경과를 전형적으로 분석했다. 이 경우, 문제의 사건들은 다음과 같았다.

  1. 레닌그라드 봉쇄의 해제(1월)
  2. 남서부 우크라이나에서 독일군의 포위와 붉은 군대의 루마니아 진입(2~3월)
  3. 오데사 해방과 크림반도에서 독일군의 괴멸(4~5월)
  4. 비보르크에서 핀란드의 패배(1944년 9월 핀란드가 항복하는 길을 닦았다)
  5. 벨로루시야 해방(6~7월)
  6. 소련군의 폴란드 진입(7월)
  7. 루마니아와 불가리아 점령(8~9월)

8. 라트비아와 에스토니아 해방(9월)

9. 베오그라드 해방과 소련군의 헝가리와 체코슬로바키아 진입(10월)

10. 북부 핀란드와 북부 노르웨이에서 독일군의 패배(10월)

(333, 334면의 〈지도 13a〉와 〈지도 13b〉를 보라)

이 연설은 붉은 군대의 군사적 성공에 대한 스탈린의 찬양 외에도 소련 선전의 공산주의 차원이 부활했음을 알리는 신호라는 점에서 중요했다. 스탈린은 이전의 연설들, 무엇보다도 특히 1941년 11월의 연설들에서 독일에 맞선 애국적 전쟁을 모국의 방어라는 러시아 전통에 확고하게 위치시켰다. 이제 스탈린은 〈10월 혁명으로 탄생한 사회주의 시스템이 우리 인민과 우리 군대에 무적의 위대한 힘을 부여했다〉고 강조했다. 스탈린은 소련 인민의 위업을 말할 때 러시아인이나 다른 인종 집단들을 언급한 것이 아니라 노동자, 농민, 지식인이라는 전통적인 볼셰비키 계급 범주를 사용했다. 이 계급들은 각각 전시 투쟁에서 중요하고, 자신만의 독특한 역할을 ─ 노동자들은 산업 현장에서, 농민들은 토지에서, 지식인들은 사상과 조직의 영역에서 ─ 한 것으로 여겨졌다. 그러나 스탈린은 소비에트 애국주의를 정의하면서 전시 투쟁의 계급 차원과 인종 차원을 결합시켰다.

소비에트 애국주의의 위대한 힘은 여기에, 즉 그것이 인종적 원리나 민족주의 원리가 아니라 소비에트 모국에 대한 인민들의 깊은 충성과 헌신, 우리 나라 모든 민족의 노동 인민의 형제 같은 동반자 관계에 기반을 두고 있다는 데 있습니다. 소비에트 애국주의에는 인민들의 민족적 전통과 모든 소련 노동자의 필수적인 공통 이익이 조화롭게 결합되어 있습니다. 소비에트 애국주의는 나뉘지지 않습니다. 반대로 그것은 우리 나라의 모든 민족을 형제애로 똘똘 뭉친 하나의 가족으로 만듭니다.

스탈린의 1944년 11월 연설에서 나타나는 다른 주목할 만한 모습은

지도 13a. 소련군의 군사 작전들(1944)

· 후방의 원내 숫자는 예비 전력을 뜻한다.
· 숫자 및 약어 예시: (3) 제3군, (1G) 제1 근위군, (1Pz) 제1 판처군, (2T) 제2 탱크군,
  (3GT) 제3 근위 탱크군, (5S) 제5 돌격군, (7Sep) 제7 독립 야전군

지도 13b.

레닌그라드
헬싱키
탈린
스톡홀름
발트해
북부
집단군

레닌그라드 전선군
제3 발트 전선군
제2 발트 전선군
리가
11G
르제프
벨리키에 루키 • 벨리
제1 발트 전선군
스몰렌스크
제3 벨로루시야
전선군
5GT
제2
벨로루시야
전선군
브랸스크
2G
51
쾨니히스베르크
단치히
중부 집단군
빌뉴스
카우나스
민스크
4
9
바르샤바
제1 벨로루시야전선군
2T
키예프
크라쿠프 •
제1 우크라이나전선군
3GT
4T
5G
북부 우크라이나
집단군
제2 우크라이나전선군
부다페스트 •
헝가리
제2군
제3 우크라이나
전선군
6
5S
오데사
헝가리
제3군
4G
3
남부 우크라이나
집단군
루마니아
제4군
CMG
베오그라드 •
부쿠레슈티
흑해

40 러시아군
1Pz 독일군

· 후방의 원내 숫자는 예비 전력을 뜻한다.
· 숫자 및 약어 예시: (3) 제3군, (1G) 제1 근위군, (1Pz) 제1 판처군, (2T) 제2 탱크군,
  (3GT) 제3 근위 탱크군, (5S) 제5 돌격군, (7Sep) 제7 독립 야전군, (CMG) 기병 기계화 집단

전쟁이 끝난 후 대연합을 계속 유지할 것을 지지하는 긴 발언이었다. 스탈린은 〈미국, 영국, 소련의 동맹을 위한 토대는 우연이나 일시적인 고려가 아니라 필수적으로 중요한 장기적 이익에 있습니다〉라고 말했다. 전쟁에서 승리하면 동맹은 〈새로운 침략과 새로운 전쟁의 발발을 불가능하게〉 하는 문제에 직면할 것이었다. 〈영원히는 아니지만 아무튼 매우 오랜 기간 동안 말입니다.〉 새로운 전쟁의 위험은 역사가 보여 주듯, 독일이 20~30년 안에 패전으로부터 회복하여 새로운 침략 위협을 가할 것이 필연적이기 때문에 발생했다. 스탈린은 이 위협을 회피하는 방법이 평화를 지키고 침략국이 제기하는 어떤 위협에도 대처하는 데 필수적인 군대를 부여받은 국제 안보 기구를 창설하는 것이라고 말했다. 이 새로운 기구의 핵심에는 독일에 대한 전쟁의 짐을 나누어 졌고, 따라서 전후 시기에 그들의 단합과 협력을 유지할 필요가 있는 강대국들이 있을 터였다.[1]

덤버턴 오크스

국제 연맹을 실질적으로 대체할 필요가 있다는 스탈린의 선언은 1944년 8~9월에 있었던 덤버턴 오크스 회의의 결과에 대한 반응이었다. 이 회의는 1943년 10월 모스크바 외무 장관 회의에서 발표된 새로운 국제 안보 기구를 위한 계획을 논의하고자 소집되었다. 소련 측에서는 덤버턴 오크스에 대한 준비가 1944년 초에 시작되었다. 처음에 소련 내부 논의의 핵심 인물은 리트비노프였다. 평화 조약과 전후 질서에 관한 위원회 위원장으로서 리트비노프는 자신의 상급자인 몰로토프를 위해 전후 안보에 관한 영국과 미국의 제안에 대응하고 새로운 국제기구에 대한 자신의 비전을 개괄하는 일련의 보고서들을 작성했다. 리트비노프의 의견은 강대국들의 위원회가 만장일치를 통한 정책 결정을 바탕으로 운영해야 하고, 기본 책임이 국제 평화와 안보를 지키는 데 있는 새 국제기구를 이끌어야 한다는 것이었다. 나아가 리트비노프는 결정적으로 중요한 주장으로, 기구를 이끄는 위원회의 운영은 강대국들 사이에 맺어진 일련의 쌍무 협약과 협정에 의해 뒷받침되어야 한다고 역설했다. 여기서 리트비노프의 추론은 국제 연맹의 경험으로 보건대 강대국들은 집단 안보에 대한 일반적인 약속에 충실하기보다는 구체적인 상호 협정에 더 충실할 것 같다는 것이었다. 리트비노프는 또 세계를 강대국이 각자 책임과 안보를 맡는 개별 지역들로 분할하는 데 구조와 형태를 제공할 일련의 지역 하위 기구를 설립할 것도 주장했다. 사실 전후 안보에 대한 리트비노프의 방안은 미국-영국-소련의 공동 관리, 즉 세계를 강대국의 세력권으로 분할하는 것이었다. 리트비노프는 영국, 미국, 소련에 각자의 이해 지역에서 권력뿐 아니라 책임도 부여함으로써 평화와 안보의 유지를 촉진할 온화한 세력권을 형성할 의도였다. 리트비노프가 보기에 각 강대국의 주된 행동 영역을 구체적으로 명시한 지구적 분할은 서로 경쟁하고 잠재적으로 갈등 가능성이 있는 영국, 미국, 소련의 이익들을 각각 떼어 놓을 터였다.[2]

리트비노프의 구상은 덤버턴 오크스에서 소련의 입장을 공식화하는 데 중요한 역할을 했지만, 새 기구가 강대국들의 전 세계 분할에 기반을 두어야 한다는 그의 가장 급진적인 제안은 소련 대표단에 내려진 지시에서는 뚜렷하게 드러나지 않았다. 또한 소련 지도부는 지역적 하위 기구 구상도 좋아하지 않았으며, 대신 이 문제를 좀 더 논의할 필요가 있다는 입장을 채택했다.[3] 이 구상을 회피한 이유는 일본 주재 대사였던 야코프 말리크*가 소련의 내부 토론에서 제시했던 의견을 들여다보면 알 수 있다. 즉 문제는 세계를 개별 책임 지역으로 분할했을 때 소련이 극동에서 배제되거나 주변화될 수 있다는 것이었다. 나아가 말리크는 지역적으로 기반을 둔 기구에서 영국은 4개 구역(유럽, 아시아, 아프리

* Yakov Alexandrovich Malik(1906~1980). 소련의 외교관. 1942~1945년 일본 주재 대사, 1953~1960년 영국 주재 대사, 1948~1952년, 1967~1976년 유엔 주재 상임 대표를 역임했다.

카, 아메리카)에, 미국은 3개 구역(유럽, 아시아, 아메리카)에 참여하겠지만 소련은 2개 구역(유럽과 아시아)에서만 구성원이 될 것이라고 지적했다.[4]

당연히 이 논의에서 최종적인 결정은 스탈린이 내렸고, 7월 말에서 8월 초에 몰로토프는 덤버턴 오크스에서 소련이 취할 협상 자세를 개괄하는 일련의 제안서를 그에게 제출했다.[5] 몰로토프가 스탈린에게 제출한 이 일련의 보고서에서 가장 흥미로운 세부 사항 중 하나는 나중에 유엔 안전 보장 이사회가 될 조직에 프랑스가 회원국으로 참가하는 문제에 관해 소련이 입장을 바꾼 부분이다. 소련이 일찍이 작성한 내부 문서에서는 프랑스가 강대국 이사회의 일원으로 거명되지 않았고, 오직 중국, 영국, 미국, 소련만 거명되었을 뿐이었다. 하지만 소련이 덤버턴 오크스의 자국 대표단에 보낸 최종 지시에서는 프랑스가 미래의 안전 보장 이사회의 회원국에 포함되어 있다. 외무 인민 위원부 내부에서는 강대국으로서의 프랑스의 미래 지위에 대한 토론이 계속 진행되었다. 리트비노프처럼 일부는 약한 프랑스와 전후 소련-영국 동맹을 주장했던 반면, 다른 일부는 영국에 대한 대항마로서 프랑스 힘의 회복을 주장했다. 아마도 안전 보장 이사회에 프랑스가 참가하는 문제를 둘러싼 소련의 입장 변화는 바로 이 내부 토론의 변화를 반영했을 것이다. 그러나 몰로토프가 스탈린에게 설명한 이유는 마음을 바꿔 안전 보장 이사회의 한 자리를 프랑스의 몫으로 남겨 두기로 한 데 동의한 미국과 단순히 보조를 맞출 필요가 있었기 때문이었다.[6]

덤버턴 오크스의 소련 대표단은 1943년 여름에 리트비노프를 대신해 미국 주재 대사로 발령 난 안드레이 그로미코*가 이끌었다. 소련이

---

* Andrei Andreyevich Gromyko(1909~1989). 소련의 외교관이자 정치가. 1939년에 외무부에서 일을 시작한 이래 1943년 미국 주재 대사가 되었고, 이후 얄타 회담 등 주요 국제 회의에 참석했다. 1946년 국제 연합 안전 보장 이사회의 소련 대표, 1952~1953년 영국 주재 대사로 지냈다. 1957~1985년 28년 동안 소련의 외무 장관, 1985~1988년 소련 최고 소비에트 간부회 의장을 역임했다.

극동 전쟁에 아직 들어가지 않은 데다, 모스크바가 일본과 전쟁 중이지만 유럽 전역에는 관여하지 않은 중국을 포함하는 공식 회담에 참여해 자신의 중립 정책이 훼손되는 것을 꺼렸기 때문에 회의 준비는 난항을 겪었다. 해결책은 2단계 회의를 여는 것이었다. 1944년 8월 21일부터 9월 28일까지 가장 중요한 첫 번째 단계에서 미국, 영국, 소련 대표단은 전후 안보 기구 문제를 논의하는 회의를 열었다. 9월 28일 소련이 떠나자 별도 회의이긴 하지만 엄밀히 말해 두 번째 회의를 위해 중국이 합류했다.[7]

모든 전시 회담과 마찬가지로 덤버턴 오크스는 비밀리에 진행되었으나, 불가피하게 언론에 회의 내용이 누출되었다. 많은 점에서 회의는 성공적이었고, 국제 연합(유엔)이 될 운명인 기구의 모습에 대해 연합국 사이에 상당 정도 합의가 이루어졌다.[8] 그러나 두 가지 논란이 완전한 최종 합의를 방해했다.

첫째, 기구의 창립 회원국 자격 문제가 있었다. 소련은 회원국을 전쟁 동안 〈국제 연합〉 동맹의 일부로서 싸운 국가들에 한정하기를 원하면서, 모스크바가 보기에 전쟁 동안 추축국들을 돕고 부추겼던 중립국들의 유엔 가입에는 반대했다. 둘째, 집단 안보 행동에 관한 합의를 둘러싼 강대국들의 만장일치 문제가 있었다. 소련은 안보리의 모든 결정이 강대국들의 만장일치로 합의되어야 한다고 주장했다. 덤버턴 오크스에 관한 소련 내부 보고서가 언급했듯이, 안보리 결정을 거부할 수 있는 강대국의 권리 문제는 〈회의에서 논의된 가장 어려운 문제였고〉, 그로미코는 영국과 미국에 이 문제가 해결될 때까지 소련은 유엔 창립 회의에 동의하지 않을 것임을 분명히 했다.[9] 영국과 미국의 입장은 만장일치가 모든 안건에 적용될 것이지만, 강대국이 어떤 분쟁에 직접 연루되어 있으면 그 나라는 거부권을 갖지 **못하리라는** 것이었다. 회의가 끝날 즈음에 루스벨트는 스탈린에게 이 부분적 수정을 수용해 줄 것을 호소했으나 소련 지도자는 꿈쩍도 하지 않으면서 만장일치 원리를 철저하고 일관되게 적용할 것을 고집했다. 그는 만장일치야말로 앞으로 일

어날 수 있는 침략을 막는 데 필수적인 강대국들의 단합을 유지하기 위해 반드시 필요하다고 주장했다.[10]

이러한 논쟁적인 문제들에 대해 최종 합의를 보지 못한 사실은 덤버턴 오크스가 조금 침울한 분위기로 종결되었음을 의미했고, 언론들은 연합국들 사이의 이견에 대해 수많은 추측을 쏟아 냈다. 스탈린은 1944년 11월 연설에서 이 추측들을 직접 다루었다.

일부 안보 문제에 대해 세 강대국 사이에 이견이 있다는 말이 있습니다. 물론 이견이 있고, 이견은 다른 몇 가지 문제들에 대해서도 여전히 발생할 것입니다. (……) 놀라운 것은 이견이 존재한다는 사실이 아니라 이견이 너무나 적으며, 또 통상 이 이견은 세 강대국에 의한 행동의 단합과 조정이라는 정신 속에서 거의 언제나 해소되고 있다는 점입니다. 중요한 것은 이견이 존재한다는 사실이 아니라 이견이 세 강대국의 단합을 위해 용인될 수 있는 선을 넘어서지 않고 있다는 점입니다.[11]

비공식적으로도 스탈린은 거의 비슷한 말을 했다. 1944년 10월 9일 스탈린은 공산주의자들이 통제하는 〈폴란드 민족 해방 위원회〉 구성원들과 논의하면서 다음과 같이 말했다. 〈세 강대국의 동맹은 자본주의 열강을 한편으로 하고 소련을 다른 한편으로 하는 타협에 기반을 두고 있습니다. 이것이 얼마간 목표와 견해의 차이를 만드는 원천이었습니다. 하지만 이러한 차이는 독일에 맞선 전쟁과 유럽에서의 새로운 관계 수립이라는 근본적인 문제에 종속되어 있었습니다. 어떤 다른 타협과 마찬가지로 이 동맹도 얼마간의 갈등 영역을 포함하고 있었습니다. [그러나] (……) 동맹의 기본 성격을 파탄시키는 어떤 징조도 없었습니다. 지금의 특정 시사 문제에 대해서는 동맹국 각각의 견해가 있었습니다.〉[12]

테헤란 회담 이후 한 해 동안 대연합에 대한 스탈린의 헌신은 약해지지 않았고, 그는 여전히 전후 세계의 모습을 영국, 소련, 미국의 3자 협상에 의해 결정되는 것으로 보았다. 이렇게 스탈린이 3자 협상에 계속 매달린 이유는, 전쟁이 끝난 후 독일의 힘이 부활할 수도 있다는 두려움을 떨쳐 버릴 수 없었기 때문이었다. 1944년 모스크바에서는 승리의 예포 소리를 점점 더 자주 들을 수 있었지만, 소련-독일 전선에서는 여전히 격렬한 전투가 진행되었고 승리는 하나하나 쟁취해야 했다. 알렉산더 워스가 언급했듯이, 〈1944년의 승리들은 눈부셨지만 그 어느 것도 쉬운 승리가 아니었다〉.[13] 붉은 군대는 전쟁에서 이기며 베를린을 향해 진격하고 있었으나 소련의 민간인 피해와 군사적 피해는 계속 늘어나고 있었다. 전쟁의 끝이 다가오자 재건을 위해 앞으로 오랫동안 평화가 필요하다는 현실에 직면한 소련으로서는 대연합을 계속 유지하는 일이 덜 중요해지기는커녕 더욱 중요해졌다.

바그라티온 작전

1944년에 가장 큰 소련의 군사 작전은 바그라티온이었다. 이 작전 명칭은 나폴레옹 전쟁에서 활약한 조지아 출신 영웅 표트르 바그라티온의 이름을 따* 스탈린이 지은 것이다. 이 계획은 중부 집단군 — 동부 전선에서 손상되지 않고 온전히 남아 있던 베어마흐트의 마지막 주요 병력 — 을 포위, 파괴하고 벨로루시야에서 독일군을 쫓아내는 것이었다. 1944년 초에 소련군 참모 본부는 그해의 하계 군사 행동을 위한 계획을 짜기 시작했고 4월 중순에 기본 전략을 완성했다. 여전히 독일군의 점령하에 있는 소련의 나머지 지역을 해방시키는 군사 행동이 그것이었다.[14] 스탈린은 1944년 5월 1일에 내린 특별 명령에서 이 목표를

---

* Pyotr Ivanovich Bagration(1765~1812). 러시아 제국의 장군. 나폴레옹의 러시아 원정 때 러시아 제2군을 이끌었다. 조지아 왕가인 바그라티온가의 후손으로 북캅카스에서 태어났다. 아버지 이반 바그라티온은 조지아의 왕자로 러시아군의 대령이었다. 동생인 로만 바그라티온도 러시아군에 입대해 장군이 되었다. 훗날 그의 이름을 따 소련군이 나치 독일에 맞서 바그라티온 작전을 수립했다.

선언했다. 〈목표는 이제 우리 영토 전체를 파시스트 침략자들로부터 해방시키고, 흑해에서 바렌츠해에 이르기까지 소련의 국경을 완전히 회복하는 것입니다.〉[15]

1944년 5월 31일 최종 작전 계획이 채택되기 전에 여느 때처럼 전선군급 사령관들과 광범위한 협의가 진행되었다. 소련군이 염두에 두고 있던 것은 중부 집단군을 겨냥하여 여러 갈래의 복잡한 공세를 대대적으로 가하는 것이었다. 주된 공격 부대는 제1, 제2, 제3 벨로루시야 전선군들과 제1 우크라이나 전선군으로 이루어졌다. 이 4개의 전선군은 병력 240만 명, 탱크 5,200대, 대포 3만 6,000문, 군용기 5,300대를 배치했다. 그들은 독일군에 비해 병력은 2배, 탱크는 6배, 비행기와 대포는 4배 더 우세했다.[16] 레닌그라드 전선군과 발트 전선군이 지원군 역할을 했는데, 이들은 핀란드를 타격하여 전쟁에서 떨어져 나가게 하는 것 같은 부차적인 목표를 추구할 뿐만 아니라 북부 집단군도 꼼짝 못 하게 할 터였다. 작전은 6월 초에 레닌그라드 전선군이 비보르크로 진격하는 것으로 시작해 그 뒤를 이어 벨로루시야에서 기습 공격이 가해질 것이었다. 그런 다음 적군이 남부 구역에서 중부 구역으로 이동하는 것을 막을 목적으로 제1 우크라이나 전선군이 리보프 방향으로 진격할 것이었다.

소련의 바그라티온 작전 계획은 오랫동안 기다려 온 프랑스에서의 제2전선 개설을 영국과 미국이 준비하는 일과 긴밀하게 조율되었다. 소련은 4월 초에 대략적인 디데이 일자를 통보받았고, 4월 18일 스탈린은 루스벨트와 처칠에게 〈테헤란에서 합의한 대로 영국-미국 작전을 최대한 뒷받침하기 위해 붉은 군대가 동시에 새로운 공세를 개시할 것〉이라고 타전했다.[17] 테헤란 회담 이후 독일군의 전투 명령과 베어마흐트의 군사 기술, 특히 방어 시설과 관련된 기술에 대해 동맹국 사이에 정보를 공유하는 일이 크게 늘어났다. 또한 영국-소련의 노르웨이 침공이 머지않았다는 점을 독일군에 확신시키기 위한 기만 계획을 둘러싸고 소련과 영국 사이의 협력도 광범하게 진행되었다.[18] 암호명이 〈보디가드)인 이 허위 작전은 독일군의 주의를 벨로루시야에서의 계획된 작전에서 벗어나게 하는, 세밀하고 매우 성공적인 소련군의 마스키롭카* 행동의 일부였다. 1944년 6월 6일 오버로드가 개시되었을 때, 스탈린은 처칠과 루스벨트에게 축하 인사를 보내며 테헤란에서의 합의에 따라 〈전선의 가장 중요한 구역 중 하나에서〉 소련군의 하계 공격이 곧 시작될 거라고 알려 주었다.[19] 공개적으로 제2전선에 대한 스탈린의 반응은 그야말로 격렬한 환영 그 자체였다. 스탈린은 6월 13일 『프라우다』에서 다음과 같이 말했다. 프랑스 침공은 〈우리 연합국에 눈부신 성공이었습니다. 전쟁의 역사는 구상의 폭이나 차원의 거대함, 행동의 숙달이라는 면에서 이와 유사한 기획을 전혀 알지 못한다는 것을 인정하지 않을 수 없습니다. (……) 역사는 이 사건을 최고의 성취[로] 기록할 것입니다.〉[20]

벨로루시야는 독일군에 대항해 소련의 파르티잔들이 작전을 벌이는 중심 무대였고, 1944년 여름쯤에 약 200개의 지대(支隊)로 편성된 14만 명의 파르티잔들이 베어마흐트의 전선 뒤에서 활동하고 있었다. 6월 19~20일 파르티잔들은 독일군의 통신 시설과 참모 본부, 비행장에 일련의 공격을 개시했다. 그들은 또 6월 21~22일에 독일군에 엄청난 폭격을 가할 때 그것을 안내하는 전방 관측병 역할도 했다.

소련군의 주요 지상 공격은 6월 23일 시작되어 엄청난 성공을 거두었다. 800킬로미터에 이르는 전선의 전 지역에서 공격에 나선 붉은 군대는 중부 집단군의 방어 진지를 뚫고 신속하게 민스크로 모여들었다. 7월 초에 소련군은 벨로루시야 수도를 탈환했고, 10만 명의 독일군이 민스크의 동쪽에서 포위되어 오도 가도 못하게 됨으로써 붉은 군대가 1941년 6월에 이 도시에서 겪었던 대재앙을 통쾌하게 되갚는 형국이 되었다. 7월 13일 소련군이 리투아니아의 수도인 빌뉴스를 탈환했고,

---

* maskirovka. 위장, 은폐, 속임수, 허위 정보 등을 포함하는 러시아군의 기만전술을 가리킨다.

7월 중순에는 이반 코네프* 원수가 지휘하는 제1 우크라이나 전선군이 서부 우크라이나의 중심지인 리보프를 향해 전진하기 시작했다. 리보프는 7월 27일 붉은 군대에 함락되었다(344면의 〈지도 14〉를 보라).

6월 22일부터 7월 4일 사이에 중부 집단군은 25개 사단과 30만 명이 족히 넘는 병력을 잃었다. 그 후 몇 주 동안 10만 명이 더 죽었다.[21] 7월 말에 중부 집단군은 더 이상 실제 전투에 동원할 수 있는 부대가 아니었다. 하지만 중부 집단군의 괴멸이 쉽게 이루어진 것은 아니었다. 바그라티온 작전에 참가한 4개의 주요 전선군은 벨로루시야를 해방시키는 군사 행동 과정에서 75만 명의 사상자를 냈다.[22] 그러나 어느 누구도 소련군이 엄청난 승리를 거둔 사실을 부인하지 않았다. 작전이 끝났을 때 소련은 벨로루시야와 서부 우크라이나를 다시 수중에 넣었고, 핀란드는 막 항복하려는 참이었다. 또 붉은 군대는 발트 국가들로 깊숙이 침투하여, 남쪽에서는 베오그라드, 부쿠레슈티, 부다페스트를 향하고 있었다. 심지어 존 에릭슨은 이렇게 주장할 정도였다. 〈중부 집단군을 박살 냈을 때 소련군은 동부 전선에서 가장 큰 단일한 군사적 성공을 거두었다. 그것은 동쪽의 독일군에 믿을 수 없는 대재앙, 스탈린그라드보다 더 큰 대재앙이었다.〉[23] 스탈린그라드에서 소련군이 거둔 성공의 상징은 제6군 사령관 프리드리히 파울루스 육군 원수의 항복을 담은 인상적인 뉴스 영화 장면이었다. 바그라티온 작전의 경우 항복의 상징은 1944년 7월 17일 독일군 장군들이 앞장선 채 5만 7,000명의 독일군 전쟁 포로들이 모스크바 거리를 행진하는 장면이었다.

소련군이 엄청난 승리를 거둔 것은 대체로 1944년 중반까지 베어마흐트의 상태가 약화된 사실과 붉은 군대가 병력과 군사 물자 면에서 결

---

* Ivan Stepanovich Konev(1897~1973). 소련의 군인. 제2차 세계 대전에서 독일군에 맞서 소련군의 반격을 지휘하여 동유럽 국가들을 해방시켰으며, 독일의 수도 베를린을 점령하는 데 공훈을 세웠다. 전후 동독 소련 점령군 수장, 1946~1950년, 1953~1956년 소련 국방 제1차관을 지냈다. 1956년 바르샤바 협정군 총사령관이 되어 헝가리 봉기를 진압하고 1960년까지 총사령관직을 유지했다.

지도 14. 바그라티온 작전

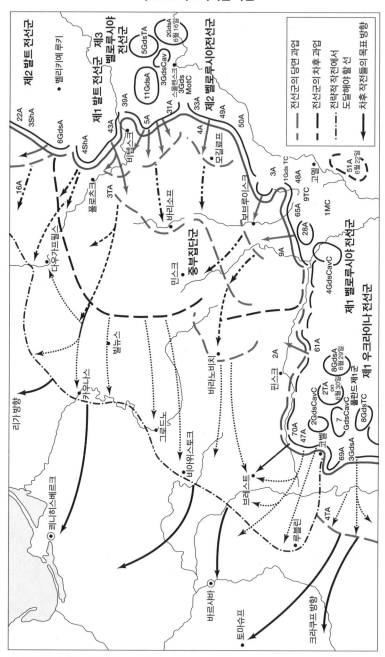

· 후방의 원내 숫자는 예비 전력을 뜻한다.

· 숫자 및 약어 예시: (1A) 제1군, (3GdsA) 제3 근위군, (4ShA) 제4 돌격군,
  (1GdsTC) 제1 근위 탱크 군단, (4GdsCavC) 제4 근위 기병 군단,
  (3GdsMotC) 제3 근위 기계화 군단, (1MC) 제1 기계화 군단, (2TA) 제2 탱크군, (9TC) 제9 탱크 군단

정적으로 우위에 선 사실의 함수 관계였다. 이 두 가지 사실 덕분에 소련군은 패배에 대한 두려움이나 심지어 독일군의 대대적인 반격에 대한 두려움 없이 공격을 계획하고 실행할 수 있었던 것이다. 동부 전선에서 서방 동맹국들이 소련군의 성공에 기여한 것도 1944년에 점점 더 중요해지는 요인이었다. 스탈린은 자신의 메이데이* 기념 성명에서 〈독일군에 맞서 이탈리아에서 전선을 개설해 독일군의 상당 부분을 우리로부터 벗어나게 하고, 우리에게 매우 귀중한 전략 원자재와 무기를 제공하며, 독일 내 군사 목표를 체계적으로 폭격함으로써 독일의 군사력을 약화시키고 있는 미합중국과 대영 제국〉에 경의를 표했다. 6월 11일 타스 통신은 영국, 캐나다, 미국이 소련에 전달한 무기, 원자재, 산업 장비, 식료품을 상세히 열거하는 성명서를 발표했다.[24] 소련에 인도된 연합국의 물품들은 소련-독일 전쟁 발발 3주년 기념일에 발표된 소련 정보국의 성명에서도 두드러지게 다루어졌다.[25] 스탈린은 1944년 11월 연설에서 프랑스의 제2전선이 무려 75개에 이르는 독일군 사단의 손발을 묶었고, 그런 지원이 없었더라면 붉은 군대는 〈그처럼 짧은 시간 내에 독일군의 저항을 격파하고 그들을 소련 영토에서 축출할 수 없었을〉 것이라고 평가했다.[26]

바그라티온 작전은 소련의 작전술이 새로운 경지에 올랐음을 보여 주었다. 1944년까지 스탈린과 스탑카는 전쟁을 단번에 이길 수 없으며, 한 번에 한 가지 전략적 목표를 성취하는 데 집중해야 한다는 사실을 마침내 배웠다. 스탈린은 특히 바그라티온에 초점을 맞추고 그것을 우선하기를 간절히 원했다. 바실렙스키가 언급한 것처럼, 〈스탈린은 끊임없이 이 작전을 준비하는 데 우리의 이목을 끌고 있었다〉.[27] 1944년까지

---

* May Day. 노동자의 권익과 복지를 향상하고 안정된 삶을 도모하기 위하여 제정한 노동절을 가리킨다. 1886년 5월 1일 미국 시카고에서 일어난 노동자들의 총파업에서 그 유래를 찾을 수 있으며, 1889년에 제2인터내셔널은 5월 1일을 노동자 운동을 기념하는 날로 정했고 이후 전 세계로 확산되었다.

스탈린은 자신의 군대가 성취할 수 있는 것에 대해 훨씬 더 현실적으로 되었고, 공격 작전에서 처음에 수수한 목표를 설정하는 것이 결국 큰 이득을 준다는 교훈을 배웠다. 바그라티온 작전에서 전선군들은 처음에 단지 80킬로미터만 전진하도록 제한되었다. 이는 독일군이 포위를 피할 수 없다는 사실을 감안한다면 좀 더 작은 지역을 확고히 점령하는 것이 더 낫다는 구상이었다.[28] 바그라티온 작전을 원활하게 실행할 수 있었던 비결은 전선군들 사이의 조율이었다. 제1 벨로루시야 전선군과 제2 벨로루시야 전선군을 조율하기 위해 주코프를 보내고, 제1 발트 전선군과 제3 벨로루시야 전선군을 조율하기 위해 바실렙스키를 보내 이 문제를 다루었다. 그 후 주코프와 바실렙스키는 이 전선군들을 조율할 뿐만 아니라 지휘할 수 있는 권한도 부여받았다.[29] 좀 더 절망적이었던 때와는 달리, 작전을 계획하고 준비하는 과정은 스탈린과 그의 장군들 사이의 관계와 그리고 스탑카와 전선군 사령관들 사이의 관계가 비교적 조화로웠던 것이 특징이었다. 전략과 전술을 둘러싸고 흔히 발생하는 이견과 자원 분배를 둘러싼 불만들은 일관된 공동 목적이 덮어 버렸다. 이 점에서 스탈린은 이전보다 바그라티온 작전의 입안과 실행에 좀 더 차분하고 느긋하게 참여했다. 스탈린은 모든 전략적 결정을 최종적으로 내릴 권한을 쥐고 있었지만, 많은 작전 문제에 대해서는 상급 사령부를 신뢰하고, 정작 자신은 부대의 사기와 전투태세, 보급 문제, 붉은 군대 내 정치 장교의 업무에 힘을 쏟는 법을 배웠다. 이처럼 작전 수행에 대해 집단적이고 위임하는 방식의 접근은 또한 스탈린이 대연합 내의 일부 긴급한 정치적 문제들을 고심하는 데 더 많은 시간을 투여할 수 있음을 의미했다.

바르샤바 봉기[30]

바그라티온의 목적은 벨로루시야를 해방시키는 것이었으나, 중부 집단군이 붕괴하고 붉은 군대가 신속히 진격함에 따라 소련군은 동프로이센 국경과 중부 및 남부 폴란드로 나아갈 수 있었다. 7월 말에 붉은 군대는 여러 방향에서 폴란드 수도인 바르샤바로 모여들고 있었다. 벨로루시야가 이제 해방된 상황에서 서쪽으로 붉은 군대가 돌파해 나가자 앞으로 어느 방향으로 공세를 계속 진행할 것인가 하는 문제가 제기되었다. 7월 19일 주코프는 동프로이센을 점령하거나 적어도 독일의 주요 부분으로부터 차단하는 일련의 작전을 스탈린에게 제의했다. 7월 27일 스탈린이 참석한 가운데 스탑카는 회의를 열고 다른 구상들과 함께 주코프의 제안을 깊이 검토했다. 회의는 동프로이센이 광범한 준비 없이는 상대하기가 너무 까다로운 지역이라고 판단했다. 바르샤바를 함락시키는 쪽이 훨씬 더 가능성이 있어, 몇몇 지점에서 비스와강을 건너 폴란드 수도 방향으로 소련군의 공세를 집중하기로 결정했다.[31] 바르샤바를 위한 군사 행동에서 가장 중요한 자리는 8월 초에 붉은 군대에 주어지는 것으로 예상되었으나 제1 폴란드군에 돌아갔다. 1939~1940년에 소련으로 추방되었던 폴란드 시민들 중에서 모집된 제1 폴란드군은 1943년 7월에 조직되기 시작했다. 지도부는 친공산주의적이었고 많은 장교가 러시아인이었다. 1944년 7월에 병력은 전부 약 2만 명이었으며, 로코솝스키의 제1 벨로루시야 전선군의 일부를 이루었다. 군의 임무는 바르샤바 남쪽의 비스와강을 건너는 것이었다.

소련의 계획은 붉은 군대가 바르샤바 지역에서 독일군의 강력한 방어 체제에 맞닥뜨렸을 때 이내 곤경에 빠졌다. 베어마흐트는 전력이 저하되어 있었으나 완전히 나가떨어진 것은 아니었다. 독일군은 동프로이센의 다른 구역과 서유럽에서 사단들을 이동시킴으로써 중부 집단군의 전력을 신속히 재건했다. 바르샤바는 베를린으로 가는 길목에 있었고, 독일군이 방어해야 하는 매우 중요한 전략적 전초지였다. 독일군이 방어 태세를 정비함에 따라 소련군의 공세는 동력을 잃어버렸다. 소련 부대는 지쳐 있었고 붉은 군대의 병참선은 이제 수백 킬로미터나 되었다. 또 전방 전개 비행장에 붉은 공군이 다시 배치되면서 작전은 엉망이 되었고, 이를 틈타 루프트바페가 공중에서 주도권을 얼마간 되찾았다.

그럼에도 소련군은 비스와강 서쪽 기슭에 몇몇 교두보를 마련하고, 강의 동쪽 면에 있는 바르샤바 근교 프라가에 이를 만큼 폴란드 수도에 근접할 수 있었다. 그러나 붉은 군대는 전방 진지를 계속 유지하는 데 큰 어려움을 겪었으며, 소련 제2 탱크군이 5개의 기갑 사단을 비롯해 독일군 6개 사단으로부터 격렬한 공격을 받아 프라가에서 후퇴할 수밖에 없었다. 제1 폴란드군이 비스와강을 건너 강의 서쪽 기슭에 교두보를 마련하려는 시도가 실패하면서 많은 사상자가 발생했다.

　바르샤바 작전 책임자는 스탑카에서 이 구역의 작전을 조율하는 역할을 한 주코프와 제1 벨로루시야 전선군 사령관이었던 로코솝스키였다. 8월 6일 그들은 바르샤바의 강력한 적군 때문에 일부 예비 사단을 동원해 군사 행동에 투입할 필요가 있다고 스탈린에게 보고했다.[32] 8월 8일 주코프와 로코솝스키는 스탈린에게 상세한 바르샤바 함락 계획을 제출했다. 공격군의 측면을 단단히 지키고, 비스와강 서쪽 기슭에 마련한 기존 교두보들을 확고히 하며, 제1 벨로루시야 전선군을 증강하는 것이 주요 내용이었다. 그들은 작전이 8월 25일에 시작할 수 있다고 추정했다.[33] 스탈린은 승인을 했으나, 바르샤바에서 적군이 반격을 가하는 바람에, 8월과 9월 초 내내 지역적인 공격 작전이 이어지긴 했지만, 9월 중순이 되어서야 소련군은 또 하나의 대규모 공격에 나설 준비를 끝낼 수 있었다.[34] 그러나 비스와강을 대거 건너서 바르샤바로 진격하려는 붉은 군대의 노력은 또다시 독일군의 강력한 저항에 부딪혀 거의 진전을 보지 못했다. 결국 10월 초에 소련군의 공격은 취소되었고, 붉은 군대는 1945년 1월까지 바르샤바를 상대로 공격 작전을 재개하지 못했다(349면의 〈지도 15〉를 보라).

　소련군은 폴란드 수도를 매우 신속하고 수월하게 점령하기를 기대했으나 사정이 여의치 않자, 전열을 가다듬고 도시에 대해 또 다른 공격을 준비했다. 다시 소련군은 성공을 자신했지만 예상보다 공격을 준비하고 개시하는 데 시간이 훨씬 많이 걸렸고, 공격이 시작되었을 때는 독일군이 이미 바르샤바로 가는 진입로에 훨씬 견고하게 자리를 잡고 있

지도 15. 소련군의 바르샤바 진격(1944년 여름)

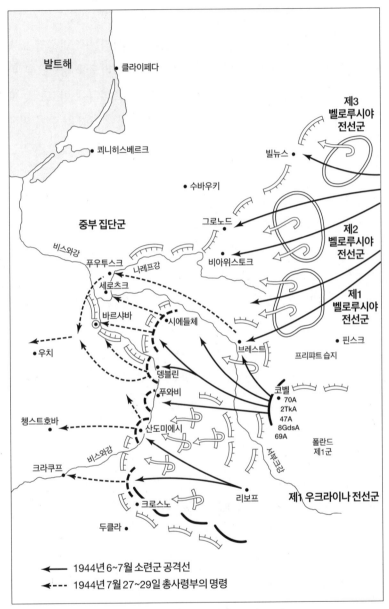

발트해

클라이페다

쾨니히스베르크

중부 집단군

제3
벨로루시야
전선군

빌뉴스

수바우키

그로노드

비스와강

푸우투스크

나레프강

세로츠크

바르샤바

시에들체

비아위스토크

제2
벨로루시야
전선군

제1
벨로루시야
전선군

브레스트

핀스크

프리퍄트 습지

우치

뎅블린

푸와비

코벨

70A
2TkA
47A
8GdsA
69A

폴란드
제1군

쳉스트호바

산도미에시

비스와강

크라쿠프

크로스노

두클라

리보프

서부강

제1 우크라이나 전선군

←———— 1944년 6~7월 소련군 공격선

←- - - - 1944년 7월 27~29일 총사령부의 명령

· 숫자 및 약어 예시: (70A) 제70군, (2TkA) 제2 탱크군, (8GdsA) 제8 근위군

었다. 9월에 이 공격이 실패하면서 당장 바르샤바를 점령하고 싶어 한 붉은 군대의 희망도 종언을 고했다.

1944년 여름에 불운했지만, 바르샤바를 점령하려는 소련군의 노력이 한결같이 이어졌다는 이러한 설명은 대안 시나리오에 정면으로 배치된다. 대안 시나리오에 따르면, 붉은 군대는 비스와강에 이르렀을 때 도시에서 발생한 인민들의 봉기를 독일군이 분쇄할 시간을 주기 위해 일부러 공격 작전을 중단했다는 것이다.[35] 8월 1일에 시작된 이 봉기는 폴란드 국내군AK — 폴란드 런던 망명 정부의 파르티잔 부대 — 이 조직했다. 소련과 마찬가지로 폴란드 파르티잔들은 바르샤바가 붉은 군대에 신속하고 수월하게 함락되기를 기대했다. 목표는 붉은 군대가 도착하기 전에 독일군으로부터 도시를 해방시켜 통제권을 장악하는 것이었다.[36]

대안 시나리오의 많은 결함 중 하나는 붉은 군대가 바르샤바를 점령하고자 하는 노력을 어떤 국면에서도 게을리한 적이 없다는 사실이다. 또한 붉은 군대는 베어마흐트가 벨로루시아에서 축출된 후 베어마흐트의 회복을 고려하지 않았으며, 붉은 군대가 장기적인 공세를 지속하면서 봉착했던 어려움도 고려하지 않았다. 스탈린의 동기와 판단을 보면, 독일군이 폴란드 국내군을 끝장내는 동안 스탈린이 수수방관했다는 발상은 얼토당토않은 추측이다. 오히려 봉기는 바르샤바를 가능한 한 빨리 점령하겠다는 스탈린의 결의를 강화시켰다. 봉기가 8월 1일 시작되었을 때 스탈린은 봉기가 실패하리라는 것을 몰랐다. 사실 붕괴되고 있던 독일군 진지는 봉기가 성공할 수도 있음을 보여 주었다. 봉기의 반소련적 성격이 명백히 드러나자, 붉은 군대가 가급적 빨리 바르샤바에 대한 통제권을 장악하는 것이 훨씬 더 시급한 일이 되었다. 스탈린이 폴란드 국내군과의 충돌을 두려워해서 독일군으로 하여금 바르샤바의 국내군을 분쇄하도록 기꺼이 내버려 두었다고 추정해 볼 수도 있을 것이다. 그러나 붉은 군대는 1944년 초에 전쟁 전의 폴란드 국경을 건넜을 때부터 폴란드 국내군과 때로는 협력하기도 하고, 때로는 갈등하기도 하면서 그들을 대해 왔지만, 군사적 관점에서 볼 때 어떤 국면에서도 수천명의 폴란드 파르티잔들이 큰 위협을 가한다거나 문제를 일으킨 적은 한 번도 없었다.[37] 1944년 8월 말에 로코솝스키는 비공개를 전제로 한 인터뷰에서 알렉산더 워스에게 다음과 같이 말했다. 〈귀하는 우리가 바르샤바를 점령할 수도 있었는데 점령하지 않았다고 생각합니까? 우리가 국내군을 두려워했다는 발상은 멍청하기 이를 데 없는 무식한 소리요.〉[38] 실제로 바로 이것이 봉기의 지역 지도자들이 스스로 상황을 보고 있던 방식이기도 했다. 얀 치에하노프스키*는 다음과 같이 언급했다.

> 폴란드 국내군 장군들은 러시아인들이 전략적·군사적 중요성 때문에 바르샤바를 가능한 한 빨리 점령하기를 매우 간절히 바라고 있다고 믿어 의심치 않았다. (……) 이에 더해 장군들은 러시아인들이 바르샤바를 점령하면 〈폴란드 수도의 진정한 구원자〉로 행세하면서 이를 정치적으로 이용할 수 있을 것이기 때문에 점령을 열망한다고 추정했다.[39]

폴란드 역사가인 에우게니우시 두라친스키Eugeniusz Duraczynski는 봉기의 동기를 논의하면서, 봉기가 소련군의 바르샤바 점령을 예상해서 조직되었다기보다는 스탈린으로 하여금 바르샤바를 건너뛰는 것보다 어쩔 수 없이 바르샤바 점령을 우선시하도록 만들기 위해 계획되었다고 주장한다.[40] 만약 그것이 봉기 지도자들의 계산이었다면, 그들은 틀리지 않았다. 봉기는 도시를 점령하겠다는 스탈린의 의지를 더욱 굳게 해주었다. 문제는 스탈린이 그렇게 할 수 없었다는 데 있었다. 물론 스탈린은 붉은 군대에 모든 가용 전력을 바르샤바 점령에 집중하라는 명령

* Jan Mieczysław Ciechanowski(1930~2016). 폴란드 출신의 역사가. 1943년 폴란드 국내군에 가담했으며 이듬해 바르샤바 봉기에 참여해 부상을 입고 독일군의 포로가 되었다. 전쟁 후 1946년 영국으로 망명하여 런던 정경대학을 졸업하고 유니버시티 칼리지 런던의 교수로 지냈다.

을 내릴 수도 있었을 것이다. 그렇다 하더라도 다른 전선군으로부터 병력을 재배치하는 데 걸렸을 시간을 감안하면 도시가 그렇게 빨리 함락되었을지는 의심스럽고, 그런 행동은 모스크바가 바르샤바를 습격하는 것만큼이나 중요하다고 생각하던 다른 작전상의 목표들을 위태롭게 했을 것이다. 가장 중요한 것은, 소련이 그런 과감한 행동을 할 필요를 보지 못했다는 사실이다. 소련은 바르샤바 지역에 수 주일이 아니라 수일 안에 도시를 점령할 충분한 병력이 있다고 생각했다.

하지만 스탈린이 폴란드 국내군과 봉기 그리고 폴란드 런던 망명 정부의 반공산주의·반소련 정치에 대해 노골적인 적대감을 품고 있었다는 사실을 부인할 수는 없다. 이 모든 것은 전쟁이 끝난 후 폴란드가 소련에 우호적 관계가 되기를 원한 스탈린의 계획을 망치게 할 위험이 컸다. 만일 봉기가 실패하고 폴란드에서 소련과 공산주의 영향력에 대한 민족주의 저항을 약화시킨다면, 스탈린의 관점에서 볼 때 더더욱 좋은 일이다. 그러나 당시 스탈린의 대(對)폴란드 정책을 상세히 들여다보면, 스탈린은 소련의 이익을 보호하고 전후 폴란드에서 소련의 정치적 영향력을 보장받을 수만 있다면, 폴란드 국내군 및 폴란드 망명 정부와의 화해를 반대하지 않았던 사실이 드러난다. 봉기는 스탈린에게, 비록 그가 국내군 및 망명 정부와 단절할 자세가 되어 있는 폴란드 정치인들과 계속 타협하려 했음에도 불구하고, 그런 화해가 불가능하다는 점을 마침내 확신시켜 주었다.

얄궂게도 8월 1일 봉기가 시작되었을 때 폴란드 망명 정부의 총리 스타니스와프 미코와이치크*는 외교 관계의 회복을 가져올 소련-폴란드 협정 문제를 스탈린과 논의하기 위해 모스크바에 있었다. 미코와이치크가 모스크바에 나타난 것은 부분적으로는 처칠과 루스벨트가 소련

* Stanisław Mikołajczyk(1901~1966). 폴란드의 정치가. 제2차 세계 대전 때 폴란드 망명 정부의 총리였으며, 전후 폴란드에서 1947년까지 부총리를 지냈다. 1947년 공산당이 통제하는 〈민주 블록〉이 선거에서 승리한 뒤 체포를 우려해 폴란드를 떠나 미국으로 이주했다.

에 망명 폴란드인들과 관계를 개선하라고 압박을 가한 결과였다. 핵심 쟁점은 폴란드의 전후 국경에 대한 합의를 협상하는 문제였다. 테헤란에서 처칠, 루스벨트, 스탈린 사이에 이루어진 양해는 폴란드의 동부 국경이 커즌선(1939년 9월의 나치-소비에트 경계선에 거의 일치했다)을 따라 그어지겠지만, 폴란드는 상실한 영토에 대해 서쪽에서 독일 땅을 획득함으로써 보상받으리라는 것이었다. 그러나 테헤란에서는 어떤 공식적인 협정도 체결되지 않았고, 폴란드-소련 국경의 많은 세부 사항은 여전히 협상 대상으로 남아 있었다.

1944년 1월 런던의 폴란드인들은 붉은 군대가 폴란드로 들어왔다는 보고를 언급하고 해방된 영토에서 자신들의 통치권을 주장하는 성명을 발표했다.[41] 문제가 되는 영토는 서부 벨로루시야와 서부 우크라이나였다. 1월 11일 모스크바는 폴란드인들의 성명에 답변하면서 두 영토는 1939년에 그들의 자유의사로 소련에 합류했다고 언명했다. 소련의 성명은 또한 동쪽은 커즌선이 경계이고, 서쪽은 독일로부터 획득한 〈고대 폴란드 땅〉이 경계인 강력한 폴란드 독립 국가를 지지한다고 덧붙였다. 이에 더해 소련은 폴란드 주민이 다수인 서부 벨로루시야와 서부 우크라이나의 어떤 지역도 폴란드에 양도할 의사가 있었다.[42]

강력한 폴란드 독립 국가를 옹호한다는 소련의 항변은 새로운 것이 아니었다. 스탈린 자신의 발언을 비롯해 그런 공개적 발언은 많이 있어 왔고, 전쟁이 끝난 후 폴란드 독립의 회복은 전후 미래에 대한 소련의 내부 토론에서 지배적인 가정이었다.[43] 서부 벨로루시야와 서부 우크라이나가 마땅히 소련에 속해 있다는 모스크바의 주장도 전혀 놀라운 것이 아니었다. 그러나 독일을 희생하여 폴란드를 영토 면에서 보상하겠다는 공개적 약속은 비록 비공식적으로는 소련인들이 여러 차례 그런 조치에 대한 지지를 표명하긴 했지만, 새로운 사태 전개였다.[44] 이 성명은 폴란드 망명 정부에 대해 비판적이었지만, 그들과 소련의 관계를 복원할 가능성을 열어 두었고, 또 커즌선의 인종적 세부 사항을 협상하겠다는 모스크바의 약속은 분명한 타협 제스처였다. 소련의 관점에서 볼 때 이것은 폴란드 문제에 대한 온건하고 긍정적인 성명이었고, 모스크바의 미국과 영국 대사들에게도 그런 식으로 보였다. 몰로토프가 해리먼에게 성명에 대해 어떻게 생각하는지를 물었을 때 미국 대사는 〈폴란드 문제에 대한 소련의 입장을 표명한 성명으로서 논조가 매우 우호적이군요〉라고 대답했다.[45]

1월 15일 런던의 폴란드인들이 소련에 응답했다. 그들은 서부 벨로루시야와 서부 우크라이나에 대한 자신들의 권리를 재확인하고, 독일에 맞선 투쟁에서 소련과 협력하고 싶다는 바람을 되풀이했다. 이는 소련이 받아들일 수 없는 것이었고, 소련은 이틀 후 소련에 핵심적인 문제는 커즌선을 폴란드-소련 국경으로 인정하는 것임을 강조하는 반박 성명을 발표했다.[46] 몰로토프는 이 성명을 영국과 미국 대사들에게 미리 설명하면서 소련의 입장을 더욱 확고히 하는 신호를 보냈다. 즉 모스크바는 런던의 폴란드인들과 기꺼이 협상하겠지만, 그들의 정부가 개편되어 반소련 분자들이 배제되었을 때에만 그렇게 하겠다는 것이었다.[47] 1월 18일 몰로토프는 해리먼 및 영국 대사 클라크 커*와 추가 회담을 갖고 자신이 염두에 두고 있는 개편된 폴란드 정부에는 폴란드에서 반독일 저항에 적극적인 사람들뿐 아니라 영국, 미국, 소련에 거주하는 폴란드인들도 포함될 것임을 분명히 했다.[48]

커즌선의 수용과 망명 정부의 개편, 이것은 스탈린과 몰로토프가 두 명의 대사와 회담을 하면서, 그리고 스탈린이 처칠 및 루스벨트와 서신을 주고받으면서 계속 되풀이한, 폴란드 문제에 대한 소련 측의 단골 논지였다. 스탈린은 런던의 폴란드인들이 이 조건을 협상하기를 거부했다는 사실에 애써 분노를 감추려 하지 않았다. 〈또 폴란드인들이군요. 그게 가장 중요한 문제이긴 합니까?〉라고 스탈린은 1944년 3월 3일 해리먼이 그를 만나러 왔을 때 조급하게 물었다.[49] 양측 모두에게 수용 가

---

* Archibald Clark Kerr(1882~1951). 영국의 외교관. 1942~1946년 소련 주재 영국 대사, 1946~1948년 미국 주재 대사를 역임했다.

능한 거래를 중개하려는 처칠의 노력은 시간 낭비라고 묵살당했다. 심지어 영국 총리는 소련인들에게 소련에 불리한 조건으로 폴란드 문제를 해결하도록 협박을 가하고 있다며 비난받기까지 했다.[50] 2월 29일 클라크 커와의 만남에서 스탈린은 영국의 타협책에 콧방귀를 뀌고 실실 웃으며 자신은 개편된 폴란드 망명 정부와 커즌선의 수용을 원한다고 되풀이했다. 영국 대사는 〈이 침울하고 짜증스러운 대화는 한 시간을 족히 넘어 계속 이어졌습니다. 어떤 주장도 소용없었습니다〉라고 보고했다.[51]

폴란드 문제에 관한 스탈린과 몰로토프의 발언들에서 항상 나타나는 한 가지 긍정적인 요소는 그들이 개편된 정부에 망명 폴란드인들의 총리인 미코와이치크를 포함하는 것을 진지하게 고려할 준비가 되어 있었다는 점이었다. 전쟁 전 폴란드에서 가장 큰 정당이었던 폴란드 농민당의 지도자 미코와이치크는 해방된 폴란드에서 소련이 함께 일할 수 있는 폭넓은 기반에 바탕을 둔 정부를 구성하는 데 중요한 가교 역할을 할 수 있는 인물로 여겨졌다. 이런 이유로 스탈린은 순전히 좌파만 참여한 동맹에 기반을 둔 폴란드 임시 정부를 수립하려는 폴란드 공산주의 집단의 압박에 저항했다.[52] 좌파 정부는 매우 바람직하긴 하지만, 공산주의자들과 그들의 사회주의자 동맹자들이 전시 동안 정치적 이득을 얻었음에도 불구하고 완강하게 민족주의적으로 남아 있는 폴란드 국민을 효과적으로 통치할 만큼 충분히 강력하다고 생각되지 않았다. 1944년 7월 22일 스탈린이 마침내 공산주의자들과 그들의 동맹자들이 〈폴란드 민족 해방 위원회PCNL〉를 수립하는 데 동의했을 때, 그 동기의 일부는 붉은 군대에 의해 해방된 폴란드 영토의 관리를 맡길 조직이 필요했기 때문이었다. 바로 이것이 7월 23일 스탈린이 처칠과 루스벨트에게 결정을 제시한 방식이었다. 그러나 스탈린은 자신은 폴란드 민족 해방 위원회가 〈폴란드 정부〉라고 생각하지 않는다고 말하면서도 그것이 〈민주 세력으로 이루어진 폴란드 임시 정부의 핵심〉이 될 수 있다고 지적했다. 미코와이치크를 포함한 개편된 정부가 구성될 가능성은 여전히 남아 있었으나 그를 무시할 위험도 여전했다. 같은 메시지에서 스탈린은 처칠과 루스벨트가 제안해 왔듯이, 이 폴란드 지도자가 모스크바로 온다면 그를 만나는 것을 거부하지 않겠다고 말했다.[53]

스탈린은 1944년 1월 폴란드계 미국인 마르크스주의 경제학자였던 오스카르 랑게*가 런던의 폴란드인들, 모스크바와 폴란드의 친소련 폴란드인들, 영국과 미국의 폴란드 망명 공동체의 무소속 폴란드 정치 인사들에 기반을 둔 개편된 폴란드 정부를 소련에 제안했을 때, 폴란드 문제에 대한 자신의 접근 방식에서 지지를 받았다. 1944년 봄에 랑게는 친소련 폴란드계 미국인 가톨릭 사제 스타니스와프 오를레만스키 Stanislaw Orlemanski와 함께 모스크바를 방문하여 스탈린과 어떻게 사태를 성공적으로 이끌지를 논의했다.[54] 스탈린이 이 두 중재자와 나눈 대화는 폴란드-소련 관계에 대한 그의 전략적 사고가 어떤 것인지를 드러내 준다는 점에서 매우 중요했다. 스탈린은 자신의 공산주의 동맹자들을 포함한 좌익 성향의 정부를 가진 우호적인 폴란드를 원했으나, 또한 미래의 독일 위협에 대항해 장기적인 슬라브 국가들의 동맹에 참여할 만큼 강력하게 결속된 통일 국가를 원했다.

히틀러와의 전쟁이 전통적인 적국인 독일에 대항한 범슬라브 투쟁이라는 발상은 오래전부터 소련 선전에서 두드러진 주장이었다. 일찍이 1941년 8월에 소련은 범슬라브 위원회를 결성하여 모스크바에서 범슬라브 대회를 소집했다. 훨씬 많은 그런 모임이 소련에서뿐만 아니라 다른 동맹국들에서도 뒤를 이었다.[55] 이것은 독일 침략의 주요 희생

---

* Oskar Ryszard Lange(1904~1965). 폴란드의 외교관, 경제학자. 사회주의 체제에 시장 가격의 도입을 주창하는 등 시장 사회주의의 옹호자로 알려져 있다. 1937년 미국으로 건너가 1938년 시카고 대학교의 교수가 되었고 1943년 미국에 귀화했다. 제2차 세계 대전 말 런던의 폴란드 망명 정부와 단절하고 소련의 지원을 받는 루블린 위원회를 지지하는 쪽으로 돌아섰으며, 얄타 회담 동안 루스벨트와 스탈린 사이의 중재자로 활약했다. 1945년 전쟁이 끝난 후 폴란드로 귀국해 미국 주재 폴란드 인민 공화국 초대 대사, 1946년 유엔 안전 보장 이사회의 폴란드 대표, 1961~1965년 폴란드 국가 의회 부의장 등을 역임했다.

자들이 압도적으로 많은 체코슬로바키아, 폴란드, 유고슬라비아, 소련 같은 슬라브 국가들이었음을 감안하면 모스크바가 채택하기에 자연스러운 전술이었다. 1943년에 스탈린은 이 슬라브 국가들의 공식적인 정치적·외교적 동맹을 창출하기 위한 움직임을 시작했다. 1943년 12월에 에드바르트 베네시* 대통령이 이끄는 체코슬로바키아 망명 정부와 소련-체코슬로바키아 우호·상호 원조·전후 협력 조약이 체결되었다. 12월 12일 모스크바에서 조인된 이 조약은 제3국이 협정에 참여하는 것을 허용하는 보충 협약을 포함했다. 이 조항은 특히 체코슬로바키아-폴란드-소련 협정의 촉진을 목표로 삼았다.[56] 스탈린은 테헤란에서 귀국한 지 얼마 되지 않았고, 전후에 독일의 위협이 다시 나타날 가능성에 대한 그의 강박 관념은 베네시와의 회담에서도 분명히 드러났다. 12월 18일 스탈린은 체코슬로바키아 대통령과 대화하면서 두 나라, 즉 일본과 독일이 결국 평화를 위협한다는 의견을 밝혔다. 〈독일인들은 매우 강하고 재능 있는 사람들이라 전쟁 후에 매우 빠르게 회복할 수 있을 겁니다. 테헤란 회담에서 [저는] 이러한 견해에 모든 동맹자가 공감한다는 인상을 받았습니다.〉 12월 22일 베네시를 위한 마지막 리셉션에서 스탈린은 〈전쟁 이후 슬라브인들의 협력 필요성〉에 대해 이야기하며, 〈지금까지 독일인들은 다른 슬라브인들에 맞서 일부 슬라브인들과 협력하고 그런 다음 그들에게 등을 돌리는 등 슬라브인들을 분열시켰습니다. 이제부터 슬라브인들은 단결해야 합니다〉라고 언급했다.[57]

스탈린은 1944년 4월 28일 오를레만스키 신부와 이야기를 나누면서 슬라브인들의 단결이라는 주제를 다시 거론했다.

독일은 대략 15년쯤 되면 스스로를 갱신할 수 있을 겁니다. 바로 이것이 우리가 이 전쟁을 어떻게 끝내야 되는지에 대해서뿐만 아니라 (……)

---

* Edvard Beneš(1884~1948). 체코슬로바키아의 정치인. 체코슬로바키아의 외무 장관 (1918~1935), 총리(1921~1922), 대통령(1935~1938, 1945~1948)을 역임했다.

독일이 부활하는 20년 후에 무슨 일이 벌어질지에 대해 고민해야 하는 이유입니다. 바로 이것이 독일이 다시는 침략국이 되지 않도록 러시아와 폴란드의 동맹이 절대 필요한 이유입니다. (……) [저는] 독일 기사단의 구성원들에 맞서 슬라브인들이 단결했던 그룬발트[58] 전투*의 사례를 들 수 있습니다. 당시 연합한 폴란드인, 러시아인, 리투아니아인, 우크라이나인, 벨로루시야인들이 독일인들을 물리쳤습니다. (……) 우리는 광범한 기반 위에서 그룬발트 정책을 부활시켜야 합니다. 바로 이것이 저의 꿈입니다.[59]

5월 17일 스탈린은 랑게와의 대화에서 소련은 장래에 독일 침공에 대처하기 위해 강력한 폴란드가 필요하다는 점을 강조했다. 스탈린은 또 베르사유 조약 같은 〈뜨뜻미지근한〉 징벌적 평화에 반대한다는 뜻도 분명히 밝혔다. 그런 일이 다시 일어난다면 15년 내에 또 다른 전쟁이 발생할 터였다. 스탈린은 독일이 50년 동안 약한 국가로 있어야 한다고 랑게에게 말하면서, 마르크스주의 경제학자에게 말하고 있었으므로 자본주의 영국과 미국이 독일과 일본의 산업을 파괴하는 것을 지지하리라는 점을 강조할 기회를 잡았다. 왜냐하면 이 파괴는 영국과 미국의 무역 경쟁국 중에서 두 경쟁국을 제거할 것이기 때문이었다.[60]

스탈린이 계획한 슬라브 동맹에서 세 번째 파트너는 유고슬라비아였다. 폴란드와 달리 유고슬라비아의 파르티잔 운동에서 지배적인 세력은 티토 원수가 이끄는 공산주의자들이었다. 심지어 1944년에도 티토의 공산주의자들이 유고슬라비아의 전후 정치에서 주요 정치 행위자로 등장할 거라는 점은 분명했다. 그러나 스탈린은 공산주의자들의 전

* Battle of Grunwald. 그룬발트 전투(폴란드에서 지칭), 잘기리스 전투(리투아니아에서 지칭) 또는 제1차 타넨베르크 전투(독일에서 지칭)는 1410년 폴란드-리투아니아 연합군이 폴란드 그룬발트와 스텡바르크(타넨베르크) 주변에서 독일 기사단(튜턴 기사단)과 치른 전투를 가리킨다. 이 전투에서 폴란드-리투아니아 연합군은 독일 기사단을 대패시켰고, 이후 기사단은 사모기티아 북서부를 빼앗기고 점차 세력을 상실했다.

후 전망에 대해 티토보다 더 비관적이었다. 1944년 9월에 스탈린은 티토에게 다음과 같이 말했다고 한다. 〈조심하시오. 세르비아의 부르주아들은 매우 강합니다.〉 그러자 티토는 〈스탈린 동지, 저는 귀하의 견해에 동의하지 않습니다. 세르비아의 부르주아들은 매우 약합니다〉라고 대꾸했다.[61] 1945년 4월 스탈린은 티토에게 독일이 전쟁에서 매우 빨리 회복할 거라고 경고했다. 〈그들에게 12~15년의 시간을 주어 보십시오. 그러면 그들은 다시 일어설 겁니다. 바로 이것이 슬라브인들의 단결이 중요한 이유입니다. 전쟁은 곧 끝날 것입니다. 우리는 15~20년 뒤에 회복할 것이고, 그때 우리는 또 한 번 해볼 겁니다.〉[62]

유고슬라비아의 전후 정부와 관련해 스탈린의 정책은 티토와 유고슬라비아 망명 정부 사이에 군주정의 유지를 허용하는 것을 비롯해 협상을 중재하는 것이었다. 폴란드에서와 마찬가지로 유고슬라비아에서도 스탈린이 선호한 방식은 망명 정부를 개편하고 그런 다음 그것을 자신의 지지자들과 결합하여 광범위한 정치적 견해를 아우르는 임시 정부를 구성하는 것이었다. 하지만 폴란드의 경우 스탈린의 인내심은 1944년 7월 말에 미코와이치크가 모스크바에 왔을 때 거의 바닥을 드러내고 있었다.

스탈린과 미코와이치크의 첫 만남은 8월 3일에 있었다. 회담이 시작되자 미코와이치크는 세 가지 문제를 제기했다. 독일군에 맞선 투쟁에서 공동 행동을 취하는 일, 소련이 해방된 폴란드 영토의 관리에 대해 폴란드 민족 해방 위원회와 본 합의, 폴란드-소련 국경 문제가 그것이었다. 미코와이치크는 바르샤바에서 봉기가 발생했으며, 런던의 폴란드인 정당들과 폴란드 공산주의자들의 정당들을 결합할 정부를 구성하기 위해 조속히 폴란드 수도로 갈 수 있으면 좋겠다고 언급했다. 스탈린은 그가 제기한 문제들은 정치적·실제적으로 매우 중요하지만, 미코와이치크는 연합 임시 정부를 구성하기 위해 폴란드 민족 해방 위원회와 이 문제들을 협상해야 한다고 대답했다. 이는 소련 지도자가 이어진 대화에서 반복적으로 거론한 주장이었다. 미코와이치크가 폴란드에서 국내군의 역할에 대해 이야기하자, 스탈린은 그 부대들이 매우 약한 데다 대포, 탱크, 비행기는 말할 것도 없고 총도 부족하다고 지적했다. 미코와이치크가 국내군을 무장시킬 것을 주장하자, 스탈린은 폴란드를 해방시키려는 소련군의 군사 행동에 가장 효과적인 지원 방식은 연합 정부를 구성하는 일이라고 대꾸했다. 대화가 국경 문제로 옮겨 가자, 스탈린은 폴란드 국경이 동쪽에서는 커즌선을 따르고 서쪽에서는 오데르강을 따라야 한다는 소련의 입장을 다시 언명했다. 폴란드는 단치히를 획득하겠지만, 쾨니히스베르크는 소련에 갈 것이다. 서부 우크라이나의 리보프와 리투아니아의 빌뉴스에 대한 폴란드의 권리 주장에 대응해 스탈린은 〈레닌주의 이념에 따르면, 모든 인민은 평등하고〉, 〈리투아니아인이나 우크라이나인, 폴란드인들의 기분을 상하게 하고 싶지 않습니다〉라고 말했다. 스탈린은 가장 큰 영토 상실은 한때 러시아 제국에 속했던 폴란드 부분을 포기할 소련이 겪을 것이라고 지적하기까지 했다. 스탈린은 또 그룬발트 비유를 다시 꺼내며 슬라브인들의 단결이라는 주제로 되돌아갔다. 〈폴란드인과 러시아인들이 처음 뭉쳤을 때 (……) 그들은 함께 독일인들을 무찔렀지요. 그 후 러시아인과 폴란드인들은 서로 다투었습니다. 17세기 차르 알렉세이 미하일로비치*가 통치할 때 외무대신 오르덴나쇼킨**이 폴란드와 연합하자고 제안했었지요. 이 일로 그는 해임되었습니다. 지금은 그 주제로 다시 돌아가는 것이 필수적입니다. 전쟁은 우리 인민들을 많이 가르칩니다.〉 대화 말미에 미코와이치크는 스탈린에게 국경 문제를 어떻게 해결했으면 좋겠냐고 물었다. 통일된 폴란드 정부와의 협상을 통해 해결될 거라는 스탈린의 대

* Alexei Mikhailovich(1629~1676). 러시아의 차르(재위 1645~1676). 로마노프 왕조의 제2대 황제이며, 알렉세이 1세라고도 한다. 통치 시기 동안 폴란드 및 스웨덴과 전쟁이 벌어지고, 러시아 정교회가 분열되었으며, 스텐카 라진이 카자크 반란을 일으켰다. 그럼에도 러시아 영토를 크게 확대하는 데 성공했다.

** Afanasy Lavrentiyevich Ordin-Nashchokin(1605~1680). 17세기 러시아의 외교관이자 정치인. 1657~1671년 러시아의 외무 대신을 지냈다.

답은 미코와이치크와 함께 일할 준비가 되어 있다는 또 하나의 신호였다.[63]

이튿날 모스크바의 영국 대사는 이든에게 미코와이치크-스탈린 회담에 대해 매우 긍정적인 보고문을 보냈다.

> 때때로 회담은 격렬하고 직접적이기도 했지만 분위기는 내내 우호적이었습니다. (……) 러시아 측으로부터 어떤 비난도 없었습니다. (……) 폴란드인들은 스탈린의 위대한 〈지혜〉와 뚜렷하게 드러난 의욕적 태도, 경청하려는 자세에 깊은 인상을 받았습니다. 그들은 거꾸로 스탈린이 미코와이치크의 소박하고 편견 없는 태도에 깊은 인상을 받고 놀라워하기까지 했다고 느꼈습니다.[64]

미코와이치크와 폴란드 민족 해방 위원회 지도자들의 회담은 덜 성공적이었다. 회담의 발목을 잡은 것은 폴란드 총리의 망명 정부가 새로운 임시 정부의 기반을 이루어야 하고, 공산주의자들이 주도하는 파르티잔들은 국내군에 흡수되어야 한다는 그의 고집이었다.[65] 미코와이치크가 폴란드 민족 해방 위원회를 상대로 이야기하고 있는 동안 처칠과 스탈린은 바르샤바 봉기를 지원하는 문제를 두고 메시지를 교환했다. 8월 4일 처칠은 영국이 도시의 남서부 구역에 60톤의 장비와 탄약을 투하할 작정이라고 스탈린에게 말했다. 다음 날 스탈린은 처칠에게 답변하면서 4개 독일군 사단이 바르샤바를 방어하고 있기 때문에 과연 국내군이 바르샤바를 점령할 수 있을지 의구심을 표명했다.[66]

8월 8일 스탈린은 처칠에게 자신과 미코와이치크의 회담에 대해 다음과 같이 썼다. 〈저는 회담을 통해 미코와이치크가 폴란드 상황에 대해 부적절한 정보를 갖고 있다고 확신하게 되었습니다. 그와 동시에 저는 미코와이치크가 폴란드인들을 단합시키는 방법을 모색하는 것에 반대하지 않는다는 인상을 받았습니다.〉 폴란드 민족 해방 위원회와 미코와이치크의 회담은 성공을 거두지 못했지만 그래도 유용했다고 스탈린은 처칠에게 말했다. 왜냐하면 서로의 견해를 교환할 기회를 제공했기 때문이었다. 이것은 폴란드 민족 해방 위원회와 미코와이치크의 관계 발전에서 첫 번째 단계였고, 〈사태가 좋아질 것으로 희망해 봅시다〉라며 스탈린은 말을 마쳤다.[67]

8월 9일 스탈린과 미코와이치크의 두 번째 회담에서 폴란드 총리는 바르샤바 봉기에 대한 소련의 지원 문제를 제기했다. 스탈린은 〈반란자들은 총도 없는 반면에 프라가의 독일군만 해도 보병은 말할 것도 없고 3개 탱크 사단을 갖고 있는 상황에서〉 봉기를 일으키는 것은 〈현실적인 일〉로 생각되지 않는다고 답변했다. 〈독일군은 폴란드인을 전부 죽일 겁니다.〉 스탈린은 붉은 군대가 바르샤바 수 킬로미터 내까지 진격했으나 독일군이 증원군을 데려왔다고 설명했다. 스탈린은 붉은 군대가 공격을 계속해서 바르샤바를 점령하겠지만 시간이 걸릴 것이라고 말했다. 스탈린은 반란자들에게 기꺼이 군수품을 제공하겠지만 공급 물자가 독일군의 수중에 떨어질 것을 우려하여 미코와이치크에게 총포류를 떨어뜨릴 만한 안전한 장소가 있는지를 물었다. 그런 지역이 있다는 것을 보장받은 후에야 스탈린은 로코솝스키에게 필요한 명령을 할 것이며 모든 가능성을 알아보겠다고 약속했다. 대화가 끝나 갈 무렵, 스탈린은 다시 한번 전쟁 이후 독일의 부활에 대한 자신의 우려를 토로하며 이 위협에 대처하기 위해 폴란드-소련 동맹이 필요하다고 강조했다.[68]

다음 날 미코와이치크는 모스크바를 떠났다. 해리먼에 따르면, 미코와이치크는 〈도착했을 때보다 해결 가능성에 대해 훨씬 더 큰 희망을 품고〉 소련 수도를 출발했다. 〈미코와이치크는 진심 어린 영접을 받고 스탈린 및 몰로토프와 허심탄회하게 논의한 것에 큰 인상을 받았다. 지난밤 회담에서 스탈린은 바르샤바에 무기 투하를 꾀하는 데 동의했다. (······) 스탈린은 8월 6일에 바르샤바 점령을 기대했으나 독일군이 [비스와강 동쪽 기슭의] 교두보를 유지하기 위해 4개의 새 판처 사단과 2개의 다른 사단을 더 투입하는 바람에 도시 점령은 연기되었지만 새로운 어려움은 극복될 것을 자신한다고 미코와이치크에게 말했다.〉[69]

    어쩌면 폴란드-소련 관계가 우호적으로 발전할 수 있었던 이 모든 징후는 바르샤바 봉기의 지원 문제를 둘러싸고 동맹국 사이에 험악한 분위기가 조성되면서 산산조각 났다. 영국은 8월 초에 이탈리아에 있는 그들의 기지를 이용하여 바르샤바 반란자들에게 물자를 공수하기 시작했다. 8월 13일 미국이 영국에서 발진하는 비행기를 이용해 물자를 투하하기로 결정했으나, 그러려면 영국으로 돌아오기 전에 재급유를 받기 위해 소련 비행장에 착륙해야 했다. 8월 14일 해리먼은 몰로토프에게 착륙과 재급유 시설에 대한 요청서를 발송했다. 이에 대한 반응, 즉 다음 날 부외무 인민 위원 안드레이 비신스키가 보낸 서한은 영국과 미국의 감정을 뒤흔들어 놓았다. 비신스키는 〈바르샤바 주민이 끌려 들어간 바르샤바의 소요는 순전히 모험가들이 벌인 일이며, 소련 정부는 이를 지원할 수 없기〉 때문에 미국이 바르샤바에 공중 투하하는 일에 협력하지 않을 거라고 발표했다.[70] 비신스키는 그날 늦게 해리먼 및 클라크 커와 얼굴을 맞대고 회의를 하는 자리에서도 완강한 태도를 보이며, 소련이 바르샤바의 반란자들에게 연락 장교를 보냈으나 살해당했다는 사실을 지적했다.[71] 이튿날 비신스키는 영국-미국의 공중 투하에 협력하지는 않겠지만 공중 투하에 반대하지는 않겠다고 소련의 입장을 분명히 했다.[72]

    바르샤바 봉기에 대해 소련의 태도가 이처럼 부정적으로 돌아선 것은 국내군의 행동이 붉은 군대와 미리 조율되었는데, 이제 와서 붉은 군대가 반란자들에 대한 지원을 거부하고 있다는 서방 언론들의 보도에 자극을 받았기 때문인 듯하다. 8월 12일 타스 통신은 격분하며 이를 부인했고, 독일군이 봉기를 분쇄하는 쪽으로 움직이면서 바르샤바에서 비극이 전개되고 있다고 런던의 폴란드인들을 비난했다.[73] 8월 16일 스탈린은 미코와이치크를 만난 후 바르샤바에 물자 투하를 명령했으나 도시에 낙하한 연락 장교가 독일군에 붙잡혀 죽임을 당했다고 밝히는 서한을 처칠에게 썼다.

지금 바르샤바 사건을 좀 더 깊이 검토한 결과, 저는 바르샤바 행동이 수많은 주민의 희생을 불러일으키는 무모하고 끔찍한 도박이라는 결론에 도달했습니다. 만일 소련군 본부가 바르샤바 행동에 대해 미리 통보를 받고 폴란드인들이 본부와 연락을 유지했다면, 이런 일은 벌어지지 않았을 것입니다. 이런 상황에서 소련군 본부는 바르샤바 모험과 단절해야 한다고 결정했습니다.[74]

8월 17일 스탈린은 해리먼과 클라크 커의 만남을 거절했다. 대신 스탈린은 몰로토프를 통해 소련은 바르샤바 반란자들에게 물자를 공급하지 않겠다는 완강한 입장을 전달했다.[75] 해리먼은 소련 측과의 이러한 대화에 분노하며 다음과 같이 워싱턴에 보고했다. 〈제가 최근에 비신스키, 특히 몰로토프와 대화를 나눠 본 결과, 오늘 밤 이자들이 권력에 오만해져서 자신들의 의지를 우리와 모든 나라에 강요하려 한다는 생각이 들었습니다.〉[76] 해리먼의 기분은 미국 대사관의 다른 사람들에게도 알려졌다. 8월 17일 해리먼의 개인 비서인 메이클레존R. P. Meiklejohn은 자신의 일기에 다음과 같이 적었다.

그것은 냉혹한 살인자의 모습이지만 우리가 할 수 있는 일은 아무것도 없다. 이 사건이 완전히 밝혀지면 가장 악명 높은 전쟁 행위로 역사에 기록될 것이 확실하다. 문명이라는 그들의 겉치장 아래에서, 여기 통치 집단은 매우 영리하고 무자비한 악당과 살인자 무리에 불과하다. 그들은 이 사건에서 너무나 분명하게 속셈을 보여 줘서 그들의 성격에 대해 일말의 의구심도 남겨 놓지 않았다.[77]

바르샤바 봉기는 소련인들에게도 감정적인 사건이었다. 그들은 바르샤바에 이르는 동안 수백만 명의 병력을 잃었고, 폴란드를 독일군으로부터 해방시키는 과정에서 50만 명의 사상자들이 더 생길 터였다. 그들은 자신들이 봉기를 도발해 놓고 바르샤바 주민들을 그들의 운명에 내맡겼다는 주장을 순순히 받아들이지 않았다. 마찬가지로 중요한 사실은 붉은 군대가 폴란드 수도에 대한 추가 공격을 준비하고 있었고, 소련은 바르샤바가 수일 안에 자신들에게 함락되면 봉기에 물자를 공급하는 문제는 완전히 쓸데없는 고민이 될 거라고 예상했다는 점이다.

8월 20일 처칠과 루스벨트는 세계 여론을 달래기 위해서라도 스탈린에게 물자를 투하해 줄 것을 공동으로 호소했다. 8월 22일 스탈린은 다음과 같이 답변했다.

조만간 권력을 좇아 바르샤바 모험을 벌인 한 줌의 범죄자들에 대한 진실이 드러날 것입니다. (……) 군사적 관점에서 볼 때 상황은 (……) 붉은 군대와 폴란드인들 모두에게 매우 불리합니다. 그럼에도 소련 부대는 (……) 히틀러의 진격을 물리친 다음 바르샤바 인근에서 새로운 대규모 공세를 벌이기 위해 전력을 다하고 있습니다. 저는 붉은 군대가 바르샤바에서 독일군을 분쇄하고 폴란드인들을 위해 도시를 해방시키는 노력을 아끼지 않을 것이라고 귀하게 장담할 수 있습니다. 바로 이것이야말로 반나치 폴란드인들을 효과적으로 돕는 최선의 방법일 것입니다.[78]

하지만 9월경 소련은 사건의 선전적 측면에 대해 걱정하기 시작했다. 9월 9일 외무 인민 위원부는 영국 대사관에 누가 봉기를 개시하는 데 책임이 있고, 왜 봉기가 소련 상급 사령부와 조율되지 않았는지를 조사하기 위해 독립적인 위원회를 설치하자고 제의하는 제안서를 보냈다. 이 제안서는 또 소련이 이미 몇 차례 공중 투하를 시도했으나 그때마다 식량과 군수품이 독일군의 수중에 들어갔음을 지적하며, 반란자들에게 물자를 공급하는 문제에 대해 정책이 바뀌었다고 발표했다. 그러나 영국과 미국이 계속 공중 투하를 고집한다면 소련은 협력할 것이며 이 작전을 도울 것이었다.[79]

9월 중순 소련은 또 바르샤바에 대한 공중 투하를 늘리기 시작했다. 이 조치는 도시에 대한 소련군의 공격 개시와 동시에 이루어졌다. 9월 14일부터 10월 1일까지 제1 벨로루시야 전선군은 바르샤바에 2,243회 출격하여, 박격포 156문, 대전차포 505문, 기관단총과 소총 2,667정, 탄약통 300만 개, 수류탄 4만 2,000발, 의약품 500킬로그램, 식량 113톤을 투하했다.[80] 이는 영국이 8월과 9월 동안 지원한 피스톨과 리볼버 1,344정, 자동 권총 3,855정, 경기관총 380정, 바주카포 237문, 박격포 13문, 소총 130정, 수류탄 1만 4,000발, 대전차 수류탄 3,000발, 플라스틱 폭약 8.5톤, 탄약 450만 발, 식량 45톤과 비교되었다.[81] 이 물자 대부분은 소련이 자신들의 저공 투하가 영국 공군의 고공 투하보다 더 정확하고 효과적이라고 주장했음에도 불구하고 결국 독일군의 수중에 들어가고 말았다.

9월 말 연합국 사이의 관계가 회복되었고, 해리먼은 루스벨트에게 〈스탈린과 가장 만족스러운 대화〉를 나눴다는 메시지를 보냈다. 〈처음으로 스탈린은 반란자들에 대해 연민을 갖고 이야기했습니다.〉[82]

바르샤바 봉기는 독일을 제외한 모든 관계자에게 재앙이었다. 특히 바르샤바 폴란드인들에게는 참사였다. 국내군은 약 2만 명의 사망자를 냈고 수천 명이 부상당했으며, 민간인 15만~20만 명이 십자 포화에 걸려 사망했다. 10월 2일 마침내 봉기가 끝나자, 독일군은 도시 중심부 전체를 쑥대밭으로 만들고 살아남은 주민들을 집단 수용소로 추방하는 것으로, 그들이 국내군에 맞서 군사 작전을 수행하면서 시작했던 파괴 공작을 마무리했다. 폴란드 망명 정부의 입장에서 봉기의 실패는 폴란드의 전후 정치에 영향력을 미칠 수 있는 능력이 결정적으로 약화되었음을 나타내는 것이었다. 공산주의 좌파는 소련의 도움으로 폴란드의 민족주의 권력 기반이 훼손된 것을 이용할 수 있었으나, 그들과 그들의 동맹 세력인 붉은 군대가 과연 봉기를 돕기 위해 충분히 노력했는지에 대한 의구심이 여전히 사라지지 않았다. 붉은 군대는 바르샤바를 더 빨리 점령하지 않았다며 비난받았고, 영국과 미국은 폴란드를 둘러싼 스탈린과의 이견을 공개하지 않는 것으로 동맹국 소련을 달랬다고 비난받았다. 대연합 내에서 봉기를 둘러싼 이견 때문에 생긴 외교적 악영향은 제한적이고 일시적이었으나, 앞으로 수년 동안 바르샤바 논쟁은 소련-서방 관계에서 중요한 부정적 전환점이자 냉전의 초기 조짐으로 여겨지게 되었다. 냉전 동안 바르샤바 봉기를 둘러싼 비난 게임은 동서 이념 논쟁의 시금석 중 하나가 되었다. 서방은 봉기를 도와주기를 거부하다가 막상 도움을 주기 시작했을 때는 너무 때가 늦었다고 붉은 군대에 비난의 화살을 겨눈 반면, 소련은 반공산주의적 국내군이 무분별하고 모험주의적이었다고 비난을 퍼부었다. 어느 쪽도 문제의 장본인이었던 독일을 비난하는 데에는 많은 시간과 힘을 쏟지 않았다. 그러나 홀로코스트 및 소련 시민들의 대량 학살과 견주어 볼 때, 바르샤바 봉기의 분쇄는 독일이 저지른 또 하나의 만행이었다.

처칠-스탈린 비율 합의

지금의 관점에서 볼 때 역사적 주목을 끄는 것은 바르샤바 봉기의 드라마지만 당시 그 사건은 스탈린의 빡빡한 군사적·정치적 의제에 올라와 있는 많은 항목 중 하나에 불과했다. 폴란드는 1944년 여름에 붉은 군대가 쳐들어간 유일한 나라가 아니었다. 8월 20일 붉은 군대는 루마니아를 대대적으로 침공하기 시작했다. 그 결과 루마니아에 내부 위기를 촉발하여 친독일 정부가 전복되면서 루마니아가 전쟁의 연합국 측으로 말을 갈아타는 쿠데타가 발생했다. 8월 31일 붉은 군대는 루마니아의 수도 부쿠레슈티에 입성했다. 며칠 뒤 루마니아 대표단이 휴전 조건을 협상하기 위해 모스크바에 도착했고, 9월 12일 휴전 조약이 조인되었다. 범슬라브 감정과 국민들의 친러시아적 태도 때문에 불가리아는 몇 차례 물질적으로 베어마흐트의 군사 행동을 뒷받침하고 영국과 미국에 전쟁을 선포함으로써 추축국의 의무를 다했지만, 소련-독일의 갈등에서는 공식적으로 중립을 지켰다. 그러나 9월 5일 소련은 불가리아에 전쟁을 선포했다. 다시 이번에는 친공산주의적인 〈조국 전선〉이 이끄는 내부 쿠데타가 발생했다. 9월 9일 불가리아는 붉은 군대에 대한 군사 작전을 중단했고, 9월 26일 영국 및 미국과의 전투를 끝냈다. 그리고 10월 28일 모스크바에서 불가리아 휴전 조약이 조인되었다. 불가리아도 루마니아처럼 전쟁에서 말을 갈아탔고, 붉은 군대가 유고슬라비아에서 작전을 벌일 수 있도록 길을 터줬다. 불가리아 대부분은 티토의 파르티잔들에 의해 해방되었으나 붉은 군대는 9월 말에 유고슬라비아 수도 베오그라드를 점령하는 군사 행동을 실행했다. 8월 말에는 슬로바키아에서 공산주의자들이 이끄는 전국적 봉기가 발생했다. 바르샤바처럼 반란자들은 소련의 지원을 호소했으나, 불행히도 붉은 군대는 카르파티아산맥의 다른 사면에 갇혀 꼼짝할 수 없어 제한된 지원만 제공했다. 봉기는 독일군에 의해 진압되었고 1945년 5월에야 붉은 군대는 체코슬로바키아 수도인 프라하에 진입했다. 헝가리도 강화를 요청했으나 독일군이 헝가리를 장악하면서 소련군은 1945년 1~2월이 되어서야 부다페스트를 점령했다.[83]

이러한 상황 전개는 1944년 10월에 처칠이 모스크바를 두 번째로 방문하여 악명 높은 〈비율 합의〉를 보게 되는 배경이었다. 처칠은 10월 9일 모스크바에 도착하자 곧바로 크렘린으로 가서 스탈린을 만나 함께 식사를 했다.[84] 이 만남에 대한 처칠의 유명한 설명은 1954년에 발간된 그의 『제2차 세계 대전 회고록』 마지막 권에 실렸다.

안건을 처리하기에 적절한 순간이었고, 그래서 나는 [스탈린에게] 말했다. 〈발칸 지역의 우리 문제를 해결합시다. 귀하의 군대는 루마니아와 불가리아에 있습니다. 우리는 그곳에 이해관계도 있고 파견단도 있고 우리 요원들도 있습니다. 사소한 일로 서로 부딪치지 맙시다. 영국과 러시아에 관한 한, 귀하는 루마니아에서 90퍼센트 우위를 갖고, 우리는 그리스에서 90퍼센트 결정권을 가지며, 유고슬라비아에서는 50 대 50으로 하는 게 어떻겠습니까?〉 이 말이 통역되고 있는 동안 나는 반절짜리 종이에 다음과 같이 적었다.

루마니아	%
러시아	90
다른 나라들	10
그리스	
영국	90
(미국과의 합의하에)	
러시아	10
유고슬라비아	50 : 50
헝가리	50 : 50
불가리아	
러시아	75
다른 나라들	25

나는 그것을 스탈린에게 건넸는데, 스탈린은 그때까지 통역을 듣고 있었다. 그는 잠깐 멈칫했다. 그러곤 청색 연필을 들고 종이에 크게 체크한 다음 우리에게 다시 건네주었다. 이렇게 글을 적은 바로 그 시간 동안에 모든 게 결정 났다. (……) 이후 오랜 침묵이 흘렀다. 연필로 쓴 종이가 탁자 중앙에 놓여 있었다. 한참 있다가 나는 말했다. 〈수많은 사람의 운명이 걸린 문제들을 이렇게 즉석에서 처리했다면 약간 이기적인 것으로 생각되지 않을까요? 종이를 불태워 버립시다.〉 〈아뇨, 귀하께서 간직하십시오〉라고 스탈린은 말했다.[85]

이것은 재미있는 이야기지만 처칠의 많은 이야기가 그렇듯이 약간 미화되었다.[86] 처칠이 오늘날 아주 유명해진 극적 사건을 강조했던 반면, 영국 대사의 보고는 희극에 가까웠다.

처칠은 본인이 〈약간 무례한 문서〉라고 부른 종이를 내보였다. 발칸 국가들의 이름과 그 국가들에서 강대국의 이해관계 비율을 보여 주는 종이였다. 처칠은 자기가 그것을 얼마나 대충 적었는지를 알면 미국인들이 충격을 받을 거라고 말했다. 스탈린 원수는 현실주의자였다. 스탈린은 감상적이지 않았던 반면, 이든 씨는 서툰 사람이었다. 이든은 내각이나 의회와 미리 상의하지 않았다.[87]

좀 더 진지한 기록은, 처칠이 〈제가 표를 준비했습니다. 이 표에서 표명되는 생각은 외교적 언어로 언급되는 편이 더 나을지도 모르겠군요. 왜냐하면 예를 들어 미국 대통령을 비롯해 미국인들은 유럽을 세력권으로 분할한 일에 충격을 받을 것이기 때문입니다〉라고 공개적으로 말했다는 소련 측 기록이었다. 그 후 대화 도중에 처칠은 다시 이 문제를 거론하며 다음과 같이 이야기했다. 〈제가 루마니아, 그리스, 유고슬라비아, 불가리아에서 소련과 영국의 세력 분할을 보여 주는, 약간 비열하고 개략적인 문서를 준비했습니다.〉 이에 응답하면서 스탈린은 〈불가리아에서 영국에 25퍼센트 상정되어 있는데, 이는 표의 다른 수치들과 어울리지 않습니다. 저는 (……) 불가리아의 경우 소련에 90퍼센트, 영국에 10퍼센트를 상정하도록 수정하는 게 필요하다고 생각합니다〉라고 말했다. 이후 대화는 겉돌았으나 스탈린은 나중에 불가리아의 수치가 수정되어야 한다고 되풀이해서 말했고, 몰로토프와 이든이 이 문제를 더 자세히 들여다보기로 합의되었다.[88]

이든과 몰로토프는 10월 10일과 11일의 회담에서 이른바 비율 거래를 논의하고, 불가리아와 헝가리에서 80 : 20으로 소련에 유리하게 세력 비율을 조정하는 데 합의했다.[89] 이 두 논의의 기록을 보면, 이든과 몰로토프는 그들의 상급자들이 비율로 표현된 세력권 거래에 대한 이야기를 나눴을 때 그게 무엇을 의미했는지 거의 모르거나 전혀 몰랐던 것이 확실하다. 결국 이든과 몰로토프의 대화는 불가리아, 헝가리, 루마니아의 군사적 점령을 감독하기 위해 설립될 〈연합국 관리 위원회〉들에서 각국이 수행할 역할에 관한 대화로 압축되었다. 실제로 처칠-스탈린 비율은 영국과 소련 각국이 이 관리 위원회들 내에서 가지게 될 통제권 정도를 반영하게 되었다. 이것은 소련이 불가리아, 헝가리, 루마니아의 유일한 군사적 점령국이거나 점령국일 것이고, 또 추축국들에서의 연합국 점령 체제 형식은 이탈리아의 선례 — 관리는 그 나라를 점령한 연합국 군대의 책임이고, 연합국 관리 위원회는 자문·협의 기구의 역할을 한다 — 에 의해 이미 수립되어 있었기 때문에 이 논의는 탁상공론에 불과했다.

처칠의 설명에서 나타나는 이 모든 회고적인 과장에도 불구하고, 비율 거래는 이후 몇 달 동안 스탈린과 폭넓게 교환한 서신에서나, 앞으로 있을 얄타와 포츠담에서의 대면 회담들에서 단 한 번만 제외하곤 거의 거론되지 않았다.[90]

대중적인 역사적 신화에서 비율 거래는 이기적인 영국-소련의 분할로 묘사된다. 그리고 우익 논평가들은 처칠이 동유럽을 스탈린에게 팔아넘긴 배신으로 비난하고, 좌익 논평가들은 스탈린이 그리스와 유고슬라비아에서의 혁명을 배신한 것으로 특징짓는다. 실제로 세력권에 대한 처칠-스탈린의 대화는 단 한 나라, 그리스에만 중요했다. 그리스에서 영국이 행동할 자유를 확보하는 것은 스탈린과의 대화에서 처칠이 가장 중요하게 우선시한 사항이었다. 처칠이 우려한 점은 〈민족 인민 해방군-민족 해방 전선ELAS-EAM〉 — 공산주의자들이 이끄는 파르티잔 운동으로 독일군의 점령에 맞서 투쟁하는 과정에서 그리스의 상당 지역을 획득하고 통제했다 — 이 그리스를 접수하는 것이었다. 처칠이 스탈린에게 바랐던 것은 소련이 그리스 사건에 개입하지 않고 지역 공산주의자들을 억제하겠다는 확약이었다. 처칠은 비율 합의에서 이 목표를 달성했으나, 심지어 처칠이 자신의 무례한 문서를 꺼내 놓기 전에도 스탈린은 〈영국이 그리스에서 결정적인 발언권을 가져야 한다는 데 동의〉한 바 있었다.[91]

스탈린이 그리스를 기꺼이 포기한 것은 확정된 소련 정책을 반영했다. 소련의 정책 결정자들은 일찍부터 1943년 여름에 동부 지중해에서 그리스를 영국의 이익권 내에 두기 시작했다. 1943년 10월의 모스크바 외무 장관 회의를 위해 준비된 내부 브리핑 문서는 런던과 그리스 망명 정부의 끈끈한 유대 관계를 비롯해 그리스에 대해 영국이 가진 이해관계의 중요성에 주목했다. 다른 한편 소련의 이해관계는 발칸 지역의 슬라브 국가들에서 모스크바의 영향력을 확대하는 데 있었다.[92] 1944년 1월 이반 마이스키는 몰로토프에게 제출한 보고서에서 이 주제를 거론했다. 소련의 전후 전망과 가능성을 폭넓게 살핀 이 보고서는 그리스와 관련해 다음과 같이 지적했다.

소련은 다른 발칸 나라들보다 그리스에 훨씬 적은 관심을 보인 반면, 영국은 그리스에 진지한 관심을 갖고 있다. 따라서 그리스와 관련해 소련은 매우 신중해야 한다. 민주적인 그리스가 다른 발칸 국가들의 사례를 좇아 소련과 상호 원조 협정을 맺고 싶다면 우리는 말릴 이유가 없을 것이다. 하지만 쌍무적인 그리스-소련 협정의 체결이 영국과 얼마간의 분규를 일으킨다면, (이란의 경우처럼) 영국, 그리스, 소련 사이의 3국 상호 협정을 체결하는 식으로 이 문제에 대처할 수 있을 것이다.[93]

1944년 여름에 소련 군사 사절단이 공산주의자들이 이끄는 파르티잔 군대에 파견되었을 때, 파견단 장교들은 그리스 내정에 개입하지 말라는 지시를 받았다.[94] 1944년 12월 영국군 부대가 민족 인민 해방군-민족 해방 전선을 무장 해제시키려 하다가 아테네에서 무장 반란을 촉발했을 때 스탈린은 그리스 공산주의자들을 지원하기를 거부했다. 디미트로프가 몰로토프에게 그리스 동지들이 〈영국의 무장 개입에 저항하기 위해〉 지원을 기대할 수 있는지를 물었을 때 돌아온 대답은 〈우리의 그리스 친구들은 여기[모스크바]로부터 적극적인 원조를 기대할 수 없을 겁니다〉였다.[95] 1945년 1월 스탈린은 그리스 사태에 대해 디미트로프에게 자신의 의견을 직접 표명했다.

저는 그리스에서 이 싸움을 시작하지 말라고 권고했습니다. (······) 그들은 처리할 수 있는 것 이상을 떠맡았습니다. 그들은 붉은 군대가 에게해로 내려오기를 기대하고 있었습니다. 우리는 그럴 수가 없습니다. 우리는 우리 부대를 그리스로 보낼 수도 없습니다. 그리스인들은 어리석게 행동했습니다.[96]

소련의 정책 공동체에서는 그리스가 영국의 세력권 내에 있고, 또 계속 그러리라는 것이 지배적인 가정이었다. 1944년 11월 리트비노프는 〈소련-영국 협력의 전망과 기반에 관해서〉라는 보고서를 썼는데, 이 보고서는 영국과 소련이 전후 유럽을 안보 권역으로 분할하는 것을 상정하면서 그리스는 네덜란드, 벨기에, 프랑스, 스페인, 포르투갈과 함께 영국의 권역으로 배당했다.[97] 1945년 2월 세 거두가 얄타 회담을 갖기 직전에 그로미코 대사는 아테네에서의 최근 사태를 자세히 살핀 브리핑 보고서를 썼으며, 영국과 미국이 그리스에서 진보 세력, 특히 공산주의자들이 집권하는 것을 반대한다고 언급했다. 그로미코는 이것이 작은 국가들의 내정에 대한 강대국의 개입 문제를 제기한다고 지적했지만, 소련 측은 진보적 그룹에 공감한다는 점을 명확히 하는 것 외에는 그리스와 관련해 어떤 주도적 행동도 취하지 말 것을 권고했다.[98]

얄타 회담에서 스탈린은 1945년 2월 8일에 열린 전체 회의에서 그리스 문제를 제기했다. 유고슬라비아에서는 연합 정부에 대한 연합국의 지원이 있었던 반면, 그리스에서는 무슨 일이 벌어지고 있는지 스탈린은 궁금해했다. 그러나 스탈린은 다음과 같이 덧붙였다.

그는 그리스에서의 영국 정책을 비판할 뜻이 전혀 없다. (······) **처칠**은 스탈린의 말을 (······) 가로막으며 자신은 그리스 사태 동안 소련 측이 보여 준 자제에 대해 스탈린에게 매우 감사한다고 말한다. (······) **스탈린**은 계속 이야기하면서 자신은 그리스에서 무슨 일이 벌어지고 있는지에 대해 그냥 우리에게 알려 줄 것을 처칠에게 요청하고 싶다고 말한다.

처칠의 설명을 듣고 스탈린은 자신은 그리스 내정에 간섭할 생각이 전혀 없으며, 무슨 일이 진행되고 있는지 그냥 알고 싶을 따름이라고 공손하게 되풀이했다.[99]

처칠의 회고적 견해는 비율 거래가 그리스를 공산주의로부터 구했다는 것이었다.[100] 하지만 스탈린은 이 나라를 공산화한다거나 그런 목적으로 정치적 프로젝트에 열중하고자 할 의도가 전혀 없었다. 1944년 10월 14일 회담에서 스탈린이 처칠에게 말했듯이, 〈소련은 유럽에서 볼셰비키 혁명을 조직할 의향이 없었다〉.[101] 이는 스탈린이 급진적인 정치적 변화를 꺼리는 것을 의미하지는 않았다. 특히 소련의 이익에 도움이 될 경우, 그는 그런 변화에 반대하지 않았다. 그러나 유럽의 다른 나라에서처럼 그리스에서도 스탈린은 그런 변화가 평화적이고 민주적으로 일어날 수 있다고 보았다. 소련이 점령하거나 직접적인 영향력을 행사하는 국가들에서 스탈린은 변화를 촉진하고자 노력할 것이었다. 서방 동맹국의 점령과 세력 권역 안에 있는 그리스 같은 나라들에서, 지역 공산주의자들에 대한 스탈린의 권고는 특히 전쟁이 계속되는 동안에는 영국 및 미국과 협력하고 장기간에 걸친 전략을 채택하며, 그 사회들의 점진적 변화를 모색하라는 것이었다.

그 후 모든 주의가 세력권 거래에 쏟아졌음에도 불구하고, 그것은 결코 모스크바에서 가장 활발하게 진행된 논의의 주제가 아니었다. 스탈린과 처칠이 훨씬 많이 시간을 들인 주제는 폴란드 문제였다. 이 문제는 10월 9일 회담에서 처칠이 맨 처음 제기한 안건으로서, 그때 그는 카이로에 있던 미코와이치크를 모스크바로 다시 초청해야 한다고 주장했다. 폴란드 지도자는 모스크바로 갔고 스탈린과 처칠은 10월 13일 그를 만났으나, 논의는 진전이 없었다. 스탈린은 미코와이치크가 폴란드 민족 해방 위원회와 함께 일하면서 개편된 폴란드 임시 정부를 구성하고 커즌선을 폴란드의 동부 국경으로 수용하기를 원했다. 하지만 미코와이치크가 제공할 수 있었던 최선은 리보프가 빠진 커즌선이었고, 그것도 폴란드-소련 국경의 최종 협상이 있을 때까지의 경계선에 불과했다. 이는 스탈린이 수용할 수 없는 것이었는데, 스탈린은 어떤 일이 있어도 벨로루시야와 우크라이나의 분할에 동의하지 않겠다고 역설했다.[102] 그 후 미코와이치크는 폴란드 민족 해방 위원회 지도자인 볼레스와프 비에루트*를 만났고, 비에루트는 그에게 개편된 폴란드 정부 각료직의 4분의 1을 제공했는데, 스탈린은 이 수치를 총리직을 포함해 3분의 1로 늘렸다.[103] 처칠도 비에루트를 만났고 그의 영민함에 매료되었으나, 이 폴란드인이 공산주의자가 아니라는 스탈린의 항변을 처칠이 과연 믿었는지는 의심스럽다.[104] 스탈린은 미코와이치크에 대해 점점 더 조바심을 냈는데, 이는 10월 16일 처칠에게 다음과 같이 논평했을 때 잘 드러났다. 스탈린의 말에 따르면, 이 폴란드인은 〈붉은 군대가 폴란드를 해방시켜 주었는데도 감사하다는 말 한마디 하지 않았습니다. (……) 그는 러시아인들이 자기한테 고용되었다고 생각하고 있어요.〉[105] 한편 미코와이치크는 제안된 거래가 망명 폴란드인들이 희망할 수 있는 최선이 아닐까, 라고 생각하기 시작했다. 실제로 그는 소련 조건의 장점에 대해 동료들을 설득하는 데 실패한 후 1944년 11월 말에 망명 정부의 총리직을 사임했다.

처칠과 스탈린이 논의한 주제들 중에는 흑해 해협들의 통제에 관한 몽트뢰 협약**의 개정과 튀르키예 문제도 있었다. 이는 10월 9일 회의에서 거론되었는데, 스탈린은 처칠에게 다음과 같이 말했다. 〈몽트뢰 협약하에서 튀르키예는 두 해협에 대해 모든 권리를 가지고 있는 반면, 소련은 권리가 거의 없지요. (……) 현 상황과 전혀 맞지 않는 몽트뢰 협

---

* Bolesław Bierut(1892~1956). 폴란드의 공산주의 지도자. 제2차 세계 대전에서 소련이 폴란드를 점령한 후 폴란드 대통령(재임 1945~1952)과 총리(재임 1952~1954)를 지냈다.

** Montreux Convention. 1936년 7월 20일 스위스의 몽트뢰궁에서 영국, 소련, 독일, 프랑스, 오스트레일리아, 불가리아, 일본, 루마니아, 튀르키예, 그리스, 유고슬라비아 사이에서 맺은 협약. 튀르키예에 보스포루스 해협과 다르다넬스 해협에 대한 통제권을 부여하여 군함의 통과를 규제할 수 있게 해주었다.

약을 수정하는 문제를 논의할 필요가 있습니다.〉 처칠은 러시아가 따뜻한 바다에 접근하는 것을 지지한다고 되풀이했으나, 스탈린이 정확히 무엇을 염두에 두고 있는지를 물었다. 스탈린은 몽트뢰 협약을 어떻게 구체적으로 변경하기를 원하는지 말할 수는 없었지만 처칠에게 압박을 가해 개정이 필요하다고 동의하도록 하는 데에는 성공했다.[106] 이 논의의 영국 측 기록에 따르면, 스탈린은 또 다음과 같이 말했다고 한다.

러시아가, 양 해협을 폐쇄하여 러시아의 수출입과 심지어 국방까지 방해할 수 있는 튀르키예에 더는 시달릴 수가 없습니다. 스페인과 이집트에 수에즈 운하를 폐쇄할 권리가 주어진다면 영국은 어떻게 할 것이며, 어떤 남미의 공화국이 파나마 운하를 폐쇄할 권리를 주장한다면 미국 정부는 뭐라고 하겠습니까?[107]

10월 17일 마지막 회담에서 처칠과 스탈린은 독일의 장래에 대해 서로의 견해를 교환했다. 다시 한번 스탈린은 독일 힘의 부활 가능성에 대한 우려를 표명했고, 독일의 해체를 선호한다는 점을 명확히 했다. 동유럽 국가들이 독일의 침략으로부터 자신들을 지키기 위해 연방을 구성하는 것을 지지하느냐는 처칠의 질문을 받자 스탈린은 흥미로운 답변을 내놓았다. 소련 지도부는 다음과 같이 생각했다.

전쟁이 끝나고 3~4년 동안 헝가리, 체코슬로바키아, 폴란드에서 민족주의적 분위기가 있을 것입니다. 이들 나라 국민들의 첫 번째 바람은 그들의 민족 생활을 조직하는 일일 것입니다. (……) 모든 이가 자치권을 원하는 (……) 유고슬라비아의 사례에서 보듯이 어느 정도는 히틀러 체제가 민족 감정을 발전시켰습니다. 전쟁이 끝나고 처음 몇 년 동안은 간섭 없이 완전한 민족 생활을 영위하고자 하는 바람이 지배적인 감정이 될 겁니다. 지난 전쟁이 끝난 후 거의 기반이 없어서 유지하기가 불가능한 몇몇 국가들이 만들어졌는데, 이 국가들은 붕괴를 면치 못했습니다. 이제 정반대의 극단으로 가서 작은 민족들을 뭉치도록 강요하는 위험이 존재합니다. 체코인과 헝가리인, 심지어 체코인과 폴란드인들 사이에 공동의 언어를 찾기는 힘듭니다. 따라서 그런 연합을 생각하는 것은 불가능합니다. 장차 그런 연합이 있을 가능성을 배제할 수는 없지만 말입니다.[108]

스탈린은 여기서 조금 솔직하지 못했다. 동유럽 국가들의 연방이나 연합에 대한 소련의 반대는 오래되었고, 이러한 반대는 연합이 반소련적 성격을 띠다 못해 제1차 세계 대전 후 영국과 프랑스가 볼셰비키 러시아 주위에 세운 방역선이 부활할 지경까지 갈 수 있다는 두려움에 기반을 두고 있었다.[109] 스탈린의 발언은 또 그가 이 시기 동안 인종 문제를 점점 더 의식하게 된 사정과, 가능한 곳에서는 인종적 통합을 선호하는 그의 심사를 반영하는 것이기도 했다. 그러므로 스탈린은 상당수의 헝가리인 소수 인종이 살긴 하지만 주로 루마니아인들이 거주하는 트란실바니아를 루마니아에 돌려주는 것을 지지했다.[110] 이런 관점을 지닌 까닭에 스탈린은 소련의 인종적 보전과 관련해서는 1945년에 경제적·전략적으로 그리 중요하지 않고 인구가 희박한 지역인 서브카르파티아 우크라이나*를 체코슬로바키아에서 소련으로 이양하는 문제도 협상했다. 나중에 스탈린은 다음과 같이 설명했다.

그들의 시대에, 즉 13세기에 자카르파츠카야 우크라이나**를 상실한 그때부터 러시아인들은 그것을 회복하기를 항상 꿈꾸었습니다. 우리의

* sub-Carpathian Ukraine. 말 그대로 카르파티아산맥의 아래쪽에 있는 우크라이나 지역을 가리킨다. 여기서는 자카르파츠카야 우크라이나 지역과 동일한 지역을 일컫는 것처럼 보인다.
** Transcarpathian Ukraine. 현재 카르파티아산맥 너머의 우크라이나 지역을 가리킨다. 제1차 세계 대전 전에 헝가리의 일부였다가 전쟁 후 체코슬로바키아가 인계받았다. 제2차 세계 대전 발발 몇 달 전 헝가리에 반환되었으나 제2차 세계 대전이 끝난 후 소련에 합병되어 우크라이나의 일부가 되었다.

올바른 정책 덕분에 우리는 모든 슬라브 ─ 우크라이나, 백러시아 ─ 땅을 회복하고 러시아인, 우크라이나인, 백러시아인의 오랜 꿈을 실현하는 데 성공했습니다.[111]

처칠의 모스크바 방문이 종결되었을 때, 폴란드 문제와 유고슬라비아 연합 정부의 구성을 두고 솔직하고 진지한 의견 교환이 오간 뒤 협상이 진전되었음을 알리는 공식 성명이 발표되었다.[112] 이는 11일에 걸친 영국 총리의 방문치고는 보여 주기에 많은 것이 아니었다. 다른 한편 회담은 매우 우호적이었고, 1942년 모스크바와 1943년 테헤란에서 처칠과 스탈린이 협상을 벌일 때 간간이 끼어들던 적의(敵意) 같은 것은 전혀 없었다. 10월 19일 처칠이 모스크바를 떠날 때 스탈린은 꽃병을 하나 선물했다. 꽃병에는 그림이 그려져 있었는데, 그림 제목은 매우 적절하게도 〈곰을 쏘는 활을 가진 사냥꾼〉이었다. 스탈린은 총리가 방문하는 동안 내내 기분이 좋았고 영국 대사관에서 만찬을 갖는 데 동의했는데, 이는 스탈린이 영국 대사관에서 열린 그런 행사에 처음으로 참석한 경우였다.[113] 스탈린은 또 처칠과 함께 볼쇼이 발레도 보러 갔다. 미국 대사의 딸인 캐슬린 해리먼이 스탈린을 처음 만난 것도 바로 이곳이었다. 10월 16일 그녀는 친구 패멀라 처칠*(당시 윈스턴 처칠의 아들인 랜돌프와 결혼했다)에게 다음과 같이 썼다.

스탈린은 전쟁이 시작된 후 극장에 가본 적이 없고, 그것도 외국인과 함께 갔다는 것은 정말 놀라운 일이에요. 막간에 우리는 몰로토프가 주재한, 앉아서 식사를 하는 만찬회에 참석했지요. (……) 모든 이를 위한 축

---

* Pamela Churchill Harriman(1920~1997). 영국 출신의 미국 정치인, 외교관. 패멀라 베릴 해리먼Pamela Beryl Harriman으로도 알려져 있다. 1939년 윈스턴 처칠의 아들인 랜돌프 처칠Randolph Churchill, 1959년 브로드웨이 프로듀서인 리랜드 헤이워드Leland Hayward, 1971년 애버렐 해리먼과 각각 결혼했다.

배가 있었고, 몰리*가 일어나서 〈우리의 위대한 지도자〉라고 판에 박은 한마디를 하며 스탈린을 위해 잔을 들자 그는 매우 즐거워했어요. 잔을 비운 스탈린은 〈저는 그가 저에 대해 새로운 뭔가를 말할 거라고 생각했습니다!〉라고 응답했어요. 몰리는 조금 시무룩해져서 대답했지요. 〈그건 항상 좋은 구절입니다.〉 나는 매우 재미있다고 생각했습니다. 애버[렐]는 스탈린이 유난히 쾌활하다고 말했어요. 스탈린은 재치가 풍부했고 총리를 영접하는 자신의 업무를 즐기는 것처럼 보였어요.[114]

정치적인 면에서 비율 거래는 실질적인 중요성이 거의 없었으나, 처칠이 그와 같은 거래를 기꺼이 협상하여 필수적인 이익들의 경계를 지으려는 태도는 심리적으로 스탈린을 안심시켰음이 틀림없다. 영국 총리의 모스크바 방문에 대해 루스벨트가 보인 반응이 드러낸 영국-미국 관계의 긴장 역시 스탈린의 판단에 중요했다. 처칠이 소련 수도로 떠나기 직전에 루스벨트는 〈이 지구적 전쟁에서는 미국이 관심을 갖고 있지 않은 군사적 문제나 정치적 문제가 말 그대로 하나도 없습니다〉라고 날카롭게 지적하며, 해리먼 대사가 회의록을 볼 수 있게 해달라고 요청하는 서신을 스탈린에게 썼다. 〈저는 우리 세 사람, 오직 우리 세 사람만이 미해결 문제에 대한 해결책을 찾을 수 있다고 굳게 확신합니다. 이런 의미에서 회담을 원하는 처칠 씨의 욕구를 가치 있게 생각하지만, 저는 다가올 총리와 귀하의 회담을 우리 세 사람의 회담을 위한 예비 단계로 여기고 싶습니다.〉 그것은 스탈린에게 장황한 설명이 필요 없는 지적이었다. 스탈린은 대연합의 서쪽 절반에서 힘이 어디에 있는지를 알았고, 회담이 처칠의 발상이었으며 회담의 진행에 대해 보고하겠다고 루스벨트를 안심시키는 답장을 했다.[115] 스탈린은 루스벨트의 개입에 약간 기분이 언짢았거나 언짢은 척했다. 그래서 처칠과의 첫 회담에서 그에게 미국 대통령이 자신을 위해서는 너무 많은 권한을 요구하고 영국과 소련

---

* Moly. 당시 캐슬린 해리먼은 몰로토프를 몰리라고 불렀다.

에는 너무 적은 것만 허용하고 있다고 지적하며 언짢다는 말을 꺼냈다. 영국과 소련은 어쨌든 공식적인 동맹 조약에 의해 서로 협력하고 있는 반면에 소련과 미국은 그렇지 않은데도 말이다. 처칠은 그들이 덤버턴 오크스 협상을 논의하겠지만 루스벨트에게는 말하지 않을 것이라고 농담을 던짐으로써 상황을 진정시켰다.[116]

스탈린과 드골

스탈린을 방문한, 다음으로 중요한 외국인은 드골 장군이었다. 드골은 1944년 12월 초에 모스크바에 도착했다. 테헤란에서 스탈린은 드골을 매우 얕잡아 보았고, 드골이 모스크바를 방문한 지 두 달 뒤에 열렸던 얄타 회담에서도 썩 친절하지 않았다. 2월 4일 루스벨트와의 회담에서 스탈린은 다음과 같이 말했다.

드골은 프랑스의 위상을 충분히 이해하지 못하고 있습니다. 미국, 영국, 러시아는 프랑스를 해방시키기 위해 피를 뿌렸습니다. 프랑스는 패배했고 지금 겨우 8개 사단만 갖고 있습니다. 그럼에도 드골은 프랑스가 미국, 영국, 러시아와 똑같은 권리를 갖기를 원하고 있습니다.[117]

2월 5일 얄타 전체 회의에서 스탈린은 점령된 독일을 통제하는 데 프랑스가 참여하는 것에 반대하며 다음과 같이 발언했다. 〈과거를 잊는 것은 불가능합니다. 이 전쟁에서 프랑스는 적에게 문을 열어 주었습니다. 이 때문에 연합국은 유럽에서 엄청난 희생을 치렀습니다. 바로 이것이 우리가 프랑스를 세 동맹 강대국과 같은 수준에 놓을 수 없는 이유입니다.〉[118] 그러나 1944년 12월에 드골과 얼굴을 맞댄 스탈린은 개인적인 매력을 내뿜으며 프랑스의 위상과 포부에 대한 충분한 이해를 표명했다. 12월 2일 드골 장군과의 첫 회담에서 스탈린은 강대국으로서 프랑스가 부활하는 것을 지지한다고 역설했다.[119] 스탈린은 완전히 솔직하지 못한 것은 아니었다. 1944년 4월에 프랑스 공산주의자들은 드골의 〈프랑스 민족 해방 위원회〉에 동참했고, 그런 뒤 지금 드골 장군이 이끄는 임시 정부에서 활동하는 데 동의했다. 소련은 또 동부 전선에서 가장 격렬한 일부 공중전에 참여했던 〈자유 프랑스〉* 노르망디-니에멘 비행 연대**의 기여에 대해 진심으로 감사해했다. 다른 한편 모스크바는 보수주의자인 드골이 반공산주의적·반소련적 성향을 갖고 있다고 의심했다.[120]

드골이 모스크바를 찾은 것은 그의 요구에 의해서였다.[121] 드골의 목적은 1942년의 영국-소련 동맹 조약과 유사한 프랑스-소련 협정을 체결하여 해방된 프랑스의 위신을 높이는 것이었다. 스탈린은 먼저 처칠과 루스벨트도 이의 없음을 확실히 해두어야 했지만, 그런 조약에 기꺼이 조인했다.[122] 스탈린은 또 폴란드 문제에 관한 소련의 입장을 둘러싸고 드골의 지지도 얼마간 끌어내기로 작정했다. 몰로토프는 자신의 프랑스 상대인 조르주 비도***에게 프랑스가 폴란드 민족 해방 위원회와 대표를 교환해야 하지 않겠냐고 제안했다. 이 때문에 폴란드 문제는 12월 6일 스탈린이 드골과 나눈 두 번째 대화에서 중대한 주제로 떠올랐다. 폴란드에 관한 소련의 입장을 방어하면서 스탈린은 드골에게 커즌선이 제1차 세계 대전 후 프랑스 총리 조르주 클레망소****에게 지지

* Free France. 1940년 런던으로 망명한 샤를 드골 장군의 주도로 수립된 프랑스 망명 정부를 일컫는다.

** Régiment de Chasse Normandie-Niémen. 1942년에 설립된 자유 프랑스 소속 프랑스 공군의 전투기 부대로서 영국 공군과는 달리 동부 전선에서 전쟁이 끝날 때까지 소련군과 함께 싸운 유일한 서방 연합군 항공 부대로 잘 알려져 있다.

*** Georges-Augustin Bidault(1899~1983). 프랑스의 정치인. 제2차 세계 대전 동안 레지스탕스로 활동했다. 1944~1946년, 1947~1948년, 1953~1954년 프랑스 외무 장관, 1946년, 1949~1950년 프랑스 총리를 지냈다.

**** Georges Eugène Benjamin Clemenceau(1841~1929). 프랑스의 언론인이자 정치가. 1906~1909년, 1917~1920년 프랑스 총리를 지냈고, 특히 제1차 세계 대전 때에는 레

받았음을 상기시키고, 지난 30년 동안 두 차례 독일이 러시아를 침공할 때 폴란드가 통로로 이용되었다고 지적했다. 스탈린은 또 바르샤바 봉기와 관련해 소련이 취한 행동을 옹호하며, 붉은 군대는 폴란드 수도에 당도할 즈음 이미 600킬로미터나 깊숙이 침투해 공격을 진행하고 있었고, 포탄을 전선까지 공급하려면 400킬로미터를 가야 했다고 말했다.[123]

12월 8일 세 번째이자 마지막 회담에서 드골은 독일 문제를 제기했고, 스탈린은 독일을 억제할 필요가 있다는 자신의 단골 논지를 펼치면서, 드골에게 자신은 영국이 독일에 대해 강경 노선을 취할 것으로 생각한다고 언급했다. 드골이 베르사유 조약으로 판단하건대 징벌적 평화에 대한 영국의 몰두는 오래가지 않을 거라고 암시하자, 스탈린은 이번에는 독일 산업을 해체시키는 것이 가능하고 영국은 그것의 중요성을 이해하고 있다고 말했다. 프랑스와 폴란드 민족 해방 위원회의 관계 문제도 거론되면서 스탈린은 드골에게 거래를 제안했다. 처칠은 스탈린에게 그냥 프랑스-소련 양국 협정보다는 영국이 참가하는 3국 협정의 가능성을 제기한 바 있었다. 그러나 드골은 이 구상을 좋아하지 않았고, 영국-소련 협정과 동등한, 스탈린과의 양자 협정을 원했다. 스탈린은 드골이 폴란드 민족 해방 위원회와 공식 대표를 교환하는 데 동의한다면 그런 협정에 조인할 거라고 말했다. 〈프랑스가 우리 부탁을 하나 들어준다면 우리도 프랑스의 부탁을 들어주겠습니다〉라고 스탈린은 드골에게 이야기했다. 대화가 끝나 갈 무렵 드골은 폴란드 문제를 다시 거론하면서 소련 입장에 대해 큰 공감을 표명했다. 폴란드 민족 해방 위원회와 관련하여 드골은 프랑스가 이미 폴란드와의 대표 교환을 제의했다고 말했다.[124]

12월 9일 비도는 몰로토프에게 드골이 프랑스-소련 협정에 대한 답

몽 푸앵카레 대통령과 함께 대독일 강경 정책을 추진하며, 전쟁을 승리로 이끌었다. 전쟁 후 파리 강화 회의에서 프랑스의 전권 대표로 참석했다.

례로 폴란드 민족 해방 위원회와 기꺼이 대표를 교환할 의향이 있다고 이야기했다. 하지만 몰로토프는 프랑스가 드골과 폴란드 민족 해방 위원회 의장 간의 친서 교환 형태로 이런 취지의 성명을 발표하기를 원했다. 이는 루블린 정부*에 대한 외교적 인정과 동등한 조치였을 것인데, 소련은 아직 이 조치를 공식적으로 취하지 않은 상태였다. 비도는 몰로토프에게 그의 제안을 수용할 수 없다고 말했다.[125] 그날 밤 프랑스 대표단을 위한 송별연에서 논의가 계속된 것 같다. 아마도 협상이 더 잘 진행될 수 있게 하려고 스탈린은 드골에게 〈우리 결정적인 카드를 내놓읍시다. 이 기관총을 꺼내 외교관들을 죽여 버리고 단칼에 마무리하죠!〉라고 제안했을 것이다.[126] 하지만 이와 같은 과격한 행동은 필요 없었고, 다음 날 프랑스-소련 상호 원조 조약이 조인되었다.[127] 프랑스는 폴란드 민족 해방 위원회와의 대표 교환에 관한 성명을 발표하지 않는다는, 자신이 바라던 바를 관철했고, 영국과 미국에 그 거래가 하위급 대표를 교환하는 결정에 불과하다고 제시할 수 있었다.[128] 다른 한편 스탈린은 폴란드 민족 해방 위원회에 그것이 매우 어렵게 얻은 양보였다고 말하면서, 드골을 골수 보수주의자라고 맹비난했다.[129]

예상대로 소련 언론은 드골의 방문을 크게 다루었는데 프랑스-소련 협정을 프랑스와 소련 관계의 발전에서 하나의 이정표적 사건이라고 추켜세우며 환영했다. 협정에 대한 소련의 공개적 평가에서 드러난 특별한 논지는 독일의 위험을 다루는 데 협정이 당시는 물론이고 미래에도 중요하다는 점을 지적하는 것이었다. 『이즈베스티야』의 사설은 다음과 같이 언급했다. 〈이 적은 완전히 궤멸될 지금의 히틀러 군대만이 아니다. 이 적은 변함없이 지속적으로 비스마르크들, 빌헬름들, 히틀러

---

* Lublin government. 폴란드 민족 해방 위원회(루블린 위원회)를 중심으로 1944년 12월 31일에 정식으로 수립된 폴란드 임시 정부를 가리킨다. 루블린은 폴란드 동남부 루벨스키에주의 주도이며 현재 인구 35만 명 정도로 폴란드에서 아홉 번째로 큰 도시이다. 1944년 7월 24일 소련군에 의해 해방된 직후 소련이 통제하는 폴란드 민족 해방 위원회의 본부가 되었으며, 이곳에서 소련의 위성 국가가 될 폴란드 인민 공화국의 설립이 준비되었다.

들을 탄생시키면서 세계 패권을 열망하는 독일 제국주의이다.)[130]

　폴란드 문제를 둘러싸고 소련이 프랑스에 압력을 가한 근본적인 이유는 1945년 1월 4일 모스크바가 폴란드 민족 해방 위원회를 폴란드의 임시 정부로 공식적으로 인정한다고 발표했을 때 분명해졌다.[131] 이성명은 미코와이치크 같은 사람들과의 대화를 배제하는 것은 아니었으나, 연합 폴란드 정부의 구성에 대해 런던의 망명 폴란드인들과 협상을 더 진행할 가능성을 완전히 끝냈다. 붉은 군대가 바르샤바로의 진격을 막 재개하려던 순간, 스탈린은 고분고분한 폴란드 민족 해방 위원회의 구성원들을 통해 폴란드에서 자신의 정치적 목표를 추구하기로 결심한 듯했다.

제 8 장

해방, 정복, 혁명:
독일과 동유럽에서의 스탈린의 목표

드골이 모스크바를 떠난 후 스탈린에게 다음으로 큰 외교적 과제는 1945년 2월의 얄타 회담이었다. 세 거두의 두 번째 회담을 개최하는 것은 루스벨트의 발상이었다. 그는 원래 회담을 1944년 9월에 스코틀랜드에서 열기를 희망했으나 스탈린은 군사적으로 해야 할 일 때문에 날짜에 이의를 제기했고, 그런 다음 흑해의 한 항구를 회담 장소로 제안했다. 비행기 타는 것을 싫어한 스탈린은 기차를 이용해 흑해 연안으로 갔다. 하지만 그때는 미국 대통령 선거가 진행되던 중이어서 루스벨트가 1945년 1월에 네 번째 임기를 시작한 이후로 회담을 연기하기로 했다. 결국 얄타를 회담 장소로 정하는 데 합의했다.[1]

얄타 회담 — 제2차 세계 대전에서 가장 중요한 3자 회담 — 직전에 스탈린이 갖고 있던 기분과 견해는 두 가지 자료를 보면 알 수 있지 않을까 싶다. 한 가지는 간접적인 것인데 회담을 위한 소련 측의 외교적 준비를 검토하는 것이고, 다른 한 가지는 1945년 1월에 스탈린이 내놓은 일부 인상적인 비공식적 발언들을 살펴보는 것이다.

이상하게도 얄타를 위한 소련 측의 외교적 준비는 1943년 10월의 모스크바 외무 장관 회의만큼 폭넓고 체계적이지 않았다. 이는 아마도 대부분의 문제에 대한 소련의 입장이 이 무렵까지 정해졌고, 실행 문제는 1943년에 설치된 여러 내부 정책과 계획 위원회들의 책임이었기 때문이었을 것이다. 테헤란에서처럼 얄타에서도 정해진 공식 의제가 없었고, 영국과 미국에 아무것도 내주지 않으려면 자신의 외교 정책 업무를 철저히 숙달한 스탈린만 믿을 수밖에 없었다.

자신들의 지배자처럼 얄타 회담 준비 기간 동안 외무 인민 위원부 관리들은 독일 문제에 정신이 팔려 있었다. 첫째, 보로실로프가 이끄는 휴전 위원회의 작업이 있었다. 명칭이 시사하듯이 위원회의 업무는 독일과 여타 추축국들의 항복 조건에 관한 정책을 마련하는 것이었다. 위원회가 하는 일은 모스크바 외무 장관들의 회의에 의해 설립된 3국 유럽 자문 위원회EAC의 토의 및 협상과 유사했다. 유럽 자문 위원회는 런던에 본부를 두고 있었고 영국 주재 소련 대사인 표도르 구세프*가 소련 대표로 활동했다.

1944년 말에 유럽 자문 위원회 내부에서 독일에 무조건 항복을 요구하고, 독일을 미국, 영국, 소련의 군사적 점령지로 분할하며, 연합국 관리 위원회를 설립해 점령 기간 동안 연합국 정책을 조율하기로 합의가 이루어졌다. 또 베를린이 독일 동부의 제안된 소련 점령지 내에 깊숙이 위치해 있음에도 불구하고, 독일 수도를 연합국 점령지로 따로 분할하는 것도 합의되었다. 1944년 11월 프랑스가 유럽 자문 위원회에 들어왔고 그 후 독일과 베를린 점령에서 자신의 지분을 받았다. 독일 점령을 위한 소련의 준비 과정에서 주목할 점은 점령이 장기간 이어질 것이며, 영국 및 미국과의 협력에 의해서만 실행되고 유지될 수 있다는 가정이다.[2]

독일에 관한 소련 정책 작업의 두 번째 가닥은 이반 마이스키가 이끄는 배상 위원회에서 구체화되었다. 소련이 독일을 상대로 배상을 받으리라는 것은 모스크바 관점에서 의문의 여지가 없었다. 독일 침공이 야

---

* Fedor Tarasovich Gusev(1905~1987). 소련의 외교관. 1942~1943년 캐나다 주재 대사, 1943~1946년 영국 주재 대사, 1946~1953년 소련 외무부 차관, 1956~1962년 스웨덴 주재 대사를 역임했다.

기한 피해의 정도를 고려해 볼 때 당연한 일이었다. 마이스키의 위원회는 소련에 배상금이 얼마나, 또 어떤 형태로 지급될 것인지, 그에 대한 정책을 입안할 것이었다. 문제는 영국과 미국이 배상금 지급에 대해 회의적이라는 사실이었다. 그들은 배상금을 지불할 수 없었던 독일이 부채에 대한 이자를 갚기 위해 외국으로부터 담보 차관을 얻은 뒤 상환 약속을 지키지 않았던 제1차 세계 대전 후의 경험이 반복될 것을 우려했다. 이러한 반대를 피하기 위해 소련은 현금이 아닌 현물에 의한 배상을 제안했다. 즉 독일의 공장과 기계를 몰수하고 그 후 남아 있는 독일의 산업체가 매년 소련에 물품을 공급하는 방식이었다. 배상에 대한 이러한 접근 방식을 지지하기 위해 마이스키와 소련인들이 활용한 주장은 그것이 독일의 재무장 능력을 약화시키는 데에도 어느 정도 도움이 되리라는 것이었다.[3]

소련의 독일 정책 작업의 세 번째 가닥은 해체에 관한 것으로서, 이는 리트비노프의 평화 조약과 전후 질서에 관한 위원회의 소관 문제였다. 전쟁이 끝난 후 독일을 분해하는 정책은 스탈린에 의해 여러 차례, 특히 처칠 및 루스벨트와 대화를 나누고 서신을 교환하는 과정에서 눈에 띄게 언급되었다. 그러므로 리트비노프의 위원회가 1943년과 1944년에 다양한 해체 계획을 논의하면서 많은 시간을 보낸 것은 놀라운 일이 아니다. 독일이 얼마나 많은 국가로 분해되어야 하는지에 대해서는 어떤 확고한 결론도 나오지 않았지만, 1945년 1월에 리트비노프는 최대 7개 국가 — 프로이센, 하노버, 베스트팔렌, 뷔르템베르크, 바덴, 바이에른, 작센 — 를 제안하며 이것이 영국 및 미국과 협상할 때 소련의 입장이어야 한다고 주장했다. 다시 한번 근본적인 가정은 그와 같은 급진적인 정책 — 본질적으로 독일이 단일 국가가 아니었던 19세기로 시계를 되돌리는 제안 — 이 영국 및 미국과의 협력하에서만 달성될 수 있다는 것이었다.[4]

또 리트비노프는 얄타 회담 이전에 좀 더 원대한 주제들에 대해서도 깊이 생각했다. 1944년 11월 리트비노프는 몰로토프를 위해 〈소련-영국 협력의 전망과 기반에 관해서〉라는 보고서를 썼다.[5] 리트비노프에 따르면, 전후 영국-소련 협력의 근본적인 기반은 독일의 봉쇄와 유럽에서의 평화 유지였다. 하지만 전쟁은 소련이 독일을 물리치고 프랑스와 이탈리아가 쇠락한 데에서 생겨나는 위험한 힘의 불균형을 물려줄 터였다. 그러나 이 문제는 유럽에서 영국의 안보 권역과 소련의 안보 권역 사이에 경계를 정함으로써 해결될 것이다. 구체적으로 리트비노프는 핀란드, 스웨덴, 폴란드, 헝가리, 체코슬로바키아, 루마니아, 발칸 지역(그리스는 아님), 튀르키예로 이루어지는 최대한의 소련 안보 지대를 제안했다. 영국 안보 지대는 서유럽을 포괄하지만, 노르웨이, 덴마크, 독일, 오스트리아, 이탈리아는 중립 지대를 구성할 것이다. 리트비노프에 따르면,

이러한 경계 설정은 영국이 우리의 의지에 반하여 우리 권역에 있는 나라들과 특별히 긴밀한 관계를 맺거나 어떤 협정을 체결하려 한다거나, 또한 그곳에 군사 기지나 해군 혹은 공군 기지를 두는 일을 하지 않겠다고 약속해야 한다는 것을 의미한다. 우리는 독일을 겨냥한 영국-러시아 조약에 가담할 권리를 가져야 하는 프랑스는 제외하고 영국 권역에 대해 이에 상응한 약속을 할 수 있다.

리트비노프는 그와 같은 영국-소련 협정이 맺어질 가능성을 영국이 미국과의 전 지구적 권력 투쟁에서 패배한 사실과 연결시켰다. 리트비노프는 이 패배가 유럽 대륙에서 자국의 위상을 확고히 하는 쪽으로 런던을 부추길 거라고 믿었다. 리트비노프는 1945년 1월 11일 몰로토프에게 보낸 〈블록과 세력권 문제에 관해〉라는 문서에서 전후의 영국-소련 협력 문제를 다시 거론했다.[6] 리트비노프는 유럽을 영국 이익권과 소련 이익권으로 분할하자는 자신의 제안을 되풀이하면서, 미국을 포함한 3자 간 논의가 강대국들 사이의 2자 협정과 협약을 배제하지는 않는다고 지적했다. 또 리트비노프는 유럽뿐 아니라 전 세계를 세력권으

로 나누자는 미국의 언론인 월터 리프먼*이 내놓은 구상에 대해서도 견해를 밝혔다. 리트비노프는 그 제안이 너무 환상적이고 비현실적이어서 진지한 논의를 할 만한 게 아니라고 말했다. 그리고 북아메리카와 남아메리카, 영국 본국과 영연방, 서유럽으로 이루어진 모든 것을 아우르는 서방 이익 공동체라는 리프먼의 개념을 비웃었다. 리트비노프는 특히 블록과 세력권이라는 관념에 대해 미국 언론과 여론이 보이는 반감을 감안할 때, 왜 미국이 안보 지대에 대한 영국-소련 논의에 참여해야 하는지 그 이유를 알지 못했다. 리트비노프는 또한 미국이 유럽에서의 세력권에 반대하면서 먼로 독트린**과 라틴 아메리카에서의 미국 권역에 대해서는 잊어버리기로 했다고 지적했다. 리트비노프는 영국과 소련의 안보 지대에 대한 어떤 합의도 2자 협정의 결과여야 하며, 미래에 국제 안보 기구가 창설되면 그 지역 조직의 설립에 의존해서는 안 된다고 결론지었다.

리트비노프의 접근 방식이 갖고 있는 문제점은 영국이 비율 합의에서 구체화된, 모호하고 제한적인 세력권 합의보다 더 나아갈 의향이 있다는 어떤 징후도 보여 주지 않았다는 것이었다. 게다가 세력권에 대한

---

* Walter Lippmann(1889~1974). 미국의 작가, 언론인, 정치 평론가. 1914년 자유주의 성향의 주간지 『뉴 리퍼블릭』을 창간하고 편집자로 활동했다. 1917년 『뉴욕 월드』에 입사해 10여 년간 논설 기자로 이름을 떨쳤고, 『뉴욕 헤럴드 트리뷴』으로 자리를 옮겨 40년 가까이 신디케이트 칼럼 〈오늘과 내일〉을 통해 세계적으로 영향력 있는 평론을 발표했다. 제1차 세계 대전 후 우드로 윌슨 대통령의 〈14개 평화 조항〉 작성에 아이디어를 제공했고 윌슨 대통령이 〈국제 연맹〉의 개념을 제안할 때도 그의 생각을 많이 참고한 것으로 알려져 있다. 또 〈냉전〉이라는 용어를 세계에 퍼뜨렸으며, 〈고정 관념〉이라는 용어를 유행시킨 것으로도 유명하다.

** Monroe Doctrine. 1823년 12월에 제창된 미국의 외교 정책을 일컫는다. 당시 미국 대통령 제임스 먼로James Monroe는 의회 일반 교서 연설에서 처음으로 자신의 외교 방침인 〈먼로주의〉를 밝혔다. 유럽 열강이 아메리카 대륙을 식민지화하려 하거나 미국이나 멕시코 등 아메리카 대륙의 주권 국가에 간섭하려 할 경우 이를 거부하는 내용을 담고 있다. 그 대신 유럽 열강 간의 전쟁에 대해서는 중립을 표명했다. 하지만 이 외교 방침은 미국 정부의 고립주의 전통을 따르는 방어적·수동적 선언이라기보다는 대륙 팽창을 염두에 둔 적극적·공격적 선언으로서 이른바 〈고립적 팽창주의〉의 시작점을 알리는 것이었다.

미국의 반대는 대연합 내에서 많은 무게감을 가질 것이고, 리트비노프가 옹호하는 유의 그랜드 바겐은 실제적인 제안이 아닌 것이 분명했다. 그것은 암묵적인 소련-서방 세력권 합의를 배제하지 않았고, 사실 이는 스탈린과 몰로토프가 1945년에 추구한 정책이기도 했다. 문제는 소련 세력권과 서방 세력권의 한계 및 성격이 명확하게 언급되지 않은 채 남아 있었기 때문에 양측 사이에 일부 심각한 오해와 마찰이 발생했다는 사실이었다. 상황은 스탈린이 전후의 유럽에서 이념적으로 추동된 공산주의적 정치 목표를 추구하면서 더욱 복잡하게 꼬였다. 스탈린은 자신의 이념적 정책을 자신의 안보 정책과 양립 불가능하다고 보지 않았던 반면, 런던과 워싱턴의 정책 결정자들은 전후의 유럽에서 소련과 공산주의자들이 정치적으로 성장해 나가자 이를 위협적인 도전이며 일종의 〈이념적 생활권*〉이 확장되고 있는 현상으로 간주했다.[7]

리트비노프는 원대한 공론에 빠져 있던 유일한 사람이 아니었다. 일찍이 1944년 1월에 마이스키는 다가올 평화와 전후 질서의 가능한 성격에 관해 자신의 견해를 정리한 장문의 보고서를 몰로토프에게 보냈다.[8] 마이스키의 출발점은 소련의 안보가 보장될 장기적인 평화 기간 — 30년에서 50년 — 동안 모스크바가 추구해야 할 전후의 목표였다. 이 목표를 달성하기 위해 소련은 일련의 정책을 밀고 나가야 했다. 소련의 국경은 1941년 6월 현재 존재했던 국경일 것이며, 핀란드와 루마니아는 소련과 상호 원조 협정을 체결하는 한편 소련이 자신들의 영토에 군사 기지를 설치하는 것을 허용할 터였다. 프랑스와 폴란드의 독립은 이루어질 것이지만, 둘 중 어느 나라도 유럽에서 소련에 위협을 가할 만큼 강력해지는 것이 허용되지 않을 터였다. 체코슬로바키아는 소련의 핵심 동맹국으로 지지받을 것이고, 유고슬라비아 및 불가리아와는

---

* Lebensraum. 1890년대부터 1940년대까지 독일에서 유행했던 식민 이주 정책의 개념과 정책을 일컫는다. 특히 나치 독일에서 동유럽으로 독일의 팽창을 주장하는 국가 사회주의 이념의 주요 구성 요소가 되었다.

상호 원조 조약이 체결될 것이다. 독일은 30~50년 동안 해를 끼치지 않는 나라로 만든다는 목표를 세웠기 때문에 군사적으로 약화될 뿐 아니라 이념적·경제적으로도 힘이 빠져야 했다. 소련은 일본이 패배하기를 원했으나, 평화 회의에서 자신의 영토적 목표(남사할린과 쿠릴 열도의 획득)를 달성할 경우 극동 전쟁에 휘말리고 싶지 않았다. 마이스키는 유럽에서 프롤레타리아 혁명이 없는 한, 전후에 영국이나 미국과 어떤 격렬한 갈등도 없을 것이라고 예측했다. 마이스키는 미국은 전쟁 후에 역동적이고 팽창주의적인 제국 강국이 되겠지만, 영국은 현상을 유지하는 데 관심 있는 보수적인 제국주의 국가가 될 것이라고 생각했다. 이는 영국과 소련 사이에 긴밀한 전후 협력이 이루어질 수 있는 좋은 기반이었다. 양국 모두 전후 안정에 관심이 있을 것이었고, 소련은 미국의 힘에 대한 평형추로서 영국이 힘을 계속 유지하는 것이 필요했다. 소련-미국 관계에 대해서도 전망은 마찬가지로 장밋빛이었다. 미국의 이익과 소련의 이익 사이에 직접적인 갈등은 없었고, 워싱턴은 영국과의 제국적 경쟁이라는 맥락에서 모스크바가 중립을 유지하는 데 관심이 있었다. 전반적으로 소련은 영국과 미국, 이 두 나라와 좋은 관계를 맺지 못할 이유가 없었다.

마이스키가 이 보고서에서 말한 것의 대부분은 소련의 기존 정책들과 전망을 알기 쉽게 풀이한 것이었다. 가장 혁신적인 주장은 장기적인 영국-소련 동맹을 옹호한 점이었다. 그것은 유럽에서 소련과 영국의 세력권 합의라는 리트비노프의 전망과 유사했다. 두 사람은 마이스키가 런던 주재 대사였고 리트비노프가 외무 인민 위원이었을 때 매우 긴밀하게 일했고, 전쟁 동안 여전히 긴밀한 관계를 유지했다. 두 사람은 친영파로 분류되었다(리트비노프는 부인이 영국인이었다). 그렇다고 이러한 사실이 그들이 영국 대외 정책을 냉철하게 바라보는 것을 막지는 못했지만 말이다. 마이스키가 리트비노프와 다른 점은 소련 대외 정책의 이념적 차원과 이것이 영국 및 미국과의 관계에 어떤 영향을 미칠지에 대해 그가 좀 더 민감했다는 사실에 있었다. 다른 소련 분석가들과 마찬가지로 마이스키는 영국과 미국의 국내 정치에서 반동적 경향과 진보적 경향 모두를 간파했고, 만일 소련이 유럽에서 수립되기를 원하는 새로운 민주적 질서에 적대적인 요소들이 우위를 점한다면, 이것이 곤란한 문제를 일으킬 수 있다는 것을 알았다.

소련 외교단의 젊은 세대 중에 미래의 소련 외무 장관 안드레이 그로미코가 있었다. 1944년 7월 14일 그로미코는 〈소련-미국 관계의 문제에 관해서〉라는 제목이 붙은 장문의 문서를 몰로토프에게 제출했다.[9] 이 문서는 전시의 소련-미국 데탕트*와 그 지속성이라는 주제를 둘러싸고 몰로토프와 나눈 교신 중 하나였다.[10] 소련-미국 관계에 관한 그로미코의 견해는 전반적으로 긍정적이었다. 그로미코는 루스벨트가 실행 중인 소련과의 협력 정책이 의회는 물론이거니와 민주·공화 양당 모두와 일반인들 사이에서도 다수의 지지를 얻고 있다고 주장했다. 루스벨트의 정책에 대한 반대라는 면에서 그는 언론과 가톨릭교회의 반동적·반공산주의적 요소들의 역할을 강조했다. 미국에는 500만 명의 폴란드계 미국인들을 포함해 2300만 명의 가톨릭 신자들이 있었다. 그로미코는 또한 동유럽에서 공산주의 혁명과 소비에트화에 대한 미국인들의 두려움도 강조했다. 그럼에도 그는 전쟁 후에 소련-미국 협력이 계속될 것이라고 여전히 믿었다. 미국은 고립주의 대외 정책을 포기하고 유럽과 국제 정세에 개입했다. 미국은 독일의 위협에 대처하고 장기적 평화의 조건을 확보하는 데 소련과 공통의 이해관계를 가졌다. 그로미코는 또 전후 소련-미국 협력을 위한 중요한 경제적·상업적 이유를 확인하면서 다음과 같은 결론을 내렸다. 〈때때로 발생할 수도 있는 어려움에도 불구하고 (……) 의심할 여지 없이 양국 사이에 협력이 지속될 조건이 존재합니다. (……) 전후 시기에 양국 간의 관계는 상당 정도는, 전시 동안 형성되었고 지금도 계속 형성 중인 관계에 의해 결정될 것입

---

* détente. 특히 냉전 시대 동서 진영 사이의 긴장 완화를 보통 의미하나, 여기서는 국가 간의 관계 개선이라는 일반적인 의미로 사용되고 있다.

니다.〉

열흘 후 그로미코는 몰로토프에게 보낸 또 하나의 서신에서 1944년 미국 대통령 선거에서 루스벨트의 러닝메이트로 부통령 헨리 월리스*가 해리 트루먼Harry S. Truman으로 교체된 이유를 분석했다. 그로미코가 보기에 월리스는 너무 급진적이었고, 민주당 내와 민주당 상원 의원 및 하원 의원의 〈남부 블록〉 내 우익 보수주의 분자들뿐 아니라 실업계의 감정도 상하게 했기 때문에 대체된 것이었다. 그러나 대외 정책에 관한 한, 트루먼은 〈언제나 루스벨트를 지지한다〉고 결론 내렸다. 〈트루먼은 미국과 그 동맹국 사이의 협력을 지지하는 사람입니다. 그는 소련과의 협력을 옹호합니다. 그는 테헤란 회담과 모스크바 회의에 대해 긍정적으로 말합니다.〉[11]

미국 주재 대사로서 그로미코는 얄타 회담에서 거론될 것 같은 문제들에 관해 모스크바에 브리핑하는 책임을 졌다. 이 문서들에서 그로미코는 논쟁을 불러일으킬 듯한 일련의 문제들 — 폴란드, 그리스, 유고슬라비아, 덤버턴 오크스, 유럽 자문 위원회의 역할 — 을 확인하고, 소련이 이 영역들에서 자국의 이익을 지키기 위해 추구해야 하는 전술에 대해 제안했다. 그러나 그로미코의 분석에는 그가 극복 불가능하거나 합의에 의해 해결될 수 없는 어려움이 있다고 생각하는 암시는 없었다. 폴란드에 관해서 그로미코는 루스벨트가 결국 루블린 임시 정부를 인정할 거라고 생각했다. 그리스에 관해서 그는 소련이 영국과 민족 인민 해방군-민족 해방 전선 내 공산주의 파르티잔들 사이의 투쟁에 개입하지 말아야 하지만, 진보적 분자들에 대한 공감을 분명히 해야 한다고 말했다. 유고슬라비아에 관해서 그로미코는 영국과 미국으로부터 티토에 대한 지지를 더 모을 수 있을 거라고 생각했다. 덤버턴 오크스 회의에 파견된 소련 대표단의 단장으로서 그로미코는 거부권 논쟁에 특별

* Henry Agard Wallace(1888~1965). 미국의 정치가. 1933~1940년 농무 장관, 1941~1945년 부통령, 1945~1946년 상무 장관을 역임했다.

한 관심을 보였다. 이것은 그로미코가 강경 노선을 취할 것을 옹호했던 문제였다. 즉 소련은 어떤 일이 있어도 정책 결정의 만장일치 원칙을 포기해서는 안 된다. 거부권이 없다면 소련은 유럽 자문 위원회와 미래의 유엔 안전 보장 이사회에서 영국과 미국에 투표로 질 수도 있기 때문이다.[12]

그로미코, 리트비노프, 마이스키가 말하고 제안하는 것이 반드시 스탈린이 생각하고 있는 것은 아니었다. 그러나 스탈린의 러시아에서 논의의 조건은 매우 제한적이고 보통은 소련 독재자 자신에 의해 설정되었다. 리트비노프와 같은 독립적인 인물조차도 말이 허용된 선을 넘지 않도록 조심해야 했다. 미래의 역사가들처럼 이 세 명의 중간급 정책 결정자는 스탈린의 공개적 발언이 보여 주는 신비한 기호들을 읽고 소련 언론이 말하고 있는 것을 해석하며 그들이 다룰 수 있는 기밀 정보를 이용하여, 스탈린이 무엇을 염두에 두고 있는지를 추정하는 과업에 직면했다. 그들이 자신들을 뒤이은 역사가들보다 한 가지 유리한 점은 세 사람 모두 스탈린과, 그리고 그들의 직속상관인 몰로토프와는 훨씬 더 가까운 개인적 관계를 맺고 있다는 사실이었다. 그들은 몰로토프가 〈위대한 지도자〉의 견해를 철저히 따른다고 믿을 수 있는 사람이었다. 리트비노프의 경우 스탈린과 그의 개인적 교류는 역사적으로 매우 폭이 넓었지만, 리트비노프의 오랜 경쟁자인 몰로토프가 그를 고립시키려고 공작하면서 전쟁 동안에 급격히 감소했다. 마이스키는 특히 런던에서 모스크바로 소환된 뒤 스탈린과 얼마간의 직접적인 관계를 계속 맺었다. 그로미코와 스탈린의 개인적 접촉은 좀 더 제한적이었으나 그는 외무 인민 위원부의 떠오르는 스타 중 한 명이었고 몰로토프를 잘 알았다.

요컨대 전후 세계의 모습에 관한 그로미코, 리트비노프, 마이스키의 숙고는 특이한 것이 아니라, 최고위급 수준의 정책 결정 과정에서 진행되고 있던 대외 정책과 국제 관계를 둘러싼 내부 토론의 언어와 조건을 반영한 것이었다. 그들의 문서들은 우리에게 적어도 외교 영역에서는 소련이 3국 협력의 장기적인 지속이라는 면에서 미래를 보았다는 것을 말해 준다. 바로 이런 분위기에서 그들은 얄타 회담에 접근했다.

얄타 회담 직전에 스탈린의 사고방식을 보여 주는 좀 더 직접적인 증거는 1945년 1월에 스탈린이 티토의 〈유고슬라비아 민족 해방 위원회〉 대표단과 나눈 일부 대화에서 발견할 수 있다. 대표단은 유고슬라비아 공산당 정치국원인 안드리야 헤브란그*가 이끌었다. 헤브란그가 1월 9일 스탈린을 처음 만났을 때 대화의 주제는 주로 발칸 문제였다. 헤브란그는 스탈린에게 다양한 유고슬라비아의 영토 주장을 개략적으로 설명했다. 스탈린은 공감을 표명했으나, 영토 이양은 인종적 원칙에 기반을 두어야 하고 유고슬라비아에 합류하겠다는 요구가 지역 주민들로부터 나오면 가장 좋을 것이라고 말했다. 헤브란그가 그리스의 마케도니아와 테살로니키에 대한 권리를 언급하자 스탈린은 유고슬라비아가 루마니아, 헝가리, 그리스와 적대적인 관계를 형성 중이고 전 세계와 전쟁을 벌일 작정을 하고 있는 것 같은데, 이해가 안 된다고 경고했다. 스탈린은 또 불가리아를 연방으로 편입시키려는 유고슬라비아의 야심에 고삐를 죄면서, 동등한 조건으로 두 나라를 통합하는 일종의 연합이 더 나을 것이라고 말했다. 그리스 위기에 관해 스탈린은 영국이 붉은 군대가 그리스로 진격하는 것을 두려워했다고 언급했다. 스탈린은 그렇게 되면 그리스에서 전혀 다른 상황이 조성되겠지만, 해군 없이는 그리스에서 아무것도 할 수 없다고 헤브란그에게 이야기했다. 〈영국은 붉은 군대가 그리스로 진입하지 않으리라는 것을 알고 깜짝 놀랐습니다. 그들은 붉은 군대가 분산선을 따라 이동하는 것을 금지하는 전략을 이해할 수가 없습니다. 붉은 군대의 전략은 수렴선에 따른 이동에 기반을 두고 있습니다.〉 유고슬라비아의 정부 구성 문제에 관해서 스탈린은 티토가 임시 정부를 선포하는 것은 시기상조라고 말했다. 영국과

---

* Andrija Hebrang(1899~1949). 크로아티아와 유고슬라비아 공산주의 혁명가, 정치인. 1942~1944년 크로아티아 공산당 제4서기, 1945~1947년 유고슬라비아의 〈경제 회의〉 의장, 〈계획 위원회〉 위원장을 지냈다.

미국이 그것을 인정하지 않을 테고, 소련은 폴란드에서 같은 문제를 다루느라 정신이 없었다. 스탈린은 또 유고슬라비아인들에게 처칠이 그리스에서 지금 하고 있는 일을 유고슬라비아에서 할 수 있게 할 어떤 구실거리도 주지 말라고 충고하면서, 그들이 소련을 〈바보 같은 입장〉에 빠지게 할 수 있기 때문에 중요한 결정을 내리기 전에 모스크바와 상의할 것을 요청했다. 이 발언에 이어 스탈린은 다음과 같이 의견을 제시했다.

부르주아 정치인들과 관련해 귀하는 조심해야 합니다. 그들은 매우 과민하고 복수심이 (……) 강합니다. 귀하는 귀하의 감정을 잘 통제해야 합니다. 감정이 앞서면 집니다. 우리는 이번 전쟁에서 힘의 상관관계를 활용했지만, 레닌은 그의 시대에 그런 것을 활용할 수 있을 거라고 꿈꾸지 못했습니다. 레닌은 모든 이가 우리를 공격할 거라고 생각했으나 (……) 한 그룹의 부르주아들이 우리에 반대하지만 다른 그룹은 우리 편이었음이 드러났습니다. 레닌은 부르주아 중 한 파벌과 동맹을 맺고 다른 파벌과 싸울 수 있을 거라고 생각하지 않았습니다. 그러나 우리는 그렇게 했습니다. 우리는 감정이 아니라 이성, 분석, 계산의 인도를 받고 있습니다.[13]

다음 날 스탈린은 회담에 대해 디미트로프에게 말하면서, 헤브랑그는 합리적인 사람 같지만 유고슬라비아인들이 행동하고 있는 방식을 좋아하지 않는다고 언급했다.[14] 1월 11일 헤브랑그는 티토에게 보낸 회담 결과를 요약한 전신문에서 스탈린이 다음과 같이 생각하고 있다고 지적했다. 〈대외 정책 문제와 관련하여 신중할 필요가 있습니다. 우리의 기본 과제는 승리의 성과를 더욱 굳히는 것입니다. 우리와 부정적 관계를 야기하거나 충돌을 촉발하지 않도록 이웃 국가들에 대한 과도한 요구를 피해야 합니다.〉[15]

1월 28일 헤브랑그는 스탈린과 다시 회담했다. 이번에는 불가리아 대표단이 동석했고, 그 일원 중 한 명인 공산주의자 바실 코랄로프*는 스탈린이 회담에서 한 발언 일부를 메모했다. 회담의 주요 목적은 불가리아와 유고슬라비아의 관계를 논의하는 것이었고, 스탈린은 두 나라의 통합이 점진적이고 동등해야 한다는 견해를 되풀이했다. 좀 더 일반적으로 스탈린은 다음과 같이 말했다.

자본주의 세계는 두 개의 적대적인 블록으로 나뉘어 있습니다. 민주주의 블록과 파시즘 블록이 그것이죠. 소련은 슬라브인들에게 가장 위험한 [나라인] 독일과 맞서 싸우기 위해 이를 이용하고 있습니다. 그러나 독일이 패배한 뒤에도 전쟁/침공의 위험은 계속 존재할 것입니다. 독일은 거대 산업과 강력한 조직, 종업원, 전통을 가진 대단한 국가입니다. 독일은 패배를 결코 받아들이지 않을 것이며, 슬라브 세계를 적으로 보기 때문에 슬라브 세계에 계속 위험한 나라로 존재할 겁니다. 제국주의의 위험은 또 다른 쪽에서도 나올 수 있습니다.

오늘날 자본주의의 위기는 주로 두 적대 진영의 부패와 상호 파괴에 의해 야기됩니다. 이것은 유럽에서 사회주의가 승리하는 데 유리한 점입니다. 그러나 우리는 사회주의의 승리가 오직 소비에트 통치를 통해서만 실현될 수 있다는 발상을 잊어야 합니다. 다른 일부 정치 시스템, 예컨대 민주주의, 의회 공화국, 심지어 입헌 군주정도 사회주의의 승리를 달성할 수 있습니다.[16]

스탈린의 다차에서 열렸던 이 회담에서 그가 한 발언의 또 다른 버전이 디미트로프의 일기에 적혀 있다.

독일은 패배하겠지만 독일인들은 많은 핵심 요원을 가진 강건한 민족

* Vasil Petrov Kolarov(1877~1950). 불가리아의 공산주의 정치인, 코민테른 지도자. 1946~1947년 불가리아 임시 최고 평의회 의장, 1949~1950년 불가리아 총리를 역임했다.

입니다. 그들은 다시 일어설 겁니다. 슬라브 인민들은 다음에 독일인들이 그들에게 공격을 시도하면 불시에 당해서는 안 되는데, 그들은 앞으로 아마도, 아니 확실하게 다시 공격할 것입니다. 옛 슬라브주의는 차르 러시아가 다른 슬라브 인민들을 복속시키는 것을 목표로 표방했습니다. 그러나 우리의 슬라브주의는 전혀 다른 것입니다. 그것은 슬라브 인민들의 생존과 미래를 공동으로 방어하기 위해 대등한 자격으로 이들을 통합하는 것입니다. (······) 자본주의의 위기는 자본주의자들이 두 개의 정파 — 하나는 파시즘 정파, 또 하나는 민주주의 정파 — 로 분열되는 것으로 나타났습니다. 우리 자신과 민주주의 정파 사이의 동맹은 민주주의 정파가 히틀러의 지배를 막는 데 이해관계가 걸려 있기에 가능했습니다. 왜냐하면 이 야만적인 국가가 노동 계급을 극단으로 몰아붙여 그들로 하여금 자본주의의 전복을 감행하도록 만들 것이기 때문입니다. 우리는 현재 파시즘 정파에 대항해 민주주의 정파와 동맹을 맺고 있지만 미래에는 민주주의 정파에 맞서서도 동맹을 맺게 될 것입니다.

아마도 우리가 소비에트 형태야말로 사회주의로 이끄는 유일한 형태라고 상상한다면, 그것은 잘못된 생각일 겁니다. 실제로 소비에트 형태가 가장 좋지만, 결코 유일한 형태는 아니라는 것이 드러나고 있습니다. 민주 공화정과 심지어 어떤 조건하에서는 입헌 군주정 같은 다른 형태도 있을 수 있습니다.[17]

자본주의의 두 파벌에 대한 스탈린의 언급은 그가 자본주의의 민주주의 정파와 갈등이 불가피하다는 것을 믿었음을 의미하는 것으로 종종 해석되어 왔다. 그러나 두 인용문이 보여 주듯이 진짜 스탈린의 마음속에 있던 것은 독일의 위협이 장기간 지속될 것이며, 이에 대처하기 위해서는 슬라브인들의 단결이 필요하다는 사실이었다. 불가리아와 유고슬라비아 동지들에게 전한 스탈린의 메시지는 슬라브인들이 독일에 대처하기 위해서는 민주주의적 자본주의 체제와의 영속적인 동맹에 의지하는 것이 아니라 자기 자신만 믿을 수 있을 뿐이라는 점이었다. 스탈린은 영국 및 미국과의 대연합이 지속되기를 희망했으나 그렇게 되지 않을 수도 있었다. 마찬가지로 공산주의 전략이라는 면에서 스탈린은 1917년의 러시아를 모델로 한 혁명적 격변이 아니라 점진적인 개혁에 초점을 맞추는 온건한 정치 노선을 옹호하고 있다는 사실도 분명하다. 그것은 이후 2~3년 동안 공산주의 운동을 위한 스탈린의 정책으로 여전히 남았다. 점진적으로 공산주의의 정치적 전진을 꾀하는 전략이 실패했다고 생각되었을 때 비로소 스탈린은 더욱 전투적인 좌익 정치를 포용하고 유고슬라비아를 비롯한 다른 유럽 공산당들의 급진적 경향을 속박하던 고삐를 놓아주었다.

그러나 얄타 회담이 다가오면서 3국 협력의 전망은 밝아졌다. 스탈린의 외교 전략과 정치 전략, 어느 것도 가까운 장래에 영국 및 미국과 큰 갈등이 있을 거라는 전조를 보여 주지 않았다. 지금 논란을 불러일으키는 몇 가지 쟁점들을 해결하고 항구적인 평화를 꿈꾸는 대연합의 기반을 창출하기 위해 처칠 및 루스벨트와 진지한 협상을 벌일 분위기가 조성되었다.

크림 회담

얄타 회담, 즉 소련 사람들이 부르는 바에 따르면 크림 회담은 테헤란 회담보다 훨씬 웅장한 사건이었다. 각국의 대표단은 규모가 더 컸고 더 중요한 인물들을 포함했다. 예를 들어 스탈린은 몰로토프와 부참모총장 알렉세이 안토노프, 해군 인민 위원 니콜라이 쿠즈네초프* 제독,

---

* Nikolai Gerasimovich Kuznetsov(1904~1974). 소련의 군인. 소련 해군의 아버지로 불린다. 1926년 해군 학교를 졸업한 뒤 제2차 세계 대전에서 전투를 치르고 종전 후 1947년까지 해군 총사령관 및 국방 차관을 역임했다. 그 후 체포되어 계급이 강등되었으나, 1953년 스탈린이 죽은 뒤에 복귀하여 같은 해 국방 차관이 되었고, 1955년 다시 소련 해군 원수가 되었다. 그러나 1955년 8월에 발생한 전함 노보로시스크호 폭발 사고에 대한 책임을 지고 군을 떠났다.

외무 부인민 위원 비신스키, 그로미코, 구세프, 마이스키를 대동하고 회담에 참석했다. 논의는 더욱 넓고 깊었으며, 테헤란 때보다 훨씬 많은 결정이 내려졌다. 세 거두의 이전 회담에서 논의의 주요 초점이 전쟁이었다면, 얄타에서는 세 지도자가 서서히 모습을 드러내던 전후 질서에 확고하게 초점을 맞추었다.

무대는 약간 비현실적이었다. 흑해의 온천 도시 얄타에 있는 차르 니콜라이 2세의 멋진 리바디야궁이 그곳이었다. 방이 50개나 되었던 리바디야궁은 독일군이 크림반도를 점령하고 있는 동안 크게 손상되었으나 러시아인들이 최선을 다해 수리했다. 리바디야궁의 한 가지 문제점은 욕실이 극심하게 부족한 것이었는데, 이는 미국 대표단의 큰 불만거리였다.[18] 이러한 편의 시설 부족은 세 거두에게도 영향을 미쳤다. 아버지를 대동하여 회담에 참석했던 캐슬린 해리먼은 스탈린이 회의 도중에 잠깐 쉬는 틈을 이용해 회담장을 급히 나와 화장실을 찾았다고 패멀라 처칠에게 썼다.

조 아저씨*에게 화장실 한 곳이 안내되었는데 그는 금방 뛰쳐나왔어요. 변기가 없는 화장실이었거든요. 그때까지 총리께서 가장 가까운 옆 화장실을 차지하고 있어서 우리 대사관 직원 중 한 명이 스탈린을 회담장 아래쪽으로 가장 가까운 다음 화장실로 데려갔어요. 무심결에 스탈린의 내무 인민 위원부 장군들은 그를 놓쳐 버렸습니다. 그러자 난리가 났어요. 모든 사람이 속닥거리면서 법석을 떨었습니다. 나는 미국인들이 어리석은 납치 소동 같은 것을 일으켰다고 이 사람들이 생각했다고 믿어요. 몇 분 뒤 차분해진 조 아저씨가 문에 나타났고, 다시 질서가 잡혔어요![19]

테헤란에서처럼 세 거두 사이에 3자 전체 회의뿐 아니라 양자 회담도 진행되었다. 1945년 2월 4일에 스탈린이 처음 방문한 사람은 처칠

* Uncle Joe. 제2차 세계 대전 당시 서방 언론이 스탈린을 부르던 애칭.

402

이었다. 소련군과 서방 군대는 지금도 독일에서 싸우고 있었고, 두 지도자는 독일에서의 전투 상황에 대해 짧은 대화를 나누었다.[20] 다음으로 스탈린은 루스벨트를 만났고 대통령과는 좀 더 긴 대화를 나누었는데, 두 사람은 테헤란에서처럼 드골에 대해 계속 불만을 토로했다.[21] 그날 오후 5시에 스탈린이 루스벨트에게 회의를 개시해 달라고 요청하면서 첫 번째 전체 회의가 시작되었다. 부탁을 받은 루스벨트는 참가자들에게 이미 서로를 잘 이해하고 있으므로 회담에서 모든 것을 터놓고 논의해야 한다고 말했다. 그 후 회의는 여러 전선의 군사적 상황에 대한 정보와 견해를 교환하는 쪽으로 옮겨 갔다.[22]

얄타에서 처음으로 진정한 정치적 논의가 이루어진 것은 2월 5일 두 번째 전체 회의에서였다. 주제는 독일의 미래였고, 스탈린은 독일 해체에 대한 확약을 매우 강하게 요구했다. 스탈린은 〈듣자 하니, 우리 모두 독일 해체에 찬성하고 있습니다〉라고 처칠과 루스벨트에게 말했다. 〈그러나 이것을 결정 형식으로 만들어야 합니다. 저는 오늘 회의에서 그런 결정을 내릴 것을 제안합니다.〉 스탈린은 1944년 10월 모스크바에서 처칠과 논의한 사실을 언급하며, 루스벨트가 없었기 때문에 독일 해체에 대한 결정을 내릴 수 없었지만, 〈이제 이 문제에 대해 결정을 내릴 때가 오지 않았습니까?〉라고 지적했다. 대화가 이어지던 도중, 스탈린은 처칠의 말을 끊고 〈독일 해체 문제가 언제 독일의 새 사람들 앞에 제기될까요?〉라고 물었다. 〈걱정되는 일은 이 문제가 항복 조건에 없다는 사실입니다. 가능하면 독일 해체에 관한 조항이 항복 조건에 부가되어야 하지 않을까요?〉 세 외무 장관에게 그 문제를 회부해서 이 프로젝트의 연구 계획을 작성하는 일을 책임지게 하자는 루스벨트의 제안에 회답하여 스탈린은 이 〈타협안〉을 수용할 수도 있겠지만, 〈우리가 독일을 해체하는 것이 필수적이라 생각하고 우리 모두 이것을 지지한다고 직접 말할 필요가 있다〉고 했다. 그리고 스탈린은 덧붙였다.

두 번째 결정 사항은 얼마나 [많은 부분으로] 쪼개야 하는지에 대해서는 표명하지 말고 독일 해체에 관한 조항이 항복 조건에 포함된다는 것이어야 합니다. 저는 독일 해체에 관한 결정을 내리고 싶습니다. 독일 해체는 무조건 항복의 조건이 무엇인지를 설명받게 될 그룹들에 알려질 것입니다. 장군들이든 아니면 다른 사람들이든 그 그룹들이 독일이 해체될 것임을 알게 되는 것은 연합국에 중요합니다. 제가 보기에, 독일의 지도자 그룹에 독일 해체에 대해 말하지 말자는 처칠의 계획은 위험한 것 같습니다. 이에 대해서는 사전에 이야기하는 게 좋을 것입니다. 군사 그룹이나 정부가 런던에서 [유럽 자문 위원회에 의해] 작성된 항복 조건에 서명하고, 그 국민에게 그것을 지키도록 강제하기 위해서 독일 해체에 대한 조건에 서명한다면 우리 연합국에 유리할 것입니다. 그러면 독일 국민은 좀 더 쉽게 해체를 감수할 것입니다.

결국 스탈린은 해체를 너무 일찍 널리 알리는 것은 현명한 일이 아니라는 이야기에 수긍했으나, 연합국의 입장을 분명히 하여 항복 조건에 해체를 포함할 것을 계속 촉구했다.

스탈린 동지는 다음과 같은 첫 번째 항목에 대해 결정을 내릴 수 있을 거라고 말을 이었다. 〈독일의 해체와 구체적인 해체 계획을 입안하기 위한 위원회의 설립.〉 두 번째 결정 항목은 다음과 같을 것이다. 〈몇 개의 부분으로 해체될지 그 숫자를 언급하지 않고 독일 해체에 대한 조항을 무조건 항복의 조건에 부가하는 것.〉[23]

그 후 논의는 프랑스에 독일의 한 부분을 점령지로 제공할 것인지 여부의 문제로 옮겨 갔다. 스탈린은 프랑스가 점령지를 받을 자격이 없으며, 그런 결정을 내리면 다른 연합국도 자기 몫을 요구할 거라고 주장하며 이런 움직임에 반대했다. 스탈린은 영국과 미국이 점령할 영토를 일부 떼어 내어 프랑스 점령지로 만든다는 점을 분명히 한 뒤에야 비로소 이에 동의했다. 그러나 스탈린은 영국이 프랑스에 점령지는 허용하지만 연합국 관리 위원회에서 프랑스에 대표권을 주지 않는 것은 비논리적이라고 주장했음에도 불구하고, 프랑스가 연합국 관리 위원회에 포함되는 것에 계속 반대했다. 스탈린은 아무래도 이 논의를 계속할 준비가 되어 있지 않은 듯했고 그래서 토론을 좀 더 편안한 배상 문제로 옮겨, 자기 뒤에 앉아 있던 마이스키가 소련을 대표해 프레젠테이션을 할 것이라고 알려 주었다. 이것은 마이스키에게 흥미로운 일이었고, 그는 스탈린에게 소련의 배상 요구를 아직 수치로 정확히 나타내지 않았다고 속삭였다. 스탈린의 맞은편에 앉아 있던 몰로토프가 이 상의에 개입하여, 그 자리에서 배상액으로 회담 전에 소련 내부 토론 과정에서 나왔던 최소 수치인 50억 달러가 아니라 100억 달러를 요구하기로 합의했다.[24]

마이스키는 소련의 배상 계획 원칙을 개략적으로 보고했다. 첫째, 배상은 독일에 의해 현금이 아닌 현물로 지급될 것이다. 둘째, 독일은 전쟁이 끝날 때 자신의 국민 자산에서 공장, 기계, 차량, 도구를 일괄 배출하는 형태로, 그 후에는 매년 물품을 인도하는 형태로 배상을 지불할 것이다. 셋째, 독일은 전쟁 전 중공업의 20퍼센트만 그대로 유지한 채, 배상 지불 때문에 경제적으로 무력해질 것이다. 넷째, 배상은 10년의 기한에 걸쳐 이루어질 것이다. 다섯째, 배상 정책을 실행하기 위해 독일 경제는 장기간 영국, 미국, 소련의 엄격한 통제를 받을 것이다. 여섯째, 독일에 피해를 입은 모든 연합국은, 어떤 경우에도 완전히 복구될 수는 없겠지만, 가장 심하게 고통받은 국가가 배상을 가장 많이 받는다는 원칙을 적용하여 보상받을 것이다. 소련의 보상 수치에 대해서 마이스키는 신중을 기해 **최소한** 100억 달러를 이야기했다. 그는 모스크바에서 만나 계획의 세부 사항을 협상할 영국-미국-소련 〈배상 위원회〉의 설립을 제안하는 것으로 말을 마쳤다.

이어진 논의에서 처칠과 루스벨트는 제1차 세계 대전의 경험으로 볼 때 독일로부터 배상을 뜯어내는 것이 정말 현명한 일인지 의구심이 든다고 주장했지만, 그들은 배상 위원회를 설립하는 데 동의했다. 회의 말미에 처칠은 배상 계획이 〈각국은 필요에 따라 배상받고, 그리고 독일의 경우 [지불] 능력에 따라 배상한다〉는 원칙에 기반을 두어야 한다고 재치 있게 말했다. 스탈린은 자신은 〈다른 원리를 좋아합니다. 그것은 공과에 따른 배상입니다〉라고 대꾸했다.[25] 회담의 최종 원안은 소련 배상 계획의 요지를 포함했으나, 처칠의 고집으로 수치에 대해서는 여전히 애매하게 남아 있었다. 단지 총액수로 200억 달러를 언급했지만(소련이 절반을 받는다), 그것은 배상 위원회에서 논의의 기초로 삼을 숫자에 불과했다.

2월 6일 세 번째 회의에서 세 거두는 제안된 유엔이라는 기구에서 강대국들이 행사할 투표권 문제를 논의했다. 스탈린은 합의된 절차가 강대국들의 분열을 피하도록 설계되어야 하며, 적어도 향후 50년 동안 평화를 보장할 조직을 구축하는 것이 목표라고 강조했다. 이 최초의 논의는 결론 없이 끝났으나, 투표 문제는 나중에 회담에서 지금까지도 유엔 안보리가 유지하고 있는 강대국 거부권 원칙을 채택함으로써 원만하게 해결되었다. 또 샌프란시스코에서 개최될 예정인 유엔 창립 회의에 초청받을 국가에는 그달 말까지 독일에 선전 포고한 나라라면 어느 국가든 포함될 터였다. 이는 튀르키예가 참석하고(앙카라는 1945년 2월 23일 독일에 전쟁을 선포했다), 영국 총리가 당연히 생각했던 만큼 협력적이지 않았던 아일랜드 같은 중립국들을 배제하려고, 처칠이 고안해 낸 방책이었다.[26]

2월 6일 회의에서 처칠이 제기한 훨씬 골치 아픈 사안은 폴란드 문제, 특히 친소련의 〈루블린 폴란드인들〉(이때까지 폴란드 민족 해방 위원회가 바르샤바로 이미 이동했기 때문에 이는 잘못된 명칭이다)을 〈폴란드 임시 정부〉로 인정할 것인가의 문제였다. 처칠과 루스벨트 모두 이른바 루블린 정부가 폴란드 여론을 반영하는 폭넓은 기반의 임시 정부로 대체되기를 원했다. 이에 대응해 스탈린은 강하고 독립적이지만 우호적인 폴란드의 재건이 소련 안보에 필수적인 문제라고 지적하며 소련의 폴란드 정책을 강력하게 옹호했다. 그는 또 〈새 바르샤바 정부는 (……) 예컨대 드골의 정부 못지않은 민주적 기반을 갖고 있다〉고 주장했다.[27] 처칠은 그 정부가 폴란드 국민의 3분의 1 이하의 지지만 받고 있을 뿐이라고 말하며 이의를 제기했다.[28]

세 번째 전체 회의가 끝난 후 루스벨트는 미국이 루블린 정부를 인정하지 않을 것이며, 그 대신 폴란드에 기반을 둔 폴란드인들과 미코와이치크 같은 런던 망명 정부의 이전 구성원들을 비롯해 외국에서 생활하는 사람들로 이루어진 새로운 정부의 구성을 제의한다는 점을 분명히 하는 문서를 스탈린에게 발송했다.[29] 이에 대응해 2월 7일 네 번째 전체 회의에서 소련은 다음과 같이 세 요소로 이루어진 폴란드에 관한 제안을 상정했다. (a) 커즌선의 인정, (b) 오데르-나이세선(線)을 따라 이어진 폴란드의 서부 국경, (c) 외국에 거주하는 폴란드인들 중에서 〈민주적 지도자들〉을 포함하기 위한 루블린 정부의 확대.[30] 이 제안은 본질적으로 소련이 1년 이상 밀어붙였던 입장을 얼마간 변형한 것이었다. 제안은 많은 논란을 불러일으켰으며, 이 논란은 몇 차례 전체 회의에 걸쳐 세 거두는 물론이고, 전체 회의에 참석할 뿐 아니라 따로 만나고도 있던 이든, 몰로토프, 에드워드 스테티니어스*(헐을 대신해 미국 국무 장관이 되었다)의 세 외무 장관으로까지 번졌다. 마침내 〈폴란드에서 지금 기능하고 있는 임시 정부가 좀 더 폭넓은 민주적 기반 위에서 개편될〉거라는 데 합의가 이루어졌다. 이 개편된 정부에는 〈폴란드 본국 출신과 외국의 폴란드인들 중에서 민주적 지도자들이 포함될 것이다. 그리고 새 정부는《폴란드 민족 통합 임시 정부》로 불려야 한다〉. 커즌선은 폴란드의 동부 국경으로 합의되었으나, 독일과의 서부 국경에 관한 세부 사항은 미해결 상태로 놔둬 미래의 평화 회의에서 추가로 논의를 진행할 터였다.

* Edward Reilly Stettinius, Jr.(1900~1949). 1944~1945년 프랭클린 루스벨트 및 해리 트루먼 대통령 치하에서 미국의 국무 장관을 역임하고, 그 후 1945~1946년 초대 유엔 주재 미국 대사를 지냈다.

해방된 유고슬라비아의 정부 구성 방식에 대한 합의는 훨씬 쉬워서, 티토와 유고슬라비아 망명 정치인들이 연합 정부를 구성할 거라는 결정이 신속하게 내려졌다.

마찬가지로 마음이 서로 잘 맞았던 것은 소련의 극동 전쟁 참여에 대한 논의였다. 이 문제는 2월 8일 스탈린과 루스벨트가 양자 회담에서 다룬 주제였다.[31] 소련이 1941년 4월의 소련-일본 중립 조약을 폐기하고, 독일을 패퇴시킨 지 두세 달 후 극동의 전쟁에 참가한다는 내용의 합의에 도달했다. 이에 대한 보답으로 소련은 러시아 제국이 1904~1905년의 러일 전쟁에서 패배하여 일본에 빼앗겼던 영토와 여러 이권들을 다시 얻을 것이었다. 남부 사할린은 반환될 것이고, 쿠릴 열도 역시 소련에 넘겨질 것이다. 중국 본토의 뤼순 항은 소련에 해군 기지로 임대되는 한편 인근의 다롄은 국제 관리하에 두고 다롄 항에서의 소련 이익은 보호될 것이었다. 만주를 관통하는 모스크바의 철도 수송 권리를 보호하기 위해 소련-중국 합작 회사가 설립될 터였다. 이 거래에서 유일한 단서는 중국과 관련된 이권들은 중국과 협상하여 동의를 얻어야 한다는 점이었다. 그러나 스탈린도 루스벨트도 이에 대해 어떤 큰 어려움도 예상하지 못했고, 둘 다 중국이 어떤 거래도 문제 되지 않을 만큼 소련의 전쟁 참여에 충분히 고마워할 거라고 생각했다.

1945년 2월 11일 세 거두는 마지막으로 만나 회담이 끝날 때 공식 성명을 발표하기로 합의했다. 텍스트에 합의하는 데 큰 어려움은 없었고, 그날 처칠, 루스벨트, 스탈린의 이름으로 성명이 발표되었다. 성명은 독일, 유엔, 폴란드, 유고슬라비아에 관한 세 거두의 정책을 공표했다. 성명은 또한 영국, 소련, 미국에 나치즘 및 파시즘의 파괴와 자유선거에 기반을 둔 민주적 유럽의 수립을 맡긴 유럽 해방 선언*의 텍스트

---

* Declaration of Liberated Europe. 얄타 회담 중에 루스벨트가 제안한 선언. 이 문서에서 미국, 영국, 소련의 최고 지도자들은 독일로부터 해방된 모든 민족이 〈민주적인 수단으로 그들의 절박한 정치적·경제적 문제를 해결하는 것을〉 돕겠다고 약속했다.

도 포함했다. 결론부에서 세 지도자는 전시의 단합을 유지하면서 확고하고 지속적인 평화를 위한 조건을 창출하기로 약속했다. 이러한 정책 성명뿐만 아니라 세 거두가 예를 들어 소련의 극동 전쟁 참여와 관련하여 공표하고 싶지 않은 회담의 결정들을 정리한 비밀 보충 협약도 있었다.[32]

스탈린은 얄타의 결과에 기뻐해야 할 온갖 이유가 있었다. 거의 모든 정책 문제에서 소련의 입장이 관철되었다. 세 거두는 다시 한번 사이좋음을 과시했고, 스탈린은 테헤란에서만큼이나 유능한 협상가로 판명되었다. 서방의 희망에 유일하게 양보한 주요 사항은 유럽 해방 선언이었다. 그러나 이 문서에 대한 소련의 해석은 문서의 민주적 성격보다 반파시즘 성격을 강조했고, 어쨌든 스탈린은 유럽 전역에서 그의 공산주의 동맹자들이 선언이 이야기하는 폭넓은 기반의 연립 정부 일부를 구성하고 뒤따르는 선거에서 매우 잘할 거라고 자신했다. 회담에 대한 소련 언론의 보도는 예상대로 열광 그 자체였다.[33] 마이스키는 몰로토프를 위해 소련 대사관들에 보낼 기밀 정보 전신문을 작성했는데, 다음과 같은 결론을 내렸다. 〈전반적으로 회담 분위기는 우호적이었고, 논란이 되는 문제들에 대해 합의를 보려고 애쓰는 느낌이었습니다. 우리는 회담이 특히 폴란드 및 유고슬라비아 문제와, 또 배상 문제에 대해 매우 긍정적이었다고 평가합니다.〉[34] 마이스키는 스웨덴 주재 소련 대사였던 알렉산드라 콜론타이*에게 보내는 개인 편지에서 이렇게 썼다. 〈크림 회담은 매우 흥미로웠습니다. 특히 인상적이었던 것은 일반적으로 우리의 영향력과 스탈린 개인의 영향력이 비상하게 컸다는 점입니다. 회담의 결정은 75퍼센트 우리의 결정입니다. (……)《세 거두》의 협

---

* Alexandra Mikhailovna Kollontai(1872~1952). 소련의 여성 운동가, 작가, 외교관. 제정 러시아 육군 장군의 딸로 태어나 혁명 운동에 관심을 가졌으며 스위스로 유학했다. 취리히 대학교를 졸업하고 귀국하여 사회 민주당에서 활동하다가 1915년 볼셰비키로 전향해 10월 혁명 후 복지 인민 위원, 당 여성부장 등을 지냈으며, 1923년부터 세계 최초의 여성 대사로서 노르웨이, 멕시코, 스웨덴 등지에 주재했다.

력은 지금 매우 긴밀하고, 독일은 전쟁 동안이든 그 이후든 축하할 일이 전혀 없습니다.)[35]

그러나 얄타 회담이 끝난 지 6주 뒤에 스탈린은 서방 동맹국들과의 관계에 관한 한 기분이 침울해졌다. 1945년 3월 말에 체코슬로바키아 대표단이 방문했을 때 스탈린은 이들을 위한 리셉션에서 독일 위협에 직면하여 슬라브인들의 단결이 필요하다고 다시 한번 이야기했으나, 이 프로젝트에서 영국과 미국의 역할을 말할 때 눈에 띄게 비관적이었다.

우리는 새로운 친슬라브-레닌주의자, 친슬라브-볼셰비키로서, 슬라브 인민들의 단결과 동맹을 지지하는 공산주의자들입니다. 우리는 정치적·사회적 차이에 관계없이, 사회적·인종적 차이에 관계없이 모든 슬라브인이 공동의 적 독일에 맞서 동맹을 맺어야 한다고 생각합니다. 슬라브인들의 역사는 그들의 동맹이야말로 슬라브 세계를 방어하는 데 필수적임을 가르치고 있습니다. 최근의 두 차례 세계 대전을 예로 들어 봅시다. 그 전쟁들은 왜 시작되었습니까? 슬라브인들 때문입니다. 독일인들은 슬라브인들을 노예로 삼고 싶어 했습니다. 이 두 전쟁 때문에 누가 가장 고통을 받았습니까? 제2차 세계 대전은 물론이고 제1차 세계 대전에서도 슬라브 인민들이 가장 고통을 받았습니다. 러시아인, 우크라이나인, 벨로루시야인, 세르비아인, 체코인, 슬로바키아인, 폴란드인 (⋯⋯).

지금 우리는 독일에 이기고 있고, 많은 사람이 독일은 다시는 우리를 위협할 수 없을 거라고 생각합니다. 하지만 그렇지 않습니다. 저는 독일을 증오합니다. 그러나 그 사실이 독일에 대한 판단을 흐리게 해서는 안 됩니다. 독일인들은 위대한 사람들입니다. 아주 좋은 기술자들이고 조직가들입니다. 훌륭하고 천성적으로 용감한 병사들입니다. 독일인들을 제거하는 일은 불가능하며 그들은 남아 있을 겁니다. 우리는 독일인들과 싸울 것이고 끝까지 그럴 겁니다. **그러나 우리는 우리의 동맹국들이 독일을 구하려 하고, 그들과 타협할 거라는 사실을 명심해야 합니다. 우리는**

독일에 자비를 베풀지 않을 것이지만, 우리의 동맹국들은 그들을 부드럽게 다룰 것입니다. 그러므로 우리 슬라브인들은 독일이 우리에 맞서 다시 일어서는 일에 대비해야 합니다. 바로 그것이 우리, 새로운 친슬라브-레닌주의자들이 슬라브 인민들의 단합을 그토록 줄기차게 요구하는 이유입니다. 우리가 슬라브 인민들에게 소비에트 시스템을 강요하고 싶어 한다는 말이 있습니다. 그것은 공허한 이야기입니다. 우리는 소비에트 시스템이 당신이 바라는 것과 달리 외국으로 수출될 수 없다는 것을 알고 있기에 이것을 원하지 않습니다. 그렇게 하려면 일정한 조건이 필수적입니다. 우리는 불가리아인들이 원하지 않으면 불가리아에 소비에트 시스템을 수립할 수가 없습니다. 그러나 우리는 그렇게 하기를 원하지 않습니다. 슬라브 국가들과의 친선 속에서 우리는 진정한 민주주의 정부들을 원합니다. [강조는 덧붙였다.][36]

동맹국들이 독일을 부드럽게 다룰 것이라는 스탈린의 언급은 얄타에서 처칠과 루스벨트가 독일 해체 정책에 반대하자 이에 대해 스탈린 자신이 금치 못했던 실망감을 반영한 것이었다. 얄타 회담 이후 스탈린은 자신의 입장을 재평가했고, 주저하는 서방 동맹국들의 태도를 감안해 해체 구상을 폐기했다. 3월 24일 몰로토프는 런던의 3국 〈해체 위원회〉 소련 대표였던 구세프에게 전신문을 발송해 모스크바가 독일 해체에 관한 얄타의 결정을 반드시 지키도록 고집하지 않고 있다고 말했다. 몰로토프의 전신문은 영국이 해체를 많은 가능한 정책 중 하나의 선택지로 격하시킬 것을 제안하고 있다는 구세프의 보고에 대한 회신이었다. 이것은 독일을 해체한다는 얄타에서의 원칙적 합의를 훼손하기 때문에 만족스럽지 않다고 구세프는 매우 올바르게 지적했다. 하지만 몰로토프는 영국과 미국이 해체에 대한 책임을 소련에 지우려 한다고 설명하면서, 구세프에게 영국의 제안에 이의를 제기하지 말라고 지시했다.[37] 스탈린은 해체하는 일이 일어나지 않으면 자신이 그것을 밀어붙였다고 비난받을 것으로 판단한 듯했다. 그때부터 스탈린은 공개적인 자리에서든 사적인 자리에서든 통일 독일 — 무장 해제되고 탈군사화되고 탈나치화되고 민주화되지만 해체되지는 않는 — 에 대해서만 이야기했다.

스탈린이 침울했던 또 다른 이유는 얄타 이후 폴란드와 관련하여 험악한 상황이 벌어졌기 때문이었다. 얄타에서는 몰로토프, 해리먼, 클라크 커로 이루어진 폴란드 위원회가 루블린 정부를 개편하고 새로운 폴란드 임시 정부를 수립하는 결정을 실행하기로 결의했다. 이 위원회는 2월 23일 모스크바에서 첫 회의를 가졌는데, 처음에는 대화가 매우 우호적이었으나 그 후에 열린 회의들에서는 논의가 장황한 절차상의 언쟁으로 퇴보하고 말았다.[38] 소련의 관점에서 볼 때 얄타에서 합의된 내용은 이른바 루블린 정부가 다른 폴란드 정치 지도자들을 포함함으로써 규모를 확대하리라는 것이었다. 소련은 또 얄타 결정을 수용하는 폴란드인들만 새 정부에 참여할 수 있다고 고집했다. 이것은 최소한 추가 협상이 없지는 않겠지만 커즌선을 소련-폴란드 국경으로 받아들이기를 거부하는 미코와이치크 같은 정치인들을 배제하는 것이었다. 영국과 미국으로서는 폴란드에 관한 얄타의 선언을 완전히 새로운 임시 정부의 수립을 의미하는 것으로 해석하는 쪽을 택했고, 그들이 좋아하는 친서방 폴란드 정치인들을 위해 공평하게 경쟁할 수 있는 협상장을 만들고자 했다. 4월 초에 위원회의 대화는 교착 상태에 빠졌다. 루스벨트는 스탈린에게 정체 상태를 타개하자고 호소했으나, 소련 지도자는 꿈쩍도 하지 않았다. 스탈린은 소련에 우호적인 정부를 폴란드에 수립하기로 단단히 결심했고, 이를 성공시킬 수 있는 유일한 방법이 영국과 미국이 얄타 합의에 대한 모스크바의 해석을 받아들이는 것임을 분명히 했다. 그것이 받아들여지면 〈폴란드 문제는 단시간에 해결될 수 있습니다〉라고 스탈린은 루스벨트에게 말했다.[39]

당시 정부 위기를 겪고 있던 또 다른 나라는 루마니아였다.[40] 1945년 2월 말에 부외무 인민 위원 안드레이 비신스키는 부쿠레슈티로 가서 현행 정부를 공산주의자들이 이끄는 〈민족 민주 전선〉에 기반을 둔 정부로 대체할 것을 요구했다. 루마니아에서 벌어진 일련의 국내 위기 중에서 가장 최근의 이 위기는 비신스키의 명령으로, 루마니아가 1944년 여름에 항복한 이래 네 번째 정부의 구성을 가져왔다. 소련은 루마니아에서 국내 상황을 안정시키고 휴전 협정 조건을 확실히 실행하며 독일과의 계속되는 전쟁에 루마니아의 기여를 극대화하려 하면서, 자제심을 갖고 행동해 왔다고 믿었다. 이런 온건한 노선을 추구하면서, 소련은 루마니아 내 공산주의 동맹자들로부터 더 단호하게 개입해 달라는 끊임없는 요구와 이에 대응해 영국과 미국의 외교적 지지에 의지하기로 결심한 루마니아 정치인들의 술책에 시달렸다. 문제를 더 악화시킨 것은 비신스키의 개입이 유럽 해방 선언에 부합하지 않는다는 영국과 미국의 항의였다. 이에 대한 답변으로 몰로토프는 루마니아 정부가 휴전 협정 조건을 실행하지 못했으며, 국내의 파시즘과 나치즘 분자들을 뿌리 뽑는 조치를 취하지 않았다고 지적했다.[41] 스탈린은 소련 정보기관을 통해 루마니아의 사정을 잘 알고 있었지만 분쟁에 직접 휘말리지는 않았다.[42]

동유럽에서의 스탈린의 목표

그러나 붉은 군대에 의해 해방되고 정복되고 점령당한 폴란드, 루마니아 및 여타 동유럽 국가들과 관련해 좀 더 장기적인 스탈린의 목표는 무엇이었는가? 전쟁 동안 스탈린은 자신의 목표가 혁명이나 공산주의의 강요라는 것을 거듭 부인했다. 거의 똑같은 메시지가 그의 공산주의 지지자들에게 비공식적으로 주어졌다. 예를 들어 1944년 4월에 스탈린과 몰로토프는 다음과 같은 전신문을 티토와 유고슬라비아 공산주의자들에게 발송했다.

우리는 유고슬라비아를 소련과 동맹을 맺은 나라로, 불가리아를 소련의 적들과 동맹을 맺은 나라로 간주합니다. 장차 우리는 불가리아가 독일과 절연하고 소련의 동맹국이 되기를 바랍니다. 아무튼 우리는 유고슬라비아가 남동부 유럽에서 우리의 중요한 대들보가 되면 좋겠습니다. 그리고 우리는 유고슬라비아와 불가리아의 소비에트화를 계획하지 않으며 대신 소련의 동맹국이 될 민주적인 유고슬라비아 및 불가리아와의 접촉을 유지하기를 원합니다.[43]

스탈린은 우선 사항이 동유럽에 우호적인 체제를 수립하는 것이었지만, 또 인접한 우호적인 정치적 공간을 유지함으로써 소련에 영토상의 안전을 지키기 위해 소련의 서부 국경을 따라 지리-이념적 완충 지대를 창출하는 것도 원했다. 그러한 정치적 공간의 성격은 이념적으로 규정되었고 〈신민주주의〉라는 이름이 붙었다. 〈신민주주의〉에 대한 소련의 생각을 잘 보여 주는 길잡이는 소련 공산당 이론지인 『볼셰비크』 1945년 10월 호에 실린 「해방된 유럽 국가들에서의 민주주의 발전」이라는, 폭넓은 주제를 다룬 논문에서 찾을 수 있다.[44]

이 논문의 출발점은 유럽에서 소련과 공산주의가 추구한 목표가 스탈린이 전쟁을, 종국적으로 파시즘을 분쇄하고 민족 독립과 주권을 회복시키며 유럽의 나치 〈신질서〉를 민주적인 질서로 대체할 해방 투쟁이라고 명명한 데서 비롯했다는 것이었다. 목표가 그런 식으로 설정되자 공산주의자들은 각자의 나라에서 새로운 민주적 질서의 건설에 힘쓰고 있는 반파시스트들과 민주주의자들의 〈민족 전선〉을 이끌 애국자 구실을 하게 되었다. 이 새로운 인민 민주주의 체제하에서는 과거의 엘리트들, 특히 파시즘과 연결되어 있던 자들은 권좌에서 쫓겨나고, 노동 계급과 농민층의 정치적 역할과 영향력이 우세해지며, 토지는 재분배되고, 많은 산업체가 국유화될 터였다. 군대를 포함한 국가는 민주화되어 노동 계급의 통제를 받을 것이다. 인종적 구분은 차이를 존중하고 소수 민족의 권리를 보호하는 소련식 민족 친선 안에 녹아들 터였다.

말할 필요도 없이 이 신민주주의 체제는 정치적·외교적으로 소련과 보조를 맞추었으며, 논문은 사회-경제적 변혁과 민주화 과정에서 소련이 수행할 역할에 대해 매우 솔직하게 의견을 표명했다. 실제로 논문은 붉은 군대가 공산주의자들이 주도하는 민족 전선들의 투쟁을 뒷받침할 위치에 있는 동유럽에서 신민주주의가 가장 발전된 형태를 성취했다고 주장했다. 다른 한편 파시즘에서 해방된 서유럽 국가들은 영국과 미국이 상당한 영향력을 계속 발휘하고 있는 과거의 반동 엘리트 분자들을 용인했기 때문에 신민주주의로 가는 길을 따라 멀리 나아가지 못했다.

논문은 〈신민주주의〉와 사회주의 및 공산주의의 관련성이나 심지어 자본주의에 맞선 투쟁에 대해 아무것도 말하지 않고 있지만, 반드시 그럴 필요가 없었다. 공산주의 운동은 이미 1930년대에 과도기적 인민 민주주의 체제라는 아이디어를 정식화하기 시작했다. 주 모델은 내전기의 스페인이었다. 이 시기에 공산주의자들은 좌익 공화당 정부에 참여하여, 스페인 사회의 사회적·정치적 변모를 추구하는 동시에 반(反) 프랑코 군사 투쟁을 수행하는 급진적 반(反)파시즘 체제를 건설하려 했다. 스페인 공산주의자들과 모스크바의 코민테른 내 그들의 멘토들은 토지를 재분배하고 국가가 산업을 통제함으로써 공화파가 지배하는 스페인을 급진적으로 변모시키고자 하는 시도를 사회주의 방향으로 더욱 전진하는 기반을 놓는 것으로 생각했다.[45]

이 『볼셰비크』 논문에 나타난 내용과 유사한 많은 주장과 분석은 소련 언론과 『전쟁과 노동 계급Voina i Rabochii Klass』(1945년 〈새 시대Novoe Vremya〉로 이름을 바꿨다), 1944년 말에 발간하기 시작한 소련 당 중앙 위원회의 기밀 브리핑 회보인 『대외 정책의 문제들Voprosy Vneshnei Politiki』에서도 찾아볼 수 있다.[46]

스탈린은 1945~1946년에 동유럽 공산주의 지도자들과 사사로이 나눈 일련의 대화에서 자신의 견해가 무엇인지를 알렸다. 1945년 3월 스탈린은 티토에게 다음과 같이 말했다. 〈오늘날 사회주의는 심지어 영국 군주정에서도 가능합니다. 혁명은 모든 곳에서 더는 필수적이지 않습니다. (……) 그렇습니다. 사회주의는 영국 국왕 치하에서도 가능합니다.〉 유고슬라비아 대표단의 한 일원이 유고슬라비아에는 공산당이 모든 핵심 직위를 차지했기 때문에 이미 소비에트 정부가 있다면서 불쑥 끼어들자 스탈린은 〈아닙니다. 여러분의 정부는 소비에트가 아닙니다. 여러분은 드골의 프랑스와 소련 사이 어디엔가 있는 정부를 갖고 있습니다〉라고 응수했다.[47] 1946년 5월 스탈린은 폴란드 공산주의 지도자들과 대화를 나누면서 〈신민주주의〉에 대한 자신의 견해를 길게 설명했다.

폴란드에는 프롤레타리아 독재가 없고 여러분들은 그게 필요 없습니다. 소련에서는 우리에게 전쟁이 없었더라면 프롤레타리아 독재는 다른 성격을 띠었을 겁니다. (……) 우리는 강력한 반대자들 (……) 차르, 지주들 그리고 외국으로부터 러시아 자본가들의 강력한 지지가 있었습니다. 이러한 세력들을 극복하기 위해 힘을 사용하는 것이, 국민 즉 독재에 기대는 것이 필수적이었습니다. 여러분들은 상황이 전혀 다릅니다. 여러분의 자본가와 지주들은 독일과의 유대로 평판이 너무 나빠져서 큰 어려움 없이 그들을 다룰 수 있었습니다. 그들은 애국심을 과시할 수가 없었습니다. 그들은 이러한 〈죄악〉을 범할 수가 없었습니다. 의심할 여지 없이 폴란드에서는 붉은 군대가 자본가와 지주들을 제거하는 일을 도와주었습니다. 바로 그것이 폴란드에 프롤레타리아 독재의 근거가 없는 이유입니다. 폴란드에 수립된 시스템은 민주주의, 새로운 유형의 민주주의입니다. (……) 여러분의 민주주의는 특별합니다. 여러분들에게는 대자본가 계급이 없습니다. 여러분들은 100일 만에 산업을 국유화했지만, 영국인들은 지난 100년 동안 그렇게 하려고 안간힘을 썼습니다. 서방 민주주의를 모방하지 마십시오. 그들이 여러분들을 모방하게 하십시오. 폴란드와 유고슬라비아 그리고 부분적으로는 체코슬로바키아에서 여러분들이 수립한 민주주의는 프롤레타리아 독재나 소비에트 시스템을 수립할 필요 없이 여러분들을 사회주의로 더욱 가까이 다가가게 하는 민주주의입니다. 레닌은 프롤레타리아 독재 말고 사회주의로 가는 다른 길은 없다고 말한 적이 없으며, 의회 같은 부르주아 민주주의 시스템의 기초를 이용해 사회주

의로 가는 길에 도달할 수 있다는 것을 인정했습니다.[48]

체코슬로바키아 공산주의 지도자 클레멘트 고트발트[*]에 따르면, 스탈린은 1946년 7월에 다음과 같이 그에게 말했다.

경험이 보여 주고 마르크스-레닌주의가 가르치고 있듯이, 소비에트 시스템과 프롤레타리아 독재로 가는 길은 한 가지만 있는 게 아닙니다. 어떤 조건에서는 또 다른 길이 가능합니다. (……) 실제로 히틀러의 독일이 패한 이후, 몇몇 나라에서 너무나 커다란 희생이 따랐지만 지배 계급을 파멸시켰던 제2차 세계 대전 이후 인민대중의 의식이 고양되었습니다. 이 역사적 조건에서 많은 가능성과 길이 나타나 사회주의 운동 앞에 새롭게 열렸습니다.[49]

1946년 8월 스탈린은 폴란드 동맹자들과의 또 다른 대화에서 프롤레타리아 독재의 부적절성이라는 주제를 다시 거론했다.

폴란드는 프롤레타리아 독재의 수립이라는 길을 따라야 할까요? 아닙니다. 그래서는 안 됩니다. 그것은 필수적이지 않습니다. 그 이상으로 그것은 해로울 것입니다. 전쟁의 결과는 동유럽의 다른 국가들처럼 폴란드에 좀 더 수월하고 덜 피비린내 나는 발전의 길, 사회-경제적 개혁의 길을 열어젖혔습니다. 전쟁의 결과로 유고슬라비아, 폴란드, 체코슬로바키아, 불가리아 및 여타 동유럽 국가들에서 새로운 민주주의, 특별한 종류의 민주주의 (……) 좀 더 복잡한 민주주의가 생겨났습니다. 그것은 나라의 정

* Klement Gottwald(1896~1953). 체코슬로바키아의 정치가. 1921년 체코슬로바키아 공산당을 창당했다. 1945~1953년 체코슬로바키아 공산당 당수를 지냈으며, 부총리(1945~1946), 총리(1946~1948), 대통령(1948~1953)을 역임했다. 고트발트 정부는 농업과 공업의 국유화를 적극 추진했으며, 정부 내 반소련 세력을 제거하기 위해 공산주의자가 아닌 정치인을 배제하는 한편 공산주의자들도 숙청했다.

치생활뿐 아니라 경제생활에도 영향을 미칩니다. 이 민주주의는 경제적 변화를 수행했습니다. 예를 들어 폴란드에서 새로운 민주주의 정부는 농업 개혁을 실시하고 대규모 산업을 국유화했는데, 이는 프롤레타리아 독재 없이도 사회주의 방향으로 더욱더 발전해 나가는 데 전적으로 충분한 기반입니다. 이 전쟁의 결과로 공산당은 관점을 바꿨고 프로그램도 바꿨습니다.[50]

1946년 9월 스탈린은 불가리아 공산주의자들에게 〈노동〉당을 결성하라고 권고했다.

> 여러분들은 최소 강령을 바탕으로 노동 계급을 다른 근로 대중과 결합시켜야 합니다. 최대 강령을 위한 시간은 아직 오지 않았습니다. (……) 본질적으로 당은 공산주의적일 테지만 여러분들은 지금 시기 동안에는 좀 더 광범한 기반을 갖고 좀 더 나은 가면을 쓸 것입니다. 이것은 여러분들이 다른 방식으로, 프롤레타리아 독재 없이 사회주의를 달성하도록 도와줄 것입니다. 우리 혁명과 비교해 상황이 근본적으로 변했고, 다른 방식과 형태를 적용하는 것이 필수적입니다. (……) 여러분들은 기회주의라는 비난을 두려워해서는 안 됩니다. 이것은 기회주의가 아니라 마르크스주의를 현재 상황에 적용하는 것입니다.[51]

이러한 발언들이 보여 주듯이, 스탈린은 소련식 모델의 혁명과 사회주의가 보편적으로 타당한지를 적극적으로 다시 생각하고 있었다. 여기에 새롭거나 놀라운 것은 없었다. 공산주의 운동은 초창기 때부터 이와 같은 근본적인 문제에 대해 자신의 견해와 사상을 수정해 왔다. 1919년 코민테른이 창립되자 공산주의자들의 예상은 곧 볼셰비키적·반란 선동적 노선을 따르는 혁명이 전 유럽을 휩쓸 거라는 것이었다. 그런 일이 일어나지 않자, 공산주의 혁명의 전략과 전술은 재검토되어 자본주의 시스템 내에서 공산주의자들의 역할과 영향력을 강화한다는 목표에 맞게 고쳐졌다. 처음에 이것은 자본주의의 혁명적 위기가 재개되었을 때, 최종적으로 권력을 장악하기 위한 준비의 일환으로 간주된 전술적 각색이었다. 그러나 혁명이 오래 연기되면 될수록 자본주의 시스템 내에서 공산주의자들의 정치권력을 확대하는 정책은 점점 더 목적 그 자체가 되었다. 1930년대에 코민테른은 파시즘과 싸우는 것을 우선시하면서 부르주아 민주주의의 미덕을 좀 더 긍정적으로 바라보고, 민주적 반파시즘 체제들이 사회주의를 위한 투쟁에서 수행할 수 있는 과도기적 역할에 주의를 기울이게 되었다. 바로 여기서부터 광범한 기반의 반파시즘 민족 전선이라는 전시 전략과 그 후 신민주주의와 인민 민주주의의 전후 전망으로 나아가는 데에는 이념적으로 작은 발걸음이 필요할 뿐이었다.[52]

그러나 신민주주의는 어디가 도착 지점이고 어디가 출발 지점이었는가? 신민주주의 이후에는 무엇이, 언제, 어떻게 왔는가? 공산주의자들이 소련의 경우처럼 야만적인 프롤레타리아 독재를 거치지 않는다면 사회주의 사회로 나아가기 위해 어떤 경로를 취할 것인가? 스탈린은 폴란드인들과 나눈 대화에서 소련이 더 이상 독재가 아니라 소비에트 민주주의(1936년 새로운 소련 헌법*에서 선포한 대로)임을 그들에게 상기시켰다. 헝가리의 공산주의 지도자 마차시 라코시**에 따르면,

---

* 1936년 소련 헌법, 일명 〈스탈린 헌법〉은 1918년의 러시아 소비에트 연방 사회주의 공화국의 헌법과 1924년의 소련 헌법을 계승하여 제정된 공산주의 헌법을 가리킨다. 소련 국민들에게 노동·휴식·교육·사회 보장 등 제반 기본 권리를 보장하고 있다. 또한 소련이 노동자·농민의 사회주의 국가이고, 경제적 기초는 생산 수단의 사회주의적 소유이며, 정치적 기초는 소련의 전 권력을 쥐고 있는 〈노동자 대표 소비에트〉임을 명시하고 있다.

** Mátyás Rákosi(1892~1971). 헝가리의 정치가. 1919년 헝가리 혁명 때 인민 정치 위원으로 활동하고, 정권 붕괴 후 소련으로 망명했다. 1924년 귀국하여 공산당 재건을 시도하다가 1925년 이후 장기간 투옥되었다. 1940년 석방되자 소련으로 갔으며, 1945년 귀국하여 당 총서기에 취임했다. 1952~1953년에는 총리를 겸임하고, 〈소(小)스탈린〉으로서 전권을 행사했다. 1955년 이후 당 내외에서 숙청의 책임을 추궁하는 목소리가 높아지자 이를 억압하려 했으나, 소련의 권고로 1956년 7월 당 총서기에서 물러났고, 같은 해 가을 소련으로 도피했다.

1945년 스탈린은 당이 헝가리에서 전권을 장악하려면 10~15년은 기다려야 할 것이라고 그에게 말했다.[53] 그래서 스탈린이 염두에 두고 있던 것은 소련식 사회주의와 민주주의로 오랫동안 천천히 이행하는 것이었다. 이 이행은 평화적이고, 혁명적 격변보다는 민주적 개혁에 의해 달성될 것이지만, 서구식 민주주의 — 의회, 정당, 선거를 통한 경쟁, 서로 대항하는 정치 — 가 이 과도기 체제에서 지속될 것인지, 지속된다면 얼마나 오랫동안 그럴 것인지가 분명하지 않았다. 또 제2차 세계 대전 말에 스탈린이 이미 60대 중반이고, 인민 민주주의 실험의 장기적 결과를 살아생전 보는 것은 기대할 수 없다는 점도 유념할 만하다. 아마도 이는 스탈린의 전략적 전망이 모호한 사실에 어느 정도의 역할을 했을 것이다.

결국 인민 민주주의는 단명의 실험에 그친 것으로 드러났고, 스탈린이 후원한 새로운 체제들은 민주주의 성격을 오래 유지하지 못했다. 1947~1948년에 〈인민 민주주의〉는 공산당이 철저히 지배하는 소련식 시스템과 동의어가 되었고, 제2차 세계 대전 말기에 동유럽에서 권좌에 올랐던 폭넓은 기반의 민족 전선들은 이름 말고는 실질적으로 해체되었다.

스탈린의 사고와 우선 사항이 갑자기 변한 한 가지 이유를 에두아르드 마크는 다음과 같이 강조했다. 그것은 소련 지도자의 기대와 달리 신민주주의가 동유럽에서 인기 있는 체제 형태로 자리 잡는 데 실패했다는 것이다. 마크가 주장하듯이, 스탈린은 신민주주의에 대한 인민들의 지지와 동의를 바탕으로 자신의 〈점진적인 혁명〉이 동유럽에서 충분히 성공을 거둘 것으로 예상했고, 공산주의자들이 자유롭고 공개적인 선거를 통해 리더십 역할을 확보할 거라고 기대했다.[54] 이는 전후 초기에 스탈린이 동유럽 공산당 지도자들과 대화를 나눌 때의 취지였다. 그 대화들은 인민 민주주의의 성격에 대한 숙고보다는 당면한 정치 전술에 더 초점이 맞춰져 있었다. 스탈린은 정책과 전술이 올바르고 의지만 충분하다면, 공산주의자들이 정치적 반대자들에 대해 우세를 점하고 급진적인 신민주주의 체제에 대한 일반인들의 압도적인 지지를 모을 거라고 자신했음이 분명하다. 인민 민주주의 프로젝트와 공산당들의 정치적 전망에 대한 스탈린의 자신감은 1946년 3월 처칠의 〈철의 장막〉 연설에 대한 그의 답변에서 공개적으로 표명되었다. 스탈린은 처칠을 반(反)볼셰비키이며 전쟁광이라고 비난한 뒤에 다음과 같이 계속 말을 이었다.

처칠 씨는 동유럽에서 공산당들의 영향력이 증가한다고 말할 때 얼마간 더 진실에 가까이 갑니다. 하지만 그가 완전히 정확한 것은 아니라고 언급해야 합니다. 공산당의 영향력은 동유럽뿐만 아니라 이전에 파시스트의 통치를 받거나 (……) 점령을 (……) 경험한 (……) 유럽의 거의 모든 나라에서 커졌습니다. 공산주의자들의 영향력이 늘어난 것은 우연한 일로 생각될 수 없습니다. 그것은 완전히 논리적인 일입니다. 공산주의자들의 영향력이 커진 것은 유럽에서 파시즘이 통치한 시기에 공산주의자들이 인민의 자유를 위해 파시즘 체제에 맞서 믿을 수 있고 두려움을 모르며 자기희생을 마다 않는 전사의 모습을 보이고 (……) 보통 사람들은 그들 자신만의 견해를 갖고 있으며 독자적으로 행동하는 법을 알고 있기 때문입니다. 영국의 처칠 씨와 그의 당을 패배시킨 것은 (……) 바로 그들이었습니다. (……) 유럽에서 반동분자와 파시즘과의 협력 옹호자들을 고립시키고 좌익 민주주의 정당들을 선호한 것은 (……) 바로 그들이었습니다. 공산주의자들이 인민의 신뢰를 충분히 얻을 자격이 있다고 결론을 내린 (……) 것은 (……) 바로 그들이었습니다. 바로 이것이 공산주의자들의 영향력이 유럽에서 커진 원인이었습니다.[55]

유럽 공산주의의 위력이 커지고 있다는 스탈린의 믿음은 결코 잘못된 것이 아니었다. 1946년 5월 『대외 정책의 문제들』에 발표된 당원 수에 관한 다음 표는 이를 잘 보여 준다.[56]

국가	전쟁 전 당원 수(명)	전쟁 후 당원 수(명)
알바니아	1,000	12,000
오스트리아	16,000	132,000
벨기에	10,000	100,000
영국	15,000	50,000
불가리아	8,000	427,000
체코슬로바키아	80,000	1,292,000
덴마크	2,000	60,000
핀란드	1,000	25,000
프랑스	340,000	1,000,000
독일	300,000	805,000
그리스	이용 불가능	100,000
네덜란드	10,000	50,000
헝가리	30,000	608,000
이탈리아	58,000	1,871,000
노르웨이	5,000	22,000
폴란드	20,000	310,000
루마니아	1,000	379,000
스페인	250,000	35,000
스웨덴	11,000	48,000
유고슬라비아	4,000	250,000

　　유럽 공산주의자들이 보여 준 이 인상적인 전후의 실적은 전쟁 후 실시된 선거 결과에서도 그대로 되풀이되었다. 동유럽 수치만을 들어 보면 다음과 같다. 불가리아의 경우, 1945년 11월 선거에서 공산주의가 이끄는 〈조국 전선〉이 투표의 88퍼센트를 득표했다. 체코슬로바키아의 경우, 1946년 5월에 공산주의자들은 투표의 38퍼센트를 획득했다. 헝가리에서 공산주의자들은 1945년 11월에는 불과 15퍼센트의 투표만 획득했지만 1947년 8월 선거에서는 22퍼센트까지 증가했고, 당이 이끄는 좌익 블록은 의석의 66퍼센트를 얻었다. 1947년 1월 폴란드 선거에서 공산주의자들이 이끄는 〈민주 블록〉은 80퍼센트의 표를 받았

다. 루마니아의 경우, 1946년 11월에 공산주의자들이 이끄는 〈민주주의 정당 블록〉이 투표의 80퍼센트를 득표했다. 유고슬라비아의 경우, 1945년 11월에 야당이 선거를 보이콧하여 대안 후보가 없었음에도 유권자의 90퍼센트가 공산주의자들의 〈인민 전선〉에 투표했다.[57]

그러나 공산주의의 진전은 소련 영향하의 인민 민주주의 유럽이라는 스탈린의 전후 프로젝트를 완수하기에는 그 흐름이 충분히 세차거나 깊지는 않았다. 체코슬로바키아, 유고슬라비아, 심지어 헝가리에서조차 공산주의자들은 꽤 많은 표를 얻었지만, 소련 안보에 가장 중요한 불가리아, 폴란드, 루마니아에서 공산주의자들은 상당한 투표 조작, 폭력, 협박의 도움을 받아 다수표를 확보할 수 있었을 뿐이었다. 스탈린의 전후 정치 전략의 또 다른 문제는 그가 도입하기를 원하는 비교적 리버럴한 인민 민주주의 체제가 동유럽에서 기반을 둘 만한 뿌리 깊은 민주주의 전통을 거의 갖고 있지 못하다는 사실이었다. 체코슬로바키아를 제외하고 전간기(戰間期) 동유럽의 정치사는 주로 권위주의, 선동적 민족주의 정치, 반공산주의적 억압의 역사였다. 이 같은 정치사의 당연한 귀결은 또다시 체코슬로바키아만 빼고 동유럽의 공산당들이 민주주의 정치에 대한 경험이 거의 없고 그 방식을 포용하려는 성향을 거의 갖고 있지 못하다는 것이었다. 이러한 흠결은 민주주의 정치에 대한 스탈린 자신의 난폭한 인식에 의해 더욱 악화되었다. 스탈린은 동유럽 공산주의자들에게 신민주주의의 미덕을 설교했지만, 또한 그들의 반대자들을 고립시키고 주변화하며, 그들 자신의 정치적 지배를 극대화하는 데 필수적인 무자비한 전술도 가르쳤다. 특히 스탈린에게 도발적이었던 것은 동유럽에서 공산주의자들의 반대자들이 영국과 미국을 관여시켜 그들의 내부 투쟁과 어려움을 국제화하려고 끊임없이 노력을 기울인다는 사실이었다. 영국과 미국의 어떤 개입이나 관여도 스탈린은 받아들일 수가 없었다. 왜냐하면 그는 동유럽을 자신의 간섭 말고는 어떤 강대국의 간섭에서도 자유로운 세력권으로 규정했기 때문이었다. 흥미롭게도 소비에트식 인민 민주주의의 운명을 피한 패전 국가는 핀란드였다. 이 국가의 지도자들은 미국과 영국에 자신들을 위해 중재에 나서 달라는 요청을 의도적으로 삼갔다. 대신 그들은 소련 점령 체제와 소련의 핀란드 공산주의 연합 파트너들을 다루기 위해 그들 자신의 정치적 자원에 의존했다. 스탈린은 핀란드가 공산주의자들에게 통제받지 않으면 서방의 권역으로 슬그머니 편입될까 두려워할 필요가 없었으며, 냉전이 발발했을 때 핀란드가 엄격하게 중립으로 남아 있는 것을 허용하는 데 동의했다.[58]

이처럼 스탈린은 서방이 동유럽의 자기 세력권에 개입하는 것을 우려했는데, 이러한 우려와 뒤얽히며 그것을 더욱 심화시킨 것이 바로 1946~1947년에 영국 및 미국과 소련의 관계가 점차 악화되면서 결국 반공산주의 서방 블록이 형성될 거라는 두려움이었다. 비록 동유럽에서 공산주의자들이 신민주주의를 폐기한 것은 시기상으로 서로 다르고, 또 국내 사정의 전개 과정에 많은 영향을 받았지만, 궁극적으로 스탈린이 이 지역에서 전략과 전술을 근본적으로 변경한 것은 1947년 냉전이 발발하면서 촉발되었다. 대연합이 붕괴하자, 스탈린은 동유럽에서 긴밀한 통제 속에 대외 정책 블록으로 결합시킬 수 있는 권역을 선택했다. 이 블록은 스탈린이 소련 안보에 절대적이라고 생각하는 정치적·영토적 공간에 대한 서방의 어떤 침해에도 엄중하게 저항할 터였다.

제2차 세계 대전이 종언을 맞이하면서 스탈린에게는 두 가지 전략적·정치적 목표가 있었다. 첫째, 부활하는 독일의 장기적 위협을 억제하는 데 필수적인 강대국들의 협력을 유지하기 위해 영국 및 미국과 대연합을 지속하는 것이다. 둘째, 소련의 서부 국경이 우호적인 체제들에 의해 보호되는 것을 보장하는 정치적 장치인 과도기적 인민 민주주의 체제들을 통해 유럽에서 장기적인 자신의 이념적 목표를 추구하는 것이다. 스탈린은 이 두 전략적 목표 사이에서 어떤 고유한 모순도 보지 못했다. 스탈린은 서방의 이익이 평화 시의 대연합을 지지한다고 믿었고, 인민 민주주의가 영국과 미국의 서구식 민주주의적 자본주의에 당장의 위협을 가하지는 않고 있다고 추정했다. 여하튼 영국과 미국 두 나라 모두 전쟁의 결과로 더욱 사회 민주주의적이고 국가 자본주의적으로 되었으며, 소비에트 모델과 인민 민주주의 모델에 좀 더 가까이 다가갔다. 스탈린은 또 영국과 미국이 그들의 이익권에서 우위를 차지하는 것을 받아들이고, 서유럽 공산주의자들에게 전후 재건의 우선시와 국민 통합의 유지를 강조하는 인민 민주주의의 더욱 온건한 형태를 추구하라고 권장함으로써 그들을 자제시킬 준비도 되어 있었다.

그러나 스탈린이 자신의 추론과 추정을 다른 사람들에게 잘못 투사한 일은 자신의 정치적 이력에서 이번이 처음이 아니었다. 전쟁이 끝난 후 그의 대연합 파트너들은 독일을 소련과의 지속적인 제휴를 요구하는 잠재적인 위협 세력으로 보기보다는 공산주의에 맞선 투쟁에서 동맹국으로 보게 되었다. 영국과 미국은 특히 스탈린이 서방 공산당들의 유력한 직책을 통해 그들의 권역에 간섭하고 있는 것이 자명한 이상, 동유럽의 소련 권역으로부터 완전히 배제되는 상황을 수용하지 않았다. 그들은 또 전후에 유럽에서 공산주의와 소련의 영향력이 상승하는 것을 장기적인 위협이 아니라 당장의 위협으로 보았다. 그들은 인민 민주주의를 계략으로 보았고, 자신들의 가장 중요한 이익을 위협할 스탈린의 전후 정책이 근본적으로 바뀔 것을 기대했다. 그것은 자기실현적 예언의 고전적 사례였다. 즉 위협으로 인식되는 현상에 대응해 서방이 취한 지나치게 방어적인 행동과 반발은 동유럽에서는 긴밀하게 통제되는 소비에트-공산주의 블록과 서유럽에서는 전투적인 공산주의 도전의 형태로 반작용을 촉발했다. 이는 런던과 워싱턴이 계속 우려하던 바로 그런 사태였다.

서방과의 전후 정치 투쟁은 스탈린이 선호한 선택이 아니라, 대안이 동유럽에서 소련의 영향력과 통제의 상실을 받아들이는 것이라면 스탈린이 정면으로 맞설 준비가 되어 있는 도전이었다. 스탈린은 너무 큰 희생을 치르고 히틀러에 맞선 투쟁에서 승리한 후 평화를 잃을 의향이 없었다. 비록 그것이 위험한 냉전을 수행하는 것을 의미할지라도 말이다.

제9장

마지막 전투:
스탈린, 트루먼 그리고
제2차 세계 대전의 종결

붉은 군대는 1945년 1월에 베를린으로의 진격을 재개했다. 〈비스와-오데르 작전〉으로 알려진 공세에서 소련 군대는 폴란드를 휩쓸고 동프로이센과 동부 독일로 돌진했다. 1945년 2월 공세가 점차 소강상태에 이르렀을 때 붉은 군대의 선발 부대들은 독일 수도에서 80킬로미터 지점까지 도달해 있었다. 비스와-오데르 작전은 제2차 세계 대전에서 단일한 작전으로는 가장 규모가 큰 소련군의 공세였다. 작전에 참가한 2개의 전선군은 220만 명의 병력에, 1942년 5월 현재 붉은 군대 전체가 가졌던 것보다 더 많은 탱크와 항공기 — 4,500대와 5,000대 — 를 소유했다. 보병은 11 대 1, 탱크는 7배, 항공기와 대포는 20배가 더 우세했던 붉은 군대는 하루 25~30킬로미터의 속도로 진격하면서 총 14만 7,000명의 포로들을 붙잡고 50개 이상의 독일군 사단을 파괴하거나 거의 파괴할 수 있었다(430면의 〈지도 16〉을 보라).[1]

비스와-오데르 작전 계획을 짜는 일은 1944년 가을 붉은 군대가 바르샤바를 탈취하는 데 실패한 후 중부 구역에서의 공격이 잠잠해져 있던 동안에 시작되었다. 참모 본부의 계산은 기진맥진한 부대와 지나치게 늘어난 보급선을 갖고 계속 공격하기보다는 전열을 가다듬으며 대규모 공세를 준비할 시간을 내는 것이 더 나으리라는 것이었다. 그사이 공격 작전은 독일군을 바르샤바에서 베를린에 이르는 중심축으로부터

지도 16. 비스와-오데르 작전(1945년 1~2월)

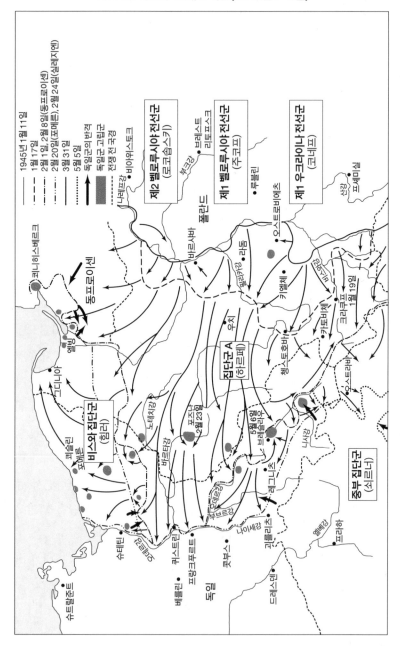

끌어낼 목적으로 측면에서 — 남쪽에서는 헝가리와 오스트리아에서, 그리고 북쪽에서는 쾨니히스베르크를 향해 동프로이센에서 — 수행될 터였다. 참모 본부의 계획은 새해에 45일 동안 지속될 두 단계로 이루어진 작전이었고, 이는 베를린 함락으로 막을 내릴 것이었다. 참모 본부의 구상은 작전이 1단계에서 2단계로 막힘없이 매끄럽게 나아가는 것이었지만, 최후의 베를린 돌진에 관한 결정은 작전 상태를 재검토한 후에야 내려질 터였다.[2]

작전은 제2 벨로루시야 전선군과 제3 벨로루시야 전선군의 지원 속에 제1 벨로루시야 전선군과 제1 우크라이나 전선군이 수행할 것이었다. 제1 우크라이나 전선군의 책임자는 코네프 원수였다. 제1 벨로루시야 전선군을 이끈 사람은 로코솝스키 원수였는데, 1944년 11월에 주코프로 대체되었다. 제1 벨로루시야 전선군의 임무는 중앙으로 진격하여 베를린을 함락하는 것이었다. 스탈린은 그 책임과 영예가 부최고 사령관인 주코프에게 돌아가야 한다고 생각했다. 로코솝스키는 제2 벨로루시야 전선군으로 전출되었지만, 스탈린은 이것이 부차적인 전선 구역이 아니라 주 공세의 일부라고 그에게 확신시켰다. 〈만약 당신과 코네프가 진격하지 않는다면, 주코프도 진격하지 못할 거요〉라고 스탈린은 로코솝스키에게 말했다.[3] 이 작전에서 바실렙스키 원수의 계획된 역할은 얼마간 주변적이었다. 바실렙스키는 제1 발트 전선군과 제2 발트 전선군의 스탑카 조율자였고, 모스크바에 없었기 때문에 참모 총장으로서 그의 역할은 부관이었던 알렉세이 안토노프 장군이 대행했는데, 1945년 2월 얄타 회담에 스탈린을 대동한 이가 바로 그였다. 이러한 상황 전개는 바실렙스키가 눈 밖에 났음을 나타내는 조짐들이 아니었다(장군들과 관련해 스탈린의 기분이 좋았다 나빴다 했지만 말이다). 오히려 스탈린은 전선의 다른 구역에서 바실렙스키가 보여 준 조율자로서의 기량을 높이 평가했다. 더 중요한 사실은 소련 지도자가 만주에서 일본군을 상대로 다가올 공격을 이끌기 위해 그를 극동으로 전출시킬 예정이었다는 것이다. 하지만 스탈린의 계획은 1945년 2월 제3 벨로루시야 전선군의 (유대계) 사령관인 이반 체르냐홉스키* 장군이 사망하면서 틀어졌다. 그의 후임이 바실렙스키였는데, 그래서 그는 소련군이 최종적으로 독일을 정복하는 과정에서 예기치 않은 역할을 할 수 있게 되었다.

비스와-오데르 작전의 기본 계획은 동부 폴란드와 동부 독일을 각각 양분하는 두 큰 강 사이의 지역이 대상이었고 그 지역을 점령하는 것이 목표였다. 로코솝스키의 임무는 북부 폴란드를 가로질러 단치히 방향으로 돌진하는 것이었다. 남쪽에서는 코네프가 브레슬라우와 슐레지엔의 주요 산업 지역을 향해 나아갈 것이었다. 스탈린은 이 지역을 전략적 이유뿐 아니라 경제적 이유로도 함락시키기를 열망했다. (스탈린은 코네프에게 이 지역을 〈황금〉이라고 묘사하면서 산업 자원을 훼손시키지 않도록 조심할 것을 지시했다.)[4] 주코프의 역할은 바르샤바를 함락시킨 다음 포즈난과 베를린으로 진격하는 것이었다. 체르냐홉스키의 목표는 동프로이센에서 강력한 독일군을 격파하고 쾨니히스베르크를 함락시킨 뒤 발트 연안 지역을 따라 로코솝스키 군대와 연합하여 공동으로 진격하는 것이었다. 주코프와 바실렙스키가 모스크바에 없는 까닭에, 여러 전선에서 벌어지는 이 복잡한 공세의 스탑카 조율자는 스탈린 자신이었는데, 그는 처음으로 그런 역할을 수행했다. 스탈린은 안토노프와 그의 작전부장인 시테멘코 장군의 능숙한 조력을 받았다.

비스와-오데르 작전의 개시 시각은 약간 사소한 논란거리가 되고 있다. 1945년 1월 6일, 처칠은 스탈린에게 1944년 12월 독일군의 아르덴 대공세(이른바 〈벌지 전투〉**)가 초래한 서부 전선에 대한 압박을

---

* Ivan Danilovich Chernyakhovsky(1907~1945). 소련의 장군. 제2차 세계 대전 동안 쿠르스크, 벨로루시야, 빌뉴스, 동프로이센 등에서 지휘관으로 맹활약하여 〈소련 영웅〉 칭호를 받았다. 1945년 제3 벨로루시야 전선군을 지휘하다 쾨니히스베르크 외곽에서 부상을 입고 사망했다.

** Battle of the Bulge. 제2차 세계 대전 당시 1944년 12월부터 1945년 1월에 걸쳐 서부 전선에서 독일군이 벌인 최후의 대반격을 가리킨다. 〈룬트슈테트 공세〉라고도 한다.

완화하기 위해 폴란드에서 소련군의 공세를 기대할 수 있는지를 묻는 서한을 썼다. 스탈린은 다음 날 불리한 기상 조건에도 불구하고 소련군의 공세는 일찍 시작될 것이라고 회신했다. 처칠은 당연히 과장되게 감사 인사를 건넸고, 스탈린은 1945년 2월 특별 명령을 통해 비스와-오데르 작전이 서부에서 패배를 면하는 데 도움이 된 사실을 크게 강조했다.[5] 하지만 작전은 원래 1월 8~10일에 개시하기로 정해져 있었으나 기상 악화로 연기된 듯하다.[6] 따라서 스탈린이 서방 동맹국들에 호의를 베푼 것에 대해 부당한 공치사를 했다고 할 수도 있을 것이다. 다른 한편 코네프는 자신의 회고록에서 이 사안에 대해 훨씬 구체적으로 이야기한다. 코네프에 따르면, 그의 전선군의 공세는 1월 20일에 시작하기로 정해져 있었으나 1월 9일에 준비를 서둘러 가능한 한 빨리 공격을 개시해 달라는 안토노프의 요청을 받았다는 것이다.[7]

코네프는 1월 12일 공격을 시작했고, 14일에 주코프와 로코숍스키는 부대 기동을 개시했다. 주코프와 코네프는 매우 빠르게 진격했다. 1월 17일에 바르샤바가 제1 벨로루시야 전선군에 함락되었고, 코네프는 19일에 크라쿠프를 함락했다. 그달 말 주코프와 코네프의 부대는 오데르선(線)이라는 최초의 목표에 도달했다. 로코숍스키의 제2 벨로루시야 전선군은 운이 덜 좋았다. 1월 20일 로코숍스키는 그의 우익을 북쪽 동프로이센으로 돌려 쾨니히스베르크로 진격하는 체르냐홉스키의 제3 벨로루시야 전선군을 도우라는 명령을 받았다. 그 때문에 북부 오데르강으로 향하던 로코숍스키 군대의 진격 속도가 느려졌고, 중부 구역에서 빠르게 진격하던 주코프 군대와의 격차가 그의 좌익에서 벌어졌다.[8] 그로 인해 베를린을 향한 주코프의 돌진을 포메른(동프로이센에 인접한 북부 독일의 주)에 주둔하던 강력한 베어마흐트 부대의 반격에 노출시켰다. 처음에는 주코프도 스탑카도 이를 크게 걱정하지 않았다. 1월 말, 주코프와 코네프가 2월 중순까지 베를린을 함락시킬 목표로 공세를 계속 가하겠다는 안을 제출했을 때, 스탈린은 이를 허락했고 얄타 회담에 참석하고 있을 때에도 그와 같은 계획을 계속 지지했다. 하지만

2월 중순에 포메른의 위협에 대처하는 유일하게 확실한 방법은 제1 벨로루시야 전선군의 상당 병력을 빼내 이 지역에서 로코솝스키의 노력을 뒷받침하는 임무를 부여하는 것이었다. 이는 주코프가 베를린으로 진격해 도시를 점령할 희망이 완전히 사라졌음을 의미했다. 한편 남쪽에서는 코네프의 진군 역시 속도가 느려지고 있었다. 2월 초 코네프의 군대는 오데르강 서쪽 니더슐레지엔으로 진출했으나 전진 속도가 둔화되었고, 코네프의 좌익을 보호하는 제4 우크라이나 전선군 역시 어려움을 겪고 있었다. 이 거대한 소련군 공세는 전선 전체에 걸쳐 지친 병력, 부족한 물자, 불안정한 병참이라는 이미 익숙한 문제를 드러냈다. 2월 말 동프로이센과 포메른에서 격렬한 전투가 계속되었지만 비스와-오데르 작전은 막을 내렸다.

붉은 군대가 1945년 2월에 베를린에 도달하는 데 실패한 것은 지나치게 낙관적이어서 결국 일그러져 버린 긴 목록의 웅장한 계획들을 실행하다가 가장 최근에 벌어진 일이었다. 카를 폰 클라우제비츠*의 말을 다른 말로 바꿔 표현한다면, 소련의 어떤 전략적 계획도 적과의 접촉을 이겨 내고 살아남은 적이 없었다. 그러나 스탈린과 스탑카가 베를린 점령에 실패했다는 것을 모든 사람이 인정하는 것은 아니다. 한 가지 이론은 스탈린이 정치적 이유 때문에 베를린의 조기 점령 가능성을 일부러 포기했다는 것이다. 스탈린은 2월 4일부터 11일까지 얄타 회담이 진행되고 있는 동안 소련-서방 동맹 내에 긴장을 더하고 싶지 않았다. 게다가 측면에서 — 베를린이 아니라 헝가리, 체코슬로바키아, 오스트리아, 덴마크를 향해 — 진격함으로써 정치적 이익도 얻을 수 있었다.[9] 이와 같은 추론은 문서로 입증되지 않는다. 베를린의 즉각적인 점령이라는 구상을 포기한 것은 얄타 회담이 끝난 **이후**였기 때문이다. 또한 이 특정의 시간에 소련-서방 동맹에는 심각한 긴장도 전혀 없었다. 또 다

---

* Carl von Clausewitz(1780~1831). 프로이센 왕국의 군인, 군사사상가. 군사 이론서의 고전인 『전쟁론』의 저자로 잘 알려져 있다.

른 견해는 추이코프 장군이 1964년에 발간한 회고록에서 제시했다. 스탈린그라드의 영웅인 추이코프는 제8 근위군(제62군의 바뀐 이름이다) 사령관이었고, 베를린 진격 동안 주코프와 함께 제1 벨로루시야 전선군에서 복무했다. 추이코프는 주코프가 2월에 베를린을 점령하기를 원했으나 스탈린이 기각했다고 주장했다. 주코프는 다른 주요 관련 인사들과 함께 추이코프의 주장을 반박하면서 베를린으로의 진격이 지체된 것은 병참 문제와 폴란드 및 동프로이센에서 강력한 독일군이 제기한 위협의 결과였다고 역설했다.[10] 추이코프는 그 뒤에 나온 회고록의 다른 판본들에서는 거슬리는 구절을 삭제하고 베를린이 1945년 2월에 점령될 수 **없었을** 거라는 공식 설명을 순순히 따랐다.[11]

1945년 초에 소련의 전략적 정책 결정 과정에서 드러난 이러한 견해 차이는 군사적 상황에 대한 스탈린 견해의 변화 문제를 제기한다. 이 시기에 스탈린이 가졌던 서방의 군사 지도자 및 정치 지도자들과의 교류가 일부 실마리를 제공한다. 1944년 12월 중순 스탈린은 동부 전선과 서부 전선의 군사적 상황에 대해 해리먼 대사와 오랜 논의 시간을 가졌다. 해리먼은 스탈린에게 영국과 미국이 서부에서 취할 공격 계획에 대해 말한 뒤 그들이 동부에서의 소련군의 공격이라는 형태로 어떤 지원을 기대할 수 있는지를 물었다. 스탑카의 비스와-오데르 작전 계획이 잘 진행되고 있었지만, 스탈린은 소련의 의향을 잘 드러내지 않으려 했다. 스탈린은 곧 소련군의 대규모 공세가 있을 것이라고 해리먼을 안심시켰으나, 붉은 군대의 우세가 병력 수보다는 공군력과 포병대에 있으며 이 무기들을 효과적으로 활용하기 위해서는 양호한 기상이 요구된다는 점을 강조했다. 날씨가 계속 나쁘면 〈러시아인들은 큰 작전을 수행하는 것이 지혜롭지 못하다고 생각합니다〉라고 스탈린은 말했다. 하지만 남부 구역에서의 전망은 나았고, 스탈린은 영국과 미국에 빈으로의 진격에 동참할 것을 요청했다.[12] 이 대화를 나눈 것은 서방 연합군이 라인강을 조기에 건널 전망에 먹구름을 드리웠던 독일군의 아르덴 대공세가 있기 직전이었다. 영국과 미국의 군사적 곤경은 다가올 소련군 공세의 포부에 중요한 함의를 지녔다. 왜냐하면 그 공세는 많은 독일군이 서부 전역에 꼼짝없이 잡혀 있는 상황에서 이루어졌기 때문이었다. 이러한 고려는 스탈린이 1945년 1월 15일에 공군 대장 아서 테더*와 나눈 대화에서 분명히 드러났다. 소련 지도자는 대화 중에 독일군의 아르덴 기동이 최소 2개월, 최대 6개월 동안 서방 연합군의 공세를 방해했다는 독일의 주장에 대해 걱정스레 물었다. 테더는 서방의 연합군 최고 사령관인 드와이트 아이젠하워** 장군의 특사로 모스크바에 있었고, 그의 임무는 소련의 전략 계획에 대한 정보를 알아내는 것이었다. 스탈린은 테더에게 막 개시된 소련군의 공세에 대해 이야기하면서, 가능할지는 확신할 수 없지만 오데르강까지 가는 것이 목표라고 말했다. 스탈린은 또 기상 조건(즉 봄철의 비와 진흙) 때문에 동부 전선에서의 대규모 공세는 3월 중순부터 5월 말까지는 중단될 거라고 언급했다. 스탈린은 필시 여름쯤에는 독일군이 굶주리게 되겠지만. 그렇더라도 전쟁이 그때까지는 끝나리라고 생각하지 않았다. 그는 말을 이었다.

독일군은 많은 감자를 생산할 수 있겠지만 제가 보기에 그들은 오랜 전쟁을 치르기 위해서는 곡물(입수할 수 없을 겁니다)이 필요할 것입니다. (……) 그러나 우리는 독일군이 검소하고 인내심이 많다는 점을 잊어서는 안 됩니다. 그들은 지능보다 불굴의 정신을 더 많이 갖고 있습니다. 사실 그들은 아르덴 공세를 실행하지 말아야 했습니다. 그것은 그들에게 매우 어리석은 작전이었습니다. 제 의견으로는 지금이라도 독일군은 서부에서 병력을 빼내야 합니다. 그렇게 하지 않는다면 동부에서 버틸 수가

* Arthur William Tedder(1890~1967). 영국 공군 사령관. 1946~1950년 영국 공군 참모 총장을 지냈다.
** Dwight David Eisenhower(1890~1969). 미국의 군인이자 정치가. 미국 육군 원수였고 1953~1961년에 미국의 제34대 대통령을 지냈다. 제2차 세계 대전 동안에는 유럽에서 연합군 최고 사령관으로 근무했으며, 1951년에 나토 초대 사령관이 되었다. 전임인 민주당 트루먼 대통령 당시 발생한 한국 전쟁을 종결시켰다.

없습니다. 현재의 붉은 군대 공세의 무게는 동부에서 예비군의 국지적인 움직임도 불가능하게 할 정도입니다.[13]

이 대화에서 명백히 드러나듯이 스탈린은 소련군의 공격에 대해 얼마간 신중한 견해를 갖고 있었다. 그는 독일군의 조기 붕괴를 기대하지도 않았고, 베를린이 단기적으로 가능한 표적이라는 어떤 암시도 주지 않았다. 시테멘코가 자신의 회고록에서 밝힌 생각도 염두에 두어야 한다. 전쟁의 이 단계에서 독일의 패배는 베를린의 함락과 동일시되지 않았다는 사실이다. 독일군은 헝가리, 서유럽, 동프로이센/포메른에서 강한 전력을 갖고 있었고, 격파하기 매우 힘든 곳으로 판명될 〈알프스 요새〉로 히틀러가 퇴각할 거라는 소문이 무성했다.[14]

얄타 회담에서는 안토노프 장군이 2월 4일 첫 번째 전체 회의에서 소련군 공세의 진척 상황에 대해 세 거두에게 보고했다. 안토노프는 서방 연합국의 요구 때문에 공세가 일찍 시작되었음을 애써 강조하며, 오데르강을 따라 베를린을 방어하기 위한 부대의 이동을 비롯해 서부에서 동부로 독일군의 상당한 이동이 있었다고 힘주어 말했다. 그런 다음 안토노프는 서방 연합군이 2월 중순에 공세를 개시해야 하고, 독일군이 동부 전선으로 이동하는 것을 막기 위한 조치를 취해야 한다는 결론을 이끌어 냈다. 스탈린은 이어진 논의에 자신의 의견을 제시하며, 소련군이 공세를 일찍 시작함으로써 그들이 테헤란에서 서방 연합군과의 군사 행동을 조율하기 위해 수행하기로 했던 의무를 크게 뛰어넘었다고 지적했다. 이는 스탈린이 처칠과 루스벨트가 이에 화답하기를 기대하고 있다는 뜻을 분명하게 말한 것은 아니지만, 넌지시라도 비치는 것이었다.[15]

이 첫 번째 전체 회의의 미국 측 회의록에 따르면, 스탈린은 〈자신은 전쟁이 여름 전에 끝날 거라고 확신하지 못하기 때문에 [군] 참모들이 독일에 대한 여름 공세 문제를 논의하는 것이 매우 유용할 거라고 느낍니다〉라고 말했다고 한다. 안토노프는 영국 및 미국의 참모 총장들과 논의하면서, 자신은 현재의 소련군 공세가 도로를 지나다닐 수 없도록 만들 봄철의 기상 사정 때문에 방해받을 거라 믿고 있으므로 여름까지는 대규모 공세가 재개되지 않을 거라고 솔직하게 털어놓았다.[16] 안토노프가 베를린과 관련한 소련의 의도에 대해 서방 연합국을 속이고자 스탈린과 함께 음모를 꾸몄을 수도 있지만, 두 사람 모두 붉은 군대의 공세가 점차 기운을 다할 것으로 정말로 생각했다고 추정하는 것이 더 합리적이다. 그것은 결국 1942, 1943, 1944년에 소련군의 공격 행동이 보여 준 패턴이었다. 즉 겨울 공세가 잘 진행되다가 봄에 동력을 잃어버리고 여름에 재개되어야 했다는 것이다.

군사적 상황의 예상 경로에 대한 스탈린의 상대적 비관주의는 2월 중순 붉은 군대의 베를린 진격이 흔들리면서 더욱 심해졌다. 군사적 상황에 대한 스탈린의 절제된 견해는 2월 23일 붉은 군대 창군 27주년 기념일에 내려진 특별 명령에서 공개적으로 표현되었다. 당연히 스탈린은 비스와강에서 오데르강으로 신속히 진군하는 데 그의 부대가 거둔 성과를 찬양했지만 최종 승리의 일정에 대해서는 어떤 주장도 하지 않았는데, 단지 승리가 곧 다가올 것이며 끝까지 힘든 싸움이 계속될 것이라고 말했을 뿐이었다.

독일에 대한 완전한 승리가 다가오고 있습니다. 그러나 승리는 절대 저절로 오지 않습니다. 승리는 힘든 전투와 지속적인 노력에 의해 달성됩니다. 명운이 다한 적들은 필사적으로 저항하고 가혹한 응징을 모면하려고 하면서, 최후의 병력을 전투에 투입하고 있습니다. 적들은 가장 극한적이고 악독한 투쟁 형태를 취하고 있으며 앞으로도 그럴 것입니다. 그러므로 우리의 승리가 가까워지면 가까워질수록 우리의 경계는 더욱더 강화되어야 하고, 적에 대한 우리의 타격은 더욱더 강력해져야 합니다.[17]

3월에 붉은 군대가 독일군을 분쇄하면서 동프로이센과 포메른으로 진격하는 동안 스탈린은 폴란드 정부의 재건과 루마니아에서의 정부

위기를 두고 서방과 언쟁을 벌이는 등 시급한 정치적 문제에 몰두해 있었다. 3월 말 스탈린은 아이젠하워에게서 영국-미국의 전략적 계획을 알려 주는 전언을 받았다. 아이젠하워는 스탈린에게 자신의 최우선 목표는 루르 지방을 방어하는 독일군을 격파하는 것이라고 말했다. 그런 후 그는 에르푸르트, 드레스덴, 라이프치히로 향하면서 이 지역의 소련군과 제휴할 터였다. 서방 연합군이 독일 남부에서 요새를 구축하려는 독일군의 계획을 저지할 목적으로 레겐스부르크-린츠를 향해 부차적인 진격을 할 수도 있을 것이었다. 아이젠하워는 스탈린에게 독일에 대한 동부와 서부의 기동이 조율될 수 있도록 그의 계획에 대한 정보를 요청함으로써 전언을 마무리했다.[18]

스탈린에게 보낸 아이젠하워의 메시지는 3월 31일 저녁에 해리먼과 영국 대사 클라크 커, 모스크바 주재 미국 군사 대표 존 러셀 딘* 장군에 의해 스탈린의 집무실에서 전달되었다. 그들이 떠나고 20분 뒤 스탈린은 아마도 그 내용을 논의하기 위해 주코프, 안토노프, 시테멘코를 불러들였다.[19] 이튿날 스탈린은 아이젠하워에게 회신했다. 그는 미국 사령관에게 서방과 소련의 전략적 계획들이 일치한다고 말했다. 스탈린은 소련군과 서방 연합군 병력이 에르푸르트-라이프치히-드레스덴 지역에서 제휴할 거라는 데 동의했고, 붉은 군대의 주공격이 이 방향으로 이루어질 거라고 말했다. 베를린에 관해서 스탈린은 도시가 〈이전의 전략적 중요성을 잃어버렸습니다. 따라서 소련 최고 사령관은 베를린을 위해 부차적인 군대만 따로 떼어 놓을까 생각하고 있습니다〉라고 말했다. 스탈린은 아이젠하워에게 상황이 변하지 않으면 남쪽에서 린츠와 빈 방향으로 부차적인 타격을 포함하여 5월 후반에 소련군의 대대적인 공격이 시작될 거라고 알렸다.[20] 4월 2일 스탈린은 주코프, 안

---

* John Russell Deane(1896~1982). 미국의 장군. 제2차 세계 대전 동안 모스크바의 미국 대사관에서 군사 임무 책임자로 근무했다. 1943년 모스크바 회의와 1945년 얄타 회담에 참석했다.

토노프, 시테멘코를 다시 만났다. 코네프가 합류하면서 회의는 두 시간 동안 이어졌다. 4월 3일 네 명의 장군은 다시 만났는데, 이번에는 회의 시간이 좀 더 짧았다.[21] 같은 날 스탈린은 주코프와 코네프에게 내리는 지시에 서명했다. 주코프의 임무는 베를린을 함락시키고 작전 개시 12~15일 내에 엘베강(소련-서방이 합의한 독일에서의 군사 경계선)에 도달하는 것이었다. 코네프의 임무는 베를린 남쪽의 독일군을 격파하고 10~12일 내에 드레스덴으로 진격한 다음 라이프치히 공격을 고려하는 것이었다. 제1 벨로루시야 전선군과 제1 우크라이나 전선군의 경계선은 베를린 남동쪽 약 80킬로미터 지점에 있는 루벤으로 정해졌다. 이 조치는 4월 15일 자로 발효되었는데, 이는 4월 16일에 이중 공세가 시작될 것임을 드러냈다.[22] 그리하여 기본 계획은 주코프가 직접 독일 수도를 향해 나아가 북쪽에서 도시를 둘러싸고, 코네프의 군대는 남쪽에서 도시를 포위하는 것이었다. 지원 역할을 하는 병력은 로코솝스키의 제2 벨로루시야 전선군이었는데, 이들은 북쪽에서 진행되는 독일군의 반격으로부터 주코프의 우익을 보호할 목적으로 4월 20일 베를린을 향해 공세를 개시하기로 했다(441면의 〈지도 17〉을 보라).[23]

많은 역사가가 아이젠하워가 스탈린에 오도되었고, 베를린이 소련 독재자가 서방 연합국에 앞서 필사적으로 점령하고 싶었던 일차적인 소련의 표적이었다고 주장해 왔다. 하지만 그것이 반드시 스탈린이 상황을 바라본 방식은 아니었다. 1948년에 스탈린은 전쟁 동안 아이젠하워의 참모장이었고 당시 미국 대사였던 월터 베델 스미스*와 베를린 작전에 대해 논쟁을 벌였다. 스탈린에 따르면, 베를린은 부차적인 표적이었고, 바로 그것이 주코프의 부대만이 독일 수도를 점령할 임무를 부여받은 이유이다. 그러나 주코프의 진격은 독일군에 의해 지연되었고, 그

* Walter Bedell Smith(1895~1961). 미국 육군 고위 장교. 제2차 세계 대전 당시 연합군 본부에서 아이젠하워의 참모장을 지냈다. 전후에는 1946~1948년 소련 주재 미국 대사, 1950~1953년 중앙 정보국 국장, 1953~1954년 국무 차관을 역임했다.

지도 17. 베를린 작전(1945년 4월)

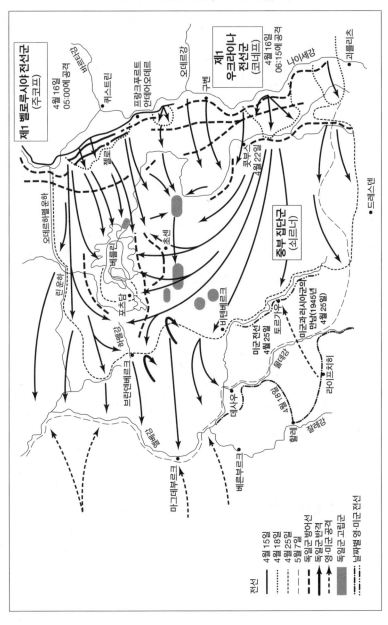

래서 코네프와 로코솝스키가 도와야 했다. 이것이 베를린을 부차적 표적에서 일차적 표적으로 변모시켰다. 격분한 스탈린은 당장 스미스와 함께 군사 문서고로 가서 자신이 베를린 작전을 위해 내렸던 명령을 보여 주겠다고 제안하기까지 했다. 스탈린은 베를린이 합의된 독일의 소련 점령지 안에 있으므로 붉은 군대가 도시를 점령하는 것은 도덕적으로나 전략적으로나 옳은 일이라고 덧붙였다.[24]

스탈린의 상황 설명은 작전의 추이와 대체로 부합한다. 원래 계획은 주코프의 부대가 단독으로 베를린을 점령하는 것이었지만, 제1 우크라이나 전선군이 좀 더 신속하게 진격하여 4월 17일에는 코네프의 병력 일부를 빼내 남쪽에서 베를린을 공격하도록 방향을 바꿀 기회가 생겼다.[25] 소련군 부대가 고투 끝에 베를린 도심의 폐허로 변해 버린 제국 의회 건물 옥상에 마침내 도달하여 붉은 깃발을 내걸자, 히틀러는 벙커에서 스스로 목숨을 끊었다. 스탈린에게는 기쁘게도 1945년 4월 30일 제국 의회 옥상에 올라간 세 명의 병사는 그루지야인, 러시아인, 우크라이나인이었다. 나중에 소련의 사진작가인 예브게니 할데이*가 두 명의 다른 병사를 불러 그 광경을 재연했다. 이는 미군 부대가 몇 달 전 이오섬에서 성조기를 세워 올리는 모습만큼이나 붉은 군대의 베를린 정복을 상징하는 사진을 찍기 위한 것이었다.

승리의 대가는 컸다. 붉은 군대는 최후의 베를린 공격 동안 8만 명의 전사자를 포함해 30만 명의 사상자가 발생했다. 가장 희생이 컸던 전투는 도시보다는 베를린으로 가는 진입로에서 벌어졌다. 그러므로 1942년 스탈린그라드나 혹은 그 문제라면, 1945년 2월 치열하고 오랜 전투 끝에 붉은 군대가 점령한 부다페스트에서 진행되었던 광범한 시가전 같은 것은 없었다.[26]

---

* Yevgeny Ananyevich Khaldei(1917~1997). 붉은 군대의 해군 장교이자 사진작가. 제2차 세계 대전 당시 베를린의 제국 의회에서 소련군 병사가 국기를 게양하는 사진을 찍은 것으로 알려져 있다.

대규모의 사상자 외에도(독일군의 희생은 소련군보다 훨씬 컸다), 붉은 군대가 베를린으로 승리의 진격을 감행하는 과정에서 또 하나의 먹구름이 드리워졌다. 그것은 꽤 많은 소련 병사가 저지른 잔혹 행위와 약탈이었다. 특히 끔찍했던 것은 붉은 군대 병사들이 자행한 강간이었다. 이 범죄의 규모에 대한 추산은 수만 건에서 수백만 건에 이르는데,[27] 정확한 수치는 그 사이 어딘가에 있을 것이다. 엄청나게 많은 강간이 일어난 곳은 1945년경에 대체로 여성들의 도시였던 대베를린*이었다.[28] 베를린 시민들만 대규모 강간의 고통을 겪은 것은 아니었다. 빈에서는 무려 7만~10만 건에 이르는 강간이 자행되었던 것 같다.[29] 헝가리에서는 5만에서 20만 건으로 추산된다.[30] 여성들은 루마니아와 불가리아에서 붉은 군대 병사들에게 강간당했고, 훨씬 숫자가 적긴 하지만 폴란드, 유고슬라비아, 체코슬로바키아 같은 해방된 국가들에서도 마찬가지였다.

스탈린이 무슨 일이 벌어지는지 충분히 깨닫고 있었는지는 알기 힘들지만, 그는 꽤 눈치를 채고 있었고 그의 병사들의 행동을 적절하게 변명했다. 1945년 3월 스탈린은 방문 중인 체코슬로바키아 대표단에게 다음과 말했다.

모든 사람이 우리의 붉은 군대를 칭찬하고 있는데, 그렇지요, 그들은 칭찬받을 자격이 있습니다. 그러나 저는 우리 손님들께서 붉은 군대의 애교에 실망하지 않으면 좋겠습니다. 중요한 것은 지금 붉은 군대에 거의 1200만 명이 되는 사람들이 있다는 점입니다. 이 사람들은 결코 천사가 아닙니다. 이 사람들은 전쟁으로 무감각해졌습니다. 그들 중 많은 이가 스탈린그라드에서 체코슬로바키아 한복판까지 전투를 하며 2,000킬로미터나 이동했습니다. 도중에 그들은 온갖 비통한 광경과 야만 행위를 보

* Greater Berlin. 1920년 프로이센 정부가 통과시킨 〈신베를린 지방 자치 재건법〉에 의해 교외의 도시와 마을들을 흡수하면서 면적이 크게 확대된 베를린을 가리킨다.

았습니다. 그러므로 우리 사람들 중 일부가 여러분들의 나라에서 처신을 잘못하더라도 놀라지 마십시오. 우리는 지력이 떨어지는 일부 병사들이 부녀자들을 괴롭히고 모욕하며 부끄럽게 행동하고 있다는 것을 알고 있습니다. 붉은 군대에 대한 우리 체코슬로바키아 친구들의 찬양이 실망으로 바뀌지 않도록 이 사실을 지금 그들에게 알려 주세요.[31]

스탈린은 1945년 4월 이 문제에 대해 티토 및 유고슬라비아 동지들과 이야기할 때 훨씬 더 솔직했다.

물론 여러분은 도스토옙스키를 읽었지요? 인간의 영혼, 인간의 심리가 얼마나 복잡한 것인지를 아시지요? 그렇다면 자, 스탈린그라드에서 베오그라드까지 싸우면서 이동했던 사람을 상상해 보십시오. 그는 동지들과 사랑하는 사람들의 시신을 보며, 수천 킬로미터에 이르는 황폐화된 자기 땅을 지나왔습니다. 그런 사람이 어떻게 반응하겠습니까? 그런 공포를 겪은 후 여자와 재미를 좀 본다고 뭐가 그리 끔찍한가요? 여러분은 붉은 군대가 완벽하다고 상상해 왔습니다. 붉은 군대는 완벽하지 않고, 완벽할 수도 없습니다. (……) 중요한 것은 그들이 독일군과 싸우고 있다는 사실입니다. (……)[32]

그러나 스탈린의 관용은 특히 붉은 군대가 조금이나마 남아 있는 독일의 귀중한 경제적 기반 시설을 미친 듯이 날뛰며 훼손할 때는 한계가 있었다. 그것은 소련이 배상금의 일부로 뜯어내기를 원하는 보상물이었다. 스탈린이 보복을 중단하라는 신호를 보내기 위해 선택한 한 가지 방식은 1945년 4월 14일 『프라우다』에 소련 작가 일리야 예렌부르크*

* Ilya Grigoriyevich Ehrenburg(1891~1967). 러시아의 작가, 시인, 언론인. 1908~1917년, 1921~1940년에 외국에서 망명 생활을 했으며, 1940년에 소련으로 귀국했다. 작품으로 『해빙』, 『파리 함락』, 『폭풍』 등이 있다.

를 공격하는 논설을 게재하는 것이었다. 예렌부르크는 전쟁 동안에 강력한 반(反)독일 증오 선전으로 유명해졌는데, 그 대부분은 붉은 군대의 기관지인 『크라스나야 즈베즈다』에 발표되었다. 소련의 선전 책임자인 게오르기 알렉산드로프*는 〈예렌부르크 동지는 사태를 단순화한다〉라는 제목으로 모든 독일인을 똑같이 보는 것은 오류이며, 히틀러 및 나치와 독일 인민들을 구분해야 한다고 썼다. 알렉산드로프는 소련 인민들은 독일인들에게 적대적이지 않으며, 다르게 주장하는 것은 소련-서방 동맹을 분열시키려는 나치 선전의 손에 놀아나는 꼴이라고 단언했다.[33] 예렌부르크는 뉘우치지 않았고, 알렉산드로프에게 개인적으로 다음과 같이 편지를 썼다.

당신의 기사를 읽으면 누구든 제가 독일인들의 완전한 말살을 요구해 왔다는 결론에 이를 것입니다. 그러나 저는 그런 요구를 한 적이 없습니다. 이것을 내 탓으로 돌리는 것은 독일의 선전입니다. 저는 어떻게 하든 이 오해를 완전히 불식할 때까지는 단 한 줄의 글도 쓸 수가 없습니다. (……) 급진주의 이론을 혐오하는 작가이자 국제주의자로서의 제 진실성이 의심을 받고 있습니다.[34]

끔찍한 짓이긴 하지만, 당시 붉은 군대의 강간이 일으킨 공개적인 파장과 정치적 충격을 과장해서는 안 된다. 1945년에 붉은 군대는 연합국 세계에서 나치의 야만으로부터 유럽을 구한 군대로서 보편적으로 찬양받았다. 붉은 군대는 잔혹한 적들에 맞서 무자비한 전쟁을 벌였지만, 이에 대해 대부분의 사람들은 비판을 가한 것이 아니라 감사의 마음을 가지고 있었다. 일반인들의 시선을 사로잡은 것은 대규모 강간에

---

* Georgii Fyodorovich Aleksandrov(1908~1961). 소련의 철학자, 정치인. 1940~1947년 공산당 중앙 위원회 선전 선동부 부장, 1947~1954년 학술원 철학 연구소 소장, 1954~1955년 문화부 장관 등을 역임했다.

대해서, 붉은 군대가 독일로 건너오기 전에 이미 그런 사태를 예측하고 있던 나치 선전 요원들이 가하는 비난이 아니라 1945년 초에 소련군이 폴란드를 휩쓸면서 그들이 〈해방시킨〉 나치 친위대의 절멸 수용소와 수용소의 가련한 생존자들을 촬영한 뉴스 영화의 장면들이었다. 1944년 7월 붉은 군대는 마이다네크에서 나치 죽음의 수용소를 처음으로 짓밟았다. 1945년 1월 말에 아우슈비츠가, 그 후 베우제츠, 헤움노, 소비부르, 트레블린카의 수용소들 ― 인간 존재의 연대기에서 가장 음울한 공포의 명부 ― 이 붉은 군대에 함락당했다.

의심할 여지 없이 그것은 스탈린에게 위대한 개인적 승리의 순간이었으나, 해리먼이 베를린에 당도한 것을 축하한다고 하자 만족을 모르던 스탈린은 대사에게 〈차르 알렉산드르는 파리까지 갔지요〉*라고 상기시켰다.[35]

5월 7일 마침내 독일이 항복했으나 주코프가 베를린에서 항복 조약에 서명한 것은 다음 날이 되어서였다. 따라서 유럽 전승 기념일은 소련에서는 영국과 미국보다 하루 늦었다.** 알렉산더 워스는 1945년에 그 현장을 다음과 같이 회상했다.

---

* 1812년 나폴레옹의 프랑스군이 차르 알렉산드르 1세 치하의 러시아 제국을 침공했을 당시, 러시아군이 모스크바에서 퇴각하는 프랑스군을 끝까지 쫓아 1814년 3월 파리에 입성한 사건을 가리킨다.

** 유럽 전승 기념일은 서유럽 국가들과 구소련 사이에 하루 차이가 나는데, 그것은 다음과 같은 사정 때문이었다. 1945년 5월 7일 프랑스 북부 랭스의 연합군 사령부에서 독일군 최고 사령관 알프레트 요들이 새벽 2시 41분 무조건 항복 문서에 서명했다. 항복 문서의 골자는 모든 독일군이 중부 유럽 표준시 5월 8일 오후 11시 1분을 기해 즉시 휴전한다는 내용이었다. 하지만 소련은 독일군이 미국과 영국, 프랑스 연합군에 항복했다는 사실을 인정하지 않았다. 승리의 주역인 소련군이 나치의 수도인 베를린에서 항복을 받아야 한다는 주장에 연합군은 반박할 논리가 없었다. 결국 독일군 육군 원수 빌헬름 카이텔이 5월 8일 오후 10시 43분 베를린 근교 소련군 사령부에서 다시 한번 소련군 장군 주코프를 상대로 항복 문서에 서명할 수밖에 없었다. 공식 항복 시간은 모스크바 시각 기준으로 5월 9일 0시 43분이었고, 이런 이유로 서유럽의 국가들은 5월 8일에, 구소련은 하루 늦은 5월 9일에 유럽에서의 승전을 기념하게 되었다.

5월 9일은 모스크바에서 잊을 수가 없는 날이었다. 그날 저녁 붉은 광장에 운집한 200만~300만 명의 시민들이 표출하는 자발적인 환희는 (……) 내가 이전에 모스크바에서 본 적이 없는 특별함과 깊이를 가진 것이었다. 사람들은 거리에서 춤추고 노래했다. 모든 병사와 장교가 껴안고 키스했다. (……) 너무나 기뻐서 술에 취할 필요도 없었고, 민병대의 관대한 눈길 속에 젊은이들은 모스크바 호텔 벽에 오줌을 누기까지 했으며 드넓은 도로가 오줌으로 넘쳐 났다. 이 같은 일이 이전에는 모스크바에서 일어난 적이 없었다. 이번만큼은 모스크바는 모든 겸양과 자제를 바람에 날려 보내 버렸다. 그날 저녁에 벌어진 불꽃놀이는 지금까지 봤던 것 중에서 가장 장엄한 광경이었다.[36]

스탈린은 위대한 승리를 선언하면서 독일의 목표는 캅카스, 우크라이나, 벨로루시야, 발트 국가들 및 여타 지역을 분리함으로써 소련을 해체하는 것이었다고 지적하며 히틀러의 패배는 민족들의 자유와 평화를 의미한다고 강조했다.[37] 스탈린이 전쟁이 다민족 국가로서 소련에 제기했던 위협을 언급한 일은 스탈린이 승리에 대한 러시아 인민의 기여를 특히 강조했던 전쟁에 관한 그의 다음번 공개 발언과 대비될 것이다. 1945년 5월 24일 크렘린에서 있었던 군 리셉션에서 스탈린은 소련 인민의 건강을 위해, 그러나 〈무엇보다도 러시아 인민을 위해〉 축배를 들자고 제안했고, 이 발언을 끝내자 오랜 갈채와 건배가 뒤를 이었다. 스탈린은 계속 말했다.

저는 무엇보다도 러시아 인민의 건강을 위해 건배합니다. 그들은 소련을 구성하는 민족들 중에서 가장 뛰어난 민족이기 때문입니다. (……) 저는 그들이 선도하는 인민이기 때문이어서가 아니라 상식, 사회적·정치적 상식, 인내력을 갖고 있기 때문에 러시아 인민의 건강을 위해 건배합니다. 우리 정부는 적지 않은 실수를 저질렀고, 우리는 1941~1942년에 절망적인 상황에 처해 있었습니다. (……) 다른 인민들은 이렇게 말했을 겁니다. 〈꺼져라, 당신들은 우리의 희망을 저버렸다, 우리는 다른 정부를 구성할 것이고, 이 정부는 독일과 강화를 맺고 우리에게 휴식을 제공할 것이다〉라고 말입니다. (……) 그러나 러시아 인민은 그러지 않았고, 타협에 찬성하지 않았으며, 우리 정부에 무조건적인 신뢰를 보여 주었습니다. 다시 말하지만 우리는 실수를 범했고 우리 군대는 후퇴할 수밖에 없었으며 사태에 대한 통제력을 잃어버린 것 같았습니다. (……) 하지만 러시아 인민은 굳은 신념으로 버티고 기다렸으며, 우리가 사태를 통제하기를 바랐습니다. 러시아 인민이 보여 준 우리 정부에 대한 신뢰에 대해 우리는 당신들에게 큰 감사의 말을 전합니다.[38]

나중에 돌이켜 보면서 많은 논란을 불러온 이 발언, 즉 스탈린이 소련의 전쟁 수행 노력에서 러시아인들의 역할을 꼭 집어 말한 이 언급은 당시에는 거의 반향을 일으키지 않았다. 러시아인들이 전쟁 동안 소비에트 국가의 충직한 보루였음은 자명한 사실이었고, 스탈린이 이를 공개적으로 인정한 것은 1930년대까지 거슬러 올라가는 러시아인들의 인간적·정치적 미덕을 극찬하는 담론의 일부였다. 전시의 선전은 일반적으로 소련의 애국적 주제들뿐 아니라 러시아의 애국적 주제도 활용했다. 1944년 1월 소련이 새 국가를 채택했을 때(공산주의 「인터내셔널가」를 대신했다), 주요 가사는 다음과 같았다.

자유로운 공화국들의 굳건한 연방을
대러시아가 영원토록 결속시켰도다.
만세에 불멸하리라, 인민의 의지로 창설된
통일되고 강성한 소비에트 연방이여.

6월 24일 붉은 광장에서 승전 열병식이 벌어졌고 말을 탄 주코프가 열병식을 이끌었다. 스탈린은 레닌 영묘에 올라 열병식을 사열하면서 수천 개의 독일 군기가 자기 앞에 쌓이는 광경을 지켜보았다. 그날 밤 스탈린은 크렘린의 리셉션에서 2,500명의 장군들과 장교들을 환대했지만, 스탈린이 그들에게 전한 메시지는 다소 뜻밖이었다. 스탈린은 신문에 발표된 그의 건배사에서 장군들이 아니라 수많은 일반 사람을 찬양했다. 이들은 스탈린과 그의 원수들이 전쟁에서 이기기 위해 의존했던 거대한 국가 기구의 톱니들이었다.[39]

루스벨트에서 트루먼으로

〈승리의 날〉에 미국 대사관 밖에 모인 군중들이 외친 구호 중 하나는 〈루스벨트 만세〉였다. 그러나 대통령은 한 달 전에 사망했다. 해리먼은 1945년 4월 13일 이른 시간에 루스벨트의 사망 소식을 몰로토프에게 전화로 알렸다. 몰로토프는 즉시 미국 대사관으로 가서 — 새벽 3시였다 — 조의를 표했다. 해리먼에 따르면, 몰로토프는 〈매우 상심하여 마음이 어지러운 듯했다〉. 〈몰로토프는 한동안 머무르며, 루스벨트 대통령이 전쟁과 평화 계획에서 수행했던 역할에 대해, 그리고 스탈린 원수와 모든 러시아 인민이 그에게 품었던 존경심에 대해 이야기했다. 또 스탈린 원수가 그의 얄타 방문을 얼마나 소중하게 생각하는지에 대해서도 말했다.〉 신임 대통령 해리 트루먼에 대해 몰로토프는 그가 루스벨트에 의해 부통령으로 선택되었기 때문에 신뢰를 보였다. 해리먼은 워싱턴에 보낸 전신에서 〈저는 몰로토프가 그토록 진지하게 이야기하는 것을 들어 본 적이 없습니다〉라고 진술했다.[40]

해리먼은 그날 조금 뒤에 스탈린을 보았다. 〈스탈린 원수의 집무실에 들어갔을 때 나는 그가 루스벨트 대통령의 사망 소식에 깊이 상심하고 있다는 사실을 알아차렸다. 스탈린은 말없이 나를 맞이했고 자리에 앉으라고 권하기 전에 약 30초 동안 내 손을 잡고 서 있었다.〉 해리먼은 스탈린에게 자신이 여기 온 것은 소련 지도자가 루스벨트의 죽음 이후 미국의 상황에 대해 몇 가지 질문거리를 갖고 있을 거라 생각하기 때문이라고 말했다. 하지만 스탈린은 미국 정책에 변화는 없을 거라는 확신을 표명했다. 〈루스벨트 대통령은 돌아가셨지만 그의 대의는 계속 살아 있어야 합니다〉라고 스탈린은 해리먼에게 말했다. 〈우리는 우리의 모든 힘과 의지를 다해 트루먼 대통령을 지지할 것입니다.〉 이에 해리먼은 트루먼의 앞길을 닦고 미국의 여론을 안심시키기 위해, 스탈린이 몰로토프를 미국에 보내 새 대통령을 만나게 하고 샌프란시스코에서 열리는 유엔 창립 회의에 참석하게 할 것을 제안했다. 이것은 해리먼의 개인적인 제안이었으나, 스탈린은 공식 초청을 한다면 몰로토프를 미국에 보내겠다고 즉석에서 동의했다.[41] 이 회의에 대한 소련 측 보고는 해리먼의 보고와 거의 같지만, 중요한 세부 사항을 한 가지 더 포함하고 있다. 그것은 스탈린이 미국의 대(對)일본 정책이 〈부드러워질〉 가능성이 있는지를 특별히 물었다는 사실이다. 해리먼이 정책 변화의 가능성이 전혀 없다고 대답하자 스탈린은 소련의 대일본 정책도 얄타의 합의에 근거해 이전 그대로라고 말했다.[42]

스탈린은 해리먼에게 애도를 표했을 뿐만 아니라 그날 트루먼에게도 서한을 보내 루스벨트의 사망에 〈깊은 슬픔〉을 전하면서 전시의 협력이 앞으로도 계속될 것을 확신한다고 언명했다.[43] 스탈린은 또 〈모스크바 라디오〉에 엘리너 루스벨트*에게 개인적인 위로를 전하는 메시지를 방송하도록 조처했다. 이 메시지에서 그는 대통령을 〈공동의 적에 맞서 싸운 자유 애호 국가들의 위대한 조직가이자 전 세계의 안전 보호를 뒷받침한 지도자〉라고 추켜세웠다.[44] 4월 15일 모스크바에서 루스벨트의 추도식이 열렸고, 몰로토프와 부외무 인민 위원들(병환 중인 리트비노프는 제외)은 물론이고 다른 정부 부서 및 군의 대표자들도 참석했다.[45]

---

* Anna Eleanor Roosevelt(1884~1962). 미국 제32대 대통령 프랭클린 루스벨트의 부인, 정치인, 사회 운동가. 1925~1926년 미국 국무부 국제 외교 행정 특보 비서관을 지냈고, 루스벨트 사망 후인 1945~1951년에는 미국 유엔 대사도 맡았다. 또 1946년 유엔 인권 위원회의 위원장이 되어 세계 인권 선언을 기초하는 데 중요한 역할을 했으며, 1961년에는 대통령 여성 지위 위원회 위원장으로 선출되기도 했다.

몰로토프가 미국으로 떠나기 직전 워싱턴 주재 소련 대사 안드레이 그로미코는 새 대통령에 대한 평가를 담은 전신을 발송했다. 그로미코는, 미국에서는 일반적으로 트루먼이 루스벨트의 뉴딜 정책 지지자로서 소련과의 협력을 비롯해 사망한 대통령의 대외 정책과 국내 정책을 이어받아 계속 진행할 것으로 본다고 보고했다. 그러나 전신 말미에 그로미코는 신중을 기하라는 뜻을 나타냈다. 〈트루먼이 소련과의 협력 정책을 얼마나 오래 이어 갈지, 고립주의적 반소련 그룹들의 영향을 어느 정도 받게 될지는 당장은 말하기 힘듭니다.〉 이것은 몰로토프가 트루먼과 회담을 하면 분명해질 질문이라고 그로미코는 전신을 마무리했다.[46]

미국에서 몰로토프는 4월 22일과 23일에 트루먼과 두 번의 회담을 가졌다. 트루먼과 몰로토프의 이 최초의 만남에는 얼마간 유명한 일화가 있다. 1955년에 발간된 트루먼의 회고록에 따르면, 두 번째 만남이 끝날 즈음에 몰로토프가 이렇게 불쑥 말했다고 한다. 〈저는 제 생애에서 이런 식의 이야기를 들어 본 적이 없습니다.〉 이에 트루먼은 다음과 같이 대꾸했을 거라고 한다. 〈합의를 이행하세요. 그러면 그런 말을 듣지 않을 겁니다.〉 하지만 몰로토프-트루먼 회담에 대한 미국 측의 기록이든 소련 측의 기록이든, 이른바 이 신랄한 대화가 오간 사실을 전혀 언급하지 않고 있다.[47] 그러므로 트루먼은 대통령직을 수행하기 시작한 바로 그때부터 러시아인들과 거칠게 대화를 나눴음을 보여 주기 위해 약간의 냉전 수사를 활용하여 회고록의 맛을 더했던 것처럼 보인다. 또한 몰로토프와의 대화라고 전해지는 이 이야기의 출처는 트루먼의 기억이 아니라 두 사람 사이에 발생했다고 추정하는 사건에 대한 언론의 가십이었던 것 같다. 냉전의 기원에 관한 칼 마르차니*의 1952년 책에

---

* Carl Aldo Marzani(1912~1994). 이탈리아 태생의 미국 정치 활동가, 문필가. 스페인 내전에 자발적으로 참여했으며 1939년 미국 공산당에 가입했다. 제2차 세계 대전 동안에는 전략 사무국과 미국 국무부의 연방 정보원으로 일했으며 전후에는 다큐멘터리 영화 제작자로

따르면, 〈워싱턴에서는 몰로토프가 트루먼을 포기했다는 가십이 파다하다. 해외 통신원 에드거 모러*에 따르면, 몰로토프는《어느 누구도 이전에 저에게 이런 식으로 말한 적이 없습니다》라고 했다〉고 한다.[48]

실제로 몰로토프와 트루먼 사이의 두 번의 회담에서 다소 거친 대화가 오가긴 했는데, 전후 폴란드 정부를 둘러싸고 연합국 간에 말다툼이 계속 이어지면서 논쟁이 벌어졌다. 한쪽에는 얄타의 합의를 바르샤바의 친공산주의적 기존 체제가 확대되고 개편되어야 한다는 식으로 해석하는 소련이 있었다. 다른 쪽에는 얄타 합의가 폴란드에 새로운 정부가 들어서야 하며, 기존 체제의 구성원들은 새 정부를 구성하는 협상에서 특별한 대우를 기대할 수 없다는 것을 의미한다고 주장하는 영국과 미국이 있었다. 이 논쟁은 모스크바에서는 얄타 회담에 의해 설립된 폴란드 위원회에서 벌어졌으며, 미국에서는 트루먼과의 회담에서뿐 아니라 영국 외무 장관 이든, 미국 국무 장관 에드워드 스테티니어스와 몰로토프의 회담들에서도 거친 대화가 계속 오고 갔다. 이 토론들에 대한 몰로토프의 개인적 짜증은 그가 통역관인 파블로프에게 번역문을 영국의 번역문과 비교하는 것을 금지했던 사소한 사건에서 표면화되었다.[49]

폴란드를 둘러싼 논란에도 불구하고 몰로토프가 트루먼과의 두 차례 만남에서 받은 인상은 결코 부정적이지 않았다. 4월 22일에 있었던 그들의 첫 번째 회담은 매우 화기애애했다. 회담이 끝날 때 트루먼은 건배를 제의하면서 그들 두 사람이 말이 통했기 때문에 스탈린을 만나 보고 싶고, 소련 지도자가 한 번쯤 미국을 방문해 줄 것을 희망한다고 말했다. 소련의 시각에서 볼 때 이 첫 회담에서 결정적으로 중요한 순간은 몰로토프가 트루먼이 소련군의 극동 전쟁 참가에 대한 얄타의 합의를

도 활약했다. 1947년에는 미국 공산당 당원임을 은폐하고 미국 정부에 근무한 죄로 기소되어 실형을 선고받고 1949~1951년 투옥되었다.

  * Edgar Ansel Mowrer(1892~1977). 미국의 언론인. 1920~1930년대에 『시카고 데일리 뉴스』의 유럽 통신원으로 활동했다.

알고 있는지를 묻자 대통령이 이에 답변했을 때였다. 트루먼은 얄타의 결정을 전적으로 지지한다고 대답했고, 몰로토프는 그와 같은 명확한 답변에 감사하며 스탈린에게 보고하겠다고 말했다. 두 번째 만남에서 트루먼은 — 정책 집단의 다소 강경한 자문의 영향을 받고 행동했다[50] — 몰로토프와 처음 만났을 때보다 폴란드 문제에 대해 훨씬 더 확고한 입장을 취했다. 그러나 대통령의 발언은 4월 18일에 트루먼이 스탈린에게 직접 보낸 메시지를 포함하여 영국과 미국의 입장을 그냥 다시 말한 데 불과했다.[51] 몰로토프와 스탈린에게 중요했던 것은 폴란드를 둘러싸고 그들에게 압박을 강화하려는, 예측할 수 있는 트루먼의 시도가 아니라 소련과의 협력이라는 루스벨트의 정책을 지속하고 기존 합의를 지지하고자 하는 그의 확약이었다.

트루먼이 몰로토프와 거칠게 대화를 나눈 일은 소용이 없었다. 스탈린은 폴란드에 관한 얄타 합의의 소련 해석을 고수했고, 모스크바는 바르샤바에 소련에 비우호적인 정부가 구성되는 것을 허용하지 않을 거라고 확실하게 못을 박았다. 4월 23일 스탈린은 트루먼에게 다음과 같이 썼다.

귀하께서는 아무래도 소련이 폴란드에서 자신에게 우호적인 정부를 추구할 자격이 있으며, 소련 정부가 폴란드에 자신에게 적대적인 정부가 존재하는 것에 동의할 수 없다는 데 동의하지 않는 듯싶습니다. (……) 저는 그리스에 진정한 대의제 정부가 수립되었는지, 혹은 벨기에 정부가 진정한 민주주의 정부인지 모르겠습니다. 이 정부들을 구성할 때 소련과 어떤 협의도 하지 않았고, 소련도 벨기에와 그리스가 영국의 안보에 얼마나 중요한지 잘 알고 있기 때문에 이 문제에 개입할 권리를 주장하지 않았습니다. 저는 폴란드 문제를 논의할 때 안보라는 측면에서 왜 소련의 이익을 마찬가지로 고려하려고 하지 않는지 이해할 수 없습니다.[52]

트루먼은 처음에 폴란드를 못 본 체했다. 유럽 전쟁이 끝나자 트루먼은 루스벨트의 절친한 친구이자 소련이 매우 좋아했던 해리 홉킨스를 모스크바에 보내 스탈린과의 협상을 중재하기로 결정했다.[53] 홉킨스는 5월 25일 소련 수도에 도착했고 다음 날 스탈린과 일련의 회담을 시작했다. 홉킨스는 스탈린에게 미국의 여론이 최근 전개된 미국-소련 관계, 특히 폴란드에 대한 알타 합의의 시행이 실패한 것에 불안해하고 있다고 말했다. 그러나 홉킨스는 트루먼이 소련과의 협력이라는 루스벨트의 정책을 계속해서 이어 갈 것이라고 스탈린을 안심시켰다. 이에 스탈린은 제3자를 비난하는 자신의 토론 특기를 구사하며, 소련은 폴란드에서 우호적인 정부를 원하지만 영국이 제1차 세계 대전 이후 시기의 반볼셰비키 방역선을 부활하려 시도하는 것이 문제라고 말했다. 그리고 대화가 끝날 때쯤 스탈린은 히틀러가 죽지 않았고 어딘가 숨어 있으며 아마도 잠수함을 이용해 일본으로 도피했을 것 같다는 다소 피해망상적인 견해를 표명했다. 사실 이때까지 소련의 군 당국과 의료계는 이미 조사에 들어가 히틀러와 괴벨스*가 자살했다는 사실을 입증함으로써 합리적 의혹을 불식하는 부검을 끝낸 상태였다. 그러나 스탈린은 여전히 나치 독재자의 베를린 탈출을 은폐하기 위해 증거를 조작했다고 의심했던 것이다.[54]

5월 27일 회담에서 스탈린은 홉킨스에게 소련-미국 관계에 대한 자신의 불만을 설명했다. 스탈린은 폴란드를 둘러싼 논란뿐 아니라 아르헨티나의 유엔 가입을 얻어 내려는 미국의 방침에도 분노했다. 아르헨티나는 소련이 독일의 전시 협력국으로 생각하는 중립 국가였다. 그다음 독일의 배상에 대한 연합국의 논의에 프랑스가 끼어드는 문제 — 스탈린은 이에 반대했다 — 가 있었고, 독일이 항복하자마자 미국이 소련에 무기 대여 물자 수송을 갑자기 중단한 문제도 있었다. 스탈린은 또

---

* Paul Goebbels(1897~1945). 나치 독일의 정치인이자 히틀러의 최측근 인물. 선전부 장관으로서 나치 선전 및 미화를 책임졌다. 1945년 4월 30일 히틀러가 스스로 목숨을 끊은 후 하루 뒤에 포위된 벙커 안에서 아내와 여섯 명의 아이를 데리고 동반 자살했다.

독일의 해군 함대와 상선대에서 일부 몫을 챙기기를 간절히 원했는데 영국과 미국이 이를 반대할 거라고 의심했다. 그 후 스탈린은 대화를 계속하면서 좀 더 타협적인 논조가 되었다. 스탈린은 홉킨스에게 미국은 세계적 규모의 이해관계를 가진 세계 강국이고, 이런 이유로 자신은 미국이 폴란드 문제의 해결에 관여할 권리가 있다는 것을 받아들인다고 말했다. 스탈린은 소련이 폴란드에서 일방적으로 행동했음을 인정했으나, 홉킨스에게 그 이유를 이해해 줄 것을 요청했다. 폴란드의 미래에 대해 스탈린은 개편된 폴란드 정부에서 4~5명의 장관들을 영국과 미국이 작성한 선호 정치인 명부에서 선임할 수 있을 거라고 제안했다. 스탈린의 이 제의는 곧 폴란드 분쟁의 해결을 가져왔다. 1945년 6월에 공산주의자들이 지배하는 폴란드 임시 정부가 네 명의 친서방 각료를 포함하는 쪽으로 개편하는 식으로 협상이 타결되었다. 네 명의 각료에는 두 명의 부총리(다른 한 명은 폴란드 공산주의 지도자인 고무우카였다) 중 한 명으로, 좌파 사회주의자 총리인 에드바르트 오숩카모라프스키* 밑에서 근무한 미코와이치크가 포함되었다. 영국과 미국은 7월 5일 이 개편된 정부를 인정했다.

홉킨스와 스탈린의 대화에서 또 하나의 중요한 주제는 소련의 극동 전쟁 참가였다. 홉킨스는 붉은 군대의 전쟁 준비 상황, 특히 소련의 전쟁 참가 일자에 대해 알고 싶어 했다. 5월 28일 세 번째 회담에서 스탈린은 홉킨스에게 소련이 유럽에서 전쟁이 끝나고 두세 달 후 일본에 전쟁을 선포하기로 명시한 얄타 합의에 따라 붉은 군대가 8월 8일까지 공격을 준비하겠다고 말했다. 하지만 얄타 합의의 실행은 중국이 외몽골의 독립을 인정하고 소련에 만주의 여러 항구와 철도 시설 사용권을 부여하는 것에 동의하는 일과 연계되어 있었다. 스탈린은 홉킨스에게 비

---

* Edward Bolesław Osóbka-Morawski(1909~1997). 폴란드의 사회주의자 정치인. 제2차 세계 대전 당시 소련 점령하의 폴란드에서 폴란드 민족 해방 위원회 위원장을 맡았고, 1944~1947년 폴란드 인민 공화국 초대 총리를 역임했다.

밀리에 소련군을 극동으로 재배치하는 일이 상당히 진전될 때까지는 중국과의 대화를 원하지 않는다고 말했다. 스탈린은 또 홉킨스에게 자기 생각에 일본도 독일처럼 전쟁 후에 공동으로 점령되어 미국, 영국, 소련의 군사 점령지로 분할되어야 한다는 점을 분명히 했다. 일본의 처리에 대한 스탈린의 태도는 독일과 관련해 그가 갖고 있던 태도와 유사했다. 즉 스탈린은 징벌적 평화를 선호했다.

스탈린 원수는 지금과 같은 전쟁은 100년에 한 번 일어날 수 있는 일이어서 이를 이용해 일본을 철저히 패배시키고 군사적 잠재력에 대처해 그런 식으로 50~60년 동안의 평화를 보장하는 것이 낫다고 말했다.

홉킨스는 마지막 임무를 띠고 모스크바에 갔을 때 위중한 상태였지만(그는 1946년 1월에 사망했다) 매우 중요한 역할을 해냈다. 그와 스탈린의 만남은 폴란드 분쟁의 해결을 위한 길을 닦았고, 소련-미국 관계에서 발생한 몇몇 다른 문제들에 대한 불만을 공개적으로 제기할 수 있게 해주었다. 양측 모두 루스벨트가 세운 협력의 전통 속에서 관계를 지속하겠다는 신호를 보냈다. 승전으로 고무된 얄타의 3자주의가 포츠담에서 반복될 수 있는 무대가 마련되었고, 이는 소련과 전시 동맹국들 사이의 관계를 한층 강화시켜 줄 터였다.

이 장밋빛 얄타 이후, 포츠담 이전 시나리오가 모든 역사가의 지지를 받는 것은 아니다. 일부 역사가들은 당시 대연합 내에 불화와 차이가 존재했음을 강조하고 싶어 한다. 그와 같은 해석은 나중에 가해진 냉전의 충격과 그 후 얄타와 포츠담의 협력 정신으로부터 거리를 두려 했던 트루먼과 처칠 같은 주역들의 영향을 반영하는 경향이 있다. 이와 유사한 대연합으로부터의 거리 두기는 냉전 발발 이후 소련 쪽에서도 발생했지만, 서방과의 관계에 대한 당대 스탈린의 견해는 매우 낙관적이었고, 소련 대표단은 전후 안보와 영속적인 평화를 달성하기 위한 영국, 미국, 소련의 3자 협력이 여전히 모두에게 가장 좋은 선택지라고 확신하며 포츠담을 향해 떠났다.

포츠담 회담

스탈린의 군대는 파리까지는 이르지는 못했으나 베를린에 도달했다. 1940년 프랑스가 항복했을 때, 히틀러는 파리 중심가를 의기양양하게 다니면서 수많은 사진을 찍었다. 처칠과 트루먼도 시간을 내 폐허로 변한 베를린을 차로 둘러보았다. 그러나 스탈린에게는 그런 흥미가 없었다. 그는 기차로 조용히 베를린에 도착했고, 심지어 주코프에게 군악대와 의장대로 자신을 환영할 계획이 있으면 전부 취소하라는 명령을 내리기까지 했다.[55]

회담 장소는 대베를린 지역에서 온전히 남아 있는 몇 안 되는 큰 건물 중 하나인 체칠리엔호프 궁전이었다. 독일 황제 빌헬름 2세*의 아들을 위해 지은 이 궁전은 그의 부인 이름을 딴 것이었다. 고전적인 유럽 궁전이라기보다는 튜더 왕조 시대의 시골 저택 같았던 이 궁전은 방이 176개였고 융페른 호수와 하일리거 호수 옆의 숲이 우거진 공원에 자리 잡고 있었다. 소련이 회담을 준비하면서 손을 본 시설에는 참석자들이 둘러앉아 토의할 수 있는 원형 탁자와 뜰 가운데 설치하려고 꽃으로 붉은 별 모양과 색깔을 낸 화단이 있었는데, 둘 다 러시아에서 들여온 것이었다.[56]

포츠담 회담은 2주 동안(7월 17일부터 8월 2일까지) 계속되었는데, 이는 테헤란의 나흘과, 처칠, 루스벨트, 스탈린이 얄타에서 보냈던 일주일보다 훨씬 길었다. 회담이 이렇게 오래 이어진 한 가지 이유는 7월 말에 처칠이 영국 총선거의 결과로 본국으로 돌아갈 수밖에 없어서 회담이 중단되었기 때문이었다. 처칠은 선거에서 대패했고 다시는 포츠담

---

* Wilhelm II(1859~1941). 독일 제국의 황제 겸 프로이센의 국왕. 1918년 11월에 시작된 독일 혁명으로 퇴위한 뒤 네덜란드로 망명했다.

으로 돌아오지 못했다. 회담이 이루어지던 테이블의 처칠과 이든의 자리는 신임 노동당 총리인 클레멘트 애틀리*와 그의 외무 장관 어니스트 베빈이 차지했다(애틀리는 부총리로 처칠을 따라 포츠담에 가 있는 상태였다). 회담이 오래 지속된 또 다른 이유는 포츠담에서 논의된 문제들의 개수와 유형 때문이었다. 테헤란에서 주요 주제는 독일에 대한 군사 행동의 조율이었던 반면, 얄타에서 토론을 지배한 것은 전후 세계에 대한 전반적인 시각이었다. 포츠담은 특정 문제들의 해결에 초점을 맞췄다는 점에서 1943년 10월의 모스크바 외무 장관 회의와 더 유사했다. 독일의 미래, 적국들과의 평화 조약, 흑해 접근에 관한 몽트뢰 협약의 개정, 이탈리아 이전 식민지들을 통치할 지역 신탁 기관의 구성, 대연합 내에서 향후 소련-서방 관계를 조율할 절차의 확립과 그 밖에 많은 다른 문제가 협의되었다. 스탈린은 이 모든 문제를 가능한 한 빨리 다루었으면 했다. 왜냐하면 독일에 대한 공동의 승리라는 호의적인 감정이 오래 지속되지 않을 것이고, 영국-미국 연합국들과의 관계가 전쟁이 끝난 후에는 점차 더 힘들어질 거라고 걱정했기 때문이었다. 스탈린은 또 협상 과정에서 사용할 수 있는 비장의 카드가 있다고 생각했다. 그것은 바로 일본을 끝장내기 위해서는 붉은 군대의 도움이 필요하다는 사실이었다.

개인적인 측면에서 처칠, 스탈린, 트루먼 사이의 관계는 테헤란과 얄타에서 처칠, 루스벨트, 스탈린이 보였던 친밀감을 결코 획득하지 못했다. 그러나 새로운 세 거두는 사이가 매우 좋았다. 이든은 총리가 〈또 스탈린의 마법에 걸렸다〉고 투덜거렸다. 〈총리는《난 저 사람이 좋다》고 계속 되풀이했다.〉[57] 당시 트루먼은 스탈린이 〈솔직하고〉, 〈자신이 무엇

---

* Clement Richard Attlee(1883~1967). 영국의 정치가. 1924년 제1차 노동당 내각의 육군 차관, 제2차 노동당 내각의 체신 장관 등을 지내고, 1935년 당수가 되었다. 제2차 세계 대전 후인 1945년 선거에서 대승하고 노동당 내각을 성립시켜 총리가 되었다. 애틀리 노동당 정부는 국민에게 내핍을 호소하고 영국 은행, 철도, 석탄, 가스, 전신 전화 등 기간산업의 국유화를 추진했다. 1951년의 선거에서 패배하고 1955년에 은퇴했다.

을 원하는지를 알고 있으며, 그것을 얻을 수 없을 때는 타협할〉 거라고 생각했다. 나중에 트루먼은 자신이 〈친러시아파〉이며 스탈린과 더불어 살 수 있지 않을까 생각했고, 실제로 〈이 멋진 사람을 좋아했다〉고 회고 했다.[58] 트루먼의 통역관인 찰스 볼렌에 따르면, 〈모든 사람이 겉으로는 사이가 좋았지만, 양쪽 모두 기본적인 불신을 상징하는 어떤 신중함 같은 게 있었다〉.[59] 그러나 회담 기록은 쾌활함, 농담, 웃음 그리고 전반적으로 협상에서의 대립과 교착 상태를 피하려는 온갖 노력으로 가득 찼다. 스탈린은 자신이 주최한 연회에서 여느 때처럼 매력적인 모습을 보였다. 일류 소련 예술인들의 피아노 연주가 끝난 뒤 트루먼은 일어나서 쇼팽을 멋들어지게 연주했다. 영국 측 통역관인 버스A. H. Birse 소령에 따르면, 〈스탈린은 열광적으로 박수를 치면서, 세 사람 중에 자기만 유일하게 재능이 없는 사람이다, 듣기로는 처칠은 그림을 그린다고 하며, 대통령은 스스로 음악가임을 증명했다고 언급했다〉.[60]

물론 포츠담에서 정치적 차이가 날카롭게 드러나고 교섭이 장시간 이어지며, 협상이 힘들게 진행되던 때도 있었다. 스탈린은 또한 협상 과정에서 영국과 미국이 소련에 맞서 점점 더 뚜렷하게 힘을 합치는 경향과도 싸워야 했다. 그러나 영국과 미국 사이에도 차이가 존재했다. 트루먼의 외무 장관 제임스 번스*는 회담 석상에서 다음과 같이 농담을 던졌다. 〈우리가 소련 친구들에게 동의하면 영국 대표단이 동의를 철회하고, 우리가 영국 친구들에게 동의하면 소련 대표단의 동의를 얻지 못한다는 인상을 받습니다. (웃음)〉[61]

7월 17일 스탈린이 포츠담에서 처음 회담을 가진 상대는 트루먼이었다. 스탈린은 회담장에 하루 늦게 도착한 일을 사과하는 것으로 말을

---

* James Francis Byrnes(1882~1972). 미국의 정치가. 1911~1925년 하원 의원, 1931~1941년 상원 의원, 1941~1942년 대법원 연방 대법관, 1945~1947년 국무 장관을 역임했다. 그 뒤 1951년에는 사우스캐롤라이나주 주지사로 당선되어 1955년까지 재임했다. 프랭클린 루스벨트 대통령의 신임을 받았으며, 1940년대 중반 미국 국내외 정책에서 가장 유력한 인물 중 한 명이었다.

꺼냈다. 스탈린은 중국과의 협상 때문에 모스크바에 붙잡혀 있었고, 의사들은 스탈린이 비행기를 타고 베를린에 가는 것을 말렸다. 사교적인 인사말이 오간 후, 스탈린은 회담에서 논의하고 싶은 문제들을 열거했다. 독일 함대의 분배, 배상, 폴란드, 신탁 통치령, 스페인의 프랑코 체제가 그것들이었다. 트루먼은 이 문제들을 기꺼이 논의하겠지만, 미국도 의제로 삼을 항목이 있다고 말했다. 그러나 트루먼은 그것들이 어떤 것인지 구체적으로 말하지는 않았다. 협상하는 동안 어려움과 의견 차이가 있기 마련이라는 트루먼의 발언에 스탈린은 그런 문제들은 불가피하지만 중요한 것은 공동의 언어를 찾는 것이라고 대꾸했다. 처칠에 대해 질문을 받은 트루먼은 어제 아침에 그를 만났으며, 총리가 영국 총선거에서 승리를 자신하고 있다고 말했다. 스탈린은 영국 인민들은 전쟁에서 승리했다는 사실을 잊지 않을 것이며, 실제로 그들은 전쟁이 이미 끝났다고 생각하고 미국과 소련이 그들을 위해 일본을 격퇴할 것을 기대하고 있다고 언급했다. 이 말에 트루먼은 영국이 극동 전쟁에 적극적으로 참여하고 있지만, 자신은 여전히 소련으로부터의 도움을 기다린다고 발언할 기회를 잡았다. 스탈린은 소련군이 8월 중순까지는 일본군에 대한 공격을 개시할 준비가 되어 있을 것이라고 답변했다. 그 뒤를 이어 스탈린이 자신은 소련의 극동 전쟁 참가 조건에 관한 얄타의 합의를 지키고 있으며, 다른 어떤 것도 더 요구할 의향이 없음을 내비치는 마지막 대화가 오갔다.[62]

스탈린과 트루먼의 대화는 스탈린이 테헤란과 얄타에서 루스벨트에게 느꼈던 친밀감에 필적하지는 않았지만 충분히 우호적이었다. 그러나 트루먼은 이런 일이 생소해서 스탈린에게 신중하게 행동했으며, 전임자와는 달리 소련 지도자를 만나기 전에 전시 동안 그와 오랫동안 연락을 주고받은 사이도 아니었다.

예상할 수 있듯이, 다음 날 저녁 만찬에서 스탈린과 처칠이 나누었던 담소는 훨씬 친밀했으며, 여느 때처럼 넓고 깊었다. 스탈린은 처칠이 영국 총선에서 승리할 것이라고 확신하며, 총리가 의회에서 80석에 이르는 다수 의석을 얻을 것이라고 예측했다. 스탈린은 또 〈영국의 친구인 사람은 어느 누구도 영국 군주정에 보여 준 존중심을 약화시킬 일은 하지 않을〉 것이라고 말하면서, 국왕 조지*가 제국을 단결시키는 데 했던 역할을 찬양했다. 처칠 역시 분에 넘칠 정도로 야단스러웠다. 그는 〈러시아를 해상의 강대국으로서 환영할〉 것이며, 러시아는 지중해, 발트해, 태평양에 접근할 권리가 있다고 말했다. 동유럽에 관해서 스탈린은 소비에트화를 추구하지 않겠다고 처칠에게 이전에 했던 약속을 되풀이했지만, 특히 자신이 그리스 사태에 개입하는 것을 자제하고 있을 때 서방이 불가리아와 루마니아에서 정부 변화를 요구한 데 대해 실망감을 표출했다. 처칠은 1944년 10월에 스탈린과 합의했던 50 : 50을 지적하며 유고슬라비아와 관련해 어려움을 토로했으나, 소련 지도자는 유고슬라비아에서 영향력의 몫은 90퍼센트 영국, 10퍼센트 유고슬라비아, 러시아는 0퍼센트라고 항의했다. 스탈린은 티토가 〈파르티잔식 사고방식〉을 갖고 있으며 〈하지 말았어야 할 일을 몇 번 했다〉고 말을 이었다. 〈소련 정부는 티토 원수가 무엇을 하려 하는지 모를 때가 종종 있었습니다.〉 대화의 긍정적인 성격은 만찬이 끝나 갈 무렵에 처칠이 했던 다음과 같은 발언에서 잘 드러났다. 〈테이블에 모인 세 열강은 세계가 지금까지 목도한 국가들 중에서 가장 강력한 나라들이며, 세계 평화를 유지하는 것이 이들의 과업입니다.〉[63]

포츠담에서 첫 전체 회의는 7월 17일에 열렸고,[64] 스탈린의 제안으로 트루먼이 회담이 지속되는 동안 의장을 맡기로 했다. 의제의 주요 항목은 세 지도자가 회담에서 어떤 문제를 논의하기를 원하는지 그 견해를 교환하는 것이었다. 스탈린의 목록은 그날 일찍 스탈린이 트루먼과 양자 회담을 하면서 그에게 제시했던 것과 유사했다. 또다시 독일 해군 함대 및 상선대의 배분이 그의 목록에서 첫 번째였고, 배상, 독일의 전

---

* George VI(1895-1952). 1936~1952년 그레이트브리튼 및 아일랜드의 연합 왕국 국왕이었고, 1936~1947년 인도 제국 황제였던 조지 6세를 가리킨다.

(前) 위성국들과의 외교 관계 재개, 스페인 프랑코 체제의 지위가 그 뒤를 이었다. 스탈린의 우선순위는 몇 가지 이유로 흥미로웠다. 첫째, 그것은 전리품의 공정한 몫을 확보하려는 스탈린의 변함없는 열망을 반영했으며, 스탈린은 특히 영국이 독일의 선박에 대한 소련의 몫을 부인하려 한다고 의심했다. 둘째, 스탈린은 강대국의 규정적 특징 중 하나는 대규모 함대이고, 전쟁이 끝나면 소련 해군을 크게 증강할 계획을 갖고 있다고 전쟁 동안 수차례 역설했다. 이를 위해서는 이탈리아 함대뿐 아니라 독일 함대의 몫(이미 얄타에서 합의했다)과 세계 여러 지역의 항만 시설이 필요했다.[65] 독일 함대의 몫에 대한 요구는 유럽에서 전쟁이 끝났기 때문에 소련이 공정한 보상을 받아야 한다는 스탈린의 견해를 반영했다. 스탈린은 회담장에서 트루먼과 그 후 처칠에게 다음과 같이 말했다. 〈우리는 선물을 원하는 게 아니라 원칙이 인정되고 있는지의 여부, 즉 독일 해군의 일부에 대한 러시아의 권리 주장이 정당한 것으로 여겨지고 있는지의 여부를 알고 싶을 뿐입니다.〉[66] 스탈린은 회담에서 논의된 몇 가지 다른 문제들에 관해서도 비슷한 태도를 보였다. 그는 쾨니히스베르크에 대한 소련의 요구를 정당화하면서 다음과 같이 말했다.

우리는 독일을 희생하여 발트해에서 부동항 한 곳을 가지는 것이 필요하다고 여깁니다. 저는 이 항구가 쾨니히스베르크에 도움이 되어야 한다고 생각합니다. 그토록 많은 피를 흘리고, 그토록 극심한 공포 속에 살았던 러시아인들이 이 전쟁으로부터 작은 만족감을 얻을 독일 영토를 약간 받고 싶어 하는 것은 전혀 이상한 일이 아닙니다.[67]

좀 더 심각한 국민적 자부심 문제는 튀르키예에 대한 소련의 요구와 관련되었다. 1945년 6월 소련은 카르스와 아르다한을 소련에 반환하라고 요구했다. 이 주(州)들은 아르메니아인과 조지아인들이 거주하는 튀르키예 동부에 있었고 1878년부터 소비에트-튀르키예 조약으로 두 지역이 튀르키예로 반환되었던 1921년까지 차르 제국의 일부였다. 소련의 이러한 영토 요구는 소련과 튀르키예가 동맹 조약을 체결해야 한다는 튀르키예 대사의 제안으로 촉발되었다. 몰로토프는 그런 조약을 맺으려면 먼저 카르스와 아르다한을 둘러싼 국경 분쟁을 해결할 필요가 있으며, 몽트뢰 협약을 개정하는 문제와 다르다넬스 해협에 소련 군사 기지를 설치하는 문제를 논의하는 협상이 선행되어야 한다고 회답했다.[68] 포츠담에서 소련은 소련 군사 기지를 허용하는 등 흑해 해협들을 공동으로 통제하자는 요구를 논의에 부쳤다.[69] 7월 23일 전체 회의에서 스탈린은 인종적인 근거로 카르스와 아르다한에 대한 소련의 입장을 옹호했고, 두 해협에 관련해서는 다음과 같이 말했다.

러시아와 같은 강대국에 해협 문제는 중요성이 크다. 몽트뢰 협약은 러시아에 불리하게 되어 있고, 러시아에 적대적인 조약이었습니다. 튀르키예는 전쟁 동안뿐 아니라 튀르키예가 전쟁이 일어날 징후가 존재한다고 규정할 때에도 해협을 폐쇄할 권리가 주어졌습니다. 있을 수 없는 일입니다! 튀르키예는 그런 징후가 존재한다는 것을 항상 보여 줄 수 있고, 언제나 해협을 폐쇄할 수 있습니다. 우리 러시아인들은 해협과 관련하여 일본 제국과 같은 권리를 갖고 있습니다. 웃기는 이야기지만 사실입니다. (……) 만일 지브롤터 해협과 관련하여 그런 조약이 존재한다면 영국에서, 혹은 파나마 운하와 관련하여 그런 조약이 존재한다면 미국에서 얼마나 큰 소동이 벌어질지 상상해 보십시오. (……) 귀하들께서는 해협에 해군 기지를 설치하는 것을 수용할 수 없다고 생각합니다. 좋습니다. 그러면 러시아 함대가 수리를 하고 재장비할 수 있으며, 동맹국들과 함께 러시아의 권리를 방어할 수 있는 다른 기지를 저에게 주십시오.[70]

다른 장소에 해군 기지를 설치할 수도 있다는 스탈린의 암시는 포츠담에서 소련이 제기한 또 다른 위신 문제와 관련이 있었다. 북아프리카에 있는 이탈리아의 식민지들을 대체할 〈신탁 통치령〉의 관리에 소련이 참여할 수 있게 해달라는 것이 그것이었다. 소련이 이런 요구를 하게 된 배경은 미국이 이전 식민지들이 독립국으로 이행하는 일을 감독하는 국제 연맹의 위임 통치 제도를 신탁 통치 제도로 대체하자고 오래전부터 제안해 온 데 있었다. 1945년 6월 샌프란시스코 회담에서 그로미코와 미국 국무 장관 스테티니어스 사이에 서신이 오갔는데, 미국이 신탁 통치 제도에 대한 소련의 참여를 지지할 것이라는 내용이었다.[71] 이는 모스크바에 매우 고무적이었고, 포츠담에서 소련은 신탁 통치에 들어간 영토가 세 강대국에 의해 집단적으로 운영되어야 하는지 아니면 각 영토를 책임진 개별 국가들에 의해 운영되어야 하는지 논의할 것을 제의했다. 스탈린과 몰로토프는 이 문제에 대한 논의를 추진했지만, 새로 설립되어 9월에 런던에서 열기로 예정된 〈외무 장관 협의회〉의 첫 회의에 이 쟁점을 회부하기로 합의했다.[72] 포츠담 이후 모스크바는 신탁 통치 문제에 대한 자국의 입장을 더욱 확고히 하고, 트리폴리타니아* (서부 리비아)를 소련의 신탁 통치령으로 요구할 것을 결정했다. 이는 스탈린이 지중해에 항만 시설을 설치할 수도 있음을 의미했다. 소련은 트리폴리타니아와 관련해 자신들의 이익을 도모하는 목표를 노골적으로 드러냈는데, 비록 그들의 의도가 상선대 시설을 설치하는 것임을 강조하긴 했지만 이 목표에 잘못된 것은 없다고 보았다.[73]

포츠담에서 몇 가지 문제들이 제기되었고 그런 다음 세 거두의 외무 장관들이 차후 이 문제들을 논의하기로 했다. 그러나 회담에서 결정해야 할 쟁점들이 일부 있었다. 중요한 것은 뭐니 뭐니 해도 독일의 장래였다. 이것은 몇 차례의 전체 회의와 외무 장관들 그리고 중간급 관리들의 전문가 실무 위원회에서 세세히 살펴본 문제였다. 가장 어려운 쟁점은 배상 문제였다. 얄타에서는 원칙적으로 소련이 독일로부터 배상을

---

* Tripolitania. 리비아 북서부에 위치한 역사적인 지역으로 중심 도시는 리비아의 수도인 트리폴리이다. 16세기 이래 오스만 제국의 지배를 받다가 1911년 이탈리아-튀르크 전쟁으로 수립된 이탈리아령 리비아가 수립되었으며, 1951년 리비아 왕국의 영토가 되었다.

받을 것이며, 금액은 대략 100억 달러로 합의했다. 배상은 독일의 산업체와 기반 시설을 해체하고 현 생산물을 전달함으로써 현물로 지급될 것이었다. 난점은 독일의 산업이 루르 지방처럼 서방이 점령한 지역에 대부분 위치해 있다는 것이었다. 배상에 대해 그렇게 관심이 많지 않은 영국과 미국은 이 문제가 결국 그들의 점령지에서 생산되는 물자로 소련의 배상 요구를 들어주어야 하는 쪽으로 귀결될까 봐 우려했다. 그들이 원한 것은 소련이 오로지 독일의 자기 점령지에서만 배상을 받는 것이었고, 만일 서부에서 전달될 배상 물자가 있다면 이 물자들은 동부에서 생산된 농산물과 교환되어야 했다. 결국 독일 산업의 10퍼센트를 서방 점령지에서 제거해 소련이 받을 배상금의 일부로 지급하고, 추가로 15퍼센트를 더 해체해 동부로 수송한 다음 식량 및 원자재와 교환하기로 합의가 이루어졌다. 스탈린의 시각에서 볼 때 무엇보다 중요한 점은 이 합의로 독일의 〈철저한 무장 해제와 탈군사화〉, 그리고 독일의 전쟁 잠재력의 제거가 가능해졌다는 사실이었다. 독일 부활의 장기적인 위험에 관한 스탈린의 견해는 상세히 설명되었으며, 7월 21일 스탈린이 폴란드가 독일과 맞대고 있는 국경을 가능한 한 멀리 서쪽으로 이동시키는 것이 유익하다고 트루먼과 대화하면서 다시 한번 주목을 받게 되었다.

　　스탈린　물론 국경을 서쪽으로 이동시키자는 (……) 제안은 독일에 곤경을 야기할 것입니다. 저는 그것이 독일에 곤경을 초래할 것이라는 주장에 이의가 없습니다. 우리의 과업은 독일이 더 많은 곤경을 치르는 데 있습니다. (……)

　　트루먼　그러나 연합국들에도 곤경을 야기하는 것은 좋은 일이 아닙니다.

　　스탈린　독일에 산업체가 적으면 적을수록 귀하의 제품 판로는 더욱더 커질 것입니다. 독일은 귀하의 제품과 경쟁하지 않을 겁니다. 그게 그렇게 나쁜가요? 제게는 매우 좋은 것 같습니다. 우리는 평화와 평화적 경쟁을 위협하는 국가를 무릎 꿇게 하고 있습니다. (……) 여기 독일에 곤경은 있지만, 우리는 이 곤경을 우려해서는 안 됩니다.[74]

독일 문제와 나란히, 독일과 맞댄 폴란드의 서부 국경 문제가 포츠담에서 가장 오랫동안 논의를 불러일으켰다. 얄타에서는 폴란드가 독일의 희생으로 마련된 땅으로 소련에 상실한 영토를 보상받을 거라고 합의되었다. 그러나 정확한 국경에 대해서는 어떤 합의도 이루지 못한 터라 독일-폴란드 국경을 서쪽으로 얼마나 멀리 밀어붙여야 하는지 이견이 존재했다. 이 이견들은 소련이 문제의 독일 영토를 모두 통제하게 되면서 그것을 폴란드의 행정적 통제를 받도록 한 사실 때문에 더욱 꼬여버렸다. 폴란드는 이 지역이 폴란드의 일부가 될 거라는 기대 속에 그곳으로 사람들을 이주시키기 시작했다. 그 결과 독일인들이 서쪽으로 대거 탈출했고, 이는 영국과 미국의 독일 점령지에서 문제를 일으켰다.

포츠담에서 이 문제를 두고 진행된 논의는 스탈린이 외교적 협상 과정에서 전술적으로 압도된 아주 드문 사례를 제공한다. 회담 초기에 트루먼과 처칠은 〈독일〉이라는 개념을 어떻게 정의할 것인가라는 문제를 제기했다. 스탈린은 독일이 순전히 지리적인 개념으로 고려되든지 아니면 〈1945년 현재의 독일〉로 간주되어야 한다고 말했다. 그러나 소련 지도자는 독일이 1937년 이전(히틀러가 오스트리아를 병합하고 주데텐란트를 체코슬로바키아로부터 탈취하기 전)에 존재했던 국가를 일컫는다는 데 동의하는 실수를 저질렀다. 이 양보 덕에 트루먼과 처칠은 폴란드인들에게 넘어간 독일 영토에서 벌어지고 있는 일이 소련-폴란드 관계의 양국 문제가 아니라 연합국 간의 문제라고 나중에 주장할 수 있게 되었다. 왜냐하면 독일이 연합국의 공동 점령하에 있었기 때문이었다. 스탈린은 독일인들이 서쪽으로 도주하여 이 영토가 사실상 폴란드 통제를 받고 있다고 반박했지만, 독일-폴란드 국경이 평화 회의에서 결정될 문제라는 주장에 대해 진정한 대답을 갖고 있지 못했다. 하지만 회담 말미에 독일과 폴란드 사이의 경계선이 합의되었고, 영국과 미국은 장차 있을 평화 회의에서 〈폴란드의 서부 국경이 최종 결정될 때까지〉 폴란드가 문제의 독일 영토를 관리하는 것을 받아들였다.

포츠담에서 세 번째로 논쟁을 일으킨 쟁점은 제2차 세계 대전 동안의 독일 동맹국들 — 이탈리아, 불가리아, 핀란드, 헝가리, 루마니아 — 과 세 강대국 사이의 관계와 관련되었다. 영국과 미국은 이탈리아를 특별 대우해 줄 것을 요구한 반면, 스탈린은 동유럽의 자기 세력권 내에 있는 나라들의 이익을 보호하려 했다는 것이 시나리오였다. 논쟁은 이탈리아를 유엔 회원국으로 받아들이자는 서방 측의 제안으로 시작되었다. 소련은 반대하지 않았지만, 스탈린은 왜 네 개의 다른 이전 적국이 같은 식으로 대우받아서는 안 되는지를 알 수 없었다. 영국과 미국은 자신들이 이 국가들과 외교 관계가 없기 때문에 평화 조약이 조인될 때까지는 그들의 유엔 가입을 고려할 수 없다고 말했다. 최종적으로 합의된 타협은 이탈리아의 유엔 가입을 가능케 할, 세 강대국과 이탈리아 간의 평화 조약 협상 및 체결을 우선적으로 처리하는 것이었다. 소련의 신경과민은 불가리아, 핀란드, 헝가리, 루마니아 정부들의 인정을 고려하겠다는 영국과 미국의 약속으로 누그러졌다.

1945년 8월 2일 포츠담 회담이 막을 내릴 때 참석자들은 회담을 통해 〈유대 관계를 강화하고 (……) 상호 협력과 이해의 범위를 확대했으며〉, 〈정의롭고 지속적인 평화〉를 이루어 낼 수 있는 자신들의 능력에 대한 자신감을 되찾았다고 엄숙하게 선언했다. 나아가 회담은 공식 성명을 통해 영구적인 3국 협력의 장이 될 〈외무 장관 협의회〉의 설립과, 배상금 지급에 관한 정책을 포함한 전후 독일을 위한 계획을 발표했다. 쾨니히스베르크의 소련 양도와 폴란드 서부 국경에 관한 합의 같은 여러 다른 결정에 대한 발표가 그 뒤를 이었다. 최종 공식 성명은 또한 전쟁 내내 중립국으로 남았던 나라들을 비롯해 더 많은 국가를 유엔에 가입시키는 길을 닦았다. 이 조항에서 명확히 제외된 나라는 프랑코의 스페인이었다. 그의 체제가 침략국들의 지원으로 세워졌고 전쟁 동안 그들과 긴밀한 제휴 관계를 유지했다는 것이 이유였다. 프랑코 체제를 약화시킬 목적으로 스탈린과 소련은 훨씬 강력한 조치를 제안했으나, 이 것은 영국과 미국이 함께할 태세가 되어 있는 한에서였다.[75] 공개적인 공식 성명뿐만 아니라 발표되지 않은 회담 보충 협약도 독일 해군 함대 및 상선대의 3국 처분과 흑해 해협들의 운영 체제를 조정할 필요 같은 문제들을 다루었다.[76]

포츠담에 대한 소련의 평가는 매우 긍정적이었고, 이는 회담이 테헤란과 얄타가 환영받은 만큼이나 칭찬 일색이었던 언론에서만 그런 게 아니었다.[77] 특히 흥미로운 것은 모스크바 주재 유고슬라비아 대사가 기록한 은밀한 발언들이다. 〈회담에 참석한 몰로토프와 비신스키에 따르면, 영국과 미국이 동유럽과 발칸 지역을 상실했음을 받아들이고 있다는 것을 알 수가, 회담 결과 알 수가 있다고 한다. (……) 몰로토프는 거친 논쟁과 날카로운 말들이 없는 것은 아니지만 회담이 진행되는 내내 분위기가 좋다고 말했다. 누구나 모든 문제가 타협에 의한 결정으로 해결될 수 있도록 애를 썼다. (……) 트루먼에 대해서 그들은 그가 매우 교양 있고 유럽 문제들에 대한 이해가 높다는 것을 보여 준다고 말했다.〉[78] 게오르기 디미트로프는 일기에 다음과 같이 적었다. 〈베를린 회담*에 대해, 특히 불가리아 및 발칸 지역에 영향을 미치는 결정들에 대해 몰로토프와 이야기를 나누었다. 기본적으로 이 결정들은 우리에게 유리하다. 사실상 이 세력권은 우리 세력권으로 인정받았다.〉[79] 소련 대사들에게 회람된 보고서에서 몰로토프는 〈회담 결과가 소련에 매우 만족스럽게 끝났다〉고 썼다.[80]

스탈린과 극동 전쟁

포츠담 회담이 끝난 후 스탈린은 제2차 세계 대전에서 소련이 벌인 최후의 전역(戰役)으로 눈을 돌렸다. 1945년 8월에 만주의 일본군을

---

* 포츠담 회담을 가리킨다. 포츠담은 베를린 근교의 대베를린 내에 있다.

공격한 것이 그것이다. 이 군사 행동은 단지 군사적 승리를 거둘 가능성이 큰 또 하나의 전쟁에 그치는 것이 아니었다. 그것은 극동에서 소련의 힘과 영향을 크게 증가시키는 그런 전쟁이기도 했다.[81]

　미국은 일찍이 1941년 12월에 소련의 극동 전쟁 참가를 도모했으나, 스탈린은 미국의 제의를 받아들이지 않았고 루스벨트도 이를 새삼스럽게 주장하지 않았다. 스탈린의 대(對)일본 정책은 1941년 4월의 소련-일본 중립 조약의 조건을 고수하는 것이었고, 스탈린은 도쿄도 그러기를 바랐다. 진주만 공격은 일본이 남쪽으로 팽창하려 한다는 신호를 보내는 것이었고, 그래서 스탈린은 당연하게도 일본이 소련-독일 전쟁에서 여전히 중립을 지킬 것으로 기대하며 붉은 군대가 나치의 공격을 저지, 격퇴할 수 있다고 생각했다. 그러나 스탈린은 현실에 안주할 여유가 없었다. 만주와 한국의 일본군은 1941년 6월 이후 병력이 100만여 명으로 늘어나면서 그 뒤로 쭉 비슷한 수준을 기록했다. 붉은 군대는 이러한 잠재적 위협에 대응하기 위해 극동에 약 70만 명의 군대를 유지했다. 1942년 극동 담당 부참모 총장직이 신설되었고, 스탑카는 극동 사령관들에게 일본군이 공격할 경우 무엇을 해야 하는지 계속 지시를 내렸다. 스탈린그라드와 쿠르스크에서 승리를 거둔 후 스탈린은 일본이 소련을 상대로 군사적 적대 행위를 개시할 만큼 무모하지는 않을 거라고 확신했다. 하지만 일본이 자신들에 맞서 소련이 전쟁을 준비하고 있다고 의심한다면, 극동의 블라디보스토크 항구처럼 전략적으로 중요하고 공격에 취약한 표적을 선제공격하는 일이 벌어질 가능성도 배제할 수 없었다. 스탈린은 매우 신중하게 발걸음을 내디뎌야 했다. 1940~1941년에 영국과 관련해 루스벨트가 했던 행동과는 달리, 스탈린은 극동에서 서방 연합국들의 투쟁에 대해 정치적 연대를 선언하지 않았다. 태평양 전쟁에 대한 소련 언론의 보도는 서방 연합국에 동정적이었지만, 일본에 특별히 적대적이지도 않았다. 이 절제된 공개적 입장에서 의미 있게 벗어난 유일한 경우는 스탈린이 1944년 11월의 혁명 기념 연설에서 일본을 침략국으로 분류한 발언이었다. 그러나 이 발언은 국제 연맹을 대체하는 효율적인 전후 국제 안보 기구의 설립을 지지하는 주장의 맥락에서 나온 것이라 일본은 이를 소련 정책의 변화를 알리는 신호로 해석하지 않았다.[82] 1945년 4월 소련이 일본에 중립 조약의 폐기를 통고했을 때 자신들은 침공 의도를 품고 있지 않다고 최선을 다해 그들을 안심시켰다.

그러나 기회가 생기면 소련이 대(對)일본 전쟁에 참여하리라는 것은 의심할 여지가 없었다. 스탈린의 관점에서 보면, 일본은 독일 바로 다음의 군사적 위협이었고 스탈린은 기회 있을 때마다 공식적으로든 비공식적으로든 이를 언명했다. 일본에 대한 스탈린의 적의는 역사가 길었다. 러시아 내전 동안 일본은 엄청난 규모의 군대를 보내 시베리아를 침공했고, 소련에서 일본군을 확실하게 철수시키는 데 몇 년이 소요되었다. 1931년 일본의 만주 침공은 특히 유럽에서 파시즘 및 나치즘의 대두와 결합하면서 모스크바에서 심각한 안보 우려를 야기했다.[83] 1937년 일본이 만주와 그 뒤 중국 북부로 팽창하면서 소련-몽골 국경과 소련-중국 국경의 분쟁 구역에서 일본군과 대규모 군사 충돌이 몇 차례 발생했다.[84] 1936년 일본은 독일과 반코민테른 협정*을 맺었고, 모스크바는 미국 및 영국과의 군사적 충돌보다 반공산주의 전쟁을 원하는 강력한 일본의 군사적·정치적 파벌들이 존재한다는 사실을 알고 있었다. 중일 전쟁 동안 스탈린은 소련을 이 갈등에 직접 연루시키려는 중국의 민족주의 지도자 장제스의 노력에 저항했지만, 1930년대 후반부터 소련은 중국에 대한 주요 군사 물자 공급국이었고, 이 관계는 대조국 전쟁 동안 계속 이어졌다.[85]

미국이 일본에 승리하는 것은 필연적이었으나, 일본이 위협적인 군

---

 * Anti-Comintern Pact. 방공 협정이라고도 한다. 1936년 10월 25일 나치 독일과 일본 제국이 코민테른과 소련에 대항하기 위해 맺은 협정으로 독일이나 일본이 소련의 침략을 받을 경우 양국 모두의 이익을 보호하기 위해 특별한 조치를 취한다는 내용을 담고 있다. 1937년 11월 6일 이탈리아가 이 협정에 서명하면서 제2차 세계 대전의 한 진영인 추축국의 형성이 본격화되었으며 1941년 11월 25일을 기해 개정된 새 협정에 따라 유효 기간이 5년 연장되었다.

사적·산업적 강국으로 재등장할 가능성은 소련이 극동 전쟁에 참가하기에 충분한 이유였다. 소련의 전쟁 참가는 일본의 결정적이고 괴멸적인 패배를 보장하며, 스탈린과 서방 연합국의 관계를 강화할 것이고, 극동의 평화 합의에 소련이 참여할 수 있는 길을 열어 줄 터였다. 극동에서의 소련의 구체적인 전쟁 목표라는 면에서 스탈린의 의제는 애국적 감정과 전략적 이해관계를 결합했다. 1904~1905년 일본과의 전쟁에서 차르 러시아는 치욕적인 패배를 당했고, 포츠머스 조약에 의해 중국의 항만 시설과 조차지를 포기하고 일본에 사할린섬 남부 절반을 양도할 수밖에 없었다. 소련 시기에 모스크바는 만주에서 블라디보스토크에 이르는 동청 철도에 대한 통제권을 상실했고, 북부 사할린에서 어업권과 일본의 광산 채굴권을 둘러싸고 일본과 오랜 분쟁에 휘말렸다. 일본과의 전쟁은 이러한 상실을 만회할 가능성을 제공했지만, 스탈린은 상당히 늦게까지 자신의 요구를 공식화하거나 명확히 말하지 않았다. 스탈린에게 자주 그런 모습이 보였듯이, 그의 정책 요구는 다른 이들의 선제 행동에 대응해 모습을 드러낸 다음 서서히 바뀌었다.

일본과의 전쟁으로 가는 길은 스탈린이 1943년 10월 모스크바 외무 장관 회의에서 미국 국무 장관 코델 헐과 갓 도착한 미국 대사 해리먼에게 소련은 독일이 패배하자마자 극동 전쟁에 참가할 것이라고 말했을 때 시작되었다. 스탈린이 소련의 대(對)일본 전쟁 참가와 유럽에서의 교전 행위의 종결을 연계시킨 것은 영국과 미국에 프랑스에서 제2전선을 개설하겠다는 약속을 지킬 것을 고무하는 전술이었을 수도 있지만, 또 단순히 극동에서 대규모 군사 행동을 계획, 준비, 실행하는 군사적 현실을 반영했을 수도 있었을 것이다. 일본과의 싸움에 참가하겠다는 스탈린의 약속은 테헤란에서 처칠 및 루스벨트와 대화를 나누며 더욱 굳어졌다.

테헤란 회담이 끝나고 해리먼은 몇 차례 기회가 있을 때 소련의 극동 전쟁 참가 문제를 제기했다. 1944년 2월에 해리먼은 소련 영토에 미국 공군 기지를 설치하는 사안을 비롯해 일본에 대한 미국의 폭격 작전에 소련이 협력하는 문제를 스탈린과 논의했다. 스탈린은 극동의 소련 군대가 너무 허약해 전력을 증강시켜 강하게 만들려면 2~3개월이 걸리는데, 붉은 군대가 서쪽에서 분주히 활동하는 동안에는 그렇게 하는 것이 불가능하기 때문에, 소련은 일본을 겨냥한 작전에 참가할 수 없다고 답변했다. 하지만 독일군의 저항이 약해지면 극동으로 사단들을 이동시킬 수 있으며, 〈이 병력이 이송되자마자 소련 정부는 더 이상 일본군의 도발을 두려워하지 않을 것이고, 심지어 일본군 자체를 도발할 수도 있을 것이다〉. 스탈린은 소련 영토에 미국의 공군 기지를 설치하는 것에 반대하지 않았으나, 만약 일본이 이에 자극받아 선제공격에 나선다면 해안의 영토와 미국의 기지 설치가 예정된 지역을 상실할 수도 있음을 강조했다.[86] 1944년 6월 해리먼은 프랑스에서 이루어진 디데이 상륙의 훈훈한 잔광을 이용해 소련의 극동에 미국의 폭격기 기지를 설치하는 문제를 다시 제기했다. 이전처럼 스탈린은 이 구상을 전반적으로 받아들였으나, 해리먼은 언제 구체적인 논의를 시작할지 정확히 날짜를 못 박지는 못했다.[87] 1944년 9월 해리먼과 클라크 커는 퀘벡에서 있었던 처칠-루스벨트 회담의 결과를 알려 주기 위해 스탈린을 만나러 갔다. 해리먼은 기회를 이용해 태평양 전역에서의 합동 군사 작전 문제를 제기했다. 스탈린은 해리먼에게 그가 염두에 두고 있는 것이 무엇인지, 즉 계획의 입안인지 아니면 행동 날짜의 결정인지를 물었다. 해리먼은 계획에 대해 생각하고 있으며, 소련의 참가 일자는 유럽에서 전쟁이 끝난 후 비로소 정해질 수 있다고 답변했다. 해리먼이 다시 폭격 문제를 거론했을 때 그것은 스탈린을 성가시게 하는 것 같았고, 스탈린은 처칠과 루스벨트가 소련의 전쟁 참가를 원한다면 25~30개 사단을 극동으로 이송하는 것이 필요하다는 사실을 깨달아야 한다고 말했다. 스탈린은 소련의 전쟁 참가에 관해 루스벨트의 계획에 어떤 변화가 있는지 알고 싶어 했고, 소련의 역할이 공군 기지 제공에 그치는 것이 루스벨트의 구상인지 궁금해했다. 〈테헤란에서 루스벨트는 대(對)일본 전쟁에의 소련 참가를 요구, 아니 좀 더 정확히 말하면 요청했습니다〉라고 스탈린은 해리먼에게 말했다. 〈러시아는 이에 동의했습니다. 러시아의 입장은 여전히 똑같습니다. 저는 미국과 영국의 의향이 소련의 도움 없이 일본을 무릎 꿇리는 것인지 알고 싶습니다.〉 클라크 커와 해리먼 둘 다 스탈린에게 그것은 사실이 아니라고 확언했지만, 소련 지도자는 만일 자신이 자체 준비를 계속 진행한다면 소련 참가를 위한 영국-미국의 계획이 무엇인지 알 필요가 있다고 지적했다.[88]

소련의 극동 전쟁 참가와 관련한 해리먼과 스탈린의 다음 대화는 1944년 10월에 있었다. 처칠이 모스크바를 방문하면서 기회가 생겼고, 10월 14일 두 지도자는 군사 문제를 논의했다. 해리먼은 딘 장군을 대동해 회담에 임했고, 딘 장군은 태평양 전쟁의 상황을 보고했다. 딘은 지난달에 스탈린이 해리먼에게 했던 질문에 답하면서 미국의 각 군 참모 총장이 소련의 극동 전쟁 참가에 대해 어떤 구상을 갖고 있는지를 개괄적으로 설명했다. 그러고는 참전 목적은 다음과 같을 거라고 말했다. 시베리아 횡단 철도와 블라디보스토크 항의 보호, 대일본 작전을 위한 소련과 미국의 전략적 공군 기지 설치, 일본과 아시아 본토의 통신 단절, 만주의 일본군 궤멸, 끝으로 태평양 병참선의 보호가 그것이다. 보고 말미에 딘은 소련에 몇 가지 질문을 제기했다. 독일을 패배시킨 뒤 소련은 얼마나 빨리 대일본 전쟁에 참가할 것인가? 소련이 극동에 병력을 집결시키는 데 얼마나 시간이 걸릴 것인가? 시베리아 횡단 철도는 전략 공군에 얼마나 많은 물자를 실어다 줄 수 있는가? 소련 정부는 전략 공군을 창설하기 위해 얼마나 빨리 움직일 수 있는가?[89] 안토노프 장군이 다음 날 회의에서 딘의 질문에 대답했다. 안토노프는 충분한 소련군을 집결시키는 데 두 달 반에서 세 달이 걸릴 거라고 말했다. 스탈린이 끼어들어 그것은 단지 병력을 극동으로 수송시키는 문제만이 아니라 병력을 계속 유지하기 위해서는 충분한 물자가 공급되어야 하는 문제이기도 한데, 이 공급이라는 측면에서 소련은 미국의 도움이 필요할 거라고 이야기했다. 소련이 언제 대일본 전쟁에 돌입할 것인가라고 해리먼이 묻자 스탈린은 독일을 패배시키고 3개월 후라고 말했다.[90]

10월 16일 스탈린은 해리먼과 딘을 다시 만났고, 소련이 극동 전쟁에 참여할 경우 필요한 물자 목록을 대사에게 전달했다. 딘은 그전 회의에서 말했던 내용을 요약해 되풀이했으며, 스탈린은 붉은 군대의 가장 중요한 과업은 만주의 일본군을 격파하는 것으로 생각한다고 답변했다.[91] 해리먼에 따르면, 스탈린은 소련 인민들이 자신들이 무엇을 위해 싸우고 있는지를 알아야 하기 때문에 소련의 극동 전쟁 참가와 관련하여 해야 할 정치적 요구가 있다는 점을 분명히 했다.[92] 그리고 소련 지도자의 속셈은 해리먼 대사가 스탈린에게 12월 14일에 있은 다음번 회담에서 그의 요구가 무엇인지를 물었을 때 비로소 드러났다. 기본적으로 스탈린은 포츠머스 조약의 파기를 원했다. 즉 남부 사할린은 러시아에 반환될 것이고, 만주의 랴오둥반도에 위치한 뤼순과 다롄 항은 소련에 임대될 것이며, 두 항구를 연결하는 철도선 역시 소련에 임대될 것이다. 스탈린은 또 외몽골과 관련해 현상 유지를 원했는데, 이는 중국이 1920년대 이래 소련의 피보호 국가인 몽골 인민 공화국의 독립을 사실상 인정하는 것을 의미했다. 끝으로, 스탈린은 쿠릴 열도를 소련에 합병하고 싶어 했다.[93] 쿠릴 열도는 소련의 캄차카반도에서 일본 홋카이도 섬의 최북단까지 죽 늘어서 있는 섬들을 가리킨다. 대부분 사람이 살지 않는 이 섬들의 지위는 러시아가 1875년에 체결된 협정으로 일본에 넘겨줄 때까지 불확실했다. 하지만 원칙의 문제로서 소련은 그것이 차르 전임자의 협정에 구속되어 있음을 인정하지 않았고, 그래서 일본이 〈북방 영토〉라고 부르는 땅이 소련의 소유라는 법적·역사적 주장이 존재했다. 법적 분쟁을 제외하고, 스탈린이 쿠릴 열도를 장악하려는 계획을 세운 전략적 이유는 쿠릴 열도가 오호츠크해 입구를 통제하고, 블라디보스토크로부터 태평양으로 접근할 수 없게 한다는 것이었다. 1945년 7월에 스탈린은 다음과 같이 중국 대사에게 말했다. 〈만일 쿠릴 열도가 소련 영토이고 타이완과 다른 영토들이 중국에 반환된다면, 우리는 일본을 동쪽, 남쪽, 서쪽에서 에워쌀 수 있을 것입니다.〉[94] 쿠릴 열도는 스탈린에게 극동판 독일의 쾨니히스베르크 같은 것일 수도 있었다. 그것은 극동 전쟁에서 흘릴 소련군의 피를 일부 보상해 주는 한 〈덩어리〉의 일본 영토였다.

스탈린이 해리먼과 많은 대화를 나누면서 견지했던 태도 중 하나는 소련의 일본 공격 의향을 끝까지 숨기려 했다는 것이었다. 스탈린은 이 문제가 오직 모스크바의 정치적·군사적 정책 결정의 최고위 수준에서 논의될 뿐이라고 대사에게 날카롭게 말했다. 심지어 스탈린은 도쿄의 소련 대사인 야코프 말리크와 극동을 특별히 책임진 부외무 인민 위원 솔로몬 로좁스키*를 비롯해 자신의 최고 외교관들에게도 이 비밀을 유지했다. 말리크와 로좁스키 둘 다 소련이 일본과의 전쟁에 참가하지 않는다는 가정 아래 활동했으며, 자신들의 정책 브리핑에서 포츠머스 조약의 파기를 비롯해 극동에서의 소련의 목표는 전후 평화 회의에서 협상을 통해 달성할 수 있다고 주장했다. 하지만 스탈린은 중국 및 일본과 관련된 그의 정치적·영토적 요구가 극동 전쟁에서 소련의 적극적인 역할이 부재한 상황에서는 진지하게 받아들여지지 않을 것임을 알고 있었다.[95]

1945년 2월 얄타 회담에서 스탈린은 극동과 관련하여 자신이 원하던 바를 얻었다. 스탈린의 고집으로 세 거두가 비공식적으로 서명한 비밀 합의에서 처칠과 루스벨트는 스탈린이 12월에 해리먼에게 상세히 열거했던 요구에 두 가지 단서를 달면서 동의했다. 한 가지 단서는 다롄이 소련에 해군 기지로 임대되기보다는 무역항으로 국제적 관리 아래 둔다는 것이었고, 또 하나는 만주와 관련된 소련의 요구는 전부 중국의 동의를 받아야 한다는 것이었다. 이에 스탈린은 소련이 중국-소련 동맹 조약을 협상해서 체결할 것이라고 약속했다.[96]

---

* Solomon Abramovich Lozovskii(1878~1952). 러시아의 볼셰비키 혁명가이자 소련의 고위 관리. 1920~1921년 국제 노동조합 회의 의장, 1921~1937년 적색 노동조합 인터내셔널Profintern 총서기. 1945~1948년 소련 정보국Sovinformburo 의장을 역임했다. 1940년대 말에서 1950년대 초에 소련에서 벌어졌던 반유대인 운동 때 체포되어 1952년 8월 다른 〈유대인 반파시즘 위원회〉 위원들과 함께 처형당했다.

알타 회담이 끝난 뒤 소련의 극동 전쟁 참가 준비가 본격적으로 시작되었다.[97] 계획이 작성되었고, 주요 요원들이 임명되었으며, 소련군의 동부 수송이 개시되었다. 군사 기동을 책임진 사람은 1945년 4월 말에 작전 계획을 짜기 시작했던 바실렙스키 원수였다. 보안상의 이유로 그의 임명에 대한 발표는 없었다. 실제로 7월 말까지 바실렙스키는 극동의 소련 총사령관으로 공식 지명되지 않았다. 바실렙스키는 몇 주 전에 이 지역에 도착했지만, 가명을 썼고 원수 제복도 입지 않았다. 몇몇 노련한 고위 장교들이 유럽 전역에서 바실렙스키와 함께 전출되었다. 그중에는 소련의 주력 극동 전선군인 외몽골의 자바이칼리예 전선군 사령관으로 임명된 로디온 말리놉스키* 원수와 핀란드 전쟁에서 명성을 떨치고 프리모리예(제1 극동) 전선군을 지휘하게 될 메레츠코프 원수가 있었다.

작전 계획을 입안하는 일 외에 또 다른 중요한 임무는 소련군을 극동에 집결시키는 것이었다. 이는 극동의 소련군 병력을 2배로 늘리는 것이었으며, 1945년 4월부터 8월 사이에 약 1만 킬로미터 떨어진 소련의 서부 군관구로부터 3개 보병군과 1개 탱크군의 총 39개 사단을 이동시켰다. 소련군의 공격이 시작될 때 극동의 붉은 군대는 병력 150만 명, 대포와 박격포 2만 6,000문, 탱크와 자주포 5,500대, 전투기 3,900대로 이루어져 있었다.

1945년 3월 말에 군사 기동을 준비하라는 스탑카의 첫 명령이 있었다.[98] 흥미롭게도 이 명령은 일본군이 공격할 경우 무엇을 해야 하는지에 관한 지시였다. 이는 부분적으로는 방어 행동에 관한 이전의 지시를 갱신하는 것이었고, 부분적으로는 소련-일본 중립 조약 파기 이후 일본군이 선제공격을 감행할 경우를 대비한 예방 조치이기도 했다. 그러

---

* Rodion Yakovlevich Malinovskii(1898~1967). 소련의 군인. 제2차 세계 대전에 참전해 스탈린그라드 전투와 부다페스트 전투에서 크게 활약하고 1957~1967년 소련의 국방 장관을 지냈다.

나 이 지시는 또한 소련군 참모 본부가 1941년 6월 22일의 경험으로부터 배웠고, 공격을 준비하면서 다시는 기습을 당하지 않겠다고 단단히 마음먹었다는 사실을 보여 주었다. 시테멘코의 회고에 따르면, 소련은 다음과 같이 신중하게 생각하고 있었다. 〈극동 전쟁을 위한 어떤 계획도 기습 공격에 대비한 안전장치 같은 것을 제공해야 한다. (……) 방어 요소가 계획에 포함된 방어 준비를 했으며, 문서 기록물은 우리의 주요 전술과 전략에 관한 참모 본부의 이러한 특이한 사고방식을 반영하고 있다.〉[99]

6월 28일 스탈린은 자바이칼리예 전선군과 제1 극동 전선군에는 7월 25일까지, 제2 극동 전선군에는 8월 1일까지 공격을 준비하라는 명령을 내렸다.[100] 군사 기동의 주요 계획은 만주의 일본 관동군을 파괴하는 것이었고, 자바이칼리예 전선군이 주공격을 맡을 것이었다. 제1 극동 전선군과 제2 극동 전선군 그리고 소련 태평양 함대가 지원 활동에 나서 만주의 일본군을 분열, 고립시키는 행동을 취할 터였다(478면의 〈지도 18〉을 보라).

이 같은 군사적 준비와 함께 소련은 극동 전쟁에 참가하는 데 유리한 조건을 확보하기 위해 외교적 행동에도 들어갔다. 가장 중요한 과업은 일본에 적어도 단기적으로 소련을 두려워할 이유가 전혀 없다는 점을 확신시키는 것이었다. 이는 모스크바가 1945년 4월 5일에 소련-일본 중립 조약의 첫 5년 기한이 지나면 조약을 갱신하지 않겠다고 통보한 후 특히 긴급한 과업이 되었다.[101] 일본 정책 결정자들 가운데 소련이 가까운 미래에 공격을 가할 거라고 생각한 사람은 거의 없었다. 그래서 그들은 소련이 태평양 전쟁 종결 협상에 중재 역할을 해야 한다는 제안을 들고 모스크바에 계속 접근했다. 데이비드 홀러웨이가 지적했듯이, 〈소련은 일본의 접근에 끌리는 조짐을 전혀 보이지 않았다. 소련은 미국과 평화 협정을 맺고 싶어 하는 일본을 도와주려는 의향을 조금도 내비치지 않았다. 또 소련은 일본이 소련에 아시아에서 좀 더 큰 영향력을 제공하는 대가로 전쟁에 관여하지 않는 것에도 관심이 없었다. (……)

지도 18. 만주 전역(1945년 8월)

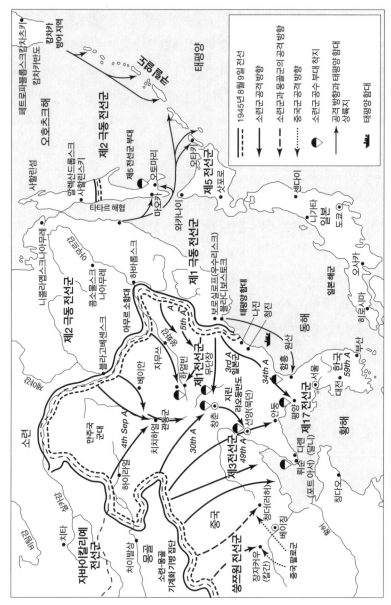

· 숫자 및 약어 예시: (3rd A) 제3군, (4th Sep A) 제4 독립 야전군

스탈린은 무조건 항복이라는 목표를 일관되게 지지했는데, 그는 이 무조건 항복을 가장 가혹한 조건을 부과하는 식으로 이해했다).[102]

당시 소련 외교의 다른 과업은 얄타에서 합의한 것처럼 중국과 동맹 조약을 협상하는 것이었다. 하지만 스탈린은 중국과 너무 빨리 협상에 들어가는 것을 주저했다. 중국이 과연 비밀을 지킬 수 있을지를 믿지 못해서, 다가올 소련의 일본 공격에 대해 중국이 비밀을 발설할까 봐 우려했기 때문이었다. 이런 이유로 6월 말까지 대화는 시작되지도 못했다. 하지만 막상 대화가 시작되자 스탈린은 매우 적극적으로 참여했다. 6월 30일부터 7월 12일까지 스탈린은 중국 대표인 쑹쯔원*을 여섯 차례 만났다.[103] 중국은 소련과 기꺼이 조약을 맺으려 했고, 붉은 군대가 일본군을 공격하기를 간절히 바랐지만, 외몽골의 독립을 인정하거나 소련이 다롄과 뤼순 항을 통제하는 것을 받아들이려 하지 않았다.[104] 7월 중순 스탈린이 회담에 참석하기 위해 포츠담으로 떠날 때까지 이 문제들에 대한 합의는 여전히 이루어지지 못한 상태였다.

스탈린과 쑹쯔원의 대화는 힘들게 진행되어 지금 읽어도 지겨울 정도인데, 당시 소련 지도자에게 매우 실망스러웠던 것이 틀림없다. 회담이 끝난 후 스탈린은 해리먼에게 다음과 같이 불만을 토로했다. 〈쑹쯔원이 정확히 무엇을 주장하는지 알 수가 없어요. 쑹쯔원은 이야기를 많이 하고 메모를 하는 데 많은 시간을 썼지만, 우리는 그가 무엇을 제안하고 있는지 이해하지 못했습니다. 우리는 쑹쯔원에게 제안을 문서로 달라고 요청했으나 그는 아직 그렇게 하지 않았습니다. (……) 우리는 우리의 제안을 러시아어와 영어 두 가지 언어로 써서 쑹쯔원에게 전달했습니다. 그러나 우리는 쑹쯔원에게서 말만 들었을 뿐입니다.〉[105] 그럼에도 스탈린-쑹쯔원 회담은 제2차 세계 대전 말기에 소련 독재자가 전

---

* 宋子文(1891~1971). 중화민국 타이완의 재정가, 은행가, 정치가. 중국 4대 재벌의 한 사람이며, 국민당과 국민 정부의 중심인물이었다. 1930~1933년 중앙은행 총재, 1942~1945년 외교부장, 1945~1947년 행정원장을 역임했다.

지구적 차원에서 무엇을 생각하고 있는지를 들여다볼 수 있는 매우 흥미로운 창을 제공한다. 스탈린의 주된 논지는 장기적인 일본의 위협과 독일의 위협을 비교하는 것이었다. 7월 2일 스탈린은 쑹쯔원에게 다음과 같이 말했다.

일본은 무조건 항복을 하더라도 망하지 않을 것입니다. 역사는 일본인들이 강력한 민족이라는 것을 보여 줍니다. 베르사유 조약 이후 모든 사람이 독일이 다시는 일어서지 못할 거라고 생각했습니다. 그러나 15~17년 후 독일은 힘을 회복했습니다. 일본이 지금 무릎을 꿇을 수밖에 없다 하더라도 이 나라 역시 때가 되면 독일이 했던 것을 되풀이할 수 있을 겁니다.

스탈린은 쑹쯔원에게 얄타에서 극동에 관한 협정에 서명할 때 자신의 주요 목표가 장차 일본과 전쟁을 벌이기 위해 소련의 전략적 지위를 강화하는 것이었다고 계속 설명했다.[106] 7월 7일 스탈린은 쑹쯔원에게 다음과 같이 말했다. 〈소련은 미래에 대해, 6개월이나 1년이 아닌 장기적인 미래에 대해 생각을 하고 있습니다. 일본은 패배하고 약 20년 뒤에 회복할 것입니다. 소련 정부는 현재뿐만 아니라 미래, 장기적인 미래를 위해서도 중국-소련 관계를 구축하기를 원합니다.〉[107] 7월 11일 스탈린은 독일의 비유를 다시 들며, 쑹쯔원에게 독일의 중공업이 해체되지 않는다면 그 나라가 재무장하기는 쉬울 거라고 지적했다. 일본과 관련한 스탈린의 우려는 다음과 같았다. 영국과 미국은 〈지금의 전쟁으로 빚어진 고통을 잊고 제1차 세계 대전 이후 독일에 그랬듯이 일본에 많은 특권을 부여할 겁니다. (……) 미국과 영국에는 일본을 도와줄 사람들이 있습니다. 귀하[쑹쯔원]는 소련 대표들이 독일의 무조건 항복 요구를 받아들이도록 테헤란과 얄타에서 얼마나 열심히 싸웠는지를 (……) 모릅니다. 그들[영국과 미국]은 정치적 게임을 위해, 균형을 위해 독일을 유지하기를 원합니다. 의심할 여지 없이 미국과 영국에는 일

본을 도울 사람들이 있을 겁니다.〉[108]

데이비드 홀러웨이는 다음과 같이 주장하고 있다.

전후 세계에 대한 스탈린의 시각은 제1차 세계 대전 이후 독일 힘의 부활이라는 문제와 1930년대에 서쪽에서는 독일이, 동쪽에서는 일본이 소련에 가한 이중 위협이라는 문제에 매우 큰 영향을 받았다. 그는 제2차 세계 대전 이후 일본 힘과 독일 힘이 결국에는 발흥할 것이라고 예견했으나, 가능한 한 오래 그것을 지연시키기를 바랐다. 스탈린은 영국과 미국이 소련과 균형을 맞추기 위해 이 두 나라의 힘을 복원시키려 할까 봐 걱정했다. 바로 그것이 독일 힘과 일본 힘의 복구를 막거나 지연시키거나 저지할 수 있게 해주고, 유럽과 아시아에서 지배적인 소련 지위를 보장할 수 있게 해줄 위상을 확보하는 것이 중요한 까닭이었다.[109]

유럽에서 독일 힘의 부활 가능성과 서방 연합국의 비일관적 태도를 우려한 스탈린은 이 딜레마에 대한 해결책으로 슬라브 국가들의 장기적인 동맹을 결성하는 방안을 내놓았다. 극동에서 그의 해결책은 강력한 중국-소련 동맹이었다. 유럽과의 또 다른 비교는 스탈린의 전후 극동 구도에서 중국 공산주의자들의 역할과 관계되었다. 유럽에서와 마찬가지로 중국에서도 스탈린은 공산주의자들에게 공동의 적 — 이 경우에는 일본 — 에 대항해 민족 전선을 구축하고 민주주의적인 전후 진보 체제의 전망을 채택할 것을 촉구했다. 마오쩌둥과 중국 공산당에 이 노선은 약간 받아들이기가 힘든 것이었다. 왜냐하면 그들은 거의 20년 동안 장제스의 민족주의 정부와 간헐적으로 내전을 벌여 왔기 때문이었다. 그러나 증거에 따르면, 마오쩌둥은 스탈린의 전술적 충고 전부는 아니지만 그의 전략적 방향을 받아들였고, 동유럽의 공산주의자들처럼 대(對)일본 전쟁에 소련이 군사적으로 개입하면 수많은 이득이 생긴다고 보았다.[110] 이 전망은 당연히 장제스의 우려를 샀지만, 그의 체제를 중국의 유일한 합법 정부로 인정하겠다는 스탈린의 약속은 그를 안심시켰다. 스탈린은 해리먼과 대화를 나누면서 농담 삼아 마오쩌둥과 그의 동지들을 〈마가린 공산주의자들〉이라고 불렀는데, 해리먼 대사는 그 용어가 그들은 진짜 공산주의자가 아니라 나라의 이익이 주된 관심사인 애국자라는 것을 의미한다고 생각했다. 유럽에서와 마찬가지로 아시아에서도 서방 연합국에 전한 스탈린의 일관된 메시지는, 〈소비에트화〉는 공산주의들의 정치적 의제에서 더 이상 중요하지 않다는 것이었다.

포츠담에서 스탈린은 트루먼에게 자신은 8월 중순까지는 일본을 공격할 준비가 되어 있을 거라고 말했다. 이는 트루먼을 기쁘게 했다. 트루먼은 7월 18일에 〈나는 여기 온 목적을 달성했어요〉라고 부인에게 털어놓았다. 〈스탈린은 무조건 8월 15일에 전쟁에 돌입해요. (……) 우리가 이제 1년 빨리 전쟁을 끝냄으로써 죽지 않고 살아 있을 애들을 생각해 봐요. 그게 중요한 겁니다.〉[111] 7월 18일에 있었던 스탈린과 처칠의 대화를 적은 영국 측 기록에 따르면, 〈러시아가 8월 8일 이후 곧 일본을 공격할 의향이 있는 것은 명백하다. 원수[즉 스탈린]는 공격이 2주 뒤에 있을 거라고 생각했다〉.[112] 7월 24일 안토노프는 영국 및 미국의 참모 총장들과 논의하면서, 소련군은 〈8월 후반에 작전을 개시할 태세〉가 되어 있을 거라고 이야기했다.[113] 이러한 말들은 소련이 얄타에서 독일이 패배하고 2~3개월 후 전쟁에 돌입하겠다고 약속한 사실뿐 아니라 소련이 극동에서 벌였던 군사 계획 및 준비(아직 마무리되지 않은 상태였다)와도 일치했다. 또 보안상의 이유와 날씨 같은 예측 불가능한 비상 상황을 감안하여 붉은 군대의 공격 행동 타이밍을 보수적으로 추산해 서방 연합국에 언급해 온 스탈린 및 안토노프의 관행과도 부합했다.

안토노프가 포츠담에서 소련의 극동 전쟁 참가를 놓고 서방 측 상대들과 매우 상세한 논의를 진행했음에도 불구하고, 이 문제는 회담의 정치적 담화에서는 거의 부각되지 않았다. 스탈린은 말할 것이 별로 없었다. 정치적 협상은 이루어졌고, 군사 계획과 준비의 바퀴가 공세 행동을 향해 굴러가고 있었다. 스탈린은 아마 전후 일본의 점령 문제를 제기했 겠지만, 미국이 소련의 참전에 앞서 미리 소련 점령지에 찬성하지 않았 으리라는 것은 자명했다. 포츠담에서 스탈린과 안토노프 둘 다 소련의 참전이 얄타에서 합의된 거래를 승낙할 중국과의 동맹에 달려 있다는 방침을 고수했으나, 이는 본질적인 전제 조건이 아니었다. 만일 중국이 다롄 및 뤼순 항과 관련된 스탈린의 요구를 들어주지 않는다면, 붉은 군 대가 그냥 이 도시들을 점령할 터였다. 트루먼에게는 소련의 대일본 전 쟁 참가에 대한 미국의 관심이 포츠담 회담 무렵에 시들해진 사실 때문 에 사정이 더욱 복잡해졌다. 군사적으로 소련의 참전은 더 이상 이전만 큼 필수적이지 않았다. 이러한 시각은 7월 17일 핵폭탄 실험이 성공을 거두고, 일본이 강화를 간청하고 싶어 함을 보여 주는 징후들이 쌓이면 서 더욱 강화되었다. 트루먼이 1945년 7월 26일의 포츠담 선언을 다룬 방식을 살펴보면, 극동에서 소련에 대한 미국의 태도가 변하고 있었음 을 알 수 있다. 포츠담 선언은 영국, 중국, 미국이 일본에 무조건 항복을 촉구하면서 그렇지 않을 경우 〈즉각적이고 철저한 파괴〉에 직면할 것 임을 경고하는 공개적인 성명이었다. 원래의 미국 선언문 초안에는 서 명국에 소련이 포함되어 있었고, 〈소련의 엄청난 군사력〉이 영국, 중국, 미국의 무기고에 추가되었다는 언급도 있었다.[114] 그러나 7월 26일 제 임스 번스는 몰로토프에게 이 언급들을 삭제한 새로운 선언문 텍스트 한 부를 보냈다.[115] 소련은 즉시 다음과 같은 내용으로 자신들의 선언문 초안을 작성하는 작업에 착수했다.

민주주의 연합국들인 미국, 중국, 영국, 소련의 정부들이 일본에 대한 태도를 선언할 필요성을 인정할 때가 왔다.

8년 전 일본은 중국을 공격했고, 그때부터 중국 인민들을 상대로 피비 린내 나는 전쟁을 벌였다. 그 후 일본은 신의를 저버리고 미국과 영국을 공격하며 태평양에서 약탈 전쟁을 시작했다. 이번에도 일본은 40년 전 러시아를 공격할 때와 똑같은 기만적인 기습 공격 방식을 사용했다.

전쟁에 돌입하며 일본은 유럽에서 히틀러 침공의 결과로 조성된 상황을 이용하려 했다. 중국 인민들의 끈질긴 저항과 미군 및 영국군의 용맹스러운 투쟁은 일본 군국주의자들의 탐욕스러운 계획을 망쳐 놓았다.

서방에서 히틀러의 독일이 그랬듯이, 호전적인 일본은 평화를 사랑하는 인민들에게 엄청난 재앙을 일으켰고, 지금도 계속 일으키고 있다. 독일의 패전과 유럽에서의 종전에도 불구하고, 일본은 극동에서 피비린내 나는 전쟁을 계속 끌어가고 있다. 전쟁을 연장하는 것이 무용함에도 전란으로 인한 인민들의 고통과 희생은 계속 커져 가고 있을 뿐이다. 이러한 상황을 더 이상 두고 볼 수가 없다.

전 세계적으로 인민들의 마음은 오랫동안 이어져 온 전쟁을 끝내고 싶은 갈망으로 가득 차 있다. 미국, 중국, 영국, 소련은 전쟁의 종결로 이어질 결정적인 합동 조치를 취하는 것이 의무라고 간주한다.

일본은 더 이상의 저항이 소용없고 일본 인민들에게 매우 큰 위험을 제기할 뿐임을 알아야 한다. 일본은 전쟁을 끝내고 무기를 내려놓고 무조건 항복해야 한다.[116]

한밤중이 되기 직전에 소련은 미국 대표단에 전화를 걸어 선언의 발표를 사흘만 연기해 달라고 요청했다. 하지만 15분 후 소련은 선언문이 이미 언론에 배포되었다는 통보를 받았다.[117] 이처럼 상의를 하지 않은 데 대한 미국 측의 설명은 소련이 여전히 중립이기 때문에 그런 성명에 참여하지 않기를 원하리라는 것이었다. 이는 전혀 설득력이 없는 변명에 불과했고, 스탈린은 7월 28일에 있은 전체 회의에서 〈자신은 영국 정부와 미국 정부가 발표한 항복 요구에 대해 미리 통보를 받지 못했다〉는 사실을 꼭 집어 언급함으로써 불쾌감을 드러냈다.[118] 하지만 스탈린은 소련의 일본 공격에 앞서 연합국의 연대를 공개적으로 과시한다는 구상을 포기하지 않았다. 스탈린은 트루먼에게 영국과 미국이 소련의 극동 전쟁 참가를 요청하는 성명을 발표할 것을 제의했다. 트루먼은 이에 1943년 10월에 발표된 일반 안보에 관한 모스크바 선언과 아직 비준되지 않은 유엔 헌장이 소련의 참전에 충분한 공식적 근거를 제공한다고 말했다.[119] 그러나 스탈린의 관점에서 볼 때는 만족스럽지 않았으며, 8월 8일 소련은 전쟁을 선포하면서 일본이 포츠담 선언을 따르지 않은 것을 자신들의 행동을 정당화하는 구실로 삼았다.[120]

데이비드 홀러웨이는 극동 전쟁과 관련된 스탈린의 정책을 평가할 때 이 일련의 사건들이 갖는 중요성을 다음과 같이 요약한다.

스탈린 정책의 한 가지 두드러진 측면은 (……) 스탈린이 자신이 원하는 바를 위해 연합국의 동의를 끈질기게 구한다는 사실이다. 그는 얄타에서 루스벨트가 자신이 내건 참전의 정치적 조건에 동의했을 때 (……) 매우 기뻤다. 스탈린은 얄타 협정에 루스벨트와 처칠이 서명하기를 몹시 원했다. 그는 중국의 동맹국으로 전쟁에 참가하기 위해 늦지 않게 중국과 조약을 체결하려 했다. 스탈린은 자신과 그의 동맹자들이 서명할, 포츠담 선언에 대한 대안 선언을 준비했다. 스탈린은 트루먼에게 참전을 공개적으로 제안해 줄 것을 요청했다. 이 제안은 거부되었지만, 그럼에도 불구하고 스탈린은 소련의 참전을 연합국의 원조 요청에 대한 응답으로 묘사했다.[121]

스탈린은 포츠담에서 모스크바로 돌아왔을 때 바실렙스키에게서 극동 전선군들이 8월 5일까지는 행동 준비를 완료할 것이라는 8월 3일자 보고서를 받았다. 바실렙스키는 늦어도 8월 9~10일에는 공격을 개시할 것을 제안하며, 8월 6~10일부터 날씨가 좋을 거라고 스탈린에게 알려 주었다. 8월 7일에 스탈린과 안토노프는 바실렙스키에게 8월 8/9일에 공격하라는 지시를 내렸다.[122] 이 지시는 중국과의 협정이 없는 상태에서 내려진 것이었다. 실제로 스탈린은 참전을 최종적으로 승인하기 전에 쑹쯔원을 다시 만나려고 애쓰지도 않았다. 스탈린은 먼저 일본을 공격하고 그 후 중국과 동맹 조약을 체결하기로 한 것 같았다. 스탈린에게 행동에 들어가도록 부추긴 결정적인 요인은 8월 6일에 히로시마에 핵폭탄이 투하된 사실과, 소련이 전쟁이 돌입하여 만주, 남부 사할린, 쿠릴 열도에서 자신이 원하는 것을 움켜쥐기 전에 일본이 항복할 수도 있다는 우려였다. 스탈린은 최고위 수준에서 맨해튼 프로젝트*에 침투한 미국 내의 광범위한 정보 조직을 통해 미국의 핵폭탄 프로그램에 대한 모든 것을 알고 있었다.[123] 그 때문에 7월 24일 포츠담에서 트루먼이 트리니티 실험의 성공에 대해 스탈린에게 말했을 때 그리 놀라지 않았을 것이다. 트루먼의 설명에 따르면, 스탈린은 이 소식에 큰 관심을 드러내지 않았는데, 다른 서방의 회고도 이 이야기를 뒷받침한다. 다른 한편 소련의 회고록 집필자들은 스탈린이 이 소식에 매우 격하게 반응하며 이를 미국의 핵 협박 전술이 시작된 것으로 보았고, 소련의 자체 핵폭탄 프로그램의 속도를 극적으로 높이는 것으로 이에 대응하고자 했다고 시사한다.[124]

스탈린이 일본을 상대로 핵폭탄이 사용되기 전에 새로운 무기로서 그것이 갖는 의미를 충분히 깨달았을 가능성은 거의 없는 듯하다. 스탈린은 실제로 히로시마에서 드러난 핵폭탄의 위력에 깊은 인상을 받고 가능한 한 빨리 전쟁에 참가함으로써 이에 대응했을 것 같기도 하지만, 마찬가지로 끝이 보이지 않는 중국과의 지루한 협상에 지친 나머지 장제스에게 협정을 맺도록 충격을 가하기로 결심했을 가능성도 있다. 소련의 참전은 확실히 중국을 한 방 먹였고, 중국은 재빨리 모스크바와 합의를 보고 8월 14일 — 일본이 무조건 항복하겠다고 발표한 날 — 동맹 협정을 체결했다. 중국-소련 협정의 가장 주목할 만한 특징은 반일본적 성격이었고, 협정 조건에 따라 스탈린은 다롄에 대한 완전한 통제를

---

* Manhattan Project. 제2차 세계 대전 중에 미국이 주도하고 영국과 캐나다가 공동으로 참여했던 핵폭탄 개발 프로그램을 가리킨다. 레슬리 그로브스 소장이 지휘하는 미국 육군 공병대의 관할로 1942년부터 1946년까지 진행되었다. 1945년 7월 16일 사상 최초의 핵폭발 실험인 트리니티 실험이 미국 뉴멕시코주 앨라모고도 인근에서 진행되었다. 그 후 1945년 8월 6일 〈리틀 보이〉가 히로시마에 투하되었으며, 8월 9일에는 〈팻 맨〉이 나가사키에 투하되었다.

제외하고 만주에서 원하던 것의 대부분을 얻었다.[125]

소련이 일본에 전쟁을 선포한 날 스탈린은 해리먼과 대화를 나눴는데, 해리먼 대사는 스탈린에게 히로시마 핵폭탄 투하가 어떤 효과를 거둘 것이라고 생각하는지를 물었다. 스탈린은 자기 생각에 핵폭탄 투하는 일본에 자신들의 정부를 항복을 약속할 정부로 대체하는 구실을 줄 거라고 대답했다. 그 후 이어진 대화에서 스탈린은 핵폭탄이 〈전쟁과 침략자들의 끝장을 의미할 것입니다. 그러나 이 비밀을 잘 지켜야 할 것입니다〉라고 말했다. 나아가 스탈린은 러시아 과학자들이 동일한 프로젝트에 착수했지만 어떤 성과도 내지 못했고, 소련이 탈취한 독일 실험실을 보면 독일도 마찬가지라고 해리먼에게 알려 주었다. 해리먼이 영국과 미국은 지식을 공유했지만, 실험을 수행하는 데 엄청난 설비가 필요했다고 말하자, 스탈린은 틀림없이 경비가 매우 많이 들었을 거라고 언급했다. 해리먼은 이에 동의하며, 20억 달러 넘게 들었고 처칠이 이 프로젝트를 지지하는 데 중요한 역할을 했다고 말했다. 〈처칠은 위대한 혁신가로서 끈기 있고 용감합니다〉라고 스탈린은 응답했다.[126]

해리먼과의 이 대화가 보여 주듯이, 스탈린은 히로시마 핵폭탄이 가한 당장의 충격에 대해서는 그리 대단치 않은 기대를 하고 있었지만 새 무기의 잠재적인 장기적 중요성을 파악하는 데에는 오래 걸리지 않았다. 실제로 이 만남이 있고 나서 얼마 되지 않은 8월 20일에 스탈린은 소련의 핵폭탄을 제작하기 위해 대규모 최우선 프로그램을 인가하는 명령을 내렸다. 프로젝트를 책임진 사람은 라브렌티 베리야였고, 그는 최단 시간 내에 연구와 개발을 완수하는 데 필요한 자원을 확보할 수 있도록 충분한 권한을 부여받았다.[127]

스탈린은 핵폭탄에 깊은 인상을 받았지만 극동 전쟁을 신속히 마무리 짓는 데 소련의 군사적 개입이 미칠 영향력을 과소평가하지 않았다. 8월 10일 스탈린은 쑹쯔원에게 일본이 항복할 것임을 알렸다고 이야기했다. 스탈린은 다음과 같이 말했다. 〈일본은 모든 연합국이 일치단결하여 노력한 결과, 항복을 준비하고 있습니다. (……) 일본은 조건부 항복을 원하고 있지만 우리에게는 무조건 항복이 필수적입니다.〉[128] 훗날 다른 맥락에서 스탈린은 폴란드 공산주의 지도자인 고무우카에게 〈핵 폭탄이 아니라 군대가 전쟁을 결정합니다〉라고 이야기했다.[129] 많은 역사가가 스탈린의 이러한 평가를 지지해 왔으며, 현재의 합의는 핵폭탄 하나만으로 일본에 충격을 가해 재빨리 항복하도록 만들지는 않았다는 것이다. 소련의 공격이라는 추가된 충격이 이에 못지않게, 아니 아마도 더 중요했을 것이다. 소련 공격이 특히 의미가 있었던 것은 그것이 대규모의 군사적 타격이었을 뿐 아니라 협상을 통해 교전 행위를 종결시킴으로써 무조건 항복이라는 수치를 피할 수 있다는 일본의 마지막 희망도 날려 버렸다는 사실이었다.[130]

만주의 군사 기동은 제2차 세계 대전 당시 수행된 소련 작전술의 최고봉을 보여 주었다. 기갑 부대, 보병, 근접 항공 지원과 공수 부대 투하를 결합한 이 작전에서 붉은 군대의 임무는 5,000킬로미터에 이르는 국경 전역에서 공격을 가하고 300~800킬로미터 깊이까지 침투하며 150만 제곱킬로미터의 영토에서 작전을 실행하는 것이었다. 말리놉스키의 자바이칼리예 전선군의 경우, 이는 매우 건조한 사막을 횡단하고 높은 산맥을 오르며 힘에 겨운 강들에 다리를 놓아 건너는 것을 의미했다. 8월 14일 일본이 무조건 항복을 발표했을 때, 소련은 만주의 중앙부로 돌진하고 있었고, 관동군을 여러 부분으로 쪼갠 상태였다. 전투는 만주와 사할린 및 쿠릴 열도에서 며칠 동안 이어졌는데, 특히 사할린과 쿠릴 열도에서는 8월 말까지 계속되었다. 이번에는 소련의 피해가 비교적 적었다. 3만 6,500명의 사상자가 났는데, 그중 사망자는 1만 2,000명이었다. 일본의 사상자 수는 훨씬 많았다. 무려 8만 명이 죽었고 50만 명이 포로로 잡혔다.

정치적 관점에서 볼 때 소련의 극동 전쟁에서 가장 흥미로운 일화는 스탈린이 일본의 본토 섬인 홋카이도의 북부 절반에서 점령 권리를 확보하려 했다는 사실이다.[131] 8월 16일 스탈린은 트루먼에게 붉은 군대가 북홋카이도에서 일본군의 항복을 받을 것을 제의하는 서신을 보냈다. 그러고는 이것이 〈러시아의 여론에 각별히 중요한〉 행위이며, 〈주지하듯이 1919~1921년에 일본군은 소련 극동 전역을 점령했습니다. 만일 러시아 부대가 일본 본토의 어느 곳에도 점령 지역이 없다면 러시아의 여론은 심각하게 악화할 것입니다〉라고 말했다. 미국은 그전까지 일본에서 소련에 점령지를 제공할 것을 고려했지만 지금은 그럴 의향이 없었다. 8월 18일 트루먼은 스탈린에게 미국은 홋카이도를 포함해 모든 일본의 주요 섬들에서 그들의 항복을 받을 거라는 답장을 보냈다. 트루먼은 한술 더 떠 스탈린에게 쿠릴 열도에 미국의 공군 기지와 해군 기지를 설치하는 것을 용인하라고 요구하기까지 했다. 스탈린은 나흘을 답변하지 않았는데, 그동안 그는 소련군의 홋카이도 침공 명령을 철회할 것인지 말 것인지라는 매우 중요한 결정을 내려야 했다. 8월 22일 스탈린은 트루먼이 소련의 북홋카이도 점령 요구를 거부한 것을 마지못해 받아들이면서도, 〈저와 제 동료들은 그것이 당신의 답변일 거라고 기대하지 않았습니다〉라는 답신을 트루먼에게 보냈다. 그런 다음 스탈린은 쿠릴 열도에 기지 설치를 허용하라는 트루먼의 요구를 거절하면서 다음과 같이 불만을 토로했다. 그것은 〈패전국이나 자기 영토의 특정 부분을 방어할 수 없는 동맹국에나 제시되는 요구입니다. 저는 아주 솔직하게 저도 제 동료도 도대체 어떤 상황이기에 소련에 이러한 요구를 내밀 것을 생각해 낼 수 있었는지 이해하지 못하겠다고 귀하께 말씀드릴 수밖에 없습니다.〉 트루먼은 이 마지막 서신에 대한 답변에서 자신은 단지 미군의 일본 점령이 순조롭게 이루어지도록 쿠릴 열도의 한 섬에 상륙할 권리를 원했을 뿐이라고 말하며 재빨리 물러섰다. 이것이 스탈린을 만족시켰던 것 같았다. 그는 트루먼의 요구에 동의하며 〈우리의 서신 왕래에 기어들어 온 오해를 쫓아내서 기쁩니다〉라고 말했다.[132]

스탈린은 일본에서의 점령 권리를 소련에 용인하지 못하겠다는 트루먼의 거부에 기분이 상했지만, 아무래도 홋카이도를 두고 미국과 대결하는 것을 회피하기로 결심한 듯했다. 한 가지 이유는 사할린과 쿠릴 열도에서의 작전으로 판단해 보건대, 일본군은 여전히 맹렬하게 싸울 능력이 있고 붉은 깃발이 홋카이도에 꽂히는 것을 막기 위해 또다시 그럴 수도 있다는 사실이 밝혀졌기 때문일 것이다. 그러나 미국과 좋은 관계를 유지한다는 우선적인 방침이 스탈린의 판단에서 좀 더 중요했을 듯싶다. 스탈린은 여전히 평화 시 대연합을 원했고, 그런 맥락에서 전후 일본의 점령에서 소련의 상당한 역할을 협상할 수 있을 것으로 희망했다.

1945년 9월 2일, 일본은 정식으로 항복했고, 스탈린은 트루먼에게 미국과 그 인민들의 눈부신 승리를 축하하는 전신을 보냈다. 바로 그날 스탈린은 소련 국민들에게 연설을 하며 소련의 극동 전쟁 참가를 정당화하고자 했다. 스탈린은 일본이 침략적 파시스트 블록의 일원이었을 뿐만 아니라, 과거에도 몇 차례 러시아를 공격한 적이 있고 극동에서 러시아를 계속 억누르려 했다고 말했다. 소련은 이제 남사할린과 쿠릴 열도를 회복했으므로 태평양에 직접 접근할 수 있고 장차 벌어질 수 있는 일본의 침략을 억제하는 데 반드시 필요한 기지들을 소유할 수 있게 되었다. 〈우리 구세대 사람들은 40년 동안 이날을 기다려 왔습니다〉라고 스탈린은 말했다.[133]

애국적 감정과 전략적 이해타산에 대한 스탈린의 이중적 호소에도 불구하고, 〈그날의 방송은 사람들에게 이상하게 만족스럽지 못한 인상을 남겼다〉라고 알렉산더 워스는 회고했다.[134] 불꽃놀이와 퍼레이드가 벌어졌지만, 유럽에서의 승전 소식에 인민들이 보였던 대중적인 열광과 안도감 같은 것이 전혀 없었다. 소련과 일본의 전쟁은 스탈린의 전쟁이었지, 소련 인민의 전쟁이 아니었다. 소련 인민들은 아마도 극동의 사건들이 자연스럽게 흘러가도록 내버려 두고, 여느 때와 달리 서방 연합국이 부담과 피해를 감당하게 하는 쪽을 원했을 것이다. 대조국 전쟁 동안 소련 인민들은 승리를 위해 모든 것을 바쳤고, 전례 없는 국민적 트라우마를 겪었다. 평화가 무엇을 가져다줄지 소련 인민들이 거는 기대는 서방과의 냉전이 발발하면서 드러날 외교적 책략과 이념적 긴장만큼이나 전후 시기에 스탈린이 부닥친 복잡한 정치적 현실의 일부였다.

제10장

잃어버린 평화:
스탈린과 냉전의 기원

제2차 세계 대전이 막을 내릴 때 스탈린은 대연합의 멋진 미래를 예견했다. 그리고 포츠담의 성공은 외무 장관 협의회CFM의 첫 회의에 좋은 징조였다. 외무 장관 협의회는 전후 평화 협정을 타결 짓기 위해 세 강대국이 설립한 기구였다. 외무 장관 협의회의 첫 번째 과업은 작은 추축국들 — 불가리아, 핀란드, 헝가리, 이탈리아, 루마니아 — 을 위한 평화 조약문을 작성하는 것이었다. 소련은 얄타와 포츠담에서 드러난 3국 협력 정신이 유지될 것이고, 대연합 파트너들과의 협상이 소련에 외교적 이득을 추가로 가져다줄 거라고 확신하며 외무 장관 협의회를 준비했다.[1]

　그러나 1945년 여름에 벌써 궁극적으로 대연합을 찢어 버릴 긴장과 분쟁의 불길한 조짐들이 나타났다. 가장 심한 논란을 불러일으킨 사안은 불가리아와 루마니아의 친소련 정부들을 외교적으로 인정하는 문제였다. 스탈린은 1945년 5월에 서방이 불가리아와 루마니아를 인정해 달라고 처칠과 트루먼에게 로비를 벌였지만 소용이 없었다.[2] 런던과 워싱턴은 공산주의자들이 지배하는 불가리아와 루마니아의 연립 정부들을 민주적이지도 않고 서방의 이익에 유익하지도 않다고 생각했다. 포츠담에서는 영국과 미국이 연립 정부 인정을 모든 작은 추축국들의 유엔 가입을 가져올 일괄 거래의 일부로 고려하겠다고 약속하면서 이 문제를 대충 얼버무리고 넘어갔다. 하지만 포츠담 회담 이후 소련 정책과 서방 정책은 극심한 차이를 보였다.[3] 1945년 8월 8일 모스크바는 페트루 그로자*가 이끄는 루마니아 정부를 인정했고, 며칠 후 8월 26일에 선거가 끝나면 불가리아 체제를 인정할 거라고 발표했다. 영국과 미국은 자유로운 선거가 있을 때까지 그로자 정부를 인정하지 않을 것임을 분명히 함으로써 이에 대응했다. 이는 루마니아 국왕 미하이 1세**로 하여금 그로자의 사임을 요구하도록 부추겼다. 루마니아가 인정된 민주주의 체제를 갖출 때까지 연합국 열강과의 평화 조약을 협상할 수 없으리라는 것이 이유였다. 모스크바의 강력한 지지 속에 그로자는 거듭된 국왕의 사임 요구를 거절했다. 스탈린은 루마니아와 군사 동맹을 계획하고 있었고 루마니아를 계속 확고하게 장악하기로 마음을 굳혔다. 불가리아에서는 영국과 미국의 선거 연기 요구가 선거를 보이콧하겠다는 반대파의 위협과 맞물리면서 사태가 다르게 흘러갔다. 모스크바는 이 이중 압력에 굴복해 8월 25일 선거를 연기하는 데 동의했다. 몇 가지 징후는 이 결정이 급히 내려졌고, 불가리아 공산당마저 깜짝 놀라게 했음을 보여 주고 있다.[4] 디미트로프는 8월 24일 자 일기에서 선거를 연기해 달라는 불가리아 외무 장관의 요구를 〈터무니없고〉, 〈언어도단이고〉, 〈항복을 주장하는〉 것으로 묘사했다.[5] 며칠 뒤 스탈린은 불가리아 공산주의 대표단을 상대하면서 선거 연기 결정은 사소한 양보이며, 중요한 것은 정부 구성의 변경 요구에 굳건히 저항하는 것이라고 설명했다. 그런 다음 스탈린은 불가리아인들에게 독립적인 야당의 존재를 가능하게 하는 선거 시스템을 고안할 필요가 있다며 계속 훈계했고, 영국 및 미국과의 관계를 정상화하기 위해 노력할 것을 역설했다.[6]

* Petru Groza(1884~1958). 루마니아의 정치가. 제2차 세계 대전 후 1945년 러데스쿠가 비신스키에 의해 축출된 뒤 소련 점령하 루마니아 정부의 총리를 지냈다(재임 1945~1952).

** Michael I(1921-2017). 루마니아의 마지막 국왕(재위 1927~1930, 1940~1947). 빅토리아 영국 여왕의 고손이며, 엘리자베스 2세 영국 여왕과는 팔촌 간이다.

이 대화에서 스탈린은 불가리아와 루마니아에서의 사태 전개에 동요하지 않은 듯했지만, 영국과 미국이 자신의 세력권에 개입하는 데 상당히 짜증 난 것이 틀림없었다. 그것은 1945년 9월 11일 런던에서 개최된 외무 장관 협의회에서 사건들에 대한 스탈린의 인식에 확실히 영향을 미쳤던 것 같다. 협의회는 우호적인 분위기에서 시작되었으나 곧 여러 문제에 부딪쳤다. 초기에 논란을 일으킨 사안은 트리에스테 지역을 둘러싼 이탈리아-유고슬라비아 갈등에서 소련이 티토의 손을 들어 준 것이었다. 이 인종-영토 분란은 1945년 5월에 이 지역을 점령하려고 급히 서둘렀던 티토의 파르티잔들과 서방 연합국 간에 군사적 대결을 가져온 바 있었다.[7] 그다음으로는 옛 이탈리아령 트리폴리타니아(서부 리비아)에 대한 소련의 신탁 통치 요구를 서방이 거부한 일이 있었다. 몰로토프는 이 양보를 얻어 내라는 스탈린의 엄중한 지시를 받았고, 9월 15일 전체 회의에서 그는 다음과 같이 간절하게 호소했다.

소련 정부는 트리폴리타니아의 장래를 소련 인민들에게 최고로 중요한 것으로 간주하고, 이 영토의 신탁 통치를 맡고자 하는 요구를 밀어붙일 수밖에 없습니다. 소련 정부는 이탈리아가 소련을 공격하여 엄청난 피해를 입혔기 때문에 이탈리아 식민지들을 처리하는 일에 적극적으로 참여할 권리를 주장합니다. (……) 소련의 영토는 거대하여 동쪽 끝에서 저 멀리 서쪽까지 뻗어 있습니다. 소련은 북쪽에 해상 출구가 있고, 특히 이제 극동에서 다롄과 뤼순 항을 이용할 권리를 갖고 있으므로 남쪽의 항구들도 이용해야 합니다. (……) 영국은 지중해에서 수송을 독점해서는 안 됩니다. 러시아는 자국의 상선대를 위해 지중해에 기지를 갖기를 간절히 바랍니다. 세계 무역은 발전할 것이고, 소련도 함께 참여하기를 원합니다. (……) 소련 정부는 다양한 민족들 사이에 우호적 관계를 수립하는 데 폭넓은 경험을 갖고 있고, 이 경험을 트리폴리타니아에서 활용하기를 열망합니다. 소련 정부는 소비에트 시스템을 트리폴리타니아에 도입할 의도가 없습니다. 소련 정부는 민주주의 정부 시스템을 촉진하는 조치를 취

할 것입니다.[8]

　소련에 관한 한, 미국은 1945년 6월에 샌프란시스코 회담에서 그들에게 이탈리아 식민지들에 대한 지분을 약속한 적이 있었고, 이제 협상해야 할 것은 실무적인 일뿐이었다. 하지만 외무 장관 협의회에서는 미국이든 영국이든 트리폴리타니아나 다른 이탈리아 식민지를 소련의 통제에 맡길 준비가 되었다는 어떤 징후도 없었다. 불가리아와 루마니아에 대해 영국과 미국은 서방 옵서버들의 정밀한 감시하에 자유롭고 공정한 선거가 실시되기 전에는 양국 정부를 인정하지 않을 것임을 명확히 하는 등 훨씬 더 완강한 태도를 보였다. 회담 전 준비를 하면서 소련은 이 문제를 예상하고, 두 가지 전술을 추구하기로 마음먹었다. 공산주의자들이 이끄는 파르티잔들이 런던의 지지를 받는 군주주의자 및 보수주의자들과 충돌하면서 내전으로 치닫고 있는, 영국 통제하의 그리스 정세 문제를 제기하는 것이 한 가지 전술이었고, 이탈리아와 평화 조약을 조인하는 사안을 불가리아, 핀란드, 헝가리, 루마니아와 동시에 평화 조약을 체결하는 사안 ─ 그것은 이 국가들에 대한 서방의 외교적 인정을 요구할 터였다 ─ 과 연계시키는 것이 다른 한 가지 전술이었다. 소련의 계산은 영국과 미국이 그들의 동맹국인 이탈리아와 평화 조약을 마무리 짓고 싶어 하기 때문에 불가리아 및 루마니아와 관련하여 기꺼이 타협에 나서리라는 것이었다. 만일 이렇게 되지 않는다면, 스탈린은 작은 추축국들과의 평화 조약 협상에 대한 다자간 접근의 실패도 불사할 각오가 되어 있었다. 〈연합국이 우리 없이 이탈리아와 평화 조약을 체결하는 일이 생길 수도 있습니다〉라고 스탈린은 런던의 몰로토프에게 썼다. 〈그래서 어쨌단 말입니까? 그러면 우리는 선례가 있습니다. 우리는 우리 차례가 왔을 때 연합국 없이 우리의 위성국들과 평화 조약을 맺을 기회를 갖게 될 것입니다. 만일 그런 식으로 사태가 진행되어 외무 장관 협의회의 지금 회의가 주요 쟁점들에 대한 결정을 내리지 않고 마무리되더라도 우리는 그런 결과 역시 두려워해서는 안 됩니다.〉[9]

외무 장관 협의회가 어떤 성과도 내지 못할 거라는 스탈린의 추측은 9월 21일에 그가 협상 전술을 돌연 변경하면서 자기실현적인 예언이 되었다. 스탈린은 몰로토프가 특히 누가 외무 장관 협의회 논의에 참석할 권리를 갖는가라는 절차상의 쟁점에 관한 협상에서 너무 저자세를 취하고 있다고 생각했다. 외무 장관 협의회는 포츠담에서 처음 설치되었을 때 기본적으로 3자 기구이지만, 중국 및 프랑스 외무 장관과 직접 관계된 문제들을 논의할 때는 그들도 참가시키는 것으로 되어 있었다. 예를 들어 프랑스는 이탈리아와 전쟁을 치렀으므로 이탈리아 평화 조약 협상에 참가할 권리를 갖지만, 불가리아 및 루마니아와 관련해서는 그럴 권리가 없었다. 그러나 외무 장관 협의회 첫 회의에서 협력 정신으로 충만했던 몰로토프는 프랑스와 중국이 외무 장관 협의회의 모든 논의에 참여할 수 있다는 데 동의했다.[10] 예상대로 중국과 특히 프랑스는 협의회의 심의에 적극적으로 참여해 영국 및 미국과 보조를 맞추었는데, 이는 스탈린과 몰로토프를 매우 성가시게 했다. 스탈린은 몰로토프에게 외무 장관 협의회의 모든 논의에 중국과 프랑스가 참여할 수 있다는 그의 동의를 철회하고, 3자 협상 위주라는 포츠담의 틀로 돌아갈 것을 지시했다.[11]

9월 22일 스탈린의 결정은 몰로토프를 통해 어니스트 베빈 영국 외무 장관과 제임스 번스 미국 국무 장관에게 전달되었다.[12] 몰로토프는 자신이 스탈린의 지시에 따라 움직인다는 사실을 솔직하게 털어놓았고, 영국과 미국은 외무 인민 위원의 머리 위에 있는 소련 독재자에게 직접 호소하기로 결심했다. 트루먼과 애틀리는 스탈린에게 교착 상태를 타개하자는 호소문을 전신으로 보냈다. 그러나 스탈린은 외무 장관 협의회의 조직 문제에 관한 포츠담의 결정이 여전히 유효하다고 고집했다. 〈저는 우리가 만약 단 한 순간이라도 외무 장관 협의회에 베를린 회담의 결정들을 취소할 권리를 부여한다면, 그 결정들을 비난하는 것이라고 생각합니다〉라고 스탈린은 애틀리에게 말했다.[13] 영국과 미국이 포츠담의 틀로 되돌아가려 하지 않았기 때문에, 프랑스와 중국이 언급할 자격이 있는 몇 가지 문제에 관한 논의가 며칠 동안 더 진행되긴 했지만, 외무 장관 협의회는 사실상 끝이 났다.

스탈린의 방해 전술 뒤에는 서방 측이 불가리아와 루마니아에서 자신의 피보호 정권을 인정하기를 거부한 것에 대한 스탈린의 깊은 불만이 도사리고 있었다. 이는 스탈린이 1944년 10월에 그리스 사태에 개입하지 않겠다고 처칠에게 했던 약속을 계속 지키고 있었기 때문에 더욱더 짜증스러웠다. 외무 장관 협의회에서 소련은 그리스 사태에 대해 온건한 항의 결의를 상정하고, 그리스의 〈정치 상황에 대한 어떤 도덕적 책임도 결코 받아들일〉 수 없다고 말했으나,[14] 대체로 그들은 불간섭 접근법을 유지하면서 동유럽과 관련해 영국과 미국이 동일한 태도를 취할 것을 기대했다. 몹시 화가 난 몰로토프는 번스에게 다음과 같이 물었다. 〈왜 미국 정부는 그리스에서는 그러지 않으면서 루마니아에서만 선거에 앞서 정부를 개편하기를 원하는 겁니까? 미국은 그리스의 영국에는 간섭하기를 원하지 않으나, 루마니아의 러시아에는 간섭하기를 원하는 것 같습니다.〉[15]

실제로 베빈과 번스는 동유럽에서 매우 큰 행동의 자유를 소련에 용인할 준비가 되어 있었지만, 불가리아와 루마니아에서 서방의 영향력을 완전히 배제하는 것은 받아들일 준비가 되어 있지 않았다. 그들의 관점에서 보았을 때 강대국을 정의하는 것은 전반적인 지정학적 이익과 권리였지 단순히 자신의 특정 권역에서 권력을 행사하는 것이 아니었다.[16] 이것은 바로 스탈린이 자기에게 맞다 싶을 때 적용한 강대국 기준이었다. 딱 들어맞는 사례가 극동 평화 합의에 대한 스탈린의 태도였다.

소련은 몇 가지 영토적 양보를 받는 대가로 1945년 8월에 극동 전쟁에 나섰으나, 스탈린은 또한 일본의 전후 점령에도 참여하기를 기대했다. 8월 21일 미국은 미군의 일본 점령을 돕기 위해 〈극동 자문 위원회〉를 설립했다. 소련은 극동 자문 위원회에 참여하라는 요청을 수용했지만, 유럽에 존재했던 기구들과 유사하게 일본에도 〈연합국 관리 이사회〉를 설립하기를 원했다. 외무 장관 협의회에서 소련은 일본을 위한 연합국 관리 이사회의 즉각적인 창설을 요구하는 동의안을 제출했다.[17] 결의안은 광범위한 권한(독일에서 연합국 관리 이사회가 행사한 권한과 유사한)을 가진 연합국 관리 이사회를 상정했으나, 소련 대표단에 내린 스탈린의 지시를 보면 이사회 역할이 일본의 미국 총사령관 더글러스 맥아더* 장군을 자문하는 데 그치는, 이탈리아식 점령 체제를 받아들일 준비가 되어 있었음이 드러난다. 이와 마찬가지로 결의안은 도쿄에 병력을 주둔시키는 데 소련의 역할을 요구했지만, 스탈린은 미국이 그와 같은 양보를 할 거라고는 실제로 기대하지 않았다.[18]

전후 일본의 점령과 관련해 스탈린의 목표는 실제적이기보다는 상징적이었으나, 그는 그 목표에 높은 우선순위를 부여했다. 이는 독일의 무장 해제와 탈군사화에 관해 25년 협정을 맺자는 번스의 제안에 대한 스탈린의 답변에서 분명히 드러났다. 몰로토프는 번스의 제안에 관심을 보였지만,[19] 스탈린의 답변은 부정적이었다. 스탈린은 몰로토프에게 다음과 같이 썼다. 번스 제안의 목표는 〈첫째, 미국이 일본의 내일의 친구 역할을 맡고 있는 **극동으로부터 우리의 주의를 돌리고** 그럼으로써 그 지역에서는 만사가 오케이라는 인식을 창출하는 것이고, 둘째, 유럽의 미래를 수중에 넣기 위해 미국이 영국과 작당하여 유럽 일에 소련과 동일한 역할을 하는 것에 대한 공식 승인을 소련으로부터 받는 것이며, 셋째, 소련이 이미 유럽 국가들과 맺었던 동맹 조약들을 평가 절하하는 것이고, 넷째, 소련과 루마니아, 핀란드 등 사이에 장차 체결될 동맹 조약을 망치는 것입니다.〉[20] 이 장황한 비판적 설명에도 불구하고, 스탈린은 번스의 제안을 대놓고 거부하지는 않고 몰로토프에게 반(反)독일 조

---

* Douglas MacArthur(1880~1964). 미국의 군인이자 정치가. 제1차 세계 대전, 제2차 세계 대전, 한국 전쟁 등에 참전했다. 제2차 세계 대전 중인 1941년 7월에 현역으로 복귀함과 동시에 필리핀 주재 미국 극동군 최고 사령관이 되었다. 1942년 3월 서남 태평양 방면 연합군 총사령관, 1944년 원수가 되었다. 1945년 일본군을 격파하고 필리핀에 상륙했으며, 이후 대일 점령 연합군 최고 사령관으로 8월 30일 일본 땅에 첫발을 내디딘 이래 1946년까지 일본을 실질적으로 통치했다.

약의 전제 조건으로 소련과 미국 사이에 반일본 협정을 동시에 체결할 것을 제안하라고 지시했다.

외무 장관 협의회의 논의를 관통하는 기조 중의 하나는 강대국이자 제2차 세계 대전의 주요 승전국으로서 소련의 자격이 영국과 미국에 의해 부인되거나 훼손되었다는 소련의 믿음이었다. 이것이 일으킨 분노의 감정은 1945년 9월 23일 몰로토프가 베빈에게 한 발언에 잘 요약되어 있다.

히틀러는 소련을 열등한 나라로, 단지 지리적인 개념으로 보았습니다. 러시아인들은 다른 견해를 취합니다. 그들은 스스로를 다른 사람만큼이나 좋은 사람이라고 생각합니다. 그들은 열등 인종으로 간주되기를 원하지 않습니다. 저는 미국 국무 장관에게 우리와 소련의 관계가 대등의 원리에 기반을 두어야 한다는 점을 기억하라고 요청할 것입니다. 제 눈에 상황은 이렇게 보입니다. 전쟁이 벌어졌습니다. 전쟁 동안 소련이 엄청난 피해를 입고 있는 사이 우리는 서로 다퉜지만 그럭저럭 타협할 수 있었습니다. 당시에는 소련이 필요했습니다. 그러나 전쟁이 끝나자 영국 정부는 태도를 바꾼 것 같습니다. 그것은 더 이상 소련이 필요 없기 때문입니까? 만일 그렇다면, 그런 정책은 우리를 단합시키기는커녕 우리를 분열시키고 결국 심각한 곤경을 야기할 것임이 분명합니다.[21]

스탈린의 특별한 골칫거리는 극동의 전쟁에서 소련이 했던 기여를 미국이 충분히 인정하지 않는다는 점이었다. 스탈린은 10월 25일 한 만남에서 해리먼 대사에게 다음과 같이 말했다. 〈소련 정부는 주권 국가로서 자존심이 있습니다. 맥아더가 내린 어떤 결정도 소련 정부에 전달되지 않고 있습니다. 실상 소련은 태평양에서 미국의 위성국이 되었습니다. 이것은 소련이 수용할 수 없는 역할입니다. 소련은 동맹국으로 대우받지 못하고 있습니다. 소련은 극동에서든 다른 어느 곳에서든 미국의 위성국이 아닙니다.〉[22]

결국 외무 장관 협의회는 실패했고, 회의는 10월 2일 합의를 보지 못한 채 막을 내렸다. 몰로토프는 기자 회견에서 회의의 실패에 대해 가능한 한 긍정적으로 해석하려 했다. 그는 어떤 합의도 이루지 못했지만 좋은 작업을 많이 했다고 말했다. 그렇다, 절차상의 논란은 있었으나, 이는 외무 장관 협의회를 설립한 포츠담 결정으로 돌아가면 해결될 수 있을 것이다. 결론적으로 몰로토프는 다음과 같이 언명했다. 〈소련은 지난 세계 대전에서 승전국으로 등장했고, 국제 관계에서 적절한 자리를 차지하고 있습니다. 이는 붉은 군대와 소련의 전 인민이 엄청난 노력을 기울인 결과입니다. (……) 그것은 또 당시 소련과 서방 연합국이 나란히 행진하고, 성공적으로 협력한 사실의 결과이기도 합니다. 소련 대표단은 당당하게 앞날을 내다보며 우리 모두가 연합국의 협력을 더욱 강화하기 위해 노력하기를 바랍니다.〉[23] 몰로토프는 모스크바로 돌아온 뒤 베빈과 공개적인 메시지를 교환하면서, 런던에서 영국이 환대를 베풀어 준 데 대해 감사하고 영국-소련의 협력이 최근의 어려움에도 불구하고 지속되기를 희망했다.[24] 하지만 비공식적으로 소련은 외무 장관 협의회에서 겪었던 여러 일로 인해 매우 뒤숭숭했다. 외무 인민 위원이 작성한 내부 브리핑은 서방이 적대적인 영국-미국 언론의 도움을 받아 얄타와 포츠담의 결정들을 훼손하려 한다고 지적했다. 트루먼의 민주당 행정부는 반동적인 공화당 분자들의 영향 때문에 대외 정책이 반소련 방향을 띠도록 내버려 두었다고 지탄받았으며, 영국의 노동당은 대영 제국의 이익을 방어하는 데 보수당보다 더 보수적이라고 비난받았다. 이 문서는 다음과 같이 결론을 내렸다. 외무 장관 협의회에서 〈전후 처음으로 영국과 미국의 집단들이 전쟁 동안 소련이 확보했던 대외 정책상의 이익에 외교적 공격을 가했으나 실패했다. 영국과 미국이 추가로 소련에 대한 압박을 가할 가능성을 배제할 수 없지만, 우리는 소련의 대외 정책 위상을 방어하고 확고히 할 수 있는 능력이 충분하다. 우리는 소련의 이익이 요구하듯이 숙련된 솜씨와 풍부한 지략, 단호한 태도와 끈기를 보여 주어야 한다.〉[25]

11월 14일 스탈린은 폴란드 공산주의 지도자 브와디스와프 고무우카와 대화를 나누면서 영국과 미국의 동맹자들에 대해 불만을 털어놓았다.

영국과 미국 사이에 차이가 있다고 믿지 마십시오. 그들은 서로 긴밀하게 연결되어 있습니다. 그들의 정보기관은 모든 나라에서 우리에 대항해 활발한 공작을 벌이고 있습니다. (……) 가는 곳마다 그들의 요원들이 당장이라도 우리와 전쟁이 터질 거라는 정보를 퍼뜨리고 있습니다. 저는 전쟁이 없을 것임을 완전히 장담합니다. 그런 정보는 쓰레기입니다. 그들은 우리와 전쟁을 벌일 능력이 없습니다. 그들의 군대는 평화 선동에 무력해졌습니다. (……) 핵폭탄이 아니라 군대가 전쟁을 결정합니다. 그들 정보기관의 활동 목표는 다음과 같습니다. 무엇보다도 먼저 그들은 우리를 협박해서 일본, 발칸 지역, 배상 등 논란을 불러일으키는 문제들에서 우리에게 양보를 강요하고 있습니다. 둘째, [그들은] 우리를 압박해서 우리의 동맹국들 — 폴란드, 루마니아, 유고슬라비아, 불가리아 — 로부터 떨어지게 만들기를 [원합니다]. (……) 30년쯤 뒤에 그들이 또 다른 전쟁을 벌이기를 원하는지는 다른 문제입니다. 이것은 그들에게 막대한 이익을 안겨 줄 것입니다. 대양 너머에 있고 전쟁의 영향에 대해 신경 쓸 필요도 없는 미국의 경우 특히 더 그렇습니다. 독일의 목숨을 살려 주는 그들의 정책이 이를 증명합니다. 침략자들의 목숨을 살려 주는 사람은 또 한 번의 전쟁을 원합니다.[26]

영국과 미국에 대한 이러한 비공식적인 적대 분위기에 균형을 잡아 준 것은 대연합의 미래에 대해 공개적으로 표명된 신념이었다. 몰로토프는 11월 6일 볼셰비키 혁명 28주년 기념식에서 연설하며, 외무 장관 협의회의 실패는 우려할 만한 일이지만 과거에도 영국-미국-소련 연합에 의견 차가 있었으나 극복했다는 사실을 강조했다.[27] 스탈린조차도 고무우카에게 소련-미국 합의가 있을 것이며, 11월 말에 번스가 외무 장관 협의회에서 불거진 문제들을 해소할 3자 회의를 제안했을 때 자신은 선선히 이를 수용했다고 간략히 말했다. 이러한 사태 전개에서 스탈린이 내린 결론은 자신의 굳건한 협상 전술이 결실을 맺었다는 것이었다. 12월 9일 스탈린은 외무 장관 협의회 이후 대외 정책을 둘러싸고 전개된 사건들을 분석하는 글을 자신의 이너 서클에 보냈다. 스탈린은 그들에게 단호함이 프랑스 및 중국과 관련 없는 3자 논의에 이들이 참여하는 문제를 둘러싼 전투에서 이기게 했다고 말했다. 이와 비슷한 정책은 발칸 지역에서도 승리를 가져왔는데, 불가리아의 연기된 선거와 그리고 1945년 11월에 역시 선거를 치렀던 유고슬라비아에서 공산주의자들이 성공을 거둔 사실은 이를 잘 보여 준다. 스탈린은 영국과 미국을 상대할 때 협박에 굴복해서는 안 되며, 그들과 추가 협상을 진행할 때 확고하고 끈기 있는 정책을 지침으로 삼아야 한다고 결론지었다.[28] 하지만 스탈린이 서방과의 협상에서 그의 부관들에게 요구했던 단호한 태도를 언제나 보여 준 것은 아니었음을 지적해야 한다. 10월 말 흑해에서 휴가를 보내고 있는 스탈린을 해리먼이 만나러 갔을 때, 그는 일본 문제와 외무 장관 협의회에서의 절차를 둘러싼 말다툼에 관해 대사와 논의하면서 상당한 타협을 보여 주었다.[29]

스탈린은 베빈과 번스가 3국 외무 장관 회의를 위해 모스크바에 왔을 때도 유사한 태도를 취했다. 회의는 12월 16일부터 26일까지 모스크바에서 그런 모임을 가질 때 으레 이용하는 스피리도놉카 궁전에서 진행되었다. 스탈린이 강경한 협상 전술의 장점에 대해 동지들에게 훈계를 늘어놓았음에도 불구하고, 회의는 매우 건설적이었으며 전후 평화 합의에 대한 소련-서방의 논의에서 하나의 돌파구가 되었다. 실제로 소련은 세 거두의 시절로 돌아갈 수 있는 기회로 여기며 회의에 접근했고, 몇 가지 쟁점들에 대해 타협할 태세가 되어 있었다. 외무 장관 협의회에 프랑스와 중국이 참여하는 것을 제한하는 문제와 관련해 소련은 자신의 생각대로 했지만, 작은 추축국들을 위한 평화 조약 초안을 검토하기 위해 좀 더 폭넓은 평화 회의를 개최하는 데에는 결국 동의했다.

불가리아와 루마니아를 둘러싼 교착 상태는 반대파 정치인들을 영입해 양국 정부를 확대하는 것으로 합의함으로써 타개되었다. 일본에 관한 소련의 요구는 비록 일본의 점령 체제가 여전히 미국의 통제를 받지만, 극동 자문 위원회를 폐지하고 〈극동 위원회〉*와 일본을 위한 연합국 관리 이사회가 이를 대체하는 것으로 충족되었다.[30] 스탈린은 회의 만찬을 주최하고, 베빈과 번스를 각 두 번씩 만남으로써 회의의 진행에 힘을 보탰다. 그 직후 번스는 〈그날 밤 [만찬에서] 대원수와 내가 나눈 대화는 이전에 있었던 두 차례의 인터뷰와 마찬가지로 솔직함과 진심 어림이 결합하면서 기운을 북돋는 자리였다〉라고 회상했다.[31] 12월 24일 번스는 스탈린을 만났을 때 독일의 무장 해제에 관한 협정을 체결하기 위한 자신의 제안을 언급할 기회를 잡았다. 스탈린은 그런 협정에 서명할 수 있으나, 일본과 관련해서도 유사한 협정이 있어야 한다고 대답했다.[32] 바로 그날 베빈과의 만남에서 스탈린은 소련의 트리폴리타니아 신탁 통치 문제를 논의하기를 간절히 원했고, 만약 외무 장관 협의회가 이 요구에 동의했더라면 〈영국은 이미 세계 전역에 많은, 심지어 미국보다 더 많은 기지가 있기 때문에 잃을 것이 전혀 없었을 것입니다. 소련 정부의 이익도 참작할 수 없습니까?〉라며 불만을 토로했다. 그 후 이어진 대화에서 스탈린은 〈제가 상황을 보니, 영국은 자신의 이익 권역에서 인도양의 인도와 속령들을 갖고 있고 미국은 중국과 일본이 있지만, 소련은 아무것도 없습니다〉라고 말했다.[33]

12월 23일 트루먼에게 보낸 메시지에서 스탈린은 회의의 진전에 매우 만족하며 향후 미국과의 관계를 낙관한다는 견해를 밝혔다.[34] 불가리아와 루마니아의 공산주의 동맹자들에게, 스탈린은 아주 조금 양보했을 뿐이며 모스크바 합의는 반대파를 약화시킬 기회라고 주장했다.

---

* Far Eastern Commission. 제2차 세계 대전에서 항복한 일본을 조약이 성립될 때까지 관리하기 위해 설치한 연합국의 최고 결정 기관이다. 1945년 12월 미국, 영국, 소련의 외무 장관 회의의 결정으로 워싱턴에 설치되었다가 대일 강화 조약이 발효됨과 동시에 해체되었다.

스탈린은 1월 7일 〈중요한 것은 반대파의 사기를 꺾는 것입니다〉라고 방문한 불가리아 정부 대표단에 말했다. 〈루마니아와 불가리아에 관한 모스크바 회의의 결정은 이미 이 두 나라에서 반대파들을 약화시키고 있습니다.〉[35] 다른 한편, 소련은 불가리아와 루마니아 정부의 개편에 관한 회의의 결정을 적어도 영국과 미국의 감정을 누그러뜨리는 식으로 실행하기 위해 애썼다.[36] 회의에 대한 몰로토프의 총평은 〈우리는 어떻게든 몇 가지 중요한 유럽과 극동 문제들에 관해 결정을 내리고, 전쟁 동안 등장했던 3국 간의 협력 관계를 계속 발전시킬 수 있었다〉였다.[37]

모스크바 회의에서 스탈린과 소련인들은 외무 장관 협의회를 부활하고 대연합의 틀 내에서 유럽 평화 합의의 조건을 협상할 의향이 있다는 신호를 보냈다. 몰로토프가 관련되는 한, 앞으로 몇 달 동안 그가 달성해야 할 주요 과업은 불가리아, 핀란드, 헝가리, 이탈리아, 루마니아와 평화 조약의 조건을 협상하는 것일 터였다. 외무 인민 위원에게 협상은 진척이 느렸고 지루하며 적잖이 기운을 빠지게 했다. 1946년 4~5월에 외무 장관 협의회가 파리에서 3주 동안 재소집되어, 18차례의 협상 회의를, 6~7월에 다시 추가로 24차례의 회합을 가졌다. 그런 다음 1946년 7~10월에 〈파리 강화 회의〉가 열렸다. 유럽에서 추축국에 맞서 싸웠던 21개국이 외무 장관 협의회가 준비한 평화 조약 초안들을 검토하기 위해 이 회의에서 만났다. 예상대로 소련이 이끄는 국가들의 블록과 서방 동맹국들 사이에 깊은 분열이 일어나면서, 파리에서 합의를 이루기가 불가능한 것으로 드러났다. 뚜렷한 의견 차를 좁히기 위해 11~12월에 뉴욕에서 또다시 외무 장관 협의회가 6주 동안 열렸고, 마침내 1947년 2월이 되어서야 불가리아, 핀란드, 헝가리, 이탈리아, 루마니아와 평화 조약이 체결되었다.[38]

스탈린의 엄격한 지시 아래 움직이던 몰로토프는 완강한 협상 자세를 취하면서, 소련의 이익에 필수적이라고 여겨지는 어떤 문제에 관해서도 타협하기를 거부했다.[39] 몰로토프가 세 강대국의 만장일치 결의로 모든 것을 합의해야 한다고 고집하는 바람에 절차상의 말다툼이 끊이지 않았다. 논쟁의 상당 부분은 신랄했고, 공공 영역으로 넘쳐흘렀다. 여기에 미디어가 파리 강화 회의를 대대적으로 보도하면서, 의견 차는 양극단으로 더욱 벌어졌다. 실질적인 면에서 많은 논란이 이탈리아와의 평화 조약과 관련되었는데, 이 조약의 문서는 다른 조약문보다 3배나 더 길었다. 소련은 배상과 전리품의 공정한 몫 그리고 유고슬라비아에 유리한 트리에스테 영토 분쟁의 해결을 원했다. 몰로토프는 또 트리폴리타니아에 대한 소련의 신탁 통치를 집요하게 요구했다. 모스크바에 또 하나의 중요한 문제는 영국-미국 군대가 이탈리아에서 철수하는 것이었는데, 이 요구는 1945~1946년에 전 지구적으로 설치되는 일련의 미국 군사 기지에 대해 소련이 반복적으로 토로하는 불만의 일부였다. 1946년 5월 몰로토프는 번스에게 다음과 같이 격렬하게 항의했다.

세계에 미국이 안 보이는 구석이라곤 없습니다. 미국은 가는 곳마다, 아이슬란드, 그리스, 이탈리아, 튀르키예, 중국, 인도네시아 등지에 공군 기지가 있고, 태평양에는 더 많은 공군 기지와 해군 기지가 있습니다. 소련의 군대는 중국을 비롯해 다른 외국 영토들에서 철수했습니다만, 미국은 아이슬란드 정부의 항의에도 아랑곳하지 않고 아이슬란드에 군대를 주둔시키고, 중국에서도 병력을 유지하고 있습니다. 이는 진정한 팽창주의의 증거로, 제국주의 정책을 꾀하는 어떤 미국 집단의 노력을 표현하고 있습니다.[40]

몰로토프는 스탈린의 지시를 받아 번스에게 이렇게 발언했는데, 스탈린은 또 몰로토프 외무 장관에게 상징주의의 중요성에 대해서도 가르쳤다. 파리 강화 회의 동안 군대 열병식이 있었고, 몰로토프도 참석했다. 그러나 몰로토프는 중간에 갑자기 자리를 떠났는데, 이는 그의 자리가 두 번째 열의 작은 나라들 사이에 있었기 때문이었다. 〈귀하는 완전히 올바르게 행동했습니다〉라고 스탈린은 몰로토프에게 말했다. 〈큰 문제뿐만 아니라 작은 문제에서도 소련의 명예를 방어해야 합니다.〉러시아의 역사가 블라디미르 페차트노프Vladimir Pechatnov가 언급했듯이, 이 사건은 〈스탈린이 새로 획득한 강대국으로서 소련의 이미지를 얼마나 열렬하게 방어하고 고취했는지를 보여 주는 생생한 사례〉였다.[41]

스탈린은 몰로토프가 외무 장관 협의회에서 협상에 잘 대처했다고 생각했으며, 그가 파리 강화 회의에서 보여 준 활약을 칭찬했다. 평화 조약들이 조인되자, 소련 언론은 이를 환영했다. 하지만 평화 조약들은 전후 민주주의적 평화를 훼손하려 애쓰는 영국 및 미국의 반동 세력과 오랜 시간 투쟁한 결과물로 제시되었다.[42] 반동 세력이 서방에서 대두 중이라는 발상은 런던 외무 장관 협의회가 실패한 후 소련의 공개적인 국내 담론에서 점점 발전해 가던 주제였다. 소련의 분석에서 이러한 추세는 스탈린이 1946년 3월에 처칠이 했던 〈철의 장막〉 연설에 공개적으로 응수함으로써 더욱 강화되었다. 스탈린은 처칠의 연설을 서방에서의 반소련 세력의 성장 및 새로운 전쟁의 위협과 연결시켰다. 이 주제는 미국 주재 소련 대사 니콜라이 노비코프(전임자인 그로미코는 유엔으로 전보되었다)가 작성한 1946년 9월의 한 문서에서 더욱 발전했다. 노비코프는 파리 강화 회의에 파견된 소련 대표단의 일원이었고, 몰로토프는 그에게 미국 대외 정책의 주요 흐름들을 폭넓게 조사해 달라고 요청했다. 노비코프의 주된 주장은 미국이 반동 세력의 영향하에서 정치적·경제적·군사적으로 세계 지배를 도모하고 있다는 것이었다. 노비코프는 루스벨트의 세 거두 협력 정책이 포기되었고, 미국은 이제 소련이 그들의 지배 계획에 주요 장애물이기 때문에 소련의 위상을 약화시키려 하고 있다고 말했다. 미국 내부에서는 소련을 상대로 발생할 수도 있는 전쟁에 대비해 악랄한 반소련 운동이 진행되고 있었다.[43]

노비코프의 문서는 모스크바의 미국 대리 대사 조지 케넌*이 작성한

---

* George Frost Kennan(1904~2005). 미국의 외교관, 정치가, 역사가. 〈봉쇄의 아버지〉로 알려져 있으며 미소 냉전의 핵심이 된 인물이다. 1952년 소련 주재, 1961~1963년 유고슬라비아 주재 미국 대사를 역임했다.

1946년 2월의 훨씬 더 유명한 급송 전보와 종종 비교되곤 했다. 케넌은 1947년 7월에 미국의 유력 잡지 『포린 어페어스*Foreign Affairs*』에 〈X〉라는 익명으로 「소련 행동의 근원들The Sources of Soviet Conduct」이라는 논문을 게재했는데, 다른 점에서는 모호한 외교 문서였던 이 글 역시 유명해졌다. 케넌은 노비코프 분석의 이 거울 이미지에서 메시아적이고 팽창주의적인 소비에트 국가라는 그림을 그렸고, 이런 국가는 오직 그에 대항하는 힘을 노련하게 전개함으로써만 억제할 수 있다고 했다.[44] 1946~1947년에 미국 대외 정책이 냉전의 길을 걷게 된 것은 바로 이 케넌의 분석 탓이라고 널리 여겨지고 있다. 노비코프의 문서는 그 내용에 독창적인 것이 없다는 단순한 이유 때문에 소련 측에 그런 영향을 주지 못했다. 문서의 모든 요소는 소련 언론과 당시 소련 지도부를 위해 생산된 다른 기밀 브리핑들에서 찾아볼 수 있었다. 노비코프의 문서를 특징짓는 것은 소련-미국 관계의 앞날에 대한 냉엄한 비관주의였으며, 이는 저자의 견해는 물론이고 몇 달 동안 이어진 파리 강화 회의에서의 결론 없는 말싸움 이후 외무 장관 협의회 협상이 도달했던 최악의 상태도 반영했다. 하지만 1946년 11월 몰로토프가 외무 장관 협의회의 다음 회의를 위해 뉴욕에 도착했을 무렵, 분위기는 얼마간 호전되었다. 몰로토프는 트루먼 및 번스와 매우 친근한 담소를 조금 나누었는데, 아마도 이런 관계는 몰로토프가 하이드 파크의 루스벨트 생가를 순례함으로써 더욱 좋아졌을 것이다. 몰로토프는 전시의 협상에서 아주 좋은 성과를 냈던 얄타와 포츠담의 실무적 분위기와 유사하다고 생각했다.[45] 뉴욕의 외무 장관 협의회 협상 동안 스탈린은 몰로토프에게 타협할 것을 지시했다. 〈저는 귀하께 우리가 평화 조약들을 결국 마무리 짓기 위해 번스에게 가능한 한 모두 양보할 것을 권합니다.〉[46]

익명으로 게재된 케넌의 논문에서는 〈냉전〉이라는 용어를 사용하지 않았으나, 언론인인 월터 리프먼은 그 글에 반응해 일련의 신문 기사를 썼고, 이는 나중에 〈냉전〉이라는 제목의 소책자 형태로 출간되었다. 그 책자는 냉전이라는 개념을 대중화시킨 리프먼의 출판물이었다. 이 개

넘은 전후 소련-서방 관계의 긴장 고조를 나타내는 약칭이었는데, 리프먼의 말에 따르면, 이 긴장 고조는 스탈린의 이념적 충동 때문이 아니라 그의 군사력의 팽창이 낳은 결과였다.[47]

1946년의 전쟁 공포

1946년 3월 5일 미주리주 풀턴에서 처칠이 한 〈철의 장막〉 연설은 처음으로 냉전을 선포했다는 평판에도 불구하고 이 용어를 사용하지 않았고, 또 소련에 일률적으로 적대적인 것만도 아니었다. 처칠의 강연은 실제로 〈평화의 근육〉이라는 제목을 달고 있었으며, 처칠은 1942년의 영국-소련 동맹 조약을 20년에서 50년으로 연장하는 문제(1945년 12월에 베빈이 스탈린에게 했던 제안)에 대해 이야기했다. 〈우리는 단지 러시아와의 상호 원조와 협력을 목표로 할 뿐입니다〉라고 처칠은 말했다. 그런 다음 처칠은 〈용맹한 러시아 인민과 전시의 동지 스탈린 원수에 열렬한 찬사와 존경심〉을 표명했다. 〈영국에는 러시아의 인민들에 대한 (……) 깊은 공감과 선의 그리고 지속적인 우호 관계를 수립하는 데 있어 기어코 많은 차이와 방해를 돌파하겠다는 결의가 존재합니다. 우리는 러시아가 독일 침략의 모든 가능성을 제거함으로써 서부 국경의 안전을 확보할 필요가 있다는 점을 이해합니다. 우리는 러시아가 세계의 지도적인 국가들 사이에 적절한 자리를 갖는 것을 환영합니다. 우리는 러시아의 깃발이 대양에 휘날리는 것을 환영합니다.〉 그러나 헤드라인을 장식한 ─ 당대에도 그렇고, 역사적으로도 그렇고 ─ 연설 부분은 다음과 같았다.

발트해의 슈체친에서 아드리아해의 트리에스테에 이르기까지 대륙을 가로지르는 **철의 장막**이 드리워졌습니다. 이 선 뒤에는 중부 유럽과 동유럽 고대 국가들의 모든 수도가 놓여 있습니다. 바르샤바, 베를린, 프라하, 빈, 부다페스트, 베오그라드, 부쿠레슈티, 소피아, 이 모든 유명한 도시가

(……) 내가 소련 권역이라고 일컬어야만 하는 곳에 놓여 있고, 이런저런 형태로 소련의 영향력뿐 아니라 고도의, 일부 경우 점점 심해지는, 모스크바 통제에 종속되어 있습니다. (……) 각국의 공산당은 (……) 그들의 수를 크게 능가하는 우월함과 힘을 갖게 되었고, 가는 곳마다 전체주의적 통제력을 확보하려 하고 있습니다.

처칠은 나아가 서유럽에서의 공산주의 위협을 이야기하고, 튀르키예, 이란, 극동과 관련해 소련 정책이 야기한 우려를 강조했다. 처칠이 이것으로부터 끌어낸 교훈은 서방 민주주의 국가들이 서로 합심하여 그들의 원칙을 방어하는 데 강경한 태도를 취해야 한다는 것이었다. 처칠은 청중들에게 러시아는 약하다는 이유로 사정을 봐주지 않는다고 말하면서, 히틀러에게 결국 전쟁을 일으키도록 허용했던 유화 정책과 유사점을 찾았다. 이런 일이 다시 일어나는 것을 막기 위해 러시아와 〈좋은 관계〉를 유지해야 했다.[48]

처칠은 더는 영국 총리가 아니었지만, 서방 정치 지도자로서 그의 높은 지위는 의문의 여지가 없었다. 실제로 전 총리는 트루먼의 초청을 받아 풀턴에 갔고(미주리주는 트루먼의 고향이었다), 웨스터민스터 대학교에서 미국 대통령과 함께 연설을 하고 명예 학위를 수여받았다. 소련의 첫 반응은 3월 11일 『프라우다』에 실린 적대적인 사설과 다음 날 저명한 소련 역사가 예브게니 타를레*가 『이즈베스티야』에 게재한, 마찬가지로 적대적인 논설의 형태로 나왔다. 두 글은 〈철의 장막〉 운운한 불쾌한 발언을 비롯해 처칠의 연설 내용을 길게 요약도 하고 원문을 그대로 발췌도 했다. 타를레가 지적하듯이, 〈철의 장막〉은 괴벨스가 전쟁 동안 붉은 군대가 동유럽을 독일 점령에서 해방시키는 것을 특징짓기 위

---

* Evgenii Viktorovich Tarle(1874~1955). 러시아 학술원 회원이자 소련의 역사가. 나폴레옹의 러시아 침공과 크림 전쟁에 관한 책 등 많은 저술을 남겼다. 소련의 외교 대학인 〈모스크바 국립 국제 관계 대학〉의 창립자 중 한 사람이다.

해 사용하던 개념이었다.[49] 3월 14일 스탈린은 『프라우다』와의 긴 〈인터뷰〉를 게재하며 난투극에 뛰어들었다. 그런 유의 모든 텍스트처럼, 소련 독재자 자신이 대답뿐 아니라 질문도 신중하게 작성했다. 스탈린에 따르면, 처칠은 새로운 전쟁을 책동하고 있으며 영어를 사용하는 국가가 세계를 지배하는 것을 지지하는 사람이었다. 스탈린은 〈철의 장막〉을 언급하지 않았으나, 동유럽에 우호적 정권들이 들어서는 데 대한 소련의 권리를 솔직하게 주장했다. 이는 그 국가들이 이전에 독일의 소련 침공을 위한 발판을 제공하는 데 나름의 역할을 한 사실을 감안하면 당연했다. 끝으로, 스탈린은 오래전 러시아 내전에 개입했던 반(反)볼셰비키 연합에서 처칠이 했던 역할을 내비치며, 만일 〈처칠과 그의 친구들〉이 《동유럽》에 맞선 새로운 진군〉을 조직하는 데 성공한다면, 그들은 〈과거에 그랬듯이 또다시 패배를 면치 못할 것〉이라고 약속했다.[50]

풀턴 연설을 둘러싸고 큰 논란이 벌어지고 있는 동안, 모스크바 주재 『선데이 타임스』 통신원이었던 알렉산더 워스는 핀란드를 잠깐 방문하고 러시아로 돌아왔는데, 〈사람들이 《다음 전쟁》에 대한 이야기에 심하게 겁먹은 것을 알았다〉.[51] 워스가 주목한 대로, 풀턴 일화는 소련에서 정말 공포심을 자극했고, 냉전으로 흘러가는 데 중요한 심리적 전환점이었다. 강렬한 위기 분위기를 더한 것은 1946년에 일어난 일련의 다른 소련-서방 대결이었다. 봄에 이란에서 소련 부대가 철수하는 문제를 둘러싸고 발생한 위기와, 여름에 흑해 해협들을 둘러싼 소련-튀르키예 대립이 바로 그런 것들이었다.

이란을 둘러싼 위기는 제2차 세계 대전 당시 영국과 소련이 이 나라를 점령한 데에서 비롯되었다.[52] 영국군과 소련군은 1941년 8월 이란 정부에 대한 독일의 영향력을 차단하는 한편 석유 공급을 보호하고 소련에 대한 공급 루트를 안전하게 확보할 목적으로 이 나라에 들어갔다. 1942년 1월에 조인된 이란과의 조약에서 영국과 소련은 독일과의 전쟁이 종결된 후 6개월 내에 군대를 철수하기로 합의했다. 그 후 모스크바의 요청으로 이 합의는 일본과의 전쟁 종결을 가리키는 것으로 재해석되었는데, 이는 철군 기한이 1946년 3월 2일임을 의미했다. 스탈린이 소련군 철수 이외의 다른 어떤 것을 의도했다는 증거는 없으나, 두 가지 복잡한 요인이 합의의 완벽한 실행을 지연시켰다. 첫 번째 요인은 북부 이란의 유전 개발에 대해 테헤란과 협정을 맺고 싶어 하는 모스크바의 바람이었다. 두 번째 요인은 1945년에 이란령 아제르바이잔에서 공산주의자들이 이끄는 민족주의 운동이 출현한 사실이었다. 이 운동은 자치를 요구하는 한편 아제르바이잔 소비에트 공화국 내 아제르바이잔인들과의 관계도 발전시킬 것을 요구했다. 이 독립운동은 자신에게 편할 때는 인종적 자치와 통합을 지지하는 스탈린의 마음에 들었을 뿐 아니라 이란 내에서 소련의 정치적 영향력을 확대할 수 있는 기회였다. 1946년 3월의 기한이 다가오자, 모스크바는 이란 일부 지역에서 상황이 불안정하기 때문에 소련 군대를 부분적으로만 철수할 예정이라고 발표했다. 소련은 비공식적으로 이란과 석유 협상을 마무리하려는 노력을 계속했다. 하지만 그사이 이란은 소련군 철수 문제를 유엔에 가져갔고, 합의한 철군 시한이 지난 후 1946년 3월에 다시 한번 그렇게 했다. 모스크바의 반응은 그로미코에게 이 문제는 소련과 이란 양국이 협상할 문제라는 이유로 유엔의 논의에서 퇴장하라고 명령하는 것이었다. 실제로 4월 초에 모스크바와 테헤란은 미해결 쟁점들을 타결 짓고, 5월 초까지 모든 소련 부대가 철수했다. 나중에 테헤란 의회가 비준을 거부하면서 이란이 협정을 저버리긴 했지만, 소련은 석유 채굴권을 확보했다. 사실 이란 사건은 사소한 위기에 불과했다. 그것은 당시의 언론 보도에 의해, 그리고 또다시 소련의 전후 팽창주의의 증거를 찾으려는 서방 냉전 역사가들에 의해 지나치게 부풀려진 사건이었다.

1946년 5월에 스탈린은 아제르바이잔 자치 운동의 공산주의 지도자에게 자신이 소련군 철수를 단행했을 때 왜 그렇게 해야 한다고 생각했는지를 설명하는 흥미로운 서한을 보냈다.

우리는 이란에 소련군이 주둔해 있으면 유럽과 아시아에서 우리 해방 운동 정책의 토대가 약화될 것이기 때문에 더 이상 이란에 군대를 유지할 수가 없었습니다. 영국과 미국은 우리에게 만일 소련군 부대가 이란에 머무를 수 있다면 영국군 부대가 이집트, 시리아, 인도네시아, 그리스에, 또 미군 부대가 중국, 아이슬란드, 덴마크에 왜 머무를 수 없는가라고 말했습니다. 따라서 우리는 영국과 미국에 이런 빌미를 주지 않고, 식민지에서 해방 운동을 촉발시켜 우리의 해방 운동 정책을 더욱 정당하고 효율적으로 만들기 위해 이란과 중국에서 부대를 철수하기로 결정했습니다. 혁명가로서의 귀하께서는 우리에게 다른 방도가 없었음을 확실히 이해하실 겁니다.[53]

지정학적 계산과 이념적 포부를 결합하는 스탈린의 이런 모습은 두 가지 요소가 하나의 발언에 매우 깔끔하게 합쳐진 경우가 드물기는 했지만, 이 시기 그의 전형적인 사고방식을 보여 주었다.

소련-튀르키예 위기에는 인종-민족주의적 요소도 존재했지만, 위기의 주원인은 흑해 해협들에 대한 장기적인 스탈린의 전략적 요구였다. 튀르키예에 양 해협을 완전히 통제할 수 있게 해준 1936년 몽트뢰 협약에 대한 소련의 불만은 전쟁을 치르는 동안 몇 번이나 표면에 떠올랐고, 스탈린은 파나마 운하와 수에즈 운하에 대한 미국과 영국의 통제에 비교하기를 좋아했다. 1945년 여름 소련은 튀르키예에 압력을 넣기 시작해, 카르스와 아르다한 지역을 아르메니아와 그루지야로 반환하라고 요구했다. 런던 외무 장관 협의회에서 이 문제가 제기되었을 때 몰로토프는 베빈에게 제1차 세계 대전 동안 영국은 두 해협뿐 아니라 콘스탄티노플을 러시아의 통제에 맡길 준비가 되어 있었다는 사실을 지적했다.[54] 1945년 12월 스탈린은 베빈에게 소련의 요구를 되풀이하며, 〈튀르키예와의 전쟁에 관한 이야기는 전부 다 헛소리입니다〉라고 말했다.[55] 1946년 4월 스탈린은 모스크바 주재 신임 미국 대사 월터 베델 스미스에게 다음과 같이 말했다. 〈저는 소련이 튀르키예를 공격할 의향이 없다고 트루먼 대통령께 확약했고, 또 공개적으로 그렇게 말했습니다.

(……) 그러나 튀르키예는 허약하고, 소련은 튀르키예가 충분히 강하지 못해 보호할 수 없는 양 해협을 외국이 통제할 위험을 잘 깨닫고 있습니다. 튀르키예 정부는 우리에게 비우호적입니다. 바로 그것이 소련이 다르다넬스에 기지를 요구한 까닭입니다. 그것은 우리 자신의 안보 문제입니다.)[56]

두 해협을 둘러싼 〈위기〉는 1946년 8월 7일에 시작되었다. 그날 소련은 튀르키예 정부에 몽트뢰 협약의 개정에 관한 외교 문서를 보냈다. 이 문서는 전쟁 동안 튀르키예가 운용했던 해협 체제를 비판한 후에 양 해협이 다음과 같아야 한다고 제안했다. (1) 양 해협은 상선 활동에 항상 개방적이어야 한다. (2) 양 해협은 흑해 열강의 전함에 항상 개방적이어야 한다. (3) 양 해협은 특별한 상황을 제외하고 비흑해 열강의 전함에 폐쇄적이어야 한다. (4) 양 해협은 튀르키예 및 다른 흑해 열강의 통제를 받아야 한다. (5) 양 해협은 소련과 튀르키예가 공동으로 보호해야 한다. 의미심장하게도 문서에는 카르스와 아르다한의 반환 요구에 대한 언급은 없었다.[57]

이 8월 외교 문서는 몽트뢰 협약의 개정에 관한 기존의 미국, 영국, 소련의 제안들에 기반을 두고 있다고 제시되었다. 이 점은 이 문제에 관한 온건하고 타협적인 『이즈베스티야』 논설에서 강조되었다.[58] 실제로 소련 제안의 첫 3개 항목은 1945년 11월에 생산된 몽트뢰 협약 개정에 관한 미국 외교 문서와 매우 유사했다.[59] 하지만 1946년 8월 19일 미국은 해협 체제가 흑해 열강들만의 배타적인 관심사라는 모스크바의 주장에 이의를 제기하고, 몽트뢰 협약을 개정할 다자간 회의를 요구했다. 영국도 이틀 후 비슷한 견해를 모스크바에 전달했다. 8월 22일 튀르키예는 모스크바에 응답하면서, 영국과 미국의 대응을 그대로 되풀이하고, 이에 덧붙여 양 해협의 공동 보호에 대한 소련의 요구가 튀르키예 주권 및 안보의 유지와 양립할 수 없음을 언명했다.[60] 9월 24일 모스크바는 양 해협과 관련해 흑해 열강의 특별한 권리를 반복하는 제안으로 응수하며, 소련의 제안이 튀르키예의 주권이나 안보를 위협하거나 훼손한다는 주장을 부인했다.[61] 10월 9일 영국과 미국은 자신들의 입장을 되풀이했고, 10월 18일에는 튀르키예가 자신들의 주장을 재천명했다.[62] 전형적인 교착 상태가 이어졌다. 외교적으로 진전할 수 있는 유일한 길은 몽트뢰 협약에 관한 다자간 회의였으나, 그것은 모스크바가 받아들일 수가 없었다. 공식적으로도 비공식적으로도 소련의 견해는 해협 체제가 기본적으로 흑해 열강의 문제이며, 다자간 회의가 열리기 전에 반드시 소련과 튀르키예의 직접 협상이 선행되어야 한다는 것이었고, 또 여전히 그러했다.[63]

스탈린이 흑해에서 얼마나 자신의 뜻대로 할 각오가 되어 있었는지에 관해 얼마간의 추측이 있어 왔다. 혹자는 튀르키예에 대한 강력한 서방의 지지만이 소련의 공격을 막았다는 취지의 의견을 내비치고 있다. 스탈린이 이 쟁점을 둘러싸고 튀르키예와 전쟁을 불사할 각오가 되어 있었다는 발상은 스탈린이 앙카라에 대한 압박 전술의 일환으로 소련-튀르키예 국경에서 거의 틀림없이 칼을 몇 차례 휘둘렀을 수도 있었겠지만, 설득력이 없는 것 같다.[64] 결국 모스크바는 튀르키예의 마지막 제안서에 응답하지 않았고, 양 해협을 둘러싼 외교 〈위기〉는 잠잠해졌다.

이란과 튀르키예의 사건들이 보여 준 것은 스탈린이 전략적 이익을 위해 강하게 밀어붙일 태세가 되어 있었지만, 영국 및 미국과의 관계 단절을 무릅쓰면서까지 할 생각은 없었다는 사실이었다. 스탈린은 대연합의 분열을 피하기를, 즉 주변부에서의 대결 때문에 그런 일이 일어나지 않기를 간절히 바랐다. 소련의 흑해 기지들은 스탈린의 그루지야* 중심부에 아주 가까웠고, 스탈린은 항상 그랬듯이 석유처럼 필수적인 경제 자원을 통제하는 일에 높은 우선순위를 부여했다. 그러나 스탈린에게 훨씬 더 중요했던 것은 유럽의 전반적인 정세였고, 스탈린은 대연

---

* 스탈린은 흑해 동쪽 연안의 캅카스 지역에 위치해 있는 조지아(소련 시절에는 그루지야라 불렀다) 출신이다. 그는 1878년 12월 당시 러시아 제국의 일부였던 조지아의 소도시 고리에서 태어났다.

합 내에서의 협상이 동유럽의 세력권을 보호하고 서유럽에서 적대적인 반소련 블록이 대두하는 사태를 피하는 가장 좋은 방법이라고 계속 생각했다. 풀턴 연설 이후의 처칠에 대한 과격한 공격을 제외하면, 스탈린의 공개 발언이 전하는 일관된 메시지는 동서 관계의 긴장이 완화될 수 있고, 대연합 내의 문제는 협상으로 해결 가능하며, 평화와 안보는 지킬 수 있다는 것이었다.

1946년 3월 스탈린은 미국 연합 통신AP의 에디 길모어*에게 〈전쟁 위험〉에 대한 질문을 받았다. 스탈린은 국민들도 그들의 군대도 새로운 전쟁을 꾀하고 있지 않다고 답변했다. 그것은 일부 정치 집단들이 조장하는 도발적 선전에 불과했다. 1946년 9월 알렉산더 워스는 스탈린에게 동일한 질문을 했고, 소련 지도자에게서 새로운 전쟁의 위험을 믿지 않는다는 대답을 들었다. 같은 인터뷰에서 스탈린은 미국과 영국이 자본주의의 소련 포위에 가담하고 있다는 것을 부인하며, 서방과의 평화적 공존이 계속 가능하다는 자신의 신념을 확인했다. 워스는 또 스탈린에게 핵폭탄의 미국 독점이 평화에 위협을 가하는지를 물었다. 〈저는 핵폭탄이 일부 정치인들이 생각하는 것만큼 심각한 물리력이라고 믿지 않습니다. 핵폭탄으로 신경이 약한 사람들에게 겁을 줄 의도이겠지만, 핵폭탄이 전쟁의 결과를 결정할 수는 없습니다. 왜냐하면 이런 목적을 위해서는 그 같은 폭탄으로는 결코 충분하지 않기 때문입니다.〉 10월에 이번에는 UPI의 휴 베일리Hugh Bailey가 질문했다. 스탈린은 최근 번스가 소련-미국 관계에 긴장감이 높아지고 있다고 말했는데 이에 동의하는가라는 질문을 받고 아니라고 대답했다. 평화 조약들에 대한 협상이 성공할 거라고 생각하느냐라는 질문에는 그렇게 되기를 희망한다고 말했다. 전쟁 위험에 관해 스탈린은 지금의 공포는 〈처칠과 그의 친구들〉 탓이라는 견해를 되풀이하며, 새로운 전쟁을 부추기려는 그들의 노

---

* Eddy Gilmore(1907~1967). 미국의 신문 기자. 『애틀랜틱 저널』, 『워싱턴 데일리 뉴스』, 미국 연합 통신AP 등에서 근무했다. 1947년 퓰리처상을 수상했다.

력을 폭로하고 억제해야 한다고 했다. 스탈린의 이러한 모든 반응은 언론인들이 제출한 서면 질문에 대한 서면 답변의 형태로 이루어졌다. 하지만 1946년 12월에 스탈린은 엘리엇 루스벨트*와 대면 인터뷰를 진행했다. 당연히 루스벨트는 아버지가 사망한 후 스탈린이 미국과 소련 사이의 친선과 협력이 약화되었다고 생각하는지를 알고 싶어 했다. 스탈린은 소련 인민과 미국 인민의 관계가 계속 좋아지고 있지만 두 정부 사이에 일부 오해가 발생했다고 대답했다. 그러나 스탈린은 관계가 더 악화될 거라고는 생각하지 않았고, 군사적 충돌의 근거가 없다면서 그 가능성을 배제했다. 〈저는 새로운 전쟁이 발발할 거라는 우려가 비현실적이라고 생각합니다〉라고 스탈린은 말했다.[65]

1947년 4월 스탈린은 공화당 정치인인 해럴드 스타슨과 또 한 차례 개인적인 인터뷰를 가졌다. 그때도 스탈린의 기분은 낙관적이었다. 스탈린은 스타슨에게 경제 시스템의 차이에도 불구하고 소련과 미국은 전쟁 동안 협력했는데, 평화 시에 협력을 지속하지 못할 이유가 없다고 지적했다. 사회주의 시스템과 자본주의 시스템이 평화적으로 공존할 가능성에 대한 자신의 믿음을 뒷받침하려고 스탈린은 레닌의 가르침을 거론했다. 스타슨이 전쟁 전에 스탈린이 〈자본주의 포위〉에 대해 말했음을 지적하자, 소련 지도자는 자신은 다른 국가와의 협력 가능성을 부인한 적이 없고, 단지 독일 같은 나라들이 가하는 실제적 위협의 존재에 대해 이야기했을 뿐이라고 대꾸했다. 스탈린은 양측이 각자 자신의 사회 시스템을 지지하는데, 어느 시스템이 더 좋은지는 역사가 결정할 거라고 스타슨에게 말했다. 그동안 양측은 구호를 소리 높이 외치고 비방을 가하는 행위를 그만두어야 한다. 스탈린과 루스벨트는 서로에게 〈전체주의자〉니 〈독점 자본가〉니라고 부른 적이 없었다. 〈저는 선전가가 아닙니다. 저는 실무가입니다〉라고 스탈린은 말했다.[66] 두 사람이 텍스

---

* Elliott Roosevelt(1910~1990). 미국 공군 장교. 프랭클린 루스벨트 대통령의 아들이다.

트에 대해 합의한 뒤 유럽에서 전쟁이 종결된 지 2년 후인 5월 8일 인터뷰가 『프라우다』에 실렸다. 그것은 맥락으로 보면 대연합의 정신으로 복귀하고자 하는 스탈린의 단호한 노력을 나타냈다. 하지만 이 무렵 소련-서방의 관계에 먹구름이 끼기 시작하고 있었다. 그것은 1947년 3월 트루먼 대통령이 미국 의회에서 한 유명한 연설의 형태를 띠었다.

트루먼 독트린과 마셜 플랜

트루먼 대통령의 연설은 나중에 〈트루먼 독트린〉으로 알려졌다. 연설의 표면적인 목적은 의회를 설득해 그리스와 튀르키예를 재정적으로 지원하는 사안에 찬성하도록 하는 것이었다. 트루먼은 연설에서 소련도 공산주의자도 언급하지 않았으나, 그의 발언이 누구를 겨냥했는지에 대해서는 의혹이 있을 수가 없었다.

몇몇 나라들의 인민들은 (……) 최근에 전체주의 체제를 강요받았습니다. (……) 미국 정부는 강압과 협박에 빈번하게 저항해 왔습니다. (……) 세계사에서 현재 이 순간에 거의 모든 국민이 대안적 생활 방식들 사이에서 선택을 해야 합니다. (……) 한 가지 생활 방식은 다수의 의지에 기반을 두고 있고, 자유로운 제도, 대의제 정부, 자유선거, 개인적 자유의 보장, 언론 및 종교의 자유, 정치적 억압으로부터의 자유라는 특징을 갖습니다. 두 번째 생활 방식은 다수에 억지로 강요된 소수의 의지에 기반을 두고 있습니다. 그것은 공포와 압제, 언론과 라디오의 통제, 선거 조작과 개인적 자유의 억압에 의존합니다. **저는 무장한 소수나 외부 압력에 의해 기도(企圖)된 예속에 저항하고 있는 자유로운 인민들을 지지하는 것이 미국의 정책이어야 한다고 믿습니다.** 저는 우리가 자유로운 인민들이 나름대로 자기 운명을 개척할 수 있도록 그들을 도와야 한다고 믿습니다.[67]

트루먼의 연설은 처칠의 〈철의 장막〉 연설보다 훨씬 더 소련에 도발적이었다. 처칠과 달리 트루먼은 정권을 쥐고 있었고, 공산주의 반란과 싸우고 있는 그리스와 양 해협을 두고 소련과 대치 중인 튀르키예를 돕자고 제안하고 있었다. 그러나 소련의 반응은 놀라울 정도로 조용했다. 3월 14일 『프라우다』는 미국 대외 정책에 대한 좀 더 일반적인 묘사보다는 그리스와 튀르키예 원조 제안에 초점을 맞춰 트루먼의 연설을 보도한 타스 통신의 기사를 실었다. 이튿날 신문의 사설은 트루먼이 자유의 방어를 미국 팽창주의를 숨기는 위장술로 이용한다고 비난하며, 트루먼을 공격하기 시작했다. 일주일 후 『노보예 브레먀(새 시대)』는 사설에서 트루먼의 연설이 무력과 힘에 바탕을 둔 대외 정책을 선언했다고 밝혔다.[68] 그러나 스탈린 자신의 응수는 없었다. 아마도 스탈린은 현직 미국 대통령과 직접 격론을 벌이는 것이 현명하지 않다고 생각했던 듯하며, 어쨌든 트루먼의 연설은 소련을 직접 거론하지 않았다. 더 중요한 것은 스탈린의 관심이 다른 곳에 가 있었다는 사실이었다. 트루먼의 연설이 있기 이틀 전 모스크바에서 외무 장관 협의회의 회의가 시작되었다. 작은 추축국들을 다룬 후 협의회는 독일과 오스트리아를 위한 평화 조약 문제를 논의했다. 외무 장관 협의회 회의는 6주 동안 계속되어 이렇다 할 성과 없이 끝났으나, 소련은 공개적으로 회의의 작업을 매우 높이 평가하면서 어떤 진전도 이루어지지 않았다는 주장을 반박했다.[69] 또 다른 타협의 신호로 소련은 회의를 1942년의 영국-소련 동맹 조약을 20년에서 50년 기한으로 늘리자는 영국의 제안을 밀고 나가는 기회로 이용했다. 1945년 12월 베빈이 제기한 이 구상은 1947년 1월 육군 원수 버나드 몽고메리*가 모스크바를 방문했을 때 스탈린과 그에 의해

　　* Bernard Law Montgomery(1887~1976). 영국의 군인. 제2차 세계 대전 동안인 1942년 북아프리카 전선 제8군 사령관을 맡아 에르빈 로멜 휘하 독일의 북아프리카 군단을 알알라메인 전투에서 격파하여 연합국의 승기를 마련한 것으로 평가된다. 1943년 시칠리아 상륙 작전, 1944년 6월에는 노르망디 상륙 작전의 영국군 총사령관으로 활약하여 원수로 진급했다. 종전 후 참모 총장을 거쳐 1951~1957년 나토군 최고 사령관 대리로 근무했다.

추가로 논의되었다. 외무 장관 협의회의 번외 문제로 소련은 영국 대표단에 영국-소련 조약의 새 초안을 제시했다.[70]

4월 15일 스탈린은 미국 국무 장관 번스의 후임인 조지 마셜*을 만나 외무 장관 협의회 회담에 대해 매우 우호적인 논의를 가졌다. 스탈린은 전 미국 참모 총장 조지 마셜이 아마도 제대로 이해했을 비유를 활용하여, 외무 장관 협의회 회의를 〈첫 전투, 정찰 전투〉 같은 것으로 묘사했다. 〈파트너들이 지칠 대로 지치면, 타협의 가능성이 생겨날 것입니다. 현재의 회의는 어떤 중요한 성과도 내지 못할 수 있습니다. 그러나 체념하지 마십시오. 성과는 다음 회의에서 낼 수 있습니다. 민주화, 정치 조직, 경제 통합, 배상 같은 주요 문제들에 대해 타협하는 것이 가능합니다. 오직 인내심을 갖고 체념하지 마십시오.〉[71]

스탈린이 마셜 및 스타슨과 나눈 대화는 며칠 사이에 이루어졌으며, 스탈린의 기분이 낙관적이었음을 보여 준다. 2월에 작은 추축국들과의 평화 조약들이 마무리되었고, 독일 및 오스트리아와 관련해 진전이 이루어지고 있었다. 스탈린이 바랐던 평화 시의 대연합은 전쟁이 끝날 당시 그가 희망했던 것보다 더 해결하기 어렵고 성취하기 힘든 것으로 밝혀졌지만, 2년 후 대연합은 조금 너덜너덜해지긴 했어도 여전히 손상되지 않고 그대로 남아 있었다. 하지만 그 직후 스탈린은 서방과의 적극적인 데탕트 추구를 포기하고, 트루먼 독트린의 거의 거울 이미지인 냉전 수사와 정책을 수용할 것이었다. 이러한 정책 변화를 촉발시킨 사건은 마셜 플랜에 대한 소련의 반응이었다.[72]

이른바 〈마셜 플랜〉은 1947년 6월 5일 미국 국무 장관이 하버드 대학교에서 한 연설에서 시동을 걸었다.[73] 기본적으로 마셜은 전쟁으로

---

* George Catlett Marshall(1880~1959). 미국의 군인, 정치가. 제1차 세계 대전 때 미국 파견군 제1군, 제8군 참모장으로 참전하였으며, 1938년 참모 본부 작전부장을 거쳐 1939년에 미국 육군 참모 총장이 되었다. 제2차 세계 대전 때 미-영 합동 참모 본부의 최고 수뇌가 되어 북프랑스 상륙 작전을 지휘했다. 1947년 국무 장관이 되자 마셜 플랜을 세워 유럽 부흥에 크게 기여했다. 1953년 노벨 평화상을 받았다.

황폐화된 유럽을 위해 유럽인들 자신이 자율적으로 조정해 기금을 배분하는 대규모 미국 원조 프로그램을 제안했다. 영국과 프랑스가 마셜의 제안을 받아들였다. 영국과 프랑스 외무 장관들은 파리에서 회동하여 6월 19일 소련에 미국 원조로 뒷받침되는 유럽 부흥 프로그램을 어떻게 조정할지를 논의하기 위해 파리의 3자 회담에 참석하라는 초청장을 보냈다.

이 같은 사태 전개에 대한 소련의 반응은 엇갈렸다. 언론 기사 형태로 나온 최초의 반응은 부정적이었는데, 마셜 플랜은 유럽 문제들에 대한 미국의 간섭 도구로서 트루먼 독트린과 연결 지어졌다.[74] 하지만 6월 21일 정치국은 마셜 플랜을 논의하기 위해 회의를 갖자는 영국-프랑스의 제안에 긍정적인 응답을 주는 것을 승인했다. 그사이 소련 지도부는 비밀리에 플랜의 의미가 무엇인지 자문을 받아 이를 검토하고 있었다. 일찍이 6월 9일 워싱턴의 노비코프 대사가 의견을 제시했다. 노비코프는 〈미국의 제안에는 우리에 반대하는 서유럽 블록의 분명한 태도가 들어 있습니다〉라고 전신을 보냈다.[75] 6월 24일 추가 급전에서 노비코프는 다음과 같이 단언했다. 〈마셜 플랜을 신중하게 분석해 보면, 결국 그것은 미국 정책의 도구로서 서유럽 블록의 창출에 해당한다는 것을 알 수 있습니다. (……) 유럽 국가들을 경제적·정치적으로 미국 자본에 종속시키고 반소련 집단을 형성하는 쪽으로 나아가는 이전의 비조직적인 행동 대신에, 마셜 플랜은 이 문제를 더욱 효과적으로 해결하는 데 목표가 있는 더욱 폭넓은 행동을 상정하고 있습니다.〉[76] 또 다른 진영에서 상이한 정책 자문이 나왔다. 스탈린의 이너 서클 주변에서 오랫동안 활동해 왔던 저명한 소련 경제학자 예브게니 바르가*가 마셜 플

---

* Evgenii Samuilovich Varga(1879~1964). 헝가리 태생의 소련 경제학자. 1919년 헝가리 소비에트 공화국에서 재무 장관으로 근무하다가 공화국이 붕괴된 후 빈을 거쳐 소련으로 망명했다. 1930년대 소련에서 스탈린의 경제 자문관이 되었고 제2차 세계 대전 동안 전후 배상 문제에 관여했다. 스탈린 사후 1950년대와 1960년대에 레닌 훈장, 스탈린상, 레닌상 등을 받았다.

랜을 분석해 달라는 요청을 받았다. 바르가는 마셜 플랜이 기본적으로 미국의 전후 경제 문제, 특히 유럽에서 미국 수출품의 수요가 부족한 데 대한 대응이라고 보았다. 플랜의 목적은 유럽이 미국의 상품과 서비스를 구매할 수 있도록 그들에게 달러를 제공하는 것이었다. 바르가는 또 소련이 이 계획에 참여하지 않았을 때 발생할 수 있는 문제점도 지적했다. 그것은 미국의 유럽 지배를 촉진할 것이고, 독일의 경제적 문제와 관련해 미국의 영향력을 강화할 것이며, 계획이 실패할 경우 반동분자들에게 소련을 비난할 수 있게 해줄 터였다.[77]

바르가의 분석이 함의하는 바는 소비에트 블록 국가들에 차관과 보조금을 공여하는 것이 미국에 좋으리라는 것이었다. 모스크바는 오래전부터 미국으로부터 소련의 전후 재건을 도와줄 대규모 차관을 얻기를 희망해 왔고,[78] 마셜 플랜은 그런 자금을 받을 수 있는 틀을 제공했다. 다른 한편, 노비코프 등이 강조한 정치적 문제점도 있었다. 마셜 플랜은 위협인가, 기회인가? 이 난문제에 대한 스탈린의 대응은 마음을 열고 무슨 일이 벌어지는지 지켜보는 것이었다. 영국 및 프랑스와의 회담에 파견된 소련 대표단은 다음과 같은 지시를 받았다. (a) 제공될 미국의 원조가 무엇인지 알아볼 것. (b) 원조 수령국의 국내 문제에 개입할 우려가 있는 어떤 움직임도 차단할 것. (c) 독일 문제의 논의가 여전히 외무 장관 협의회의 권한임을 분명히 할 것.[79]

1947년 6월 말과 7월 초에 마셜 플랜에 관한 영국-프랑스-소련 회의가 파리에서 열렸다.[80] 몰로토프는 다수의 기술 자문관들과 함께 파리에 도착했는데, 이는 모스크바가 협상에 대해 진지한 태도를 갖고 있다는 신호였다. 몰로토프는 지침에 맞춰 소련은 중앙 기구가 조정하는 프로그램에 반대한다는 점을 분명히 했다. 대신 각국은 자신의 요구 목록을 작성해야 하고, 이것을 일련의 위원회들이 받아 미국에 전달할 터였다. 하지만 영국과 프랑스는 세밀하게 조정되는 프로그램을 고집했는데, 그들의 말에 따르면 이렇게 하는 것이 마셜의 의향에 부합한다는 주장이었다. 협상은 곧 교착 상태에 빠졌다. 7월 2일 몰로토프는 마지막으로 회의에서 다음과 같이 발언했다.

> 미국의 경제 원조 문제는 (……) 영국 정부와 프랑스 정부가 유럽 국가
> 들 위에 서서 유럽 국가들의 내정에 개입하는 새로운 조직의 창설을 고집
> 하는 구실이 (……) 되어 왔습니다. (……) 국제적 협력으로 가는 두 가지
> 길이 있습니다. 한 가지 길은 동등한 권리를 가진 국가들 사이에 정치적·
> 경제적 관계가 발전해 가는 사정에 기반을 두고 있고 (……) 다른 한 가
> 지 길은 (……) 한 개나 몇 개의 힘센 열강이 다른 국가들에 대해 지배적
> 인 지위를 가짐으로써 다른 국가들이 독립을 빼앗긴 일종의 종속국 지위
> 로 전락하는 사정에 기반을 두고 있습니다.

소련과의 대화가 결렬된 후, 영국과 프랑스는 유럽 국가들에 마셜 원
조 감독 기구를 설립할 파리 회의에 참석하라는 초청장을 발송했다. 소
련은 7월 5일 유럽 정부들에 영국 및 프랑스와 그들의 의견 차를 설명
하는 문서를 보내는 것으로 이 선제적 행동에 대응했다.[81] 바로 그날 동
유럽의 공산주의 동맹자들에게 메시지를 보내, 그들은 전술적 이유로
다른 국가들이 영국-프랑스 회의에 참석하는 것에 반대하지 않는다고
통보했다.

> 소련에 우호적인 일부 국가들이 (……) 소련이 불참하기로 결정했다
> 는 이유로 회의 참가를 거부할 것을 고려하고 있습니다. 우리는 회의에서
> 영국-프랑스 계획을 수용할 수 없음을 보여 주고 이 계획이 만장일치로
> 채택되지 않도록 하며, 그런 다음 가능한 한 다른 국가들의 많은 대표와
> 함께 회의에서 철수하기 위해, 회의 참가를 거부하지 말고 회의에 대표단
> 을 파견하는 것이 더 낫다고 생각합니다.[82]

하지만 이틀 뒤 모스크바는 이 전술에 대해 마음을 바꿔 일부 동유럽
국가들에서 〈친구들〉(즉 지역 공산주의자들)이 회의에 반대한다고 선

언했기 때문에 불참을 권고하는 또 다른 메시지를 보냈다. 문제는 체코슬로바키아 — 마셜 자금을 얼마간 받기를 간절히 바랐다 — 가 회의에 참석하겠다고 이미 발표했다는 사실이었다. 스탈린이 직접 체코슬로바키아를 〈설득〉하는 데 앞장을 섰다. 7월 9일 스탈린은 체코슬로바키아 정부 대표단을 만난 자리에서 마셜 플랜의 융자가 매우 불확실한 데다, 서방 블록을 형성하고 소련을 고립시키는 구실로 이용되고 있다고 설명했다. 다가올 파리 회의에 체코슬로바키아가 참석하는 문제는 소련으로서는 근본적으로 중요한 것이었다. 〈파리에 간다면 여러분은 소련을 고립시키는 데 목표가 있는 행동에 협력하기를 원한다는 사실을 보여 주는 것입니다. 모든 슬라브 국가가 거부했고, 심지어 알바니아조차 거부하기를 두려워하지 않았는데, 바로 그것이 우리가 여러분이 결정을 철회해야 한다고 믿는 이유입니다.〉[83] 말할 필요도 없이 체코슬로바키아는 모든 소비에트 블록 국가(그리고 핀란드도)와 함께 마셜 플랜 논의를 보이콧했다.

이와 더불어 소련은 마셜 플랜에 반대하여 대대적으로 선전 활동을 개시했다. 1947년 9월 외무 차관 안드레이 비신스키는 유엔에서 한 연설에서 마셜 플랜을 다음과 같이 비난했다.

마셜 플랜은 본질적으로 트루먼 독트린의 변형에 불과합니다. (……) 마셜 플랜의 시행은 유럽 국가들을 미국의 경제적·정치적 통제하에 두고 이 국가들의 내정에 직접 간섭하는 것을 의미합니다. (……) 이 계획은 유럽을 두 개의 진영으로 나누려는, 동유럽 민주주의 국가들의 이익에, 그중에서 특히 소련의 이익에 적대적인 몇몇 유럽 국가들로 구성된 블록의 형성을 완수하려는 시도입니다.[84]

스탈린에게 마셜 플랜은 전후 미국과의 관계에서 한계점이었다. 그것은 동유럽에서 소련의 세력권을 위험을 빠뜨리지 않고서는 미국과의 협력이 더는 불가능하다는 사실을 보여 주었다. 마셜 플랜과 트루먼 독트린은 반소련 서방 블록, 즉 스탈린이 동유럽에서 확고히 다져 놓은 소련과 공산주의자들의 지위에 대항하고자 했던 블록의 형성을 나타내는 전조였다. 이제 대연합을 유지하는 것이 아니라 소련 블록을 외부의 파괴적 영향력으로부터 떼어 놓는 것이 전후 유럽을 위한 스탈린의 의제가 되었다.

코민포름과 냉전

스탈린의 새로운 접근법은 1947년 9월 〈공산주의 정보국〉(코민포름) 창립 회의에서 베일을 벗었다.[85] 코민테른의 후계 기구를 창설하는 구상이 나온 것은 꽤 오래전이었다. 행동의 촉매는 트루먼 독트린과 마셜 플랜이라기보다는 유럽 공산당들을 더욱 직접적으로 통제하고 싶어 하는 모스크바의 욕구였다.[86] 특히 우려스러운 점은 프랑스 공산당과 이탈리아 공산당이 1947년 5월에 각각 거국적으로 통치하는 연립 정부에서 쫓겨난 사실을 소련에 계속 알려 주지 못한 것이었다.[87] 이는 동유럽의 집권 공산당들과 프랑스 및 이탈리아 공산주의자들로 이루어진 코민포름의 특이한 구성을 설명한다. 폴란드에서 열린 비공식 회의인 코민포름 창립 회의의 많은 부분이 프랑스 공산당과 이탈리아 공산당의 〈개혁주의 정치〉와 〈의회 환상〉에 대한 비판에 할애되었다. 회의에서 비판을 이끈 사람은 티토의 대표였던 에드바르트 카르델*이었다. 유고슬라비아는 오래전부터 좀 더 전투적인 좌익 공산주의 운동 노선을 옹호하고 있었다. 코민포름 창설에서 유고슬라비아가 한 역할은 조직의 본부가 베오그라드에 위치한 사실에 반영되었다.[88]

---

* Edvard Kardelj(1910~1979). 유고슬라비아의 정치가이자 이론가. 제2차 세계 대전 전부터 티토와 함께 파르티잔으로 활동했다. 종전 후 외무 장관직을 맡아 자주 관리와 비동맹 사회주의 건설에 이론적·실천적으로 공헌하여 국민들로부터 폭넓은 지지를 얻고 티토의 후계자로 주목받았다.

코민포름 발족 회의는 공산주의 운동을 자본주의와 부르주아 제도에 대한 저항의 좌파 정치 전략을 채택하도록 이끌었을 뿐 아니라, 스탈린에게 대외 정책과 국제 관계에 관해 중요한 선언을 할 기회를 마련해 주었다. 회의에서 스탈린의 대변인은 전 레닌그라드 당수로서 지금은 스탈린의 이념 책임자인 안드레이 즈다노프였다. 여름 내내 즈다노프는 스탈린과 상의한 후 많은 초안을 작성하고 수정하면서 연설 준비에 공을 들였다. 전후 세계가 〈두 진영〉으로 분열되었다는 인식을 즈다노프가 초안에 넣었을 때, 이 과정에서 매우 중요한 순간이 다가왔다.[89] 지금까지 소련은 전후 세계 정치에서 두 개의 경향이나 두 개의 노선에 대해 이야기해 왔다. 예를 들어 즈다노프는 1946년 11월 볼셰비키 혁명 29주년 기념 연설에서 파리 강화 회의가 〈전후 정책에서 두 개의 경향〉을 드러내는 자리였다고 언급했다. 〈소련이 수행하는 한 가지 정책은 (……) 평화를 공고히 하고 침략을 방지하는 것입니다. (……) 다른 한 가지는 (……) 팽창과 침략 세력을 위한 길을 열어 주고 있습니다.〉[90] 1년 뒤 코민포름 회의에서 즈다노프는 〈양대 진영 독트린〉으로 알려진 이론을 제기했다.

우리가 전쟁의 종결로부터 멀리 떨어지면 떨어질수록 전후 국제 정치에서 두 가지 기본 지향이 더욱더 분명히 두드러지는데, 이는 두 개의 기본 진영으로의 (……) 분열에 해당하는 것입니다. 제국주의·반민주주의 진영이 하나이고 (……) 반제국주의·민주주의 진영이 다른 하나입니다. (……) 제국주의 진영을 이끄는 주요 세력은 미국입니다. (……) 제국주의 진영의 근본적인 목표는 제국주의를 강화하고 새로운 제국주의 전쟁을 준비하고 사회주의와 민주주의에 맞서 싸우고 반동적·반민주주의적·친파시즘 체제와 운동을 전면적으로 지지하는 것입니다. 이러한 과업을 수행하기 위해 제국주의 진영은 모든 나라에서 반동적·반민주주의적 분자들에 의지하고, 자신의 전시 동맹국들에 반대하여 이전의 전쟁 적국들을 지지할 준비가 되어 있습니다. 반제국주의·반파시즘 세력은 다른 진영을 구성하는데, 이 세력의 중추는 소련과 신민주주의 국가들입니다. (……) 이 진영의 목표는 새로운 전쟁과 제국주의 팽창의 위협에 맞서 싸우고 민주주의를 공고히 하며 파시즘 잔재를 뿌리 뽑는 것입니다.[91]

즈다노프의 연설은 유럽 공산주의 운동이 전략과 정책에서 급격히 〈좌선회〉하겠다는 신호였다. 서유럽에서 공산주의자들은 국민을 통합하고 각자의 나라에서 전후 재건에 참여하는 정책을 포기했다. 스탈린이 제2차 세계 대전이 끝날 즈음에 옹호했던 개혁주의 전략은 공산주의 운동 초기 시절의 혁명적 관점으로 진짜는 아니지만 말로는 복귀하는 것으로 대체되었다.[92] 동유럽에서 공산주의 정책의 변화도 마찬가지로 급진적이고 광범했다. 코민포름 회의가 끝난 후 〈공산화〉 — 공산주의 일당 통제의 확립 — 의 속도가 붙기 시작했다. 이 과정에는 정부의 모든 수단을 통제하고, 국가가 언론을 통제하며, 야당들을 해체·억압하고, 사회주의 정당과 공산주의 정당을 강제 합당함으로써(이런 이유로 기묘하게도 인민 민주주의 체제들에서 여당인 공산주의 정당은 종종 노동자 당이라든지 사회당이라든지 하는 이름으로 불렸다) 독립적인 좌익 정당들을 끝장내는 일이 포함되었다. 공산주의 권력의 확대는 동유럽의 〈소비에트화〉를 위한 발판을 제공했다. 이는 국가 소유의 통제 경제, 중앙 집중적 국가 계획, 농업 집단화, 공산주의의 전체주의적 시민 사회 침탈 같은 소련식 사회주의 모델을 동유럽 국가들에 강제하는 것을 의미했다. 〈스탈린화〉 요소 역시 지역 당 지도자들의 개인숭배라는 형태나 숙청, 체포, 연출 재판, 처형처럼 전쟁 전 스탈린 체제의 정치적 테러리즘을 흉내 내는 형태로 도입되었다.

동유럽의 공산화, 소비에트화, 스탈린화는 한꺼번에 혹은 단일한 시간표에 따라 발생하지 않았다. 심지어 코민포름 회의가 열리기 전에도 인민 민주주의가 소련 모델에 따라 본격적인 공산주의 체제로 변모하는 과정이 몇몇 나라들(불가리아, 루마니아, 유고슬라비아)에서 크게 진전되었으며, 다른 나라들(헝가리, 폴란드, 동독)에서도 그 방향으로 가고 있는 경향이 뚜렷이 드러났다. 이러한 추세가 가장 덜한 곳이 체코슬로바키아였다. 체코슬로바키아는 의회 민주주의 전통이 확립되어 있던 유일한 동유럽 국가로서, 공산주의자들과 사회주의 동맹자들이 1946년 선거에서 다수표를 얻은 나라였다. 하지만 1948년 2월 프라하에서 정부 위기가 발생하면서, 결국 자유주의 정당과 중도 당이 권좌에서 축출되고 체코슬로바키아의 연립주의적 인민 민주주의 실험도 종말을 고했다.[93]

즈다노프가 양대 진영 독트린을 옹호하고 나선 일은 대연합의 최종적인 파탄과 냉전의 개시를 알리는 것이었다. 트루먼과 마찬가지로 스탈린도 외교의 시간이라고 마음먹었고, 더 이상 타협은 없으며, 전쟁의 결과로 소련이 획득한 것을 지키기 위해 자신이 가진 권력 자원을 사용할 때가 왔다.

전쟁 때부터 스탈린이 여행했던 정치적 거리는 그가 1947년 11월 프랑스 공산주의 지도자 모리스 토레즈와 가졌던 토론에 요약되었다. 스탈린이 토레즈에게 이야기했던 마지막 지난 순간은 이 프랑스인이 모스크바의 전시 망명으로부터 본국으로 귀환하기 직전인 1944년 11월이었다. 그때 스탈린은 토레즈에게 드골과 협력하고 프랑스의 경제적 재건과 프랑스 민주주의의 강화를 위해 일할 것을 촉구했다. 이와는 대조적으로 1947년 11월에, 스탈린은 비록 프랑스에 영국군과 미군이 존재하여 권력 장악이 불가능했다는 토레즈의 말에 동의하긴 했지만, 전쟁이 끝났을 때 프랑스에서 공산주의자들의 권력 장악이 과연 가능했는지를 따져 보았다. 물론 붉은 군대가 파리에 당도했더라면 상황은 달라졌을 것이라고 스탈린은 토레즈에게 말했고, 토레즈는 이에 격하게 동의했다. 스탈린은 또 프랑스 공산주의자들에게 무기가 있는지 궁금해했고 그들이 원하면 소련 무기를 공급해 주겠다고 제안했다. 〈적들 앞에서 무장 해제되기를 원치 않으면 무기와 조직이 있어야 합니다. 공산주의자들은 공격당할 수 있고, 그럴 경우 맞서 싸워야 합니다. 온갖 유형의 상황이 벌어질 수 있습니다.〉[94] 이것은 진지한 제안이라기보다는 스탈린이 전투적인 볼셰비키 노릇을 한 경우였지만, 스탈린이 이제 서방과 함께 휘말렸다고 여기는 격렬한 투쟁에 대한 그의 느낌을 잘 드러내고 있다. 하지만 이 투쟁이 무력 충돌 형태로 곧 닥쳐올 것이라는 식으로 인식되지 않았다는 사실을 강조해야 한다. 코민포름 회의에서 스탈린의 제2대변인이었던 게오르기 말렌코프는 전쟁을 일으키는 제국주의자들의 바람과 그렇게 할 수 있는 그들의 능력은 완전히 별개의 문제라고 말했다.[95] 사실 스탈린에게 냉전을 수행하는 목적은 소련의 이익을 보호하는 것뿐 아니라 서방의 전쟁광들에게 정치적·이념적 패배를 안기는 것이었다. 1940년대 말과 1950년대 초에 냉전이 아주 격렬했을 때에도 — 유럽이 양극화되고, 무장한 진영들이 형성되고, 대결이 전개되면서 — 스탈린은 자신의 유산이라고 여긴 영속적 평화를 위한 투쟁을 계속했다.

제11장

본국에서의 대원수:
전후 스탈린 대외 정책의 국내적 맥락

1945년 6월 24일 붉은 광장의 승전 열병식에서 주코프는 〈우리가 승리를 거둘 수 있었던 것은 우리의 위대한 수령이자 천재적인 사령관, 소련 원수 스탈린이 우리를 승리로 이끌었기 때문입니다!〉라고 선언했다.[1] 나흘 뒤 스탈린이 대원수Generalissimo로 진급했음을 알리는 법령이 공포되었다. 스탈린은 나폴레옹 전쟁의 위대한 차르 사령관이었던 알렉산드르 수보로프 이래 러시아에서 그런 계급을 가진 첫 번째 사람이 되었다. 하지만 포츠담 회담에서 스탈린은 처칠에게 자신을 계속 원수Marshal라고 불러 주면 좋겠다고 말했다. 스탈린은 대원수의 제복도 싫어해서 공개 석상에 나타날 때마다 원수 제복을 계속 입었다. 그러나 대원수라는 직함은 떨어져 나가지 않았다. 소련 선전 책임자 게오르기 알렉산드로프는 1946년 1월 레닌 추도식에서 〈우리가 히틀러주의를 물리쳤다면, 그것은 소련 인민들이 가장 위대한 총사령관 스탈린 대원수를 수령으로 모신 덕분입니다〉라고 말했다.[2]

스탈린은 자신의 이름이 과도한 개인숭배 대상이 되는 것에서 보통 거리를 두었다. 극도로 자신감 넘치던 스탈린은 자신의 이미지를 신격화하는 것이 정치적으로 유용하다고 생각했지만, 일부 독재자들과는 달리 그것이 실제로 사실이라는 환상에 시달리지 않았다. 잘 알려져 있듯이, 스탈린은 아들 바실리*가 가문의 명성을 이용하려 하자 다음과 같이 질책했다. 〈너는 스탈린이 아니고 나도 스탈린이 아니야. 스탈린은 소비에트 권력이야. 스탈린은 신문과 초상화에 있는 사람이지, 너도 아니고 심지어 나도 아니야!〉[3] 그러나 나치 독일을 상대로 대승리를 거둔 후 그 여파로 스탈린은 자신의 선전을 믿고 싶어 했다. 예컨대 1947년 3월에 스탈린은 〈프룬제 육군 사관 학교〉의 교수 라진E. Razin 대령과 자신 사이에 오간 서한을 공개하는 일을 허락한 적이 있었다. 라진 대령은 레닌이 19세기 독일의 군사 전략가인 클라우제비츠를 긍정적으로 평가했는데, 이 평가가 여전히 타당한지를 스탈린에게 묻는 편지를 썼다. 스탈린은 레닌이 군사 문제 전문가가 아니며(물론 그의 후임인 자신과는 달리), 전략에 관한 클라우제비츠의 견해는 군사 기술의 발달로 인해 시대에 뒤떨어지게 되었다고 답변했다. 스탈린은 자기 이름에 대한 찬사가 자신을 고통스럽게 한다고 말하면서 라진의 편지에 들어 있는 숭배 내용을 멀리했지만, 전쟁에서 〈반격〉의 중요성을 이해한 과거의 위대한 군사령관들과 자신을 은연중에 비교하는 것으로 답변을 마무리했다.[4]

〈반격〉개념은 적의 공격을 흡수한 다음 대규모 역공을 가해 결정적인 승리를 보장하는 구상을 일컬었다. 그것은 전후 초기에 소련에서 대조국 전쟁의 군사적 교훈을 논의할 때 핵심적인 사상의 하나였고, 전쟁 초에 붉은 군대가 패배와 차질을 겪은 상황을 설명하는 데 도움을 주었다. 스탈린과 라진의 대화가 출간된 후 반격 개념은 소련의 전쟁 스토리에 훨씬 더 단단히 자리 잡았는데, 이 서사는 붉은 군대의 패배와 후퇴를 적군을 마모시키기 위해 신중하게 계산된 전략의 일환으로 제시하는 등 1941~1942년의 군사적 참사를 대충 얼버무리고 넘어갔다.[5]

스탈린의 군사적인 천재성에 대한 숭배의 정점은 1951년 소련 독재자의 오랜 친구였던 클리멘트 보로실로프 원수가 쓴 『스탈린과 소련의

---

* Vasilii Iosifovich Dzhugashvili(1921~1962). 바실리 스탈린이라고도 알려져 있다. 스탈린과 그의 두 번째 부인인 나데즈다 알릴루예바 사이에서 태어난 아들이다.

군대』라는 책자의 발간과 함께 찾아왔다. 책자는 대조국 전쟁에 관한 부분에서 소련이 군사적으로 성공을 거둔 것은 전적으로 스탈린 덕분이라는 식으로 제시했다. 보로실로프는 붉은 군대의 승전이 스탈린 군사학의 승리와 위대한 스탈린의 천재적인 리더십을 보여 준다고 결론지었다.[6]

항상 충성을 다하는 스탈린의 장군들은 자신들의 역할이 덜 주목받는 것을 받아들였다. 예외적인 한 사람은 주코프였다. 그는 스탈린 찬양에 기꺼이 동참했으나, 부최고 사령관으로서 자신의 기여와 성취에 침묵하지 않았다. 전쟁이 끝난 직후에 주코프의 별은 여전히 밝게 빛나고 있었고, 1945~1946년에 그는 점령지 독일에서 소련군 사령관으로 복무했다. 1946년 3월에 주코프는 모스크바로 소환되어 전(全) 소련 지상군 사령관으로 임명되었다. 그러나 본국으로 돌아온 직후 주코프는 음모의 희생자가 되었다. 그는 전쟁 동안 자신이 발휘했던 리더십을 강조하면서, 자신과 관계도 없는 작전을 포함해 모든 중요한 공격 작전에 대한 공을 주장했다는 비난을 받았다.[7] 주코프의 처지는 그의 새로운 지휘가 결국 전후 붉은 군대의 위계제에서 지위를 다투는 다른 장교들과 영역 분쟁을 야기하는 바람에 더욱 곤란해졌다. 훨씬 더 심하게 타격을 가한 것은 1946년 4월에 붉은 공군의 전 수장이자 주코프의 좋은 친구였던 알렉산드르 노비코프* 장군이 체포된 사실이었다.[8] 노비코프는 이른바 〈항공기 조종사 사건〉에 연루되어 체포되었다. 이는 전쟁 동안 전투기의 품질이 형편없었다는 비난이 있고 나서 소련 항공기 산업에 숙청을 단행한 일을 일컫는 것이었다. 주코프는 이 사건에 직접 연루되지 않았고, 그의 대단한 명망과 전시의 스탈린을 위한 복무는 그가 노비코프처럼 투옥당할 운명을 겪을 가능성이 거의 없음을 의미했다. 그

---

* Alexander Alexandrovich Novikov(1900~1976). 제2차 세계 대전 동안 소련 공군 대장으로 복무했으며, 소련 영웅 칭호를 두 번 받았다. 전쟁 후 체포되어 1953년 스탈린 사망 때까지 투옥되었다.

러나 1946년 6월 주코프는 오데사 군관구의 수장으로 좌천되었고, 그 다음 1947년 2월에는 반당 태도를 보였다는 이유로 당 중앙 위원회 후보 위원직을 박탈당했다.[9] 이 후자의 조치에 놀란 주코프는 자신을 둘러싸며 확산되고 있는 중상모략을 말끔히 정리하기 위해 스탈린에게 개인적 만남을 요청하는 글을 서둘러 썼다. 며칠 후 주코프는 소련 지도자에게 굽실거리는 사과 편지를 써서 전쟁 동안 스탈린을 비롯한 상급 사령부의 동료들을 대할 때 독선적이고 무뚝뚝했으며 무례했음을 인정했다. 주코프의 편지가 자신에 대한 신뢰 회복을 호소하는 것으로 끝을 맺었음에도,[10] 스탈린은 답장하는 수고조차 하지 않았다. 주코프는 계속 유배 상태에 있었고, 1948년에는 지위가 한참 낮은 우랄 군관구 수장으로 밀려났다. 스탈린그라드에서 스탈린과 그의 장군들이 대대적인 반격을 구상하고 계획하는 모습을 그린 1949년의 한 포스터에서 주코프는 어디에도 보이지 않았다. 다른 한편, 주코프는 원수 계급을 그대로 유지했고 1950년대 초에 복권 조짐이 있었다. 1951년 6월 주코프는 몰로토프를 따라 친선 대표단의 일원으로 폴란드에 갔고, 바르샤바에서 폴란드-소련 단합에 관해 연설을 했다. 그것은 군사·정치 지도자로서 스탈린의 장점을 특별히 부각시킨 선언이었다.[11] 1952년에 주코프는 중앙 위원회 후보 위원으로 복귀했다. 다른 장군들은 그렇게 운이 좋지는 않았다. 1946년 12월에 고르도프 장군(1942년에 스탈린그라드 전선군을 지휘했다)과 그의 볼가 군관구 참모장이었던 필리프 리발첸코* 장군이 스탈린에 대해 반체제적 발언을 나눈 것으로 기록되었다. 두 사람 모두 체포되어 총살당했다.[12]

전쟁이 끝난 후 스탈린이 주코프를 대한 방식은 불충의 조짐이 조금이라도 보일라치면 인정사정없이 경멸감을 드러내는 전형적인 그의 모

---

* Filipp Trofimovich Rybalchenko(1898~1950). 소련의 군사령관. 육군 소장. 제1차 세계 대전, 내전, 소련-핀란드 전쟁, 제2차 세계 대전에 참전했다. 1947년 체포되어 1950년 총살했다.

습을 보여 주었다. 또 명백히 다른 사람들을 자극하기 위한 요소도 존재했다. 즉 스탈린의 부최고 사령관 — 레닌그라드와 모스크바 구원자, 폴란드 해방자, 베를린 정복자, 1945년 승전 열병식의 지도자 — 이 독재자의 개인숭배에 순종해야 한다는 규범을 위반한 이유로 신임을 잃는다면, 그런 일은 누구에게나 일어날 수 있다는 것이었다. 그러나 그것은 단순히 장군들을 자리에 그대로 앉혀 두는 문제만은 아니었다. 스탈린은 군부가 지속적으로 중요하다는 점은 인정하지만, 자신과 공산당의 소련 사회 지배를 위협하지는 않을 그런 전후 역할을 규정해야 했는데, 1946년 2월 붉은 군대 창군 28주년 기념일에 공포된 포고령에서 그렇게 했다. 스탈린은 붉은 군대의 승리와 희생을 묘사하는 것으로 시작했으나, 소련 인민의 전폭적인 지지나 공산당의 리더십이 없었더라면 전쟁에서 이길 수 없었을 거라고 지적했다. 스탈린은 평화 시에 붉은 군대가 수행해야 할 주요 과업은 소비에트 국가의 평화적인 재건을 보장하고, 소비에트 국가의 경제력과 군사력을 원활하게 증강시키는 것이라고 말했다. 스탈린은 늘 그렇듯이, 〈승리한 붉은 군대 만세〉라는 구호로 마무리했지만, 그의 전반적인 메시지는 오해의 여지 없이 분명했다. 즉 군부에 전쟁의 영광에 대한 향유나 소련 사회에서의 특별한 지위에 대한 권리는 없으리라는 것이었다.[13]

　나아가 스탈린은 국방 인민 위원직을 그대로 보유하고, 정치 인민 위원 니콜라이 불가닌* 장군을 자신의 부관으로 임명함으로써 군에 대한 민간의 완전한 통제를 유지하겠다는 의향을 또 한 번 드러냈다. 1947년에 불가닌은 스탈린의 뒤를 이어 국방 장관이 되었고, 원수로 진급했다. 1949년에 바실렙스키 원수가 국방 장관직을 물려받았지만,

---

*　Nikolai Aleksandrovich Bulganin(1895~1975). 소련의 정치인. 1937~1938년 러시아 연방 인민 위원 회의 의장, 1950~1955년 각료 회의 제1부의장, 1953~1955년 국방 장관, 1955~1958년 각료 회의 의장을 역임했다. 군 경력은 없었으나 독소 전쟁 기간 중 소련 정부의 행정을 맡아 승리에 기여했고, 원수의 계급을 받았다.

불가닌은 여전히 군수 산업을 전반적으로 통제했다.[14]

스탈린이 전쟁 중과 전쟁 후에 군사적 페르소나를 채택한 것은 변화하는 그의 공적 정체성을 보여 주는 한 측면이었다. 또 다른 측면은 국제적인 정치인으로서의 이미지를 구축하는 것이었다. 전쟁 후 스탈린은 어떤 국제회의에도 참석하지 않았으나, 끊임없이 이어지는 외국 외교관과 정치가들을 영접하고 그들과 직접 협상을 벌였다. 전후 초기에 스탈린은 외교 리셉션과 조약 조인식에서 매우 주목을 끌었고, 외교 문제에 관해 인터뷰도 여러 번 했다. 스탈린의 전후 외교적 페르소나의 가장 놀라운 특징적 모습은 동유럽 인민 민주주의 체제의 지도자들과 긴밀하게 동질감을 가졌다는 사실이었다. 스탈린은 영국 및 미국과 전후 협력을 열렬히 희망한다고 종종 이야기했지만, 동유럽의 공산주의 동맹자들과 함께한 만남, 사진, 공식 성명의 끊임없는 흐름은 또 다른 스토리를 말했다. 그것은 대연합의 운이 기울어 가고, 대신 소비에트 블록이 떠오르고 있다는 사실이었다.

전쟁 후 스탈린은 주로 대외 정책 결정에 몰두했으며, 일상적인 경제 운영은 다른 사람들에게 기꺼이 맡겼다. 스탈린이 전시 동안 경제 문제에 개입하지 않는 관례를 계속하자, 전쟁 후 경제 운영은 훨씬 정연하고 체계적으로 바뀌었다. 스탈린은 개입할 힘을 충분히 갖고 있었지만, 대체로 관여하지 않는 쪽을 택했고, 스탈린의 의지와 변덕을 대신해 위원회 시스템, 행정 절차, 고도의 기술 관료적 합리성이 발달했다. 소련의 당과 국가 기구들은 숙청과 테러로 더욱 심각해진 끊임없는 위기, 비상사태, 격변이라는 전쟁 전의 패턴이 업무의 일상적 처리, 전문화, 성장하는 관료층으로 대체되면서, 스탈린의 관용으로부터 큰 이득을 보았다. 이 새로운 경제 질서에서 기술자, 경영자, 국가 관리의 중간 계층이 계속 확대되어 소비에트 시스템 내에 단단히 자리 잡으면서, 스탈린의 전후 체제에 지지와 안정의 필수적인 원천을 제공했다.[15]

스탈린이 전후에 개인적으로 우선시한 일이 군부를 감시하고 외교에 종사하는 것이었던 반면, 나라의 우선 사항은 재건과 사회적·경제적 평시 체제로의 이행이었다. 이 전후의 국내 과정은 사회·경제 생활에서 어느 정도 정상적인 모습을 성취하기로 계획되었는데, 이는 전쟁으로 황폐화되고 정신적 외상에 시달리며 1920년대와 1930년대에 잇따른 국가 비상사태를 맞아 수십 년간 격변을 겪었던 나라에서 매우 중대한 과업이었다.

1945년 10월 스탈린은 전쟁이 끝난 후 오랫동안 가졌던 몇 차례의 휴가 중 처음으로 흑해로 떠났다. 이 휴가들은 스탈린이 매년 연말까지 최장 5개월 동안 모스크바를 비운다는 의미였다.[16] 전쟁은 이제 나이가 66세에 이른 스탈린에게 육체적인 희생을 가져다주었다. 스탈린은 심지어 휴가 때에도 계속 열심히 일했으나, 전쟁 때의 강도에는 결코 미칠 수가 없었다. 스탈린의 새로운 근무 체제는 부하들에게 더 많은 일을 위임한다는 것을 뜻했지만, 그것은 또한 자신을 대신하여 수고하는 그들을 비난할 더 많은 시간과 여유를 스탈린에게 부여했다. 실제로 스탈린이 정치국 동료와 맺었던 전후 관계의 가장 놀라운 특징적 모습은 그들을 무례하게 대하는 스탈린의 말투이다. 전통적인 볼셰비키 매너에서 스탈린은 항상 사납고 거칠고 예의가 없었지만, 이제 그는 상급 관리자가 기대한 만큼 일을 잘 못하는 하급 직원을 닦달하는 식으로 동지들을 질책했다. 알렉산더 워스가 언급했듯이, 1940년대 말에 스탈린은 〈화가 난 노인〉이라는 평판을 얻었다. 이 인식은 전후에 스탈린이 정치국원들과 교환한 서신들로 충분히 확인되는데, 서신들은 스탈린이 동지들을 사소한 일로 개인적 질타를 가하는 내용으로 가득 차 있다.[17]

전후의 재건[18]

1945년 가을에 스탈린이 모스크바를 비웠다는 사실은 볼셰비키 혁명 28주년 기념일에 연설을 해야 하는 과업이 몰로토프에게 떨어졌음을 의미했다. 몰로토프 연설의 주요 주제 중 하나는 전쟁의 충격이었다. 몰로토프에 따르면, 〈독일-파시스트 침략자들〉은 1,710개의 도시와 7만 개의 마을을 파괴했고, 600만 채의 건물을 붕괴시켰으며, 3만 1,850개의 산업체를 무너뜨리거나 훼손했고, 9만 8,000개의 집단 농장을 폐허로 만들거나 약탈했으며, 2500만 명의 사람을 거리에 나앉게 했다.[19] 이 수치들은 음울하지만 나라가 입은 전쟁 피해와 재건의 부담을 사실상 과소평가한 것이었다. 마크 해리슨의 계산에 따르면, 전쟁은 소련에 약 25퍼센트의 물적 자산과 약 14퍼센트의 전전(戰前) 인구의 희생을 가져왔다.[20] 몰로토프는 자신의 연설에서 사상자의 수치를 인용하지 않았으나, 공식적인 소련의 수치는 700만 명의 사망자였다. 실제로는 소련의 군 사상자만 해도 이보다 많고, 이에 더해 1500만~1600만 명에 이르는 민간인 사망자도 포함해야 한다. 신체적 손상이나 정신적 트라우마를 겪은 사람들도 수천만 명을 헤아렸다.

전후 재건의 과업을 더욱 복잡하게 만든 것은 벨로루시야, 우크라이나, 발트 국가들 — 1939~1940년에 소련으로 편입된 영토들 — 의 서부 국경에서 당국이 전쟁으로 중단되었던 소비에트화 과정을 완수하는 과업뿐 아니라 수만 명의 민족주의 파르티잔들에 맞서 반란 진압 활동을 수행하는 일에 직면했다는 사실이었다. 예를 들어 서부 우크라이나에서는 1945년부터 1951년 사이에 반공산주의 파르티잔들이 3만 5,000명의 소련 군 간부와 당 간부들을 살해했고, 리투아니아에서는 10만 명에 이르는 사람들이 공산주의 권력의 부활을 막기 위한 투쟁에 참여했다.[21] 보복에 나선 소련 당국은 항쟁에 나선 수만 명의 사람들을 살해하고 투옥하고 추방했다. 나라의 다른 지역에서는 충성을 의심받던 인종 집단들이 박해와 추방의 표적이 되었다. 전쟁 동안 내무 인민 위원부는 200만 명의 볼가 독일인, 크림 타타르인, 카자크족, 체첸인 및 여타 튀르키예계 인민들을 소련의 동쪽 오지로 추방했다. 이 인종 집단들이 집단적으로 적과 협력했다는 것이 그 이유였다. 그러나 승리를 거둔 후에도 추방은 그치지 않았다. 수십만 명에 이르는 전후 추방의 희생자들 중에는 발트인, 핀란드인, 그리스인, 몰도바인, 우크라이나인, 벨로루시야인들이 포함되었다.[22] 또 다른 강제 인종 이주의 흐름은 폴

540

란드와 소련의 국경 변경으로부터 비롯되었는데, 이때 200만 명의 폴란드인들이 서부 벨로루시야와 서부 우크라이나를 떠났고, 50만 명의 우크라이나인, 러시아인, 벨로루시야인, 리투아니아인이 다른 쪽으로 움직였다.[23]

체제가 직면한 가장 긴급한 우선 사항 중 하나는 귀국하는 수백만 명의 참전 군인들을 소련 사회로 다시 통합하는 일이었다. 1945년부터 1948년 사이에 800만 명의 소련 병사들이 동원 해제되었다. 이 사람들에게 집을 마련해 주고, 다시 고용해야 했다. 또 이들을 사회적·문화적·정치적 생활로 끌어들여야 했다. 전쟁 동안 600만 명의 군인들이 당에 가입하고, 전쟁이 끝날 무렵 공산당원의 3분의 2가 전시에 입당한 사람이었던 만큼, 이른바 프론토비키* 중 많은 이가 공산당원이었다. 전후의 당원은 여성 당원이 전체 당원의 14.5퍼센트에서 겨우 18.3퍼센트로 증가했을 정도로 여전히 남성들이 당을 지배하고 있었지만, 이전보다 젊고 교육 수준이 더 높았으며 화이트칼라 직업을 더 대표했다. 전쟁이 끝난 후 젊고 교육 수준이 높고 주로 남성으로 이루어진 프론토비키가 당의 조직과 생활에서 현저한 역할을 하게 되었다.[24] 이러한 세대적 변화의 결과는 당이 정치적·이념적 행동주의를 덜 채택하고, 관리와 기술 전문 지식을 존중하는 경향을 더 갖게 되었다는 사실이었다. 또한 당은 자신의 역할을 1930년대처럼 관료층을 통제하는 포퓰리즘적 운동을 벌이기보다는 국가 및 경제 관리자들을 감독하는 일로 규정하게 되었다. 소련의 당 지도부는 공산주의자들의 이러한 〈탈정치화〉를 전적으로 환영하는 입장이 아니어서 수많은 이념적 교육 운동을 개시해 이에 대응하는 조치를 취했지만, 그러나 탈정치화는 전쟁 후 스탈린 자신의 리더십 스타일이 변한 사실을 나타내고 또 그 변화에 조응하는 그런 현상이었다. 두 경우 — 지도자 스탈린과 그의 지도를 받는 사

* frontoviki. 프론토비크frontovik의 복수형으로 최전선의 군인들을 가리키는 러시아어이다.

람들 — 모두에서 그런 변화는 지역 문제에 대한 지역적 해결책을 찾고 정해진 목표를 충족시키는 다양한 방법을 모색하는 데 개인과 집단들에 더 많은 자율성을 허용하는 전시의 경험을 반영했다.[25]

동원 해제는 1945년 6월 가장 나이 많은 징집병을 제대시키는 것으로 시작되었다. 1945년 말까지 거의 500만 명의 병력이 동원 해제되었다. 참전 군인들에게는 새 옷과 무료 음식, 귀향 교통편, 제대 수당이 주어졌다. 귀환병들은 자신들의 옛 직업에 다시 종사할 권리를 가졌으나 수십만 명에 이르는 이들이 다른 지역에 정착했는데, 특히 수많은 농민이 도시로 이주하면서 도시의 주택은 더욱 부족해지고 직업에 대한 수요가 한층 늘어났다.

1945년 9월 군사적 비상사태가 공식적으로 종결되었다고 선언되었으며, 민간 행정 기구와 민간 법원은 여러 권한들을 돌려받았다. 9월 4일 국가 방어 위원회GKO가 폐지되었고, 그 경제 기능이 인민 위원 회의로 이관되었다. 인민 위원 회의 내부에서는 다양한 구조적 변화와 재편이 진행되어, 1947년에 상이한 경제 분야에 대해 책임을 진 몇몇 부문별 부서들이 설립되었다.[26] 1946년 3월 인민 위원부들은 부(部)로 이름을 바꾸었고, 인민 위원은 장관이 되었다. 이러한 변화는 1946년 3월 당 중앙 위원회 총회에서 승인되었는데, 이 총회는 1944년 1월 이래 처음으로 개최된 회의였다. 총회 의장은 스탈린이었고, 그는 다음과 같이 명칭 변경을 설명했다.

인민 위원이라는 명칭은 (……) 불안정한 시기, 내전의 시기, 혁명적 파열의 시기를 (……) 반영합니다. 그러나 이러한 시기는 지나갔습니다. 전쟁은 우리의 사회 질서가 매우 강하다는 사실을, 여전히 자리 잡지 못하고 정상적으로 되지 못한 불안정한 사회 질서의 시기와 관련된 그런 명칭은 더 이상 이와 같은 우리 사회를 나타내지 못한다는 사실을 보여 주었습니다. (……) 인민 위원이라는 명칭을 장관으로 바꿀 때입니다. 사람들은 인민 위원들이 여기에도 있고 저기에도 있고 어디에나 있기 때문에 이를 아주 잘 이해합니다. 그것은 사람들을 헷갈리게 합니다. 오직 하느님만이 누가 더 높은지를 압니다. (홀에서의 웃음소리)[27]

1945년 10월 최고 소비에트 선거에 관한 법령이 공포되었다. 그리고 1946년 2월 선거가 실시되었고, 한 달 뒤 새로 선출된 최고 소비에트가 소집되어 새 5개년 계획을 채택했다. 경제를 전쟁 전의 생산 수준으로 복구시킨다는 최초의 목표는 생활 수준의 지속적 하락과 작업장에서의 엄격한 규율 체제 유지라는 대가를 치렀지만 1940년대 말에 달성되었다. 전시의 배급제는 1947년 12월이 되어서야 폐지되었다. 이와 동시에 당국은 루블의 가치를 크게 절하하고 과도한 수요가 인플레이션을 일으키기 전에 시중의 잉여 현금을 흡수하는 통화 개혁을 실시했다.

1946~1947년의 기근과 식량 위기는 아마도 체제가 부닥친 가장 큰 도전이었을 것이다. 1946년 여름에 가뭄이 발생했고 흉작이 들었으며, 뒤이은 겨울은 기록상 최악의 겨울 중 하나였다. 전쟁 동안 인구의 3분의 1을 먹여 살리던 무기 대여 식량 공급은 1945년에 중단되었고, 한정된 양의 원조만 유엔 구제 부흥국*에서 기대될 뿐이었다. 배상을 받기 위해 독일을 비롯한 이전의 적국들로부터 물품을 빼앗았지만, 식량이라고 할 만한 것은 거의 없었다. 그 결과 100만~150만 명으로 추산되는 소련 국민들(주로 농민)이 기아나 기근으로 인한 질병으로 사망했다.

도널드 필처Donald Filtzer가 주장했듯이, 전후 초기의 궁핍은 스탈린 체제의 안정을 강화하는 역설적 효과를 낳았다. 한편으로 국민들은 전쟁이 끝난 후 그날그날의 생존 투쟁에 진이 다 빠져 사회적 저항을 조직

---

* United Nations Relief and Rehabilitation Administration(UNRRA). 국제 구호 기관. 주로 미국이 주도했으며 44개국이 참여했다. 1943년에 창립되어 1945년에 유엔 산하 조직이 되었으며 1947년에 활동을 중단했다.

적으로 벌일 시간이나 여력이 거의 없었고, 좀 더 건강하고 풍요로우며 자유로운 미래를 위한 풀 죽은 희망을 수동적으로 받아들이는 경향이 있었다. 다른 한편 1940년대 말과 1950년대 초에 사정이 나아지면서 체제는 상황을 개선시켰다고 어느 정도 인정받았고, 인민들 사이에 정상적인 생활 비슷한 모습을 마침내 성취했다는 안도감이 광범위하게 존재했다.[28]

1946년 선거

정치적 〈정상화〉의 가장 중요한 행위는 최고 소비에트 선거를 실시하는 것이었다. 이 선거는 공산당을 중심 무대로 복귀시키고, 국민들에게 전쟁 동안 체제가 했던 행동에 대해 평결을 내릴 기회를 제공했다. 비록 이것이 공산당이나 그 지명자들만 경쟁을 하고 선거구당 한 명의 후보만 있는 단일 정당 단일 후보 선거였음에도, 옐레나 줍코바Elena Zubkova에 따르면, 〈선거 분위기〉는 〈명절 같았고〉, 〈당국에 대한 인민의 믿음이 상상 속에 존재하는 것이 아니라 진짜라는 것을 보여 주었다〉.[29] 공식 통계에 따르면, 1억 171만 7,686명의 등록 유권자 중에서 99.7퍼센트가 투표했다. 이 투표자 중 81만 8,955명이 투표용지에 적힌 후보 이름을 가위표를 그어 지움으로써 반대표를 던졌다. 발트 국가들에서 기권표와 반대표를 던진 유권자들을 합친 수치는 훨씬 높았는데, 리투아니아의 경우 10퍼센트에 달했다. 의심할 여지 없이 자유로운 경쟁이 보장된 선거였더라면 소련 전역에서 반대의 수준이 훨씬 높았겠지만, 여론에 관한 이용 가능한 증거는 스탈린 체제에 대한 인민들의 지지가 전쟁 직후에 매우 높았음을 시사한다. 스탈린은 나라를 위대한 승리로 이끌었고, 소련 인민들은 전후 재건이라는 엄청난 과업에도 불구하고 미래에 대해 낙관적이었다. 지식인들 사이에서는 전시에 스탈린 체제가 보여 준 문화적 이완이 계속될 거라는 희망이 널리 퍼져 있었다. 스탈린 개인숭배는 우스꽝스러웠으나, 오랜 기간 유포되면서 인민들의 의식에 영향을 미쳤다. 일반 국민들 사이에서 스탈린은 신으로 숭배되거나 인자한 권위주의적 인물로 여겨졌다.[30]

최고 소비에트 선거 운동은 1946년 2월 9일 스탈린이 볼쇼이 발레 극장에서 모스크바 선거구의 유권자들을 상대로 위풍당당하게 연설하면서 절정에 올랐다. 공산당의 역할을 복원하고 재확인하려는 노력에 맞춰, 스탈린은 제2차 세계 대전이 자본주의와 제국주의의 경제적 모순 때문에 일어났다는 이념적으로 정통적인 주장으로 연설을 시작했다. 하지만 전쟁은 파시즘 국가들을 영국이나 미국 같은 자유를 사랑하는 국가들과 맞붙게 했으므로 애초부터 해방적·반파시즘적 색깔을 띠었고, 이 특징은 소련이 전쟁에 참여하고 소련-서방 동맹이 형성됨으로써 더욱 강해졌다. 스탈린은 전쟁이 소련의 사회 시스템을 시험에 들게 한 사실을 강조하면서, 전쟁은 〈소련의 사회 시스템이 진정으로 한없이 깊은 인민의 바다로부터 비롯하고 그들의 강력한 지지를 받는 진정한 인민의 시스템〉이라는 것을 보여 주었다고 주장했다. 스탈린은 또 전쟁이 구성 민족들 사이에 친선과 협력이 존재하는 다민족 국가로서의 소비에트 시스템이 성공했다는 사실도 보여 주었다고 말했다. 공산당에 대해서는, 스탈린은 중공업을 우선시하고 국방을 증강함으로써 전쟁 전에 나라를 전쟁에 대비시키는 데 자신의 역할을 했다고 강조했다. 미래에 대해 스탈린은 생산과 관련해 새로운 5개년 계획의 목표를 언급했고, 또 대중 소비와 생활 수준을 제고하려는 노력도 역설했다. 스탈린은 공산당과 〈비당원〉 인민들의 관계에 대해 이야기하는 것으로 연설을 마무리했다. 과거에 공산주의자들은 부르주아 영향력을 두려워했기 때문에 비당원 인민들을 의심했다고 스탈린은 말했다. 하지만 지금 공산주의자들과 비당원 인민들은 강력한 소련 사회 시스템의 일원이었다. 〈그들은 하나의 공동 집단체에 함께 살며, 우리 나라의 힘을 강화하기 위해 함께 싸웠습니다. 그들은 우리 모국의 자유와 위대함을 위해 (……) 함께 싸웠고 피를 흘렸습니다. 그들은 다 함께 우리 나라의 적들을 물리치고 승리를 일구어 냈습니다. 그들 사이의 유일한 차이라면 하나는 당에 있고 다른 하나는 당에 있지 않다는 것입니다. 그러나 이것은 형식적인 차이일 뿐입니다. 중요한 것은 둘 다 공통의 목표가 있다는 것입니다.)[31]

반(反)서방 운동

스탈린의 선거 연설은 소비에트 시스템의 위력과 미래에 대해 자신감을 내뿜는, 전형적으로 확신에 찬 행동이었다. 이와 유사한 감정은 스탈린의 핵심 부관들이 했던 선거 연설에서도 드러났다.[32] 하지만 전후 초기에 보이는 소련 담론의 또 다른 주제는 미래를 위해서는 덜 좋은 전조였다. 전쟁에서 승리하는 데 소련이 했던 역할이 외국에서 충분히 인정되지 않고, 소련이 획득한 승리의 과실을 박탈하려는 노력이 국제적으로 진행 중이라는 믿음이 그것이었다. 당 기구 내 스탈린의 부관인 게오르기 말렌코프는 선거 운동을 하는 동안 이러한 우려를 가장 분명하게 진술했다. 〈역사적으로 승리의 과실이 승리자의 수중에서 빠져나간 사례들이 있었습니다. 이런 일이 우리한테 일어나서는 안 됩니다. (……) 우리는 먼저 우리의 소비에트 사회주의 국가들을 한층 더 확고히 하고 강화해야 합니다. (……) 그리고 우리는 우리가 강한 상태에서만 친구들이 우리를 존중할 것임을 기억해야 합니다.〉 스탈린의 이념 책임자인 안드레이 즈다노프는 자신의 선거 연설에서 이렇게 경고했다. 〈평화를 사랑하는 민족들 사이에서도 소련에 적대적인 반동분자들이 있습니다. (……) 여러분들은 우리의 평화와 안보 정책이 모든 사람의 마음에 들 수는 없다는 (……) 사실을 알고 있습니다. 그렇습니다. 우리는 모든 사람의 마음에 들 수가 없고, 절대 방심하지 말아야 합니다.〉[33] 즈다노프는 1946년 11월의 혁명 기념 연설을 하면서 이 주제를 다시 거론했다. 그는 또 서방 언론에서 소련과 소련 인민들을 어떻게 취급하는지 신랄하게 논평했다.

사람들은 러시아인들이 얼마나 빨리 변했는지 궁금해합니다. 우리의 피가 전장에서 흐를 때 그들은 우리의 용기, 용맹, 높은 사기, 무한한 애국심을 찬양했습니다. 그리고 이제 우리가 다른 국가들과 협력하여 국제 문제에 참여할 수 있는 동등한 우리의 권리를 원하자 그들은 우리에게 욕설과 비방을 퍼붓고 우리를 비난하고 매도하면서, 동시에 우리가 참을 수 없고 수상쩍은 성격을 갖고 있다고 말하고 있습니다.[34]

소련의 내부 논의에서도 이에 못지않게 열정적으로 즈다노프가 공개적으로 말한 내용이 상세히 진술되었다. 전쟁 말기에 정부의 선전 기관인 소련 정보국Sovinform은 자신의 활동과 서방 선전 기관의 활동에 관한 일련의 보고를 준비했다. 소련 정보국에 따르면, 이제 전쟁이 끝나 외국에서의 소련의 선전 활동은 서방에서 반동 집단들이 대규모 반공산주의 중상모략 운동을 벌이고 있어 힘겨운 과업에 직면했다. 영국과 미국의 정보기관들이 지지하고 후원하는 이 반소련 운동에서 노동 운동 내의 사회 민주주의 분자들이 특히 악의에 찬 역할을 수행하고 있었다.[35] 1944년 말에 발간되기 시작한, 국제 문제에 관한 중앙 위원회의 기밀 회보『대외 정책 문제들』에서도 이와 유사한 논지들이 명확히 보였다. 회보에는 서방 국가들에서 반동적 집단들이 대두하며 몸집을 불리고 있다는 글들이 잇달아 실리면서, 특히 유럽 노동 운동 내에 친소련 세력과 반소련 세력 사이의 투쟁이 격화하고 있다는 의견을 피력했다. 거의 똑같은 분석을『노보예 브레먀』(전후에『전쟁과 노동 계급』을 이어받은 잡지)를 비롯한 다른 소련 언론에서도 찾아볼 수 있었다. 1946년 3월 스탈린은 처칠의〈철의 장막〉연설에 대한 긴 답변을 공표하여 전(前) 영국 총리를 소련과의 전쟁을 옹호하는 반볼셰비키 반동분자로 묘사하며 직접 싸움에 뛰어들었다.[36] 소련 인민들은 이 논쟁에서 자신들의 편을 응원하는 데 격려받을 필요가 거의 없었다. 체코슬로바키아 공산주의자 즈데네크 믈리나르시*는 전쟁이 끝난 뒤 소련에서 공부하던 시절을 다음과 같이 회상했다.

가장 근본적인 신념은 소련이 전쟁 동안 엄청난 희생을 치르고 인류의 운명을 결정했기 때문에 모든 국가의 특별한 존중을 받을 자격이 있다는 것이었다. 이 사람들은 어떤 비판도 고인들을 추모하는 데 모욕을 가하는 것으로 여겼다. 이 점에서 그들은 다른 문제에서는 정부에 아무리 비판적이라 할지라도 정부와 일치했다.[37]

국내적으로, 서방에 대한 점증하는 소련의 분노와 의심에 대응하는 문화적·정치적 현상은 소련의 고유한 미덕을 고취하는 초애국적·민족주의적 운동이었다. 이 운동 뒤에는 전후 세계에서 승전이 소련에 부여해야 하는 자리에 대한 스탈린의 자만심이 도사리고 있었다. 스탈린은 대연합 파트너들에게서 실제로 받은 것보다 훨씬 더 많은 인정과 양보를 기대했다. 특히 스탈린에게 짜증 나는 것은 소련이 일본의 전후 점령에서 배제된 사실과 영국 및 미국이 얄타와 포츠담에서 동유럽의 소련 세력권을 수용한 사실을 취소하고 있다는 징후였다. 스탈린은 영국 및 미국과의 전후 협상에서 강경 자세를 취하고, 또 서방에 대한 어떤 〈굴종〉 조짐에 대해서도 측근들을 질책하는 것으로 이에 대응했다. 이 책망의 제일 앞줄에는 인내심 강한 몰로토프가 있었는데, 그는 외국인들을 가장 자주 대하면서 실수를 저지를 기회가 매우 많은 사람이었다. 예를 들어 1945년 11월에 스탈린은 처칠의 연설문이 소련에서 발간되는 것을 허용했다는 이유로 몰로토프를 다음과 같이 비판했다.

저는 러시아와 스탈린을 칭송하는 처칠의 연설문이 발간된 것은 실수라고 생각합니다. 처칠은 자신의 죄책감을 누그러뜨리고, 소련에 대한 자

---

* Zdeněk Mlynář(1930~1997). 체코슬로바키아의 정치가. 1968~1970년 체코슬로바키아 공산당 서기를 지냈다. 프라하의 봄이 한창이던 1968년 5월 알렉산드르 둡체크의 측근 서클의 일원으로 「사회의 민주적인 정치적 조직을 향해」라는 유명한 정치 선언문을 써서 다원주의 체제가 체코슬로바키아에 가장 좋은 해결책이라고 주장했다. 1977년에는 체코슬로바키아 내 인권 부재에 항의하는 〈77헌장〉 서명에 참여했다.

신의 적대적인 태도, 특히 그와 그의 노동당 문하생들이 소련에 반대하는 영국-미국-프랑스 블록을 조직한 자들이라는 사실을 은폐하기 위해 이 칭송을 필요로 합니다. 우리는 이런 유의 연설문을 발간함으로써 이 양반들을 도와주고 있을 뿐입니다. 지금 우리 나라에는 처칠, 트루먼, 번스 같은 자들의 찬양을 받으면 어처구니없게도 기뻐서 어쩔 줄 몰라 하는 아주 많은 고위 관리가 있습니다. (……) 저는 그런 분위기가 이 나라에서 이질적인 모습을 발전시키고 있기에 위험하다고 생각합니다. 외국인들에 대한 굴종에 맞서 악착같이 투쟁을 전개해야 합니다. 그러나 이런 연설문들을 계속 발간한다면, 우리는 굴종과 아첨을 장려할 뿐입니다. 저는 소련 지도자들이 외국 지도자들의 찬양을 받을 필요가 없다고 이야기하는 게 아닙니다. 저 자신에 대해 말하자면, 이런 종류의 찬양은 저를 거슬리게 할 뿐입니다.[38]

일부가 주장하듯, 이 같은 감정의 분출은 스탈린이 정치국 동료들의 기강을 잡고 전쟁 후에 자신이 그들을 지배한다는 점을 분명히 하려고 일부러 계획한 것일 수도 있다. 하지만 스탈린의 분노는 진짜였던 것 같으며, 그가 어쨌든 몰로토프 같은 사람들에게 위협감을 느꼈을지는 의심스럽다. 전쟁은 정치국 내에서 스탈린의 전제적 권력을 강화시켰고, 소련이 승리하는 데 스탈린이 했던 역할은 그를 도전을 불허하는 정치적 위치에 두게 했다. 서방에 대한 굴종적 태도에 반대하는 스탈린의 운동에 계산적 요소가 있었다면, 그것은 자본주의 세계와의 접촉이 소련 사회에 가하는 충격에 대해 스탈린이 진정으로 우려한 사실과 관계가 있었다. 전쟁과 대연합은 수많은 외국의 정치적·문화적·경제적 영향에 소련을 노출시켰고, 이 영향들이 평화 시에도 계속될 것이라는 예상이 지배적이었다. 예를 들어 1944년 여름 소련 작가 프세볼로트 비시넵스키*는 전쟁 후에 이루어질 문화적 공존을 생생하게 그려 냈다.

전쟁이 끝나면 삶은 무척 즐거워질 것이다. 우리의 경험 결과, 위대한 문학이 태어날 것이다. 서방과 많은 왕래와 접촉이 있을 것이다. 모든 사람이, 좋아하는 것은 무엇이든 읽는 것이 허용될 것이다. 학생 교환이 있을 것이고, 외국 여행이 소련 시민들에게 쉬워질 것이다.[39]

전쟁이 끝날 무렵에 스탈린은 소비에트 시스템과 자신의 힘에 대해 자신만만했으나, 이것이 사회주의 체제에서도 계급 투쟁이 계속된다는 전쟁 전의 견해를 포기하거나, 자본주의 영향력이 소련 인민들에게 부정적인 충격을 줄 거라는 우려를 더 이상 하지 않게 되었음을 의미하지는 않았다. 이러한 걱정을 잘 보여 준 사례는 나치가 점령한 유럽에서 본국으로 송환된 소련 시민들과 전쟁 포로들을 가혹하게 대한 일이었다. 모든 귀환자는 내무 인민 위원부의 조사를 받기 위해 임시 수용소에 머물러야 했다. 송환된 약 400만 명의 사람들 중에서 266만 13명이 민간인이었고, 153만 9,475명이 전쟁 포로였다. 그들 중 242만 7,906명이 집으로 갔고 80만 1,152명이 군에 재징집되었으며, 60만 8,095명이 국방부의 노동 부대에 등록했다. 27만 2,867명이 범죄나 경범죄를 지어, 처벌을 위해 내무 인민 위원부로 이첩되었다. 8만 9,468명은 1950년대 초에 송환 절차가 최종 마무리될 때까지 접수 인원으로 임시 수용소에 남았다.[40]

조사 과정은 반역자와 첩자들을 색출하고 — 전쟁 동안 50만 명은 군인 자격으로, 나머지는 민간 보조원 자격으로 총 100만 명의 소련 시민들이 추축국 군대에서 복무한 사실을 감안하면 이는 정말 근심거리였다 — 독일군에게 사로잡히거나 부역자로 징용된 사람들이 너무 쉽게 항복하지 않았음을 확인하기 위한 것이었다. 고위 장교들에 관한 한, 포로가 되는 것을 유일하게 허용할 수 있는 경우는 부상을 당해서 계속 싸울 수 없을 때뿐이었다.[41] 그러나 임시 수용소의 주목적은 반역자들

---

* Vsevolod Vitalevich Vishnevskii(1900~1951). 소련의 극작가, 산문 작가. 작품으로 희곡 「제1 기병대」, 「낙관적 비극」 등이 있다. 1941년 스탈린상을 수상했다.

을 처벌하는 것이 아니라 외국에서 돌아온 시민들의 충성심을 검사하는 것이었다.

즈다노프시나

1946년 여름에 서방 자본주의 영향력에 반대하는 스탈린의 운동은 당 중앙 위원회가 〈소련 인민들에게 이질적인 정신으로 서방의 현대 부르주아 문화에 굴종하는 정신을 함양하는〉 글들을 게재했다는 이유로 레닌그라드에 기반을 둔 월간지 『즈베즈다』와 『레닌그라드』를 공격하는 포고령을 공포했을 때 새로운 급진적 전기를 맞았다. 이틀 후인 8월 16일 즈다노프는 소련 작가 동맹 레닌그라드 지부에서 풍자 작가 미하일 조셴코*와 시인 안나 아흐마토바**를 비난하는 연설을 했다. 조셴코는 소련 인민을 〈게으름뱅이와 도덕적 괴물로, 그리고 일반적으로 어리석고 원시적인 사람들로〉 묘사했다고 강한 비판을 받았다. 아흐마토바는 〈수녀와 매춘부의 혼성체〉를 대표하는 개인주의자라고 손가락질 당했다. 말할 필요도 없이 두 작가는 동맹에서 쫓겨났으며, 『즈베즈다』 편집진은 개편되었고 『레닌그라드』는 문을 닫았다. 1946년 9월 중앙 위원회는 이념적으로 올바르지 못한 영화들에 관한 포고령을 공포했는데, 거기에는 러시아 역사에서 무시무시한 차르의 진보적 역할을 잘못 표현했다고 공격받은 세르게이 예이젠시테인의 「이반 뇌제 제2부」가

---

* Mikhail Mikhailovich Zoshchenko(1895~1958). 소련의 유명한 풍자 작가. 「인간은 벼룩이 아니다」, 「초조한 사람들」 등 소련 사회를 날카롭게 풍자한 다수의 단편이 있다.

** Anna Andreyevna Akhmatova(1889~1966). 소련의 모더니즘 시인. 본명은 안나 안드레예브나 고렌코이다. 「저녁」 등의 초기 작품으로 알려졌으나, 소련 당국으로부터 부르주아적이라는 비판을 받아 활동을 거의 중단했다. 1940년에야 시가 몇 편 출간되었고 제2차 세계 대전 중 사기를 북돋우는 라디오 방송에 출연하거나 시선집을 출간했다. 하지만 그 후로도 스탈린주의의 영향 속에 비판과 찬양이 반복되다가 스탈린 사후에 본격적으로 활동을 재개하여 여러 시선집과 평론을 발표하여 큰 호평을 받았고, 여러 외국의 시를 번역·소개하는 일도 했다. 그의 명성은 국제적으로도 높아져 이탈리아와 영국에서도 국제 문학상을 수여했다.

포함되었다. 이 문화적 숙청은 연극과 음악으로 확대되었다. 1948년 2월 드미트리 쇼스타코비치*는 작품이 비소비에트적 형식주의에 빠져 있다고 비판받았다. 1년 뒤에는 소련 연극 비평가들이 비애국적이라고 싸잡아 공격당했다. 이들 공격의 주요 연단 중 하나는 중앙 위원회의 즈다노프 부서가 발간한 새로운 잡지 『문화와 삶Kul'tura i Zhizn』이었다.[42]

비록 즈다노프시나**라고 알려지게 되지만 문화 정책에서의 이러한 선회는 이 문제에 관한 주요 공개 발언 전부를 면밀히 점검해서 편집한 스탈린이 개시하고 조직했다. 스탈린의 동기는 즈다노프의 1946년 8월 연설을 보면 분명히 드러난다.

우리 문인 중 일부는 스스로를 교사가 아닌 학생으로 여기며 (……) 속물적 외국 문학 앞에서 비굴해지는 논조로 빠져들었습니다. 그런 비굴함이 어떤 부르주아 시스템보다 100배 더 고상하고 더 양호한 소비에트 시스템을 건설하고 있는 우리 소련 애국자들에게 어울리는 태도입니까? 편협하고 속물적인 부르주아 서방 문학 앞에 굽실거리는 것이 (……) 우리의 전위적 소련 문학에 어울리는 모습입니까?[43]

콘스탄틴 시모노프***는 자신의 회고록에서 1947년 5월에 있었던 한 일화를 자세히 밝혔다. 당시 시모노프와 소비에트 작가 동맹의 몇몇 관리들이 표면적으로는 인세 지급 문제를 논의하기 위해 스탈린을

* Dmitrii Dmitriyevich Shostakovich(1906~1975). 소련의 작곡가. 작품 가운데 교향곡과 현악 사중주가 유명하며, 오페라와 여섯 개의 협주곡 그리고 많은 영화 음악으로도 널리 알려져 있다.

** Zhdanovshchina. 즈다노프 정책, 즈다노프 체제, 즈다노프 교의, 즈다노프 운동 등을 뜻하는 러시아어.

*** Konstantin Mikhailovich Simonov(1915~1979). 소련의 시인이자 소설가. 상트 페테르부르크에서 출생하여 고리키 문학 대학을 졸업했다. 처음에는 시인으로 활동하다가 희곡과 소설을 썼다. 희곡 「러시아 사람들」, 「러시아 문제」 등으로 이름을 떨쳤으며, 중편 「밤이나 낮이나」, 「죽은 자와 산 자」 등과 같은 전쟁 소설을 많이 집필했다.

만나러 갔다. 그러나 소련 지도자의 마음은 지식인들의 부적절한 애국심 교육에 가 있었다. 〈우리의 중간 지식인들 ─ 과학자, 교수, 의사들 ─ 이 어떤지를 보면, 그들은 소비에트 애국주의 감정을 제대로 발달시키지 못했습니다. 그들은 외국 문화를 근거 없이 찬양하고 있습니다. (……) 이 후진적인 전통은 표트르 [대제] 때부터 시작되었고 (……) 외국인들에게, 쓰레기들에게 굽실대는 일이 많았습니다.〉[44]

이처럼 이른바 굴종적인 모습을 보인다고 공격받은 사람은 예술가만이 아니었다. 1947년에 선전 책임자 게오르기 알렉산드로프가 쓴 서양 철학사에 관한 책을 공개적으로 토론하는 일이 있었다. 알렉산드로프는 철학의 역사에서 러시아가 기여한 바를 과소평가하고, 마르크스주의가 서양의 전통과 이념적으로 단절했음을 강조하지 않았다고 비난받았다. 즈다노프는 토론에 자신의 의견을 제시하면서, 이 책의 결함을 주목한 사람은 바로 스탈린이었다고 지적했다. (그러나 즈다노프는 이 책이 1946년에 출간되었을 때 왜 스탈린상을 수상했는지 설명하지 않았다.)

1947년에 공격당한 또 한 명의 소련 지식인은 경제학자 예브게니 바르가였다. 그의 잘못은 전쟁으로 인해 특히 경제 관리에서 국가의 역할이 증가하는 쪽으로 자본주의 성격이 급진적으로 변했고, 이러한 변화는 서방 국가들이 사회주의 방향으로 점진적으로 변모하는 데 좋은 징조라고 주장한 저서를 출간한 것이었다. 1946년 책이 출간되었을 때, 바르가의 견해는 전후에 사회 경제적 개혁과 평화적인 정치 투쟁으로 성취된 인민 민주주의 유럽이라는 스탈린 자신의 개념에 완전히 부합했다. 그러나 1947년 냉전 분위기가 무르익으면서, 공산당과 소련 학계 내에서 바르가의 강경 반대자들이 그의 글들을 공격할 기회를 잡았다. 결국 바르가는 자신의 이설을 취소하지 않으면 안 되었고, 그의 연구소는 문을 닫고 연구소가 발행하던 잡지는 폐간되었다.[45]

자연 과학 분야에서 유해한 서방 영향력에 반대하는 운동은 독특한 형태, 특히 그중에서도 〈명예 법정〉이라는 형태를 띠었다. 이 과정의 첫 번째 희생자는 의학자인 니나 클류예바*와 남편 그리고리 로스킨**이었다. 1946년 여름에 모스크바 주재 신임 미국 대사인 월터 베델 스미스가 그들의 실험실을 방문했다. 그 후 클류예바와 로스킨은 악성 암의 치료에 관한 그들의 저서 원고 한 부를 준비해 미국 의사들에게 전했다. 1947년 초에 이 일이 스탈린의 주의를 끌게 되었다. 스탈린의 주도로 정부는 관리와 직원들의 반애국적·반국가적·반사회적 행동 사례들을 조사할 목적으로 소비에트 국가의 중앙 기관 전체에 걸쳐 명예 법정을 구성하는 문제에 관한 결의안을 통과시켰다. 클류예바와 로스킨 사건을 조사한 보건부 명예 법정에서 가장 중요한 쟁점은 그들이 소련 의학의 기밀들을 외국인들과 공유하는 데 있어 올바르게 행동했는가의 여부였다. 즈다노프는 명예 법정에 의견을 진술하면서, 이 두 명의 과학자가 당국과 상의하지 않고 개인주의적으로 행동했음을 강조했다.[46]

클류예바와 로스킨에게는 어떤 형사 제재도 가해지지 않았다. 소위 명예 법정의 핵심은 외국인들과 관계를 맺을 경우의 위험에 대해 일반인들에게 정치적·이념적 교훈을 제공하는 것이었다. (그들의 〈재판〉은 실제로는 800명의 사람들이 참석한 공개회의였다.) 중앙 위원회는 핵심을 충분히 강조하기 위해 당원들에게 〈클류예바 교수와 로스킨 교수 사건에 관해〉라는 비밀 회람을 돌렸다. 이 문서는 〈외국적인 것에 노예 근성과 비굴함〉을 보인다고 비판했고, 〈소련 지식인들을 소비에트 애국주의 정신으로 교육〉할 것을 촉구했으며, 〈서방의 부르주아 문화에 머리를 조아리고 굴종적인 태도〉를 취하지 말라고 경고했다.[47]

이 애국적 원칙은 이른바 리센코 사건에서도 분명하게 드러났다.[48] 식물학을 전공한 생물학자 트로핌 데니소비치 리센코***는 획득 형질

---

* Nina Georgiyevna Kliueva(1899~1971). 소련의 미생물학자.

** Grigorii Iosifovich Roskin(1892~1964). 소련의 세포학자, 조직학자.

*** Trofim Denisovich Lysenko(1898~1976). 소련의 생물학자로 1930년대에 리센코주의로 알려진 농업 학설에 입각하여 농업 정책을 폈다. 리센코는 후천적으로 얻은 형질이 유전된다는 주장을 했는데, 이 학설은 생물의 유전성은 전적으로 유전자에 달려 있다는 당대

이 유전되고, 그런 이유로 환경적 변화의 영향을 받을 수 있다고 믿었다. 이러한 견해 때문에 리센코는 유전은 환경의 영향이나 자연의 과학적 처리가 아니라 유전자의 기능이라고 주장하는 소련 유전학자들과 충돌했다. 소련 생물학 내 이 두 파벌 사이의 오랜 논쟁은 1948년 4월에 안드레이 즈다노프의 아들로 중앙 위원회의 과학 분과를 책임졌던 유리 즈다노프*가 리센코의 견해를 비판하는 강연을 하면서 새로운 전기를 맞았다. 리센코는 스탈린에게 불만을 호소하는 편지를 썼다. 그 결과, 리센코의 견해를 상술하고 그를 비판하는 유전학자들의 견해를 격렬하게 공격하는, 1948년 7~8월에 열린 학술회의의 프로시딩이 『프라우다』에 게재됨으로써 리센코의 입장이 공식적으로 승인되었다. 리센코는 형편없는 과학자였을 테지만, 정치적으로 기민했다. 그는 〈소련〉 과학 대(對) 〈서방〉 과학, 〈유물론적·진보적·애국적〉 생물학 대 〈반동적·현학적·외국〉 생물학이라는 말로 자신의 입장을 일부러 나타냈다.

리센코는 스탈린이 자신의 견해를 지지하고, 형질 유전 대 유전학 논쟁에 대해 개인적 의견을 표명했다고 유리 즈다노프를 호되게 나무랐기 때문에 승리를 거두었다. 〈당 내에는 개인적 의견이나 개인적 관점이 없습니다〉라고 스탈린은 그에게 말했다. 〈오직 당의 견해만 있을 뿐입니다.〉[49] 스탈린이 리센코의 견해를 지지한 까닭은 그것이 소비에트

의 유전 학설을 부정하는 것이었다. 리센코주의는 큰 논란을 불러일으켰는데, 그 여파는 과학계뿐만 아니라 정치와 사회 전반에 걸친 것이었다. 스탈린 치하의 소련에서 리센코는 〈맨발의 과학자〉로 영웅시되었고 대부분 조작으로 얻은 그의 연구 성과는 대대적으로 선전되었다. 스탈린의 지지를 등에 업은 리센코는 자신의 학설에 반대하는 과학자들의 숙청에 앞장섰다. 리센코주의 농업 정책은 1960년대 중반까지 계속되었다. 그러나 스탈린의 죽음 이후 학설의 비과학성이 비난받으면서 1965년 리센코는 실각하고 소련에서의 리센코주의 농업 정책은 끝났다.

 * Yuri Andreyevich Zhdanov(1919~2016). 러시아의 화학자. 로스토프 대학교 총장을 지냈다. 소련 정치인 안드레이 즈다노프의 아들로 스탈린의 딸 스베틀라나 알릴루예바의 전남편이었다.

애국주의에 호소력을 발휘하고, 인간의 적극적인 개입으로 자연계를 근본적으로 탈바꿈시킬 수 있는 자신의 의지주의적 마르크스주의 철학과도 부합했기 때문이었다. 이 근대주의적 시각에 맞춰 소련 언론은 1948년 10월에 〈자연을 탈바꿈시키는 위대한 스탈린 계획〉을 발표했다. 이 계획은 나무를 대량으로 심고, 대규모 목초지를 조성하며, 4만 4,000개에 이르는 새 연못과 저수지를 파는 프로젝트였다. 『프라우다』는 〈자본주의는 자연을 계획적으로 탈바꿈시킬 수 없을 뿐만 아니라 자연의 자원을 약탈적으로 사용하는 것을 막을 수도 없다〉고 사설에서 주장했다.

스탈린은 1946년 2월 선거 연설에서 〈우리가 우리 과학자들에게 필요한 도움을 준다면 그들이 곧 외국 과학의 성과를 따라잡는 것은 물론 능가할 수도 있음을 자신〉한다고 말했다. 2년 뒤 공공 담론의 논조는 소련의, 아니 좀 더 분명하게 말하면 러시아의 과학적 성과가 서방의 성과를 이미 능가했다는 승리주의적 주장으로 옮겨 갔다. 1949년 1월에 『프라우다』의 한 칼럼니스트는 〈대러시아 인민들은 자신의 역사를 통틀어 뛰어난 발견과 발명으로 우리 나라의 기술과 세계 기술의 수준을 높여 왔다〉고 역설했다. 이러한 논평을 할 수 있었던 기회는 소련 학술원에서 러시아 과학의 역사를 다루는 회의를 열었을 때였다. 바로 그달 『콤소몰 프라우다*Komsomol Pravda*』(〈공산주의 청년 동맹〉*의 기관지)의 한 헤드라인은 〈비행기는 러시아의 발명품이다〉였다. 이 기사에 따르면,

러시아 인민들이 새로운 길을 개척하지 않은 분야를 하나라도 발견하

---

* Kommunisticheskii soyuz molodezhi(Komsomol). 1918년에 조직된 소련의 공산주의 청년 정치 조직을 가리킨다. 공산당의 지도하에 청년들에게 공산주의 교육을 실시하고 공산당과 국가 기관에 적극 참여시키는 것을 목적으로 한 공산당원 양성 단체이다. 대상은 주로 15~28세의 남녀이며, 가입할 때 사회적 출신, 학업, 노동과 일상의 규율성 등에 걸쳐 엄격한 심사를 받았다. 1991년 소련이 해체되고 소련 공산당이 몰락하면서 해체되었다.

기는 불가능하다. 알렉산드르 포포프*는 라디오를 발명했고, 알렉산드르 로디긴**은 백열등을 만들었으며, 이반 폴주노프***는 세계 최초로 증기 기관을 제작했다. 체레파노프 부자****가 발명한 최초의 기관차가 러시아 땅에서 움직였다. 농노인 표도르 블리노프*****는 라이트 형제보다 21년 전에 천재 알렉산드르 표도로비치 모자이스키******가 제작한, 공기보다 무거운 비행기를 타고 러시아 상공을 날았다.[50]

이 인용문이 보여 주듯이, 전후 소련 애국 운동에는 강력한 러시아화 요소도 존재했다. 이러한 추세에 맞춰, 공식 초상화에서 스탈린의 이미지는 그루지야 출신의 신체적 흔적들을 전부 지웠다. 예를 들어 군복 정장 차림의 고전적인 전후 스탈린 모습이 저명한 러시아 탐험가이자 지리학자의 사진에 등장했다.[51]

스탈린은 또 러시아 인민과 그들의 문화를 서방에 맞선 방벽으로 특별히 중시하고 있음을 계속 보여 주었다. 알렉산드르 세르게예비치 푸시킨******* 서거 110주년이 1947년 화려한 팡파르와 함께 기념되었

---

* Alexander Stepanovich Popov(1859~1906). 러시아의 물리학자. 1890년대에 라디오 수신기를 발명한 최초의 사람 중 한 명으로 알려져 있다.

** Alexander Nikolayevich Lodygin(1847~1923). 러시아의 전기 기사이자 발명가. 1890년대에 백열전구를 발명한 사람 중 한 명으로 알려져 있다.

*** Ivan Ivanovich Polzunov(1728~1766). 러시아의 발명가. 1763년 세계에서 처음으로 쌍실린더 증기 기관을 제작한 것으로 알려져 있다.

**** Yefim Alekseyevich Cherepanov(1774~1842)와 그의 아들 Miron Yefimovich Cherepanov(1803~1849). 러시아의 발명가이자 산업 기사들. 1833~1834년에 최초의 러시아 증기 기관차를 제작했다.

***** Fyodor Abramovich Blinov(1827~1902). 러시아의 발명가. 1881년에 최초의 증기 무한궤도 트랙터를 제작한 것으로 알려져 있다.

****** Alexander Fyodorovich Mozhayskii(1825~1890). 러시아 해군 제독, 항공 기사. 1870년대부터 공기보다 무거운 항공기(중항공기)를 구상하고 설계하기 시작해 1884년에 증기 기관을 장착한 단엽 비행기를 제작하는 데 성공했다.

******* Alexander Sergeyevich Pushkin(1799~1837). 러시아의 국민 시인이자 소설

다. 1947년 9월 스탈린은 모스크바 건립 800주년* 기념일에 다음과 같은 인사말을 했다. 〈모스크바의 위대함은 우리 나라를 외국의 억압으로부터 — 몽골의 멍에**로부터, 폴란드-리투아니아 침략***으로부터, 프랑스의 침공****으로부터 — 세 번씩이나 해방시킨 데 있는 것만은 아니다. 모스크바의 위대함은 무엇보다도 모스크바가 분열된 러시아를 하나의 정부와 하나의 통일된 지도부를 가진 단일한 국가로 통합하는 기반이었다는 사실에 있다.〉52 1950년에 스탈린은 러시아 언어의 특별한 장점을 방어하는 마르크스주의와 언어학에 관한 일련의 논설들을 『프라우다』에 게재했다.53

억압의 재개

즈다노프시나는 소련-서방 관계가 악화하면서 점점 강도가 세졌다. 스탈린이 영국 및 미국과의 관계에 불만을 품고 서방 영향력의 소련 사회 침투를 걱정하면서 이에 자극받아 서방에 반대하는 운동이 시작되었다.

1946~1947년의 문화적 숙청은 서방 국가들에서 반소련 세력의 영향력이 커져 감에 따라 대연합의 미래가 위협당하고 있다는 모스크바의 우려가 고조될 때 단행되었다. 소련 초애국주의와 러시아 초애국주

가. 러시아 근대 문학의 창시자로 평가받고 있다.

  * 모스크바라는 도시 이름은 1147년에 유리 돌고루키가 대귀족을 모스크바로 초대해 연회를 열었다는 내용의 연대기에서 처음 언급되었다. 이에 따라 러시아에서는 1147년을 모스크바가 건립된 해로 기념한다.

  ** 1240~1480년에 러시아가 킵차크한국의 지배를 받던 기간을 말한다. 타타르의 멍에라고도 한다.

  *** 1605~1618년 러시아가 동란 시대라고 불리는 무정부 상태에 빠져 내전으로 치닫던 시기에 폴란드-리투아니아 연방이 러시아로 동진하여 내전에 개입하면서 발생한 전쟁을 가리킨다.

  **** 1812~1813년 나폴레옹 군대가 러시아를 침공하면서 일어난 전쟁을 말한다.

의는 1947~1948년 냉전이 발발하고 서방과의 이념적 경쟁이 개시된 상황과 맞물리면서 전개되었다. 끝으로 1940년대 말과 1950년대 초 냉전 갈등이 정점에 이르렀을 때 소련의 국내 정책은 외국인 혐오를 뚜렷하게 표방하는 쪽으로 돌아섰다. 시민들은 외국인들과의 접촉을 금지당했고, 모스크바에서 일하는 서방 언론인들은 혹독한 검열을 받았으며, 외국 여행은 심지어 소련 관리들조차 엄격하게 제한되었고, 국가 기밀을 누설할 경우 가혹한 처벌이 뒤따랐다. 사실상 1930년대에 소련 사회를 특징지었던 고립주의와 항상 적에게 둘러싸여 있다고 믿는 피포위 심리 상태로 돌아갔다. 스탈린이 재판, 체포, 억압의 새로운 물결을 일으킨 것은 바로 이러한 맥락에서였다. 스탈린의 전후 테러의 규모는 1937~1938년의 예조프시나의 규모와 강도에는 결코 미치지 못했지만, 그것은 승전이 자유화 시대를 가져올 거라는 지식인들의 희망에 찬물을 끼얹었다.

지도부 수준에서 가장 주목할 만한 사건은 1949년의 이른바 〈레닌그라드 사건〉이었다.[54] 이것은 레닌그라드 당 지도부가 중앙 위원회와 거리를 두고 자체 보호-피보호 네트워크를 작동시켰다는 비난이 있고 나서 레닌그라드 당 지도부를 숙청한 일을 일컫는다. 이 사건에 휩쓸린 사람은 국가 계획 기관인 고스플란의 수장 니콜라이 보즈네센스키였다. 보즈네센스키는 레닌그라드 지도자들과 개인적 관계를 맺었으며, 각료 회의에 잘못된 정보를 제공하고 국가 기밀 서류를 잃어버렸다고 공격을 받았다. 피의자들에 대한 비난은 그들이 스파이 활동을 했다는 주장으로 재빨리 비화했다. 레닌그라드 지도자들은 1949년 8월에 체포되었고, 보즈네센스키도 10월에 같은 신세가 되었다. 이들은 1년 뒤 레닌그라드에서 열린 비공개 재판에서 모두 유죄 판결을 받고 처형되었다. 억압은 레닌그라드의 중간급 관리들로 확대되었고, 그 결과 200명 이상이 사형이나 징역, 유형 선고를 받았다.

이 숙청을 왜 단행했는지 스탈린의 정확한 동기는 약간 모호하다. 그러나 스탈린은 레닌그라드 지도자들의 독자적 행동에 진심으로 짜증이

났던 것 같으며, 그들을 처벌함으로써 마음대로 행동하고 싶어 할 수도 있는 다른 당 지도자들에게 본보기가 되게 했다. 또 스탈린은 소련을 구성하는 다른 공화국 각각에 자체 지역 공산당이 따로 존재하는 사정에 맞춰 러시아 공산당을 창당하자는 레닌그라드 사람들의 제안과 계획에 대해 우려했을 수도 있을 것이다. 그와 같은 움직임은 대러시아 국수주의를 고취할 위험 때문에 소련 공산당 내에서 언제나 반대에 봉착했다. 스탈린은 자신이 엄격하게 통제할 수 있기만 하면 러시아 민족주의와 애국주의에 전적으로 찬성했다.[55]

보즈네센스키의 경우에는 스탈린이 그를 희생시키기로 결정할 때 순간적인 충동의 요소가 강하게 존재했다. 보즈네센스키는 스스로를 경제 문제에 관해 스탈린에게 〈진실을 말하는 최고위 인사〉 중 한 사람으로 자리매김한 상태였다. 스탈린이 보즈네센스키가 잘못된 정보를 제공함으로써 이 신뢰를 깨뜨렸다고 결정짓자, 그는 영원히 충성을 다하겠다는 가련한 약속과는 상관없이 당에서 쫓겨나 보안 요원들에게 넘겨졌다.[56]

스탈린은 보즈네센스키를 비롯한 다른 사람들이 실제로 간첩과 반역자라고 믿었을 것 같지는 않다. 오히려 1930년대처럼 스탈린은 예방 행동을 취하지 않는다면, 그들을 비롯한 사람들이 적의 진영으로 넘어갈 수 있을 거라고 생각했다. 이러한 환상을 부채질한 것이 서방과의 냉전이었으며, 스파이 행위와 사보타주 작전에 몰두한 서방 정보기관들의 활동도 환상을 부추겼다. 서부 우크라이나와 발트 국가들에서 그와 같은 활동은 소련 통치에 반대하는 지역 차원의 무장 저항과 맞물려 전개되었다.[57]

서방의 침투에 대한 우려는 〈유대인 반파시즘 위원회JAFC〉의 숙청에서 훨씬 더 강하게 드러났다. 유대인 반파시즘 위원회는 대조국 전쟁 동안 소련인들이 설립한 몇몇 반파시즘 단체 중 하나였다.[58] 이 조직이 하는 일은 유대계 소련인들과 외국의 유대인들 사이에서 소련에 대한 지지를 결집하는 것이었다. 위원장은 유명한 배우이자 감독이었던 솔로몬 미호엘스*였고, 많은 저명한 유대계 소련인 예능인과 지식인, 과학자가 위원회에 있었다. 위원회는 모스크바에서 대중 집회를 조직했고 이디시어 출판물을 후원했으며, 외국에서 자금을 조달했고 나치의 맹공격에 직면한 유대인들의 역경을 강조하고자 했다. 소련 내에서 위원회는 유대인 문화와 정체성을 응원하고 나치의 유대인 대학살을 널리 알렸으며, 크림 지역에 유대인 소비에트 사회주의 공화국을 수립하기 위해 로비 활동을 했다. 위원회의 구성원들은 외국에서 활동하며 이스라엘 국가를 세우려고 애쓰는 시온주의자**들을 비롯해 유대인 조직과 광범위한 연계를 발전시켰다. 전쟁 후 미호엘스는 유대인 반파시즘 위원회를 외국에서 소련을 지지하는 운동을 벌이는 진보적인 유대인 조직으로 발전시키자고 역설했다. 그러나 공산당 기관 내에서는 전쟁 후 위원회를 마감하기 위해 다양한 해결책이 제시되었다. 기관원들의 불만은 이 조직이 전쟁 동안 중요한 역할을 했지만, 너무 민족주의적이고 시온주의적으로 되었다는 것이었다. 위원회를 비판하는 사람들은 위원회가 소련에서 유대인 생활은 돋보이게 했지만, 러시아인 같은 다른 민족들의 문화는 그렇게 하지 못했으며, 또 소비에트 애국주의도 충분히 보여 주지 못했다고 주장했다. 유대인 반파시즘 위원회는 이러한 주장을 전면 부인하며, 위원회가 소련에 충성을 바치고 있다고 역설했다. 하지만 1948년 1월 미호엘스는 민스크에서 사망했다. 미호엘스는 겉으로는 뺑소니 차량 사고 때문에 죽은 것처럼 보였으나, 아마도 소련 보안 요원들에 의해 살해당했을 것이다.[59] 1948년 3월 소련 안전부 수장인 빅토르 아바쿠모프가*** 〈유대인 반파시즘 위원회의 지도자들은 친미

---

* Solomon Mikhailovich Mikhoels(1890~1948). 소련의 유대인 배우이자 모스크바 국립 유대 극장의 예술 감독이었다. 제2차 세계 대전 동안 〈유대인 반파시즘 위원회〉 위원장을 역임했다. 1948년 스탈린의 명령으로 살해당했다.

** Zionism. 팔레스타인 지역에 유대인 국가를 건설하는 것이 목적인 민족주의 운동. 19세기 말에 시작되어 1948년 이스라엘을 건국하는 데 성공했다.

*** Viktor Semyonovich Abakumov(1894~1954). 소련의 고위 보안 기관 관리.

성향을 띤 적극적인 민족주의자로서 본질적으로 반소련 민족주의 운동을 벌이고 있다)고 진술하는 보고를 스탈린에게 제출하면서 사태는 더욱 불길하게 돌아갔다. 아바쿠모프는 반소련 운동이라는 이 현상의 세부 내용을 광범위하게 살펴본 후, 자신의 안전부가 최근에 체포된 유대인 민족주의자들 중에서 많은 미국인 첩자와 영국인 첩자를 적발했다고 언급하며 보고를 마무리했다.[60]

스탈린은 보안 책임자의 긴박한 경고에도 불구하고 위원회를 폐쇄하는 어떤 즉각적인 조치도 하지 않았다. 일부 분석가들은 즈다노프가 1948년 8월 사망할 때까지 위원회를 보호했다고 주장했지만, 다른 일부는 전후에 스탈린이 시온주의와 동맹을 맺었고 그 영향이 위원회를 탄압하지 못하게 했음을 강조했다.[61]

전쟁 후 소련과 막 탄생하고 있던 이스라엘 국가 사이에 사실상의 동맹이 발전했다. 나치로 인해 유럽 유대인들에게 닥친 재앙에 얼마간의 동정심이 작용하긴 했지만, 소련의 주된 동기는 이기심이었다. 소련은 아랍 민족주의를 신뢰하지 않았다. 그들은 아랍 민족주의가 영국과 미국의 영향을 크게 받고 있다고 여겼으며, 시온주의를 중동에서 서방의 영향에 대응하는 유용한 도구라고 생각했다. 팔레스타인 문제를 해결하는 데 모스크바가 선호한 선택지는 유대인과 아랍인의 이익을 모두 존중하는 독립적 다민족 국가의 수립이었다. 하지만 결정적인 순간이 오자, 소련은 팔레스타인을 유대 국가와 아랍 국가로 분할하는 데 찬성할 준비가 되어 있었다. 1947년 5월 안드레이 그로미코가 유엔에서 소련의 입장을 밝히는 연설을 했을 때, 그것은 거의 교과서적인 시온주의 선전이었다.

<hr>

1946년부터 1951년까지 국가 안전부MGB 장관을 지냈다. 죄수들을 직접 고문한 것으로 악명 높지만 그 역시 〈의사들의 음모〉 사건에서 태만죄로 체포되어 고문을 받았다. 1953년 3월 스탈린이 죽은 후 의사들의 음모는 날조된 것으로 해명되었지만 그는 여전히 풀려나지 않았으며, 결국 레닌그라드 사건으로 알려진 숙청을 주도한 죄로 재판을 받고 1954년 12월에 처형당했다.

지난 전쟁 동안 유대인들은 엄청난 불행과 고통을 겪었습니다. (……) 히틀러 무리들이 지배했던 영토의 유대인들은 거의 완전한 육체적 절멸을 당했습니다. (……) 살아남은 유럽의 많은 유대인이 나라와 집과 생계를 빼앗겼습니다. (……) 지난 경험은 (……) 어떤 서유럽 국가도 유대인들이 자신의 권리와 생존 자체를 지키는 데 적절한 도움을 줄 수 없었음을 보여 줍니다. (……) 이 불편한 사실은 (……) 유대인들이 자신의 국가를 수립하기를 왜 염원하는지를 설명해 줍니다. (……) 이를 고려하지 않고, 또 이 염원을 실현하고자 하는 유대인들의 권리를 부인하는 것은 부당한 일이라고 할 것입니다.[62]

1948년 5월 이스라엘이 건국된 후 소련과의 외교 관계가 재빨리 수립되었다. 9월에 텔아비브의 초대 대사가 모스크바에 도착했다. 골다 마이어슨(나중에 이스라엘 총리가 되었으며, 골다 메이어*로 더 잘 알려졌다)은 9월 12일에 2만 명의 사람들이 모스크바의 유대교 회당에 모여 이스라엘 국가의 선포를 축하했다고 본국에 보고했다. 10월 6일 마이어슨은 유대교 신년제Rosh Hashanah 때 모스크바의 대회당에 엄청난 군중이 운집했고, 거리에서 히브리어로 외치는 천둥 같은 환호성과 〈비명〉을 들었다고 보고했다. 그녀의 다른 보고들은 이스라엘 대사관과 유대인 반파시즘 위원회 회원들 사이에 접촉이 늘어났음을 증명한다.[63] 바로 이러한 사건들의 전개가 스탈린으로 하여금 유대인 반파시즘 위원회에 결국 등을 돌리게 했을 것이다. 스탈린은 어떤 상황에서도 독자적인 정치 활동을 용인하지 않았을 것이다. 민족주의와 애국주의의 과시가 허용된 것은 소비에트 국가가 승인하고 후원할 때뿐이었

---

* Golda Meir(1898~1978). 이스라엘을 건국한 정치인 중 한 명으로 노동부 장관, 외무부 장관을 거쳐 1969년 3월 17일부터 1974년 4월 11일까지 이스라엘의 네 번째 총리를 역임했다. 결혼 전 이름은 골다 마보비츠Golda Mabovitch였으나 미국의 덴버에서 간판공이었던 모리스 마이어슨Morris Meyerson을 만나 1917년 그와 결혼함으로써 이름이 골다 마이어슨이 되었다.

다. 1948년 11월 정치국은 유대인 반파시즘 위원회를 해산시키기로 결의했다. 이유는 위원회가 외국 정보기관들에 반소련 정보를 정기적으로 제공하는 반소련 선전의 중심이라는 것이었다.[64] 비록 결의안은 〈어느 누구도 아직 체포해서는 안 된다〉고 명시했지만, 오래지 않아 유대인 반파시즘 위원회의 지도자들이 일제히 검거되었다. 1952년 봄과 여름에 유대인 반파시즘 위원회 관리와 활동가 15명에 대한 비밀 재판이 열렸다. 유대 민족주의, 시온주의, 스파이 행위로 기소된 사람 중에는 전 부외무 인민 위원인 솔로몬 로좁스키가 포함되었다. 로좁스키는 개인적으로 위원회를 해체하는 데 찬성했음에도, 전쟁 후 운이 나쁘게도 위원회를 책임지게 되었다. 재판에서 볼셰비키로서 코민테른의 노동조합 분과 수장으로 활동한 정치적 경력이 있던 로좁스키는 자신의 혐의를 완강히 부인했다. 로좁스키의 지위와 유창한 언변은 판사인 알렉산드르 쳅초프*에게 영향을 주어 쳅초프는 유대인 반파시즘 위원회 문제를 다시 조사하고자 했다. 심지어 쳅초프는 로좁스키와 12명의 다른 사람들에게 사형 선고를 내리라는 압력을 받고도(피고인 중 한 명은 이미 감옥에서 사망했고, 또 다른 한 명은 유죄가 인정되어 3년 6개월의 노동 수용소 감금과 5년간의 유형이 뒤따르는 선고를 받았다) 관대한 처분을 바라는 항소를 허용했는데, 이는 1930년대에 스탈린 체제의 판사라면 생각조차 할 수 없는 일이었다.[65]

비교적 가벼운 벌을 받은 유대인 반파시즘 위원회 활동가는 몰로토프의 유대인 부인인 폴리나 젬추지나**였다. 젬추지나는 1949년 1월 다른 사람들과 함께 체포되었으나, 조사관들은 그녀의 사건을 유대인

---

* Alexander Alexandrovich Cheptsov(1902~1980). 소련의 법률가. 1948~1957년 소련 최고 재판소 군사 협의회 의장이자 소련 최고 재판소 부소장을 지냈다.

** Polina Semyonovna Zhemchuzhina(1897~1970). 소련의 정치인, 소련 외무 장관 뱌체슬라프 몰로토프의 부인. 1939년 어업 인민 위원, 1939~1948년 경공업부의 섬유 생산 분과 수장을 지냈다. 1949년 반역죄로 체포되어 유형 생활을 했으나 1953년 스탈린 사망 후 석방되었다.

반파시즘 위원회 본 재판과 분리하기로 최종 결정했고, 그녀가 받은 처벌은 일정 기간 카자흐스탄에서 유형 생활을 하는 것이었다. 정치국에서 부인을 당에서 축출하는 문제가 제기되었을 때 몰로토프는 기권했지만 곧 취소하고,[66] 이혼하라는 스탈린의 요구를 받아들였다. (두 사람은 스탈린이 죽고 나서야 재결합했다.) 몰로토프는 그로 인해 1949년 3월 외무 장관직에서 해임되었으나, 그것은 수평적인 이동에 불과했다. 몰로토프는 소련 대외 정책을 입안하는 데 계속 중심적 역할을 했고, 정치국에서 대외 정책에 관한 위원회를 책임졌다. 몰로토프의 외무 장관 후임자인 전 외무 차관 안드레이 비신스키는 그의 전임자로부터 자주 자문과 의견을 구했다. 이 시기 동안 몰로토프에게 부과된 다른 주요 과업 중에는 스탈린이 전시 동안 처칠, 루스벨트, 트루먼, 애틀리와 나눈 서한들의 출간을 준비하는 것이었다.[67]

유대인 반파시즘 위원회의 숙청과 억압은 〈뿌리 없는 코즈모폴리터니즘〉에 반대하는 소련 국내 운동의 개시와 시기적으로 일치했다. 이 운동의 주요 논지는 프롤레타리아 국제주의를 소비에트 애국주의 및 러시아 문화에 대한 존중과 결합할 필요가 있다는 것이었다. 이 반(反)코즈모폴리터니즘 운동은 유대인을 특별히 표적으로 삼은 것은 아니지만 반유대인 함의가 있었고, 1953년 이스라엘과 소련의 외교 단절로 정점을 찍은 반시온주의 선전이 격렬하게 진행되는 와중에 발생했다. 시온주의와, 그리고 시온주의와 연결되어 있다고 하는 소련 내 서방 제국주의 사보타주와 스파이 활동에 반대하는 운동은 소비에트 블록의 나머지 국가들에도 곧 확산되었다. 1952년 11월 총서기 루돌프 슬란스키*를 비롯해 14명의 체코슬로바키아 공산당 지도자들이 시온주의와 연결된 반국가 음모에 가담한 혐의로 프라하에서 공개 재판을 받았다.

---

* Rudolf Slánský(1901~1952). 체코 공산주의 정치인. 제2차 세계 대전 후 체코슬로바키아 공산당 총서기를 지냈다. 1952년 스탈린이 주도한 전시 재판에 반역 혐의로 회부되어 처형당했다.

슬란스키를 포함해 14명의 피고인 중 11명이 유대인이었다. 피고인 중 3명이 종신형을 받았고 나머지는 처형되었는데, 슬란스키도 그중 한 명이었다.[68]

유대인에 대한 스탈린의 개인적 태도는 계속 논란을 불러일으키는 문제지만, 이용 가능한 증거는 스탈린이 반유대적이라기보다는 자신의 권력을 위협한다고 생각한 시온주의와 유대 민족주의에 정치적으로 적대적이었다는 조레스 메드베데프의 결론 쪽을 향한다.[69] 공식적으로 소비에트 국가는 반유대주의를 포함해 모든 형태의 인종주의에 반대했고, 스탈린은 이런 취지의 공개 발언을 많이 했다. 그의 출생지인 그루지야에는 유대인 게토가 없었으며, 그루지야의 지배적인 전통은 유대인 동화(同化)였는데, 이는 스탈린이 소련에서 권좌에 올랐을 때 옹호하던 정책이기도 했다. 스탈린은 유대인 관리나 유대인 부인이 있는 관리들에 둘러싸여 있었으며, 1950년대 초에 반시온주의 운동이 최고조에 이르렀을 때에도 유대인 작가와 예술가들을 환대했다. 1952년 12월 스탈린은 중앙 위원회 총회에서 다음과 같이 매우 흥미로운 발언을 했다.

우리가 성공을 거두면 거둘수록 적들은 우리에게 손상을 입히려고 할 것입니다. 우리의 위대한 성공 때문에 우리 인민들은 이 사실을 잊어버렸으며, 자기만족적으로 되고 경솔해지고 우쭐해졌습니다.

모든 유대인-민족주의자는 미국 정보기관의 요원입니다. 유대인-민족주의자들은 미국이 그들의 민족을 구원했다고 생각합니다(미국에서 그들은 부자가 되고 부르주아 등등이 될 수 있습니다). 그들은 미국의 신세를 졌다고 스스로 생각합니다.

의사들 중에 유대인-민족주의자들이 많습니다.[70]

이 인용문이 보여 주듯이, 시온주의와 유대 민족주의에 대한 스탈린의 정치적 적대는 인종적 차원을 띠는 경향이 있었다. 일부 유대인들은 그들의 정치 때문에 적으로 분류되었지만, 모든 유대인은 달리 입증되지 않을 경우 그들의 인종 때문에 정치적으로 의심을 받았다. 이는 스탈린이 넌지시 언급했던 〈의사들의 음모〉에서 분명히 드러났는데, 이 사건은 스탈린의 보안 경찰이 좌절시킨 가공의 음모 중에서 마지막 음모였다.

이른바 〈의사들의 음모〉 — 일부는 이를 음모라고 부를 것이다[71] — 은 1951년 7월 국가 안전부 고위 조사관인 중령 미하일 류민*이 스탈린에게 의사 야코프 예틴게르** — 〈확고한 유대 민족주의자〉 — 가 1945년에 의료 처치를 하는 척하면서 많은 사랑을 받던 정치국원 알렉산드르 셰르바코프를 살해했음을 자백했다고 주장하는 편지를 보내면서 시작되었다. 나아가 류민은 예틴게르가 몇몇 다른 의사들과 함께 좀 더 폭넓은 테러 음모에 가담했다고 진술했다. 결정적으로, 류민은 예틴게르를 심문할 때 그의 상관인 아바쿠모프가 개입해 이 사건을 종결시켰다고 주장했다. (실제로 예틴게르는 1951년 3월 류민의 심문을 받던 도중 사망했으며, 류민은 자신의 책임을 회피하는 수단으로 아바쿠모프를 공격했던 것 같다.)

스탈린은 류민의 주장을 조사하기 위해 말렌코프가 이끄는 위원회를 설립하는 것으로 이에 대응했다. 위원회의 위원에는 아바쿠모프의 전임자인 전 국가 안전부 장관 베리야가 포함되었다. 위원회는 아바쿠모프가 비난받을 만하다고 재빨리 결론지었다. 1951년 7월 13일 중앙위원회는 아바쿠모프가 예틴게르의 자백을 조사하는 데 실패하여 장관직에서 해임되고 당에서 축출되었다고 알리는 〈밀봉〉 편지를 당 조직

---

* Mikhail Dmitriyevich Ryumin(1913~1954), 소련의 보안 관리. 소련 국가 안전부 부부장을 지내며 1952~1953년 이른바 〈의사들의 음모〉 사건을 획책한 것으로 유명하다. 스탈린 사망 후 체포되어 처형당했다.

** Yakov Gilyariyevich Etinger(1887~1951). 소련의 의사. 1952~1953년 〈의사들의 음모〉 사건으로 기소된 사람 중 한 명이었다. 야간 심문을 받던 도중 사망한 것으로 알려져 있다.

들에 보냈다. 나아가 편지는 1951년 1월에 유대인 반소련 청년 조직의 구성원들이 체포되었으나, 아바쿠모프가 정부에 그들의 테러 음모를 숨겼다고 지적했다. 아바쿠모프는 곧 체포되었고, 그의 부서는 숙청되어 4만여 명의 사람들이 직장을 잃었다.

1951년 11월 국가 보안 관리들은 1948년에 심장 마비로 사망한 즈다노프를 비롯한 공산주의 지도자들이 흉악한 의료 음모의 희생자였다고 주장하는, 의사들의 사건에 관한 추가 보고를 중앙 위원회에 제출했다. 1년 뒤 이 〈모의〉 시나리오는 완전히 발달한 음모 이론으로 전개되었다. 1952년 12월 4일 당 중앙 위원회는 영국과 미국의 정보기관을 위해 일하는 일단의 의사들이 당과 정부 지도자들의 생명을 단축하기 위해 의료 처치를 이용하는 음모를 꾸몄다고 공표했다. 기소된 의사들 중 일부만 유대인으로 확인되었고, 중앙 위원회가 적발한 이른바 음모라고 하는 이 사건은 시온주의적이라기보다는 자본주의적 · 제국주의적이라고 특징지어졌다. 하지만 1953년 1월에 『프라우다』에 의해 이 모의가 소련 일반인들에게 알려졌을 때는 명백하게 반유대적인 편견이 사건에 더해졌다. 게재되기 전에 스탈린이 미리 손본 『프라우다』의 논설은 의사들이 유대인 부르주아 민족주의 조직을 통해 미국 정보기관에 고용되었으며, 〈유명한 유대인 부르주아 민족주의자〉인 미호엘스에게서 소련 지도자들을 암살하라는 지시를 받았다고 주장했다.[72]

1952~1953년에 수백 명의 소련 의사들이 체포되었다. 그중에는 최고 소련 지도자들을 겨냥한 중앙 음모에 가담한 17명의 유대인을 비롯해 37명의 의사와 그 부인들로 이루어진 핵심 집단이 있었다. 다행히 모두 살아남았고, 스탈린 사망 후 결백이 입증되었다. 처형된 유대인 반파시즘 위원회 회원들도 레닌그라드 사건으로 체포된 사람들처럼 사후 복권되었다.

조너선 브렌트Jonathan Brent와 블라디미르 나우모프Vladimir Naumov는 〈의사들의 모의: 스탈린의 마지막 거대 범죄 음모〉[73]를 자세히 살피면서, 스탈린이 미리 정해진 어떤 목적을 달성하려고 장대한 음모를 기획했다는 식으로 사태를 묘사한다. 이 미리 정해진 목적이란 소련 독재자의 적들을 깡그리 제거하고자 대대적인 최종 대결을 벌이기 위한 조건을 창출하는 것이다. 달리 말해 스탈린은 1930년대의 〈대테러〉를 다시 실행하려는 생각을 갖고 있었는데, 이번에는 이 일을 완전히 마무리 지으려 했다는 것이다. 브렌트와 나우모프는 장대한 음모가로서 스탈린의 능력에 대해 열정적으로 말한다. 〈스탈린은 텅 빈 풍경에 부재한 고도*이다. 우리는 기다리고 추측하고 이유를 찾고 불가해한 연락을 받지만, 결국 그는 모습을 드러내지 않으며, 그를《사람》으로 이해할 직접적인 길이 없다.〉[74] 이것은 스탈린이 그가 결코 가져 본 적이 없는 명민한 지성과 통찰력이 있다고 믿는 것이다. 레닌그라드 사건과 유대인 반파시즘 위원회 사건, 의사들의 사건을 통해 실제로 드러난 것은 스탈린이 자신의 권력에 반대하는 범죄적 음모를 얼마나 쉽게 믿었는지, 그리고 스탈린의 정치적 피해망상이 자신의 체제에 얼마나 역기능적인 충격을 가했는지였다. 억압으로 인해 사람들이 겁을 집어먹어 소극적이고 유순하게 되는 한편으로, 억압의 결과 또 체제의 가장 유능하고 충직한 사람 중 일부가 살해당하거나 감옥에 갇히게 되었다. 예를 들어 1952년 12월에 스탈린은 〈기밀 서류를 전했다〉는 이유로 오랜 개인 비서인 알렉산드르 포스크료비셰프**를 해임하고 자신의 경호원을 체포했다. 스탈린의 마지막 희생자 중 한 사람은 이반 마이스키였다. 그는 1953년 2월 19일 외국 첩자로 체포되어 2년 동안 감옥에서 풀려나지 않았다.

일반적인 면에서 전쟁 후 소련에서 진행된 억압의 수준은 전후의 인종 추방, 서부 국경에서의 반란 진압 활동, 귀국한 전쟁 포로와 노동 징용자들의 처리를 고려하면 여전히 매우 높았다. 소련 체제는 또

---

* Godot. 사뮈엘 베케트의 희곡 「고도를 기다리며」에서 두 주인공이 기다리고 있지만 끝내 나타나지 않는 인물을 가리킨다.

** Alexander Nikolayevich Poskryobyshev(1891~1965). 소련의 정치가이자 당 관리. 1930~1952년 소련 공산당 중앙 위원회 특수부 부장(스탈린의 개인 비서)을 지냈다.

1945년에 스탈린이 승전 축하의 일환으로 100만 명의 일반 범죄자들을 사면했지만, 여전히 범법 행위를 했다고 시민들을 대량으로 투옥하는 경향이 있었다.[75] 정치범들은 이 사면에서 배제되었으나, 전후에는 이른바 반혁명 범죄로 체포되는 경우가 크게 감소하는 추세였다. 1946년에 정치적 위반으로 유죄 선고를 받은 경우는 12만 3,294건이었는데, 1952년에는 2만 8,800건에 불과했다. 정치적 처형은 1946년에 2,896건이었던 반면, 1952년에는 1,612건이었다.[76] 이 수치는 체포된 사람이 수백만 명에 이르고, 처형된 정치범이 수십만 명에 달했던 1930년대와 비교된다.

레닌그라드 사건, 유대인 반파시즘 위원회 사건, 의사들의 사건에도 불구하고, 전후 소련 체제는 숙청과 테러에 기반을 둔 시스템에서 이행 중이었다. 이러한 분석은 1950년대 초에 외국 첩자와 사보타주에 대한 히스테리가 고조되었을 때조차도 불과 수백 명의 사람들만 체포된 사실에 의해 더욱 강화된다. 더구나 상대적으로 제한된 이 억압은 즈다노프시나의 좀 더 극단적인 일부 측면을 파기했다. 이른바 〈매춘부-수녀〉 시인 아흐마토바는 복권되어 다시 글을 발표할 수 있게 되었다. 문학과 연극 분야에서는 과도한 정치화에 대한 반발이 있었고, 인간 삶의 드라마와 복잡함을 묘사할 가치가 있는 것으로 재천명되었다. 티머시 던모어Timothy Dunmore가 주장했듯이, 스탈린이 죽은 후 많은 칭송을 받은 문화적 해빙이 1950년대 초에 멈칫거리긴 했지만 시작되었다.[77] 굴라그*— 베리야의 내무부가 운영하던 거대한 징벌적 노동 수용소 시스템 — 도 마찬가지였다. 스탈린 통치 말기에 죄수 노예 노동을 경제적 인센티브로 격려하는 민간 노동력으로 전환시키는 추세가 확실하게 자리를

* Gulag. 러시아어 Glavnoe upravlenie ispravitelno-trudovykh lagerii i kolonii(교정 노동 수용소 및 집단 거주지 총국)의 머리글자에서 비롯된, 일반적으로 소련의 강제 노동 수용소를 가리키는 고유 명사이다. 러시아 혁명 직후인 1918년에 처음 설치된 뒤 1930년대 이후 스탈린 치하에서 크게 확대되어 1940년대 말에서 1950년대 초에 그 규모가 최고조에 올랐으며, 1953년 스탈린의 죽음과 함께 본격적으로 해체되었다.

잡았다. 스탈린이 사망하자, 굴라그의 문이 끼익 열리고 시스템 전체가 곧 해체되었으나, 그가 살아 있는 동안에 이미 예비 조치가 취해졌던 것이다.[78]

제19차 당 대회

스탈린 말기에서 스탈린 이후 시기로 이행하는 과정의 징후를 보여 준 것은 1952년 10월에 열린 제19차 당 대회로, 1939년 이래 처음 열린 대회이고, 스탈린 통치의 마지막 대회였다.[79] 당규에 따르면, 대회는 3년마다 개최하기로 되어 있었다. 전쟁 중에 대회를 여는 것은 불가능했고, 1947년이나 1948년에 대회가 계획되었다. 주요 안건은 새로운 당 강령과 당헌 개정이었다. 대회는 아마도 새로운 당 강령을 작성하는 임무를 맡은 즈다노프가 병으로 죽었기 때문에 연기되었다. 즈다노프가 사망한 후 스탈린은 좀 더 긴급한 문제 ─ 레닌그라드 사건과 국제 정세의 악화 같은 ─ 에 마음을 썼고, 당 대회 소집은 그의 의제에서 탈락했다. 1951년 12월이 되어서야 정치국은 스탈린의 지시에 따라 이듬해에 대회를 개최하는 결의안을 통과시켰다. 당헌의 토의는 여전히 의제로 남았으나 당 강령 개정 구상은 포기했다. 그 대신 1951~1955년의 5개년 계획에 대한 토의가 새로운 안건으로 상정되었다. 의미심장하게도 주요 정치 보고를 한 사람은 스탈린이 아니라 말렌코프였다. 5개년 계획을 발표하는 임무는 보즈네센스키의 고스플란 후임자인 막심 사부로프*에게 주어졌고, 당규 개정 문제는 1949년에 중앙 위원회 서기로 임명된 니키타 흐루쇼프가 맡았다. 몰로토프에게는 대회 개막을 알리는 임무가, 보로실로프에게는 폐막 연설을 하는 임무가 주어졌다.

---

* Maxim Zakharovich Saburov(1900~1977). 소련의 공학자, 경제학자, 정치가. 1953~1956년 고스플란 위원장, 1955~1957년 소련 각료 회의 제1부의장 등을 역임했다.

주요 연사 명부에서 스탈린이 빠진 것은 짐작건대 그의 건강 악화 때문일 것이다. 스탈린은 대회가 소집되었을 당시 73세에 이르렀고, 그를 죽일 수도 있었던 뇌졸중을 겪은 지 겨우 6개월밖에 되지 않은 상태였다. 스탈린이 대회에 등장했을 때 그는 열광적인 박수갈채를 받았으나, 외국 공산당들의 친선 대표단에 환영 인사를 하는 형태로 토의에 단 한 번의 짧은 의견을 피력했을 뿐이었다.[80] 하지만 스탈린은 대회를 준비할 때 소극적이지는 않았다. 대회 직전에 스탈린은 『소련에서의 사회주의의 경제적 문제들』이라는 책자를 발간했다. 주로 사회주의 경제에서 경제 법칙의 작동 문제를 난해하게 다루었음에도 불구하고, 스탈린의 견해는 대회에서 많은 논의가 이루어졌다. 대회의 주요 연설들은 모두 스탈린이 점검해서 수정했다. 스탈린은 몇몇 초안을 거치고 소련 독재자에 의해 세밀하게 수정된 말렌코프의 보고에 특히 주의를 기울였다. 흥미로운 점은 말렌코프의 보고가 논평을 위해 모든 정치국원에게도 제출된 사실이었다. 물론 스탈린의 결정이 최종적이었으나, 말렌코프의 보고는 어느 정도 소련 지도부 전체에 의한 집단 심의의 산물이었다. 말렌코프의 연설에 놀랄 만한 내용은 없었다. 연설 대부분은 종전 이후의 국제적인 경제적·정치적 정세, 특히 자본주의 국가들에서 지속되는 위기와 영속적 평화를 위한 소련의 투쟁에 할애되어 있었다.

실제적인 면에서 대회의 가장 중요한 결과는 당규 개정이었다. 당의 이름은 전(全) 연방 공산당(볼셰비키)에서 소련 공산당으로 바뀌었다. 총서기 직위는 폐지되었고, 스탈린은 몇 명의 당 제1서기 중 한 명이 되었다(다른 한 명은 흐루쇼프였다). 정치국은 〈최고 회의 간부회〉로 대체되었다. 최고 회의 간부회는 대회가 끝난 후 좀 더 소규모의 〈간부회 뷰로〉가 설치되긴 했지만, 25명의 정위원과 11명의 후보 위원을 가진, 그 전임 기관보다 좀 더 큰 기구였다. 하위 수준에서 당 기구들의 회의가 정례화되었는데, 이는 민주주의 요소를 당에 도입하고 관리들에 대한 평당원들의 통제를 강화하는 것이 목적이었다.[81]

스탈린이 이런 변화를 통해 정확히 무엇을 달성하려 했는지는 명확하지 않으나, 1952년 10월 대회 직후 개최된 중앙 위원회 총회에서 스탈린은 그 변화들을 최고 당 지도부에 새로운 젊은 피를 수혈하는 방법이라고 설명했다. 스탈린은 또 복잡하고 위험한 국제 정세를 강조했고, 몰로토프와 오랫동안 무역 장관을 지낸 아나스타스 미코얀을 겁쟁이이자 항복 주창자라고 개인적으로 공격했다. 몰로토프와 미코얀은 중요한 정부 직책을 계속 유지했지만, 정치적으로 강등되어 소련 독재자가 죽기 전 마지막 몇 주 동안에는 그의 이너 서클에서 배제되었다.[82]

몰로토프와 미코얀에 대한 스탈린의 공격은 흐루쇼프의 회고록에 기록된, 정치국 동료들에 관해 많이 인용되는 발언과 연관 지을 수 있을 것이다. 〈당신들은 새끼 고양이처럼 앞뒤를 분간 못 하고, 내가 없으면 제국주의자들이 당신들의 목을 조를 것이오.〉[83] 만일 스탈린이 이렇게 말하고 믿었다면, 그것은 스탈린 자신 때문이었다. 무기력한 지도부 집단을 구축한 스탈린은 분명한 후계자가 없었고, 동료들이 그를 개인숭배하는 대신에 자신들의 집단 리더십을 발휘할 수 있는 능력을 거의 신뢰하지 않았다. 하지만 스탈린 없는 스탈린 체제는 완전히 실행 가능했고, 재건된 스탈린의 전후 체제는 그가 사망한 후 거의 40년 동안 지속될 것이었다.

스탈린 대외 정책의 국내적 배경은 전후 세계에 대한 그의 대응을 형성하는 데 결정적인 역할을 했다. 소련은 전쟁에서 군사적으로 승리를 거둔 후 유럽에서 지배적인 강대국이자 전후 평화 합의에서 유력한 주역으로 나타났다. 그러나 소련은 전쟁으로 엄청난 손상을 입었고, 정신적인 충격을 받았다. 소련의 서부 국경은 소련 통치를 다시 강요하자 반란 상태에 들어갔다. 애국주의와 민족주의가 커지면서 나라의 공산주의 정체성이 흔들리고 복잡해졌다. 이 힘든 상황에서 대연합 파트너들이 소련의 안보 요구를 수용할 자세도, 승리를 확보한 데 대해 소련의 정당한 보상이라고 스탈린이 여겼던 것을 인정할 자세도 되어 있지 않았다는 사실은 스탈린을 크게 실망시켰다.

스탈린은 장차 일어날 일에 대해 미심쩍어 했고, 그의 대응은 외국의 영향력에 나라의 문을 닫고 좀 더 가혹한 대외 정책을 채택하는 것이었다. 1947년 냉전의 발발은 스탈린이 품었던 최악의 우려를 확인해 주었으며, 스탈린은 국내 전선과 국제 전선에서 서방에 반대하는 소련의 운동을 강화하고자 했다. 그러나 국제 정치의 양극화와 대연합의 파탄은 다른 위험도 불러와, 1940년대 말에 스탈린은 냉전 대결에서 후퇴하여 서방과의 새로운 데탕트를 모색하기 시작했다. 하지만 국제 정세는 여전히 긴장 상태에 있었고, 소련 국내 정치에서도 이완은 없었다. 당과 국가 관리들에 대한 스탈린의 전후 억압은 1950년대 초에 절정을 이루었는데, 이는 사회주의 시스템이 강해지면 강해질수록 그것에 반대하는 적들의 투쟁도 더욱더 치열해진다는 스탈린의 신념에 의해 추동되었다.

사회주의 체제에서 계급 투쟁이 치열해진다는 스탈린의 관념은 나머지 소련 지도부에는 거의 설득력이 없어서 그들은 스탈린이 사망하자마자 이 이념적 교리를 포기했다. 그러나 스탈린이 살아 있는 동안에는 그가 인식하고 좋아한 것이 무엇보다 지배적이었다. 대외 정책에서처럼 국내 정책에서도 스탈린은 대원수였다. 스탈린 치하에서 복무한 소련 지도부 사람들은 지위를 차지하려고 마구 다투었고 개인적으로 경쟁했으며 각자 자기 기관의 이익을 보호했다. 그러나 정책의 주요 노선은 스탈린이 설정했고, 중요한 결정도 스탈린이 전부 내렸다.[84]

전쟁은 스탈린의 권력을 크게 강화하는 데 도움을 주었으며, 그는 국내에서는 도전받지도 않았고, 도전할 수도 없는 존재로 남았다. 하지만 해외에서는 이야기가 달랐다. 국제 무대에서 스탈린은 미국이라는 강력한 라이벌과 떠오르는 반소련 서방 블록에 직면했고, 국내 상황이 복잡해지면서 이 위협은 스탈린의 마음속에서 더욱 커져 갔다. 그럼에도 스탈린은 냉전을 완화하고, 이전 동맹국들과 영속적인 평화를 수립할 서방과의 타협을 맺기 위해 계속 분투했다.

제12장

냉전 대결:
공격받는 스탈린

스탈린 치세 마지막 5년 동안 소련의 대외 정책은 얼핏 보기에 모순되는 요소들이 변화무쌍하게 부딪치는 만화경 같은 모습을 보여 주었다. 1947년 대연합의 붕괴는 냉전이 곧 〈열전〉으로 비화할 거라는 광범위한 우려를 불러일으켰다. 스탈린 자신의 공개적 발언들은 서방의 전쟁광들, 특히 〈처칠과 그의 친구들〉이 벌이는 사악한 활동들에 대해 경고했다. 하지만 스탈린은 또 전쟁 위험을 깎아내리고, 공산주의와 자본주의의 평화적 공존 가능성을 역설했다. 냉전이 격화함에 따라, 스탈린은 동유럽의 소련 세력권을 긴밀하게 통제되는 블록으로 결합했다. 그러나 스탈린은 티토의 유고슬라비아가 1948년 공산주의 운동에서 떨어져 나갔을 때, 자신의 권위에 대한 큰 도전에 직면했다. 1940년대 말 유럽이 다음 40년 동안 대륙을 양분한 냉전 블록들로 분열하자, 스탈린은 양극화를 약화시키는 방법을 계속 모색하면서 독일 문제에 대한 합의된 해결책을 찾으려 했다. 1949년에 소련은 첫 핵폭탄을 실험했고, 1950년대 초에는 훨씬 더 강력한 수소 폭탄을 개발하기 시작했다. 이 수소 폭탄 개발 프로그램은 군축과 핵무기 해체를 요구하는 소련 후원의 격렬한 평화 운동과 시기적으로 일치했다. 1950년 북한이 김일성의 공산주의 리더십 아래 나라를 통일시킬 목적으로 남한을 침공했다. 이 침공은 스탈린의 승인과 지지를 받았으나, 미국이 남한을 위해 개입하자 그는 미국과의 직접적인 대결로부터 신속히 후퇴했다.

이 개별 사건들을 관통하는 주제는 냉전의 결과들을 통제하려는 스탈린의 노력이었다. 스탈린은 냉전 투쟁을 제2차 세계 대전 후 소련의 안보와 공산주의 이익을 보호하는 데 필수적인 것으로 보았으나, 갈등이 확대되어 훨씬 더 큰 위험, 즉 독일 군국주의가 부활해 미국 주도의 서방 블록과 결합하는 위험을 불러올까 봐 우려했다. 스탈린에게 독일 문제의 해결 — 유럽에서 독일의 힘과 공격을 어떻게 억제하고 길들인 것인지의 문제 — 이 소련의 전후 안보에 핵심이었다는 사실은 아무리 강조해도 지나치지 않다. 그것은 전후 시기 동안 스탈린이 계속해서 거론했던 문제였다. 그 마지막 노력은 심지어 공산주의가 통제하는 동부 독일을 희생해서라도 독일을 중립화하고 평화를 이루려는 합의를 얻어내려 했던 1952년에 있었다.

스탈린-티토 분열

표면적으로 1948년에 있었던 스탈린과 티토의 분열은 동유럽 인민 민주주의 체제를 지도하고 통제할 모스크바의 권리를 둘러싸고 진행되었다. 유고슬라비아는 소련의 이익보다 자신의 국익을 주장함으로써 이 권리에 도전했다. 확실히 이것은 1950년대에 티토의 지지자들이 구축한 분쟁의 이미지이다. 그들은 유고슬라비아를 대러시아 곰에 맞선 작은 국가로, 자신의 권리를 지키기 위해 떨쳐 일어난 나라로 묘사했다. 그러나 좀 더 가까이 들여다보면 더욱 복잡한 그림이 드러난다. 스탈린이 티토를 취급한 방식은 소비에트-공산주의 블록의 내부 관계를 규제하는 것만큼이나 격화하는 서방과의 냉전에 대한 그의 우려와 관계가 있었다.

분열을 촉발시킨 사건은 두 가지였다. 첫째, 유고슬라비아와 불가리아 사이에 연방을 구성하려는 움직임이 그것인데, 이 기획은 1947년 12월 그리스에서 공산주의 파르티잔들이 선포한 임시 정부를 포함하는 발칸 연방이라는 좀 더 폭넓은 개념과 연결되었다. 둘째, 알바니아 (역시 소비에트 블록의 일원)를 지배하고 싶어 하는 유고슬라비아의 욕망이 그것이다. 여기엔 그리스 내전에서 공산주의 파르티잔들의 투쟁을 도와줄 군사 기지를 알바니아에 설치하는 것이 포함되었다.[1] 스탈린은 원칙적으로 그 계획에 반대하지 않았으나, 계획의 입안 및 실행에 대해 자신과 상의하기를 기대했다. 스탈린은 1948년 1월에 전 코민테른 지도자인 게오르기 디미트로프 — 지금 고국인 불가리아에 돌아가 있었다 — 가 불가리아-그리스-유고슬라비아 연방에 대해 승인도 받지 않고 공개적으로 발언한 것에 특히 화가 났다. 1948년 2월 10일 스탈린은 디미트로프와 티토의 대표인 에드바르트 카르델이 이끄는 불가리아-유고슬라비아 대표단을 만났다. 이 회담의 여러 기록으로 보건대, 스탈린의 주된 근심은 발칸 연방의 조급한 형성이 서방의 반동분자들에게 공격의 빌미를 제공하고, 반소비에트 블록을 확고히 하려는 그들의 노력을 도와주리라는 것이었다. 스탈린은 불가리아인과 유고슬라비아인들에게 미국에서 곧 선거가 있을 것이며(대통령 선거와 의회 선거를 언급하고 있었다), 그들의 행동 때문에 기존 미국 행정부보다 훨씬 더 반동적인 행정부가 승리할 수 있다고 지적했다. 그리스와 관련하여 스탈린은 적어도 당분간은 파르티잔 투쟁이 가망 없고, 영국과 미국은 그것을 그리스에 군사 기지를 설치하는 구실로 이용할 것이라고 생각했다. 같은 이유로 스탈린은 또 알바니아에 유고슬라비아 군대를 배치하는 것에도 반대했다. 디미트로프와 카르델에게 보낸 스탈린의 메시지는 다음과 같았다. 천천히 나아가고, 매 단계 모스크바와 상의하며, 국제 정세의 복잡함을 고려하라.[2]

소련은 유고슬라비아와 불가리아가 〈보스〉와 회의를 한 후 시키는 대로 하기를 기대했다. 그러나 항상 충직한 디미트로프가 그렇게 한 반면, 티토는 반항했다. 1948년 3월 1일 유고슬라비아 정치국은 소련에 저항하여 그들이 생각하는 유고슬라비아의 국익에 맞춰 행동하기로 결정했다. 티토는 스탈린과 공공연한 분열을 촉발할 의향이 없었지만, 그에게는 유감스럽게도, 유고슬라비아 지도부 내의 소련 지지자들이 무슨 일이 벌어지고 있는지를 모스크바에 알렸다. 스탈린은 유고슬라비아 당에 대한 정치적·이념적 비판을 준비하라고 명령한 뒤, 소련의 군사 및 민간 기술자와 자문관들을 유고슬라비아에서 철수시키는 것으로 보복했다. 3월 27일 스탈린과 몰로토프는 티토에게 유고슬라비아가 반소련 노선을 걷기 시작했다고 비난하는 편지를 보냈다. 유고슬라비아 공산주의자들은 민족주의적이며 기회주의적이라는 비난을 받았고, 그들의 정치와 스탈린 최대의 적인 트로츠키의 정치 사이에 유사점이 비교되었다. 게다가 엎친 데 덮친 격으로 유고슬라비아는 그들의 외무부에 영국 첩자가 은신해 있다고 비난받았다.[3]

스탈린-몰로토프 편지가 유럽의 다른 공산주의 지도자들에게 회람되었고, 유고슬라비아가 소련의 비난을 부인하고 공산주의에 대한 충성을 선언했음에도, 모스크바와 베오그라드 사이에 오가는 편지는 점점 더 험악해졌다. 1948년 6월 공산주의 정보국의 제2차 회의에서 유고슬라비아 당을 이 조직에서 배제하기 위한 장(場)이 마련되었다. 티토의 당을 배제하는 코민포름 결의안은 유고슬라비아에 새로운 지도부가 들어서면 당이 둥지로 돌아갈 거라는 희망을 드러냈으나,[4] 분쟁은 계속 고조되었다. 이념적 말다툼이 절정에 올랐을 때 〈티토주의자들〉은 스탈린 지지자들로부터 유고슬라비아에 자본주의를 부활시키려는 제국주의 첩자라고 비난받았다. 유럽 공산주의 운동 전반에 걸쳐 티토주의 이단자들에 대한 수색이 벌어졌다.[5] 인민 민주주의 국가들에서 공산주의 상층 지도부들 사이에 포진해 있는 이른바 〈민족주의자〉, 〈첩자〉, 〈우익 일탈파〉가 일부 적발되었다. 희생자 중에는 폴란드 공산주의 지도자인 고무우카가 있었다. 그는 1948년 말 민족주의 일탈로 고발당하고, 당 조직에서 직위를 상실한 후 투옥되었다. 더 가혹한 운명이 몇몇 체코슬로바키아 당 지도자들에게 들이닥쳤다. 그들은 1952년에 결국 연출 재판의 수모를 겪었고, 그런 다음 반공산주의 반역죄로 처형당했다.

티토와의 분열이 진행되면서, 동유럽의 모든 공산주의 집권당의 정치, 정책, 지도부가 소련의 정밀 조사를 받았다. 1948년에 소련 공산당 국제부는 스탈린을 위해 동유럽 공산당들의 이념적·정치적 오류를 비판하는 몇몇 보고를 작성했다. 보고의 주 내용은 공산주의 이념으로부터의 민족주의 일탈과 소련식 사회주의 모델로부터의 이탈을 비판하는 것이었다.[6]

반(反)티토 운동의 목적은 국제적 긴장이 고조되는 시기에 공산주의 블록의 기강을 잡아 단결시키고, 스탈린의 리더십을 절대화하는 데 있었다. 냉전으로 인해 점점 더 위험해지고 복잡해지는 국제 정세 속에서 유고슬라비아 반란 같은 것은 다시는 발생하지 말아야 했다.

독일 문제

동유럽에서 소련과 공산주의 위상의 공고화는 스탈린의 냉전 전략에서 한 가지 요소였다. 다른 한 가지는 독일 문제에 대한 좀 더 공격적인 접근이었다. 스탈린의 가장 극적인 행동은 1948년 6월에 서베를린의 육상 봉쇄를 단행한 일이었다. 이에 대응해 영국과 미국은 소련이 차단한 독일 수도의 서방 구역에 물자를 공급하는 유명한 공수 작전을 개시했다. 냉전이 시작되면서 처음 맞는 대위기라는 이 드라마에도 불구하고, 스탈린의 목표는 대단히 현실적이었다. 그것은 서방 열강들이 독일의 장래에 대해 소련과 협상을 재개하도록 하는 것이었다.

전쟁 동안 대연합은 수도 베를린이 소련에 배당된 동부 독일 점령지에 깊숙이 위치해 있었으나 이 수도를 포함하는 — 상징적·정치적 이유로 — 군사 점령지로 독일을 분할하는 데 합의했다(582면의 〈지도 19〉를 보라). 각국은 각자의 점령지와 베를린 구역을 통제할 것이며, 연합국 관리 이사회ACC가 독일 전역에 걸쳐 〈포 디스four Ds〉 — 탈군사화demilitarization, 무장 해제disarmament, 탈나치화denazification, 민주화democratization — 의 시행을 조율할 터였다. 전쟁 동안 스탈린은 다섯 번

지도 19. 전후 독일의 분할

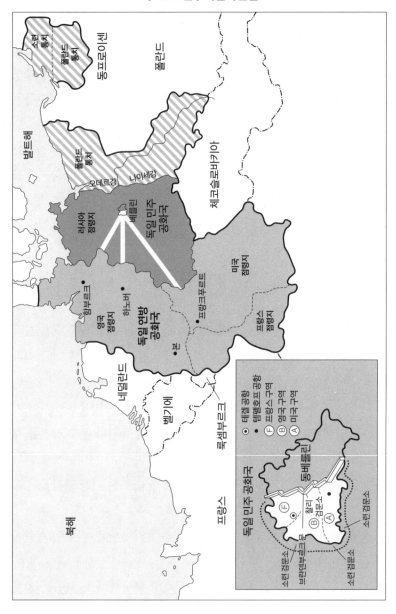

소련 통치
폴란드 통치
동프로이센

폴란드

발트해

폴란드 통치

오데르강 나이세강

체코슬로바키아

러시아 점령지

베를린

독일 민주 공화국

미국 점령지

함부르크

하노버

영국 점령지

독일 연방 공화국

프랑크푸르트

프랑스 점령지

본

네덜란드

벨기에

룩셈부르크

프랑스

북해

테겔 공항
템펠호프 공항
Ⓕ 프랑스 구역
Ⓑ 영국 구역
Ⓐ 미국 구역

독일 민주 공화국

동베를린

Ⓕ

찰리 검문소

Ⓑ Ⓐ

소련 검문소

소련 검문소

브란덴부르크문

소련 검문소

째 〈D〉 — 독일의 해체dismemberment — 의 강력한 지지자였으나, 영국과 미국이 이 문제를 둘러싸고 꾸물거리자 이 정책을 포기했다. 대신 스탈린은 통일되었지만 평화를 사랑하는 민주주의 독일이라는 대안적 시각을 받아들였다.

전후 독일에서 스탈린의 정치 전략은 인민 민주주의 유럽을 위한 좀 더 일반적인 기획을 변형한 것이었다. 전후 독일이 스탈린의 공산주의 동맹자들을 포함한 연립 정부가 통치하는 좌익 민주주의 반파시즘 국가로 발전하는 것이 희망 사항이었다. 스탈린은 인민 민주주의 기획이 독일에서 성공할 수 있을 거라고 낙관했지만, 미래 독일 국가의 정치가 자신의 뜻대로 돌아갈지는 미지수였다. 그러나 스탈린은 자신의 점령지에서는 상황을 통제할 수 있었다. 소련 점령 당국은 동독 공산주의자들과 연합하여 인민 민주주의 모델을 추구했는데, 재통일이 이루어지면 이 모델을 독일의 나머지 다른 지역으로 확대하는 것이 목표였다.[7] 독일과 관련해 스탈린의 경제적 목표는 소련에 100억 달러 상당의 배상금을 지급한다는 얄타와 포츠담의 결정을 시행하는 것이었는데, 이 배상은 러시아의 전후 재건에 필수적이었다.

독일에서 스탈린이 추구한 정치적·경제적 목표는 영국 및 미국과의 갈등을 불러왔다. 그들은 스탈린이 자신의 점령지뿐 아니라 서방의 점령지로부터도 배상받기를 원했기 때문에 배상을 마음에 들어 하지 않았다. 서방이 보기에 배상은 전쟁 후 유럽 경제의 전반적인 부흥에 중심적이라고 여긴 독일의 경제 회복을 방해할 것이었다. 또한 영국과 미국은 공산주의와 소련의 지배하에 있는 통일된 독일이라는 구상도 싫어했다. 따라서 스탈린이 비록 소련의 이익에 부합하는 형태와 조건하에서이긴 하지만 독일 통일에 찬성한 반면, 영국과 미국은 독일을 정치적·경제적으로 분할하고 서방 점령지들의 운명에 대한 통제권을 갖는 쪽을 점차 택했다. 독일에 관한 소련 정책과 서방 정책은 점점 갈라졌고, 양측 사이에 불신이 커져 갔다. 미국이 제안한 독일의 장기적인 무장 해제와 탈군사화에 관한 소련-서방 조약에 대해 모스크바가 어떻게 반응했는지를 살펴보면, 소련 측에서의 불신이 어느 정도였는지 잘 드러난다. 사실 이 구상은 종종 언명된 독일 위협의 부활이 불가피하다는 스탈린의 믿음을 감안하면, 그의 관심을 당연히 끌었어야 했다. 이 제안은 1945년 9월 외무 장관 협의회의 런던 회의에서 미국 국무 장관 제임스 번스가 처음 꺼냈다. 번스는 1945년 12월 스탈린을 만났을 때, 그것을 다시 언급했다. 그리고 1946년 4월 파리 외무 장관 협의회 회의에서 번스는 〈독일의 무장 해제와 탈군사화에 관한 25년 조약〉의 공식적인 제안을 의제로 올렸다.[8] 몰로토프가 모스크바로 돌아왔을 때, 소련 외무부 내에서 이른바 〈번스 플랜〉에 관한 세밀한 토의가 진행되었다. 이 토의 — 소련 언론에 게재되었다 — 의 주요 내용은 번스 플랜이 연합국의 독일 점령을 너무 빨리 종결시키는 수단이며, 〈포 디스〉의 철저한 실행에 대한 대체물로 인식되었다는 것이었다.[9] 7월에 몰로토프가 파리 외무 장관 협의회에 복귀했을 때, 그는 번스에게, 제안된 조약이 〈국가들의 평화와 안보 보장이라는 이익에 부합하지〉 않는다고 말하며 독일 문제에 관한 얄타와 포츠담의 결정들을 철저히 실행할 것을 주장했다.[10] 몰로토프의 주장은 번스를 격분시켰는데, 그는 자신의 계획이 전후 안보에 대한 소련의 근심을 해결할 진정한 노력이라고 강조했다. 그러나 몰로토프는 요지부동이었고, 번스 플랜을 놓고 이어진 토론에서도 마찬가지로 완강한 입장을 취했다.

번스 플랜을 둘러싼 이러한 의견 교환을 제외하면, 1947년 3~4월의 모스크바 외무 장관 협의회 회의 때까지 협의회에서 독일 문제에 관해 이렇다 할 토의는 없었다. 모스크바에서 소련은 중앙 독일 정부의 수립에 관한 합의를 강하게 밀어붙였다. 이것이 공개적으로 선호되었을 뿐 아니라 비공개적으로도 선호된 사실은 회의를 준비하는 소련의 내부 문서들과 1947년 1월 독일 공산주의 지도자들과의 오랜 만남에서 스탈린이 했던 발언들을 보면 잘 드러난다. 스탈린은 그들에게 영국과 미국이 약한 독일, 즉 그들이 경제적으로 지배할 수 있고 세계 시장에서 배제할 수 있는 나라를 원하기 때문에 독일 통일에 관한 합의에 이르는 것이 힘들 수 있다고 말했다. 다른 한편 스탈린은 독일에서의 정치적 전망에 대해서는 낙관적이었다. 소련 점령지에서 공산당과 사회 민주당이 최근에 합당하여 〈사회주의 통일당〉을 결성했다. 스탈린은 서독으로 사회주의 통일당이 확대되기를 기대했으며, 소수 정당이 어떻게 급속히 지지 세력을 늘려 권력을 획득하는지를 보여 주기 위해 1917년의 볼셰비키를 비유 대상으로 끌어들였다.[11]

모스크바 외무 장관 협의회에서는 토의의 많은 부분이 배상 문제에 집중되었으며, 독일이 소련에 지급할 배상금에 관해 얄타와 포츠담에서 합의한 바를 어떻게 해석하고 또 협상할지를 둘러싸고 활발한 논의가 이루어졌다. 당연히 소련은 그들의 입장을 가능한 한 광의로 해석하려 한 반면, 서방은 그들의 점령지에서 배상 물품이 인도되는 상황을 종결시키고자 했다. 다른 주요 쟁점은 중앙 독일 행정 기관을 설립하는 문제였다. 서방의 대표들은 정치적 통합이 있기 전에 다양한 경제적 문제들이 선결되어야 한다고 주장했다. 서방 열강은 또 비교적 약한 권력을 갖고 대부분의 정책 결정을 독일의 지방들에 양도한 독일 중앙 정부를 선호했다. 이는 소련과 공산주의 영향력을 가능한 한 독일로부터 배제하려는 그들의 목표에 어울리는 정책이었다. 1947년 4월 15일 스탈린이 번스에 이어 미국 국무 장관으로 취임한 조지 마셜을 만났을 때, 소련 지도자는 독일의 정치적 통합이 경제적 통합에 선행되어야 한다고 주장하면서, 일종의 연방적 해결책이 아니라 통일된 독일 국가를 선호한다고 설명했다.

연합국은 독일에서 나폴레옹이 수십 개의 국가들을 구성하는 실수를 저질렀듯이 동일한 실수를 저지르지 않기를 원합니다. (……) 이 해체의 결과 (……) 독일 통일이라는 구상이 독일 국수주의자와 실지 회복주의자의 수중에서 무기가 되었고, 비스마르크를 낳았으며, 프랑스-프로이센 전쟁 등을 야기했습니다.[12]

서방의 관점에서 볼 때, 모스크바 외무 장관 협의회는 문제가 많았고 몇 주 동안 토의를 했지만 완전히 비생산적이었다. 마셜의 자문관 중한 명은 회의 직후 다음과 같이 말했다. 〈모스크바에서의 실패의 정도와 중요성을 과소평가하는 것은 실수다. 회의는 독일 문제에 관해 참석자들의 입장이 포츠담 때보다도 더 깊이 갈라지는 것으로 끝났다.〉[13] 하지만 소련의 관점에서 볼 때, 토의에 일부 진전이 있었다. 그것은 4월 12일 기자 회견에서 외무 차관 비신스키가 한 발언의 취지였으며, 4월 24일 회의를 마감할 때 몰로토프는 대규모 준비 작업이 이루어졌다고 말하면서 차후 협상을 기대했다. 『프라우다』는 회의 결과에 관한 사설에서 이러한 평가를 그대로 따라 하며, 독일에 관한 얄타 합의와 포츠담합의의 실행이 여전히 기본 쟁점으로 남아 있다고 되풀이했다.[14]

6개월 뒤 1947년 11~12월에 런던에서 외무 장관 협의회가 다시 소집되어 독일을 위한 평화 조약의 조건을 계속 토의했으나, 이 시기까지 국제적 분위기는 이미 상당히 악화된 상태였다. 7월에 소련은 마셜 플랜 참가를 거부했고, 9월에는 코민포름을 창립하면서 양대 진영 독트린을 선포했다. 이 독트린은 자유세계를 방어하는 미국의 지구적 운동을 선언한 트루먼 독트린에 맞선 직접적인 대응이었다. 몰로토프는 런던으로 향하기 2주 전에 볼셰비키 혁명 30주년 기념 연설을 했다. 연설은 서방 열강에 대한 적대감으로 가득 찼다. 영국과 미국은 지구 전체를 망라하는 공군 기지와 해군 기지로 소련을 포위했다고 비난받았다. 몰로토프는 〈세계의 여러 지역에 군사 기지를 설치하고 있는데, 이는 방어 목적이 아니라 침공 준비를 위한 것이 분명합니다〉라고 말했다.[15] 몰로토프는 런던 외무 장관 협의회의 개막 연설에서 전후 세계는 민주주의적 평화와 제국주의적 평화 사이에서 선택을 해야 하는 상황에 직면했다고 주장하며 이러한 논조를 계속 견지했다.[16] 놀랄 것도 없이 런던 외무 장관 협의회는 어떤 합의에도 이르지 못했다. 중앙 독일 정부를 설립하자는 소련의 제안에 대응해 새 체제의 경제 원리들에 대해 먼저 합의해야 한다는 서방의 요구가 제출되었고, 이는 포츠담에서 타협을 봤던 배상 문제를 근본적으로 재논의하는 것을 의미했는데, 모스크바는 이를 수용할 준비가 되어 있지 않았다. 12월 15일 외무 장관 협의회가 끝났지만, 협의회를 다시 소집할 계획이 없었다.[17] 그럼에도 스탈린은 독일 통일에 관한 협상을 계속 희망했다. 1948년 3월에 동독 공산주의 지도자들과의 만남에서 스탈린은 그들에게 독일 헌법을 작성하고 서독에서 그것을 폭넓게 토의할 수 있도록 후원할 것을 촉구했다. 스탈린은 이런 움직임을 서독 주민을 경제적으로 매수하려는 영국과 미국의 노력에 대한 대응이자 독일 통일을 위한 준비의 일환으로 여겼다. 〈모든 인민을 헌법 토의 과정에 끌어들여야 합니다. 이것은 통일 독일의 실현을 위한 심리적 기반을 형성할 것입니다.〉[18]

1948년에 서방 국가들은 독일의 동-서 분할을 강행하는 움직임을 시작했다. 6월 7일 영국, 프랑스, 미국은 서방 점령지들에서 연방적 독일 국가를 수립할 의향이 있음을 밝히는 런던 성명을 발표했다.[19] 며칠 후 서방 점령지들에 새 통화가 발행되었는데, 이는 동독에서 소련이 후원하던 훨씬 약한 통화의 가치를 더욱 하락시킬 우려가 있는 조치였다. 이 사건들은 6월 말에 소련의 서베를린 봉쇄를 촉발했다. 비록 서방에 의해 〈봉쇄〉라는 용어로 일컬어졌지만, 소련의 행동은 서독으로부터 베를린의 서방 구역들에 육상으로 접근하는 길을 금지하는 일련의 제한된 조치들로 이루어졌다. 그것은 소련 점령지에서 서베를린으로 물자가 공급되는 것을 막지 않아 물자가 계속 이 도시로 흘러들어 갔다. 또 공중에서의 접근도 금지되지 않아 여기서 공수(空輸)라고 불리는 유명한 공중 보급이 이루어졌다.[20] 스탈린이 구사한 압박 전술의 목적은 서방 국가들에 런던 성명을 취소하고, 외무 장관 협의회가 마련한 협상의 장으로 복귀하도록 하는 것이었다. 스탈린은 1948년 8월 영국 대사, 프랑스 대사, 미국 대사와 함께한 두 차례의 대화에서 자신의 목적을 솔직하게 밝혔고,[21] 1949년 1월에는 서방이 독일 문제에 전념할 또 다른 외무 장관 협의회를 소집하는 데 동의한다면 봉쇄가 해제될 거라는 데 서방 인터뷰 진행자와 의견을 같이함으로써 이 입장을 일반에 널리 알

렸다.[22]

1949년 5월, 그달 말에 파리에서 외무 장관 협의회를 재소집하는 데 합의한 후 봉쇄가 해제되었다. 파리 회의의 소련 대표는 1949년 3월에 몰로토프에 이어 외무 장관이 된 비신스키였다. 비신스키가 받은 지침은 독일에 대한 4대 강국의 통제를 복원하는 등 어떻게든 얄타와 포츠담의 합의들로 복귀하는 것이었다. 소련은 일부 진척을 이루는 데 낙관적이었으나, 외무 장관 협의회는 어떤 합의도 보지 못한 채 6월 20일 막을 내렸다.[23] 1949년 9월 서독 의회가 개원하면서, 독일 연방 공화국이 공식적으로 성립했다. 스탈린은 10월에 동부 독일에 독일 민주 공화국GDR을 수립하는 것으로 응수했는데, 이는 스탈린이 그동안 통일 독일을 계속 주장한 사실을 감안하면 얼마간 문제 있는 움직임이었다. 이제 스탈린은 동독에서 훨씬 더 견고하게 자리 잡은 지역 공산주의 체제를 상대해야 하고, 서방 열강은 물론이고 두 개의 독일 정부와 독일의 미래에 대해 협상해야 하는 복잡한 상황을 다루어야 할 터였다.

결국 베를린 봉쇄 전술은 스탈린에게 역효과를 낳았다. 그것은 서방에서 소련을 비판하는 사람들에게 스탈린을 침략자로 그리게 해줄 수 있었고, 또 소련과 동독 동맹자들이 통일 독일을 지지한다는 이유로 설득시키려 애쓰고 있는 독일 여론과도 잘 맞지 않았다. 스탈린이 과소평가한 것은 공중으로 서베를린에 물자를 공급할 수 있는 가능성과 서독 국가 창건 계획을 밀어붙이는 서방의 단호한 결의였다.

1949년 4월 북대서양 조약 기구NATO가 설립되면서, 스탈린이 오래전부터 우려해 온 반소련 서방 블록이 더욱 분명한 형태를 띠게 되었다. 1949년 1월 나토가 곧 결성될 것이라는 미국의 발표에, 모스크바는 제안된 북대서양 조약을 마셜 플랜과 관련시키고, 유럽뿐 아니라 전 세계를 지배하려는 영국 및 미국의 계획과도 연결하는 성명을 발표했다. 1949년 3월 나토의 조약문이 공표되자, 소련 외무부는 이 기구를 소련과 인민 민주주의 체제들을 겨냥한 공격 동맹이라고 비난하는 또 다른 성명을 내놓았다. 나아가 나토의 결성이 서명국들이 서로를 겨냥하는 제휴를 맺는 것을 금지한, 영국과 소련, 프랑스와 소련의 전시 동맹 협정들과 양립할 수 없다고 말했다. 소련이 루마니아, 헝가리, 불가리아, 핀란드와 상호 방어 협정(모두 1949년에 조인되었다)을 맺은 일이 나토가 동구권에 위협적인 만큼이나 서방에 위협적이라는 비난에 응수하여, 성명은 이 조약들이 명확히 독일 침략의 재발을 겨냥하는 것이라고 지적했다. 1949년 7월 소련은 이탈리아의 나토 가입에 강하게 항의하며, 이탈리아가 다른 평화 조약 서명국들(예컨대 소련)을 위협하는 어떤 협정도 맺지 않겠다는 약속을 위반하고 있다고 주장했다.[24] 이러한 온갖 항의에도 불구하고 모스크바는 나토를 당장의 군사적 위협으로 여기지는 않았다. 스탈린은 1949년 중반에 한 중국 공산주의 지도자에게 다음과 같이 말한 것으로 전해진다.

제3차 세계 대전은 어느 누구도 그것을 개시할 힘이 없기 때문에 일어나지 않을 겁니다. 혁명 세력이 성장하고 있고, 인민들은 전보다 더 강해졌습니다. 제국주의자들이 세계 대전을 원한다 해도, 그것을 준비하는 데 적어도 20년은 족히 걸릴 것입니다. 인민들이 전쟁을 원하지 않는다면, 전쟁은 없을 것입니다. 평화가 얼마나 오랫동안 지속되는가는 우리가 평화를 위해 얼마나 열심히 노력하고, 앞으로 사태가 어떻게 전개될 것인가에 달렸습니다. (……) 우리가 할 일은 가능한 한 오래 평화를 지키는 것입니다. 그러나 미치광이가 무대에 등장하지 않을 거라고 누가 확신할 수 있습니까?[25]

미치광이들을 따로 제쳐 둔다면, 스탈린이 걱정한 문제는 나토 동맹과 당장 전쟁을 벌일 거라는 전망이 아니라, 서방 블록이 정치적으로 연합하는 상황이었다.[26] 하지만 1950년대 초에 훨씬 더 불안감을 주는 전망이 시야에 들어왔다. 서독의 재무장과 서방 방어 체계로의 편입이 그것이었다. 이 위협적인 사태에 대응해 스탈린은 독일의 탈군사화를 단행하고 평화 조약을 협상하기 위해 외무 장관 협의회를 소집하라는 요청을 재개했다. 1952년 3월 모스크바는 독일과의 평화 조약이 기반으로 삼을 원리를 정리한 외교 각서를 서방 열강에 공표하면서 독일 문제에 대한 새로운 공세를 대대적으로 개시했다. 종종 〈스탈린 각서〉라고 불리는 이 문서는 실제로는 소련 정부의 이름으로 발표되었다. 만일 누군가가 주요 저자라면 그 사람은 스탈린의 승인을 위한 초안을 준비하는 데 비신스키와 긴밀하게 함께 작업했던 몰로토프였다. 이 소련 각서에서 체계적으로 진술된 가장 중요한 내용은 〈독일 인민의 의지를 표현하는〉 전(全) 독일 정부의 대표들과만 독일 평화 조약을 협상할 수 있다는 것이었다. 이는 독일 문제의 해결과 관련해 핵심적인 서방의 요구였던 전 독일 선거를 실시하는 사안에 대해 협상의 문을 열어 놓은 것이었다. 그러나 소련 각서는 나아가 전 독일 정부 — 정치적 색깔이 무엇이든 — 와의 협상이 〈민주적인 평화 애호 독일〉의 수립을 가져와야 한다는 점을 명확히 했으며, 이는 독일의 중립과 독일의 군사 블록 불참에 대한 보장을 의미했다.[27] 모스크바는 전 독일 선거에서 공산주의자들과 그들의 동맹자들이 좋은 결과를 얻기를 바랐지만, 친서방 정치인들이 이 경쟁에서 이기리라는 것은 거의 의심의 여지가 없었다. 그래서 소련은 만일 독일이 가까운 미래에 중립적이고 비동맹이며 비위협적으로 남는다면, 동독에 대한 통제를 포기할 준비가 되어 있다는 거래를 제의한 것 같았다. 스탈린은 이 제안에 진심을 담았는가, 아니면 그것은 잘 속아 넘어가는 독일인들에게 스탈린이 독일 통일을 진심으로 원한다는 인상을 주기 위해 계획한 선전 계략에 불과했는가? 이는 당시 사람들이 스스로 물었고, 이후 역사가들이 계속 논쟁을 벌여 온 문제였다. 일부 역사가들은 1952년 3월의 소련 각서가 독일의 재통일에 대한 스탈린의 공약을 수용 가능한 조건을 걸고 단순히 재천명한 것으로서 액면 그대로 받아들여야 한다고 주장한다. 다른 역사가들은 모스크바의 주요 눈길이 그와 같은 공세의 선전 가치에 가 있다는 소련 문서고의 증거에 주목해 왔다.[28]

　이러한 논쟁과 관련된 가장 중요한 증거 중 하나가 1952년 4월에 스탈린이 독일 민주 공화국 대표단을 만났을 때의 기록이다. 이 대화는 3월 25일 서방 측이 소련 각서를 거부한 뒤 그 여파 속에서 진행되었다. 서방의 역제안은 전 독일 선거의 실시 이후, 독일의 나토 참여를 비롯해 대외 정책에서 동맹 문제를 스스로 결정할 민주적으로 선출된 독일 정부와 평화 조약에 대해 협상을 벌이는 것이었다. 그와 같은 제안은 소련 정책의 목적 전체가 독일의 재무장과 나토 참가를 막는 것이었으므로 모스크바가 받아들일 수 없음은 자명했다.

3월 각서가 선전 계략이었다면, 독일 민주 공화국 지도자들은 이 음모에 대해 전혀 들은 바가 없었다. 4월 1일 스탈린을 처음 만났을 때 그들은 평화 조약의 전망이 어떠한지, 외무 장관 협의회가 언제 소집될 것인지, 그들이 전 독일 선거를 어떻게 준비해야 하는지를 알고 싶어 했다. 스탈린은 바로 대답하지 않았지만, 다음 날『프라우다』는 지금 이 순간이 독일 통일에 시의적절한 때라고 말한 스탈린과의 인터뷰를 게재했다.[29] 4월 7일 스탈린은 동독 사람들을 다시 만나, 독일에 관한 그의 시각을 묻는 그들의 질문에 다음과 같이 말했다.

우리가 독일 문제에 대해 무슨 제안을 하든 서방 열강은 동의하지 않을 것이고, 그들은 서독에서 철수하지 않을 겁니다. 미국이 평화 조약 초안에 대해 타협을 한다거나 그것을 그대로 받아들일 거라고 생각하면 잘못입니다. 미국은 서유럽을 계속 통제하기 위해 서독에 군대를 주둔시킬 필요가 있습니다. 그들은 그 군대가 우리를 겨냥하고 있다고 말합니다. 하지만 실제로 군대는 유럽을 통제하기 위해 그곳에 있습니다. 미국은 서독을 [나토] 협정으로 끌어들이고 있는 중입니다. 그들은 서독 군대를 창설할 것입니다. (……) 서독에서 독립 국가가 형성 중입니다. 여러분은 여러분 자신의 국가를 조직해야 합니다. 서독과 동독의 경계선은 국경으로 간주되어야 하지만, 그것은 그냥 국경이 아니라 위험한 국경입니다. 이 국경의 안보를 강화할 필요가 있습니다. 안보의 제1선에 독일인들이 있고, 제2선에 러시아군이 있을 겁니다.

이 증거를 바탕으로 스탈린이 3월 각서에서 독일 통일을 제안한 것은 진심이었지만, 제안이 성공할 가능성은 그리 높게 평가하지 않았다고 결론 내리는 것이 합리적이다. 성공 가능성이 낮을 거라는 이러한 예견은 서방 측이 그 제안을 곧바로 거부한 데에서 사실로 확인되었다. 하지만 이것이 통일 독일을 위한 소련의 운동이 종언을 고했음을 의미하지는 않았다. 4월 7일 대화가 막바지에 이르면서 동독 사람들이 스탈린에게 독일 통일에 관한 자신들의 정책을 변경해야 하는지를 묻자 스탈린은 아니라고 대답했다. 〈통일 독일을 위한 선전을 쉬지 않고 계속할 필요가 있습니다. 이것은 서독 인민들을 교육하는 데 매우 중요한 의미를 지니고 있습니다. 이것은 여러분들의 수중에 있는 무기이며, 여러분들은 그것을 계속 쥐고 있을 필요가 있습니다. 우리 역시 미국을 폭로하기 위해 독일 통일에 관한 제안을 멈추지 않을 겁니다.〉[30]

4월 9일 모스크바는 조건이 적절하게 갖춰지면 가까운 미래에 전 독일 선거를 실시할 수 있음을 내비치는 또 다른 각서를 발표했다.[31] 이 각서에 이어 서방 열강과 몇 차례 더 공개적인 의견 교환이 오갔는데, 문제는 소련이 전 독일 선거의 실시는 냉전에서 독일이 중립을 지킬 수 있도록 사전에 합의하는 일과 연계되어야 한다는 점을 고집하고 있다는 사실이었다. 스탈린은 독일을 포기할 준비가 되어 있었을 테지만, 그랬을 경우 큰 대가를 치러야 하므로 독일 전역에서 소련의 위상을 강화하기 위해 가능한 일은 모두 할 것이었다. 1952년 9월 스탈린은 공산주의 중국의 총리였던 저우언라이*에게 다음과 같이 불만을 털어놓았다.

---

* 周恩來(1898~1976). 중국의 혁명가이자 정치가. 중국 5·4 운동에 참여했고 1920년 프랑스로 건너가 1922년 중국 공산당 파리 지부를 창설하고 귀국하여 1924년 황푸 군관 학교 정치부 부주임이 되었다. 1927년 장제스가 일으킨 상하이 쿠데타에 대항해 당시 민중 봉기를 조직하고 난창 봉기와 광저우 코뮌을 주동했다. 1934년 대장정에 참여하고 시안 사건 때는 공산당 대표로 국공 합작을 이루어 냈다. 이후 국민당과의 관계를 담당했고, 공산 정권이 수립된 1949년부터 1976년 초까지 중화 인민 공화국의 초대 총리를 지냈다. 1949~1958년에는 중화 인민 공화국의 외교부장을 지냈으며 1954년 9월부터는 마오쩌둥으로부터 중국 공산당 주

〈미국은 독일 통일을 지지하지 않을 것입니다. 그들은 독일을 약탈했습니다. 만일 서독과 동독이 통일된다면 독일을 더는 약탈할 수 없을 겁니다. 바로 그것이 미국이 독일 통일을 원하지 않는 이유입니다.〉[32]

만일 서방이 독일 문제에 관한 스탈린의 최후 공세에 긍정적으로 반응했다면, 무슨 일이 벌어졌을지 말하기는 힘들다. 그것은 1950년대에 독일의 재통일을 가져오고 유럽에서 냉전 긴장을 상당히 완화시켰을지도 모른다. 독일이 오랫동안 중립적이거나 무장 해제된 채 남아 있으리라는 보장이 없는 상황에서 불확실성과 불안정이 더 커졌을 수도 있다. 서방 외교관들과 정치인들이 1950년대에 종종 소련인들에게 지적했듯이, 서독이 서방 블록에 편입될 경우 모스크바에 좋은 점이 있었다. 옛말에 이르기를, 나토는 미국을 머물게 하고 러시아를 들어오지 못하게 하며 독일을 억누르기 위해 설립되었다는 것이다! 하지만 독일 문제를 바라보는 시각이 대조국 전쟁의 경험과 강력하고 공격적인 독일의 재출현에 대한 끊임없는 우려에 의해 형성되었던 스탈린이나, 소련 지도자로서 그의 후계자들은 이런 낙천적인 시각을 공유하지 않았다.

스탈린의 평화 운동

독일을 억제하기 위해 대연합을 복원해야 한다는 구상은 냉전이 맹렬히 진행되고 있는 와중에도 모스크바에, 특히 서방과의 전후 협력 프로젝트를 포기하기를 무척 주저했던 스탈린에게 여전히 매력이 있었다. 1949년 1월 스탈린은 〈평화 협정〉— 미국-소련 불가침 협정 — 을 논의하기 위해 트루먼을 만날 준비가 되어 있는지를 묻는 미국인 기자의 질문에 긍정적으로 대답했다.[33] 그리고 그해 9월 유엔의 한 회의에서 비신스키는 5개 강대국 — 영국, 중국, 프랑스, 소련, 미국 — 이 평화를 증진시키기 위한 협정에 서명할 것을 제안했다.[34] 비신스키의 제

석직을 넘겨받아 1976년 1월 사망할 때까지 재임했다.

안은 유엔이 영국과 미국을 전쟁 도발국으로 규탄해야 한다는, 동시에 제출된 요구에 의해 얼마간 약화되었다. 그러나 평화 협정은 전후 초기에 소련이 유엔에서 시도한 그와 같은 몇몇 공세 중 하나였다. 1946년에 소련은 모든 핵무기를 금지할 것을 제의했고, 1947년에는 전쟁 선전 금지에 관한 유엔 결의안을 주창했다. 또 1948년에 소련은 5개 강대국의 재래식 전력을 3분의 1 감축할 것을 요구했다.[35] 1952년 10월 제19차 당 대회에서 말렌코프는 이렇게 말함으로써 이 정책들의 요소를 한데 모았다. 〈전쟁 선전의 금지, (……) 핵무기와 세균 무기의 금지, 강대국 전력의 단계적 감축, 강대국들 사이의 평화 협정 체결, 국가 간 무역의 확대, 단일한 국제 시장의 복구, 기타 평화 증진의 정신에 입각한 조치들.〉[36]

이처럼 다양한 소련 제안의 좀 더 폭넓은 맥락은 서방에서 진행된 공산주의 후원의 대규모 평화 운동이었다. 소련과 공산주의의 선동적 평화 운동은 모스크바가 처음으로 처칠을 비롯한 서방 〈전쟁광들〉의 영향력을 걱정하기 시작했던 전후 초기로 거슬러 올라간다. 그러나 이 운동은 1940년대 말과 1950년대 초에 일부 저명한 서방 지식인들이 참여한 일련의 세계 평화 대회를 소집하면서 더욱 분명한 형태를 띠게 되었다. 평화 운동의 성공은 〈스톡홀름 호소〉와 함께 절정에 올랐다. 이 청원은 1950년 3월 스웨덴의 수도에서 시작되었는데, 핵무기 사용 금지를 요구했다. 약 5억 6000만 명이 이 호소를 지지하여 서명했다. 서명한 사람들의 대다수는 공산주의 중국을 포함해 소비에트 블록 출신이었으나, 서유럽과 북미 지역에서도 수많은 사람이 동참했다.

스탈린은 이 〈평화 제안들〉에 대해 얼마나 진심이었는가? 스탈린은 정말로 대연합과 비슷한 협력 관계를 복원할 수 있다고 믿었는가, 아니면 그냥 선전 게임을 하고 있었는가? 스탈린 말기의 소련의 대외 정책을 연구한[37] 마셜 슐먼Marshall Shulman은 모든 그런 공산주의 운동처럼 목적은 다차원적이었으며, 권력-정치적·선전적·이념적(혹은 교리적) 측면이 있었다고 주장한다. 권력-정치적인 면에서 평화 운동의 목적은 서방 국가들 내에서 미국이 주도하는 반소련 서방 블록의 형성 계획을 저지하거나 파탄시킬 정치적 압력을 가하는 것이었다. 대중적인 공산당이 존재하는 프랑스와 이탈리아에서는 모스크바가 휘두를 수 있는 정치적 영향력이 특히 강조되었다. 영국에서 공산당은 소규모였으나 노동 운동에서 영향력이 없는 것은 아니었다. 심지어 미국에서도 정치 정세가 희망이 없지는 않았다. 1948년 5월 스탈린은 1941년부터 1945년까지 루스벨트의 부통령이었고, 〈진보당〉의 깃발 아래 트루먼에 맞서 제3당 대통령 선거 운동을 하고 있던 헨리 월리스와 공개적인 서신을 주고받았다. 스탈린은 미국-소련 관계의 문제점들을 극복하기 위한 월리스의 제안을 토의의 좋은 기반으로 환영하며, 경제와 이념의 차이가 양국 간의 분쟁을 평화적으로 해결할 수 없게 하지는 않는다고 말했다.[38]

선전이라는 면에서 소련 평화 운동의 주요 주제는 평화 애호 국가로서 소련의 정체성이었다. 이 자아상의 주창은 소련 지도부가 자본주의와의 평화적 공존에 대해 처음 말하기 시작했던 1920년대로 거슬러 올라간다. 그것은 이기적이고 조작적인 구석이 있었으나, 스탈린과 소련 지도부가 본질적으로 평화 애호적인 소련의 정책에 대한 자신들의 선전을 믿지 않았다고 가정할 이유는 없다. 평화적인 국가로서의 소련이라는 소련의 자아 개념은 평화 운동의 이념적 합리화에 의해 더욱 강화되었다. 소련 이념 내에는 자본주의와 제국주의의 경제적 모순과 경쟁이 불가피하게 전쟁을 가져온다는 강력한 믿음이 존재했다.[39] 스탈린 자신이 1952년에 발간된 그의 마지막 주요 이론 저작『소련에서의 사회주의의 경제적 문제들』에서 이 주제에 대해 의견을 표명했다. 〈자본주의 국가들 사이의 전쟁의 불가피성〉이라는 제목이 붙은 한 절(節)에서 스탈린은 자본주의 체제 내부의 전쟁은 불가피하다는 전통적인 소련의 교리를 재확인했다. 스탈린은 자본주의 세계에 대한 전후 미국의 경제적 지배에 주목했으나, 궁극적으로 미국의 지위는 영국과 프랑스 그리고 부활한 독일과 일본의 도전을 받을 것이라고 확신했다. 공산주의-자본주의 관계와 관련해 스탈린은 소련과 자본주의 세계의 모순이 자본주의 국가들 사이의 모순보다 필연적으로 더 강하고 첨예하다는 것을 부인했다. 또다시 스탈린은 자본주의자들(적어도 이해력이 있는 자본주의자들)은 그런 전쟁에서 패배하면 자본주의 생존 자체가 위협당할 수 있기 때문에 소련을 더 위험하게 여긴다는 소련의 전통적인 믿음을 활용했다. 이 시나리오에서 평화 운동의 역할은 특정 전쟁을 방지함으로써 평화를 유지하는 광범위한 운동을 벌이는 것이었다. 그것은 전쟁 일반을 제거하지 못하고, 자본주의와 제국주의는 여전히 존속하겠지만, 특정의 상황에서 특정의 전쟁을 방지하고 특정의 평화를 보존할 수 있다고 스탈린은 말했다.[40]

스탈린의 복잡한 추론의 요점은 다음 네 가지였다. 첫째, 자본주의 간 전쟁의 불가피성이라는 전통적인 소련 교리를 재확인한 것, 둘째, 평화 운동을 추동하는 정치적 행동주의의 지속을 응원하는 것, 셋째, 자본주의 세계에서 미국 패권의 영속성에 의문을 던진 것, 넷째, 냉전의 긴장이 매우 높음에도 불구하고 공산주의와 자본주의 간의 전쟁은 불가피하다는 것을 부인하는 것. 스탈린에게 평화를 위한 투쟁은 진지한 일이었다. 그것은 특히 소련을 희생시킴으로써 제국주의의 내부 모순을 해소하기를 원하는 서방 진영의 극단적인 반공산주의 분자들의 공격으로부터 소련을 보호하기 위해 자본주의 국가들의 호전적 경향을 개선하는 과정의 필수 불가결한 일부였다. 그리고 스탈린이 소련을 보호하기 위해 평화 운동에 의존한 것은 아니었다. 그는 그 목적을 위해 이용할 수 있는 좀 더 재래적인 수단을 갖고 있었다.

스탈린의 전쟁 기구

냉전이 격화함에 따라, 스탈린은 소련군의 전후 동원 해제를 중단했다. 1940년대 말에 소련군 병력은 175개 사단(대조국 전쟁 동안 500개 사단이었다)으로 이루어진 300만 명이 조금 못 되는(1945년의 1100만 명에서 줄어들었다) 선에서 안정적으로 유지되었다. 하지만 1948년부터 1955년 사이에 소련군의 규모는 2배가 되었고, 1953년까지 100만 명 이상으로 늘어났던 인민 민주주의 국가들의 군대가 이들을 보완했다. 폴란드만 해도 병력이 40만 명에 달했다. 폴란드군의 수장은 1949년 10월 폴란드 국방 장관으로 임명된 폴란드 태생의 콘스탄틴 로코솝스키 원수였다. 독일 민주 공화국 내의 소련군이 증강되었고, 동독군을 창설하기 위한 계획이 준비되었다. 1951년 1월 스탈린은 나토와 독일 재무장의 위협이 커져 가는 상황에 대한 대응 조치를 논의하기 위해 소련-동유럽 블록의 비밀회의를 모스크바에 소집했다. 소련의 국방비 지출은 20퍼센트 늘어났고 1951~1955년의 5개년 계획에는 방위생산을 2.5배 늘리는 항목이 있었다. 1951년 초에 각료 회의는 군산(軍産) 복합체를 감독하기 위해 새 뷰로를 설립했다. 이 뷰로는 스탈린의 마지막 피보호자인 니콜라이 불가닌 원수가 이끌었다. 2년 후 소련 공군과 해군의 규모와 역량을 크게 증강시키기 위한 야심 찬 계획이 수립되었다.[41]

이러한 조치들의 목적은 단기적이거나 심지어 중기적으로도 전쟁을 준비하는 것이 아니었다. 오히려 그것들은 서방 블록의 장기적인 위협(특히 독일 재무장의 형태를 띤)에 따른 예방적 대응이었고, 정치적 양보를 끌어내거나 외교적 이점을 얻기 위해 군사력을 사용하려는 미국의 시도를 상쇄하는 수단이었다.

소련 방위 산업의 최우선 사항은 핵폭탄 개발 프로그램이었다. 이 프로그램은 1945년 8월에 스탈린이 수립했고 내무 장관인 라브렌티 베리야가 주도했다. 1949년 8월 29일 소련의 첫 핵폭탄이 실험되었고, 1951년 스탈린이 살아 있는 동안에 두 차례 더 실험이 시행되었다. 1953년 스탈린이 사망했을 무렵 소련은 50~100기의 폭탄을 보유했다(미국은 거의 1,000기를 보유했다). 스탈린 사망 후 훨씬 많은 핵폭탄 실험이 이루어졌고, 수천 기의 핵폭탄이 생산되었으며, 모스크바는 이 분야에서 소련이 거둔 기술적 성취를 공표하고 자랑하는 데 서슴없었다. 신기하게도 모스크바는 세계를 깜짝 놀라게 하고 소련에서 축하할 일이었을 이 첫 실험에 대해 침묵으로 일관했다. 서방에서는 소련이 서방의 핵폭탄 기밀을 훔치는 데 성공했음에도 불구하고, 폭탄을 개발하는 데 오랜 시간이 걸릴 거라고 예상했다. 사실 소련의 핵폭탄 실험 소식은 9월 23일 트루먼에 의해 세상에 알려졌다. 다음 날 타스 통신은 소련이 1947년 이래 핵폭탄을 보유했고, 최근의 폭발은 광산, 운하, 도로, 수력 발전소 같은 사회 기반 시설 건설 공사에 필수적인 〈대규모 발파〉와 연관되어 있다고 주장하는 성명을 발표했다.[42] 그러한 수줍은 태도는 비밀에 대한 소련의 집착을 반영했을 수도 있고, 미국을 심하게 도발하지 않으려는 속셈이었을 수도 있다. 또 유엔에서 무장 해제, 핵무기 금지, 원자력 통제를 위한 소련의 제안을 설명할 비신스키의 임박한 연설과 연관되었을 수도 있다. 실제로 1949년 11월 23일 비신스키는 유엔에서 공격적인 미국의 핵 실험과는 대조적으로, 소련의 핵 실험은 산을 평평하게 만들고 강을 움직이는 데 사용될 것이기 때문에 평화적이라고 주장했다. 의심 많은 한 미국인 저술가는 이 주장을 〈지금까지 국제기구에서 내뱉은 가장 터무니없는 발언 중 하나〉로 묘사했다.[43]

그렇다면 핵폭탄은 어느 지점에서 스탈린의 전후 군사적·정치적 전망 속으로 맞물려 들어갔는가? 데이비드 홀러웨이가 언급했듯이, 문제는 〈스탈린이 1946년부터 1953년 사이에 핵폭탄에 대해 거의 말하지 않았으며, 그가 말한 것은 특정한 인상을 만들 의도가 있었다〉는 사실이다.[44] 스탈린이 전달하고 싶어 한 인상은 핵폭탄이 일부 사람들이 주장하는 만큼 중요하지는 않다는 것이었다. 스탈린은 1945년 11월 고무우카에게 〈핵폭탄이 아니라 군대가 전쟁을 결정합니다〉라고 말했을 때 폭탄의 중요성을 깎아내리기 시작했고, 생애 나머지 동안 이런 태도를 계속 유지했다. 예를 들어 1952년 7월에 스탈린은 이탈리아 사회당 지도자 피에트로 넨니*에게 미국은 제3차 세계 대전을 수행할 기술력은

* Pietro Sandro Nenni(1891~1980). 이탈리아의 사회주의자 정치인. 1933년

갖고 있으나, 인적 자본이 없다고 말했다. 〈우리가 뉴욕을 파괴하는 것으로 충분하지 않듯이, 미국은 모스크바를 파괴하는 것으로 충분하지 않습니다. 우리는 군대가 모스크바를 점령하고 뉴욕을 점령하기를 원합니다.〉[45]

스탈린이 자신이 말한 바를 의도하지 않았다고 믿을 이유는 없으며, 그것은 비현실적인 시각이 아니었다. 1950년대 초에 수소 폭탄을 개발하기 전까지 미국은 핵폭탄 공격으로 소련을 파괴할 능력이 없었다. 기껏해야 미국은 독일이 1941년에 소련을 침공했을 때 가했던 정도의 손상을 입힐 수 있었을 것이다. 이것은 1940년대의 핵무기는 도시를 겨냥해 사용될 수 있지만, 분산된 군대에는 효과적으로 전개될 수 없기 때문에, 소련이 상당한 역공 능력을 보유하리라는 것을 의미했다. 다른 한편 스탈린이 핵폭탄을 자족적인 승전 무기로 보지 않았다는 사실은 그가 핵폭탄 보유의 중요성을 과소평가했음을 의미하지는 않았다. 스탈린은 전쟁 동안 연합국의 전략 폭격 작전이 독일과 일본에 가한 충격에 큰 인상을 받았고, 핵무기가 장차 그런 작전에서 만들 수 있는 질적 차이를 충분히 인식했다. 스탈린은 전후의 국방 프로그램에서 소련의 공군에 높은 우선순위를 부여했다. 1948년 7월 육군 및 해군과 동일한 기반 위에 별개의 군으로서 공군이 창설되었고, 스탈린은 방공 능력의 개선, 장거리 전략 폭격기 개발, 로켓군의 설립을 강력히 추진했다. 한 자료에 따르면, 1947년 4월 군사 지도자와 로켓 과학자들을 만난 자리에서 스탈린은 다음과 같이 말했다. 〈여러분들은 이런 유의 기계가 갖는 엄청난 전략적 중요성을 깨닫고 있습니까? 이 기계들은 저 시끄러운 상점 주인 해리 트루먼에게 효과적인 구속복이 될 수 있습니다. 우리는 이를 추진해야 합니다, 동지들. 대서양 횡단 로켓을 만드는 문제는 우리에게 극히 중요합니다.〉[46] 이는 아마도 인과 관계가 없는데도 먼저 있었던

부터 1963년까지 여러 차례 이탈리아 사회당 서기를 지냈으며, 1963~1968년 부총리, 1968~1969년 외무 장관을 역임했다.

사실을 근거로 해서 만들어 낸, 출처가 의심스러운 또 하나의 이야기에 불과하겠지만, 스탈린이 그런 식으로 말했다고 머릿속으로 상상의 나래를 펴는 일은 어렵지 않다.

고전적인 저서 『스탈린과 핵폭탄』의 저자 데이비드 홀러웨이는 이 상황을 다음과 같이 정리한다.

> 핵폭탄은 전후 군사 정책에서 중심적인 자리를 차지했다. 스탈린은 핵 공격에 대한 방어와 소련 핵무기 운반 수단의 개발을 매우 우선시했다. 하지만 스탈린은 핵폭탄을 결정적인 무기로 여기지 않았다. (……) 그는 핵폭탄을 후방의 목표물에 사용할 수 있는 전략적 무기로 보았지, 지상군이나 해상 전력에 대한 효과적인 대항 수단으로 간주하지 않았다. (……) 스탈린은 핵폭탄이 군사 문제에서 혁명을 일으켰다고 생각하지 않았다. 소련의 군사 전략은 독일과의 전쟁 경험에 지나치게 의존했다. 소련의 전쟁 개념에는 근본적인 변화가 없었다.[47]

핵무기의 유용성에 관한 스탈린의 균형 잡힌 견해는 두 가지 함의를 더 갖고 있었다. 첫째, 스탈린은 미국의 핵폭탄 독점이 그의 대외 정책과 외교에 영향을 미치도록 내버려 두지 않았다. 핵폭탄에 대한 공포는 스탈린이 1946년에 이란 위기와 튀르키예의 위기를 다룰 때 영향을 미치지 않았고, 또 1947년에 냉전을 선포하거나 1948년에 베를린 위기를 도발하는 것을 막지 못했다. 둘째, 핵무기 금지에 관한 소련의 모든 제안은 단순히 선전에 불과한 것이 아니었다. 스탈린은 심지어 소련이 자체 폭탄을 확보한 뒤에도, 핵무기를 통제하고 제한하는 문제에 대해 진지한 논의에 들어갈 준비가 완벽하게 되어 있었다. 스탈린에게 핵폭탄은 그의 병기고를 풍부하게 하는 매우 중요한 추가 무기였으나, 나토 공격을 흡수한 다음 지상에서 서유럽을 침공하는 형태로 반격을 개시하는 나라의 능력에 의존한 소련의 전후 방어 방침을 규정하지는 않았다.

한국 전쟁

유럽에서 스탈린은 평화와 독일 문제의 해결을 모색했다. 미국과의 군사 경쟁에서 스탈린은 기껏해야 사후 대응에 그치는 절제된 정책을 구사했다. 스탈린은 가끔 위협적인 행동이나 발언을 하기도 했지만, 자본주의와의 평화 공존에 대해 끊임없이 이야기했다. 이런 반복되는 절제의 모습에 한 가지 예외가 있다면, 그것은 1950~1953년의 한국 전쟁이었다.

이 전쟁은 1950년 6월에 북한이 남한을 침공하면서 시작되었다. 여름이 끝나 갈 무렵, 나라의 대부분은 공산주의자들의 수중에 있었다. 남한은 항구 도시 부산을 중심으로 나라의 남동부 한구석을 간신히 유지하고 있었다. 이것은 미국에 그들을 위해 개입하고 북한군의 진격을 멈춰 세운 다음 격퇴하는 일련의 반격을 개시할 시간을 주었다. 9월에 더글러스 맥아더 장군은 인천에서 육해군 공동 작전을 단행했고, 북한군을 측면에서 공격해 남한의 수도인 서울을 탈환했다. 맥아더의 군대는 두 나라의 국경인 38선을 넘어 북쪽으로 진격했다. 이제 북한군이 후퇴할 차례였다. 11월에 맥아더는 한국-북한 국경에 접근하고 있었으며, 대규모의 중국 공산주의 〈의용군들〉이 개입하고 나서야 북한 정권은 총체적 패배에서 벗어났다. 1951년 7월까지 전쟁은 38선을 따라 교착 상태에 빠졌고, 평화 협상이 시작되었다. 2년 뒤 휴전 협정이 체결되었고, 두 나라는 향후 수십 년 동안 이론적으로는 여전히 전쟁 상태에 있게 되었지만 군사 행동은 종결되었다(602면의 〈지도 20〉을 보라).

한국 전쟁의 뿌리는 전후 나라가 분단된 데에서 찾을 수 있다.[48] 한국은 1945년까지 일본의 식민지였다. 1945년 8월 일본이 항복하자, 이 나라는 소련과 미국에 의해 38선을 따라 분단되었다. 독일의 경우와 마찬가지로 원래의 의도는 선거를 실시하여 나라를 재통일시키는 것이었으나, 소련군과 미군은 1948~1949년 한국을 떠났을 때 두 개의 정부 겸 국가를 남겨 놓았다. 하나는 김일성이 이끄는 북한의 권위주의적 공

지도 20. 한국 전쟁(1950~1953)

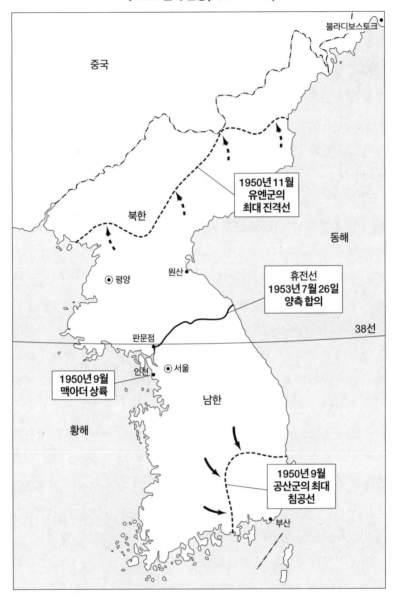

블라디보스토크

중국

북한

동해

1950년 11월
유엔군의
최대 진격선

평양 ⊙   원산 ●

휴전선
1953년 7월 26일
양측 합의

판문점 ●

38선

인천 ●   ⊙ 서울

1950년 9월
맥아더 상륙

남한

황해

1950년 9월
공산군의 최대
침공선

부산 ●

산주의 체제였고, 다른 하나는 이승만이 이끄는 남한의 권위주의적 자본주의 체제였다. 두 지도자는 필요하면 무력을 써서라도 자신의 통치하에 나라를 재통일하려는 야심을 품고 있었다. 서로 침공하겠다며 위협했고, 국경에서 많은 소규모 군사적 충돌이 있었다. 결국 침공 계획을 지지해 달라고 스탈린을 설득한 후 먼저 공격을 가한 쪽은 김일성이었다.

스탈린에게 한국 전쟁은 매우 값비싼 계산 착오였다. 한국 전쟁의 유일한 미덕은 중국의 도움을 받아 김일성 체제가 살아남았다는 사실이었다. 전쟁이 발발했을 때 소련은 공산주의 중국이 유엔에서 배제된 데 항의하여 유엔을 보이콧하고 있었다. 이는 미국이 유엔의 깃발 아래 한국에 개입하는 것을 승인하는 결의안을 밀어붙일 수 있는 길을 열어 주었다. 그리하여 많은 다른 나라의 군대가 한국에서 미국 및 남한과 나란히 싸웠다. 스탈린은 서방에서 전쟁 교사자로 여겨졌고, 북한의 공격은 극동에서 진행되는 소련 팽창주의 프로그램의 일부로 간주되었다. 전쟁은 평화 운동의 노력을 훼손했고, 유럽의 문제들을 해소하려는 소련의 시도를 뒤엉키게 만들었으며, 미국과 그 동맹국들의 대규모 재무장 프로그램을 고무했다. 스탈린은 전쟁으로 값비싼 대가를 치렀고 정신이 산만해졌다. 한국 전쟁은 사회주의 진영에 대한 제국주의 침탈을 단호하게 저지한 투쟁이라고 선전할 수 있었으나, 그런 주장은 심지어 공산주의 집단 내에서도 공허하게 들렸다. 무엇보다도 특히 한국 전쟁은 동서 관계에서 러시아인들이 말하는 도베리예doverie — 신임, 신뢰, 선의 — 가 거의 완전히 붕괴하는 결과를 낳았다.

한국에서 스탈린이 실패한 이유를 이해하려면 그의 전략적·이념적 관점에서 상황을 바라볼 필요가 있다. 전략적으로 통일된 공산주의 한국은 일본 위협의 재개에 맞선 전초 기지로서 스탈린에게 매력적이었다. 스탈린은 독일은 물론이고 일본도 힘을 회복하여 공격 태세를 다시 갖출 거라고 예상했다. 1945년 8월 중소 친선 동맹 조약이 체결되었을 때, 그것은 일본의 침략이 재개될 경우를 대비한 것이었다. 〈연합국 일본 관리 이사회〉의 소련 대표가 도쿄로 파견되었을 때, 그가 받은 주요 지시는 일본의 무장 해제와 군사 및 산업 능력의 파괴를 보장하는 것이었다.[49] 1950년 새 중국 공산주의 정부와 중소 조약을 다시 협상했을 때도, 그것은 여전히 일본 제국주의의 부활을 겨냥하고 있었다.[50]

일본과 관련하여 스탈린이 느낀 우려는 일본을 위한 평화 조약을 둘러싸고 소련-미국 협상이 결렬되면서 더욱 심해졌다. 1946년 6월 미국은 일본의 탈군사화와 민주화에 관한 조약을 제안했다. 이는 사실상 극동판 번스 플랜이었다. 독일을 위한 유사한 조약 제안과 마찬가지로 소련은 일본이 평화적으로 남으리라는 어떤 장기적인 보장책도 제공하지 못한다며 이 제안을 거부했다. 미국은 점점 연합국 관리 이사회를 우회했고 일본과 개별 평화 조약을 맺는 쪽으로 움직였다. 1950년 1월 미국 국무 장관 딘 애치슨*은 일본이 극동에서 반공산주의의 보루라고 선언했다.[51] 이는 독일 문제와 관련된 사태 전개를 닮았고, 스탈린의 마음속에서 독일과 일본의 예상된 부활이 서로 연결되었다. 이런 맥락에서 한국 전체를 소련 블록에 편입하는 일은 특히 애치슨이 일본은 서방 블록에 포함했으나 한국은 배제한 전략적 경계선을 그은 것처럼 보였을 때, 매력적인 것으로 다가왔다.

이념적 측면에서 스탈린은 한국에서의 사태 전개를 제2차 세계 대전 후에 진행된 공산주의의 전반적인 팽창의 일부로 여겼다. 1949년 중국 내전에서 공산주의자들이 승리했는데, 이는 스탈린이 한국 정세를 바라보는 이념적 시각에 특히 강한 영향을 미쳤다. 첫째, 스탈린은 마오쩌둥의 공산주의자들이 장제스의 민족주의자들과의 싸움에서 이길 전망에 대해 회의적이었으며, 제2차 세계 대전 이후 한동안 중국에서 일종의 진보적인 거국 정부를 구성하는 것에 계속 찬성했다. 그러나 공산주의의 군사적 성공과 더불어 냉전에서의 민족주의 중국과 미국의 제

---

* Dean Gooderham Acheson(1893~1971). 미국의 정치가. 1945년 국무 차관을 거쳐 1949~1953년 국무 장관을 지냈다.

휴라는 이중 충격을 받은 스탈린은 마음을 바꿔 마오쩌둥을 좀 더 적극적으로 지지하기 시작했다. 1947년 6월 스탈린은 회담을 위해 마오쩌둥을 모스크바로 초청했다. 마오쩌둥은 표면상으로는 급변하는 중국의 군사적 상황 때문에(이는 스탈린에게 낯익은 변명이었다. 그 또한 처칠과 루스벨트를 만나는 일이 편하지 않을 때 종종 그들에게 똑같이 말했기 때문이었다) 갈 수가 없었으나, 두 사람 사이에 서신 교환이 계속 이루어지면서, 1949년 1월 스탈린은 마오쩌둥 및 공산주의 지도부와의 폭넓은 대화를 위해 정치국원 아나스타스 미코얀을 중국에 보냈다.[52] 마오쩌둥이 베이징에서 중화 인민 공화국을 선포한 지 두 달 뒤인 1949년 12월 새로운 중소 동맹 조약의 조건을 논의하기 위해 마침내 모스크바에 도착했다. 12월 16일 첫 회담에서 스탈린은 마오쩌둥에게 중국은 군사적으로 어떤 당면한 위협에도 직면해 있지 않다고 말했다. 〈일본은 아직 스스로 일어나지 못하기 때문에 전쟁할 준비가 되어 있지 않습니다. 미국은 목청을 높여 전쟁을 외치고 있지만, 실제로는 어떤 것보다도 더 전쟁을 두려워하고 있습니다. 유럽은 전쟁을 두려워하고 있습니다. 본질적으로 김일성이 중국을 침공하겠다고 결심하지 않는 한은 중국과 싸울 상대가 아무도 없습니다!〉[53] 스탈린은 또 마오쩌둥에게 영국 및 미국과 불필요한 갈등을 피하고 중국에서 공산주의의 지위를 서서히 확고하게 해나가라고 조언했다.

그러나 스탈린은 마오쩌둥에게 신중하게 조언했음에도 불구하고, 중국에서의 사태 전개로부터 두 가지 급진적인 결론을 이끌어 냈다. 첫째, 스탈린이 1949년 여름에 방문 중인 또 다른 중국 공산주의 지도자에게 말했듯이, 〈혁명의 중심지가 (……) 중국과 동아시아로 이동했다〉.[54] 둘째, 미국은 공산주의의 전진을 막을 의지가 없거나 능력이 없었다. 그럼에도 캐스린 웨더스비Kathryn Weathersby가 보여 주었듯이, 스탈린은 한국에서 군사적 갈등을 도발하기를 주저했고, 전쟁이 터지자 미국과 대립을 촉발할 어떤 조치도 취하지 않기로 했다.[55]

북한의 김일성은 1949년 3월에 남한 공격을 지지해 달라고 스탈린을 압박하기 시작했다. 그는 침공하면 남한의 주민들이 환영할 것이고, 이미 남한에서 싸우고 있는 공산주의 게릴라군이 지원할 거라면서 소련 지도자를 설득하려 애썼다. 스탈린은 김일성에게 다음과 같이 말했다.

귀하는 남한으로 진격해서는 안 됩니다. 무엇보다도 조선 인민군은 병력이 압도적으로 우세하지 않습니다. (……) 둘째, 남한에 여전히 미군이 주둔하고 있습니다. (……) 셋째, 38선에 대한 합의가 소련과 미국 사이에 시행 중이라는 사실을 잊어서는 안 됩니다. 만일 우리 측에서 이 합의를 깨뜨린다면, 그것이 오히려 미국이 개입하리라고 믿을 이유가 됩니다. (……) 만일 적이 공격할 의향이 있다면, 그들은 조만간 공격을 개시할 것입니다. 그렇게 되면 귀하는 이 공격에 대응해 반격을 가할 좋은 기회를 갖게 될 것입니다. 그러면 모든 사람이 귀하의 움직임을 이해하고 지지할 것입니다.

1949년 6월 마지막 미군이 한국에서 철수했고, 9월에 김일성은 국경에 배치된 북한군의 방어 태세를 개선하기 위해 남한에 제한된 공격을 가할 것을 제안했다. 스탈린은 이 제안을 심각하게 고려했지만, 그런 공격은 국경의 한 부분에 국한하기가 힘든 데다 공격한 뒤에 심각한 국제적 분규가 발생할 수 있다는 이유로 결국 거부했다. 하지만 1950년 1월 스탈린은 그와 같은 공격의 실행 가능성에 대한 생각을 바꿔, 3월에 다시 김일성을 만났을 때 중국이 승인한다면 침공을 허락할 채비가 되었다. 스탈린은 두 가지 주요 사항을 고려한 결과, 심경이 변했다고 설명했다. 첫째, 중국에서의 공산주의 승리는 마오쩌둥이 필요하다면 한국을 지원할 수 있음을 의미했다. 둘째, 중소 동맹 조약은 미국이 개입할 가능성이 더 줄어들었음을 의미했고, 어쨌든 미국의 분위기는 개입에 부정적이었는데, 이런 분위기는 소련의 핵폭탄 보유로 인해 더욱 강화되었다. 그러나 스탈린은 김일성에게 다음과 같은 점을 분명히 했다. 귀하는 〈소련이 직접 참전할 것임을 믿어서는 안 됩니다. 왜냐하면 소련은 어디서나, 특히 서방에서 대처해야 할 심각한 도전에 직면해 있기 때문입니다. (……) 소련은 특히 미국이 위험을 무릅쓰고 한국에 파병을 감행하지 않는 한, 한국 문제에 직접 뛰어들 준비가 되어 있지 않습니다.〉

스탈린을 만난 후 김일성은 5월 자신의 군사 행동 계획에 대한 마오쩌둥의 승인을 얻기 위해 베이징을 방문했다. 이 단계에서 김일성의 계획은 나중에 좀 더 전반적인 공격으로 발전하게 될 국지적 공격 작전을 위한 것에 여전히 그쳤음을 주목해야 한다. 하지만 계획은 바뀌었고, 스탈린의 승인과 함께 북한은 38선을 넘어 광범한 공격을 개시했다. 전쟁이 시작되자 스탈린은 미국이 개입할 기회를 갖기 전에 남한을 〈해방시키기〉를 간절히 바랐다. 스탈린의 불길한 예감은 미국이 9월에 반격을 개시했을 때 그대로 들어맞은 것으로 밝혀졌다. 10월에 스탈린은 마오쩌둥에게 김일성을 지원하기 위해 중국군을 한국에 파병해 달라고 호소했다. 처음에 마오쩌둥은 거부하면서, 스탈린에게 중국의 개입을 주장하는 장문의 메시지를 보내 달라고 촉구했다. 스탈린은 중국의 동지들이 필요하다면 개입하겠다고 거듭 약속했다는 사실을 지적했고, 그런 행동이 미국과의 갈등을 더욱 심화시킬 거라는 생각을 비웃었다. 스탈린은 마오쩌둥에게 미국은 〈현재 큰 전쟁을 치를 준비가 되어 있지 않다〉고 말했다. 스탈린은 미국이 위신 때문에 큰 전쟁에 끌려 들어갈 수도 있음을 인정했으나, 소련과 중국은 이러한 가능성을 두려워해서는 안 된다고 주장했다. 왜냐하면 〈우리 둘을 합치면 미국 및 영국보다 더 강한 반면, 다른 유럽 자본주의 국가들은 (……) 이렇다 할 군사력이 없기〉 때문입니다. 〈전쟁을 피할 수 없다면, 지금 시작합시다. 몇 년 후 일본 군국주의가 미국의 동맹국으로 부활하고, 미국과 일본이 이승만이 통치하는 한국 전체라는 형태로 매우 편리한 교두보를 갖기 전에 말입니다.〉 이 발언에는 중국이 여전히 미동도 하지 않자 스탈린이 김일성에게 소개를 준비하라고 명령했기 때문에 적지 않은 허세가 있었다.

하지만 중국은 개입했고, 맥아더의 군대를 38선 이남으로 밀어내는 반격을 개시했다. 스탈린은 북한과 중국에 군사 물자를 지원했으나, 소련 조종사들이 38선 상공에서 벌어진 공중전에 참여하긴 했지만 전쟁에 직접 참가하기를 삼갔다. 스탈린은 군사적 이익을 얻을 기회가 있을 때에는 전쟁을 계속하는 데 찬성했지만, 1951년 중반에 휴전 협상이 필요하다는 사실을 받아들였다.[56]

1952년 8월 저우언라이가 스탈린을 만나러 모스크바를 방문했다. 스탈린은 중국 총리와의 회담에서 전쟁을 긍정적으로 해석했다. 〈전쟁은 미국의 신경을 건드리고 있습니다〉라고 그는 저우언라이에게 말했다. 〈한국 전쟁은 미국의 약점을 보여 주었습니다. 24개국의 군대는 한국에서 오랫동안 전쟁을 계속할 수가 없습니다. 왜냐하면 그들은 그들의 목표를 달성하지 못했고, 이 문제에서 성공을 거둘 것이라고 자신할 수가 없기 때문입니다.〉 이는 실패를 앞둔 스탈린의 전형적인 허풍이었으며, 스탈린은 같은 기분으로 말을 이었다.

미국은 특히 한국 전쟁 이후 대규모 전쟁을 수행할 능력이 전혀 없습니다. 결국 그들의 힘은 공군력과 핵폭탄에 있습니다. (……) 미국은 이 작은 한국을 패배시킬 수가 없습니다. 미국을 다룰 때는 단호해야 합니다. (……) 이미 2년이나 지났는데, 미국은 여전히 작은 한국을 정복하지 못했습니다. (……) 그들은 세계 지배를 원하지만 작은 한국을 정복할 수가 없습니다. 아니, 미국은 어떻게 싸워야 하는지를 모릅니다. 특히 한국 전쟁 이후 미국은 대규모 전쟁을 수행할 능력을 잃어버렸습니다. 그들은 핵폭탄과 공군력에 희망을 걸고 있습니다. 그러나 그것으로는 전쟁을 이길 수 없습니다. 보병이 필요한데 그들에겐 보병이 없습니다. 그들이 갖고 있는 보병은 약합니다. 그들은 작은 한국과 싸우고 있고, 이미 미국에서 사람들이 한탄하고 있습니다. 그들이 대규모 전쟁을 시작한다면 무슨 일이 벌어지겠습니까? 그때는 모든 사람이 한탄할 겁니다.[57]

아마도 스탈린은 자신의 이 과장된 말을 믿었겠지만, 미국이 한국에서 승리할 수 없는 유일한 국가가 아니라는 사실을 인식하는 데에는 많은 통찰력이 필요하지 않았다. 핵폭탄 요인에 대한 스탈린의 부인에도 불구하고, 미국의 핵 우위는 한국 전쟁에 직접 참전하는 일과 관련해 신중을 기했음에 틀림없다. 다른 한편 미국의 위신은 한국에 대한 유엔의 개입을 끌어낼 때 발휘한 리더십 덕분에 점점 높아지고 있었다. 그에 반해 소련, 중국, 북한은 군사적 모험을 끝내고 평화 타협안을 받아들이라는 국제적 압력에 시달리고 있었다. 1953년 전쟁이 끝났을 때 사상자는 대략 1000만 명에 이르렀다. 북한은 침공을 개시했을 때 그들이 출발했던 지점으로 돌아갔고, 남한의 독립은 대규모 미군의 주둔으로 보장되었으며, 일본은 동아시아에서 미국의 전략적 위상을 떠받치는 기둥이 되었다. 전쟁 수행에 대한 중국과 스탈린의 의견 차로 적의가 깊어지면서 1950년대 말에 중소 분열이 촉발되었다.[58] 스탈린의 마지막 전쟁은 그가 겪은 가장 비참한 실패 중 하나였다.

마지막 날들

스탈린은 1953년 3월 73세의 나이로 사망했다. 그의 죽음을 둘러싸고 많은 음모론이 있지만, 단순명료한 진실은 스탈린이 3월 2일 뇌출혈을 일으켰고 사흘 뒤 죽었다는 사실이다.[59] 생애 마지막 며칠까지 스탈린은 매우 활동적이었고 사태를 완전히 통제했다. 죽기 전 3개월 동안의 그의 업무 일지는 많은 만남을 기록하고 있다. 1952년 12월 스탈린은 미국에 꾸려진 새 아이젠하워 행정부를 어떻게 생각하느냐는 미국 신문 통신원의 질문에 마지막으로 공개 발언했다. 스탈린은 기자에게 소련과 미국 간의 전쟁은 피할 수 있고, 양국은 평화롭게 살 수 있다고 말했다. 그는 냉전을 비난하고, 한국에서의 종전을 포함해 아이젠하워와 외교 협상의 가능성을 환영했다.[60]

스탈린이 살아 있을 때 만난 마지막 외국인 중 한 명은 인도 대사였던 쿠마라 메논*이었다. 그는 1953년 2월 17일 저녁 크렘린에 초청받았다. 만남은 비록 30분이었지만, 대사에게 매우 큰 감화를 주었다. 다음 날 메논은 이 위인과의 만남이 갖는 의미를 숙고하는 내용을 길게 일기장에 적었다. 메논은 다른 사람들이 스탈린에 대해 말한 것을 회상했다. 제2차 세계 대전 전 모스크바 주재 미국 대사였던 조지프 데이비스: ⟨스탈린의 태도는 친절하고, 매너는 전혀 꾸밈이 없다. (……) 그는 진실로 겸손하다는 인상을 주었다.⟩ 윈스턴 처칠: ⟨스탈린 총리는 깊고 훌륭한 지혜를 가졌고 환상이 없다는 인상을 남겼다. (……) 그는 연설이 직설적이고 심지어 솔직하기까지 하며 (……) 매우 뛰어난 유머 감각을 지니고 있다는 장점이 있다.⟩ 메논에게 특히 인상적이었던 것은 스탈린의 ⟨소박함, 명민함, 가차 없음⟩이었다.

그의 의복, 방, 매너, 연설 태도 등 그를 둘러싼 모든 것이 소박하다. (……) 그는 자신의 의지로 (……) 공산주의를 위해 러시아를 구했고 세계를 위해 공산주의를 구한 사람이다. 그가 없었더라면 러시아도 공산주의도 히틀러의 공격을 저지할 수 없었을 것이다. 그는 자신의 나라에서뿐만 아니라 세계 전역의 수많은 사람에 의해 ⟨모든 진보적 인류의 지도자이자 교사⟩로 간주되는 사람이다. 그의 초상화는 모든 러시아 가정에서 신성한 우상들을 대체했다. 그의 이름을 언급하면, 러시아의 모든 사람이 일어나 만장의 박수로 오랜 갈채를 보낸다. 그러나 과찬은 마치 물이 오리의 등에 흔적을 남기지 않듯이 그에게 어떤 흔적도 남기지 않았다. 그에게는 겉치레나 가식이 조금도 없다. 볼테르**는 오랜 세월이 흐른 후 망명지에서 파리로 돌아왔을 때, 그를 찬양하는 군중의 환영을 받

---

* Kumara Padmanabha Sivasankara Menon(1898~1982). 인도의 외교관. 보통 K. P. S. Menon으로 알려졌다. 1948~1952년 독립한 인도의 초대 외무 장관을 지냈다.

** Voltaire(1694~1778). 프랑스의 계몽주의 작가이다. 『샤를 12세의 역사』, 『루이 14세의 시대』, 『각 국민의 풍습·정신론』, 『캉디드』 등이 대표작이다. 볼테르는 필명이며 본명은 프랑수아마리 아루에이다.

았다. 한 친구가 사람들의 우상이 되어 기쁘냐고 묻자 그는 다음과 같이 대답했다. 〈기쁘지만 내 머리가 교수대에 등장했더라도 마찬가지로 거대한 군중이 모습을 드러냈을 거야.〉 바로 그것이 스탈린 자신이 주저하지 않고 표출할 감정이다. 그것은 나를 두 번째 자질로 인도한다. (……) 그것은 그의 발언만큼이나 침묵이 보여 주는 명민함이다. 스탈린은 우리의 한국 결의안이나 심지어 한국 문제 일반에 대한 논의에 참여하기를 거부했다. (……) 아마도 그는 세부 사항은 심복들에게 맡겨 두고, 자신의 사고를 기본적인 문제에만 집중할 수 있는 단계에 도달했다고 느끼는 것 같다. (……) 나는 또 그의 가차 없는 태도에도 깊은 인상을 받았다. 스탈린은 악한에게는 윤리를 설교해 봤자 소용없다고 두 차례 말했다. 간디의 경구인 〈심경의 변화〉는 스탈린에게 전혀 중요하지 않았다. 아마도 농민은 늑대에게 도리를 가르치려 하지 않는다는 비유를 들었을 때, 스탈린이 언급한 것은 도덕적 고려에 대한 간디의 집착이었던 것 같다. 나는 이것이 스탈린 철학의 본질을 나타낸다고 본국 정부에 전신을 보냈다.[61]

마법을 부리는 듯하면서도 천진난만하고, 많은 것을 드러내면서도 신비에 싸여 있고, 매혹적이면서도 불안감을 일으키는 인물이었던 스탈린은 죽는 날까지 많은 얼굴을 세상에 보여 주었다.

제13장

결론:
역사의 법정에 선 스탈린

소련에서 스탈린의 리더십에 대한 재평가는 1953년 3월 그의 시신이 레닌 영묘에 안장되자마자 시작되었다. 1954년 5월 소련군 참모 총장인 바실리 소콜롭스키* 원수는 대조국 전쟁 승전 9주년 기념에 관한 글을 『프라우다』에 실었다. 그 글에서 〈레닌과 스탈린의 기치〉에 대해 지나가는 투로 언급한 것 외에는 스탈린을 언급조차 하지 않았다.[1] 1954년 12월 소련의 국제 문제 잡지인 『노보예 브레먀』는 스탈린 탄생 75주년에 관한 논설을 싣고, 그가 어느 정도 레닌의 제자였는지를 강조했다. 1년 뒤 같은 잡지에 실린 스탈린 탄생 76주년에 관한 논설은 주로 레닌에게 집중했다. 스탈린은 대놓고 비판을 받지는 않았으나, 그의 중요성은 레닌이 공산당 정체성의 중심이라고 강력히 주장됨에 따라 크게 떨어졌다.[2] 그런 다음 1956년 2월에 흐루쇼프가 제20차 당 대회에서 비밀 연설을 했고, 스탈린 비판의 수문이 열리면서 결국 1980년대와 1990년대에 비난의 봇물이 터져 나왔다.

---

* Vasilii Danilovich Sokolovskii(1897-1968). 소련의 군인. 모스크바 전투, 쿠르스크 전투, 스몰렌스크 전투 등 독소 전쟁에서 활약하고 전후인 1946년 소련 원수로 진급하는 동시에 동독 주둔 소련군 총사령관이자 독일의 소련 군정청 수반이 되었다. 1949~1952년 국방 차관, 1952~1960년 참모 총장을 역임했다.

전쟁에 관련하여 흐루쇼프의 논지는 승리가 공산당과 그 지도부의 집단적 노력 덕분이지 스탈린 덕분이 아니며, 스탈린은 오히려 주로 해로운 역할을 했을 뿐이라는 것이었다. 흐루쇼프 비판의 곤봉을 손에 쥔 군사 회고록 집필자와 역사가들의 해석에 따르면, 소련 군대와 그 장군들이 스탈린에도 불구하고 전쟁을 승리로 이끌었다. 그 후 주코프, 바실렙스키, 시테멘코에 의해 최고 사령관으로서 스탈린에 대한 좀 더 긍정적인 평가가 이루어지면서 이에 영향을 받아 대조국 전쟁은 스탈린과 그의 장군들의 승리가 되었다. 하지만 많은 지식인에게 대조국 전쟁은 소련 인민들의 승리였으며, 이 인민들의 위대한 희생은 전쟁이 끝난 뒤 스탈린이 자신과 당의 독재를 다시 강요함으로써 스탈린에 의해 배반당했다.

서방에서 스탈린의 전시 평판에 대한 수정은 그가 살아 있던 동안에도 상당히 진행되었다. 첫째, 스탈린과 그의 체제를 히틀러 및 나치와 다름없고 도덕적으로 동등한 것으로 묘사한 냉전 논객들이 있었다. 그들에 따르면, 히틀러에 대한 스탈린의 승리는 오히려 유럽 절반의 패배로 여겨져야 한다. 왜냐하면 유럽 절반이 스탈린의 전체주의적 통치에 포섭되었기 때문이다. 그 후 윈스턴 처칠을 비롯한 서방 회고록 집필자들과 역사가들이 스탈린의 역할을 좀 더 미묘하게 격하시켰다. 이들은 소련-독일 전쟁의 전략적 중요성을 무시했고, 제2차 세계 대전의 전반적인 서사에서 그것의 역할을 깎아내렸다.[3] 끝으로, 살아남은 히틀러의 장군들이 쓴 회고록들이 있었다. 이들은 독일 독재자의 잘못으로 확실한 승리를 날려 버렸다는 식으로 이야기했다. 제2차 세계 대전은 스탈린이 이긴 전쟁이 아니라 히틀러가 진 전쟁이라고 그들은 주장했다.[4]

그 뒤 수십 년 동안 스탈린의 전쟁 기록에 대한 좀 더 균형 잡히고 세련된 견해가 소련과 서방의 일부 역사가들에 의해 제시되었다. 이 저술들은 어느 정도 스탈린의 전쟁 리더십에 대한 당대의 상식적인 서사로의 복귀를 보여 주었다. 당시 대부분의 사람들에게 스탈린은 소련 지도자로서 소련의 전쟁 노력에 결정적으로 중요했음이 명백한 것 같았다. 스탈린이 없었더라면 당, 인민, 군대, 장군들의 노력은 상당히 효과가 덜했을 것이다. 스탈린은 이겼기 때문이 아니라 승리를 거두기 위해 너무 많은 일을 했기 때문에 위대한 전쟁 지도자였다. 히틀러조차 전쟁의 결과를 결정하는 데 스탈린이 얼마나 중요했는지 그 진가를 알아보았다. 〈처칠에 비하면 스탈린은 거인이지요〉라고 히틀러는 스탈린그라드 전투 직전에 괴벨스에게 털어놓았다. 〈처칠은 몇 권의 책과 솜씨 좋은 의회에서의 연설 말고는 일생의 활동에서 보여 준 게 없습니다. 반면에 스탈린은 의심할 여지 없이 — 그가 어떤 원칙에 복무하고 있는지의 문제는 제쳐 두고 — 1억 7000만 인민들의 국가를 재조직해서 거대한 무장 충돌에 대비했습니다. 스탈린이 내 수중에 들어온다면 아마도 나는 목숨을 살려서 온천 같은 곳으로 보내 버릴 겁니다. 처칠과 루스벨트는 목을 매달 겁니다.〉[5] 히틀러에 대한 스탈린의 시각은 덜 관용적이어서, 스탈린은 총통과 모든 나치 지도자를 총살시키기를 원한다는 것을 기회 있을 때마다 분명히 했다. 처칠과 루스벨트에 대해서는 스탈린은 개인적으로 깊은 애정을 갖고 있었고 그들의 전쟁 리더십을 존중했다. 스탈린은 루스벨트의 죽음을 애도했고, 전쟁 후 정치적 관계가 파탄 났을 때에도 처칠을 깊이 존경했다. 1947년 1월 스탈린은 모스크바를 방문한 몽고메리 육군 원수에게 다음과 같이 말했다. 〈저는 영국의 위대한 전쟁 지도자로서 [처칠과] 함께 일하던 아주 행복한 기억을 항상 갖고 있을 것〉이며, 〈[처칠이] 전시 중에 했던 일에 대해 매우 깊은 존경과 찬양을 표하는 바입니다〉. 처칠도 스탈린에게 답장하면서 똑같이 충심 어린 심정을 드러냈다. 〈[귀하의] 삶은 귀하께서 구원하신 귀하의 나라뿐 아니라 소비에트 러시아와 영어권 세계의 우애에도 귀중하기 짝이 없습니다.〉[6]

이 책은 스탈린의 전쟁 리더십에 대한 당대의 인식이 그 후 이루어진 켜켜이 쌓인 수많은 역사적 해석보다도 문제의 진실에 더 가까이 다가서 있었다는 점을 보여 주려고 했다. 역사적 시각이라는 불빛의 문제점은 그것이 이념적 앵글을 통해 비춰지면 앞을 환히 보게 할 수도 있지만 눈이 부셔 앞을 못 보게 할 수도 있다는 사실이다. 스탈린의 전쟁 리더십의 경우, 진실을 보여 주기 위해서는 서방의 냉전 논쟁술과 소련에서의 탈스탈린화라는 뜻밖의 일 둘 모두를 넘어 바라볼 필요가 있다. 이 책은 또 1941~1942년의 전례 없는 비상사태에 대처하는 스탈린 능력의 진정한 깊이가 어떤 잘못도 범할 수 없는 군사적 천재로서의 스탈린이라는 개인숭배적 관점에 의해 정말로 가려졌다는 것을 보여 주려고도 했다. 그렇게 많은 실수를 저지르고 절망적인 패배를 당했으면서도 그 구렁텅이에서 빠져나와 역사상 가장 큰 군사적 승리를 거둔 것은 비길 데 없는 대성공이었다.

스탈린이 이 승리를 민주적 관점에서 더 잘 활용하지 못한 것은 의심할 여지 없이 그의 독재 체제가 가진 정치적 한계 때문이었다. 그러나 그것은 처칠과 트루먼 같은 서방 정치인들이 공산주의 도전 너머에 전후 합의에 도달할 기회가 있다는 사실을 보지 못했기 때문에 일어난 일이기도 했다. 만일 이 전후 합의가 이루어졌더라면 냉전을 막을 수 있었을 것이며, 또 스탈린이 히틀러를 무찌르고 민주주의를 위해 세계를 구하는 데 도움을 준 독재자라는 역설적 진실을 가려 버린 이념적 전쟁을 피할 수도 있었을 것이다.

역사는 일종의 법정일 수 있다. 검사는 우리에게 스탈린의 범죄나 부적절한 리더십을 이유로 그에게 유죄 평결을 내리기를 원한다. 그러나 배심원으로서 우리의 의무는 피고를 위한 증거를 포함해 모든 증거를 검토하고 상황 전체를 조망하는 것이다. 그렇게 하면 평결을 내리는 일은 한층 힘들어지겠지만, 대신 우리는 역사를 더 깊이 이해할 수 있고 앞으로 더 잘하게 해줄 지식을 갖출 수 있을 것이다. 역사는 우리를 더욱 지혜롭게 만들 **수 있다**. 우리가 역사에 그렇게 하도록 한다면 말이다.

CC BY SA 3.0 Bundesarchiv, Bild 183-1990-1028-500

1939년 8월 23일 나치-소비에트 협정에 서명하고 있는 독일 외무 장관 리벤트로프. 스탈린과 몰로토프가 뒤에 서 있다.

장교들과 회의 중인 아돌프 히틀러. 지도 위 왼쪽부터: 에리히 폰 만슈타인 원수, 리처드 루오프 장군, 아돌프 히틀러, 쿠르트 차이츨러 장군, 에발트 폰 클라이스트 원수.

1942년 8월 처칠이 모스크바를 방문했을 때 크렘린에서 담소를 나누고 있는 처칠, 애버렐 해리먼, 스탈린, 몰로토프.

CC-BY-SA 3.0 RIA Novosti archive, image #2383 / Zelma

포위된 스탈린그라드 공장 지구. 폐허가 된 모습.

ebay

프랭클린 델러노 루스벨트 대통령과 코델 헐 미국 국무 장관.

바르샤바 봉기에 참가한 시민들이 독일군에 항복하고 있다.

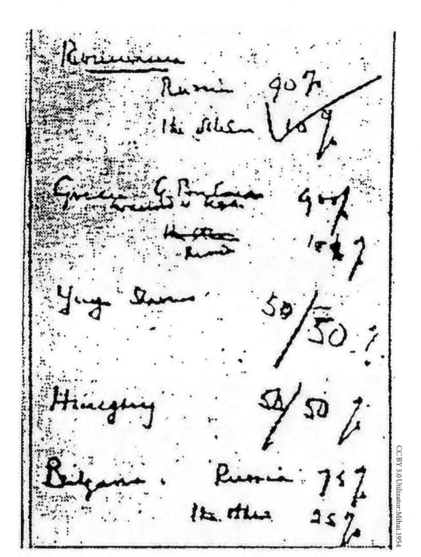

CC BY 3.0 Utilizator:Mihai.1954

처칠-스탈린 비율 합의 메모.

AKG Images

1945년 1월 아우슈비츠 수용소가 해방된 후의 수감자들과 소련 병사들.

U.S. National Archives and Records Administration

1945년 2월 얄타 회담에 참석한 처칠, 루스벨트, 스탈린.

AKG Images

1945년 5월 베를린의 제국 의회 의사당 꼭대기에서 소련 국기를 게양하고 있는 붉은 군대 병사들.

AKG Images

1945년 6월 24일 붉은 광장에서 열린 승전 열병식에서 소련군 병사들이 포획한 나치 깃발을 전시하고 있다.

1945년 7월 포츠담 회담에서의 스탈린과 해리 트루먼 대통령.

AKG Images

U.S. Government

1945년 8월 6일 핵폭탄 폭발 후 완전히 파괴된 일본의 히로시마.

Airman magazine

베를린 봉쇄 때 베를린의 어린이들이, 장난감 낙하산에 건포도, 사탕 등을 매달아 투하해 주는 〈건포도 폭격기〉의 도착을 환영하고 있다.

CC BY 4.0 Mil.ru

라브렌티 베리야.

이반 코네프 원수.

주코프 원수와 로코솝스키 원수.

AKG Images

1953년 3월, 스탈린의 장례식. 말렌코프, 몰로토프, 불가닌의 운구로 스탈린의 관이 노동조합회관 건물을 떠나고 있다.

주

서언과 감사의 말

1. G. Roberts, *Victory at Stalingrad: The Battle That Changed History*, Longman: London 2002.

2. M. Harrison, 'Stalin and Our Times' in G. Roberts (ed.), *Stalin – His Times and Ours*, IAREES: Dublin 2005.

3. R. H. McNeal, *Stalin: Man and Ruler*, Macmillan: London 1998 p.312.

4. L. Strachey, *Eminent Victorians*, Penguin Books: London 1986 p.9.

5. G. Gorodetsky, *Grand Delusion: Stalin and the German Invasion of Russia*, Yale University Press: New Haven and London 1999.

제1장 서론: 스탈린과 전쟁

1. C. Merridale, *Night of Stone: Death and Memory in Twentieth Century Russia*, Penguin Books: London 2002 pp. 257-263.

2. J. Brent and V. P. Naumov, *Stalin's Last Crime: The Plot against the Jewish Doctors, 1948–1953*, HarperCollins: New York 2003 p. 328에서 재인용. 스탈린의 장례 헌사들이 진실성이 없고, 심지어 이 단계에서 그의 부하들이 스탈린을 버리기 시작했다는 추정이 문헌들에 널리 퍼져 있다. 하지만 이 해석은 소련 언론에 게재된 헌사의 텍스트나 장례 절차와 연설들을 담은 필름을 보면 받아들일 수가 없다.

3. 개인숭배의 중요성을 강조하는 뛰어난 스탈린 전기를 위해서는 R. H. McNeal, *Stalin: Man and Ruler*, Macmillan Press: London 1998을 보라.

4. 이 연설은 흐루쇼프 회고록 초판을 비롯해 몇몇 출판물에 전재되어 있다. *Khrushchev Remembers*, Sphere Books: London 1971 pp. 503-562.

5. 이 결의안은 흐루쇼프가 제기한 급진적인 스탈린 비판으로부터 일정하게 후퇴한 것이었고, 공개되지는 않았지만 소련 전역의 당 회의들에서 낭독되었던 비밀 연설 이후 당 내

에서 분출한 토론을 통제하려는 시도였다. P. Jones, 'From Stalinism to Post-Stalinism: Demythologising Stalin, 1953 - 1956' in H. Shukman (ed.), *Redefining Stalinism*, Frank Cass: London 2003을 보라.

6. J. Brooks, *Thank You, Comrade Stalin! Soviet Public Culture from Revolution to Cold War*, Princeton University Press: Princeton NJ 2000 p. 241에서 재인용.

7. 1956년 이후 소련에서 스탈린에 관한 논의가 어떻게 전개되는지에 대해서는 S. F. Cohen, 'The Stalin Question since Stalin' in his *Rethinking the Soviet Experience: Politics and History since 1917*, Oxford University Press: Oxford 1985를 보라.

8. R. W. Davies, *Soviet History in the Glasnost Revolution*, Macmillan: London 1989; A. Nove, *Glasnost' in Action*, Unwin Hyman: London 1989; W. Laqueur, *Stalin: The Glasnost Revelations*, Scribners: New York 1990을 보라.

9. 1990년대 러시아에서 진행된 이행을 매우 비판적으로 바라보는 견해를 위해서는 S. F. Cohen, *Failed Crusade: America and the Tragedy of Post-Communist Russia*, Norton: New York 2000을 보라.

10. 예를 들어 F. Chuev, *Sto sorok besed s Molotovym*, Moscow 1991 (영어본: *Molotov Remembers*, ed. A. Resis, Ivan R. Dee: Chicago 1993); L. Kaganovich, *Pamyatnyye Zapiski*, Moscow 1996; A. Mikoyan, *Tak Bylo*, Moscow 1999; A. Malenkov, *O Moyom Ottse Georgii Malenkove*, Moscow 1992; S. Beria, *Beria, My Father: Inside Stalin's Kremlin*, Duckworth: London 2001.

11. 'More Than Half of All Russians Positive About Stalin', Radio Free Europe/ Radio Liberty *Newsline*, 5/3/03. M. Harrison, 'Stalin and Our Times' in G. Roberts (ed.), *Stalin – His Times and Ours*, IAREES: Dublin 2005 p. 67에서 재인용.

12. A. J. P. Taylor, *Europe: Grandeur and Decline*, Penguin Books: London 1967에 전재된 그의 'Is Stalin a Statesman?'을 보라.

13. I. Deutscher, *Russia after Stalin*, pb edition, Jonathan Cape: London 1969 p. 55.

14. 공표되지는 않았지만 이 연설은 소련 전역의 당 회의들에서 낭독되었다. 1956년 6월 미국 국무부는 이 연설의 텍스트를 공개했다. *The Anti-Stalin Campaign and International Communism*, Columbia University Press: New York 1956 pp. 1-2를 보라.

15. 흐루쇼프 개인숭배의 좀 더 악명 높은 사례 중 하나는 흐루쇼프가 1942년 11월에 붉은 군대가 실행한 스탈린그라드 반격을 입안한 주요 인물 중 한 명이라는 전설이었다. 이 반격은 제2차 세계 대전의 가장 중요한 전환점으로 널리 간주된다. 그때까지 스탈린그라드에서 독일군 제6군을 측면에서 공격해 포위하는 계획을 짤 수 있었던 것은 군사적으로 천재적인 자질을 지닌 스탈린 덕분이었다. 이제 그 공적은 전투를 치르는 동안 스탈린그라드에서 정치 지도 위원을 지낸 흐루쇼프와 이 지역의 전선군 사령관 중 한 사람이었던 안드레이 예료멘코의 것이 되었다. 사실 스탈린그라드 반격은 많은 입안자가 있었으나, 흐루쇼프와 예료멘코는 그들 중에서 그리 높은 순위에 드는 인물이 아니었다. 스탈린그라드 반격 계획을 고안하는 데 흐루쇼프와 예료멘코가 역할을 했다는 주장은 1957년에 제기되었고, 1961년에 발간된 예료멘코의 회고록에서 되풀이되었다. A. I. Yeremenko, *Stalingrad*,

Moscow 1961 pp. 325-337. 정책 결정 과정에 관여한 다른 사람들은 처음에 침묵으로 이 주장을 대했다. 하지만 1964년 흐루쇼프 실각 이후 몇몇 사람들이 예료멘코의 주장에 비판과 이의를 제기했다. 예를 들어 *Stalingradskaya Epopeya*, Moscow 1968에 실린 회고들을 보라.

16. 1960년대에 발간된 소련 군사 회고록들의 발췌문들을 폭넓게 모아 놓은 모음집을 위해서는 S. Bialer (ed.), *Stalin and his Generals: Soviet Military Memoirs of World War II*, Souvenir Press: New York 1969를 보라. 주로 이 회고록들과 그 후 발간된 회고록들을 바탕으로 집필된 저술로는 다음과 같은 것이 있다. A. Seaton, *Stalin as a Military Commander*, Combined Publishing: Pennsylvania 1998; H. Shukman (ed.), *Stalin's Generals*, Phoenix Press: London 1997; A. Axell, *Stalin's War through the Eyes of his Commanders*, Arms and Armour Press: London 1997.

17. *Khrushchev Remembers* p. 537. 스탈린의 부관인 주코프 원수의 언급(〈최고 사령관이 지구본을 만지작거리면서 정세를 연구하고 결정을 내렸다는 식의 널리 떠도는 이야기는 사실이 아니다〉)과 전쟁 동안 그의 작전과장이었던 세르게이 시테멘코 장군의 언급(〈지구본을 참고하여 전선군들을 지휘했다는 말은 전혀 근거가 없다〉)을 참조하라. Axell, *Stalin's War* p. 167에서 재인용.

18. 대조국 전쟁이라는 용어는 1941년 6월 23일 『프라우다』에 게재된 기사에서 처음 사용되었다. 1943년 7월 스탈린 전시 연설의 초판본이 *O Velikoi Otechestvennoi Voine Sovetskogo Souza*(소련의 대조국 전쟁에 관해서)라는 제목으로 출간되었다.

19. I. Stalin, *Sochineniya*, vol. 16 (1946-1952), Moscow 1997 pp. 6-7. 이 연설의 영어 번역은 J. P. Morray, *From Yalta to Disarmament*, Monthly Review Press: New York 1961의 부록에서 찾을 수 있다.

20. G. Roberts, *The Soviet Union in World Politics: Revolution, Coexistence and the Cold War, 1945–1991*, Routledge: London 1998을 보라.

21. N. Voznesenky, *War Economy of the USSR in the Period of the Great Patriotic War*, Foreign Languages Publishing House: Moscow 1948 pp. 126-33.

22. J. Erickson, 'Soviet War Losses' in J. Erickson and D. Dilks (eds), *Barbarossa: The Axis and the Allies*, Edinburgh University Press: Edinburgh 1994를 보라.

23. 나는 나치-소비에트 협정의 기원들에 대한 이와 같은 해석을 널리 주장해 왔다. G. Roberts, *The Unholy Alliance: Stalin's Pact with Hitler*, I. B. Tauris: London 1989와 *The Soviet Union and the Origins of the Second World War*, Macmillan: London 1995를 보라.

24. 이 논쟁의 주요 단계는 Victor Suvorov, *Icebreaker: Who Started the Second World War?*, Hamish Hamilton: London 1990의 출간과 함께 시작되었다. 〈수보로프〉는 1978년에 서방으로 망명한 소련 정보기관 요원 레준V. B. Rezun의 가명이었다. 수보로프 책의 러시아어판은 1992년에 발간되었으며, 그 후 몇몇 러시아 역사가들이 그 주장들을 받아들여 더욱 정교하게 만들었다. 수보로프와 그의 지지자들에 비판적인 관점에서 이 논쟁을 요약한 글을 위해서는 T. J. Uldricks, 'The Icebreaker Controversy: Did Stalin Plan to Attack Hitler?' *Slavic Review*, vol. 58, no. 3, Fall 1999를 보라.

25. 전쟁-혁명 연계에 관해서는 M. J. Carley, *1939: The Alliance That Never Was and the Coming of World War II*, Ivan R. Dee: Chicago 1999를 보라.

26. *The Tehran, Yalta and Potsdam Conferences: Documents*, Progress Publishers: Moscow 1969를 보라.

27. *Stalin's Correspondence with Churchill, Attlee, Roosevelt and Truman, 1941–1945*, Lawrence & Wishart: London 1958. 소련 문서고에서 나온 이 서신들이 출간된 배경에 관해서는 G. Roberts, 'Stalin, the Pact with Nazi Germany and the Origins of Postwar Soviet Diplomatic Historiography', *Journal of Cold War Studies*, vol. 4, no. 3, Summer 2002.

28. J. Barber, 'The Image of Stalin in Soviet Propaganda and Public Opinion during World War 2' in J. and C. Garrard (eds), *World War 2 and the Soviet People*, St. Martin's Press: New York 1993을 보라.

29. I. Deutscher, *Stalin: A Political Biography*, Pelican: London 1966 pp. 456, 457.

30. 'Posetiteli Kremlevskogo Kabineta I. V. Stalina', *Istoricheskii Arkhiv*, no. 6, 1994; nos 2, 3, 4, 5 – 6, 1995; nos 2, 3, 4, 5 – 6, 1996; no. 1, 1997.

31. 스탈린의 사적인 생각에 관한 증거를 볼 수 있는 가장 중요한 자료는 공산주의 인터내셔널의 지도자 게오르기 디미트로프의 일기다. I. Banac (ed.), *The Diary of Georgi Dimitrov, 1933–1949*, Yale University Press: New Haven 2003. 또 중요한 자료는 스탈린의 외무 장관인 몰로토프가 외국에 있을 때 스탈린과 교환한 서신이다. O. A. Rzheshevsky (ed.), *War and Diplomacy: The Making of the Grand Alliance (Documents from Stalin's Archive)*, Harwood Academic Publishers: Amsterdam 1996; V. O. Pechatnov, *'The Allies are Pressing on You to Break Your Will': Foreign Policy Correspondence between Stalin and Molotov and other Politburo Members, September 1945–December 1946*, Cold War International History Project, Working Paper no. 26, September 1999; *Istochnik* no. 5, 1997에 실린 스탈린의 탱크 생산 장관 말리셰프V. A. Malyshev의 일기를 보라. 또 전후 시기에 스탈린과 그의 이너 서클 사이에 오간 아주 많지는 않은 서신들도 있다. 이것들은 *Politburo TsK VKP(b) i Sovet Ministrov SSSR, 1945–1953*, Moscow 2002에 실려 있다. 이 서신들의 일부는 A. O. Chubaryan and V. O. Pechatnov (eds), 'Molotov "the Liberal": Stalin's 1945 Criticism of his Deputy', *Cold War History*, vol. 1, no. 1, August 2000에 번역되어 있다.

32. W. Averell Harriman, 'Stalin at War' in G. R. Urban (ed.), *Stalinism: Its Impact on Russia and the World*, Wildwood House: Aldershot 1982 pp. 41, 42. 자신의 회고록에서 해리먼은 스탈린을 〈루스벨트보다 상황을 더 잘 꿰고 있고, 처칠보다 더 현실적이며, 어떤 점에서는 전쟁 지도자 중 가장 유능하다〉고 했다. W. Averell Harriman and E. Abel, *Special Envoy to Churchill and Stalin, 1941–1946*, Random House: New York 1975 p. 536.

33. Ibid., p. 43.

34. R. Overy, *Why the Allies Won*, Jonathan Cape: London 1995 p. 259.

35. 스탈린의 업무 일지를 통계적으로 분석해 보면, 전쟁 동안에 가장 변함없는 그의 동

반자는 안보 책임자인 라브렌티 베리야, 외무 장관 뱌체슬라프 몰로토프, 당 중앙 위원회 서기로 국가 방어 위원회에서 일하고 스탈린의 개인적인 최전선 정치 특사로도 활약했던 게오르기 말렌코프였던 사실이 드러난다. 전쟁 동안 빈번하게 스탈린의 집무실을 방문한 다른 사람은 무역 장관 아나스타스 미코얀, 전시 경제 책임자 니콜라이 보즈네센스키, 운송 장관 라자리 카가노비치였다. 'Posetiteli Kremlevskogo Kabineta I. V. Stalina: Alfavitnyi Ukazatel', *Istoricheskii Arkhiv*, no. 4, 1998을 보라.

36. 전쟁 동안 스탈린의 일과에 대한 가장 상세한 묘사는 전쟁 시기의 대부분을 그의 작전과장으로 일했던 세르게이 시테멘코 장군의 회고록, S. M. Shtemenko, *The Soviet General Staff at War, 1941–1945*, 2 vols, Progress Publishers: Moscow 1970, 1973에 있다.

37. Bialer, *Stalin and his Generals* pp. 33 – 6.

38. J. Erickson, *The Road to Berlin*, Weidenfeld & Nicolson: London 1983 p. ix.

39. Erickson, 'Soviet War Losses', 또 Laqueur, *Stalin*, pp. 216 – 19의 논의를 보라.

40. *Marshal Zhukov comments on the Soviet High Command at War*, Soviet Weekly Booklet, London 1970 p. 18.

41. J. Stalin, *On the Great Patriotic War of the Soviet Union*, Hutchinson: London 1943 p. 17.

42. Malyshev diary, p. 128.

43. 볼코고노프가 수집한 문서고 자료들 중 많은 사본이 〈Volkogonov Papers, Library of Congress Manuscript Division〉에 보관되어 있다.

44. D. Volkogonov, *Stalin: Triumph and Tragedy*, Phoenix Press: London 2000 p. 451.

45. 서로 대비되는 견해를 위해서는 M. A. Gareev, *Polkovodtsy Pobedy i ikh Voennoe Naslediye*, Moscow 2004와 L. Mlechin, *Iosif Stalin, Ego Marshaly i Generaly*, Moscow 2004를 보라.

46. 내전 동안의 스탈린의 활동에 관해서는 Seaton, *Stalin* chaps 1 – 3. 스탈린은 또 1918년 3월의 브레스트리토프스크 조약과 관련해 볼셰비키의 대실패를 지켜본 사람이기도 했다. 볼셰비키는 1917년 권좌에 올랐을 때, 막대한 영토를 양도하는 독일과의 탐욕적인 평화 협상에 서명하는 일만은 어떤 일이 있어도 피하고자 했다. 하지만 1918년 초 독일군의 공격이 볼셰비키 체제를 위협하면서 볼셰비키가 매우 불리한 조건으로 강화를 요청할 수밖에 없게 되자 바로 그런 우려스러운 일이 발생했다.

47. Volkogonov, *Stalin* p. 474.

48. A. M. Vasilevsky, *A Lifelong Cause*, Progress Publishers: Moscow 1981 pp. 447 – 50. 원래 러시아어로 출간되었다. *Delo vsei zhizni*, Moscow 1974.

49. H. E. Salisbury (ed.), *Marshal Zhukov's Greatest Battles*, Sphere Books: London 1969를 보라. 이 책에 실린 논문들은 원래 *Voenno-Istoricheskii Zhurnal*에 게재되었다.

50. *The Memoirs of Marshal Zhukov*, Jonathan Cape: London 1971 pp. 284 – 5. 주코프와 바실렙스키의 회고록은 여러 판본이 있으나, 어느 것도 여기서 인용한 스탈린에 대한 그들의 평가를 근본적으로 바꾸지는 못한다.

51. 투하쳅스키와 그의 체포에 관한 문헌은 엄청나게 많다. 영어 문헌으로는 다음을

보라. N. Abramov, 'The New Version of the Tukhachevsky Affair', *New Times*, no. 13, 1989; D. C. Watt, 'Who Plotted Against Whom? Stalin's Purge of the Soviet High Command Revisisted', *Journal of Soviet Military Studies*, vol. 3, no. 1, 1990; I. Lukes, 'The Tukhachevsky Affair and President Edvard Benes', *Diplomacy & Statecraft*, vol. 7, no. 3, 1996; S. J. Main, 'The Arrest and "Testimony" of Marshal of the Soviet Union M. N. Tukhachevsky', *Journal of Slavic Military Studies*, vol. 10, no. 1, 1997; S. Naveh, 'Tukhachevsky' in Shukman (ed.), *Stalin's Generals*. 또 아래 주 52와 64에서 인용한 스파 Spahr와 스토커Stoecker의 책들도 보라.

52. W. J. Spahr, *Stalin's Lieutenants: A Study of Command under Stress*, Presidio Press: Novato, Calif. 1997 p. 174.

53. 숙청 통계에 관해서는 R. R. Reese's 'The Impact of the Great Purge on the Red Army', *Soviet and Post-Soviet Review*, vol. 19, nos 1–3, 1992; 'The Red Army and the Great Purges' in J. A. Getty and R. T. Manning (eds), *Stalinist Terror: New Perspectives*, Cambridge University Press: Cambridge 1993; R. Reese, *Stalin's Reluctant Soldiers*, University Press of Kansas: Lawrence, Kansas 1996 chap. 5를 보라. 리스는 이전의 추산 들은 장교단의 25~50퍼센트가 숙청되었음을 주장한다고 지적한다. 하지만 이 계산은 약 30만 명에 달했던 소련군 내 장교들의 숫자를 과소평가했다. 이는 숙청된 장교의 비율이 10퍼센트보다 훨씬 적다는 사실을 의미했다.

54. O. F. Suvenirov, *Tragediya RKKA, 1937–1938*, Moscow 1998, pp. 373–485에 딸 린 표에서 계산한 수치. 내 수치는 1937~1938년에 체포된 사람들만 포함한다. 지금은 연 구자들이 접근할 수 없는 소련 군사 문서고에 바탕을 두고 이 숙청들을 세밀하게 연구한 또 다른 중요한 저술은 폴란드 역사가 P. P. Wieczorkiewicz, *Lancuch Smierci: Czystka w Armii Czerwonej, 1937–1939*, Warsaw 2001이다.

55. Suvenirov, *Tragediya*는 그의 연구의 많은 부분을 1950년대 중반의 복권 위원회 기 록에 바탕을 두면서, 표들에서 각 개인별 복권 날짜를 적시하고 있다.

56. 스탈린은 전쟁 동안 20명의 장군을 처형하라고 명령했다. 주요 처형 사건은 1941년 7월에 서부 전선군 사령관 드미트리 파블로프 장군과 그의 참모 몇 명이 총살당했을 때 벌 어졌다. 1941년 10월에도 개전 첫 며칠 동안 수천 대의 비행기를 상실했다고 스탈린에 의 해 비난받은 공군 장군 몇 명이 총살당했다. 1941년부터 1945년 사이에 421명의 소련군 제독과 장군들이 작전 중에 사망했다. R. Woff, 'Stalin's Ghosts' in Shukman (ed.), *Stalin's Generals*를 보라.

57. M. Harrison and R. W. Davies, 'The Soviet Military-Economic Effort during the Second Five-Year Plan (1933–1937)', *Europe-Asia Studies*, vol. 49, no. 3, 1997. 또 R. W. Davies et al., *The Economic Transformation of the Soviet Union, 1913–1945*, Cambridge University Press: Cambridge 1994 pp. 143–7.

58. 스탈린이 키로프 암살을 공모했는지의 여부에 대해서는 오래전부터 논쟁이 진행 되어 왔다. 이 논의에 대한 요약과 평가를 위해서는 N. Baron, 'The Historiography of the Kirov Murder', *Slovo*, vol. 11, 1999를 보라.

59. M. Reiman, 'Political Show Trials of the Stalinist Era', *Telos*, 1982－1983, no. 54.

60. 흘레브뉴크O. V. Khlevnuk에 따르면 〈1930~1940년에 적어도 72만 6,000명이 총살당했는데, 그 대부분은 1937~1938년에 일어났다〉(*The History of the Gulag: From Collectivisation to the Great Terror*, Yale University Press: New Haven 2004 p. 306). 살해당하거나 투옥된 사람들의 수를 포함해 〈대테러〉의 기원과 성격을 둘러싸고 논쟁이 광범하게 벌어졌다. 흘레브뉴크의 수치는 인용된 수치 중에서 가장 낮은 축에 속하나, 관련 러시아 문서고에서 직접 수행한 폭넓은 연구에 바탕을 두고 있다. 대테러에 관한 일차 자료를 모아 놓은 좋은 사료집으로는 J. Arch Getty and O. V. Naumov (eds), *The Road to Terror: Stalin and the Self-destruction of the Bolsheviks, 1932–1939*, Yale University Press: New Haven 1999가 있다.

61. 요약을 위해서는 G. Roberts, 'The Fascist War Threat and Soviet Politics in the 1930s' in S. Pons and A. Romano, *Russia in the Age of Wars, 1914–1945*, Feltrinelli: Milan 2000을 보라. 테러에 대한 인민들의 태도에 관해서는 다음을 보라. S. Davies, *Popular Opinion in Stalin's Russia: Terror, Propaganda and Dissent, 1934–1941*, Cambridge University Press: Cambridge 1997과 S. Fitzpatrick, *Everyday Stalinism: Ordinary Life in Extraordinary Times*, Oxford University Press: Oxford 1999.

62. R. V. Daniels, *A Documentary History of Communism*, vol. 1, I. B. Tauris: London 1985 pp. 258－61.

63. *Molotov Remembers* p. 254. 많은 역사가가 몰로토프의 견해를 받아들였다. 예를 들어 O. Khlevnuk, 'The Objectives of the Great Terror, 1937－1938' in J. Cooper et al. (eds), *Soviet History, 1917–1953*, Macmillan: London 1993과 idem, 'The Reasons for the "Great Terror": the Foreign-Political Aspect' in Pons and Romano (eds), *Russia*.

64. S. W. Stoecker, *Forging Stalin's Army, Marshal Tukhachevsky and the Politics of Military Innovation*, Westview Press: Oxford 1998; D. R. Stone, 'Tukhachevsky in Leningrad: Military Politics and Exile, 1928－31', *Europe–Asia Studies*, vol. 48, no. 8, 1996; L. Samuelson, 'Mikhail Tukhachevsky and War-Economic Planning', *Journal of Slavic Military Studies*, vol. 9, no. 4, December 1996; R. R. Reese, 'Red Army Opposition to Forced Collectivisation, 1929－1930: The Army Wavers', *Slavic Review*, vol. 55, no. 1, 1996; S. J. Main, 'The Red Army and the Soviet Military and Political Leadership in the Late 1920s', *Europe–Asia Studies*, vol. 47, no. 2, 1995를 보라.

65. T. Martin, 'The Origins of Soviet Ethnic Cleansing', *Journal of Modern History*, December 1998.

66. G. Roberts, 'Stalin and the Katyn Massacre' in Roberts (ed.), *Stalin: His Times and Ours*.

67. R. Overy, *The Dictators: Hitler's Germany and Stalin's Russia*, Allen Lane: London 2004 chap. 13. 스탈린 시대의 추방에 관한 많은 문서가 *Stalinskiye Deportatsii 1928–1953*, Moscow 2005에 들어 있다. 또 이 책은 상이한 추방들을 연대순으로 정리한 표와 추방당한 사람들의 수에 대한 추산도 함께 수록했다.

68. D. Brandenberger, *National Bolshevism: Stalinist Mass Culture and the Formation of Modern Russian National Identity, 1931–1956*, Harvard University Press: Cambridge, Mass. 2002.

69. E. van Ree, *The Political Thought of Joseph Stalin: A Study in Twentieth Century Revolutionary Patriotism*, Routledge: London 2002.

70. A. J. Rieber, 'Stalin: Man of the Borderlands', *American Historical Review*, no. 5, 2001을 보라.

71. R. Service, *Stalin: A Biography*, Macmillan: London 2004 pp. 272 – 3에서 재인용.

72. 민족 문제에 관한 레닌과 스탈린 정책의 요약을 위해서는 T. Martin, 'An Affirmative Action Empire: The Soviet Union as the Highest Form of Imperialism' in R. G. Suny and T. Martin (eds), *A State of Nations: Empire and Nation-Making in the Age of Lenin and Stalin*, Oxford University Press: Oxford 2001을 보라.

73. J. V. Stalin, 'Marxism and the National Question' in J. V. Stalin, *Works*, vol. 2, Foreign Languages Publishing House: Moscow 1953.

74. S. Blank, *The Sorcerer as Apprentice: Stalin as Commissar of Nationalities, 1917–1924*, Greenwood Press: London 1994.

75. T. Martin, *The Affirmative Action Empire: Nations and Nationalism in the Soviet Union, 1929–1939*, Cornell University Press: Ithaca, NY 2001 chaps 10 – 11.

76. Brandenberger, *National Bolshevism* p. 55.

77. A. I. Vdovin, 'Natsional'nyi Vopros i Natsional'naya Politika v SSSR v gody Velikoi Otechestvennoi Voiny', *Vestnik Moskovskogo Universiteta: Seriya 8: Istoriya*, no. 5, 2003에서 재인용.

78. Ibid.; G. Hosking, 'The Second World War and Russian National Consciousness', *Past & Present*, no. 175, 2002; T. K. Blauvelt, 'Military Mobilisation and National Identity in the Soviet Union', *War & Society*, vol. 21, no. 1, May 2003을 보라.

79. *Documents on British Policy Overseas*, series 1, vol. 2, HMSO: London 1985 p. 317.

80. Y. Gorlizki and O. Khlevniuk, *Cold Peace: Stalin and the Soviet Ruling Circle, 1945–1953*, Oxford University Press: Oxford 2004 pp. 31 – 8.

81. Chubar'yan and Pechatnov, 'Molotov'를 보라.

82. Brandenberger, *National Bolshevism* p. 191.

83. V. Pechatnov, 'Exercise in Frustration: Soviet Foreign Propaganda in the Early Cold War, 1945 – 47', *Cold War History*, vol. 1, no. 2, January 2001.

84. 'Otvet Korrespondentu "Pravdy"' in Stalin, *Sochineniya*, vol. 16, Moscow 1997 pp. 25 – 30. 스탈린 인터뷰의 영어 번역이 W. LaFeber (ed.), *The Origins of the Cold War, 1941–1947*, John Wiley: New York 1971 doc. 37에 있다.

85. Stalin, *Sochineniya* p. 57.

86. A. Resis, *Stalin, the Politburo, and the Onset of the Cold War, 1945–1946*, The Carl Beck Papers in Russian and East European Studies no. 701, April 1998 p. 27.

87. 전쟁 후 스탈린 전략의 개관을 위해서는 V. O. Pechatnov, *The Big Three after World War II: New Documents on Soviet Thinking about Postwar Relations with the United States and Great Britain*, Cold War International History Project Working Paper no. 13, 1995; G. Roberts, 'Ideology, Calculation and Improvisation: Spheres of Influence in Soviet Foreign Policy, 1939‐1945', *Review of International Studies*, vol. 25, October 1999; S. Pons, 'In the Aftermath of the Age of Wars: the Impact of World War II on Soviet Foreign Policy' in Pons and Romano (eds), *Russia*; E. Mark, *Revolution by Degrees: Stalin's National-Front Strategy for Europe, 1941–1947*, Cold War International History Project Working Paper no. 31, 2001; N. M. Naimark, 'Stalin and Europe in the Postwar Period, 1945‐53', *Journal of Modern European History*, vol. 2, no. 1, 2004.

88. *Cold War International History Project Bulletin*, no. 11, Winter 1998, p. 136.

89. 1947년 소련이 냉전으로 돌아선 사정에 관해서는 G. Roberts, 'Moscow and the Marshall Plan: Politics, Ideology and the Onset of Cold War, 1947', *Europe–Asia Studies*, vol. 46, no. 8, 1994. 즈다노프는 폴란드에서 열린 공산주의 정보국(코민포름) 창립 회의에서 〈양대 진영〉 연설을 했다. G. Procacci (ed.), *The Cominform: Minutes of the Three Conferences 1947/1948/1949*, Milan 1994를 보라.

90. 전후 소련의 국내 사정에 대한 개관을 위해서는 E. Zubkova, 'The Soviet Regime and Soviet Society in the Postwar Years: Innovations and Conservatism, 1945‐1953', *Journal of Modern European History*, vol. 2, no. 1, 2004.

91. *Politburo TsK VKP(b) i Sovet Ministrov SSSR, 1945–1953*, Moscow 2002 doc. 299는 1945년부터 1951년 사이 스탈린의 휴가 일정을 상세히 열거하고 있다.

92. Y. Gorlizki, 'Ordinary Stalinism: The Council of Ministers and the Soviet Neopatrimonial State, 1945‐1953', *Journal of Modern History*, vol. 74, no. 4, 2002.

93. 그러나 스탈린은 말렌코프의 대회 연설을 크게 손질했다. Rossiiskii Gosudarstvennyi Arkhiv Sotsial'no-Politicheskoi Istorii (RGASPI), F. 592, Op. 1, D. 6을 보라.

94. Stalin, *Sochineniya* p. 229.

95. E. Mawdsley, 'Stalin: Victors Are Not Judged', *Historically Speaking: The Bulletin of the Historical Society*, 2006에서 재인용.

제2장 불경스러운 동맹: 스탈린과 히틀러의 협정

1. W. S. Churchill, *The Gathering Storm*, Cassell: London 1964 p. 346; *Ciano's Diary 1939–1943*, Heinemann: London 1947 pp. 131, 132; W. L. Shirer, The Nightmare Years, 1930‐1940, Bantam Books: New York 1984 pp. 425, 430.

2. 소련의 관점에서 본 3국 동맹 협상에 관해서는 G. Roberts, 'The Alliance that Failed: Moscow and the Triple Alliance Negotiations, 1939', *European History Quarterly*, vol. 26, no. 3, 1996; A. Resis, 'The Fall of Litvinov: Harbinger of the German‐Soviet Non-Aggression Pact', *Europe–Asia Studies*, vol. 52, no. 1, 2000; D. Watson, 'Molotov's

Apprenticeship in Foreign Policy: The Triple Alliance Negotiations in 1939', *Europe–Asia Studies*, vol. 52, no. 4, 2000.

3. 이것은 1942년 8월 15~16일 밤에 모스크바에서 열린 회담에서 처칠의 통역관인 버스 소령이 기록한 스탈린의 발언 버전이다(Harriman Papers, Container 162, Chronological File 14‑15 August 1942). 약간 다른 버전이 W. S. Churchill, *The Second World War*, vol. 1, Cassell: London 1948 p. 344에 다음과 같이 인용되어 있다. 〈우리는 영국 정부와 프랑스 정부가 폴란드가 공격당할 경우 전쟁에 돌입하지 않기로 결심했으며, 영국, 프랑스, 러시아의 외교적 진용이 히틀러를 저지할 것임을 바란다는 인상을 받았습니다. 우리는 그렇게 되지 않을 거라고 확신했습니다.〉

4. 'Captain H. H. Balfour Moscow Diary 1941', Library of Congress Manuscript Division Harriman Papers, Container 164.

5. *Nazi–Soviet Relations, 1939–1941*, Didier: New York 1948 (이후 NSR로 표기) p. 38. 같은 회의에 대한 아스타호프 기록을 위해서는 *Dokumenty Vneshnei Politiki 1939 god* (이후 DVP 1939로 표기) Moscow 1992, vol. 22, book 1, doc. 445.

6. NSR pp. 68‑9.

7. NSR pp. 72‑6.

8. NSR pp. 76‑8.

9. J. Degras (ed.), *Soviet Documents on Foreign Policy*, vol. 3 (1933‑1941), Oxford University Press: London 1953 pp. 363‑71.

10. J. Stalin, *Leninism*, Allen & Unwin: London 1942 p. 526.

11. 예를 들어 A. L. Weeks, *Stalin's Other War: Soviet Grand Strategy, 1939–1941*, Rowman & Littlefield: Oxford 2002를 보라. 이 책의 부록에는 그 연설 텍스트의 한 버전이 번역되어 있다.

12. S. Z. Sluch, 'Rech' Stalina, Kotoroi ne Bylo', *Otechestvennaya Istoriya*, no. 1, 2004. 이 논문은 연설과 연설의 출처, 역사적 문헌들에서 연설이 인용된 사례 등을 철저하게 분석했다.

13. Degras, *Soviet* p. 406. 1939년 11월 28일 파리 주재 소련 대사 야코프 수리츠는 프랑스 언론에 〈연설〉이 공개되었다고 모스크바에 보고했다(DVP 1939 vol. 22 book 2, doc. 813).

14. NSR p. 86.

15. Ibid., p. 87.

16. I. Banac (ed.), *The Diary of Georgi Dimitrov*, Yale University Press: New Haven 2003 pp. 115‑16.

17. Degras, *Soviet*, pp. 374‑6; A. Werth, *Russia at War, 1941–1945*, Pan Books: London 1964 pp. 73‑7.

18. Churchill, *Second World War* p. 353. 처칠의 상관이었던 네빌 체임벌린도 처칠의 견해를 함께했다. 체임벌린은 누나에게 다음과 같이 편지를 썼다. 〈나는 윈스턴과 같은 견해를 갖고 있어요. 우리는 금방 윈스턴의 멋진 연설을 방송으로 들었어요. 나는 러시아가 자

신의 이익이 요구하는 바라고 생각하는 대로 항상 행동할 거라고 믿으며, 러시아는 독일의 승리와 그 뒤를 이은 독일의 유럽 지배가 자신의 이익에 도움이 된다고 생각할 거라는 점을 믿을 수가 없어요.〉 M. Gilbert, *Winston S. Churchill*, vol. 6, Heinemann: London 1983 p. 51에서 재인용.

19. Dimitrov diary pp. 120 - 1.

20. 1939년 9월 27~28일에 스탈린이 리벤트로프와 논의한 내용의 기록은 I. Fleischhauer, 'The Molotov - Ribbentrop Pact: The German Version', *International Affairs*, August 1991에 실려 있다.

21. NSR pp. 105 - 7.

22. Degras, *Soviet* pp. 379 - 80.

23. Ibid., pp. 388 - 400.

24. M. J. Carley, "'A Situation of Delicacy and Danger": Anglo-Soviet Relations, August 1939 - March 1940', *Contemporary European History*, vol. 8, no. 2, 1999와 Dzh. Roberts, 'Cherchil' i Stalin: Epizody Anglo-Sovetskikh Otnoshenii (Sentyabr' 1939 - Iun' 1941 goda)' in A. O. Chubar'yan (ed.), *Voina i Politika, 1939–1941*, Moscow 1999를 보라.

25. 1930년대 소련-독일 관계에 관해서는 G. Roberts, *The Soviet Union and the Origins of the Second World War: Russo-German Relations and the Road to War, 1939–1941*, Macmillan: London 1995.

26. DVP 1939, vol. 22, book 2, p. 609.

27. G. Roberts, 'The Fascist War Threat in Soviet Politics in the 1930s' in S. Pons and A. Romano (eds), *Russia in the Age of Wars, 1914–1945*, Feltrinelli: Milan 2000을 보라.

28. 이 시기 소련-독일 경제 협상 및 관계에 대한 정밀한 분석을 위해서는 E. E. Ericson, *Feeding the German Eagle: Soviet Economic Aid to Nazi Germany, 1933–1941*, Praeger: Westport, Conn. 1999를 보라. 이 책에는 세 차례의 독일-소련 무역 협정의 텍스트들과 수입 및 수출을 상세히 열거한 표들이 실려 있다. 추가 분석과 통계는 다음 문헌들에서 찾을 수 있다. A. A. Shevyakov, 'Sovetsko - Germanskiye Ekonomicheskiye Otnosheniya v 1939 - 1941 godakh', *Voprosy Istorii*, nos 4 - 5, 1991; V. Ya. Sipols, 'Torgovo-Ekonomicheskie Otnosheniya mezhdu SSSR i Germaniei v 1939 - 1941gg v Svete Novykh Arkhivnykh Dokumentov', *Novaya I Noveishaya Istoriya*, no. 2, 1997; Kh. P. Shtrandman, 'Obostryaushchiesya Paradoksy: Gitler, Stalin i Germano-Sovetskie Ekonomicheskie Svyazi, 1939 - 1941' in Chubar'yan (ed.), *Voina i Politika*.

29. Werth, *Russia at War* p. 125.

30. *Vneshnyaya Torgovlya SSSR za 1918–1940*, Moscow 1960 pp. 558 - 62.

31. Ericson, *German Eagle* p. 182.

32. 소련-독일 군사 협력에 관해서는 G. Weinberg, *Germany and the Soviet Union, 1939–1941*, Leiden 1954 pp. 76 - 85; B. Newman, *The Captured Archives*, Latimer

House: London 1948 pp. 135 – 6.

33. *Report of the Select Committee to Investigate Communist Aggression and the Forced Incorporation of the Baltic States into the USSR: Third Interim Report of the Select Committee on Communist Aggression (House of Representatives)*, Washington DC 1954 pp. 225 – 6.

34. 'The Baltic Countries Join the Soviet Union: Documents on the USSR's Relations with the Baltic Countries in 1939 and 1940', *International Affairs*, March 1990, pp. 141 – 2.

35. *Polpredy Soobshchayut: Sbornik Dokumentov ob Otnosheniyakh SSSR s Latviei, Litvoi I Estoniei, Avgust 1939g–Avgust 1940g*, Moscow 1990 doc. 58.

36. Ibid., doc. 59.

37. *Report ... Committee on Communist Aggression* p. 316.

38. J. Urbsys, 'Lithuania and the Soviet Union, 1939 – 1940', *Litaunus*, vol. 35, no. 2, 1989, p. 4.

39. 관련 문서들은 *Polpredy Soobshchayut* and 'The Baltic Countries Join...'에 있다. 인용을 위해서는 G. Roberts, 'Soviet Policy and the Baltic States, 1939 – 1940: A Reappraisal', *Diplomacy & Statecraft*, vol. 6, no. 3, 1995를 보라.

40. Dimitrov diary p. 120.

41. DVP 1939, vol. 22, book 2, doc. 536.

42. J. T. Gross, *Revolution from Abroad: The Soviet Conquest of Poland's Western Ukraine and Western Belorussia*, Princeton University Press: Princeton NJ 1988.

43. G. Roberts, 'Stalin and the Katyn Massacre' in G. Roberts (ed.), *Stalin: His Times and Ours*, IAREES: Dublin 2005를 보라.

44. V. N. Zemskov, 'Prinuditelnye Migratsii iz Pribaltiki v 1940 – 1950-kh godakh', *Otechestvennyi Arkhiv*, no. 1, 1993, p. 4.

45. DVP 1939, vol. 22, book. 2, docs 769, 783; *Sovetsko–Bolgarskie Otnosheniya i Svyazi, 1917–1944*, Moscow 1976 doc. 504 – 6, 510.

46. DVP 1939, vol. 22, book 2, doc. 654.

47. O. Manninen and N. I. Baryshnikov, 'Peregovory Osen'u 1939 goda' in O. A. Rzheshevskii and O. Vekhvilyainen (eds), *Zimnyaya Voina 1939–1940*, vol. 1, Moscow 1999 pp. 119 – 21.

48. 소련-핀란드 협상 과정은 *The Development of Soviet–Finnish Relations*, London 1940과 'The Winter War (Documents on Soviet – Finnish Relations in 1939 – 1940)', *International Affairs*, nos 8 & 9, 1989에 기록되어 있다. 이 전쟁에 대한 영어로 된 가장 최근의 연구서는 C. van Dyke, *The Soviet Invasion of Finland, 1939–1940*, Frank Cass: London 1997이다.

49. K. Rentola, 'The Finnish Communists and the Winter War', *Journal of Contemporary History*, vol. 33, no. 4, 1998, p. 596. 체포된 사람들의 대부분은 잠깐 구금된 뒤 석방되었다.

50. N. I. Baryshnikov, 'Sovetsko‐Finlyandskaya Voina 1939‐1940gg', *Novaya i Noveishaya Istoriya*, no. 4, 1991, p. 33.

51. V. Mitenev, 'Archives Reopen Debate on the Winter War', *Soviet Weekly*, 3/6/89.

52. Baryshnikov, 'Sovetsko...' p. 34.

53. Degras, *Soviet* pp. 401‐3.

54. 'Posetiteli Kremlevskogo Kabineta I. V. Stalina', *Istoricheskii Arkhiv*, nos 5‐6, 1995, p. 60.

55. *Khrushchev Remembers*, Sphere Books: London 1971 pp. 135‐6.

56. DVP 1939, vol. 22, book 2, doc. 821.

57. Degras, Soviet, pp. 407‐10. 비밀 보충 협약이 공개된 조약에 첨부되었다. 이 협약은 소련에 핀란드만의 조차한 항코섬과 인접 섬들에 있는 그들의 기지들을 보호하기 위해 최대 1만 5,000명까지 병력을 주둔시킬 권리를 부여했다.

58. T. Vihavainen, 'The Soviet Decision for War against Finland, 30 November 1939: A Comment', *Soviet Studies*, April 1987과 M. I. Mel'tukov, '"Narodny Front" dlya Finlyandii? (K Voprosy o Tselyakh Sovetskogo Rukovodstva v Voine s Finlyandiei 1939‐1940gg', *Otechestvennaya Istoriya*, no. 3, 1993을 보라.

59. Dimitrov diary p. 124.

60. Ibid..

61. 소련-핀란드 전쟁에 관해서는 Van Dyke, *The Soviet*; D. M. Glantz and J. House, *When Titans Clashed: How the Red Army Stopped Hitler*, University Press of Kansas: Lawrence, Kansas 1995 pp. 18‐23; W. J. Spahr, *Stalin's Lieutenants*, Presidio Press: Novato, Calif. 1997 pp. 216‐26; A. F. Upton, 'The Winter War' in Purnell's *History of the Second World War*, 1966 pp. 122‐40. 이 전쟁에 관한 최근의 러시아 저술로는 *Sovetsko–Finlyandskaya Voina, 1939–1940*, 2 vols, St Petersburg 2003이 있다.

62. Degras, *Soviet* pp. 421‐3.

63. I. Maisky, *Memoirs of a Soviet Ambassador*, Hutchinson: London 1967 p. 40.

64. Carley 'Situation', pp. 195‐6에서 재인용.

65. *Sotsialisticheskie Revolutsii v Estonii 1917–1940 i yeyo Vkhozhdeniye v Sostav SSSR: Dokumenty i Materialy*, Tallin 1987 doc. 94.

66. 'Finnish historian says Stalin agreed to end Winter War based on inaccurate intelligence', *Helsingin Sanomat: International Edition* 15/10/02.

67. L. Woodward, *British Foreign Policy in the Second World War*, vol. 1, HMSO: London 1970 chaps 2‐4; Churchill, *Second World War*, chap. 30; Gilbert, *Churchill*, chap. 6.

68. A. J. P. Taylor, *English History, 1914–1945*, Penguin: London 1975 pp. 571‐2.

69. DVP 1939, vol. 22, book 2, doc. 886.

70. Degras, *Soviet* pp. 436‐49. 소련군의 사상자 수는 몰로토프가 발표한 수보다 훨씬 많았을 것이다. 아마도 사망자 7만 명, 실종자 4만 명, 부상자 18만 명에 이르렀을 것이다.

P. A. Altekar', 'Opravdany li Zhertvy? (O Poteryakh v Sovetsko‑Finlyandskoi Voine)' in A. E. Taras (ed.), *Sovetsko–Finskaya Voina, 1939–1940gg*, Minsk 1999 and *Zimnyaya Voina* pp. 324‑5를 보라.

71. Dimitrov diary pp. 127‑9.

72. *Zimnyaya Voina* vol. 2, pp. 272‑82. 이 회의의 의사록에 대한 영어 번역을 다음에서 찾을 수 있다. A. O. Chubaryan and H. Shukman (eds), *Stalin and the Soviet–Finnish War, 1939–1940*, Frank Cass: London 2002.

73. *'Zimnyaya Voina': Rabota nad Oshibkami Aprel'–Mai 1940g (Materialy Komissii Glavnogo Voennogo Soveta Krasnoi Armii po Obobshcheniu Opyta Finskoi Kampanii)*, Moscow 2004.

74. *Istoriya Velikoi Otechestvennoi Voiny Sovetskogo Souza 1941–1945*, vol. 1, Moscow 1960 pp. 463‑8; J. Erickson, *The Road to Stalingrad*, Harper & Row: New York 1975 pp. 16‑24; Glantz and House, *Titans* pp. 23‑4.

75. D. M. Glantz, *Colossus Reborn: The Red Army at War, 1941–1943*, University Press of Kansas: Lawrence, Kansas 2005 pp. 216‑19. 글랜츠가 지적하고 있듯이, 이 군단들은 너무 비대해 전투에서 통제하기가 힘든 것으로 드러났으나, 독일 판처 종대를 기갑 부대로 대응한다는 구상은 옳은 것이었다.

76. S. Bialer (ed.), *Stalin and his Generals*, Souvenir Press: New York 1969 pp. 152‑75와 Erickson, *Road to Stalingrad* pp. 31‑7을 보라.

77. 스탈린의 발언은 Bialer (ed.), *Stalin and his Generals* p. 145에 실린 카자코프M. I. Kazakov 장군의 회상에 따른 것이다.

78. Degras, *Soviet*, pp. 457‑8.

79. G. Gorodetsky, *Grand Delusion: Stalin and the German Invasion of Russia*, Yale University Press: New Haven 1999 pp. 31면 이하.

80. Roberts, 'Soviet Policy and the Baltic States'를 보라.

81. DVP 1940‑1941, vol. 23, book 1, Moscow 1995 doc. 240.

82. NSR pp. 166‑8.

83. Degras, *Soviet* p. 463.

84. M. Yu. Myagkov (ed.), *Mirovye Voiny XX Veka: Vtoraya Mirovaya Voina (Dokumenty i Materialy)*, vol. 4, Moscow 2002, doc. 91. 영국과 관련된 히틀러의 판단이 히틀러가 러시아를 침공하는 결정을 내리는 데 결정적인 역할을 했다는, 지금도 계속되고 있는 주장을 위해서는 S. Berthon and J. Potts, *Warlords*, Politico's Publishing: London 2005를 보라.

85. G. T. Waddington, 'Ribbentrop and the Soviet Union, 1937‑1941' in J. Erickson and D. Dilks (eds), *Barbarossa*, Edinburgh University Press: Edinburgh 1994.

86. NSR pp. 255‑8.

87. Ibid., p. 213.

88. Ibid., p. 216.

89. 이 지시들은 몰로토프가 손으로 썼으며, 스탈린이 구술한 것처럼 보인다. 'Direktivy

I. V. Stalina V. M. Molotovu pered Poezdkoi v Berlin v Noyabre 1940g', *Novaya i Noveishaya Istoriya*, no. 4, 1995를 보라. 또 L. A. Bezymenskii, 'Vizit B. M. Molotova v Berlin v Noyabre 1940g. v Svete Novykh Dokumentov', *Novaya I Noveishaya Istoriya*, no. 6, 1995도 보라. 이 문서의 영어 번역은 G. Roberts, 'From Non-Aggression Treaty to War: Documenting Nazi-Soviet Relations, 1939-1941', *History Review*, December 2001에서 찾을 수 있다.

90. NSR pp. 252-4.

91. 차다예프와의 인터뷰를 위해서는 G. A. Kumanev, *Ryadom so Stalinym*, Moscow 1999 pp. 392-420을 보라.

92. NSR pp. 258-9.

93. J. Erickson, 'Threat Identification and Strategic Appraisal by the Soviet Union, 1930-1941' in E. R. May (ed.), *Knowing One's Enemies*, Princeton University Press: Princeton NJ 1984 p. 414.

94. DVP 1940-1941, vol. 23, book 2, part 1,Moscow 1998 doc. 599.

95. NSR pp. 260-4.

96. Werth, *Russia* at War p. 89.

제3장 거대한 환상: 스탈린과 1941년 6월 22일

1. I. Banac (ed.), *The Diary of Georgi Dimitrov*, Yale University Press: New Haven 2003 p. 137.

2. G. Gorodetsky, *Grand Delusion: Stalin and the German Invasion of Russia*, Yale University Press: New Haven 1999 pp. 65-6; *Dokumenty Vneshnei Politiki 1940–1941* (이후 DVP로 표기) vol. 23, book 2, part 1, Moscow 1998 doc. 549.

3. DVP 1940-1941, vol. 23, book 2, part 1 doc. 564.

4. *Sovetsko–Ugoslavskie Otnosheniya, 1917–1941*, Moscow 1992 docs 303, 304.

5. Ibid., docs 305, 307.

6. DVP 1940-1941, vol. 23, book 2, part 2, doc. 745.

7. Ibid., doc. 746.

8. *Sovetsko–Ugoslavskie Otnosheniya* doc. 320.

9. N. N. Novikov, *Vospominaniya Diplomata*, Moscow 1989 pp. 78-9.

10. *Foreign Relations of the United States 1941*, vol. 1, pp. 301-2, 312-15에 기록된, 1940~1941년에 모스크바 주재 유고슬라비아 대사를 지낸 밀란 가브릴로비치Milan Gavrilovic의 발언을 보라.

11. Gorodetsky, *Grand Delusion* p. 204.

12. *Nazi–Soviet Relations, 1939–1941*, Didier: New York 1948 (이후 NSR로 표기) p. 324. 크레브스는 나중에 히틀러의 마지막 참모 총장이 되었다. 또 다른 목격자의 설명을 위해서는 H. C. Cassidy, *Moscow Dateline, 1941–1943*, Riverside Press: Cambridge, Mass. 1943을 보라. 좀 더 상세한 설명을 위해서는 Gorodetsky, *Grand Delusion* pp. 198-9.

13. *Rossiiskii Gosudarstvennyi Arkhiv Noveishei Istorii* (RGANI) F. 2, Op. 1, D. 1. 이 정치국 결의안은 또 즈다노프를 당 내에서 스탈린의 부관으로 만들었다. 선전 책임자로서 즈다노프의 업무는 알렉산드르 셰르바코프가 물려받았다.

14. NSR p. 336.

15. NSR p. 344.

16. J. Degras (ed.), *Soviet Documents on Foreign Policy*, vol. 3 (1933 – 1941), Oxford University Press: London 1953 p. 489.

17. DVP 1940 – 1941, vol. 23, book 2, part 2, doc. 772

18. NSR pp. 330 – 2.

19. DVP 1940 – 1941, vol. 23, book 2, part 2 docs 814, 823, 828. 이 만남들과 관련해 슐렌부르크가 데카노조프에게 히틀러가 곧 공격할 것이라고 실제로 경고하며, 이 정보를 스탈린에게 전해 줄 것을 요청했다는 이야기를 종종 듣는다. 이 이야기의 한 출처는 스탈린의 무역 장관 아나스타스 미코얀의 회고록이다(*Tak Bylo*, Moscow 1999 p. 377). 데카노조프의 보고는 이 이야기가 완전히 근거 없음을 보여 준다. 사실 슐렌부르크의 목적은 소련-독일 관계를 개선하는 데 도움을 주는 것이었기 때문에, 그가 데카노조프에게 히틀러가 곧 러시아를 공격할 거라 생각한다고 말했다면 이상했을 것이다. 또 *Grand Delusion* pp. 211 – 17에서 고로데츠키가 이 일화를 어떻게 다루는지도 보라.

20. 'Posetiteli Kremlevskogo Kabineta I. V. Stalina', *Istoricheskii Arkhiv*, no. 2, 1996, p. 47.

21. Gorodetsky, *Grand Delusion*, pp. 181 – 6.

22. Ibid., chap. 12.

23. *Vestnik Ministerstva Inostrannykh Del SSSR*, 30/4/90 pp. 77 – 8.

24. *1941 god*, vol. 1, Moscow 1998 doc. 327.

25. *1941 god*, vol. 2 docs 393, 413, 472, 525, 528.

26. *Organy Gosudarstvennoi Bezopasnosti SSSR v Velikoi Otechestvennoi Voine*, vol. 1, book 2, Moscow 1995 doc. 201.

27. Ibid., doc. 273. 이것은 이들 두 정보원이 1940년 9월~1941년 6월 시기에 제출한 보고들을 표로 만들어 놓은 것이다.

28. *Lubyanka: Stalin i NKVD–NKGB–GUKR 'Smersh', 1939–1946*, Moscow 2006 doc. 173.

29. Gorodetsky, *Grand Delusion* pp. 296 – 7.

30. *1941 god*, vol. 2 docs 488, 513, 514, 566, 567, 590과 *Sovetsko–Yaponskaya Voina 1945 goda: Istoriya Voenno-Politicheskogo Protivoborstva Dvukh Derzhav v 30–40-e gody* (Russkii Arkhiv 시리즈의), Moscow 1997 docs 14, 148, 150, 151, 152, 154.

31. DVP 1940 – 1941, vol. 23, book 2, part 2 doc. 853.

32. *Vestnik Ministerstva Inostrannykh* pp. 76 – 7.

33. B. Whaley, *Codeword Barbarossa*, MIT Press: Cambridge, Mass. 1973 chap. 7과 D. Murphy, *What Stalin Knew: The Enigma of Barbarossa*, Yale University Press: New Haven

2005 chap. 17.

34. A. Seaton, *Stalin as Military Commander*, Combined Publishing: Conshohocken, PA 1998 p. 154에서 재인용.

35. L. Rotundo, 'Stalin and the Outbreak of War in 1941', *Journal of Contemporary History*, vol. 24, 1989 p. 283.

36. *1941 god*, vol. 2, doc. 550

37. Ibid., doc. 605.

38. E. Mawdsley, *Thunder in the East: The Nazi–Soviet War, 1941–1945*, Hodder Arnold: London 2005 p. 34.

39. 이 절은 다음과 같은 저술들에 큰 빚을 지고 있다. J. Erickson, 'Barbarossa: June 1941: Who Attacked Whom', *History Today*, July 2001; C. A. Roberts, 'Planning for War: The Red Army and the Catastrophe of 1941', *Europe–Asia Studies*, vol. 8, no. 47, 1995; E. Mawdsley, 'Crossing the Rubicon: Soviet Plans for Offensive War in 1940 – 1941', *International History Review*, December 2003; Gorodetsky, *Grand Delusion* 과 Rotundo, 'Stalin'.

40. 'Zakluchitel'naya Rech' Narodnogo Komissara Oborony Souza SSR Geroya i Marshala Sovetskogo Souza S. K. Timoshenko na Voennom Soveshchanii 31 Dekabrya 1940g' p. 12. Copy in Volkogonov Papers.

41. G. K. Zhukov, 'Kharakter Sovremennoi Nastupatel'noi Operatsii' in *Nakanune Voiny: Materialy Soveshchaniya Vysshego Rukovodyashchego Sostava RKKA 23–31 Dekabrya*, Moscow 1993 (Russkii Arkhiv 시리즈의) pp. 129 – 51.

42. Mawdsley, 'Crossing the Rubicon', pp. 826 – 7.

43. J. Stalin, *Works*, vol. 12, Foreign Languages Publishing House: Moscow 1955 p. 269.

44. 1936년에 스탈린은 미국 언론인 로이 하워드Roy Howard에게 다음과 같이 말했다. 〈우리 마르크스주의자들은 혁명이 다른 나라에서도 일어날 거라고 믿습니다. 그러나 혁명은 그런 나라의 혁명가들이 가능하거나 필연적이라고 여길 때만 찾아올 겁니다. 혁명을 수출한다는 것은 말도 안 되는 소리입니다. 각 나라는 스스로 절실히 원한다면 자기 자신의 혁명을 일으킬 것이고, 그런 열망이 존재하지 않는다면 혁명은 일어나지 않을 겁니다.〉 Degras, *Soviet* p. 166.

45. M. Djilas, *Wartime*, Secker & Warburg: London 1977 p. 437. 하지만 앨버트 레시스는 질라스에게 한 스탈린의 발언이 항상 소련의 행동으로 뒷받침된 것은 아니라고 지적한다. 많은 경우 붉은 군대는 덴마크, 노르웨이, 이란, 중국, 만주처럼 자신이 점령한 지역에서 철수했다. Albert Resis, *Stalin, the Politburo, and the Onset of the Cold War, 1945–1946*, The Carl Beck Papers in Russian and East European Studies no. 701, April 1998 p. 25를 보라.

46. 이와 관련해서 M. von Hagen, 'Soviet Soldiers and Officers on the Eve of the German Invasion' in J. L. Wieczynski (ed.), *Operation Barbarossa*, Charles, Schlacks: Salt

Lake City 1993을 보라.

47. *1941 god*, vol. 2 pp. 557 – 571.

48. Ibid., vol. 1 doc. 95.

49. Ibid., doc. 117.

50. Ibid., doc. 134.

51. Ibid., doc. 315.

52. Gorodetsky, *Grand Delusion* pp. 121 – 4.

53. M. V. Zakharov, *General'nyi Shtab v Predvoennye Gody*, Moscow 1989 pp. 220 – 4. 1972년에 사망한 자하로프는 1960년대에 이 책을 썼다. 하지만 그의 비판적인 주장과 그가 참조한 기밀 자료 때문에 책의 출간이 20년 연기되었다. 이 책의 새로운 판본은 2005년에 출간되었다.

54. *1941 god*, vol. 1 doc. 224.

55. Mawdsley, 'Rubicon'.

56. *1941 god*, vol. 2 doc. 473.

57. 이 문서는 1989년 소련에서 출간된 드미트리 볼코고노프의 스탈린 전기에서 처음 빛을 보았다. 볼코고노프의 자료는 그가 소련 군사 문서고에서 발견한 3쪽짜리 타자기로 친 원고였다(Library of Congress Manuscripts Division의 'Volkogonov Papers'에 보관되어 있는 사본). 이 타자기로 친 원고는 그 후 잡지 *Voenno-Istoricheskii Zhurnal*에 실렸다('Upryamye Fakty Nachala Voiny', no. 2, 1992). 하지만 이 텍스트는 손으로 쓴 훨씬 긴 문서의 일부에 불과했다(L. A. Bezymenskii, 'O 'Plane Zhukova' ot 15 May 1941g', *Novaya i Noveishaya Istoriya*, no. 3, 2000). 스탈린이 1941년에 예방 전쟁과 선제공격을 계획하고 있었다고 주장하는 사람들이 이 문서를 어떻게 이용했는지에 관해서는 T. J. Uldricks, 'The Icebreaker Controversy: Did Stalin Plan to Attack Hitler?', *Slavic Review*, vol. 58, no. 3, Fall 1999를 보라.

58. 스탈린이 이 문서를 봤거나 문서에 대해 들었다는 여러 간접적인 보고들이 있지만, 이 모든 자료의 문제점은 그것들이 문서 자체의 존재를 알게 된 때보다 시간적으로 뒤에 만들어졌다는 사실이다. Mawdsley, 'Rubicon'은 이 다양한 자료들을 상세히 논의한다.

59. Roberts, 'Planning for War' p. 1320.

60. A. Werth, *Russia at War, 1941–1945*, Pan Books: London 1964 p. 132.

61. Mawdsley, 'Rubicon'에서의 논의를 보라.

62. 'Posetiteli Kremlevskogo Kabineta I. V. Stalina', *Istoricheskii Arkhiv*, no. 2, 1996 pp. 48 – 9.

63. A. M. Vasilevsky, *A Lifelong Cause*, Progress Publishers: Moscow 1981 p. 84.

64. G. A. Kumanev, *Ryadom so Stalinym*, Moscow 1999 p. 233. Mawdsley, 'Rubicon', pp. 864 – 5를 보라.

65. Gorodetsky, *Grand Delusion* p. 240. 주코프의 이 논평은 바실렙스키의 미공개 인터뷰 내용을 두고 쓴 것이다.

66. K. K. Rokossovskii, *Soldatskii Dolg*, Moscow 2002 pp. 50 – 4. 로코솝스키의 회고

록에서 나온 이 구절은 몇몇 다른 구절과 함께 1968년에 출간된 원래 판본에서는 제외되었다.

67. G. K. Zhukov, *Vospominaniya i Razmyshleniya*, 10th edn, vol. 1, Moscow 1990 p. 289. 이 발언은 글라스노스트 이전 시대에 발간된 주코프 회고록 판본들에서는 검열을 받아 삭제되었다.

68. Mawdsley, *Thunder* pp. 86–7.

제4장 섬멸전: 스탈린 대 히틀러

1. D. M. Glantz and J. House, *When Titans Clashed: How the Red Army Stopped Hitler*, University Press of Kansas: Lawrence, Kansas 1995 p. 31.

2. D. Glantz, *Barbarossa: Hitler's Invasion of Russia 1941*, Tempus Publishing: Stroud 2001 p. 234.

3. *1941 god*, vol. 2, Moscow 1998 doc. 612

4. 독일의 소련 공격 준비는 H. Boog et al., *Germany and the Second World War: The Attack on the Soviet Union* (*Germany and the Second World War*의 vol. 4), Clarendon Press: Oxford 1998에 실린 다양한 논문들에서 상세히 다뤄지고 있다. 이 절의 자료는 달리 언급하지 않는 한 이 책으로부터 나왔다.

5. J. Keegan, *The Second World War*, Arrow Books: London 1989 p. 186.

6. A. Clark, *Barbarossa: The Russian–German Conflict, 1941–1945*, Phoenix: London 1996 p. 43.

7. Ye. N. Kul'kov, 'Napadeniye Germanii na SSSR' in *Mirovye Voiny XX Veka*, vol. 3, Moscow 2002 p. 138.

8. M. U. Myagkov (ed.), *Mirovye Voiny XX Veka*, vol. 4, Moscow 2002 doc. 199.

9. Glantz, *Barbarossa* p. 55.

10. L. Dobroszycki and J. S. Gurock (eds), *The Holocaust in the Soviet Union*, M. E. Sharpe: New York 1993.

11. J. Matthaus, 'Operation Barbarossa and the Onset of the Holocaust' in C. Browning, *The Origins of the Final Solution*, University of Nebraska Press: Lincoln, NB 2004와 D. Cesarini (ed.), *The Final Solution*, Routledge: London 1994에 실린 J. Förster, C. Streit, O. Bartov, C. Browning의 논문들을 보라.

12. C. Streit, 'Partisans–Resistance–Prisoners of War' in J. L. Wieczynski (ed.), *Operation Barbarossa*, Charles, Schlacks: Salt Lake City 1993.

13. 소련군 병사들이 포위망을 뚫기 위해 싸우는 모습을 생생하게 그린 묘사는 콘스탄틴 시모노프의 소설 *The Living and the Dead*, Raduga Publishers: Moscow 1989에서 찾을 수 있다.

14. Myagkov, *Mirovye*.

15. G. A. Kumanev, 'The USSR's Degree of Defense Readiness and the Suddenness of the Nazi Attack' in Wieczynski (ed.), Barbarossa; M. N. Ramanichev, 'Nevidannoye

Ispytaniye' in G. N. Sevost'yanov (ed.), *Voina i Obshchestvo, 1941–1945*, vol. 1, Moscow 2004.

16. A. Werth, *Russia at War*, Pan Books: London 1964 p. 249.

17. W. E. D. Allen and P. Muratoff, *The Russian Campaigns of 1941–1943*, Penguin Books: London 1944 p. 53.

18. *Khrushchev Remembers*, Sphere Books: London 1971 pp. 535–6.

19. R. and Z. Medvedev, *The Unknown Stalin*, Overlook Press: Woodstock and New York p. 242.

20. A. Mikoyan, *Tak Bylo*, Moscow 1999 pp. 390–1.

21. R. and Z. Medvedev, *Unknown Stalin* p. 244. 콘스탄틴 플레샤코프Constantine Pleshakov는 미코얀은 보로실로프가 다차 방문에 참가했다고 주장하지만, 사실 그는 당시 모스크바를 벗어나 전선에 있었다고 지적했다(*Stalin's Folly*, Houghton Mifflin: Boston 2005 p. 300 n. 219).

22. 차다예프의 회고는 발간되지 않았으나 E. Radzinsky, *Stalin*, Hodder & Stoughton: London 1997 pp. 445–55에서 발췌문들을 광범하게 찾을 수 있다. 차다예프 회고를 폭넓게 인용하는 또 다른 책은 S. Berthon and J. Potts, *Warlords*, Politico's Publishing: London 2005이다.

23. G. A. Kumanev, *Ryadom so Stalinym*, Moscow 1999 p. 413.

24. A. Resis (ed.), *Molotov Remembers*, Ivan R. Dee: Chicago 1993 p. 39.

25. *The Memoirs of Marshal Zhukov*, Jonathan Cape: London 1971 p. 268.

26. *Organy Gosudarstvennoi Bezopasnosti SSSR v Velikoi Otechestvennoi Voine*, vol. 2, book 1, Moscow 2000 p. 107.

27. 'Posetiteli Kremlevskogo Kabineta I. V. Stalina: 1940–1941', *Istoricheskii Arkhiv*, no. 2, 1996 pp. 51–4.

28. R. and Z. Medvedev, *Unknown Stalin* p. 243.

29. *Organy Gosudarstvennoi* docs 293, 306, 306.

30. Ibid., doc. 337. 나는 Zhukov, *Memoirs* p. 270을 보고 7월 3일 라디오 연설과의 관계를 주목하게 되었다.

31. *1941 god*, vol. 2, Moscow 1998 doc. 608.

32. A. Resis (ed.), *Molotov Remembers* p. 38.

33. '"Nashe Delo Pravoe": Kak Gotovilos' Vystupleniye V. M. Molotova po Radio 22 Iunya 1941 goda', *Istoricheskii Arkhiv*, no. 2, 1995. 이 논문에는 몰로토프가 손으로 쓴 초안의 복사본이 있다. 몰로토프 방송 연설의 일부 영어 번역을 위해서는 J. Degras (ed.), *Soviet Documents on Foreign Policy*, vol. 3, Oxford University Press: London 1953 pp. 490–1을 보라.

34. I. Banac (ed.), *The Diary of Georgi Dimitrov, 1933–1949*, Yale University Press: New Haven 2003 pp. 166–7.

35. *Dokumenty Vneshnei Politiki 1941–1942*, vol. 24, Moscow 2000 doc. 2 (이후 DVP

로 표기). 36. W. S. Churchill, *War Speeches, 1940–1945*, Cassell: London 1946 pp. 67 - 9.

37. *Sovetsko–Amerikanskie Otnosheniya 1939–1945*, Moscow 2004 p. 134. 전쟁 동안 루스벨트의 대(對)소련 정책에 관해서는 M. E. Glantz, *FDR and the Soviet Union: The President's Battles over Foreign Policy*, University Press of Kansas: Lawrence, Kansas 2005.

38. *Sovetsko–Amerikanskie* doc. 102.

39. Ibid., doc. 135와 nn. 16 - 17 pp. 576 - 83.

40. Ibid., doc. 145.

41. Ibid., docs 227 - 30.

42. 세 지시의 텍스트를 위해서는 *1941 god*, vol. 2, docs 605, 607, 617을 보라. 영어 번역을 위해서는 Glantz, *Barbarossa* pp. 242 - 3의 부록 2를 보라.

43. 주코프는 자신의 회고록에서 스탈린이 6월 22일 오후 1시에 전화를 걸어 키예프로 즉시 떠나라는 명령을 내렸다고 주장함으로써 반격 행동을 명령하는 세 번째 지시와 거리를 두었다(p. 238). 하지만 스탈린의 집무실 일지는 주코프가 2시부터 4시까지 그를 만났다고 기록한다. 게다가 보리스 소콜로프가 지적하고 있듯이, 이반 바그라먄 원수의 회고록은 주코프가 세 번째 지시를 받은 후 얼마 있다 남서부 전선군에 도착했다고 기록한다(B. V. Sokolov, *Georgii Zhukov*, Moscow 2004 p. 220).

44. S. M. Shtemenko, *The Soviet General Staff at War, 1941–1945*, vol. 1, Progress Publishers: Moscow 1970 p. 32.

45. J. Barber, 'Popular Reactions in Moscow to the German Invasion of June 22, 1941' in Wieczynski (ed.), *Barbarossa*. 또 M. M. Gorinov, 'Muscovites' Moods, 22 June 1941 to May 1942' in R. W. Thurston and B. Bonwetsch (eds), *The People's War: Responses to World War II in the Soviet Union*, University of Illinois Press: Urbana and Chicago 2000도 보라.

46. Zhukov, *Memoirs* p. 250.

47. G. K. Zhukov, *Vospominaniya i Razmyshleniya*, vol. 2, Moscow 1990 p. 38.

48. Glantz, *Barbarossa* p. 40.

49. *Organy Gosudarstvennoi* doc. 340.

50. J. Stalin, *On the Great Patriotic War of the Soviet Union*, Hutchinson: London 1943/4 pp. 5 - 9. 스탈린이 전쟁 초기에 했던 연설들의 분석을 위해서는 E. Mawdsley, 'Explaining Military Failure: Stalin, the Red Army, and the First Period of the Patriotic War, 1941 - 1942' in G. Roberts (ed.), *Stalin: His Times and Ours*, IAREES: Dublin 2005를 보라.

51. *Moskva Voennaya, 1941–1945*, Moscow 1995 docs 19 - 20.

52. Ramanichev, 'Nevidannoye' p. 62.

53. Yu. Gor'kov, *Gosudarstvennyi Komitet Oborony Postanovlyaet (1941–1945)*, Moscow 2002 p. 20.

54. *Organy Gosudarstvennoi* doc. 423.

55. D. M. Glantz, *Colossus Reborn: The Red Army at War, 1941–1943*, University Press

of Kansas: Lawrence, Kansas 2005 chap. 11.

56. *Organy Gosudarstvennoi* doc. 384.

57. *1941 god*, vol. 2 doc. 634.

58. *Stavka VGK: Dokumenty i Materialy 1941 god*, Moscow 1996 (Russkii Arkhiv 시리즈) doc. 106. 소련 해군에서는 〈인민 위원 제도〉가 7월 20일에 부활했다.

59. *Glavnye Politicheskiye Organy Vooruzhennykh Sil SSSR v Velikoi Otechestvennoi Voine 1941–1945gg*, Moscow 1996 (Russkii Arkhiv 시리즈) doc. 42.

60. *Organy Gosudarstvennoi* doc. 413.

61. Ibid., doc. 490.

62. Ibid., doc. 550.

63. *1941 god*, vol. 2 doc. 635.

64. *Organy Gosudarstvennoi* docs 379, 436, 437, 438. 1956년에 파블로프와 몇몇 사람들이 복권되었다. 복권 문서의 일부 사본들은 'Volkogonov Papers'에서 찾을 수 있다. 이 자료의 작성자들은 파블로프가 사령관으로서 많은 실수를 범했지만, 이는 태만이나 비겁 때문이 아니라 경험 부족 때문이라고 주장했다. 파블로프의 실수에 대한 평가를 위해서는 E. Mawdsley, *Thunder in the East: The Nazi–Soviet War 1941–1945* Hodder Arnold: London 2005 pp. 60 – 2 and V. A. Anfilov, *Doroga k Tragedii Sorok Pervogo Goda*, Moscow 1997을 보라.

65. O. F. Suvenirov, *Tragediya RKKA, 1937–1939*, Moscow 1998 p. 381.

66. G. Jukes, 'Meretskov' in H. Shukman (ed.), *Stalin's Generals*, Phoenix Press: London 1997.

67. *Organy Gosudarstvennoi* doc. 424.

68. Ibid., doc. 454. 주코프에 따르면(*Memoirs* pp. 287 – 9), 그는 7월 29일 스탈린을 만나 키예프를 포기해야 할 거라고 말했고, 이 만남이 있은 후 참모 총장직에서 해임되었다. 하지만 스탈린의 업무 일지에 따르면, 7월 21일부터 8월 4일 사이에 주코프와의 만남은 없었다. 주코프가 참모 본부를 떠난 일과 관련해서는 전쟁이 터지자마자 스탑카를 창설한 것이 군 위계에서 참모 본부의 위상을 떨어뜨린 결과를 낳았음을 유념해야 한다.

69. Zhukov, *Vospominaniya* vol. 2, p. 132.

70. Glantz, *Barbarossa* pp. 86 – 90.

71. Werth, *Russia at War* pp. 188 – 95.

72. Glantz, *Barbarossa* p. 90.

73. Ramanichev, 'Nevidannoye' p. 67.

74. Glantz, *Barbarossa* p. 96.

75. A. J. P. Taylor, *The War Lords*, Penguin Books: London 1978 p. 107.

76. A. M. Vasilevsky, *A Lifelong Cause*, Progress Publishers: Moscow 1981 pp. 97 – 104.

77. *Stavka VGK: Dokumenty i Materialy 1941 god* doc. 168.

78. A. M. Vasilevskii, *Delo Vsei Zhizni*, Moscow 1974 p. 145. 이것과 그 다음 인용 구절

은 바실렙스키의 영어 번역본 회고록에서는 빠졌다.

79. Ibid., p. 146.

80. Vasilevsky, *A Lifelong Cause* pp. 106 – 7.

81. Ibid., p. 107.

82. Zhukov, *Vospominaniya*, vol. 2 pp. 132 – 3. 이 문장은 영어본 회고록에서는 빠졌다.

83. I. Kh. Bagramyan, *Tak Shli My k Pobede*, Moscow 1998 p. 180.

84. *Stavka VGK: Dokumenty i Materialy 1941 god* doc. 255.

85. Ibid., doc. 254.

86. Vasilevsky, *A Lifelong Cause* p. 110.

87. *Stavka VGK: Dokumenty i Materialy 1941 god* doc. 280.

88. Glantz, *Barbarossa*, p. 132.

89. Bagramyan, *Tak Shli* p. 188.

90. DVP vol. 24 pp. 577 – 83 n.17.

91. *Stalin's Correspondence with Churchill, Attlee, Roosevelt and Truman, 1941–1945*, Lawrence & Wishart: London 1958 docs 3, 10, 12, pp. 12 – 25.

92. Vasilevsky, *A Lifelong Cause* p. 108.

93. Mawdsley, *Thunder* p. 74.

94. Ibid., p. 110. Allen and Muratoff, *Russian Campaigns*의 견해는 〈군사 행동 전체의 수지 타산이라는 면에서 [붉은 군대가] 키예프에서 치른 희생은 그럴 만한 가치가 있었다〉는 것이었다(p. 46).

95. 이 절의 군사적 개관은 D. M. Glantz, *The Battle for Leningrad, 1941–1944*, University Press of Kansas: Lawrence, Kansas 2002에 바탕을 두고 있다.

96. Ibid., pp. 54 – 5.

97. Ibid., pp. 85 – 6.

98. 전쟁 동안 즈다노프가 레닌그라드에서 수행한 활동에 대한 설명을 위해서는 H. E. Salisbury, *The 900 Days: The Siege of Leningrad*, Avon Books: New York 1970을 보라.

99. N. A. Lomagin, *Neizvestnaya Blokada*, vol. 1, St Petersburg: 2002 pp. 58 – 61.

100. N. Ya Komarov and G. A. Kumanev, *Blokada Leningrada: 900 Geroicheskikh Dnei, 1941–1944*, Moscow 2004 pp. 72 – 6.

101. D. Watson, 'Molotov, the War and Soviet Government'(미간행 논문)에서 재인용. 또 Lomagin, *Blokada* p. 63도 보라.

102. 'Volkogonov Papers'에 있는 스탑카의 지시. 1942년 4월의 한 정치국 결의안에 따르면, 보로실로프는 〈레닌그라드 군사 평의회〉를 둘러싼 문제 때문에, 그리고 전통적인 방어 문제보다는 노동자 부대의 창설에 집중했기 때문에 사령관직에서 해임되었다. Shukman (ed.), *Stalin's Generals*에 실린 볼코고노프 논문, p. 318을 보라.

103. Glantz, *Battle for Leningrad*, pp. 81 – 2; 또 이 명령이 9월 21일에 내려졌다고 하는 Komarov and Kumanev, *Blokada* p. 113과 명령이 9월 22일에 있었다고 하는 Lomagin, *Blokada* p. 69도 보라.

104. Mawdsley, *Thunder* p. 136.

105. 타의 추종을 불허하는 레닌그라드 봉쇄에 관한 대중 역사서는 솔즈베리Salisbury 의 책이다. 이 문단의 내 수치는 Glantz, *Battle for Leningrad* p. 468에서 나왔다.

106. *Stavka VGK: Dokumenty i Materialy 1941 god* doc. 504.

107. Mawdsley, *Thunder* p. 95.

108. Glantz, *Barbarossa* p. 157.

109. Vasilevsky, *A Lifelong Cause* p. 112.

110. 뱌지마-브랸스크 패주의 원인을 둘러싼 추가 논의를 위해서는 Mawdsley, *Thunder*, pp. 97 - 100을 보라.

111. *G. K. Zhukov v Bitve pod Moskvoi: Sbornik Dokumentov*, Moscow 1994 docs 1, 3, 5, 7.

112. Vasilevsky, *A Lifelong Cause* p. 119.

113. V. Gavrilov and E. Gorbunov, *Operatsiya 'Ramzai'*, Moscow 2004 chap. 9.

114. *Organy Gosudarstvennoi Bezopasnosti SSSR v Velikoi Otechestvennoi Voine*, vol. 2, book 2, Moscow 2000 doc. 611; Mawdsley, *Thunder* pp. 96 - 7.

115. *Moskva Voennaya* docs 56과 63.

116. Werth, *Russia at War*, pp. 224 - 33에서 이 극심한 공포에 대한 좋은 묘사를 발견할 수 있다. *Moskva Voennaya*에 몇몇 관련 문서들이 있다.

117. Gorinov, 'Muscovite Moods'를 보라.

118. *Marshal Zhukov's Greatest Battles*, Sphere Books: London 1971 pp. 53 - 4.

119. Ibid., p. 63.

120. Stalin, *Great Patriotic War* pp. 10 - 21.

121. Ibid., pp. 21 - 3.

122. *Moskva Voennaya* doc. 7.

123. Gorinov, 'Muscovite Moods' p. 126.

124. Lomagin, *Neizvestnaya Blokada*, vol. 2 doc. 1 p. 359.

125. DVP vol. 24 doc. 305 p. 473.

126. Mawdsley, *Thunder* p. 121.

127. J. Erickson, *The Road to Stalingrad*, Harper & Row: New York 1975 pp. 277 - 342; Glantz, *Colossus Reborn* pp. 17 - 24; Glantz, *Battle for Leningrad* pp. 149 - 56.

128. 주코프는 회고록에서 자신이 이 시기에 공격 작전을 포기하도록 스탈린을 열심히 설득하려 했다고 주장한다. 하지만 그의 주장을 뒷받침하는 당대의 증거는 없고, 오히려 그의 설명을 의심할 온갖 이유만 있다. 왜냐하면 그것은 실패한 소련 공세로부터 자신을 멀리 떼어 놓는 동시에 성공한 공세의 공적을 대부분 가져가는 일관된 패턴의 일부를 이루기 때문이다. 실제로 주코프는 스탈린의 장군들 중 가장 강경한 매파였으며, 1941~1942년의 겨울 공세의 열광적 지지자였지 그것을 비방한 사람은 아닌 듯싶다.

129. O. A. Rzheshevsky (ed.), *War and Diplomacy*, Harwood Academic Publishers: Amsterdam 1996 doc. 4.

130. Ibid., doc. 7.

131. Ibid., docs 5 - 6. 이든이 모스크바를 방문하게 된 외교적 배경에 관해서는 V. V. Sokolov, 'I. M. Maiskii Mezhdu I. V. Stalinym i U. Cherchillem v Pervye Mesyatsy Voiny', *Novaya i Noveishaya Istoriya*, no. 6, 2001.

132. *Stalin's Correspondence* doc. 40.

133. Rzheshevsky, *War and Diplomacy* docs 37 - 8.

134. Vasilevsky, *A Lifelong Cause* p. 152.

135. Stalin, *Great Patriotic War* pp. 23 - 8.

제5장 스탈린그라드와 쿠르스크에서의 승리: 스탈린과 그의 장군들

1. B. Wegner, 'The War against the Soviet Union, 1942 - 1943' in H. Boog et al. (eds), *Germany and the Second World War*, vol. 6, Clarendon Press: Oxford 2001. 이 논문은 히틀러의 1942년 전역(戰役)에 관한 가장 출중한 설명이다. 또 같은 저자의 'The Road to Defeat: The German Campaigns in Russia, 1941 - 1943', *Journal of Strategic Studies*, vol. 13, no. 1, March 1990도 보라.

2. J. S. A. Hayward, *Stopped at Stalingrad: The Luftwaffe and Hitler's Defeat in the East, 1942–1943*, University Press of Kansas: Lawrence, Kansas 1998 p. 4.

3. 히틀러의 1942년 군사 기동 동기에 관해서는 J. Hayward, 'Hitler's Quest for Oil: The Impact of Economic Considerations on Military Strategy, 1941 - 1942', *Journal of Strategic Studies*, vol. 18, no. 4, December 1995.

4. H. R. Trevor-Roper, *Hitler's War Directives, 1939–1945*, Sidgwick & Jackson: London 1964, p. 117.

5. Ibid., p. 119.

6. G. Jukes, *Stalingrad: The Turning Point*, Ballantine Books: New York 1968.

7. 소련령 케르치 작전에 관해서는 E. Mawdsley, *Thunder in the East: The Nazi–Soviet War, 1941–1945*, Hodder Arnold: London 2005 pp. 136 - 41을 보라.

8. A. M. Vasilevsky, *A Lifelong Cause*, Progress Publishers: Moscow 1981 p. 159. 이 문서의 전문 사본은 'Volkogonov Papers'에서 찾을 수 있다.

9. P. P. Chevela, 'Novye Ispytaniya' in V. A. Zolotarev et al. (eds), *Velikaya Otechestvennaya Voina 1941–1945*, vol. 1, Moscow 1998 p. 332.

10. Vasilevsky, *A Lifelong Cause* p. 161. 6월 4일 스탑카 문서의 전문은 'Volkogonov Papers'에서 찾을 수 있다.

11. 세바스토폴 방어에 대한 생생한 묘사를 위해서는 A. Werth, *Russia at War*, Pan Books: London 1964 pp. 363 - 9.

12. D. M. Glantz, *Kharkov 1942: Anatomy of a Military Disaster through Soviet Eyes*, Ian Allan Publishing: Shepperton, Surrey 1998. 이 귀중한 책은 전투에 대한 상세한 서사뿐만 아니라 대참사를 둘러싸고 벌어진 소련의 논의에 대한 광범한 설명도 담고 있다. 또 책에는 중요한 몇몇 스탑카 문서들도 있다.

13. *Khrushchev Remembers*, Sphere Books: London 1971 pp. 536 – 7. 흐루쇼프는 회고록에서 자신의 주장을 되풀이하면서 상세히 설명했다(pp. 160 – 7).

14. Glantz, *Kharkov 1942* p. 240.

15. *The Memoirs of Marshal Zhukov*, Jonathan Cape: London 1971 p. 368.

16. K. S. Moskalenko, *Na Ugo-Zapadnom Napravlenii*, vol. 1, 2nd edn, Moscow 1975 pp. 168 – 213.

17. Glantz, *Kharkov 1942* p. 241.

18. Vasilevsky, *A Lifelong Cause* pp. 163 – 4.

19. I. Kh. Bagramyan, *Tak Shli My k Pobede*, Moscow 1998 pp. 305 – 53.

20. Glantz, *Kharkov 1942* pp. 224 – 5. 러시아 문서 원본의 사본을 'Volkogonov Papers'에서 찾을 수 있다.

21. 하리코프 작전에 참가한 고위 사령관들의 이후 경력에 대한 설명을 위해서는 Ibid., pp. 275 – 9. 티모셴코는 7월 12일 새로 구성된 스탈린그라드 전선군 사령관에 임명되었으나 며칠 후 해임되었으며 그 뒤 레닌그라드로 보내졌다. 관련 스탑카 지시는 'Volkogonov Papers'에서 찾을 수 있다.

22. Ibid., pp. 252 – 72.

23. 1942년 봄에 최전선 사령관들은 추가 병력을 확보할 경우 공격 행동에 돌입하겠다는 제안을 스탑카에 퍼부었던 것 같다. M. N. Ramanichev, 'Nevidannoe Ispytaniye' in G. N. Sevast'yanov (ed.), *Voina i Obshchestvo, 1941–1945*, vol. 1, Moscow 2004 p. 88을 보라.

24. D. Glantz, *Colossus Reborn: The Red Army at War, 1941–1943*, University Press of Kansas: Lawrence, Kansas 2005 pp. 30면 이하.

25. 티모셴코는 1970년에, 즉 주코프의 회고록이 출간된 직후, 그리고 바실렙스키 회고록이 등장하기 3년 전에 사망했다.

26. Zhukov, *Memoirs* p. 366.

27. Ibid., p. 275.

28. Vasilevsky, *A Lifelong Cause* p. 157.

29. Chevela, 'Novye Ispytaniya' pp. 325 – 7. Ramanichev, 'Nevidannoe Ispytaniye'를 보라.

30. *Stalin's Correspondence with Churchill, Attlee, Roosevelt and Truman, 1941–45*, Lawrence & Wishart: London 1958 doc. 36 p. 41.

31. J. Stalin, *On the Great Patriotic War of the Soviet Union*, Hutchinson: London 1943 pp. 32, 34

32. A. M. Samsonov, *Stalingradskaya Bitva*, 4th edn, Moscow 1989 p. 52.

33. E. F. Ziemke and M. E. Bauer, *Moscow to Stalingrad: Decision in the East*, Center of Military History, US Army: Washington DC 1987 pp. 328 – 30을 보라.

34. Stalin, *On the Great Patriotic War* p. 38.

35. 블라우 계획을 소지한 작전 장교가 적국 영토에서 비행기 추락 사고를 당한 후 작전명이 〈브라운슈바이크〉로 바뀌었다.

36. 전통적으로 옐부르스산 등정이 독일군의 캅카스 진격 최대치를 나타낸다고 언급되어 왔으나, 2003년 10월에 독일군 병사 시신 몇 구가 더 남쪽인 디가라에 묻혀 있었다고 보고되었다. T. Parfitt, 'Graves Mark Peak of Nazis' Reach', *The Times*, 6/10/03.

37. Ziemke and Bauer, *Moscow to Stalingrad* pp. 343 - 4, 510 - 12를 보라.

38. 예를 들어 *Stavka VGK: Dokumenty i Materialy 1942*, Moscow 1996 (Russkii Arkhiv 시리즈) doc. 379.

39. Trevor-Roper, *War Directives* pp. 129 - 30. G. Jukes, *Hitler's Stalingrad Decisions*, University of California Press: Berkeley 1985 pp. 36 - 46도 보라.

40. *Stalingradskaya Bitva*, 2 vols, vol 1, Moscow 2002 pp. 160, 169.

41. *Stavka VGK: Dokumenty i Materialy 1942* doc. 359, 423. Also: V. V. Beshanov, *God 1942 – 'Uchebnyi'*, Minsk 2002 pp. 300면 이하.

42. 소련 참모 본부의 일일 브리핑 보고의 광범위한 발췌문들을 *Stalingradskaya Bitva*에서 찾을 수 있다. 이 책자들에는 또 스탑카 지시, 전선군과 군의 보고 등 많은 문서뿐 아니라 소련 언론의 기사 사본도 상당수 실려 있다.

43. Ziemke and Bauer, *Moscow to Stalingrad* p. 343.

44. *Stalingradskaya Bitva*, vol. 1, p. 184.

45. 원래 제7, 제5, 제1 예비군들인 이들은 1942년 6월에 스탈린그라드 지역에 배치되었고, 1942년 7월 9일에 각각 제62군, 제63군, 제64군으로 재지정되었다. *Stalingrad, 1942–1943: Stalingradskaya Bitva v Dokumenakh*, Moscow 1995 docs 67, 68, 72.

46. Beshanov, *God 1942* p. 473.

47. Volkogonov Papers.

48. Vasilevsky, *A Lifelong Cause* p. 177.

49. *Khronika Ognennykh Dnei, 17 Iulya 1942–2 Fevralya 1943*, Volgograd 2002. 이 날짜는 1943년에 준비된 소련 참모 본부의 스탈린그라드 전투 연구에서 유래한다. 이 연구는 전투의 방어 단계를 4단계로 나누었다. (1) 스탈린그라드로 진입하는 멀리 떨어진 접근로에 대한 방어 전투, 7월 17일~8월 17일. (2) 스탈린그라드로 진입하는 가까운 접근로에 대한 두 번째 방어 전투 단계, 8월 17일~9월 2일. (3) 스탈린그라드 내부 선들을 위한 전투, 9월 2~13일. (4) 시가전 전투 단계, 9월 14일~11월 19일. 소련의 관점에서 볼 때, 전투의 공세 단계는 1942년 11월 19일 독일 제6군을 도시 내부에 가둔 반격의 개시와 함께 시작되었다. L. Rotundo (ed.), *Battle for Stalingrad: The 1943 Soviet General Staff Study*, Pergamon-Brassey's: London 1989 pp. 12 - 13을 보라.

50. *Stalingrad, 1942–1943* doc. 95.

51. Werth, *Russia at War* pp. 375 - 6.

52. 명령 제227호의 영어 전문 번역은 G. Roberts, *Victory at Stalingrad: The Battle That Changed History*, Pearson/Longman: London 2002에 첨부되어 있다.

53. Glantz, *Colossus Reborn* pp. 570 - 9.

54. *Stalingradskaya Epopeya*, Moscow 2000 doc. 50

55. Ibid., docs 28 - 9, 31 - 3. 이것은 명령 제227호에 대한 군대 내 반응을 살펴본 내무

인민 위원부 보고이다. 내무 인민 위원부의 관점에서 이 명령은 또 반체제적 목소리를 확인하는 데에도 유용했다. 명령에 비판적이거나 다른 〈반소련적〉 견해를 표명한 사람들은 체포되었다.

56. 동부 전선에서 규율의 역할에 관해서는 J. Barber and M. Harrison, 'Patriotic War, 1941‑1945' in R. G. Suny (ed.), *The Cambridge History of Russia*, vol. 3, Cambridge University Press: Cambridge 2006을 보라.

57. A. Werth, *The Year of Stalingrad*, Hamish Hamilton: London 1946 pp. 97‑8.

58. 'Na Uge', *Krasnaya Zvezda*, 19/7/42.

59. Werth, *Year of Stalingrad* pp. 80‑1, 130‑3, 170‑1.

60. 예를 들어 사설 'Stoiko Zashchishchat' Rodnuyu Zemlu', *Krasnaya Zvezda*, 30/7/42.

61. 'Postoyat za Rodinu kak Suvorov, Kutuzov, Alexandr Nevskii', *Krasnaya Zvezda*, 31/7/42.

62. Werth, *Russia at War* pp. 382‑94.

63. 'Ob Ustanovlenii Polnogo Edinonachaliya I Uprazdnenii Instituta Voennykh Komissarov v Krasnoi Armii', *Krasnaya Zvezda*, 10/10/42.

64. *Stalingradskaya Epopeya* docs 49, 51, 53.

65. Werth, *Year of Stalingrad* p. 82.

66. *Stalingrad, 1942–1943* docs 109‑10.

67. Ibid., doc. 120.

68. *Sovetsko–Angliiskiye Otnosheniya vo Vremya Velikoi Otechestvinnoi Voiny 1941–1945*, vol. 1, Moscow 1983 doc. 114.

69. *Sovetsko–Amerikanskiye Otnosheniya vo Vremya Velikoi Otechestvennoi Voiny, 1941–1945*, vol. 1, Moscow 1984 doc. 109.

70. Ibid., doc. 102.

71. 'Krepnushchaya Moshch' Antigitlerovskoi Koalitsii', *Pravda*, 13/6/42.

72. *Vneshnyaya Politika Sovetskogo Souza v period Otechestvennoi Voiny*, vol. 1, Moscow 1944 p. 260.

73. O. A. Rzheshevsky (ed.), *War and Diplomacy: The Making of the Grand Alliance*, Harwood Academic Publishers: Amsterdam 1996 docs 112, 119.

74. I. N. Zemskov, *Diplomaticheskaya Istoriya Vtorogo Fronta v Evrope*, Moscow 1982 pp. 110‑20. 이 책에는 아직 공개되지 않았거나 문서고에서 접근 가능한 몇몇 소련 외교 문서들에서 발췌한 인용문들이 있다.

75. *Stalin's Correspondence* doc. 57 p. 56.

76. Ibid., docs 58, 60 pp. 57‑8.

77. *Organy Gosudarstvennoi Bezopasnosti SSSR v Velikoi Otechestvennoi Voine*, vol. 3, book 2, Moscow 2003 docs 1005, 1022, 1024, 1031, 1037, 1041.

78. *Sovetsko–Amerikanskie Otnosheniya* docs 113, 123, 124, 125.

79. 'New Documents about Winston Churchill from Russian Archives', *International Affairs*, vol. 47, no. 5, 2001 pp. 131 - 4.

80. 이후 요약은 Harriman Papers, Library of Congress Manuscript Division, Container 162, Chronological File 16 - 23/8/42에 있는 미국 통역관의 보고에서 나왔다. 이 회담의 소련 측 보고는 *Sovetsko–Angliiskiye Otnosheniya* doc. 130에 있다. 미국 측 보고는 더 길지만, 본질적인 면에서 소련 측 보고와 충돌하지 않는다.

81. 이 회담을 손으로 써서 기록한 해리먼의 메모에서 처칠은 모스크바가 표적이 될 수 있다고 분명하게 언급한다. 스탈린은 다음과 같이 대꾸했다. 〈모르겠습니다. 그러나 전선의 길이를 고려해 볼 때, 20개 사단을 취합해 강력한 공격력을 만들고 그럼으로써 모스크바 등지에 위협을 가하는 것이 거의 틀림없이 가능할 것입니다. (……) 모스크바는 좀 더 안전하긴 하지만, 예상치 않은 기습에 안전을 보장할 수가 없습니다.〉 Harriman Papers, c.162, cf. 14 - 15/8/42.

82. 이후 요약은 Harriman Papers, c.162, cf. 16 - 23/8/42에 있는 미국 통역관의 보고에 바탕을 두고 있다. 회담의 소련 측 보고는 *Sovetsko–Angliiskie Otnosheniya* doc. 131에서 찾을 수 있다.

83. *Sovetsko–Amerikanskiye Otnosheniya* doc. 132.

84. 이후 요약은 Harriman Papers, c.162, cf. 14 - 15/8/42에 있는 회담의 영국 통역관 버스 소령의 보고에 바탕을 두고 있다. 만찬에서의 대화를 빼고 회담에 관한 소련 측 보고 는 *Sovetsko–Angliiskie Otnosheniya* doc. 137에서 찾을 수 있다.

85. 그와 같은 작전의 구상은 1941년 7월 18일 스탈린이 처칠에게 보낸 메시지에서 처음 제기했다. *Stalin's Correspondence* doc. 3 p. 12를 보라.

86. 독일과 베를린 폭격에 관한 이 대화들은 만찬에서의 대화를 기록한 버스의 메모에 서는 빠져 있으나, 스탈린의 통역관인 파블로프V. Pavlov가 작성한 메모에는 기록되어 있다. O. A. Rzheshevskii, *Stalin i Cherchill'*, Moscow 2004 doc. 152를 보라.

87. 'New Documents about Winston Churchill from Russian Archives' pp. 137 - 8.

88. Harriman Papers, c.162, cf. 14 - 15/8/42에 있는, 8월 14일의 공식 만찬에서 이루어진 해리먼과 스탈린의 대화에 관한 해리먼의 메모들을 보라.

89. Stalin, *On the Great Patriotic War* pp. 34 - 5. 이 진술의 배경에 관한 캐시디의 설명을 위해서는 H. C. Cassidy, *Moscow Dateline*, The Riverside Press: Cambridge, Mass 1943 chap. 16을 보라.

90. R. Ivanov, *Stalin i Souzniki, 1941–1945 gg*, Smolensk 2000 pp. 240 - 1.

91. 예를 들어 1942년 9월 23일 1940년 대통령 선거에서 루스벨트의 공화당 적수였던 웬들 윌키Wendell Wilkie와 스탈린의 대화. *Sovetsko–Amerikanskiye Otnosheniya* doc. 93.

92. Stalin, *On the Great Patriotic War* pp. 39 - 41.

93. *Stalingradskaya Epopeya* docs 46과 55; N. A. Lomagin (ed.), Neizvestnaya Blokada, Moscow 2002 pp. 380 - 2, 389 - 91.

94. *Vneshnyaya Politika Sovetskogo Souza v period Otechestvennoi Voiny* pp. 273 - 7. 나는 Cassidy, *Moscow Dateline* chap. 17을 보고 이 일화 전체를 주목하게 되었다. 이 성명과 헤

스 문제, 아래에서 인용한 『프라우다』 사설에 대한 레닌그라드 시민들의 반응에 관해 내무
인민 위원부가 작성한 보고를 위해서는 Lomagin (ed.), *Neizvestnaya Blokada* pp. 386 - 8을
보라.

95. J. Haslam, 'Stalin's Fears of a Separate Peace, 1942', *Intelligence and National Security*, vol. 8, no. 4, October 1993, p. 98에 재인용. 또 같은 사설에서 나온 인용문을 더
보려면 Cassidy, *Moscow Dateline* p. 286. 이 문제 전체에 관해서는 A. J. Kochavi, 'Anglo-
Soviet Differences over a Policy towards War Criminals', *SEER*, vol. 69, no. 3, July
1991을 보라.

96. *Sovetsko–Angliiskie Otnosheniya* doc. 147.

97. O. A. Rzheshevskii, *Stalin i Cherchill'* doc. 157.

98. Ibid., doc. 158. 또 다른 번역을 위해서는 'New Documents about Winston
Churchill from Russian Archives' p. 138을 보라.

99. Hayward, *Stopped at Stalingrad* p. 189.

100. Samsonov, *Stalingradskaya* p. 178.

101. Mawdsley, *Thunder* p. 170.

102. *Stalingrad, 1942–1943* doc. 146.

103. Ibid., doc. 147.

104. *Stavka VGK: Dokumenty i Materialy 1942* doc. 527.

105. Ibid., doc. 529.

106. J. Erickson, *The Road to Stalingrad*, Harper & Row: New York 1975 p. 384;
Ibid., doc. 552.

107. *Stavka VGK: Dokumenty i Materialy 1942* doc. 559. 주 105에 인용되어 있는 8월
24일 자 예료멘코에게 내린 지시에서 스탈린은 당시 제62군 사령관이었던 안톤 로파틴A.
I. Lopatin 장군을 〈서투르고 바보 같다〉고 비판했다. 하지만 로파틴은 전쟁 동안 몇몇 다른
군들을 계속 지휘했고, 1945년에 〈소련 영웅〉이 되었다.

108. 스탈린그라드에 관해서는 G. Roberts, *Victory at Stalingrad*를 보라. 이 책에는 스탈
린그라드 전투에 관한 문헌 안내가 있다.

109. *Stalingrad, 1942–1943* doc. 220.

110. *Stalingradskaya Epopeya* doc. 40.

111. V. Chuikov, *The Beginning of the Road*, MacGibbon & Kee: London 1963 p. 205.

112. *Organy Gosudarstvennoi Bezopasnosti SSSR v Velikoi Otechestvennoi Voine* doc. 1116.

113. Ibid., doc. 1233.

114. *Stalingradskaya Epopeya* doc. 50에서 계산한 대략적 수치.

115. *Organy Gosudarstvennoi Bezopasnosti SSSR v Velikoi Otechestvennoi Voine* docs
1199와 1233. 전쟁 동안 내무 인민 위원부의 역할에 관한 개관을 위해서는 Glantz, *Colossus
Reborn* pp. 446 - 9를 보라.

116. *Stalingradskaya Bitva* pp. 635, 782 - 3.

117. D. M. Glantz, *Soviet Military Deception in the Second World War*, Frank Cass:

London 1989 chap. 5.

118. *Stalingradskaya Bitva* pp. 742 - 3.

119. Beshanov, *God 1942* p. 570.

120. *Stavka VGK: Dokumenty i Materialy 1942* docs 564, 577

121. M. Fenyo, 'The Allied Axis Armies and Stalingrad', *Military Affairs*, vol. 29, no. 2, 1965를 보라.

122. Zhukov, *Memoirs* pp. 381 - 4; Vasilevsky, *A Lifelong Cause* p. 189.

123. 'Posetiteli Kremlevskogo Kabineta I. V. Stalina', *Istoricheskii Arkhiv*, no. 2, 1996 pp. 35 - 8.

124. 스탈린그라드에 관한 1943년 소련군 참모 본부의 연구에 따르면(Rotundo, *Battle* p. 415), 천왕성 작전을 위한 기획은 9월 후반에 시작했고, 10월 4일 주코프는 다가올 반격을 논의하기 위해 전선군 사령관들의 회의를 개최했다. 회의에 뒤이어 반격에서 전선군들이 수행할 특정 역할에 대한 다양한 제안들이 제출되었다. *Stalingrad, 1942-1943* docs 221, 225, 227, 228, 229, 231, 258을 보라.

125. Zhukov, *Memoirs* pp. 413 - 16.

126. D. M. Glantz, *Zhukov's Greatest Defeat: The Red Army's Epic Disaster in Operation Mars, 1942*, University Press of Kansas: Lawrence, Kansas 1999. 화성 작전에 관한 추가 논의를 위해서는 Mawdsley, *Thunder* pp. 152 - 5.

127. S. Walsh, *Stalingrad, 1942-1943*, St. Martin's Press: New York 2000 p. 111. 모즐리(Mawdsley, *Thunder* pp. 174 - 5)는 스탈린이 암호명을 선택했다고 지적하며, 소련 지도자가 젊었을 때 티플리스 천문대에서 일한 경험이 그의 선택에 영향을 주었으리라고 추정한다.

128. D. M. Glantz and J. M. House, *When Titans Clashed: How the Red Army Stopped Hitler*, University Press of Kansas: Lawrence, Kansas 1995 p. 143.

129. 1942년 11월 29일 이후 *Izvestiya*, *Pravda*, *Krasnaya Zvezda*에 게재된 다양한 논설, 사설, 소련 정보국Sovinform 성명들.

130. 2002년 11월 볼고그라드에서 열린 천왕성 작전 60주년 기념 학술회의에 제출된 논문, M. Myagkov, 'Operatsiya "Mars" i ee Znachenie v Khode Stalingradskoi Bitvy'.

131. Hayward, *Stopped at Stalingrad* chaps 8 - 9를 보라.

132. *Stalingradskaya Bitva* vol. 2 pp. 204 - 5.

133. Stalin, *Great Patriotic War* pp. 50 - 5.

134. J. Förster, *Stalingrad: Risse in Bundis 1942/3*, Freiburg 1975.

135. P. M. H. Bell, *John Bull and the Bear: British Public Opinion, Foreign Policy and the Soviet Union 1941-1945*, Edward Arnold: London 1990.

136. 예를 들어 M. Bragin, 'Velikoe Spazheniye pod Stalingradom', *Pravda*, 5/2/43.

137. S. Shtemenko, *The Soviet General Staff at War*, vol. 1, Progress Publishers: Moscow 1970 p. 151.

138. Zhukov, *Memoirs* pp. 433 - 4.

139. Shtemenko, *Soviet General Staff* p. 153.

140. Stalin, *Great Patriotic War* pp. 56 – 60.

141. V. V. Korovin, *Sovetskaya Razvedka i Kontrrazvedka v gody Velikoi Otechestvennoi Voiny*, Moscow 2003 pp. 113 – 22.

142. Vasilevsky, *A Lifelong Cause* p. 272.

143. *Stalin's Correspondence* docs 90, 92, 97 pp. 67 – 76.

144. 쿠르스크 전투에 관해서는 J. M. House and D. M. Glantz, *The Battle of Kursk*, University Press of Kansas: Lawrence, Kansas 1999. 추가 설명과 논의를 위해서는 Mawdsley, *Thunder* pp. 262 – 70을 보라

145. Stalin, *Great Patriotic War* p. 63.

146. Werth, *Russia at War* p. 619.

147. Shtemenko, *Soviet General Staff* p. 156.

148. S. Sebag Montefiore, *Stalin: The Court of the Red Star*, Weidenfeld & Nicolson: London 2003.

149. K. Rokossovsky, *A Soldier's Duty*, Progress Publishers: Moscow 1970 p. 86.

150. Shtemenko, *Soviet General Staff* pp. 174 – 6.

151. Glantz, *Colossus Reborn* pp. 534 – 5.

152. 전쟁 동안의 소련 경제와 무기 대여 원조의 역할과 관련해 나의 주요 자료는 마크 해리슨의 특히 다음 저술들이었다. *Soviet Planning in Peace and War 1938–1945*, Cambridge University Press: Cambridge 1985; *The Economics of World War II: Six Great Powers in International Comparison*, Cambridge University Press: Cambridge 1998; *Accounting for War: Soviet Production, Employment, and the Defence Burden, 1940–1945*, Cambridge University Press: Cambridge 1996.

153. 예를 들어 'Dva goda Sovetsko – Amerikanskogo Soglasheniya', *Pravda*, 11/6/44.

154. M. Harrison, 'The USSR and the Total War:Why Didn't the Soviet Economy Collapse in 1942?' in R. Chickering et al. (eds), *A World at Total War: Global Conflict and the Politics of Destruction, 1939–1945*, Cambridge University Press: Cambridge 2005.

제6장 전쟁의 정치학: 스탈린, 처칠, 루스벨트

1. J. Stalin, *On the Great Patriotic War of the Soviet Union*, Hutchinson: London 1943 p. 12.

2. 'Politicheskiye i Voennye Itogi Goda Otechestvennoi Voiny', *Izvestiya*, 23/6/42.

3. D. Volkogonov, *Stalin: Triumph and Tragedy*, Phoenix Press: London 2000 pp. 412 – 13.

4. P. Sudoplatov, *Special Tasks*, Warner Books: London 1995 pp. 145 – 7. 또 수도플라토프와의 인터뷰도 보라. 'Stalin Had No Intention of Surrendering', *New Times*, no. 15, 1992.

5. 1965년 소련 작가 콘스탄틴 시모노프와의 인터뷰에서 이반 코네프 원수는 모스크바

전투 동안 스탈린이 너무 불안한 나머지 스스로를 3인칭으로 표현하면서 다음과 같이 말했다고 회상했다. 〈스탈린 동지는 반역자가 아닙니다. 스탈린 동지는 정직한 사람입니다. 스탈린 동지는 조성된 상황을 바로잡기 위해 전력을 다할 것입니다.〉 스탈린은 아마도 이 말을 서부 전선군 본부에 전화하는 동안 내뱉었을 것이다. K. Simonov, *Glazami Cheloveka Moego Pokoleniya: Razmyshleniya o I. V. Staline*, Moscow 1990 p. 351을 보라.

6. Sudoplatov, *Special Tasks* pp. 147-8.

7. V. Karpov, *Generalissimus*, vol. 1, Moscow 2003 pp. 458-62.

8. V. Mastny, *Russia's Road to the Cold War*, Columbia University Press: New York 1979 pp. 73-85. 또 훨씬 더 장황하게 추정하고 있으나 더는 유효하지 않은 마스트니의 다음 논문도 보라. 'Stalin and the Prospects of a Separate Peace in World War II', *American Historical Review*, vol. 77, 1972.

9. *Vneshnyaya Politika Sovetskogo Souza v period Otechestvennoi Voiny*, vol. 1, Moscow 1944 pp. 395-6.

10. Harriman Papers, Library of Congress Manuscripts Division, Container 170, Chronological File 29-31/10/43. 이 발언에 대한 코델 헐의 버전은 스탈린이 〈소련과 독일이 평화 조건에 합의할 거라는 취지의 보고를 이전에 유포시킨 사람들에 대해 매우 비꼬는 태도로 계속 주도적으로 자세히 말했다〉는 것이었다. 〈스탈린은 이 보고를 사실상 매듭짓는다는 생각을 갖고 명확하게 이 문제의 모든 양상을 조롱하는 것으로 자신의 반복된 비웃음을 마무리했다.〉 *Foreign Relations of the United States 1943*, vol. 1 p. 687.

11. Ibid., cf. 8-17/11/43.

12. W. H. McNeill, *America, Britain and Russia: Their Co-operation and Conflict, 1941–1946*, Oxford University Press: London 1953 p. 324.

13. G. P. Kynin and I. Laufer (eds), *SSSR i Germanskii Vopros*, vol. 1, Moscow 1996 docs 15, 18, 38.

14. W. F. Kimball, 'Stalingrad: A Chance for Choices', *Journal of Military History*, no. 60, January 1996을 보라.

15. I. Banac (ed.), *The Diary of Georgi Dimitrov*, Yale University Press: New Haven 2003 pp. 155-6.

16. Ibid., p. 270.

17. *Komintern i Vtoraya Mirovaya Voina*, vol. 2, Moscow 1998 docs 134, 136, 137. 해체에 관한 코민테른 집행 위원회의 논의를 기록한 이 문서들은 A. Dallin and F. I. Firsov (eds), *Dimitrov & Stalin, 1934–1943*, Yale University Press: New Haven 2000 docs 51, 52, 53에 영어로 번역되어 있다. 해체에 대한 각국 공산당들 반응을 담고 있는 파일은 Rossiiskii Gosudarstvennyi Arkhiv Sotsial'no-Politicheskoi Istorii (RGASPI) F.495, Op.18, D.1340, Ll.105-81의 코민테른 문서들에서 찾을 수 있다.

18. J. Degras (ed.), *The Communist International, 1919–1943*, vol. 3, Frank Cass: London 1971 pp. 476-9.

19. Ibid., pp. 480-1; *Komintern i Vtoraya Mirovaya Voina* doc. 143.

20. Dimitrov diary pp. 271 - 7. 스탈린이 디미트로프를 재촉한 것은 코민테른이 해체될 거라는 언론의 보도 때문이었을 것이다.

21. RGASPI, F.17, Op.3, D.1042 L.58.

22. Dimitrov diary pp. 275 - 6.

23. 〈종교적 신념〉에 대한 스탈린의 언급은 소련 정책에서 러시아 정교회와 광범위하게 전시 협력을 도모하는 쪽으로 크게 나아가는 움직임의 전조를 보여 주었다. 전쟁 동안 스탈린의 종교 정책 및 교회 지도자들과 협력하고자 하는 스탈린 열망의 동기는 S. Merritt Miner, *Stalin's Holy War: Religion, Nationalism and Alliance Politics, 1941-1945*, University of North Carolina Press: Chapel Hill NC 2003에서 상세히 검토되었다.

24. Stalin, *Great Patriotic War* pp. 61 - 2.

25. 'Otvet SSSR Pol'skim Posobnikam Gitlera', *Izvestiya*, 27/4/43; 'Protiv Pol'skikh Soobshchnikov Gitlera', *Pravda*, 28/4/43.

26. *Stalin's Correspondence with Churchill, Atlee, Roosevelt and Truman, 1941-1945*, Lawrence & Wishart: London 1958 doc. 150 pp. 120 - 1.

27. 나는 'Stalin and the Katyn Massacre' in G. Roberts (ed.), *Stalin: His Times and Ours*, IAREES: Dublin 2005에서 카틴 사건을 자세히 논구했다. 내 논문과 이 책에서의 요약은 주로 두 권의 러시아/소련 문서고 문서 모음집에 바탕을 두고 있다. *Katyn': Plenniki Neob'yavlennoi Voiny*, Moscow 1997과 *Katyn': Mart 1940g.-Sentyabr' 2000g.*, Moscow 2001. 또 G. Sanford, 'The Katyn Massacre and Polish - Soviet Relations, 1941 - 1943', *Journal of Contemporary History*, vol. 21, no. 1, 2006도 보라.

28. 관련 증거 자료들은 http://www.katyn.org를 비롯해 인터넷에서 영어 번역으로 널리 이용 가능하다.

29. Harriman Papers c.171, cf.22 - 31/1/44. 1944년 1월 25일 해리먼의 아버지 애브렐은 캐슬린과 대사관 직원 한 명이 스몰렌스크에서 돌아왔고, 〈비록 확정적이지는 않지만 캐슬린과 대사관 직원은 일반적인 증거와 증언에 근거해 볼 때, 학살은 십중팔구 독일군이 저질렀다고 믿는다〉고 워싱턴에 보고했다. Harriman Papers, c.187 (Katyn Forest Massacre File).

30. A. Polonsky and B. Drukier, *The Beginnings of Communist Rule in Poland*, Routledge & Kegan Paul: London 1980 pp. 7 - 8.

31. 'Posetiteli Kremlevskogo Kabineta I. V. Stalina: 1942 - 1943', *Istoricheskii Arkhiv*, no. 3, 1996 p. 66.

32. N. Lebedeva and M. Narinksy, 'Dissolution of the Comintern in 1943', *International Affairs*, no. 8, 1994.

33. P. Spriano, *Stalin and the European Communists*, Verso: London 1985 chap. 16.

34. G. M. Adibekov, E. N. Shakhnazarov and K. K. Shirinya, *Organizatsionnaya Struktura Kominterna, 1919-1943*, Moscow 1997 pp. 233 -41.

35. RGASPI, F.17, Op.3, D.1047, Ll.63 -4. 종전 후 잡지의 이름은 〈노보예 브레먀 Novoe Vremya(새 시대)〉로 바뀌었고, 러시아어뿐만 아니라 프랑스어, 독일어, 영어로도

발행되었다. 공식적으로 이 잡지는 소련의 노동조합들이 발간했는데, 이는 스탈린으로 하여금 필요하면 그 내용을 부인할 수 있게 해주었다.

36. *SSSR i Germanskii Vopros* p. 665

37. 전쟁 동안 리트비노프의 역할에 관해서는 G. Roberts, 'Litvinov's Lost Peace, 1941‑1946', *Journal of Cold War Studies*, vol. 4, no. 2, Spring 2002를 보라.

38. Arkhiv Vneshnei Politiki Rossiiskoi Federatsii (AVPRF) F.06, Op.5, Pap.28, D.327, Ll.5‑28. 이것은 몰로토프가 읽은 리트비노프 문서의 문서고 사본이며, 몰로토프가 리트비노프의 견해에 의문을 제기하는 것을 가리키는 밑줄과 주석으로 가득 차 있다. 이 문서(몰로토프의 표시를 뺀)는 *Vestnik Ministerstva Inostrannykh Del SSSR*, no. 7, 1990 pp. 55‑63에 실렸다. 문서의 영어 번역은 A. Perlmutter, *FDR and Stalin: A Not So Grand Alliance, 1943–1945*, University of Missouri Press: Columbia, 1993 pp. 230‑46에서 찾을 수 있다.

39. *Stalin's Correspondence* doc. 174 p. 149.

40. M. Gat, 'The Soviet Factor in British Policy towards Italy, 1943‑1945', *Historian*, vol. 1, no. 4, August 1988.

41. 'Ital'yanskii Vopros', *Pravda*, 30/3/44.

42. Gat, 'Soviet Factor'가 주목하고 있듯이, 희한하게도 영국이 이탈리아를 지배하는 목표를 버리고 대신 이탈리아의 독립을 지지하기로 한 것은 이탈리아에서 소련과 공산주의가 제기한 도전 때문이었다.

43. Dimitrov diary p. 304.

44. 소련의 대(對)이탈리아 정책에 관해서는 O. V. Serova, *Italiya i Antigitlerovskaya Koalitsiya, 1943–1945*, Moscow 1973과 S. Pons, 'Stalin, Togliatti, and the Origins of the Cold War in Europe', *Journal of Cold War Studies*, vol. 3, no. 2, Spring 2001.

45. Dimitrov diary p. 305.

46. 'Anglichane i Amerikantsy khotyat vezde sozdat' reaktsionnye pravitel'stva', *Istochnik*, no. 4, 1995. 이 문서는 *Stalin and the Cold War, 1945–1953: A Cold War International History Project Documentary Reader*, 1999 pp. 81‑6에 영어로 번역되어 있다.

47. E. Kimball MacLean, 'Joseph E. Davies and Soviet‑American Relations, 1941‑1943', *Diplomatic History*, vol. 4, no. 1, 1980.

48. 모스크바 회의에 관해서는 K. Sainsbury, *The Turning Point*, Oxford University Press: Oxford 1986; V. Mastny, 'Soviet War Aims at the Moscow and Tehran Conferences of 1943', *Journal of Modern History*, no. 47, September 1975; D. Watson, 'Molotov et La Conférence du Moscou Octobre 1943', *Communisme*, no. 74/75, 2003.

49. *Moskovskaya Konferentsiya Ministrov Inostrannykh Del SSSR, SShA i Velikobritanii*, Moscow 1984 docs 10, 11, 14.

50. 'K Predstoyashchemu Soveshchaniu v Moskve Trekh Ministrov', AVPRF, F.6, Op.5b, Pap.39, D.6, Ll.52‑8. 1943년 10월 3일 자의 〈Towards the Forthcoming Conference of the Three Ministers in Moscow〉라는 제목이 붙은 이 문서는 부외무 인민

위원인 블라디미르 데카노조프가 작성했다. *SSSR I Germanskii Vopros* doc. 59에 사본이 실려 있다.

51. AVPRF F.6, Op.5b, Pap.39, Dd.1 – 2, 4 – 6과 Pap.40, D.11. 이 문서들 중 몇 편이 *SSSR i Germanskii Vopros*. 52. 'Posetiteli Kremlevskogo Kabineta I. V. Stalina: 1942 – 1943' pp. 82 – 4에 전재되어 있다.

53. AVPFR F.6, Op.5b, Pap.39, D.6, Ll.16 – 27.

54. *Sovetsko–Angliiskie Otnosheniya vo Vremya Velikoi Otechestvennoi Voiny 1941–1945*, vol. 1, Moscow 1983 doc. 295.

55. *Moskovskaya Konferentsiya*에는 회의의 의사록, 결정 원안, 회의의 결의안 및 선언의 소련 측 기록이 게재되어 있다. 이에 상응하는 미국 측 기록은 *Foreign Relations of the United States 1943*, vol. 1과 British in PRO F0371/37031에서 찾을 수 있다.

56. *Foreign Relations of the United States 1943*, vol. 1 pp. 742 – 4.

57. 'Znacheniye Moskovskoi Konferentsii', *Izvestiya*, 2/11/43; 'Vazhnyi Vklad v Obshchee Delo Souznikov', *Pravda*, 2/11/43; 'K Itogam Moskovskoi Konferentsii', *Voina I Rabochii Klass*, no. 11, 1943.

58. AVPRF F.0511, Op.1, D.1, L.72.

59. H. Feis, *Churchill–Roosevelt–Stalin*, Princeton University Press: Princeton NJ 1957 p. 237.

60. Watson, 'Molotov'에서 재인용.

61. Feis, *Churchill...* p. 238.

62. Harriman Papers c.170, Cf. 8 – 17/11/1943.

63. I. Stalin, *O Velikoi Otechestvennoi Voine Sovetskogo Souza*, Moscow 1946 pp. 108 – 9.

64. *International Affairs*, no. 2, 2004 p. 149.

65. S. M. Shtemenko, *The Soviet General Staff at Work, 1941–1945*, vol. 1, Progress Publishers: Moscow 1970 chap. 9.

66. 예를 들어 L. Havas, *Hitler's Plot to Kill the Big Three*, Corgi Books: London 1971.

67. V. Berezhkov, *History in the Making: Memoirs of World War II Diplomacy*, Progress Publishers: Moscow 1983 p. 254. 이 이야기는 아마도 사실이 아닐 것이다. 베레시코프는 그와 루스벨트, 스탈린만 이 회담에 있었다고 주장한다. 하지만 루스벨트의 통역관 찰스 볼렌 역시 예상할 수 있듯이 그 자리에 있었고, 이 회담에 대한 보고를 썼다. 더구나 볼렌에 따르면, 베레시코프가 아니라 스탈린의 수석 통역관인 파블로프가 이 회담에 참석했다.

68. *Tegeranskaya Konferentsiya Rukovoditelei Trekh Souznykh Derzhav – SSSR, SShA I Velikobritanii*, Moscow 1984 doc. 52. 이 책은 공식적으로 간행된 테헤란 회담의 소련 측 기록을 담고 있다. 하지만 이 책과 러시아 외무부 문서고의 회담 의사록을 비교해 보면, 간행된 기록과 미간행 기록 사이에 누락과 불일치가 상당히 드러난다. 예를 들어 여기서 인용되고 있는 드골에 관한 스탈린의 발언과 인도에 대한 스탈린의 언급 중 두 번째 문장이 보이지 않는다(AVPRF F.0555, Op.1, Pap.12, D.24, Ll.5 – 7). 이 논의의 미국 측 기록은 *Foreign Relations of the United States: The Conferences of Cairo and Tehran 1943*, Washington

DC 1961 pp. 483-6에서 찾을 수 있다. 또 11월 28일 3자 만찬에서 프랑스에 관한 스탈린의 언급에 대한 미국 통역관 볼렌의 다음 요약도 보라. 〈저녁 내내 스탈린 원수는 프랑스 국민, 특히 그 지도자와 지배 계급이 부패했고, 나치 독일과의 범죄적 협력으로 응당 처벌받을 만하다는 논지를 계속 되풀이했다.〉 Ibid., p. 512.

69. 오버로드 작전에 관한 처칠의 견해와 그가 내세운 대안인 〈지중해 전략〉의 성격을 훌륭하게 분석한 연구를 위해서는 D. Reynolds, *In Command of History: Churchill Fighting and Writing the Second World War*, Penguin Books: London 2005, 특히 chap. 24를 보라.

70. *Tegeranskaya Konferentsiya* doc. 53. 테헤란에서 진행된 전체 회의들을 기록한 소련 의사록의 일부 영어 번역은 *The Tehran, Yalta & Potsdam Conferences*, Progress Publishers: Moscow 1969에서 찾을 수 있다. 그러나 소련의 극동 전쟁 참가에 관한 스탈린의 발언을 기록하고 있는 회의록 부분은 이 책에서 빠져 있다.

71. *The White House Papers of Harry L. Hopkins*, Eyre & Spottiswoode: London 1949 p. 777. 또 *Tegeranskaya Konferentsiya* doc. 54도 보라.

72. PRO Prem 3/136/11/75892.

73. O. A. Rzheshevsky (ed.), *War and Diplomacy: The Making of the Grand Alliance (Documents from Stalin's Archive)*, Harwood Academic Publishers: Amsterdam 1996 doc. 82.

74. *Tegeranskaya Konferentsiya* doc. 56.

75. *SSSR i Germanskii Vopros* docs 58, 59, 63, 64, 65.

76. *Tegeranskaya Konferentsiya* doc. 57.

77. Ibid., doc. 58; PRO Prem 3/136/11/75892.

78. *Tegranskaya Konferentsiya* doc. 59. *Foreign Relations of the United States: The Conferences of Cairo and Tehran 1943* pp. 565-681을 참조하라.

79. *Tegeranskaya Konferentsiya* doc. 62; PRO Prem 3/136/11/75892; *Foreign Relations of the United States: The Conferences of Cairo and Tehran 1943* pp. 596-604; AVPRF F.0555, Op.1, Pap.12, D.24, LL.50-101. 스탈린의 분명한 해체 지지, 몰로토프-리벤트로프 협정, 독일 영토 한 덩어리에 대한 러시아의 필요에 관한 언급들은 소련 측 테헤란 회담 기록에서 전부 삭제되었다.

80. *The Tehran, Yalta & Potsdam Conferences* pp. 51-2.

81. 'Znamenatel'naya Vstrecha Rukovoditelei Trekh Souznykh Dezhav', *Izvestiya*, 7/12/43; 'Istoricheskoe Resheniye', *Pravda*, 7/12/43.

82. *Mezhdunarodnaya Zhizn'*, no. 2, 2004 p. 121에 스탈린이 손으로 수정한 복사본이 있다.

83. 이 수정은 12월 1일 두 사람의 세 번째 만남에서 자신은 이제 대통령의 단일한 국제 기구 제안을 지지한다는 스탈린이 루스벨트에게 한 발언에 따른 것이었다. 이 논의의 다른 주제는 1940년에 있었던 소련의 발트 국가들 점령과 그리고 발트계 미국인 단체들의 영향 때문에 이 점령이 본국에서 루스벨트에게 제기한 정치적 어려움에 대한 그의 설명이었다. *Tegeranskaya Konferentsiya* doc. 63.

84. 'Izlozheniye Otdel'nykh Voprosov Obsuzhdavshikhsya na Konferentsii v Tegerane', RGASPI, F.558, Op.11, D.234, LL.99 - 104.

85. R. Edmonds, *The Big Three*, Penguin Books: London 1991 p. 341에서 재인용.

86. R. Nisbet, *Roosevelt and Stalin: The Failed Courtship*, Regnery Gatway: Washington DC 1988 p. 50에서 재인용.

87. Ibid..

88. D. J. Dunn, *Caught between Roosevelt and Stalin: America's Ambassadors to Moscow*, University Press of Kentucky: Lexington 1998 p. 221.

89. D. Carlton, *Churchill and the Soviet Union*, Manchester University Press: Manchester 2000 p. 109에서 재인용. 전쟁 동안 처칠-스탈린 관계에 관해서는 Lord Moran, *Winston Churchill: The Struggle for Survival, 1940–1965*, Sphere Books: London 1968을 보라.

90. 'Talk with the German Author Emil Ludwig, December 13, 1931', in J. Stalin, *Works*, vol. 13, Foreign Languages Publishing House: Moscow 1955 pp. 106 - 25.

91. Mastny, *Russia's Road* p. 132에서 재인용.

제7장 승리와 비극: 스탈린의 승리의 해

1. *Soviet Foreign Policy during the Patriotic War: Documents and Materials*, vol. 2, Hutchinson: London 1945 pp. 25 - 33.

2. Arkhiv Vneshnei Politiki Rossiiskoi Federatsii (AVPRF) F.06, Op.6, Pap.3, D.133 - 4. G. Roberts, 'Litvinov's Lost Peace, 1941 - 1946', *Journal of Cold War Studies*, vol. 4, no. 2, Spring 2002도 보라.

3. 'Sovetskii Souz i OON: Direktivy Politburo TsK VKP (b) Sovetskoi Delegatsii na Konferentsii v Dumbarton-Okse 1944g.', *Istoricheskii Arkhiv*, no. 4, 1995 pp. 52 - 8.

4. AVPRF F.06, Op.6, Pap.3, D.134, Ll.44 - 50.

5. Ibid., D.135.

6. Ibid., L.33. 전후 프랑스의 역할을 둘러싼 소련 내부의 토론에 관해서는 S. Pons, 'In the Aftermath of the Age of Wars: The Impact of World War II on Soviet Security Policy' in S. Pons and A. Romano (eds), *Russia in the Age of War, 1914–1945*, Feltrinelli: Milan 2000.

7. 덤버턴 오크스에서의 논의에 대한 요약을 위해서는 W. H. McNeill, *America, Britain and Russia: Their Co-operation and Conflict, 1941–1946*, Oxford University Press: London 1953 pp. 501 - 11을 보라. 회의의 소련 측 기록을 위해서는 *Konferentsiya Predstavitelei SSSR, SSha i Velikobritanii v Dumbarton-Okse*, Moscow 1984. 새로운 국제기구에 대한 소련의 입장은 1944년 8월 12일 미국 정부와 영국 정부에 보낸 제안서에 제시되어 있다. 앞에서 언급한 책에 있는 doc. 26을 보라.

8. 〈국제 연합United Nations〉이라는 명칭은 1942년 1월에 연합국들이 발표한 연합국 선언Declaration of the United Nations에서 유래했다. 이 선언은 전쟁을 끝까지 수행하겠

으며, 1941년 8월에 처칠과 루스벨트가 발표한 〈대서양 헌장〉의 원칙들을 철저히 지키겠다고 약속하는 공개 성명이었다. 덤버턴 오크스에서 그로미코는 국제 연합이라는 이름이 연합국 동맹을 연상시키기 때문에 이를 〈세계 협의회World Council〉나 그와 비슷한 것으로 불러야 한다고 주장했다. 하지만 그로미코의 주장은 먹히지 않았고 유엔이라는 명칭이 고착되었다.

9. AVPRF F.6, Op.6, Pap.12, D.125, Ll.27, 69.

10. *Stalin's Correspondence with Churchill, Attlee, Roosevelt and Truman, 1941–1945*, Lawrence & Wishart: London 1958 doc. 227 p. 160. 1944년 9월 14일 자 스탈린이 루스벨트에게 보낸 메시지.

11. *Soviet Foreign Policy*, p. 30.

12. A. Polonsky and B. Drukier, *The Beginnings of Communist Rule in Poland*, Routledge & Kegan Paul: London 1980 p. 297.

13. A. Werth, *Russia at War, 1941–1945*, Pan Books: London 1964 p. 688.

14. 나는 바그라티온 작전을 다루기 위해 아래의 특정 문헌들도 참고했지만 주로 다음 문헌들에 의존했다. J. Erickson, *The Road to Berlin*, Weidenfeld & Nicolson: London 1983 pp. 191 – 247; D. M. Glantz and J. House, *When Titans Clashed: How the Red Army Stopped Hitler*, University Press of Kansas: Lawrence, Kansas 1995 chap. 13; R. Overy, *Russia's War*, Allen Lane: London 1997 pp. 237 – 46; S. M. Shtemenko, *The Soviet General Staff at War, 1941–1945*, Progress Publishers: Moscow 1970 chap. 11; A. M. Vasilevsky, *A Lifelong Cause*, Progress Publishers: Moscow 1981 pp. 356 – 88; I. V. Timokhovich, 'Operatsiya "Bagration"' in *Velikaya Otechestvennaya Voina, 1941–1945*, vol. 3, Moscow 1999. 전투가 진행되고 있는 동안 소련군 참모 본부의 일일 상황 보고들은 문서 모음집인 *Operatsiya 'Bagration'*, Moscow 2004에서 찾을 수 있다.

15. *Soviet Foreign Policy*, p. 24.

16. Timokhovich, 'Bagration' p. 58.

17. *Stalin's Correspondence* doc. 260 p. 215.

18. B. F. Smith, *Sharing Secrets with Stalin: How the Allies Traded Intelligence, 1941–1945*, University Press of Kansas: Lawrence, Kansas 1996 특히 chap. 9.

19. *Stalin's Correspondence* doc. 274 p. 224.

20. *Soviet Foreign Policy* p. 25.

21. Glantz and House, *Titans* p. 209.

22. Timokhovich, 'Bagration' p. 77.

23. Erickson, *Road to Berlin* p. 228.

24. *Soviet War News*, 12/6/44.

25. Ibid., 27/6/44.

26. *Soviet Foreign Policy during the Patriotic War*, vol. 2 pp. 23, 28.

27. Vasilevsky, *A Lifelong Cause* p. 360.

28. Shtemenko, *Soviet General Staff* p. 253.

29. *SSR i Pol'sha, 1941–1945: K Istorii Voennnogo Souza*, Terra: Moscow 1994 (Russkii Arkhiv 시리즈) doc. 9 p. 202.

30. 이 절에서 소련군 군사 행동의 설명은 다음에 바탕을 두고 있다. Erickson, *Road to Berlin* pp. 247–90; Werth, *Russia at War* part 7, chap. 8; Overy, *Russia's War* pp. 246–9; Timokhovich, 'Bagration'; S. M. Shtemenko, *The Soviet General Staff at War, 1941–1945*, book 2, Progress Publishers: Moscow 1986 chaps. 2 & 3; K. Rokossovsky, *A Soldier's Duty*, Progress Publishers: Moscow 1970 pp. 254–63; M. I. Mel'tukhov, 'Operatsiya "Bagration" i Varshavskoe Vosstaniye 1944 goda', *Voprosii Istorii*, no. 11, 2004.

31. Shtemenko, *Soviet General Staff* book 2 pp. 71–81; *Stavka VGK, 1944–1945*, Moscow 1999 doc. 160.

32. Ibid., p. 92.

33. *SSSR i Pol'sha, 1941–1945* doc. 29 pp. 218–19. 이 문서의 번역은 위의 책, pp. 93–4에서 찾을 수 있다.

34. *Operatsiya 'Bagration'*에 있는 상황 보고들을 보라.

35. 봉기와 그것을 둘러싼 논쟁의 개관을 위해서는 N. Davies, *Rising '44: The Battle for Warsaw*, Pan Books: London 2004를 보라.

36. 봉기의 동기에 관해서는 J. M. Ciechanowski, *The Warsaw Rising of 1944*, Cambridge University Press: Cambridge 1974 특히 chap. 9.

37. 1944~1945년 폴란드 국내군과 관련된 소련의 정책과 행동에 관해서는 *NKVD i Pol'skoe Podpol'e, 1944–1945*, Moscow 1994에 있는 문서들을 보라.

38. Werth, *Russia at War* p. 786.

39. Ciechanowski, *Warsaw Rising* pp. 244–5.

40. E. Duraczynski, 'The Warsaw Rising: Research and Disputes Continue', *Acta Poloniae Historica*, no. 75, 1997.

41. A. Polonsky (ed.), *The Great Powers and the Polish Question, 1941–1945*, Orbis Books: London 1976 doc. 82.

42. *Vneshnyaya Politika Sovetskogo Souza v Period Otechestvennoi Voiny*, vol. 2, Moscow 1946 pp. 59–61. 이 성명의 번역은 *Soviet War News*, 12/1/44에서 찾을 수 있다.

43. J. Stalin, *On the Great Patriotic War of the Soviet Union*, Hutchinson: London 1943 pp. 60–1에 있는 1943년 5월 4일 폴란드에 관한 기자들의 질문에 스탈린이 한 답변을 보라. 폴란드 문제에 관한 소련 내부의 토론이라는 면에서, 강력하고 독립적이지만 소련에 우호적인 폴란드라는 정책은 1943년 10월의 모스크바 외무 장관 회의를 준비하는 동안 매우 분명하게 형성되었다. 예를 들어 AVPRF, F.6, Op.5b, Pap.41, D.20, Ll.31–3.

44. 1941년 12월 스탈린은 이든에게 자신은 〈오데르강까지의 모든 땅을 폴란드에 줘야 한다고 믿습니다〉라고 말했다. 모스크바가 영국-소련 동맹 조약에 첨부하기를 원하는 비밀 보충 협약의 한 버전에서는 〈동프로이센의 서부를 희생하여 폴란드 영토를 늘리는 것〉이 제안이었으나, 제안된 보충 협약의 다른 버전에서는 국경 문제는 앞으로 더 논의하기로 되어 있었다. O. A. Rzheshevskii (ed.), *War and Diplomacy*, Harwood Academic

Publishers: Amsterdam 1996 docs 4 - 6을 보라. 전쟁 시기 동안 폴란드 서부 국경에 대한 공개 논의를 다룬 연구를 위해서는 W. Wanger, *The Genesis of the Oder–Neisse Line*, Brentano-Verlag: Stuttgart 1957을 보라.

45. Harriman Papers, Library of Congress Manuscript Division, Container 171, Chronological File 1 - 15/1/44.

46. *Vneshnyaya Politika Sovetskogo Souza v Period Otechestvennoi Voiny*, vol. 2 pp. 339 - 40.

47. Harriman Papers, c.171, cf 16 - 21/1/44

48. Ibid..

49. Ibid.. cf 1 - 8/3/44.

50. *Stalin's Correspondence* doc. 257 pp. 212 - 13.

51. Harriman Papers, c.175, cf. 22 - 29/2/44.

52. A. Polonsky and B. Drukier, *The Beginnings of Communist Rule in Poland* pp. 14 - 23을 보라.

53. *Stalin's Correspondence* doc. 310 pp. 241 - 2.

54. 랑게에 관해서는 A. M. Cienciala, 'New Light on Oskar Lange as an Intermediary between Roosevelt and Stalin in Attempts to Create a New Polish Government', *Acta Poloniae Historica*, no. 73, 1996.

55. *Pravda*, 11/8/41과 12/8/41 ('Vse Slavyane na bor'bu protiv obshchego vraga'에 관한 사설); H. Kohn, 'Pan-Slavism and World War II', *American Political Science Review*, vol. 46, no. 3, September 1952.

56. *Vneshnyaya Politika Sovetskogo Souza v Period Otechestvennoi Voiny*, vol. 1, Moscow 1944 pp. 372 - 6.

57. 'Peregovory E. Benesha v Moskve (Dekabr' 1943g.)', *Voprosy Istorii*, nos 1 & 3, 2001. 2부로 이루어진 이 논문에는 베네시가 스탈린 및 몰로토프와 나눈 대화에 관한 체코슬로바키아 측 기록의 러시아어 번역이 있다. 전부는 아니지만 대부분의 이 기록에 대한 영어 번역은 V. Mastny, 'The Benes - Stalin - Molotov Conversations in December 1943', *Jahrbücher für Geschichte Osteuropas*, vol. 20 1972에서 찾을 수 있다.

58. 스탈린은 1943년 6월 『프라우다』 사설에서 크게 다루었던, 런던의 폴란드 망명자 그룹이 발표한 성명을 보고 이 그룬발트 비유를 들었을 것이다. 'Unity of Slavs' in *Soviet War News*, 19/6/43을 보라. 그룬발트는 또 1941년 12월 스탈린이 시코르스키 및 안데르스와 대화를 나누면서 잠깐 언급되기도 했다.

59. *Stalin and the Cold War, 1945–1953: A Cold War International History Project Documentary Reader*, 1999 p. 3.

60. Ibid., pp. 9, 15 - 16.

61. V. Deijer, *Tito Speaks*, Weidenfeld & Nicolson: London 1953 p. 234.

62. M. Djilas, *Wartime*, London: Secker & Warburg 1977 p. 438. 질라스의 기록에 따르면, 스탈린이 이 만남에서 한 또 다른 언급은 다음과 같았다. 〈이 전쟁은 과거의 전쟁과

다릅니다. 누구든 영토를 점령하면 거기에 자신의 사회 시스템도 강제합니다. 모든 사람이 자신의 군대가 도달할 수 있는 데까지 자신의 시스템을 강제합니다〉(Ibid., p. 437). 이 발언은 종종 스탈린이 붉은 군대가 점령한 동유럽 국가들을 소비에트화하려는 의도를 보인 것으로 해석되곤 한다. 하지만 이 언급은 유고슬라비아 좌익 공산주의자들에게 군사력이 강제한 현실, 그들의 경우에는 서방 연합국이 분쟁 지역인 트리에스테를 점령한 현실과 영국군이 그리스에서 공산주의 반란을 진압하는 데 수행한 역할을 받아들여야 한다고 지적함으로써 그들을 자제시키려 한 것으로 해석되어야 한다.

63. *Sovetskii Faktor v Vostochnoi Evrope, 1944–1953*, vol. 1, Moscow 1999 doc. 9.

64. *The Great Powers and the Polish Question, 1941–1945* doc. 102.

65. Ibid.; *Sovetskii Faktor v Vostochnoi Evrope* doc. 10; Polonsky and Drukier, *The Beginnings of Communist Rule in Poland* doc. 27.

66. *Stalin's Correspondence* docs 311, 313 pp. 248 - 9.

67. Ibid., doc. 315 pp. 250 - 1.

68. *Sovetskii Faktor v Vostochnoi Evrope* doc. 11.

69. *The Great Powers and the Polish Question, 1941–1945* doc. 102 p. 211. 당대의 문서에서 보이는 관점과는 근본적으로 다른 관점을 제시하는, 자신의 모스크바 방문에 대한 미코와이치크의 회고록 설명을 위해서는 S. Mikolajczyk, *The Pattern of Soviet Domination*, Sampson, Low & Marston: London 1948 chap. 6을 보라.

70. Ibid., doc. 106.

71. Harriman Papers, c.173, cf. 13 - 15/8/44. 이 대화에 대한 비신스크의 기록을 위해서는 *Sovetsko–Amerikanskie Otnosheniya, 1939–1945*, Moscow 2004 doc. 251.

72. Harriman Papers, cf.16 - 18/8/44; *Sovetsko–Amerikanskie Otnosheniya, 1939–1945* doc. 252.

73. Ibid., doc. 103.

74. *Stalin's Correspondence* doc. 321 p. 254.

75. Harriman Papers c.173 cf.16 - 18/8/44; *Sovetsko–Amerikanskie Otnosheniya, 1939–1945* doc. 253.

76. *The Great Powers and the Polish Question, 1941–1945* doc. 107.

77. Meiklejohn diary p. 543 in Harriman Papers, c.165.

78. *Stalin's Correspondence* docs 322 - 3 pp. 254 - 5.

79. Harriman Papers, c.174, cf.1 - 5/9/44.

80. *The Soviet General Staff at War, 1941–1945*, book 2 pp. 102 - 4. 또 Timokhovich, 'Bagration' p. 75도 보라.

81. A. Chmielarz, 'Warsaw Fought Alone: Reflections on Aid to and the Fall of the 1944 Uprising', *Polish Review*, vol. 39, no. 4, 1994 p. 421. 또 R. C. Lukas, 'The Big Three and the Warsaw Uprising', *Military Affairs*, vol. 39, no. 3, 1975.

82. S. Berthon and J. Potts, *Warlords*, Politico's Publishing: London 2005 p. 265에서 재인용.

83. 소련군이 불가리아, 루마니아, 헝가리, 체코슬로바키아를 해방/정복하는 과정에 관해서는 Erickson, *Road to Berlin* chap. 6과 Mawdsley, *Thunder in the East* chap. 12.

84. 1944년 10월 9일의 스탈린-처칠 회동이 크렘린에서의 만찬 형태를 띠었기 때문에, 스탈린의 집무실을 찾은 방문객들을 기록한 그의 업무 일지에는 이에 대한 기록이 없다. 하지만 10월 14일, 16일, 17일 처칠과 스탈린의 회동들은 업무 일지에 기록되어 있다. 'Posetiteli Kremlevskogo Kabineta I. V. Stalina', *Istoricheskii Arkhiv*, no. 4, 1996 p. 87을 보라.

85. W. S. Churchill, *The Second World War*, vol. 6, Cassell: London 1954 pp. 194‒5.

86. 처칠의 제2차 세계 대전사에 대한 매우 훌륭하고 정밀한 해부를 위해서는 D. Reynolds, *In Command of History: Churchill Fighting and Writing the Second World War*, Penguin Books: London 2005를 보라. 이른바 비율 합의에 대한 상세한 연구들을 위해서는 K. G. M. Ross, 'The Moscow Conference of October 1944 (Tolstoy)' in W. Deakin, E. Barker and J. Chadwick (eds), *British Political and Military Strategy in Central, Eastern and Southern Europe in 1944*, London: Macmillan 1988; A. Resis, 'The Churchill‒Stalin Secret "Percentages" Agreement on the Balkans, Moscow, October 1944', *American Historical Review*, April 1978; P. Tsakaloyannis, 'The Moscow Puzzle', *Journal of Contemporary History*, vol. 21, 1986; P. G. H. Holdich, 'A Policy of Percentages? British Policy and the Balkans after the Moscow Conference of October 1944', *International History Review*, February 1987; G. Roberts, 'Beware Greek Gifts: The Churchill‒Stalin "Percentages Agreement" of October 1944', *Mir Istorii*, www/historia.ru/2003/01/roberts.htm을 보라.

87. G. Ross (ed.), *The Foreign Office and the Kremlin: British Documents on Anglo-Soviet Relations 1941–1945*, Cambridge University Press: Cambridge 1984, doc. 30. 이 인용문은 회동에 대한 클라크 커의 최종 공식 기록에서 그가 생략했던, 보고서 초안의 한 문단에서 나왔다.

88. 'Zapis' Besedy Tov. I. V. Stalina s Cherchillem 9 Oktyabrya 1944 g. v 22 chasa', Rossiiskii Gosudarstvennyi Arkhiv Sotsial'no-Politicheskoi Istorii (RGASPI), F.558, Op.11, D.283, Ll.6‒9, 13. 이 문서는 1944년 10월에 있었던 다른 스탈린-처칠 대화의 소련 측 기록의 대부분과 함께 지금 O. A. Rzheshevskii, *Stalin i Cherchill'*, Moscow 2004에 실려 있다. 10월 9일 만남에 관한 기록의 대부분은 O. A. Rzheshevsky, 'Soviet Policy in Eastern Europe 1944‒1945: Liberation or Occupation' in G. Bennett (ed.), *The End of the War in Europe, 1945*, HMSO: London 1996 pp. 162‒8에 번역되어 있다. 이것은 비율 논의의 소련 측 기록을 처음으로 출간한 것이다.

89. 이 두 회동의 영국 측 기록은 J. M. Siracusa, 'The Meaning of Tolstoy: Churchill, Stalin and the Balkans, Moscow, October 1944', *Diplomatic History*, Fall 1979에 전재되어 있다. 10월 10일 회동의 소련 측 기록은 Rzheshevskii, *Stalin i Cherchill'* doc. 162에서 찾을 수 있다.

90. 예외는 1945년 7월의 포츠담 회담에서의 회의였다. 그때 처칠은 유고슬라비아에서

50퍼센트의 영향력을 갖지 못할 거라고 불평했다. 스탈린은 소련은 어떤 영향력도 없고, 티토는 마음대로 행동하는 사람이라고 대구했다.

91. RGASPI F.558, Op.11, D.283, L.6.

92. AVPRF F.6, Op.5b, Pap.39, D1.

93. G. P. Kynin and J. Laufer (eds), *SSSR i Germanskii Vopros*, vol. 1, Moscow 1996 doc. 79.

94. P. J. Stavrakis, *Moscow and Greek Communism, 1944–1949*, Cornell University Press: New York 1989 pp. 28 − 9.

95. *The Diary of Georgi Dimitrov 1933–1949*, Yale University Press: New Haven 2003 p. 345 (1944년 1월 8일 자 일기와 9일 자 일기).

96. Ibid., pp. 352 − 3.

97. 리트비노프의 보고는 V. O. Pechatnov, *The Big Three after World War II: New Documents on Soviet Thinking about Postwar Relations with the United States and Great Britain*, Cold War International History Project, 1995, Working Paper no. 13에 상세히 인용되어 있다.

98. AVPRF F.06, Op.7a, D.5, Ll.11 − 12.

99. 그리스에 관한 이 대화는 1960년대에 출간된 얄타의 소련 측 기록에서는 완전히 생략되었다. 그것은 1980년대에 발간된 수정판에서는 포함되었으나, 러시아 외무부 문서고의 타자로 친 회담 회의록에 나오는, 발언을 그대로 인용한 문장들은 여전히 빠져 있다. *Krymskaya Konferentsiya Rukoviditelei Trekh Souznykh Derzhav – SSSR, SShA i Velikobritanii*, Moscow 1984 p. 145와 AVPRF F.06, Op.7a, D.7, L.105를 참조하라.

100. D. Carlton, *Churchill and the Soviet Union*, Manchester University Press: Manchester 2000 p. 120.

101. RGASPI F.558, Op.11, D.283, L.21.

102. Rzheshevskii, *Stalin i Cherchill'* doc. 164.

103. Polonsky and Drukier, *The Beginnings of Communist Rule in Poland* doc. 56

104. Rzheshevskii, *Stalin i Cherchill'* doc. 165; RGASPI F.558, Op.11, D.283, L.20.

105. RGASPI F.558, Op.11, D.283, L.64.

106. Ibid., Ll.10 − 11.

107. Siracusa, 'The Meaning of Tolstoy' p. 449.

108. RGASPI F.558, Op.11, D.283, L.84.

109. 예를 들어 O. A. Rzheshevsky (ed.), *War and Diplomacy*, Harwood Academic Publishers: Amsterdam 1996 doc. 16에 있는 1942년 5월 21일의 몰로토프와 이든의 대화를 보라.

110. 1920년 루마니아는 전쟁에서 진 헝가리로부터 트란실바니아를 합병했다. 하지만 1940년에 트란실바니아는 독일과 이탈리아의 이른바 빈 중재 결정에 의해 분할되어 대부분이 헝가리에 귀속되었다. 이 영토는 제2차 세계 대전 후 루마니아로 반환되었다. Y. Lahav, *Soviet Policy and the Transylvanian Question (1940–1946)*, Research Paper no. 27,

The Hebrew University of Jerusalem, July 1977을 보라. *Transil'vanskii Vopros Vengero-Rumynskii Territorial'nyi Spor i SSSR 1940–1946*, Moscow 2000에 소련 문서들이 상당수 실려 있다.

111. E. van Ree, *The Political Thought of Joseph Stalin*, Routledge: London 2002 p. 232에서 재인용. 이양에 관한 상세한 연구로는 V. Mar'ina, *Zakarpatskaya Ukraina (Podkarpatskaya Rus') v Politike Benesha i Stalina*, Moscow 2003이 있으며, 이 책에는 관련 문서들도 있다.

112. Rzheshevskii, *Stalin i Cherchill'* doc. 173.

113. A. H. Birse, *Memoirs of an Interpreter*, Michael Joseph: London 1967 p. 173.

114. Harriman Papers, c.174, cf.15 – 16/10/44.

115. *Stalin's Correspondence* docs 230 – 1 pp. 162 – 3.

116. RGASPI F.558, Op.11, D.283, Ll.7 – 8.

117. AVP RF F.06, Op.7a, D.7, L.18

118. Ibid., L.30. 이것과 앞선 인용은 *Krymskaya Konferentsiya Rukovoditelei Trekh Souznykh Derzhav – SSSR, SShA i Velikobritanii*, Moscow 1979에서 그렇듯이, 얄타 회담의 출간된 소련 측 기록에서는 생략되었다. 1961년 이 기록들이 처음 출간되었을 때, 소련은 드골이 이끄는 프랑스 정부와 적극적으로 데탕트를 모색하고 있었으며, 그런 비난 발언들은 모두 생략되었다.

119. *Sovetsko–Frantsuzskie Otnosheniya vo Vremya Velikoi Otechestvennoi Voiny, 1941–1945*, Moscow 1959 doc. 197. 이 책은 처음으로 소련 문서고의 기밀 기록들을 포함한 소련 외교 문서 모음집 중 하나였다.

120. 전쟁 동안 소련과 드골의 관계에 관해서는 G-H. Soutou, 'Le General de Gaulle et L'URSS, 1943 – 1945', *Revue d'histoire diplomatique*, no. 4, 1994; N. Narinskii, 'Moscou et le Gouvernement provisoire du général de Gaulle', *Relations internationales*, no. 108, 2001; M. Ts. Arzakanyan, 'Pochemu Sharl' de Goll' stal "bol'shim drugom SSSR"', *Voenno-Istoricheskii Zhurnal*, no. 2 1995; I. Chelyshev, 'Marshal Stalin vsegda mozhet rasschityvat' na de Gollya', *Istochnik*, no. 2, 2002.

121. *Sovetsko–Frantsuzskie Otnosheniya vo Vremya Velikoi Otechestvennoi Voiny, 1941–1945*, vol. 2, Moscow 1983 docs 69, 75, 76. 이 두 권짜리 책은 주 119에서 인용한 모음집의 개정판이나 많은 새 문서가 추가되었다.

122. *Stalin's Correspondence* docs 360, 364, 365, 366, 370 pp. 227 – 84; docs 243, 244, 245, 246 pp. 170 – 2.

123. *Sovetsko–Frantsuzskie Otnosheniya* (1959 edition) doc. 202.

124. Ibid., doc. 209

125. *Sovetsko–Frantsuzskie Otnosheniya* (1983 edition) doc. 101.

126. Harriman Papers, c.175, cf.8 – 14/12/44.

127. *Sovetsko–Frantsuzskiye Otnosheniya* (1983 edition) doc. 102.

128. Harriman Papers, c.175, cf.8 – 14/12/44.

129. *Stalin and the Cold War, 1945–1953: A Cold War International History Project Documentary Reader* p. 103.

130. 'Resurgent France', *Soviet War News*, 20/12/44.

131. *Vneshnyaya Politika Sovetskogo Souza v Period Otechestvennoi Voiny*, vol. 3, Moscow 1947 pp. 61–2.

제8장 해방, 정복, 혁명: 독일과 동유럽에서의 스탈린의 목표

1. D. S. Clemens, *Yalta*, Oxford University Press: Oxford 1970 pp. 63–73. 이 책은 오래됐고, 또 저자가 기밀 소련 자료들을 보지 못했음에도 불구하고, 여전히 얄타 회담에 관한 매우 귀중한 개괄 연구서이다.

2. 휴전 위원회의 소련 기록은 다음과 같다. Arkhiv Vneshnei Politiki Rossiiskoi Federatsii (AVPRF) F.0511, Op.1, Dd.1–4과 EAC: AVPRF F.0425, Op.1, Dd.1–5, 11–12. 이것들과 다른 파일들에서 나온 상당수 문서들이 G. Kynin and J. Laufer (eds), *SSSR i Germanskii Vopros*, vol. 1, Moscow 1996에 실려 있다. 서방 자료에 바탕을 두고 독일과 관련한 유럽 자문 위원회의 활동을 분석한 연구를 위해서는 T. Sharp, *The Wartime Alliance and the Zonal Division of Germany*, Clarendon Press: Oxford 1975와 D. J. Nelson, *Wartime Origins of the Berlin Dilemma*, University of Alabama Press: Tuscaloosa 1978를 보라. 참가자의 설명을 위해서는 P. E. Mosley, *The Kremlin in World Politics*, Vintage Books: New York 1960 chaps 5–6을 보라.

3. 마이스키 위원회의 활동에 관해서는 *SSSR i Germanskii Vopros* docs 114, 129, 136, 138, 137, 142.

4. Ibid., docs 64, 65, 91, 92, 141.

5. 나는 다음 문헌들에 있는 이 문서의 요약과 인용에 의존하고 있다. S. Pons, 'In the Aftermath of the Age of Wars: The Impact of World War II on Soviet Foreign Policy' in S. Pons and A. Romano (eds), *Russia in the Age of Wars, 1914–1945*, Feltrinelli: Milan 2000; A. M. Filitov, 'Problems of Post-War Construction in Soviet Foreign Policy Conceptions during World War II' in F. Gori and S. Pons (eds), *The Soviet Union and Europe in the Cold War, 1943–1953* Macmillan: London 1996; V. O. Pechatnov, *The Big Three after World War II: New Documents on Soviet Thinking about Post-War Relations with the United States and Great Britain*, Cold War International History Project, Working Paper no. 13, 1995; A. M. Filitov, 'V Kommissiyakh Narkomindela' in O. A. Rzheshevskii (ed.), *Vtoraya Mirovaya Voina* Moscow 1995.

6. *SSSR i Germanskii Vopros* doc. 140.

7. K. Hamilton, 'The Quest for a Modus Vivendi: The Daubian Satellites in Anglo-Soviet Relations 1945–6', *FCO Historical Branch Occasional Papers*, no. 4, April 1992 p. 6.

8. *SSSR i Germanskii Vopros* doc. 79.

9. *Sovetsko–Amerikanskie Otnosheniya, 1939–1945*, Moscow 2004 doc. 244. 또

Pechatnov, *Big Three* pp. 6 - 9도 보라.

10. 또 위의 자료, doc. 81과 *Sovetsko–Amerikanskie Otnosheniya vo Vremya Velikoi Otechestvennoi Voiny, 1941–1945*, vol. 1, Moscow 1984 doc. 131도 보라. 이 문서의 문서고 사본은 AVPRF, F.06, Op.4, Pap.22, D.232, Ll.1 - 11에 있다. 또 AVPRF, F.06, Pap.22, D.235, Ll.118 - 20.

11. *Sovetsko–Amerikanskie Otnosheniya* (2004) doc. 246.

12. AVPRF, F.06, Op.7a, D.5, Ll.7 - 22. 모스크바는 구세프에게서도 브리핑을 받았으나(Ll.23 - 28), 보통 구세프는 입장을 분명히 밝히는 일이 거의 없었고, 자신의 의견도 별로 표명하지 않았다. 런던 주재 소련 대사로서 구세프의 역할에 관한 논의를 위해서는 V. V. Sokolov, 'Posol SSSR F.T. Gusev v Londone v 1943 - 1946 godax', *Novaya i Noveishaya Istoriya*, no. 4, 2005를 보라.

13. *Vostochnaya Evropa v Dokumentakh Rossiiskikh Arkhivov, 1944–1953*, vol. 1, Moscow 1997 doc. 37. 이 문서의 관련 부분 번역은 G. P. Murashko and A. F. Noskova, 'Stalin and the National-Territorial Controversies in Eastern Europe, 1945 - 1947 (Part 1)', *Cold War History*, vol. 1, no. 3, 2001에서 찾을 수 있다.

14. I. Banac (ed.), *The Diary of Georgi Dimitrov, 1933–1949*, Yale University Press: New Haven 2003 pp. 352 - 3.

15. *Otnosheniya Rossii (SSSR) s Yugoslaviei, 1941–1945gg*, Moscow 1998 doc. 517.

16. *Stalin and the Cold War, 1945–1953: A Cold War International History Project Documentary Reader*, 1999 p. 130.

17. Dimitrov diary pp. 357 - 8.

18. Clemens, *Yalta* p. 114.

19. Pamela Harriman Papers, Library of Congress Manuscript Division에 있는 캐슬린 해리먼이 패멀라 처칠에게 보낸 1945년 2월 7일 자 편지. 나는 어머니의 문서에 접근할 수 있게 해준 윈스턴 스펜서 처칠W. S. Churchill에게 감사한다.

20. *Krymskaya Konferentsiya* doc. 3.

21. Ibid., doc. 4. 드골에 대한 스탈린의 비판적 논평은 출간된 이 문서에서는 삭제되었으나, 다음 문서고 기록에서 찾을 수 있다. AVPRF F.06, Op.7a, D.7, L.30.

22. Ibid., doc. 5. 이 회의의 말미에 처칠은 〈독일이 그런 게 있다면〉이라고 하면서 독일의 미래 문제를 제기했다. 스탈린은 독일이 〈어떤 미래〉가 있을 거라고 대꾸했다. 하지만 문서고 기록에 있는 〈어떤kakoe-libo〉이라는 한정사는 출간된 이 문서에서는 빠져 있다(AVPRF F.06, Op.7a, D.7, L.12). 얄타에서의 전체 회의들에 대한 소련 기록의 영어 번역을 위해서는 *The Tehran, Yalta and Potsdam Conferences*, Progress Publishers: Moscow 1969를 보라.

23. AVPRF F.06, Op.7a, D.7, Ll.21 - 26. 인용된 스탈린의 이 발언들은 발간된 소련 기록, 위의 자료, doc. 6에서는 모두 생략되었다. 해체에 관한 이 논의의 영국 측 기록과 미국 측 기록을 위해서는 PRO CAB 99/31 pp. 119 - 20과 FRUS: Yaltapp. 611 - 15, 624 - 7을 보라.

24. 이 사건은 1945년 2월 5일 자 마이스키의 일기에서 자세히 언급되었다. 이 일기는 O. A. Rzheshevskii (ed.), *Stalin i Cherchill'* Moscow 2004 doc. 175에 전재되어 있다. 얄타에 대한 마이스키의 회고록은 이 사건을 전혀 언급하지 않고 있으며, 오히려 회의에서 자신의 역할을 대단치 않은 것으로 기술하고 있다. I. M. Maiskii, *Vospominaniya Sovetskogo Diplomata* Moscow 1987 pp. 747 - 64를 보라.

25. *Krymskaya Konferentsiya* doc. 6.

26. 제2차 세계 대전 동안 아일랜드의 중립에 관해서는 B. Girvin, *The Emergency: Neutral Ireland, 1939–1945*, Macmillan: London 2005를 보라.

27. AVPRF F.06, Op.7a, D.7, L.33. 인용된 스탈린의 발언은 출간된 소련 측 기록에서는 생략되었다.

28. *Krymskaya Konferentsiya* doc. 8.

29. *Stalin's Correspondence with Churchill, Attlee, Roosevelt and Truman, 1941–1945*, Lawrence & Wishart: London 1958, doc. 266 pp. 187 - 9.

30. *Krymskaya Konferentsiya* doc. 10.

31. Ibid., doc. 12.

32. Ibid., docs 25, 28.

33. 'Istoricheskie Resheniya Krymskoi Konferentsii', *Pravda*, 13/2/45; 'Krymskaya Konferentsiya Rukovoditelei Trekh Souznykh Derzhav', *Izvestiya*, 13/2/45.

34. *SSSR i Germanskii Vopros* doc. 144.

35. *Ivan Mikhailovich Maiskii: Izbrannaya Perepiska s Rossiiskimi Korrespondentami*, vol. 2, Moscow 2005 doc. 550.

36. Diary of V. A. Malyshev, published in *Istochnik*, no. 5, 1997 p. 128.

37. *SSSR i Germanskii Vopros* docs 146 - 54.

38. 폴란드 위원회의 논의들에 관한 미국 측 기록들은 Harriman Papers in Containers 177 - 8, 1945년 2~3월의 시간 순 파일들에서 찾을 수 있다. 2월 23일 첫 회의의 소련 측 기록은 *Sovetsko–Amerikanskie Otnosheniya* (2004) doc. 274에 실려 있다.

39. *Stalin's Correspondence* docs 284, 289 pp. 201 - 13.

40. 1945년 2월의 루마니아 위기에 관해서는 A. J. Rieber, 'The Crack in the Plaster: Crisis in Romania and the Origins of the Cold War', *Journal of Modern History*, no. 76, March 2004를 보라. 위기에 관한 소련 문서 몇 편은 *Tri Vizita A. Ya Vyshinskogo v Bukharest, 1944–1946*, Moscow 1998에서 찾을 수 있다.

41. *Sovetsko–Amerikanskie Otnosheniya, 1939–1945* (2004) docs 275, 276, 278, 279, 280, 283, 284.

42. Gosudarstvennyi Arkhiv Rossiiskoi Federatsii, F.9401 Op.2, D.93 - 7.

43. V. Volkov, 'The Soviet Leadership and Southeastern Europe' in N. Naimark and L. Gibianskii (eds), *The Establishment of the Communist Regimes in Eastern Europe, 1944–1949*, Westview Press: Boulder Col. 1997 p. 56에서 재인용.

44. F. Oleshchuk, 'Razvitiye Demokratii v Osvobozhdyonnykh Stranakh Evropy',

Bol'shevik, nos 19 – 20, October 1945.

45. G. Roberts, 'Soviet Foreign Policy and the Spanish Civil War, 1936 – 1939' in C. Leitz (ed.), *Spain in an International Context*, Berghahn Books: Oxford 1999를 보라.

46. 예를 들어 *Voprosy Vneshnei Politiki*에서는 'O Polozhenii v Bolgarii', no. 10, 15/5/45; 'O Vnutripoliticheskom Polozhenii Vengrii', no. 19, 1/10/45; 'O Vnutripoliticheskom Polozhenii Finlyandii', no. 20, 15/10/45; 'K Sovremennomu Vnutripolitcheskomu Polozheniu Rumynii', no. 22, 15/11/45. 모두 Rossiiskii Gosudarstvennyi Arkhiv Sotsial'no-Politicheskoi Istorii (RGASPI), F.17, Op.128, D.12에 있다.

47. M. Djilas, *Wartime*, Secker & Warburg: London 1980 p. 437.

48. *Vostochnaya Evropa v Dokumentakh Rossiiskikh Arkhivov, 1944–1953* doc. 151.

49. Ibid., p. 579 n. 3.

50. Ibid., doc.169.

51. V. Dimitrov, 'Revolution Released: Stalin, the Bulgarian Communist Party and the Establishment of Cominform' in Gori and Pons (eds), *Soviet Union and Europe* p. 284에서 재인용.

52. 1930년대 인민 전선 전략에 관해서는 K. McDermott and J. Agnew, *The Comintern*, Macmillan: London 1996 chap. 4.

53. W. O. McCagg, *Stalin Embattled, 1943–1948*, Wayne State University Press: Detroit 1978 p. 26. 이 책은 스탈린의 신민주주의 정책에 관한 중요한 초기 연구이다.

54. E. Mark, *Revolution by Degrees: Stalin's National-Front Strategy for Europe, 1941– 1947*, Cold War International History Project Working Paper no. 31, 2001. 또 N. M. Naimark, 'Post-Soviet Russian Historiography on the Emergence of the Soviet Bloc', *Kritika*, vol. 5, no. 3, Summer 2004도 보라. 동유럽에서의 스탈린의 전후 정치 전략에 관한 나 자신의 견해 — 인민 민주주의가 지속된 짧은 기간 동안 이 프로젝트의 진실성을 강조하는 — 는 〈러시아 학술원 슬라브학 연구소〉의 볼로키티나T. V. Volokitina 및 그녀의 동료들이 표방하는 견해와 유사하다. 볼로키티나 그룹은 *Vostochnaya Evropa v Dokumentakh Rossiiskikh Arkhivov and Sovetskii Faktor v Vostochnoi Evrope*에 문서들을 편집해 실었다. 이 그룹은 추가로 문서 모음집 *Moskva i Vostochnaya Evropa, 1949–1953*, Moscow 2002도 제작했다.

55. W. Lafeber, *The Origins of the Cold War, 1941–1947*, John Wiley: New York 1971 doc.37.

56. RGASPI F.17, Op.128, D.94, *Voprosy Vneshnei Politiki*, no. 10(34), 15 May 1946. 나는 이 표를 얼마간 단순화시켰다. 예를 들어 독일의 〈전쟁 전〉 당원 수는 1933년 수치이지만 헝가리의 경우 1945년 3월(즉 붉은 군대가 헝가리를 최종적으로 해방하기 직전)의 수치이다. 이 표는 또 전쟁 후 당원 수를, 일본 2만 명, 한국 6만 명, 미국 8만 명, 중국 121만 명으로 기록하고 있다.

57. 수치는 J. Tomaszewski, *The Socialist Regimes of Eastern Europe: Their Establishment*

and Consolidation, 1944–1967, Routledge: London 1989 passim에서 인용했다.

58. A. J. Rieber, *Zhdanov in Finland*, The Carl Beck Papers in Russian and East European Studies, no. 1107, University of Pittsburgh, February 1995를 보라.

제9장 마지막 전투: 스탈린, 트루먼 그리고 제2차 세계 대전의 종결

1. S. Bialer (ed.), *Stalin and his Generals: Soviet Military Memoirs of World War II*, Souvenir Press: London 1970 p. 617 n. 22. 아래에서 인용한 자료들 외에 비스와-오데르 작전에 관한 나의 다른 자료들은 다음과 같다. A. Werth, *Russia at War, 1941–1945*, Pan Books: London 1964 part 8, chap. 1; J. Erickson, *The Road to Berlin*, Weidenfeld & Nicolson: London 1983 chap. 7; D. M. Glantz and J. House, *When Titans Clashed: How the Red Army Stopped Hitler*, University Press of Kansas: Lawrence, Kansas 1995 pp. 241 – 50; E. Mawdsley, *Thunder in the East: The Nazi–Soviet War, 1941–1945*, Hodder Arnold: London 2005 chap. 13.

2. S. M. Shtemenko, 'In the General Staff' in Bialer, *Stalin* pp. 472, 472 – 80과 Shtemenko, *The Soviet General Staff at War, 1941–1945*, Progress Publishers: Moscow 1970 chap. 13.

3. K. Rokossovsky, *A Soldier's Duty*, Progress Publishers: Moscow 1970 p. 267.

4. I. Konev, Y*ear of Victory*, Progress Publishers: Moscow 1969 pp. 5, 67 – 8.

5. Werth, *Russia at War* pp. 849 – 850.

6. 이 주장의 주요 옹호자는 러시아 군사사가 키실레프V. N. Kisilev이다. 예를 들어 그의 논문 'Padeniye Berlina'(p. 256) in G. N. Sevost'yanov, *Voina I Obshchestvo, 1941–1945*, vol. 1, Moscow 2004를 보라.

7. Konev, *Year of Victory* p. 14.

8. Rokossovsky, *Soldier's Duty* pp. 281 – 2.

9. V. Mastny, *Russia's Road to the Cold War*, Columbia University Press: New York 1979 pp. 242 – 3.

10. 추이코프와 주코프 사이의 언쟁을 위해서는 Bialer, *Stalin* pp. 500 – 15를 보라.

11. 예를 들어 V. I. Chuikov, Konets Tret'ego Reikha, Moscow 1973과 idem, *Ot Stalingrada do Berlina*, Moscow 1980.

12. Harriman Papers, Library of Congress Manuscripts Division, Container 175, Chronological File 15 – 20/12/44와 *Sovetsko–Amerikanskiye Otnosheniya vo Vremya Velikoi Otechistvennoi Voiny, 1941–1945*, vol. 2, Moscow 1984 doc. 164에 있는 이 대화의 소련판.

13. Ibid., c176, cf 11 – 16 – 1/45.

14. Shtemenko, *Soviet General Staff* p. 307.

15. *The Tehran, Yalta and Potsdam Conferences*, Progress Publishers: Moscow 1969 pp. 54 – 65.

16. *Foreign Relations of the United States: The Conferences at Malta and Yalta 1945*, Government Printing Office: Washington 1955 pp. 580, 597, 645 – 6.

17. I. Stalin, *O Velikoi Otechestvennoi Voine Sovetskogo Souza*, Moscow 1946 p. 158.

18. C. Ryan, *The Last Battle*, New English Library: London 1968 p. 142에서 재인용.

19. 'Posetiteli Kremlevskogo Kabineta I. V. Stalina: 1944 – 1946', *Istoricheskii Arkhiv*, no. 4 1996 p. 96.

20. O. A. Rzheshevskii, 'Poslednii Shturm: Zhukov ili Konev', *Mir Istorii* http://gpw. tellur.ru에 전재된 스탈린 메시지의 텍스트.

21. 'Posetiteli Kremlevskogo Kabineta I. V. Stalina', 1996 p. 96. 이 문헌에서는 이 회의가 4월 1일에 시작되었다고 언급한다. 그러나 업무 일지에 따르면, 스탈린이 종종 그랬듯 이 그날 안토노프와 시테멘코만 (저녁에 두 시간 동안) 만났을 뿐이다.

22. Konev, *Year of Victory* pp. 87 – 8.

23. Rokossovsky, *Soldier's Duty* p. 316.

24. *Sovetsko–Amerikanskie Otnosheniya, 1945–1948*, Moscow 2004 doc. 287.

25. Konev, *Year of Victory* pp. 104 – 108. 시테멘코는 자신의 회고록에서(*Soviet General Staff* p. 320) 누가 베를린에 먼저 도착하는가를 둘러싸고 코네프와 주코프 사이에 경쟁을 붙이기 위해 스탈린이 경계선을 설정했다고 주장한다. 시테멘코는 스탈린이 〈먼저 뚫고 들어가는 사람이 베를린을 점령하도록 합시다〉라고 말했다고 인용한다. 이 인용과 논지는 베를린 작전에 관한 많은 권위 있는 문헌에서 채택되었다. 하지만 코네프도 주코프도 그런 식으로 기억하지 않는다.

26. 베를린 전투에 관해서는 위에서 인용한 Mawdsley, Erickson, Ryan의 연구들을 보라. 또 A. Read and D. Fisher, *The Fall of Berlin*, Pimlico: London 1993, 2002, A. Beevor, *Berlin: The Downfall 1945*, Viking: London 2002와 J. Erickson, 'Poslednii Shturm': The Soviet Drive to Berlin, 1945' in G. Bennett (ed.), *The End of the War in Europe 1945*, HMSO: London 1996.

27. 독일에서 붉은 군대가 저지른 강간들을 가장 균형 잡히고 믿을 만하게 다룬 연구는 N. M. Naimark, *The Russians in Germany: A History of the Soviet Zone of Occupation, 1945–1949*, Harvard University Press: Cambridge, Mass. 1995에서 찾을 수 있다.

28. Ryan, *Last Battle* p. 23

29. G. Bischof, *Austria in the First Cold War, 1945–1955*, Macmillan: London 1995 pp. 30 – 4.

30. M. Mevius, *Agents of Moscow: The Hungarian Communist Party and the Origins of Socialist Patriotism, 1941–1953*, Oxford University Press: Oxford 2005 pp. 60 – 3.

31. V. A. Malyshev diary entry, 28/3/45 *Istochnik*, no. 5, 1995 pp. 127 – 8.

32. R. Overy, *Russia's War*, Penguin Books: London 1998 pp. 261 – 2에서 재인용.

33. G. Aleksandrov, 'Tovarishch Ehrenburg Uproshchaet', *Pravda*, 14/4/1945. 이 글은 특히 예렌부르크가 4월 11일 〈Khvatit!(붙잡다/잡아채다/움켜잡다)〉라는 제목으로 *Krasnaya Zvezda*에 게재한 글에 대한 반응이었다. 알렉산드로프의 글은 *Krasnaya Zvezda*에도 실렸다.

34. I. Ehrenburg, *The War, 1941–1945*, MacGibbon & Kee: London 1964 p. 177.

35. W. Averell Harriman, *America and Russia in a Changing World*, Doubleday: New York 1971 p. 44.

36. Werth, *Russia at War* pp. 867 - 8.

37. I. Stalin, *O Velikoi Otechestvennoi Voine Sovetskogo Souza*, Moscow 1946 pp. 170 - 1.

38. 이 인용문은 V. A. Nevezhin, *Zastol'nye Rechi Stalina*, Moscow - St Petersburg 2003 doc. 107에 실린 스탈린의 축배에 관한 속기록에서 나왔다. 축배사가 소련 언론에 게재되기 전에 스탈린은 이 속기록 텍스트를 편집하고 수정했다(doc. 108을 보라). 상당한 변화가 있었으나, 그럼에도 스탈린이 말한 내용의 본질적인 의미는 바뀌지 않았다.

39. Ibid., doc. 111.

40. Harriman Papers, c.178, cf. 10 - 13/4/45.

41. Ibid..

42. *Sovetsko–Amerikanskie Otnosheniya* (1984), vol. 2, doc. 219.

43. *Stalin's Correspondence with Churchill, Attlee, Roosevelt and Truman, 1941–1945*, Lawrence & Wishart: London 1958 doc. 291 p. 214.

44. V. O. Pechatnov, 'Stalin i Ruzvel't' in G. N. Sevost'yanov (ed.), *Voina I Obshchestvo, 1941–1945*, vol. 1, Moscow 2004 p. 418에서 재인용. 페차트노프는 이 텍스트를 라디오 방송 대본으로서 인용하지는 않으나, 나는 그게 라디오 방송 대본이라고 생각한다.

45. Harriman Papers, c.178, cf. 14 - 16/4/45

46. *Sovetsko–Amerikanskie Otnosheniya* (1984), vol. 2, doc. 224.

47. Arkhiv Vneshnei Politiki Rossiiskoi Federatsii (AVPRF) F.6, Op.7b, Pap.60, D.1, Ll.6 - 8, 11 - 13; *Foreign Relations of the United States 1945*, vol. 5, Government Printing Office: Washington DC 1967 pp. 237 - 41. 나는 이 일화 전체를 G. Roberts, 'Sexing up the Cold War: New Evidence on the Molotov - Truman Talks of April 1945', *Cold War History*, vol. 4, no. 3, April 2004에서 상세히 검토했다. 이 논문은 몰로토프-트루먼 회담에 관한 소련 측 기록의 번역을 담고 있다.

48. C. Marzani, *We Can Be Friends: Origins of the Cold War*, Topical Book Publishers: New York 1952 p. 187.

49. A. H. Birse, *Memoirs of an Interpreter*, Michael Joseph: London 1967 p. 200.

50. D. S. Clemens, 'Averell Harriman, John Deane, the Joint Chiefs of Staff, and the "Reversal of Cooperation" with the Soviet Union in April 1945', *International History Review*, vol. 14, no. 2, 1992와 W. D. Miscamble, 'Anthony Eden and the Truman - Molotov Conversations, April 1945', *Diplomatic History*, Spring 1978.

51. *Stalin's Correspondence with Churchill, Attlee, Roosevelt and Truman, 1941–1945*, Lawrence & Wishart: London 1958, doc. 293 pp. 215 - 17.

52. Ibid., doc. 298 p. 220.

53. 홉킨스의 임무에 관한 이 부분은 *Foreign Relations of the United States: The Conference of Berlin 1945*, vol. 1, US Government Printing Office: Washington 1960 pp. 21 - 63에

실린 홉킨스와 스탈린의 대화 기록에 바탕을 두고 있다. 이에 덧붙여 6월 6일 홉킨스와 스탈린의 회동에 대한 기록은 R. E. Sherwood, *The White House Papers of Harry L. Hopkins*, vol. 2, Eyre & Spottiswoode: London 1949 pp. 900 – 2에서 찾을 수 있다. 5월 26일과 28일의 만남들에 관해 발간된 소련 측 기록이 있지만 이것들은 미국 측 기록과 본질적으로 다르지 않다. *Sovetsko–Amerikanskie Otnosheniya* (1984), vol. 2, docs 258, 260을 보라.

54. L. Bezymenski, *The Death of Adolf Hitler: Unknown Documents from the Soviet Archives*, Michael Joseph: London 1968. 또, S. M. Shtemenko, *The Soviet General Staff at War*, vol. 2, Progress Publishers: Moscow 1986 pp. 424 – 6을 보라. 히틀러가 여전히 살아 있다고 주장하는 스탈린의 발언은 그가 홉킨스와 나눈 대화의 발간된 소련 측 기록에서는 빠졌으나[*Sovetsko–Amerikanskiye Otnosheniya* (1984) doc. 258을 보라], 그 발언의 존재는 생략 부호가 포함된 것을 보면 알 수 있다.

55. *The Memoirs of Marshal Zhukov*, Jonathan Cape: London 1971 p. 668.

56. C. L. Mee, *Meeting at Potsdam*, André Deutsch: London 1975 pp. 40, 283. 포츠담 여행안내 책자(1991년 일자)에 따르면, 붉은 별 모양의 화단은 회담 전의 연합국 합의에 따른 것이었다.

57. Mastny, *Russia's Road to the Cold War* p. 293에서 재인용.

58. M. Trachtenberg, *A Constructed Peace: The Making of the European Settlement, 1945–1963*, Princeton University Press: Princeton NJ 1999 p. 37에서 재인용.

59. V. Berezhkov, *History in the Making: Memoirs of World War II Diplomacy*, Progress Publishers: Moscow 1983 p. 458에서 재인용.

60. Birse, *Memoirs of an Interpreter* p. 208.

61. *The Tehran, Yalta and Potsdam Conferences*, Progress Publishers: Moscow 1969 p. 265.

62. *Berlinskaya (Potsdamskaya) Konferentsiya Rukovoditelei Trekh Souznykh Derzhav – SSSR, SShA i Velikobritanii*, Moscow 1984 doc. 2. 포츠담에서의 전체 회의들에 대한 소련 측 기록의 영어 번역은 *The Tehran, Yalta and Potsdam Conferences*에서 찾을 수 있으나, 이 책에 실린 회의록은 완전하지 않으며, 포츠담에서의 다른 회의들에 관한 소련 측 기록은 러시아어로만 이용 가능하다. 트루먼-스탈린의 이 대화에 대한 미국 측 기록은 없다. 이는 아무래도 소련의 대(對)일본 전쟁 참가에 대한 스탈린의 발언이 고도의 보안 문제 때문에 보고 자체가 극비로 분류되어 공식 기록물로 정리되지 않았기 때문인 것 같다. *Foreign Relations of the United States: The Conference of Berlin 1945*, vol. 1, p. 43을 보라.

63. *Documents on British Policy Overseas*, series 1, vol. 1, HMSO: London 1984 pp. 386 – 90. 이 대화에 대한 소련 측 기록은 없는 것으로 알고 있다.

64. *Berlinskaya (Potsdamskaya) Konferentsiya* doc. 3.

65. 소련 해군 인민 위원 쿠즈네초프의 회고, 'Ot Yalty do Postdama' in A. M. Samsonov (ed.), *9 Maya 1945 goda*, Moscow 1970을 보라.

66. *The Tehran, Yalta and Potsdam Conferences* p. 173.

67. AVPRF F.07, Op.10 – 12, Pap.49, D.2, L.20. 스탈린의 이 발언은 발간된 소련 측

회담 기록에서는 생략되었다. *Berlinskaya (Potsdamskaya) Konferentsiya* p. 152를 참조하라.

68. N. V. Kochkin, 'SSSR, Angliya, SShA i "Turetskii Krizis" 1945 – 1947gg', *Novaya I Noveishaya Istoriya*, no. 3, 2002.

69. *Berlinskaya (Potsdamskaya) Konferentsiya* doc. 63.

70. Ibid., p. 149.

71. 이 의견 교환에 대해 좀 더 상세히 기술하면 다음과 같다. 1945년 6월 9일 그로미코는 스테티니어스와, 그리고 미국이 신탁 통치령을 관리하겠다는 소련의 희망을 지지할 거라고 의사를 내비친 샌프란시스코 회담 미국 대표단의 또 다른 일원이었던 해럴드 스타센, 두 사람과 몇 차례 회의를 열었다. 6월 20일 그로미코는 스테티니어스에게 이 대화의 내용을 확인하고, 회담이 끝나기 전에 추가 논의를 할 것을 제안하는 편지를 썼다. 6월 23일 스테티니어스는 그로미코의 편지에 미국은 〈[소련이] 잠재적인 [신탁 통치 관리자로] 간주될 권리가 있다는 소련의 제안을 원칙적으로 지지한다〉는 것을 확인한다고 답변했다. 하지만 스테티니어스는 얄타의 합의가 샌프란시스코에서 이 문제에 대해 구체적인 논의를 하는 것을 가능하게 하지는 않는다고 지적했다. 그로미코는 1945년 7월 20일 포츠담 회담에서 신임 미국 국무 장관 제임스 번스에게 이 문제를 다시 제기했다. 하지만 번스는 그로미코-스테티니어스 서신 교환은 알지 못한다고 말하면서, 미국 정부는 이 문제에 대해 아직 명확한 정책이 없다고 강조했다. *Sovetsko–Amerikanskie Otnosheniya* (2004) docs 324, 326과 342를 보라.

72. *Berlinskaya (Potsdamskaya) Konferentsiya* pp. 131 – 4, 442, 461; docs 50, 107, 155.

73. AVPRF, F.0431/1, Op.1, Pap.5, D.33, Ll.1 – 30; AVPRF F.0431/1, Op.1, D.1, Ll.1 – 16. 또 S. Mazov, 'The USSR and the Former Italian Colonies, 1945 – 1950', *Cold War History*, vol. 3, no. 3, April 2003도 보라.

74. AVPRF F.07, Op.10 – 2, Pap.49, D.2, Ll.16 – 17. 스탈린의 이 발언은 발간된 소련 측 회담 기록에서는 생략되었다. *Berlinskaya (Potsdamskaya) Konferentsiya* p. 152를 참조하라.

75. E. Moradiellos, 'The Potsdam Conference and the Spanish Problem', *Contemporary European History*, vol. 10, no. 1, 2001과 G. Swain, 'Stalin and Spain, 1944 – 1948' in C. Leitz and D. J. Dunthorn (eds), *Spain in an International Context, 1936–1959*, Berghahn Books: Oxford 1999를 보라.

76. *The Tehran, Yalta and Potsdam Conferences* pp. 317 – 41.

77. 예를 들어 1945년 8월 3일 자 *Pravda*와 *Izvestiya*에 게재된 사설들. 둘 다 제목이 〈Berlinskaya Konferentsiya Trekh Derzhav〉이다.

78. L. Ya. Gibianskii, 'Doneseniya Ugoslavskogo Posla v Moskve o Otsenkak Rukovodstvom SSSR Potsdamskoi Konferentsii i Polozheniya v Vostochnoi Evrope', *Slavyanovedeniye*, no. 1, 1994에서 재인용.

79. I. Banac (ed.), *The Diary of Georgi Dimitrov, 1933–1949*, Yale University Press: New Haven 2003 p. 377.

80. R. B. Levering, V. O. Pechatnov et al., *Debating the Origins of the Cold War:*

American and Russian Perspectives, Rowman & Littlefield: Lanham, Maryland 2002 p. 105에서 재인용.

81. 아래의 특정 참고 문헌을 제외하면, 이 절은 T. Hasegawa, *Racing the Enemy: Stalin, Truman, and the Surrender of Japan*, Harvard University Press: Cambridge, Mass. 2005와 D. Holloway, 'Jockeying for Position in the Postwar World: Soviet Entry into the War with Japan in August 1945' in T. Hasegawa (ed.), *Reinterpreting the End of the Pacific War: Atomic Bombs and the Soviet Entry into the War*, Stanford University Press: Stanford forthcoming에 크게 빚지고 있다. 나는 출판하기 전에 자신의 논문 사본을 보내 준 데 대해 홀러웨이 교수에게 감사한다.

82. Stalin, *O Velikoi Otechestvennoi Voine Sovetskogo Souza* p. 147. 이 연설에 대한 일본의 반응은 1944년 11월 25일 소련 대사가 모스크바에 보낸 보고에서 언급되었다. 주 94에서 인용한 슬라빈스키의 책 56면을 보라.

83. 제2차 세계 대전 전의 소련-일본 관계에 관해서는 J. Haslam, *The Soviet Union and the Threat from the East, 1933–1941*, Macmillan: London 1992를 보라.

84. O. E. Clubb, 'Armed Conflicts in the Chinese Borderlands, 1917 – 1950' in R. L. Garthoff (ed.), *Sino-Soviet Military Relations*, Praeger: New York 1966.

85. J. W. Garver, 'Chiang Kai-shek's Quest for Soviet Entry into the Sino-Japanese War,' *Political Science Quarterly*, vol. 102, no. 2, 1987을 보라.

86. *Foreign Relations of the United States 1944*, vol. 4, Government Printing Office: Washington DC 1966 pp. 942 – 4. 이 대화의 발간된 소련 측 기록은 스탈린과 해리먼 사이의 이 의견 교환을 생략하고 있다. 하지만 북부 사할린에서 일본의 광산 및 석유 채굴권에 관해 도쿄와 협상이 있었고, 이를 둘러싼 분쟁을 해결하는 협정이 곧 체결될 거라고 스탈린의 앞선 발언은 기록한다. 스탈린은 또 해리먼에게 도쿄에서 일본군 참모 총장이 다가와 모스크바로 가서 스탈린을 만나고 싶다고 말했다고 이야기했다. 스탈린에 따르면, 이 접근은 일본이 얼마나 두려워하고 있는지를 보여 주는 것이었다. *Sovetsko–Amerikanskiye Otnosheniya* (1984) doc. 9.

87. FRUS Ibid., pp. 965 – 6.

88. *Sovetsko–Amerikanskie Otnosheniya* (1984) doc. 119.

89. O. A. Rzheshevskii, *Stalin i Cherchill'*, Moscow 2004 doc. 167.

90. Ibid., doc. 168.

91. Ibid., doc. 170

92. Hasegawa, *Racing the Enemy* p. 31.

93. *Sovetsko–Amerikanskie Otnosheniya* (1984) doc. 164.

94. *Russko–Kitaiskie Otnosheniya v XX Veke*, vol. 4, part 2, Moscow 2000 doc. 657 p. 77. 소련의 내부 문서에서 쿠릴 열도를 획득하는 구상이 가장 이르게 언급된 사례는 1944년 1월 전후 세계에 관해 마이스키가 몰로토프에게 보낸 장문의 보고서에 들어 있다. 마이스키는 가까운 미래에 소련의 전략적 국경을 강화하는 맥락에서 쿠릴 열도를 획득한다는 구상을 언급했다. 바로 이것이 스탈린이 직접 혹은 몰로토프를 통해 간접으로 이 구상을 얻

은 원천일 것이다. 쿠릴 열도는 지금도 러시아와 일본 사이에 영토 분쟁 문제로 남아 있다. 러시아 역사가들 사이에 이 주제에 관한 상이한 역사-정치적 견해를 위해서는 B. N. Slavinskii, *Yaltinskaya Konferentsiya i Problem 'Severnykh Territorii'*, Moscow 1996과 A. Koshkin, *Yaponskii Front Marshala Stalina*, Moscow 2004를 보라.

95. Holloway, 'Jockeying for Position'을 보라.

96. *The Tehran, Yalta and Potsdam Conferences* pp. 145 - 6.

97. 일본과의 전쟁을 위한 소련의 준비에 관해서는 Shtemenko, *Soviet General Staff* chap. 14; Vasilevsky, *A Lifelong Cause* pp. 453 - 82; M. Zakharov, *Final: Istoriko-Memuarnyi Ocherk o Razgrome Imperialisticheskoi Yaponii v 1945 gody*, Moscow 1969.

98. *Sovetsko–Yaponskaya Voina 1945 goda*, Moscow 1997 (series Russkii Arkhiv), Moscow 1997 docs 312 - 13.

99. Shtemenko, *Soviet General Staff* p. 328.

100. *Sovetsko–Yaponskaya Voina 1945 goda* docs 314 - 16.

101. *Vneshnyaya Politika Sovetskogo Souza v Period Otechestvennoi Voiny*, vol. 3, Moscow 1947 pp. 166 - 7.

102. Holloway, 'Jockeying for Position'.

103. 1945년 여름 쑹쯔원과 스탈린의 대화에 대한 소련 측 기록은 *Russko-Kitaiskie Otnosheniya v XX Veke*에서 찾을 수 있다. 이 대화의 대부분에 대한 중국 측 기록의 영어 번역은 *Stalin and the Cold War, 1945–1953, A Cold War International History Project Documentary Reader*, Washington DC 1999에서 찾을 수 있다.

104. 이 협상에 대한 분석을 위해서는 A. M. Ledovskii, *SSSR i Stalin v Sud'bakh Kitaya*, Moscow 1999 pp. 295 - 320. 책의 이 부분은 영어로 되어 있다.

105. *Stalin and the Cold War*, 1945 - 1953 p. 217.

106. *Russko–Kitaiskie Otnosheniya v XX Veke* doc. 657.

107. Ibid., doc. 660.

108. Ibid., doc. 674.

109. Holloway, 'Jockeying for Position'.

110. 이 시기의 스탈린-마오쩌둥 관계에 관해서는 Nui Jun, 'The Origins of the Sino-Soviet Alliance' in O. A. Westad, *Brothers in Arms: The Rise and Fall of the Sino-Soviet Alliance, 1945–1963*, Stanford University Press: Stanford 1998을 보라.

111. M. Leffler, *For the Soul of Mankind: The United States, the Soviet Union and the Cold War* (곧 출간)에서 재인용.

112. *Documents on British Policy Overseas*, HMSO: London 1985 doc. 185.

113. *Foreign Relations of the United States: The Conference of Berlin 1945*, vol. 2, Government Printing Office: Washington DC 1960 p. 345.

114. *Documents on British Policy Overseas* doc. 231.

115. *Berlinskaya (Potsdamskaya) Konferentsiya* doc. 97

116. Holloway, 'Jockeying for Position'에서 재인용.

117. *Russko–Kitaiskie Otnosheniya v XX Veke* doc. 685.

118. *Documents on British Policy Overseas* p. 959.

119. *Stalin's Correspondence* doc. 358, pp. 258 – 9.

120. *Vneshnyaya Politika Sovetskogo*, vol. 3 pp. 362 – 3.

121. Holloway, 'Jockeying for Position'.

122. *Sovetsko–Yaponskaya Voina 1945 goda* doc. 324. 바로 그날 바실렙스키는 그의 전선 군 사령관들에게 공격 날짜가 모스크바 시간 8월 10일 18 : 00에서 모스크바 시간 8월 8일 18 : 00(즉 극동 시간대 24 : 00. 이는 소련군이 8월 9일에 교전 행위를 개시할 수 있다는 것을 의미했다)로 앞당겨졌다고 통보했다(docs 325 – 7). 스탈린의 지시에는 공격을 이틀 앞 당기는 문제에 대한 언급이 없다. 따라서 8월 10일에 공격하라는 이 지시는 잠정적인 것이 거나 심지어 바실렙스키가 8월 3일 자 자신의 보고에 대해 모스크바로부터 대응 지시를 기다리고 있는 동안 비상시 대책으로 바실렙스키 자신에 의해 내려졌을 수도 있을 것이다.

123. D. Holloway, *Stalin & the Bomb*, Yale University Press: New Haven 1994를 보라.

124. 'Truman Tells Stalin, July 24, 1945', www.dannen.com/decision/potsdam.html 을 보라.

125. 1945년의 중국-소련 조약의 영어 텍스트는 Garthoff, *Sino-Soviet* Appendix A에 있다.

126. *Stalin and the Cold War, 1945–1953* pp. 221 – 2.

127. 이 지시의 번역과 지시의 내용 및 중요성에 관한 해설을 위해서는 M. Kramer, 'Documenting the Early Soviet Nuclear Program', *Cold War International History Project Bulletin*, nos 6 – 7, Winter 1995/1996을 보라.

128. *Russko-Kitaiskie Otnosheniya v XX Veke* doc. 699.

129. Ibid., p. 272.

130. *Racing the Enemy* pp. 290 – 330에 있는 하세가와Hasegawa의 논의를 보라.

131. Ibid., pp. 267 – 74를 보라.

132. *Stalin's Correspondence* pp. 266 – 9.

133. Stalin, *O Velikoi Otechestvennoi Voine Sovetskogo Souza* pp. 180 – 3.

134. Werth, *Russia at War* p. 928.

제10장 잃어버린 평화: 스탈린과 냉전의 기원

1. Arkhiv Vneshnei Politiki Rossiiskoi Federatsii (AVPRF) F.0431/1, Op.1, Dd1 – 4. 이것은 대표단에 보낸 정치국 지시들을 비롯해 소련의 외무 장관 협의회 준비에 관한 파일들이다. 이것들과 다른 파일들에 근거해 외무 장관 협의회에서 소련의 입장을 분석한 연구를 위해서는 G. A. Agafonova, 'Diplomaticheskii Krizis na Londonskoi Sessii SMID' in I. V. Gaiduk and N. I. Egorova (eds), *Stalin i Kholodnaya Voina*, Moscow 1997을 보라. 추가로 J. Knight, 'Russia's Search for Peace: The London Council of Foreign Ministers, 1945', *Journal of Contemporary History*, vol. 13, 1978도 보라.

2. *Stalin's Correspondence with Churchill, Attlee, Roosevelt and Truman, 1941–1945*,

Lawrence & Wishart: London 1958 doc. 476 p. 361.

3. L. E. Davis, *The Cold War Begins: Soviet–American Conflict over Eastern Europe*, Princeton University Press: Princeton NJ 1974 chap. 9를 보라.

4. 소련의 선거 연기 결정을 가져온 일련의 증거 문서 중 일부를 *Vostochnaya Evropa v Dokumentakh Rossiiskikh Arkhivov, 1944–1953*, vol. 1, Moscow 1997 docs 85, 87, 90, 91, 92에서 찾을 수 있다. 선거 연기 결정은 불가리아와의 휴전 협정 조건으로 설립된 〈연합국 관리 위원회〉의 소관이었다. 연합국 관리 위원회는 소련의 통제를 받았고, 이 결정은 모스크바의 지시에 따라 비루조프Biruzov 장군이 내렸다. 연합국 관리 위원회와의 연락을 담당했던 영국군 장교 멜컴 매킨토시Malcom Mackintosh는 스탈린이 직접 모스크바에서 전화를 걸어왔다고 회고하며 다음과 같이 말했다. 〈비루조프와 그의 동료들은 완전히 충격을 받았다. 실제로 전화를 받은 장교 한 명은 졸도했다. 그러나 스탈린의 명령은 지켜졌고, 기쁨에 넘친 불가리아 사람들은 서방 열강이 소련을 굴복하게 했다고 확신하며 거리로 쏟아져 나왔다.〉 M. Mackintosh, *Eastern Europe 1945–1946: The Allied Control Commission in Bulgaria* FCO Historical Branch Occasional Papers, no. 4, 1992. 불가리아 연합국 관리 위원회 소련 위원장의 회고록은 이 일화 전체를 얼버무린다. S. S. Biruzov, *Sovetskii Soldat na Balkanakh*, Moscow 1963.

5. I. Banac (ed.), *The Diary of Georgi Dimitrov, 1933–1949*, Yale University Press: London 1993 pp. 379 – 80.

6. Ibid., p. 381과 *Stalin and the Cold War, 1945–1953: A Cold War International History Project Documentary Reader* 1999 pp. 247 – 9.

7. 트리에스테 위기에 관해서는 R. S. Dinardo, 'Glimpse of an Old War Order: Reconsidering the Trieste Crisis of 1945', *Diplomatic History*, vol. 21, no. 3, 1997; L. Ya. Gibianskii, 'Stalin i Triestskoe Protivostoyanie 1945g.' in Gaiduk and Egorova, *Stalin*; and G. Valdevit, 'The Search for Symmetry: A Tentative View of Trieste, the Soviet Union and the Cold War' in F. Gori and Silvio Pons (eds), *The Soviet Union and Europe in the Cold War, 1943–1953*, Macmillan: London 1996.

8. *Documents on British Policy Overseas* (hereafter: DBPO), series 1, vol. 2, HMSO: London 1985 p. 177. 신탁 통치 문제에 대한 소련 정책에 관해서는 S. Mazov, 'The USSR and the Former Italian Colonies, 1945 – 1950', *Cold War History*, vol. 3, no. 3, April 2003. 개관을 위해서는 S. Kelly, *Cold War in the Desert: Britain, the United States and the Italian Colonies, 1945–1950*, Macmillan: London 2000.

9. V. O. Pechatnov, *'The Allies are Pressing on You to Break Your Will...': Foreign Policy Correspondence between Stalin and Molotov and Other Politburo Members, September 1945– December 1946*, Cold War International History Project, Working Paper no. 26, 1999 p. 2에서 재인용. 이 중요한 논문의 러시아 버전은 *Istochnik*, nos 2 & 3 1999에서 찾을 수 있다.

10. *Sessiya Soveta Ministrov Inostrannykh Del v Londone 11 Sentyabrya–2 Oktyabrya 1945 goda: Stenograficheskiye Zapisi Zasedanii*, AVPRF F.0431/1, Op.1, D.5, L.3

11. Pechatnov, 'Allies' p. 4. 9월 20일 회의에서, 즉 직접 관련된 당사자들만 외무 장관 협의회 논의에 참가한다는 포츠담 합의로 돌아가라는 스탈린의 지시가 있기 전에, 몰로토프는 다섯 명의 외무 장관이 모든 것을 논의하는 데 시간이 걸릴 거라는 실용적 이유로 이 문제를 스스로 제기했다. *Stenograficheskiye Zapisi Zasedanii* L.41.

12. AVPRF F.0431/1, Op.11, D.18, Ll.32‒39. 이 문서들은 *Sovetsko–Amerikanskie Otnosheniya, 1945–1948*, Moscow 2004 docs 13‒14에 실려 있다.

13. *Stalin's Correspondence* doc. 512 p. 378.

14. *Stenograficheskiye Zapisi Zasedanii* L.8.

15. AVPRF F.0431/1, Op.11, D.18, L.24. 이 문서는 *Sovetsko–Amerikanskie Otnosheniya, 1945–1948* doc. 9에 실려 있다.

16. K. Hamilton, 'The Quest for a *Modus Vivendi*: The Danubian Satellites in Anglo‒Soviet Relations 1945‒1946', *FCO Historical Branch Occasional Papers*, no. 4, 1992; E. Mark, 'American Policy towards Eastern Europe and the Origins of the Cold War, 1941‒1946', *Journal of American History*. vol. 68, no. 2, September 1981; E. Mark, 'Charles E. Bohlen and the Acceptable Limits of Soviet Hegemony in Eastern Europe', *Diplomatic History*, vol. 3, no. 3, Summer 1979를 보라.

17. *Stenograficheskiye Zapisi Zasedanii* L.57.

18. AVPRF F.0431/1, Op.1, D.1, Ll.6‒7, 15.

19. Ibid., Op.11. D.18, Ll.25‒27; *Sovetsko–Amerikanskie Otnosheniya, 1945–1948* doc. 10.

20. Pechatnov, 'Allies' p. 5. 강조는 덧붙였다.

21. DBPO doc. 108 p. 317.

22. *Stalin and the Cold War, 1945–1953* pp. 264‒5.

23. 'V. M. Molotov's Press Conference', *Soviet News*, 5/10/45.

24. *Vneshnyaya Politika Sovetskogo Souza, 1945 god*, Moscow 1949 p. 81.

25. AVPRF F.0431/1, Op.1, D.26, Ll.22‒4.

26. *Stalin and the Cold War, 1945–1953* p. 272.

27. 'Report by V. M. Molotov', *Soviet News*, 8/11/45.

28. *Politburo TsK VKP (b) i Sovet Ministrov SSSR, 1945–1953*, Moscow 2002 doc. 177. 이 문서의 번역은 R. B. Levering et al., *Debating the Origins of the Cold War*, Rowman & Littlefield: Lanham, Maryland 2002 pp. 155‒6에서 찾을 수 있다.

29. *Stalin and the Cold War, 1945–1953* pp. 254‒69.

30. 모스크바 회의에서 내려진 결정들의 텍스트는 www.yale.edu/lawweb/avalon/decade/decade19.htm에서 찾을 수 있다.

31. J. F. Byrnes, *Speaking Frankly*, Harper & Brothers: New York 1947 p. 118.

32. G. P. Kynin and J. Laufer (eds), *SSSR i Germanskii Vopros*, vol. 2, Moscow 2000 doc. 71.

33. DBPO doc. 340 p. 868.

34. *Stalin's Correspondence* doc. 384 pp. 280 - 1.

35. *Vostochnaya Evropa v Dokumentakh Rossiiskikh Arkhivov* doc. 127. 이 문서의 영어 번역은 *Stalin and the Cold War, 1945–1953* pp. 281 - 6에서 찾을 수 있다.

36. *Tri Vizita A. Ya. Vyshinskogo v Bukharest, 1944–1946*, Moscow 1998에 있는, 예를 들어 루마니아에서 모스크바 합의를 실행하는 문제에 관한 문서들을 보라.

37. Levering et al., *Debating* p. 114에서 재인용.

38. 외무 장관 협의회 파리 회의들에 대한 소련 측 기록은 AVPRF F.431/II Op.2, Dd.1 - 2에서 찾을 수 있다. 타자기로 친 1,200페이지 문서인 파리 강화 회의의 소련 측 기록은 AVPRF F.431/II Op.2, Dd.1 - 2에 있다. 그러나 주요 회의록은 언론에 공개되었다. 평화 조약들의 러시아 텍스트는 *Vneshnyaya Politika Sovetskogo Souza, 1947 god*, Moscow 1952 pp. 64 - 360에 있다.

39. 이 협상들이 진행되던 동안 몰로토프와 스탈린 사이에 오고 간 서신을 위해서는 Pechatnov, '*Allies*'를 보라. 외무 장관 협의회 협상들에서의 몰로토프의 역할에 대한 추가 설명을 위해서는 D. Watson, *Molotov: A Biography*, Palgrave Macmillan: London 2005 chap. 13을 보라.

40. *SSSR i Germanskii Vopros* doc. 114. 1945~1946년 외국 군사 기지에 반대하는 소련의 운동에 관해서는 C. Kennedy-Pipe, *Stalin's Cold War: Soviet Strategies in Europe, 1943–1956*, Manchester University Press: Manchester 1995 pp. 101 - 9를 보라.

41. Pechatnov, '*Allies*', p. 20.

42. 'Mirnye Dogovory s Byvshimi Souznikami Germanii', *Pravda*, 16/2/47; 'Vazhnyi Shag na Puti Ukrepleniya Mira i Bezopasnosti', *Izvestiya*, 16/2/47; 'K Podpisanniu Mirnykh Dogovorov s Byvshimi Souznikami Germanii', *Novoe Vremya*, no. 7, 14/2/47.

43. *Sovetsko–Amerikanskie Otnosheniya, 1945–1948* doc. 138. *Diplomatic History*, vol. 15, no. 4, Fall 1991의 'The Soviet Side of the Cold War'에 관한 심포지엄에서 이 문서를 번역하고 논평했다. 또 K. M. Jensen (ed.), *Origins of the Cold War: The Novikov, Kennan and Roberts 'Long Telegrams' of 1946*, Washington DC 1991도 보라.

44. 널리 이용할 수 있는 케넌의 이 논문은 C. Gati (ed.), *Caging the Bear: Containment and the Cold War*, Bobbs-Merrill: Indianapolis 1974에 몇몇 해설들과 함께 전재되어 있다. 이 모음집은 논문 출간 25주년 기념으로 진행된 케넌과의 인터뷰를 포함하는데, 인터뷰에서 케넌은 논문이 오해되고 잘못 해석된 것으로 묘사한다.

45. Ibid., docs 144, 145, 148, 151, 152.

46. Pechatnov, '*Allies*' p. 21.

47. W. Lippmann, *The Cold War: A Study in US Foreign Policy*, Hamish Hamilton: London 1947.

48. 처칠 연설의 전문은 다음에 있다. www.historyguide.org/europe/churchill.html.

49. *Pravda*, 11/3/46 (뒷면에 처칠 연설의 상세한 내용이 있다.); E. Tarle, 'Po Povodu Rechi Cherchilliya', *Izvestiya*, 12/3/41 (p. 4에 처칠의 연설에 관한 기사가 있다.).

50. I. Stalin, *Sochineniya*, vol. 16, Moscow 1997 pp. 26 - 30. 영어 번역을 위해서는

W. LaFeber (ed.), *The Origins of the Cold War, 1941–1947*, John Wiley & Sons: New York 1971 doc. 37.

51. A. Werth, *Russia: The Postwar Years*, Robert Hale: London 1971 p. 112.

52. 이란 위기에 관해서는 다음을 보라. B. R. Kuniholm, *The Origins of the Cold War in the Near East*, Princeton University Press: Princeton NJ 1980; F. S. Raine, 'Stalin and the Creation of the Azerbaijan Democratic Party in Iran, 1945', *Cold War History*, vol. 2, no. 2, October 2001; N. I. Yegorova, *The 'Iran Crisis' of 1945–1946: A View from the Russian Archives*, Cold War International History Project Working Paper no. 15, May 1996; S. Savrankaya and V. Zubok, 'Cold War in the Caucasus: Notes and Documents from a Conference', *Cold War International History Project Bulletin*, nos 14–15와 'From the Baku Archives', idem. nos 12–13; R. K. Ramazani, 'The Autonomous Republic of Azerbaijan and the Kurdish People's Republic: Their Rise and Fall' in T. T. Hammond (ed.), *The Anatomy of Communist Takeovers*, Yale University Press: New Haven 1975; S. L. McFarland, 'A Peripheral View of the Origins of the Cold War: The Crises in Iran, 1941–1947', *Diplomatic History*, vol. 4, no. 4, Fall 1980.

53. 스탈린 서한의 텍스트는 Yegorova, '*Iran Crisis*'에 전재되어 있다.

54. DBPO pp. 317–18.

55. Ibid., p. 781.

56. W. Bedell Smith, *Moscow Mission, 1946–1949*, Heinemann: London 1950 pp. 41–2.

57. *Vneshnyaya Politika Sovetskogo Souza, 1946 god*, Moscow 1952 pp. 167–70.

58. 'The Problem of the Black Sea Straits', *Izvestiya* 기사. 이 기사는 *Soviet News*, 22/8/46에 번역, 게재되었다.

59. Kuniholm, *Origins* p. 266.

60. A. R. De Luca, 'Soviet–American Politics and the Turkish Straits', *Political Science Quarterly*, vol. 92, no. 3, Autumn 1977 p. 519.

61. *Vneshnyaya Politika Sovetskogo Souza, 1946* pp. 193–202.

62. Kuniholm, *Origins* pp. 372–3.

63. N. V. Kochkin, 'SSSR, Angliya, SShA i "Turetskii Krizis" 1945–1947gg', *Novaya i Noveishaya Istoriya*, no. 3, 2002

64. E. Mark, 'The War Scare of 1946 and Its Consequences', *Diplomatic History*, vol. 21, no. 3, Summer 1997을 보라.

65. I. Stalin, *Sochineniya* pp. 32–3, 37–43, 45–8. Bailey, Werth, Roosevelt의 인터뷰들은 *Stalin and the Cold War, 1945–1953*에 번역되어 있다.

66. Ibid., pp. 57–67. 스타슨 인터뷰의 번역은 *Stalin and the Cold War, 1945–1953*에서 찾을 수 있다. 모스크바에 있는 동안 스타슨은 또 몰로토프 및 즈다노프와도 이야기를 나눴는데, 그들 역시 스탈린과 거의 똑같이 말했다.

67. LaFeber, *Origins* doc. 40. 강조는 덧붙였다.

68. 'Vystuplenie Trumena...', *Pravda*, 14/3/47; 'Poslanie Trumena Kongressu', *Pravda*, 13/3/47; 'O Vneshnei Politike Soedinennykh Shtatov', *Novoe Vremya*, no. 12, 21/3/47.

69. *Soviet News* 29/4/47, 1/5/47, 7/5/47에 게재된 *Pravda*와 *Izvestiya*의 사설들을 보라.

70. N. V. Kochkin, 'Anglo-Sovetskii Souznyi Dogovor 1942 goda i Nachalo "Kholodnoi Voiny"', *Voprosy Istorii*, no. 1, 2006.

71. *Sovetsko–Amerikanskie Otnosheniya, 1945–1948* doc. 185.

72. 마셜 플랜에 대한 소련의 대응에 관해서는 다음을 보라. S. D. Parrish and M. M. Narinsky, *New Evidence on the Soviet Rejection of the Marshall Plan, 1947*, Cold War International History Project Working Paper no. 9, March 1994; G. Roberts, 'Moscow and the Marshall Plan: Politics, Ideology and the Onset of Cold War, 1947', *Europe–Asia Studies*, vol. 46, no. 8, 1994; M. Cox and C. Kennedy-Pipe, 'The Tragedy of American Diplomacy: Rethinking the Marshall Plan', *Journal of Cold War Studies*, Spring 2005.

73. LaFeber, *Origins* doc. 41.

74. 'Novoe Izdanie "Doktriny Trumana"', *Pravda*, 16/6/47; K. Gofman, 'Mr Marshall's "New Plan" for Relief to European Countries', *New Times*, 17/6/47.

75. *Sovetsko–Amerikanskie Otnosheniya, 1945–1948* doc. 198.

76. 노비코프 문서는 G. Takhnenko, 'Anatomy of the Political Decision: Notes on the Marshall Plan', *International Affairs*, July 1992에 전재되어 있다.

77. *Sovetsko–Amerikanskie Otnosheniya, 1945–1948* doc. 200.

78. T. G. Paterson, *Soviet-American Confrontation: Postwar Reconstruction and the Origins of the Cold War*, Johns Hopkins University Press: Baltimore 1973을 보라. 패터슨의 연구는 주로 미국 자료에 바탕을 두고 있으나, 조건만 맞았다면 소련은 미국의 차관을 진심으로 수용하려 했다는 그의 발견은 러시아 문서고의 새 증거에 의해 충분히 입증되었다.

79. 파리 회담의 소련 대표단에 내려진 지시는 Takhnenko, 'Anatomy'에 전재되어 있다.

80. 몰로토프의 연설들을 포함해 이 회의의 공문서들은 *French Yellow Book: Documents of the Conference of Foreign Ministers of France, the United Kingdom and the USSR held in Paris from 27 June to 3rd July 1947*에서 찾을 수 있다.

81. *Sovetsko–Amerikanskie Otnosheniya, 1945–1948* doc. 203.

82. Takhnenko, 'Anatomy'에 있는 문서. 이 문서는 Levering et al., *Debating* pp. 167–69에서도 찾을 수 있다.

83. 이 인용문은 이 회동의 체코슬로바키아 측 기록에서 나왔는데, 이 기록은 'Stalin, Czechoslovakia, and the Marshall Plan: New Documentation from Czechoslovak Archives', *Bohemia Band* no. 32 1991에 전재되어 있다. 소련 측 기록은 *Vostochnaya Evropa v Dokumentakh Rossiiskikh Arkhivov* doc. 227에 있다(번역은 Levering et al., *Debating* pp. 169–72에 있다).

84. M. McCauley, *The Origins of the Cold War*, Longman: London 2003 doc. 27.

85. 코민포름에 관한 주요 텍스트는 G. Procacci (ed.), *The Cominform: Minutes of the Three Conferences, 1947/1948/1949*, Feltrinelli: Milan 2004이다. 이 책은 회의의 의사록 뿐 아니라 코민포름 역사에 관한 매우 귀중한 분석들도 상당히 담고 있다. 이 책의 러시아판에는 이에 덧붙여 회의에서 스탈린에게 보낸 많은 보고도 실려 있다. *Soveshchaniya Kominforma, 1947, 1948, 1949: Dokumenty i Materialy*, Moscow 1998.

86. A. D. Biagio, 'The Cominform as the Soviet Response to the Marshall Plan' in A. Varsori and E. Calandri (eds), *The Failure of Peace in Europe, 1943–48*, Palgrave: London 2002를 보라.

87. Rossiiskii Gosudarstvennyi Arkhiv Sotsial'no-Politicheskoi Istorii (RGASPI) F.77, Op.3, D.89, Ll.7 - 13.

88. G. Swain, 'The Cominform: Tito's International?', *Historical Journal*, vol. 35, no. 3 1992를 보라.

89. RGASPI F.77, Op.3, D.91, Ll.13, 84 - 5.

90. 즈다노프의 연설은 *Izvestiya*, 7/11/46에 게재되었다. 번역은 *Soviet News*, 8/11/46에 서 찾을 수 있다.

91. Procacci, *Cominform* pp. 225 - 7.

92. D. Sassoon, 'The Rise and Fall of West European Communism, 1939 - 1948', *Contemporary European History*, vol. 1, no. 2 1992.

93. 전쟁 후 동유럽에서 공산주의자들의 정권 장악에 관해서는 N. Naimark and L. Gibianskii (eds), *The Establishment of Communist Regimes in Eastern Europe, 1944–1949*, Westview Press: Boulder, Col. 1997. 이 과정의 후반 단계에 대한 상세한 연구는 T. V. Volokitina et al. (eds), *Moskva i Vostochnaya Evropa: Stanovlenie Politicheskikh Rezhimov Sovetskogo Tipa, 1949–1953*, Moscow 2002이다. 1948년 2월에 프라하에서 발생한 사태에 관해서는 G. P. Murashko, 'Fevral'skii Krizis 1948g v Chekhoslovakii I Sovetskoe Rukovodstvo', *Novaya i Noveishaya Istoria*, no. 3, 1998.

94. 토레즈와 스탈린 사이에 있었던 두 차례 대화는 *Stalin and the Cold War, 1945–1953* pp. 81 - 6, 403 -7에 있다.

95. Procacci, *Cominform* p. 91.

제11장 본국에서의 대원수: 전후 스탈린 정책의 국내적 맥락

1. *Moskva Poslevoennaya, 1945–1947*, Moscow 2000 doc. 18.

2. A. Werth, *Russia: The Postwar Years*, Robert Hale: London 1971 p. 81에서 재인용.

3. S. Sebag Montefiore, *Stalin: The Court of the Red Tsar*, Weidenfeld & Nicolson: London 2003 p. 4에서 재인용.

4. 라진의 편지와 스탈린의 답신은 P. M. Kober, 'Clausewitz and the Communist Party Line: A Pronouncement by Stalin', *Military Affairs*, vol. 13, no. 2, Summer 1949에 서 찾을 수 있다. 라진은 클라우제비츠를 긍정적으로 평가했기 때문에 체포되어 투옥당했다. 하지만 그는 나중에 스탈린에 의해 복권되어 군사 전략의 역사에 관한 자신의 연

구를 다시 시작할 수 있었다. R. Medvedev, 'Generalissimo Stalin, General Clausewitz and Colonel Razin' in R. and Z. Medvedev, *The Unknown Stalin*, The Overlook Press: Woodstock NY 2004를 보라.

5. M. P. Gallagher, *The Soviet History of World War II*, Frederick A. Praeger: New York 1963 특히 chap. 3.

6. K. E. Voroshilov, *Stalin i Vooruzhennye Sily SSSR*, Moscow 1951 p. 129. 이 책은 같은 주제에 관한 보로실로프의 전쟁 전 논문들을 전후에 발전시킨 것이었다.

7. *Georgii Zhukov*, Moscow 2001 doc. 3.

8. B. V. Sokolov, *Georgii Zhukov*, Moscow 2004 pp. 478면 이하와 O. P. Chaney, *Zhukov*, University of Oklahoma Press: London 1996 chap. 13을 보라.

9. Rossiiskii Gosudarstvennyi Arkhiv Noveishei Istorii (RGANI) F.2, Op.1, D.11, Ll.2–3.

10. *Georgii Zhukov* docs 6, 8.

11. Ibid., docs 11–12.

12. E. Radzinsky, *Stalin*, Hodder & Stoughton: London 1997 pp. 502–3. 스탈린은 소련 군사 지도부와 정치 지도부 구성원들의 대화를 일상적으로 도청했다.

13. I. V. Stalin, *Sochineniya*, vol. 16, Moscow 1997 pp. 17–20.

14. *Politburo TsK VKP (b) i Sovet Ministrov SSSR, 1945–1953*, Moscow 2002 doc. 58.

15. J. Eric Duskin, *Stalinist Reconstruction and the Confirmation of a New Elite, 1945–1953*, Palgrave: London 2001과 Y. Gorlizki and O. Khlevniuk, *Cold Peace: Stalin and the Soviet Ruling Circle, 1945–1953*, Oxford University Press: Oxford 2004를 보라.

16. 스탈린의 전후 휴가 일자는 *Politburo TsK VKP (b) i Sovet Ministrov SSSR* doc. 299에서 찾을 수 있다.

17. Werth, *Russia* p. 283. 이 책에 실린 문서들은 1940년대에 스탈린이 정치국 위원들에게 보낸 몇몇 편지들을 담고 있다. 스탈린과 정치국의 관계에 관해서는 N. M. Naimark, 'Cold War Studies and New Archival Materials on Stalin', *Russian Review*, no. 61, January 2002.

18. 전후에 전개된 사회적·경제적 사태의 개관을 위해서는 J. N. Hazard, 'The Soviet Government Organizes for Reconstruction', *Journal of Politics*, vol. 8, no. 3, August 1946; S. Fitzpatrick, 'Postwar Soviet Society: The "Return to Normalcy", 1945–1953' in S. J. Linz (ed.), *The Impact of World War II on the Soviet Union*, Rowman & Allanheld 1985; E. Zubkova, 'The Soviet Regime and Soviet Society in the Postwar Years', *Journal of Modern European History*, vol. 2, no. 1, 2004를 보라.

19. 몰로토프의 1945년 11월 연설 번역은 *Soviet News*, 8/11/45에서 찾을 수 있다.

20. M. Harrison, *Accounting for War: Soviet Production, Employment and the Defence Burden, 1940–1945*, Cambridge University Press: Cambridge 1996 pp. 141, 159–61.

21. J. Burds, *The Early Cold War in Soviet West Ukraine*, The Carl Beck Papers in Russian and East European Studies, no. 1505, January 2001 p. 8과 A. J. Rieber, 'Civil

Wars in the Soviet Union', *Kritika*, vol. 4, no. 1, Winter 2003 p. 160. 내무 인민 위원부의 반란 진압 활동에 관한 몇몇 문서들은 *Lubyanka: Stalin i NKVD–NKGB–GUKR 'Smersh', 1939–1946*, Moscow 2006에서 찾을 수 있다.

22. *Stalinskie Deportatsii, 1928–1953: Dokumenty*, Moscow 2005 pp. 789 - 98 (소련 추방 작전들의 표).

23. T. Snyder, '"To Resolve the Ukrainian Problem Once and for All": The Ethnic Cleansing of Ukrainians in Poland, 1943 - 1947', *Journal of Cold War Studies*, vol. 1, no. 2. Spring 1999를 보라.

24. 이것이 전쟁 후 실제로 서부 우크라이나에서 어떻게 작동했는지에 관한 연구를 위해서는 A. Weiner, *Making Sense of War: The Second World War and the Fate of the Bolshevik Revolution*, Princeton University Press: Princeton NJ 2001을 보라. 또 M. Edele 'Soviet Veterans as an Entitlement Group, 1945 - 1955', *Slavic Review*, vol. 65, no. 1, 2006.

25. 전쟁 동안과 그 직후의 당에 관해서는 C. S. Kaplan, 'The Impact of World War II on the Party' in Linz, *Impact*와 S. Pons, 'Stalinism and Party Organization (1933 - 1948)' in J. Channon (ed.), *Politics, Society and Stalinism in the USSR*, Macmillan: London 1998.

26. Gorlizki and Khlevniuk, *Cold Peace* pp. 52 - 7.

27. RGANI F.2, Op.1, D.28, Ll.23 - 4. 이전의 중앙 위원회 총회가 1944년에 있었고, 주요 사안은 국방 인민 위원부와 외무 인민 위원부의 지위를 〈전(全) 연방〉에서 〈연방-공화국〉으로 바꾸는 것이었다. 이 불가사의한 변화는 전쟁 동안 공화국들의 발전에 대한 언급과 공화국들이 자신들의 독립적 역할을 발전시킬 필요에 의해 합리화되었다. 결국 유일한 구체적 결과는 우크라이나와 벨로루시야가 얼마 동안 자체 외무부를 설치해 운영하는 것이었다. 하지만 그것들은 여전히 엄격하게 중앙의 외무 인민 위원부에 종속되었다. RGANI F.2, Op.1, Dd.3 - 4.

28. D. Filtzer, *Soviet Workers and Late Stalinism*, Cambridge University Press: Cambridge 2002 p. 13.

29. E. Zubkova, *Russia after the War*, M. E. Sharpe: New York 1998 p. 74.

30. Ibid., 특히 chap. 8. 전후 소련에서 일반인들의 태도에 관한 다양한 문서들을 *Sovetskaya Zhizn' 1945–1953*, Moscow 2003에서 찾을 수 있다. *Moskva Poslevoennaya, 1945–1947*에는 선거 시기를 포함해 전쟁 후 모스크바에서의 여론에 관한 문서들이 상당수 실려 있다.

31. Stalin, *Sochineniya* pp. 5 - 16. 이 연설의 영어 번역은 J. P. Morray, *From Yalta to Disarmament*, Monthly Review Press: New York 1961 Appendix B에서 찾을 수 있다.

32. 선거 운동 연설들에 대한 추가 분석을 위해서는 A. Resis, *Stalin, the Politburo and the Onset of the Cold War, 1945–1946*, The Carl Beck Papers in Russian and East European Studies, no. 701, April 1988과 D. Allen, 'The International Situation, 1945 - 1946: The View from Moscow', SIPS Paper, University of Birmingham 1986.

33. Werth, *Russia*, pp. 84, 88.

34. *Soviet News*, 9/11/46에 있는 즈다노프의 연설.

35. RGASPI F.17, Op.125, Dd.296, 315, 386, 387, 388. 이 소련 정보국 파일들에 바탕을 둔 상세한 논의를 위해서는 V. Pechatnov, 'Exercise in Frustration: Soviet Foreign Propaganda in the Early Cold War, 1945 – 1947', *Cold War History*, vol. 1, no. 2, January 2001을 보라.

36. Stalin, *Sochineniya* pp. 25 – 30. 처칠에 대한 스탈린 답변의 영어 번역은 LaFeber (ed.), *The Origins of the Cold War, 1941–1947* doc. 37에서 찾을 수 있다.

37. Zubkova, *Russia* p. 84에서 재인용. 플리나르시는 1968년 〈프라하의 봄〉 지도자 중 한 명이었다.

38. 이 인용문은 A. O. Chubar'yan and V. O. Pechatnov, 'Molotov "the Liberal": Stalin's 1945 Criticism of his Deputy', *Cold War History*, vol. 1 no. 1, August 2000에 번역되어 있는 문서에서 나왔다.

39. Werth, *Russia* p. 99.

40. V. N. Zemskov, 'Repatriatsiya Peremeshchennykh Sovetskikh Grazhdan' in G. N. Sevost'yanov (ed.), *Voina i Obshchestvo, 1941–1945*, vol. 2, Moscow 2004 pp. 341 – 2. 또 M. Dyczok, *The Grand Alliance and the Ukrainian Refugees*, Macmillan: London 2000 pp. 166 – 7도 보라. 딕조크는 젬스코프보다 더 높은 수치를 인용하나, 이 수치는 소련 국경 내에서 추방되어 외국에서 본국으로 송환된 사람들로 분류될 수 없는 100만 명이 넘는 시민과 전쟁 포로들을 포함한다.

41. A. A. Maslov, 'Forgiven by Stalin – Soviet Generals Who Returned from German Prisons in 1941 – 45 and Who Were Rehabilitated', *Journal of Slavic Military Studies*, vol. 12, no. 2, June 1999를 보라.

42. Werth, *Russia* chaps 11과 16과 T. Dunmore, *Soviet Politics, 1945–53*, Macmillan: London 1984 chap. 6.

43. Gorlizki and Khlevniuk, *Cold Peace* pp. 34 – 5에서 재인용.

44. *Moskva Poslevoennaya, 1945–1947* doc. 124. R. Service, *Stalin: A Biography*, Macmillan: London 2004 pp. 561 – 2를 보고 나는 이 일화에 주목하게 되었다.

45. 바르가 논쟁에 관해서는 G. D. Ra'anan, *International Policy Formation in the USSR: Factional 'Debates' during the Zhdanovshchina*, Archon Books: Hamden, Conn. 1983 chap. 6; J. Hough, 'Debates about the Postwar World' in Linz (ed.), *Impact*; R. B. Day, *Cold War Capitalism: The View from Moscow, 1945–1975*, M. E. Sharpe: London 1995.

46. *Politburo TsK VKP (b) i Sovet Ministrov SSSR* n. 1 pp. 229 – 30과 doc. 201; Gorlizki and Khlevniuk, *Cold Peace* pp. 36 – 8.

47. Ibid..

48. Gorlizki and Khlevniuk, *Cold Peace* pp. 38 – 42와 Z. Medvedev, 'Stalin and Lysenko' in R. and Z. Medvdev, *The Unknown Stalin*.

49. Malyshev diary, *Istochnik*, no. 5, 1997 p. 135.

50. *Pravda*에서 나온 이 인용문과 이전의 인용문들은 J. Brooks, *Thank You, Comrade Stalin! Soviet Public Culture from Revolution to Cold War*, Princeton University Press:

Princeton NJ 2000 pp. 213 – 14에서 재인용했다.

51. Z. Medvedev, 'Stalin as a Russian Nationalist' in R. and Z. Medvdev, *The Unknown Stalin*.

52. Stalin, *Sochineniya* p. 68.

53. J. V. Stalin, *Concerning Marxism in Linguistics*, Soviet News Booklet, London 1950.

54. 나는 Gorlizki and Khlevniuk, *Cold Peace* pp. 79 – 89의 논의를 따른다. 보즈네센스키의 실각에 관한 문서는 *Politburo TsK VKP (b) i Sovet Ministrov SSSR* docs 238 – 53에서, 레닌그라드 당 숙청에 관해서는 *TsK VKP (b) i Regional'nye Partiinye Komitety 1949–1953*, Moscow 2004 docs 84 – 104에서 찾을 수 있다.

55. D. Brandenberger, 'Stalin, the Leningrad Affair and the Limit of Postwar Russocentrism', *Russian Review*, no. 63, April 2004를 보라. 또 *Russian Review* 2005년 1월호에 실린 리처드 비들랙Richard Bidlack의 브란덴버거의 논문에 대한 답변도 보라. 이 호에는 브란덴버거의 짧은 답변도 함께 있다.

56. Gorlizki and Khlevniuk, *Cold Peace* p. 83.

57. J. Burds, *Early Cold War*를 보라.

58. 유대인 반파시즘 위원회의 역사는 S. Redlich (ed.), *War, Holocaust and Stalinism: A Documentary History of the Jewish Anti-Fascist Committee in the USSR*, Harwood Academic Publishers: Luxembourg 1995에 상세하게 기록, 분석되어 있다. 이 위원회의 전시 활동에 관한 러시아 연구는 N. K. Petrovka, *Antifashistskie Komitety v SSSR: 1941–1945gg*, Moscow 1999이다. 페트롭카는 유대인 반파시즘 위원회가 무엇보다도 소비에트 애국주의 단체였음을 강조한다.

59. 스탈린이 미호엘스를 살해했다는 주장과 증거를 위해서는 G. V. Kostyrchenko, *Tainaya Politika Stalina*, Moscow 2001을 보라. 하지만 미호엘스가 죽은 뒤 그를 찬양하는 부고 기사가 *Pravda*에 등장했고, 모스크바에서 있었던 엄청나게 큰 장례식에 많은 당과 정부 고위 인사가 참석했다는 사실에 주목해야 한다.

60. Redlich, *War* doc. 180.

61. G. Gorodetsky, 'The Soviet Union and the Creation of the State of Israel', *The Journal of Israeli History*, vol. 22, no. 1, 2003과 L. Rucker, *Moscow's Surprise: The Soviet–Israeli Alliance of 1947–1949*, Cold War International History Project Working Paper no. 46을 보라. 이 시기 동안의 소련-이스라엘 관계에 관한 많은 문서가 러시아어와 영어로 출간되었다. *Sovetsko–Izrail'skie Otnosheniya*, vol. 1 (1941 – 1953), Moscow 2000과 *Documents on Israeli–Soviet Relations, 1941–1953*, Frank Cass: London 2000.

62. Rucker, *Moscow's Surprise* p. 17에서 재인용.

63. *Documents on Israeli–Soviet Relations* docs 160, 173, 180, 195.

64. Redlich, *War* doc. 181.

65. J. Rubenstein and V. P. Naumov (eds), *Stalin's Secret Pogrom: The Postwar Inquisition of the Jewish Anti-Fascist Committee*, Yale University Press: New Haven 2001. 이 책은 편집된 재판 기록을 담고 있다. 그 내용은 사건을 분명히 이해하는 데 도움이 되지

만, 피고인들이 실제보다 덜 소비에트적이고 더 유대적으로 보이게 했다고 비판을 받았다.

66. *Politburo TsK VKP (b) i Sovet Ministrov SSSR* docs 254 – 255.

67. RGASPI, F.82, Op.2, Dd.1091 – 112. See G. Roberts, 'Stalin, the Pact with Nazi Germany, and the Origins of Postwar Soviet Diplomatic Historiography', *Journal of Cold War Studies*, vol. 4, no. 3, 2002.

68. J. Pelikan (ed.), *The Czechoslovak Political Trials, 1950–1954*, Macdonald: London 1970.

69. Z. Medvedev, *Stalin i Evreiskaya Problema*, Moscow 2003. 또 G. Kostyrchenko, *Out of the Shadows: Anti-Semitism in Stalin's Russia*, Prometheus Books: New York 1995를 참조하라.

70. Malyshev diary pp. 140 – 1.

71. 내 서술은 J. Brent and V. P. Naumov, *Stalin's Last Crime: The Plot against the Jewish Doctors, 1948–1953*, HarperCollins: New York 2003의 해석이 아니라 문서 기록에 바탕을 두고 있다. 저자들이 인용하는 많은 문서가 *Politburo TsK VKP (b) i Sovet Ministrov SSSR*에 전재되어 있다.

72. *Politburo TsK VKP (b) i Sovet Ministrov SSSR* doc. 297.

73. Brent and Naumov, *Stalin's Last Crime* p. 10.

74. Ibid., p. 58.

75. G. Alexopoulos, 'Amnesty 1945: The Revolving Door of Stalin's Gulag', *Slavic Review*, vol. 64, no. 2, Summer 2005.

76. J. Keep, *Last of the Empires: A History of the Soviet Union, 1945–1991*, Oxford University Press: Oxford 1995 p. 15에 있는 표를 보라.

77. Dunmore, *Soviet Politics*.

78. Gorlizki and Khlevniuk, *Cold Peace* pp. 124 – 32.

79. 이 절은 Rossiiskii Gosudarstvennyi Arkhiv Sotsial'no-Politicheskoi Istorii (RGASPI) F.592, Op.1에 있는 제19차 당 대회의 파일들에 바탕을 두고 있다. 또 A. Tikhonov and P. R. Gregory, 'Stalin's Last Plan' in P. R. Gregory (ed.), *Behind the Façade of Stalin's Command Economy*, Hoover Institution Press: Stanford 2001도 보라.

80. Stalin, *Sochineniya* pp. 227 – 9.

81. Y. Gorlizki's, 'Party Revivalism and the Death of Stalin', *Slavic Review*, vol. 54, no. 1, 1995와 'Stalin's Cabinet: The Politburo and Decision Making in the Post-War Years', *Europe–Asia Studies*, vol. 53, no. 2, 2001을 보라.

82. 스탈린의 연설은 1999년 *Glasnost*지에 실렸고 인터넷에서 널리 이용할 수 있다. 스탈린이 총회에서 말한 내용에 관한 추가 보고를 위해서는 K. Simonov, *Glazami Cheloveka Moego Pokoleniya: Razmyshleniya o I. V. Staline*, Moscow 1989 pp. 240 – 4; A. Mikoyan, *Tak Bylo*, Moscow 1999 pp. 574 – 5; A. Resis (ed.), *Molotov Remembers*, Ivan R. Dee: Chicago 1993 pp. 313 – 16을 보라.

83. Gorlizki and Khlevniuk, *Cold Peace* p. 150에서 재인용.

84. 전후 소련의 대외 정책과 국내 정책에서 파벌 정치의 역할을 강조하는 저술들을 위해서는 다음을 보라. R. Conquest, *Power and Policy in the USSR: The Struggle for Stalin's Succession, 1945–1960*, Harper & Row: New York 1967; W. G. Hahn, *Postwar Soviet Politics: The Fall of Zhdanov and the Defeat of Moderation, 1946–1953*, Cornell University Press: Ithaca, NY 1982; A. Knight, *Beria; Stalin's First Lieutenant*, Princeton University Press: Princeton, NJ 1993; W. O. McCagg, *Stalin Embattled, 1943–1948*, Wayne State University Press: Detroit 1978; G. D. Ra'anan, *International Policy Formation in the USSR: Factional 'Debates' during the Zhdanovshchina*, Archon Books: Hamden, Conn. 1983.

제12장 냉전 대결: 공격받는 스탈린

1. L. Gibianskii, 'The Soviet – Yugoslav Split and the Cominform' in N. Naimark and L. Gibianskii (eds), *The Establishment of Communist Regimes in Eastern Europe, 1944–1949*, Westview Press: Boulder, Col. 1997. 기비안스키는 스탈린-티토 분열에 관해 영어, 러시아어 및 다른 언어들로 많은 논문을 발표했고, 소련 문서고에서 나온 귀중한 문서들을 다수 출판하는 책임을 졌다.

2. 'Na Poroge Pervogo Raskola v "Sotsialisticheskom Lagere"', *Istoricheskii Arkhiv*, no. 4, 1997; *Stalin and the Cold War, 1945–1953: A Cold War International History Project Documentary Reader*, September 1999 pp. 408 – 19; I. Banac (ed.), *The Diary of Georgi Dimitrov, 1933–1949*, Yale University Press: New Haven 2003 pp. 436 – 41.

3. 'Sekretnaya Sovetsko – Ugoslavskaya Perepiska 1948 goda', *Voprosy Istorii*, nos 4 – 5, 1992.

4. G. Procacci (ed.), *The Cominform: Minutes of the Three Conferences, 1947/1948/1949*, Feltrinelli: Milan 2004 pp. 611 – 21.

5. A. B. Ulam, *Titoism and the Cominform*, Harvard University Press: Cambridge, Mass. 1952 chap. 5.

6. *Vostochnaya Evropa v Dokumentakh Rossiiskikh Arkhivov, 1944–1953*, vol. 1, Moscow 1997 docs 267, 269, 272, 274, 289; *Sovetskii Faktor v Vostochnoi Evrope, 1944–1953*, vol. 1, Moscow 1999 docs 209 – 12.

7. W. Loth, *Stalin's Unwanted Children: The Soviet Union, the German Question and the Founding of the GDR*, Palgrave: London 1998 chap. 1

8. B. Ruhm von Oppen (ed.), *Documents on Germany under Occupation, 1945–1954*, Oxford University Press: New York 1955 pp. 128 – 31.

9. G. P. Kynin and J. Laufer (eds), *SSSR i Germanskii Vopros*, vol. 2, Moscow 2000 docs 121 – 3, 126 – 8, 137. 또 R. B. Levering et al. (eds), *Debating the Origins of the Cold War*, Rowman & Littlefield: Lanham, Maryland 2002 doc. 2 pp. 157 – 9도 보라.

10. 'V. M. Molotov's Statement on the American Draft Treaty for the Disarmament and Demilitarisation of Germany', *Soviet News*, 11/7/46. 외무 장관 협의회에서 몰로토프 와 번스 사이에 오갔던 의견 교환은 Arkhiv Vneshnei Politiki Rossiiskoi Federatsii F.431/

II Op.2, D.3, Ll.149 - 58에 기록되어 있다.

11. G. P. Kynin and J. Laufer (eds), *SSSR i Germanskii Vopros*, vol. 3, Moscow 2003 doc. 35.

12. *Sovetsko–Amerikanskie Otnosheniya, 1945–1948*, Moscow 2004 doc. 185. 스탈린은 1947년 1월 동독 공산주의자들을 만난 자리에서도 같은 주장을 했다.

13. E. S. Mason, 'Reflections on the Moscow Conference', *International Organisation*, vol. 1, no. 3, September 1947 p. 475. 하지만 메이슨은 또 어렵지만 통일된 독일에 일종의 자유 민주주의 체제를 설립하는 것에 대해서도 소련과 합의에 이를 수 있을 거라고 생각했다. 서방 측 관점에서 이루어진 회의의 추가 분석을 위해서는 A. Deighton, *The Impossible Peace: Britain, the Division of Germany and the Origins of the Cold War*, Clarendon Press: Oxford 1990 chap. 6을 보라.

14. *Vneshnyaya Politika Sovetskogo Souza 1947 god*, part 1, Moscow 1952 pp. 377 - 83, 534; 'K Itogam Soveshchaniya Ministrov Inostrannykh Del', *Pravda* 27/4/47. 모스크바 회의에 관련된 많은 소련 문서고 문서를 Kynin and Laufer (eds), *SSSR i Germanskii Vopros*, vol. 3에서 찾을 수 있다. 소련 언론에 이 회의에 대한 매우 광범위한 보도가 있었다. 내가 보기에 소련인들이 공개적으로 말한 내용은 그들이 비공식적으로 말한 내용과 큰 차이가 없었다.

15. V. M. Molotov, *Problems of Foreign Policy*, Foreign Languages Publishing House: Moscow 1949 p. 488.

16. Ibid., pp. 503 - 9.

17. Deighton, *Impossible Peace* chap. 8.

18. *Istoricheskii Arkhiv*, no. 2, 2002 pp. 9 - 25에 있는 1948년 3월 26일의 스탈린과 사회주의 통일당 지도자들의 대화.

19. Von Oppen, *Documents* pp. 286 - 90. 런던 성명의 배경에 관해서는 M. Trachtenberg, *A Constructed Peace: The Making of the European Settlement, 1945–1963*, Princeton University Press: Princeton NJ 1999 pp. 78 - 91.

20. W. Stivers, 'The Incomplete Blockade: Soviet Zone Supply of West Berlin, 1948 - 1949', *Diplomatic History*, vol. 21, no. 4, Fall 1997. 소련 정책 일반에 관해서는 M. M. Narinskii, 'The Soviet Union and the Berlin Crisis' in F. Gori and S. Pons (eds), *The Soviet Union and Europe in the Cold War, 1943–1953*, Macmillan: London 1996.

21. *Sovetsko–Amerikanskie Otnosheniya, 1945–1948* docs 281, 287.

22. C. Kennedy-Pipe, *Stalin's Cold War*, Manchester University Press: Manchester 1995 pp. 127 - 8에서 재인용.

23. M. D. Shulman, *Stalin's Foreign Policy Reappraised*, Harvard University Press; Cambridge, Mass. 1963 pp. 73 - 5. 이 책은 여전히 스탈린 말기의 소련 대외 정책에 관한 매우 중요한 텍스트이다. W. Taubman, *Stalin's American Policy: From Entente to Détente to Cold War*, W. W. Norton: New York 1982도 계속 귀중하다.

24. *Vneshnyaya Politika Sovetskogo Souza 1949 god*, Moscow 1953 pp. 46 - 71, 88 - 94,

120 - 2.

25. D. Holloway, *Stalin & The Bomb: The Soviet Union and Atomic Energy, 1939–1956*, Yale University Press: New Haven 1994 p. 264에서 재인용.

26. V. Mastny, *NATO in the Beholder's Eye: Soviet Perceptions and Policies, 1949–1956*, Cold War International History Project Working Paper no. 35, March 2002와 N. I. Egorova, 'Evropeiskaya Bezopastnost' i "ugroza" NATO v Otsenkakh Stalinskogo Rukovodstva' in V. Gaiduk, N. I. Egorova and A. O. Chubar'yan (eds), *Stalinskoe Desyatiletie Kholodnoi Voiny*, Moscow 1999를 보라.

27. *Otnosheniya SSSR s GDR, 1919–1955gg*, Moscow 1974 doc. 114.

28. 이른바 〈스탈린 각서〉에 관한 역사적 논쟁이 어떻게 흘러갔는지는 다음 문헌을 보면 알 수 있을 것이다. A. Phillips, *Soviet Policy Reconsidered: The Postwar Decade*, Greenwood Press: New York 1986; R. Steininger, *The German Question and the Stalin Note of 1952*, Columbia University Press: New York 1990; V. Mastny, *The Cold War and Soviet Insecurity*, Oxford University Press: Oxford 1996; J. Zarusky (ed.), *Die Stalin-Note vom 10. Marz 1952*, Munich 2002; R. van Dijk, *The Stalin Note Debate: Myth or Missed Opportunity for German Unification*, Cold War International History Project Working Paper no. 14, May 1996; G. Wettig's, 'The Soviet Union and Germany in the Late Stalin Period, 1950 - 1953' in Gori and Pons, *Soviet Union* and 'Stalin and German Reunification: Archival Evidence on Soviet Foreign Policy in Spring 1952', *Historical Journal*, vol. 37, no. 2, 1994; W. Loth, 'The Origins of Stalin's Note of 10 March 1952', *Cold War History*, vol. 4, no. 2, January 2004; A. M. Filitov's, 'Stalinskaya Diplomatiya i Germanskii Vopros: poslednii god' in *Stalinskoe Desyatiletie Kholodnoi Voiny*와 'Nota 10 Marta 1952 goda: Prodolzhaushchayasya Diskussiya' in B. M. Tupolev, *Rossiya i Germaniya*, Moscow 2004; J. Laufer, 'Die Stalin-Note vom 10. Marz 1952 im Lichte neuer Quellen', *Vierteljahrshefte für Zeitgeschichte*, January 2004.

29. Stalin, *Sochineniya* p. 224.

30. *Istochnik*, no. 3, 2003에 게재된 1952년 4월 1일과 4월 7일의 스탈린과 독일 민주공화국 지도자들의 회동에 관한 보고는 pp. 122, 125에서 인용한다. 이 문서들의 번역은 Cold War International History Project 웹사이트에서 찾을 수 있다.

31. *Otnosheniya SSSR s GDR, 1919–1955gg* doc. 118. 이 문서는 몰로토프와 비신스키가 작성했으며, 스탈린이 수정했다. *Politburo TsK VKP (b) i Sovet Ministrov SSSR, 1945–1953*, Moscow 2002 doc. 119를 보라.

32. *Stalin and the Cold War*, 1945 - 1953 pp. 523 - 4.

33. Stalin, *Sochineniya*, vol. 16, Moscow 1997 pp. 98 - 9.

34. *Vneshnyaya Politika Sovetskogo Souza 1949 god* pp. 441면 이하.

35. B. Ponomaryov et al. (eds), *History of Soviet Foreign Policy, 1945–1970*, Progress Publishers: Moscow 1973.

36. 말렌코프는 원 초안에서 영국, 프랑스, 소련, 미국 사이에 50년 불가침 협정을 맺고,

평화 및 관련 문제들에 관한 선언을 할 국제회의를 소집하자는 제안을 포함했지만, 스탈린이 이 부분 전체를 삭제했다. 인용문은 목록 형태로 되어 있는 훨씬 더 긴 부분을 말로 열거한 것이다. Rossiiskii Gosudarstvennyi Arkhiv Sotsial'no-Politicheskoi Istorii (RGASPI) F.592, Op.1, D.6 L.25.

37. Shulman, *Stalin's Foreign Policy*.

38. Stalin, *Sochineniya* pp. 94 – 5.

39. F. S. Burin, 'The Communist Doctrine of the Inevitability of War', *American Political Science Review*, vol. 57, no. 2, June 1963을 보라.

40. J. Stalin, *Economic Problems of Socialism in the USSR*, Foreign Languages Publishing House: Moscow 1952 pp. 37 – 41. 이 텍스트가 출간된 배경에 관해서는 E. Pollack, *Conversations with Stalin on Questions of Political Economy*, Cold War International History Project Working Paper no. 33, July 2001을 보라.

41. 스탈린 치하에서 이루어진 소련의 재무장에 관해서는 다음을 보라. Holloway, *Stalin & the Bomb* chaps 11 – 12; Mastny, *NATO*, Y. Gorlizki and O. Khlevniuk, *Cold Peace: Stalin and the Soviet Ruling Circle, 1945–1953*, Oxford University Press: Oxford 2004 pp. 97 – 101; M. A. Evangelista, 'Stalin's Postwar Army Reappraised' in S. M. Lynn-Jones et al. (eds), *Soviet Military Policy*, MIT Press: Cambridge, Mass. 1989; N. Simonov, *Voenno-Promyshlennyi Kompleks SSSR v 1920–1950–e gody*, Moscow 1996 chap. 5; *Stalin and the Cold War, 1945–1953* pp. 492 – 7.

42. *Vneshnyaya Politika Sovetskogo Souza 1949 god* pp. 162 – 3. 이 성명은 Holloway, *Stalin & the Bomb* pp. 265 – 6에 번역되어 있다.

43. B. G. Bechhoefer, *Postwar Negotiations for Arms Control*, The Brookings Institution: Washington DC 1961 p. 134. 군축, 군비 통제, 핵 문제에 관한 소련 정책을 좀 더 동정적으로 다룬 연구는 J. P. Morray, *From Yalta to Disarmament*, Monthly Review Press: New York 1961에서 찾을 수 있다.

44. Holloway, *Stalin & the Bomb* p. 253.

45. Ibid., p. 242.

46. Ibid., p. 247.

47. Holloway, *Stalin & the Bomb* p. 250. 핵폭탄에 대한 스탈린의 태도를 분석한 또 다른 연구를 위해서는 V. M. Zubok, 'Stalin and the Nuclear Age' in J. L. Gaddis et al. (eds), *Cold War Statesmen Confront the Bomb: Nuclear Diplomacy since 1945*, Oxford University Press: Oxford 1999를 보라.

48. 전후 초기 소련의 대(對)한국 정책에 관해서는 E. van Ree, *Socialism in One Zone: Stalin's Policy in Korea 1945–1947*, Berg: Oxford 1989.

49. *Sovetsko–Amerikanskie Otnosheniya, 1945–1948* doc. 68.

50. 1945년과 1950년 중국-소련 조약들의 텍스트들은 R. L. Garthoff (ed.), *Sino-Soviet Military Relations*, Frederick A. Praeger: New York 1966 Appendices A & B에서 찾을 수 있다.

51. Ponomaryov et al., *History* chap. 19.

52. 미코얀 대화와 스탈린-마오쩌둥 서신 교환의 소련 측 기록은 *Sovetsko–Kitaiskie Otnosheniya, 1946–1950*, 2 vols, Moscow 2005에서 찾을 수 있다.

53. *Stalin and the Cold War, 1945–1953* p. 482. 이 대화의 러시아 버전은 위의 자료, doc. 544에서 찾을 수 있다.

54. 추가로 Chen, Jian, *The Sino-Soviet Alliance and China's Entry into the Korean War*, Cold War International History Project Working Paper no. 1, June 1992 pp. 10 – 12도 보라.

55. K. Weathersby, '*Should We Fear This?' Stalin and the Danger of War with America*, Cold War International History Project Working Paper no. 39, July 2002. 이후 스탈린 발언의 인용은 이 논문에서 나왔다.

56. K. Weathersby, 'Stalin, Mao, and the End of the Korean War' in O. A. Westad (ed.), *Brothers in Arms: The Rise and Fall of the Sino-Soviet Alliance, 1945–1963*, Stanford University Press: Stanford 1998을 보라.

57. *Stalin and the Cold War, 1945–1953* p. 512.

58. S. N. Goncharov et al., *Uncertain Partners: Stalin, Mao and the Korean War*, Stanford University Press: Stanford 1993을 보라.

59. J. Brent and V. P. Naumov, *Stalin's Last Crime*, HarperCollins: New York 2003 chap. 10을 보라. 스탈린의 죽음에 관한 가장 신빙성 있어 보이는 해석은 그의 딸 스베틀라나의 해석이다. S. Alliluyeva, *20 Letters to a Friend*, Penguin: London 1968 pp. 13 – 20.

60. Stalin, *Sochineniya* p. 230.

61. *Stalin and the Cold War, 1945–1953* pp. 529 – 30.

제13장 결론: 역사의 법정에 선 스탈린

1. V. Sokolovskii, 'Velikii Podvig Sovetskogo Naroda', *Pravda*, 9/5/54.

2. '75th Anniversary of the Birth of J. V. Stalin', *New Times*, no. 51, 1954; 'Joseph Stalin, 1979 – 1953', *New Times*, no. 52, 1955.

3. D. Reynolds, *In Command of History: Churchill Fighting and Writing the Second World War*, Penguin Books: London 2005를 보라. 추가로 D. Reynolds, 'How the Cold War Froze the History of World War Two', Annual Liddell Hart Centre for Military Archives Lecture 2005, www.kcl.ac.uk/lhcma/info/lec05.htm.

4. D. M. Glantz, 'The Failures of Historiography: Forgotten Battles of the German – Soviet War', *Journal of Slavic Military Studies* 8, 1995.

5. S. Berthon and J. Potts, *Warlords*, Politico's Publishing: London 2005 pp. 166 – 7에서 재인용.

6. *Churchill and Stalin: Documents from British Archives*, FCO: London 2002 docs 77 – 78. 처칠 편지의 러시아어 버전은 Rossiiskii Gosudarstvennyi Arkhiv Sotsial'no-Politicheskoi Istorii, F.82, Opis.2, D.110, L.820에서 찾을 수 있다.

참고 문헌

문서고

러시아 문서고

Arkhiv Vneshnei Politiki Rossiiskoi Federatsii (AVPRF – Foreign Policy Archive of the Russian Federation)

Fond 6   Molotov's Secretariat
Fond 7   Vyshinskii's Secretariat
Fond 12   Dekanozov's Secretariat
Fond 0200   Gusev Papers
Fond 0511   Voroshilov Commission
Fond 0425   European Advisory Commission
Fond 0431   Council of Foreign Ministers
Fond 0432   Paris Peace Conference
Fond 0555   Tehran Conference
Fond 0556   Yalta Conference

Gosudarstvennyi Arkhiv Rossiiskoi Federatsii (GARF – State Archive of the Russian Federation)

Fond 9401   NKVD Reports

Rossiiskii Gosudarstvennyi Arkhiv Noveishei Istorii (RGANI – Russian State Archive of Recent History)

Fond 2   Central Committee Plenums

Rossiiskii Gosudarstvennyi Arkhiv Sotsial'no-Politicheskoi Istorii (RGASPI — Russian State Archive of Social-Political History)

Fond	17 International Department Files, Politburo Protocols, Sovinform Files
Fond 71	Stalin Secretariat
Fond 77	Zhdanov Papers
Fond 82	Molotov Papers
Fond 83	Malenkov Papers
Fond 359	Litvinov Papers
Fond 495	Comintern Files
Fond 558	Stalin Papers
Fond 592	19th Party Congress

미국 문서고

Averell Harriman Papers, Library of Congress Manuscript Division
Pamela Harriman Papers, Library of Congress Manuscript Division
Volkogonov Papers, Library of Congress Manuscript Division

영국 문서고

Public Records Office, London
Foreign Office, Cabinet and Prime Minister files on Anglo-Soviet relations

2차 자료

신문과 정기 간행물

Pravda
Izvestiya
Krasnaya Zvezda
Voina i Rabochii Klass
Novoe Vremya/New Times
Bol'shevik
Mirovoe Khozyaistvo i Mirovaya Politika
World News and Views
The Communist International
Soviet War News/Soviet News

Voprosy Vneshnei Politiki (Central Committee internal bulletin: RGASPI F.17, Op.128)

참고 저술

D. Glantz et al., *Slaughterhouse: The Handbook of the Eastern Front*, Aberjona Press 2004

Kto Byl Kto v Velikoi Otechestvennoi Voine, 1941–1945, Moscow 2000

'Posetiteli Kremlevskogo Kabineta I. V. Stalina', *Istoricheskii Arkhiv*, no. 6, 1994; nos. 2, 3, 4, 5 – 6, 1995; nos 2, 3, 4, 5 – 6, 1996; no. 1, 1997

'Posetiteli Kremlevskogo Kabineta I. V. Stalina: Alfavitnyi Ukazatel', *Istoricheskii Arkhiv*, no. 4, 1998

B. Taylor, *Barbarossa to Berlin: A Chronology of the Campaigns on the Eastern Front, 1941 to 1945*, 2 vols, Spellmount: Staplehurst, Kent 2004

Vtoraya Mirovaya Voina, 1939–1945: Al'bom Skhem, Moscow 1958

연설과 저술

B. Franklin, *The Essential Stalin: Major Theoretical Writings, 1905–1952*, Croom Helm: London 1973

V. M. Molotov, *Problems of Foreign Policy*, Foreign Languages Publishing House: Moscow 1949

V. A. Nevezhin, *Zastol'nye Rechi Stalina*, Moscow – St Petersburg 2003

I. Stalin, *O Velikoi Otechestvennoi Voine Sovetskogo Souza*, Moscow 1946

I. Stalin, *Sochineniya*, vol. 16 (1946 – 1952), Moscow 1997

J. Stalin, *On the Great Patriotic War of the Soviet Union*, Hutchinson: London 1943

N. Voznesenky, *War Economy of the USSR in the Period of the Great Patriotic War*, Foreign Languages Publishing House: Moscow 1948

K. E. Voroshilov, *Stalin i Vooruzhennye Sily SSSR*, Moscow 1951

러시아어로 출간된 문서 (제목과 출간 일자별 순서)

Vneshnyaya Politika Sovetskogo Souza, vols for 1941 – 1950, Moscow 1944 – 1953

Perepiska Predsedatelya Soveta Ministrov SSSR s Prezidentami SShA i Prem'er-Ministrami Velikobritanii vo vremya Velikoi Otechestvennoi Voiny, 1941–1945gg, Moscow 1957

Sovetsko–Frantsuzskie Otnosheniya vo vremya Velikoi Otechestvennoi 1941–1945gg, Moscow 1959

Sovetsko–Kitaiskie Otnosheniya, 1917–1957, Moscow 1959

Dokumenty i Materialy po Istorii Sovetsko–Pol'skikh Otnoshenii, vols 6 – 7, Moscow, 1969, 1973

Otnosheniya SSSR s GDR, 1919–1955gg, Moscow 1974

Sovetsko–Bolgarskie Otnosheniya i Svyazi, 1917–1944, Moscow 1976

Dokumenty i Materialy po Istorii Sovetsko–Chekhoslovatskikh Otnoshenii, vols 4 – 5,

Moscow 1983, 1984

Sovetsko–Angliiskie Otnosheniya vo vremya Velikoi Otechestvennoi Voiny, 1941–1945, 2 vols, Moscow 1983

Sovetsko–Frantsuzskie Otnosheniya vo vremya Velikoi Otechestvennoi Voiny, 1941–1945, 2 vols, Moscow 1983

Sovetsko–Amerikanskie Otnosheniya vo vremya Velikoi Otechestvennoi Voiny, 1941–1945, 2 vols, Moscow 1984

Sovetskii Souz na Mezhdunarodnykh Konferentsiyakh perioda Velikoi Otechestvennoi Voiny, 1941–1945gg, 6 vols, Moscow 1984

Polpredy Soobshchayut: Sbornik Dokumentov ob Otnosheniyakh SSSR s Latviei, Litvoi I Estoniei, Avgust 1939g–Avgust 1940g, Moscow 1990

Dokumenty Vneshnei Politiki, vols 22 – 4, Moscow 1992, 1995, 1998, 2000

Sovetsko–Ugoslavskie Otnosheniya, 1917–1941gg, Moscow 1992

Nakanune Voiny: Materialy Soveshchaniya Vysshego Rukovodyashchego Sostava RKKA 23–31 Dekabrya, Moscow 1993 (Russkii Arkhiv 시리즈)

G. K. Zhukov v Bitve pod Moskvoi: Sbornik Dokumentov, Moscow 1994

Komintern i Vtoraya Mirovaya Voina, 2 vols, Moscow 1994, 1998

NKVD i Pol'skoe Podpol'e, 1944–1945, Moscow 1994

SSSR i Pol'sha, 1941–1945, Moscow 1994

SVAG, 1944–1949, Moscow 1994

Organy Gosudarstvennoi Bezopasnosti SSSR v Velikoi Otechestvennoi Voine, vols 1 – 3, Moscow 1995, 2000, 2003

Moskva Voennaya, 1941–1945, Moscow 1995

SSSR-Pol'sha: Mekhanizmy Podchineniya, 1944–1949gg, Moscow 1995

Stalingrad, 1942–1943, Moscow 1995

Evreiskii Antifashistskii Komitet v SSSR, 1941–1948, Moscow 1996

Glavnye Politicheskiye Organy Vooruzhennykh Sil SSSR v Velikoi Otechestvennoi Voine 1941–1945gg, Moscow 1996 (Russkii Arkhiv 시리즈)

SSSR i Germanskii Vopros, 1941–1949, 3 vols, Moscow 1996, 2000, 2003

Stavka VGK: Dokumenty i Materialy 1941–1945, Moscow 1996 – 1999

Katyn': Plenniki Neob'yavlennoi Voiny, Moscow 1997

Sovetsko–Yaponskaya Voina 1945 goda: Istoriya Voenno-Politicheskogo Protivoborstva Dvukh Derzhav v 30–40-e gody (Russkii Arkhiv 시리즈), Moscow 1997

Voina i Diplomatiya, 1941–1942, Moscow 1997

Vostochnaya Evropa v Dokumentakh Rossiiskikh Arkhivov, 2 vols, Moscow 1997, 1998

1941 God, 2 vols, Moscow 1998

Atomnyi Proekt SSSR: Dokumenty i Materialy, 3 vols, Moscow 1998 – 2002

Otnosheniya Rossii (SSSR) s Ugoslaviei, 1941–1945gg, Moscow 1998

Soveshchaniya Kominforma, 1947–1949, Moscow 1998

Tri Vizita A. Ya Vyshinskogo v Bukharest, 1944–1946, Moscow 1998

Sovetskii Faktor v Vostochnoi Evrope, 1944–1948, Moscow 1999

Zimnyaya Voina, 1939–1940, Moscow 1999

Moskva Poslevoennaya, 1945–1947, Moscow 2000

Sovetsko–Izrail'skie Otnosheniya, 1941–1949, Moscow 2000

Sovetsko–Rumynskie Otnosheniya, vol. 2, Moscow 2000

Sovetsko–Kitaiskie Otnosheniya, vols 4 – 5, Moscow 2000, 2005

Stalingradskaya Epopeya, Moscow 2000

Transil'vanskii Vopros: Vengero-Rumynskii Territorial'nyi Spor i SSSR, 1940–1946, Moscow 2000

Georgii Zhukov, Moscow 2001

Iz Varshavy... Dokumenty NKVD SSSR o Pol'skom Podpol'e, 1944–1945gg, Moscow 2001

Katyn', 1940–2000, Moscow 2001

Moskva i Vostochnaya Evropa, 1949–1953, Moscow 2002

Neizvestnaya Blokada, 2 vols, Moscow 2002

Politburo Tsk VKP (b) i Sovet Ministrov SSSR, 1945–1953, Moscow 2002

Stalingradskaya Bitva, 2 vols, Moscow 2002

Kurskaya Bitva, 2 vols, Moscow 2003

Sovetskaya Povsednevnost' i Massovoe Soznaniye, 1939–1945, Moscow 2003

Sovetskaya Zhizn', 1945–1953, Moscow 2003

Operatsiya 'Bagration', Moscow 2004

Sovetsko–Amerikanskie Otnosheniya, 1939–1945, Moscow 2004

Sovetsko–Amerikanskie Otnosheniya, 1945–1948, Moscow 2004

Stalin i Cherchill', Moscow 2004

'Zimnyaya Voina': Pabota nad Oshibkami Aprel'-Mai 1940g (Materialy Komissii Glavnogo Voennogo Soveta Krasnoi Armii po Obobshcheniu Opyta Finskoi Kampanii, Moscow 2004

Stalinskiye Deportatsii, 1928–1953, Moscow 2005

Ivan Mikhailovich Maiskii: Izbrannaya Perepiska s Rossiiskimi Korrespondentami, vol. 2, Moscow 2005

Lubyanka: Stalin i NKVD-NKGB-GUKR 'Smersh', 1939–1946, Moscow 2006

영어로 출간된 문서

A. O. Chubaryan and H. Shukman (eds), *Stalin and the Soviet–Finnish War, 1939–1940,* Frank Cass: London 2002

Churchill and Stalin: Documents from British Archives, FCO: London 2002

A. Dallin and F. I. Firsov (eds), *Dimitrov & Stalin, 1934–1943,* Yale University Press: New Haven 2000

J. Degras (ed.), *The Communist International 1919–1943*, vol. 3, Frank Cass: London 1971

J. Degras (ed.), *Soviet Documents on Foreign Policy*, vol. 3 (1933 – 1941), Oxford University Press: London 1953

The Development of Soviet-Finnish Relations, London 1940

Documents on British Policy Overseas, series 1, vol. 2, HMSO: London 1985

Documents on Israeli–Soviet Relations, 1941–1953, Frank Cass: London 2000

Documents on Polish–Soviet Relations 1939–1945, 2 vols, Heinemann: London 1961

Foreign Relations of the United States: annual volumes, 1941 – 1946, Government Printing Office: Washington DC 1958 – 1970

Foreign Relations of the United States: The Conference of Berlin 1945, 2 vols, Government Printing Office: Washington DC 1960

Foreign Relations of the United States: The Conferences of Cairo and Tehran 1943, Government Printing Office: Washington DC 1961

Foreign Relations of the United States: The Conferences of Malta and Yalta, Government Printing Office: Washington DC 1955

K. M. Jensen (ed.), *Origins of the Cold War: The Novikov, Kennan and Roberts 'Long Telegrams' of 1946*, Washington 1991

W. LaFeber (ed.), *The Origins of the Cold War, 1941–1947*, John Wiley: New York 1971

Nazi–Soviet Relations, 1939–1941, Didier: New York 1948

'New Documents about Winston Churchill from Russian Archives', *International Affairs*, vol. 47, no. 5, 2001

A. Polonsky (ed.), *The Great Powers and the Polish Question, 1941–1945*, Orbis Books: London 1976

A. Polonsky and B. Drukier, *The Beginnings of Communist Rule in Poland*, Routledge & Kegan Paul: London 1980

G. Procacci (ed.), *The Cominform: Minutes of the Three Conferences 1947/1948/1949*, Feltrinelli: Milan 1994 (러시아어: *Soveshchaniya Kominforma, 1947, 1948, 1949: Dokumenty i Materialy*, Moscow 1998)

S. Redlich (ed.), *War, Holocaust and Stalinism: A Documentary History of the Jewish Anti-Fascist Committee in the USSR*, Harwood Academic Publishers: Luxembourg 1995

G. Ross (ed.), *The Foreign Office and the Kremlin: British Documents on Anglo-Soviet Relations 1941–1945*, Cambridge University Press: Cambridge 1984

J. Rubenstein and V. P. Naumov (eds), *Stalin's Secret Pogrom: The Postwar Inquisition of the Jewish Anti-Fascist Committee*, Yale University Press: New Haven 2001

B. Ruhm von Oppen (ed.), *Documents on Germany under Occupation, 1945–1954*, Oxford University Press: New York 1955

O. A. Rzheshevsky (ed.), *War and Diplomacy: The Making of the Grand Alliance*

(Documents from Stalin's Archive), Harwood Academic Publishers: Amsterdam 1996

Soviet Foreign Policy during the Patriotic War: Documents and Materials, 2 vols, Hutchinson: London 1944 – 1945

Stalin and the Cold War, 1945–1953: A Cold War International History Project Documentary Reader, Washington, DC 1999

Stalin's Correspondence with Churchill, Attlee, Roosevelt and Truman, 1941–1945, Lawrence & Wishart: London 1958

'Stalin, Czechoslovakia, and the Marshall Plan: New Documentation from Czechoslovak Archives', *Bohemia Band* no. 32, 1991

G. Takhnenko, 'Anatomy of a Political Decision: Notes on the Marshall Plan', *International Affairs*, July 1992

The Tehran, Yalta and Potsdam Conferences: Documents, Progress Publishers: Moscow 1969

The White House Papers of Harry L. Hopkins, Eyre & Spottiswoode: London 1949

'The Winter War (Documents on Soviet – Finnish Relations in 1939 – 1940)', *International Affairs*, nos 8 & 9, 1989.

회고록과 일기

S. Alliluyeva, *20 Letters to a Friend*, Penguin: London 1968

I. Kh. Bagramyan, *Tak Shli My k Pobede*, Moscow 1998

I. Banac (ed.), *The Diary of Georgi Dimitrov, 1933–1949*, Yale University Press: New Haven 2003

W. Bedell Smith, *Moscow Mission, 1946–1949*, Heinemann: London 1950

V. Berezhkov, *History in the Making: Memoirs of World War II Diplomacy*, Progress Publishers: Moscow 1983

S. Bialer (ed.), *Stalin and his Generals: Soviet Military Memoirs of World War II*, Souvenir Press: New York 1969

A. H. Birse, *Memoirs of an Interpreter*, Michael Joseph: London 1967

S. S. Biruzov, *Sovetskii Soldat na Balkanakh*, Moscow 1963

C. E. Bohlen, *Witness to History, 1929–1969*, Weidenfeld & Nicolson: London 1973

F. E. Bokov, *Vesna Pobedy*, Moscow 1980

V. Chuikov, *The Beginning of the Road*, MacGibbon & Kee: London 1963

V. I. Chuikov, *Konets Tret'ego Reikha*, Moscow 1973

J. R. Deane, *The Strange Alliance*, Viking Press: New York 1947

M. Djilas, *Wartime*, Secker & Warburg: London 1977

I. Ehrenburg, *Post-War Years, 1945–1954*, MacGibbon & Kee: London 1966

I. Ehrenburg, *The War, 1941–1945*, MacGibbon & Kee: London 1964

F. I. Golikov, *On a Military Mission to Great Britain and the USA*, Progress Publishers:

Moscow 1987

W. A. Harriman and E. Abel, *Special Envoy to Churchill and Stalin, 1941–1946,* Random House: New York 1975

L. Kaganovich, *Pamyatnye Zapiski,* Moscow 1996

G. Kennan, *Memoirs,* Hutchinson: London 1968

N. Kharlamov, *Difficult Mission,* Progress Publishers: Moscow 1983

Khrushchev Remembers, Sphere Books: London 1971

I. S. Konev, *Year of Victory,* Progress Publishers: Moscow 1969

I. S. Konev, *Zapiski Komanduyushchego Frontom, 1943–1945,* Moscow 1981

G. A. Kumanev, *Ryadom so Stalinym,* Moscow 1999

I. M. Maiskii, *Vospominaniya Sovetskogo Diplomata,* Moscow 1987

I. M. Maisky, *Memoirs of a Soviet Ambassador,* Hutchinson: London 1967

V. A. Malyshev diary, *Istochnik* no. 5, 1997

The Memoirs of Marshal Zhukov, Jonathan Cape: London 1971

A. Mikoyan, *Tak Bylo,* Moscow 1999

Lord Moran, *Winston Churchill: The Struggle for Survival, 1940–1965,* Sphere Books: London 1968

N. N. Novikov, *Vospominaniya Diplomata,* Moscow 1989

A. Resis (ed.), *Molotov Remembers,* Ivan R. Dee: Chicago 1993 (러시아어: F. Chuev, *Sto Sorok Besed s Molotovym,* Moscow 1991)

K. K. Rokossovskii, *Soldatskii Dolg,* Moscow 2002 (영어: *A Soldier's Duty,* Progress Publishers: Moscow 1970)

H. E. Salisbury (ed.), *Marshal Zhukov's Greatest Battles,* Sphere Books: London 1969

A. M. Samsonov (ed.), *9 Maya 1945 goda,* Moscow 1970

S. M. Shtemenko, *The Soviet General Staff at War, 1941–1945,* 2 vols, Progress Publishers: Moscow 1970, 1973

K. Simonov, *Glazami Cheloveka Moyevo Pokoleniya: Razmyshleniya o I. V. Staline,* Moscow 1990

P. Sudoplatov, *Special Tasks,* Warner Books: London 1995

A. M. Vasilevskii, *A Lifelong Cause,* Progress Publishers: Moscow 1981 (러시아어: *Delo vsei zhizni,* Moscow 1974)

A. I. Yeremenko, *Stalingrad,* Moscow 1961

M. V. Zakharov, *Stalingradskaya Epopeya,* Moscow 1968

G. K. Zhukov, *Vospominaniya i Razmyshleniya,* 10th edn, 3 vols, Moscow 1990

책과 논문

G. M. Adibekov, E. N. Shakhnazarova and K. K. Shirinya, *Organizatsionnaya Struktura Kominterna, 1919–1943,* Moscow 1997

G. Alexopoulos, 'Amnesty 1945: The Revolving Door of Stalin's Gulag', *Slavic Review*, vol. 64, no. 2, Summer 2005

V. A. Anfilov, *Doroga k Tragedii Sopok Peruogo Goda*, Moscow 1997

A. Axell, *Marshal Zhukov*, Pearson: London 2003

A. Axell, *Stalin's War through the Eyes of his Commanders*, Arms and Armour Press: London 1997

S. J. Axelrod, 'The Soviet Union and Bretton Woods', *Slovo*, April 1995

J. Barber and M. Harrison, 'Patriotic War, 1941 – 1945' in R.G. Suny (ed.), *The Cambridge History of Russia*, vol. 3, Cambridge University Press: Cambridge 2006

N. I. Baryshnikov, 'Sovetsko – Finlyandskaya Voina 1939 – 1940gg', *Novaya i Noveishaya Istoriya*, no. 4, 1991

A. Beevor, *Berlin: The Downfall 1945*, Viking: London 2002

A. Beevor, *Stalingrad*, Penguin Books: London 1991

M. Beloff, *Soviet Policy in the Far East, 1944–1951*, Oxford University Press: London 1953

G. Bennett (ed.), *The End of the War in Europe, 1945*, HMSO: London 1996

S. Berthon and J. Potts, *Warlords*, Politico's Publishing: London 2005

L. Bezymenski, *The Death of Adolf Hitler: Unknown Documents from the Soviet Archives*, Michael Joseph: London 1968

N. Bjelakovic, 'Comrades and Adversaries: Yugoslav – Soviet Conflict in 1948', *East European Quarterly*, vol. 33, no. 1, 1999

T. K. Blauvelt, 'Military Mobilisation and National Identity in the Soviet Union', *War & Society*, vol. 21, no. 1, May 2003

H. Boog et al., *Germany and the Second World War*, vols 4 & 6, Clarendon Press: Oxford 1998, 2001

D. Brandenberger, *National Bolshevism: Stalinist Mass Culture and the Formation of Modern Russian National Identity, 1931–1956*, Harvard University Press: Cambridge, Mass. 2002

D. Brandenberger, 'Stalin, the Leningrad Affair and the Limits of Postwar Russocentrism', *Russian Review*, no. 63, April 2004

J. Brent and V. P. Naumov, *Stalin's Last Crime: The Plot against the Jewish Doctors, 1948–1953*, HarperCollins: New York 2003

R. J. Brody, *Ideology and Political Mobilisation: The Soviet Home Front during World War II*, The Carl Beck Papers in Russian and East European Studies no. 1104, University of Pittsburgh, Pittsburgh, Penn. 1994

J. Brooks, *Thank You, Comrade Stalin! Soviet Public Culture from Revolution to Cold War*, Princeton University Press: Princeton NJ 2000

A. Bullock, *Stalin and Hitler*, HarperCollins: London 1991

J. Burds, *The Early Cold War in Soviet West Ukraine*, Carl Beck Papers in Russian and East European Studies, no. 1505, January 2001

F. S. Burin, 'The Communist Doctrine of the Inevitability of War', *American Political Science Review*, vol. 57, no. 2, June 1963.

M. J. Carley, *1939: The Alliance That Never Was and the Coming of World War II*, Ivan R. Dee: Chicago 1999

M. J. Carley, '"A Situation of Delicacy and Danger": Anglo-Soviet Relations, August 1939 - March 1940', *Contemporary European History*, vol. 8, no. 2, 1999

D. Carlton, *Churchill and the Soviet Union*, Manchester University Press: Manchester 2000

O. P. Chaney, *Zhukov*, University of Oklahoma Press: London 1996

J. Channon (ed.), *Politics, Society and Stalinism in the USSR*, Macmillan: London 1998

A. Chmielarz, 'Warsaw Fought Alone: Reflections on Aid to and the Fall of the 1944 Uprising', *Polish Review*, vol. 39, no. 4, 1994

A. O. Chubar'yan (ed.), *Voina i Politika, 1939–1941*, Moscow 1999

A. O. Chubar'yan and V. O. Pechatnov (eds), 'Molotov "the Liberal": Stalin's 1945 Criticism of his Deputy', *Cold War History*, vol. 1, no. 1, August 2000

J. M. Ciechanowski, *The Warsaw Rising of 1944*, Cambridge University Press: Cambridge 1974

A. M. Cienciala, 'General Sikorski and the Conclusion of the Polish - Soviet Agreement of July 30, 1941', *Polish Review*, vol. 41, no. 4, 1996

A. M. Cienciala, 'New Light on Oskar Lange as an Intermediary between Roosevelt and Stalin in Attempts to Create a New Polish Government', *Acta Poloniae Historica*, no. 73, 1996

D. S. Clemens, *Yalta*, Oxford University Press: Oxford 1970

M. Cox and C. Kennedy-Pipe, 'The Tragedy of American Diplomacy: Rethinking the Marshall Plan', *Journal of Cold War Studies*, Spring 2005

I. A. Damaskii, *Stalin i Razvedka*, Moscow 2004

N. Davies, *Rising '44: The Battle for Warsaw*, Pan Books: London 2004

S. Davies and J. Harris (eds), *Stalin*, Cambridge University Press: Cambridge 2003

L. E. Davis, *The Cold War Begins: Soviet–American Conflict over Eastern Europe*, Princeton University Press: Princeton NJ 1974

R. B. Day, *Cold War Capitalism: The View from Moscow, 1945–1975*, M. E. Sharpe: London 1995

D. De Santis, *The Diplomacy of Silence: The American Foreign Service, the Soviet Union and the Cold War, 1933–1947*, University of Chicago Press: Chicago 1979

I. Deutscher, *Stalin: A Political Biography*, Pelican: London 1966

L. Dobroszycki and J. S. Gurock (eds), *The Holocaust in the Soviet Union*, M. E.

Sharpe: New York 1993

T. Dunmore, *Soviet Politics, 1945–53,* Macmillan: London 1984

D. J. Dunn, *Caught between Roosevelt and Stalin: America's Ambassadors to Moscow,* University Press of Kentucky: Lexington 1998

E. Duraczynski, 'The Warsaw Rising: Research and Disputes Continue', *Acta Poloniae Historica,* no. 75, 1997

Eric Duskin, *Stalinist Reconstruction and the Confirmation of a New Elite, 1945–1953,* Palgrave: London 2001

M. Dyczok, *The Grand Alliance and the Ukrainian Refugees,* Macmillan: London 2000

M. Edele, 'Soviet Veterans as an Entitlement Group, 1945 – 1955', *Slavic Review,* vol. 65, no. 1 2006

R. Edmonds, *The Big Three,* Penguin Books: London 1991

N. I. Egorova and A. O. Chubar'yan, *Kholodnaya Voina, 1945–1965,* Moscow 2003

N. I. Egorova and A. O. Chubar'yan, *Kholodnaya Voina i Politika Razryadki,* Moscow 2003

J. Erickson, 'Barbarossa: June 1941: Who Attacked Whom', *History Today,* July 2001

J. Erickson, *The Road to Berlin,* Weidenfeld & Nicolson: London 1983

J. Erickson, *The Road to Stalingrad,* Harper & Row: New York 1975

J. Erickson, 'Threat Identification and Strategic Appraisal by the Soviet Union, 1930 – 1941' in E. R. May (ed.), *Knowing One's Enemies,* Princeton University Press: Princeton NJ 1984

J. Erickson and D. Dilks (eds), *Barbarossa: The Axis and the Allies,* Edinburgh University Press: Edinburgh 1994

F. Falin, *Vtoroi Front,* Moscow 2000

H. Feis, *Churchill–Roosevelt–Stalin,* Princeton University Press: Princeton NJ 1957

A. M. Filitov, 'Nota 10 Marta 1952 goda: Prodolzhaushchayasya Diskussiya' in B. M. Tupolev, *Rossiya i Germaniya,* Moscow 2004

D. Filtzer, *Soviet Workers and Late Stalinism,* Cambridge University Press: Cambridge 2002

I. Fleischhauer, 'The Molotov – Ribbentrop Pact: The German Version', *International Affairs,* August 1991

M. H. Folly, *Churchill, Whitehall and the Soviet Union, 1940–1945,* Macmillan 2000

J. L. Gaddis, *We Now Know: Rethinking Cold War History,* Clarendon Press: Oxford 1997

V. Gaiduk and N. I. Egorova (eds), *Stalin i Kholodnaya Voina,* Moscow 1997

V. Gaiduk, N. I. Egorova and A. O. Chubar'yan (eds), *Stalinskoe Desyatiletie Kholodnoi Voiny,* Moscow 1999

M. P. Gallagher, *The Soviet History of World War II,* Frederick A. Praeger: New York 1963

M. A. Gareev, *Polkovodtsy Pobedy i ikh Voennoe Nasledie,* Moscow 2004

J. and C. Garrard (eds), *World War 2 and the Soviet People,* St. Martin's Press: New York 1993

R. L. Garthoff (ed.), *Sino-Soviet Military Relations,* Praeger: New York 1966

V. Gavrilov and E. Gorbunov, *Operatsiya 'Ramzai',* Moscow 2004

L. Ya. Gibianskii, 'Doneseniya Ugoslavskogo Posla v Moskve o Otsenkakh Rukovodstvom SSSR Potsdamskoi Konferentsii i Polozheniya v Vostochnoi Evrope', *Slavyanovedeniye,* no. 1, 1994

L. Ya. Gibianskii, *Sovetskii Souz i Novaya Ugoslaviya, 1941–1947,* Moscow 1987

U. S. Girenko, *Stalin–Tito,* Moscow 1991

D. M. Glantz, *Barbarossa: Hitler's Invasion of Russia 1941,* Tempus Publishing: Stroud 2001

D. M. Glantz, *The Battle for Leningrad, 1941–1944,* University Press of Kansas: Lawrence, Kansas 2002

D. M. Glantz, *Colossus Reborn: The Red Army at War, 1941–1943,* University Press of Kansas: Lawrence, Kansas 2005

D. M. Glantz, *Kharkov 1942: Anatomy of a Military Disaster through Soviet Eyes,* Ian Allan Publishing: Shepperton, Surrey 1998

D. M. Glantz, *Zhukov's Greatest Defeat: The Red Army's Epic Disaster in Operation Mars, 1942,* University Press of Kansas: Lawrence, Kansas 1999

D. M. Glantz and J. House, *When Titans Clashed: How the Red Army Stopped Hitler,* University Press of Kansas: Lawrence, Kansas 1995

M. E. Glantz, *FDR and the Soviet Union: The President's Battles over Foreign Policy,* University Press of Kansas: Lawrence, Kansas 2005

S. N. Goncharov et al., *Uncertain Partners: Stalin, Mao and the Korean War,* Stanford University Press: Stanford 1993

F. Gori and S. Pons (eds), *The Soviet Union and Europe in the Cold War, 1943–1953* Macmillan: London 1996

Yu. Gor'kov, *Gosudarstvennyi Komitet Oborony Postanovlyaet (1941–1945),* Moscow 2002

Y. Gorlizki, 'Ordinary Stalinism: The Council of Ministers and the Soviet Neopatrimonial State, 1945 – 1953', *Journal of Modern History,* vol. 74, no. 4, 2002

Y. Gorlizki, 'Party Revivalism and the Death of Stalin', *Slavic Review,* vol. 54, no. 1, 1995

Y. Gorlizki, 'Stalin's Cabinet: The Politburo and Decision Making in the Post-war Years, *Europe–Asia Studies,* vol. 53, no. 2, 2001

Y. Gorlizki and O. Khlevniuk, *Cold Peace: Stalin and the Soviet Ruling Circle, 1945–1953,* Oxford University Press: Oxford 2004

G. Gorodetsky, *Grand Delusion: Stalin and the German Invasion of Russia*, Yale University Press: New Haven 1999

G. Gorodetsky (ed.), *Soviet Foreign Policy, 1917–1991*, Frank Cass: London 1994

G. Gorodetsky, 'The Soviet Union and the Creation of the State of Israel', *The Journal of Israeli History*, vol. 22, no. 1, 2003

P. R. Gregory (ed.), *Behind the Façade of Stalin's Command Economy*, Hoover Institution Press: Stanford 2001

A. A. Gromyko et al., *Bor'ba SSSR v OON za Mir, Bezopasnost' i Sotrudnichestvo*, Moscow 1986

J. T. Gross, *Revolution from Abroad: The Soviet Conquest of Poland's Western Ukraine and Western Belorussia*, Princeton University Press: Princeton NJ 1988

W. G. Hahn, *Postwar Soviet Politics: The Fall of Zhdanov and the Defeat of Moderation, 1946–53*, Cornell University Press: Ithaca, NY 1982

T. T. Hammond (ed.), *The Anatomy of Communist Takeovers*, Yale University Press: New Haven 1975

M. Harrison, *Accounting for War: Soviet Production, Employment, and the Defence Burden, 1940–1945*, Cambridge University Press: Cambridge 1996

M. Harrison, *The Economics of World War II: Six Great Powers in International Comparison*, Cambridge University Press: Cambridge 1998

M. Harrison, *Soviet Planning in Peace and War 1938–1945*, Cambridge University Press: Cambridge 1985

M. Harrison, 'The USSR and the Total War: Why Didn't the Soviet Economy Collapse in 1942?' in R. Chickering et al. (eds), *A World at Total War: Global Conflict and the Politics of Destruction, 1939–1945*, Cambridge University Press: Cambridge 2005

T. Hasegawa, *Racing the Enemy: Stalin, Truman, and the Surrender of Japan*, Harvard University Press: Cambridge, Mass. 2005

J. Haslam, 'Stalin's Fears of a Separate Peace, 1942', *Intelligence and National Security*, vol. 8, no. 4, October 1993

J. S. A. Hayward, *Stopped at Stalingrad: The Luftwaffe and Hitler's Defeat in the East, 1942–1943*, University Press of Kansas: Lawrence, Kansas 1998

P. G. H. Holdich, 'A Policy of Percentages? British Policy and the Balkans after the Moscow Conference of October 1944', *International History Review*, February 1987

D. Holloway, 'Jockeying for Position in the Postwar World: Soviet Entry into the War with Japan in August 1945' in T. Hasegawa (ed.), *Reinterpreting the End of the Pacific War: Atomic Bombs and the Soviet Entry into the War*, Stanford University Press: Stanford forthcoming

D. Holloway, *Stalin & the Bomb*, Yale University Press: New Haven 1994

G. Hosking, 'The Second World War and Russian National Consciousness', *Past &*

Present, no. 175, 2002

J. M. House and D. M. Glantz, *The Battle of Kursk*, University Press of Kansas: Lawrence, Kansas 1999

Istoriya Velikoi Otechestvennoi Voiny Sovetskogo Souza 1941–1945, 6 vols, Moscow 1960 – 1964

Istoriya Vtoroi Mirovoi Voiny, 1939–1945, 12 vols, Moscow 1973 – 1982

R. Ivanov, *Stalin i Souzniki, 1941–1945gg*, Smolensk 2000

R. F. Ivanov and N. K. Petrova, *Obshchestvenno-Politicheskie Sily SSSR i SShA v Gody Voiny, 1941–1945*, Voronezh 1995

H. and M. James, 'The Origins of the Cold War: Some New Documents', *Historical Journal*, vol. 37, no. 3, 1994

G. Jukes, *Hitler's Stalingrad Decisions*, University of California Press: Berkeley 1985

G. Jukes, *Stalingrad: The Turning Point*, Ballantine Books: New York 1968

V. Karpov, *Generalissimus*, 2 vols, Moscow 2003

C. Kennedy-Pipe, *Stalin's Cold War: Soviet Strategies in Europe, 1943–1956*, Manchester University Press: Manchester 1995

I. Kershaw and M. Lewin, *Stalinism and Nazism*, Cambridge University Press: Cambridge 1997

L. Kettenacker, 'The Anglo-Soviet Alliance and the Problem of Germany, 1941 – 1945', *Journal of Contemporary History*, vol. 17, 1982

A. Knight, *Beria: Stalin's First Lieutenant*, Princeton University Press: Princeton NJ 1993

J. Knight, 'Russia's Search for Peace: The London Council of Foreign Ministers, 1945', *Journal of Contemporary History*, vol. 13, 1978

A. J. Kochavi, 'Anglo-Soviet Differences over a Policy towards War Criminals', *SEER*, vol. 69, no. 3, July 1991

T. U. Kochetkova, 'Voprosy Sozdaniya OON i Sovetskaya Diplomatiya', *Otechestvennaya Istoriya*, no. 1, 1995

N. V. Kochkin, 'Anglo-Sovetskii Souznyi Dogovor 1942 goda i Nachalo "Kholodnoi Voiny"', *Voprosy Istorii*, no. 1, 2006

N. V. Kochkin, 'SSSR, Angliya, SShA i "Turetskii Krizis" 1945 – 1947gg', *Novaya i Noveishaya Istoriya*, no. 3, 2002

H. Kohn, 'Pan-Slavism and World War II', *American Political Science Review*, vol. 46, no. 3 1952

N. Ya Komarov and G. A. Kumanev, *Blokada Leningrada: 900 Geroicheskikh Dnei, 1941–1944*, Moscow 2004

M. Korobochin, 'Soviet Policy toward Finland and Norway, 1947 – 1949', *Scandinavian Journal of History*, vol. 20, no. 3, 1995

V. V. Korovin, *Sovetskaya Razvedka i Kontrrazvedka v gody Velikoi Otechestvennoi Voiny,* Moscow 2003

A. Koshkin, *Yaponskii Front Marshala Stalina,* Moscow 2004

G. V. Kostyrchenko, *Out of the Shadows: Anti-Semitism in Stalin's Russia,* Prometheus Books: New York 1995

G. V. Kostyrchenko, *Tainaya Politika Stalina,* Moscow 2001

E. Kul'kov et al., *Voina, 1941–1945,* Moscow 2004

Y. Lahav, *Soviet Policy and the Transylvanian Question (1940–1946),* Research Paper no. 27, Soviet and East European Research Centre, Hebrew University of Jerusalem, July 1977

J. Laloy, 'Le General de Gaulle et L'URSS, 1943 – 1945', *Revue d'istoire diplomatique,* no. 4, 1994

A. Lane and H. Temperley (eds), *The Rise and Fall of the Grand Alliance, 1941–1945,* Macmillan: London 1995

J. Laufer, 'Die Stalin-Note vom 10. Marz 1952 im Lichte neuer Quellen', *Vierteljahrshefte für Zeitgeschichte,* January 2004

N. Lebedeva, *Katyn',* Moscow 1994

A. M. Ledovskii, *SSSR i Stalin v Sud'bakh Kitaya,* Moscow 1999

M. P. Leffler and D. S. Painter (eds), *Origins of the Cold War,* Routledge: London 2005

C. Leitz (ed.), *Spain in an International Context,* Berghahn Books: Oxford 1999

R. B. Levering, V. O. Pechatnov et al., *Debating the Origins of the Cold War: American and Russian Perspectives,* Rowman & Littlefield: Lanham, Maryland 2002

S. J. Linz (ed.), *The Impact of World War II on the Soviet Union,* Rowman & Allanheld 1985

W. Loth, 'The Origins of Stalin's Note of 10 March 1952', *Cold War History,* vol. 4, no. 2, January 2004

W. Loth, *Stalin's Unwanted Children: The Soviet Union, the German Question and the Founding of the GDR,* Palgrave: London 1998

R. C. Lukas, 'The Big Three and the Warsaw Uprising', *Military Affairs,* vol. 39, no. 3, 1975

D. J. Macdonald, 'Communist Bloc Expansion in the Early Cold War', *International Security,* vol. 20, no. 3, 1995/6

R. H. McNeal, 'Roosevelt Through Stalin's Spectacles', *The International Journal,* vol. 2, no. 18, 1963

R. H. McNeal, *Stalin: Man and Ruler,* Macmillan Press: London 1998

W. H. McNeill, *America, Britain and Russia: Their Co-operation and Conflict, 1941–1946,* Oxford University Press: London 1953

V. L. Mal'kov, 'Domestic Factors in Stalin's Atomic Diplomacy' in P. M. Morgan and K. L. Nelson (eds), *Re-Viewing the Cold War, Domestic Factors and Foreign Policy in the East–West Confrontation*, Praeger: Westport, Conn. 2000

V. V. Mar'ina, 'Sovetskii Souz i Chekhoslovakiya, 1945 god', *Novaya i Noveishaya Istoriya* no. 3, 2001

V. Mar'ina, *Zakarpatskaya Ukraina (Podkarpatskaya Rus') v Politike Benesha i Stalina*, Moscow 2003

E. Mark, *Revolution by Degrees: Stalin's National-Front Strategy for Europe, 1941–1947*, Cold War International History Project Working Paper no. 31, 2001

T. Martin, *The Affirmative Action Empire: Nations and Nationalism in the Soviet Union, 1929–1939*, Cornell University Press: Ithaca NY 2001

A. A. Maslov, 'Forgiven by Stalin – Soviet Generals Who Returned from German Prisons in 1941 – 45 and Who Were Rehabilitated', *Journal of Slavic Military Studies*, vol. 12, no. 2, June 1999

V. Mastny, *The Cold War and Soviet Insecurity: The Stalin Years*, Oxford University Press: Oxford 1996

V. Mastny, *NATO in the Beholder's Eye: Soviet Perceptions and Policies, 1949–1956*, Cold War International History Project Working Paper no. 35, March 2002

V. Mastny, *Russia's Road to the Cold War*, Columbia University Press: New York 1979

J. Matthaus, 'Operation Barbarossa and the Onset of the Holocaust' in C. Browning, *The Origins of the Final Solution*, University of Nebraska Press: Lincoln NB 2004

E. Mawdsley, 'Crossing the Rubicon: Soviet Plans for Offensive War in 1940 – 1941', *International History Review*, December 2003

E. Mawdsley, *Thunder in the East: The Nazi-Soviet War, 1941–1945*, Hodder Arnold: London 2005

S. Mazov, 'The USSR and the Former Italian Colonies, 1945 – 1950', *Cold War History*, vol. 3, no. 3, April 2003.

R. and Z. Medvedev, *The Unknown Stalin*, Overlook Press: Woodstock and New York 2004

Z. Medvedev, *Stalin i Evreiskaya Problema*, Moscow 2003

M. I. Mel'tukhov, '"Narodny Front" dlya Finlyandii? (K Voprosu o Tselyakh Sovetskogo Rukovodstva v Voine s Finlyandiei 1939 – 1940gg)', *Otechestvennaya Istoriya*, no. 3, 1993

M. I. Mel'tukhov, 'Operatsiya "Bagration" i Varshavskoe Vosstaniye 1944 goda', *Voprosy Istorii*, no. 11, 2004

M. I. Mel'tukhov, *Upushchennyi Shans Stalina*, Moscow 2000

C. Merridale, *Ivan's War: The Red Army 1939–45*, Faber: London 2005

S. Merritt Miner, *Between Churchill and Stalin: The Soviet Union, Great Britain, and the*

Origins of the Grand Alliance, University of North Carolina Press: Chapel Hill NC 1988

S. Merritt Miner, *Stalin's Holy War: Religion, Nationalism and Alliance Politics, 1941-1945,* University of North Carolina Press: Chapel Hill NC 2003

J. P. Morray, *From Yalta to Disarmament,* Monthly Review Press: New York 1961

G. P. Murashko, 'Fevral'skii Krizis 1948g v Chekhoslovakii i Sovetskoe Rukovodstvo', *Novaya i Noveishaya Istoriya,* no. 3, 1998

G. P. Murashko and A. F. Noskova, 'Stalin and the National-Territorial Controversies in Eastern Europe, 1945-1947 (Parts 1 & 2)', *Cold War History,* vol. 1, no. 3, 2001, vol. 2, no. 1 2001

D. Murphy, *What Stalin Knew: The Enigma of Barbarossa,* Yale University Press: New Haven 2005

B. Murray, *Stalin, the Cold War and the Division of China,* Cold War International History Project Working Paper, 12 June 1995

M. Yu. Myagkov (ed.), *Mirovye Voiny XX Veka: Vtoraya Mirovaya Voina (Dokumenty i Materialy),* vols 3-4, Moscow 2002

M. Yu. Myagkov, 'SSSR, SShA i Problema Pribaltiki v 1941-1945godakh', *Novaya i Noveishaya Istoriya,* no. 1, 2005

N. M. Naimark, 'Cold War Studies and New Archival Materials on Stalin', *Russian Review,* no. 61 (January 2002)

N. M. Naimark, 'Post-Soviet Russian History on the Emergence of the Soviet Bloc', *Kritika,* vol. 5, no. 3, Summer 2004

N. M. Naimark, *The Russians in Germany: A History of the Soviet Zone of Occupation, 1945-1949,* Harvard University Press: Cambridge, Mass. 1995

N. M. Naimark, 'Stalin and Europe in the Postwar Period, 1945-53', *Journal of Modern European History,* vol. 2, no. 1, 2004

N. Naimark and L. Gibianskii (eds), *The Establishment of Communist Regimes in Eastern Europe, 1944-1949,* Westview Press: Boulder, Col. 1997

M. M. Narinskii, 'Moscou et le Gouvernement provisoire du général de Gaulle', *Relations internationales,* no. 108, 2001

M. M. Narinskii et al. (eds), *Kholodnaya Voina,* Moscow 1995

J. Nevakivi, 'A Decisive Armistice 1944-1947: Why Was Finland Not Sovietized?' *Scandinavian Journal of History,* vol. 19, no. 2, 1994

V. A. Nevezhin, 'The Pact with Germany and the Idea of an "Offensive War (1939-1941)"', *Journal of Slavic Military Studies,* vol. 8, no. 4, 1995

L. N. Nezhinskii (ed.), *Sovetskaya Vneshnyaya Politika v Gody 'Kholodnoi Voiny',* Moscow 1995

R. Nisbet, *Roosevelt and Stalin,* Regnery Gateway: Washington DC 1988

R. Overy, *The Dictators: Hitler's Germany and Stalin's Russia,* Allen Lane: London 2004

R. Overy, *Russia's War,* Penguin Books: London 1998

R. Overy, *Why the Allies Won,* Jonathan Cape: London 1995

S. D. Parrish and M. M. Narinsky, *New Evidence on the Soviet Rejection of the Marshall Plan, 1947,* Cold War International History Project Working Paper no. 9,March 1994

T. G. Paterson, *Soviet–American Confrontation: Postwar Reconstruction and the Origins of the Cold War,* Johns Hopkins University Press: Baltimore 1973

V. O. Pechatnov, *'The Allies are Pressing on You to Break Your Will': Foreign Policy Correspondence between Stalin and Molotov and other Politburo Members, September 1945– December 1946,* Cold War International History Project, Working Paper No. 26, September 1999

V. O. Pechatnov, *The Big Three after World War II: New Documents on Soviet Thinking about Postwar Relations with the United States and Great Britain,* Cold War International History Project Working Paper no. 13, 1995

V. Pechatnov, 'Exercise in Frustration: Soviet Foreign Propaganda in the Early Cold War, 1945 – 47', *Cold War History,* vol. 1, no. 2, January 2001

V. O. Pechatnov, 'Moskovskoe Posol'stvo Averella Garrimana', *Novaya i Noveishaya Istoriya,* nos 3 – 4, 2002

V. O. Pechatnov, 'The Rise and Fall of *Britansky Soyuznik',* *Historical Journal,* vol. 41, no. 1, 1998

A. Perlmutter, *FDR & Stalin,* University of Missouri Press: Columbia 1993

P. V. Petrov and V. N. Stepakov, *Sovetsko–Finlyanskaya Voina, 1939–1940,* 2 vols, St Petersburg 2003

N. K. Petrovka, *Antifashistskie Komitety v SSSR: 1941–1945gg,* Moscow 1999

A. Phillips, *Soviet Policy Reconsidered: The Postwar Decade,* Greenwood Press: New York 1986

H. Piortrowski, 'The Soviet Union and the Renner Government of Austria, April – November 1945', *Central European History,* vol. 20 nos 3/4, 1987

C. Pleshakov, *Stalin's Folly,* Houghton Mifflin: Boston 2005

E. Pollack, *Conversations with Stalin on Questions of Political Economy,* Cold War International History Project Working Paper no. 33, July 2001

B. Ponomaryov et al. (eds), *History of Soviet Foreign Policy, 1945–1970,* Progress Publishers: Moscow 1973

S. Pons, *Stalin and the Inevitable War, 1936–1941,* Frank Cass: London 2002

S. Pons, 'Stalin, Togliatti, and the Origins of the Cold War in Europe', *Journal of Cold War Studies,* vol. 3, no. 2, Spring 2001.

S. Pons and A. Romano, *Russia in the Age of Wars, 1914–1945,* Feltrinelli: Milan 2000

L. V. Pozdeeva, *London–Moskva: Britanskoe Obshchestvennoe Mhenie i SSSR,* Moscow 2000

L. V. Pozdeeva, 'Sovetskaya Propaganda na Angliu v 1941‒1945 godax', *Voprosy Istorii*, no. 7, 1998

R. C. Raack, *Stalin's Drive to the West, 1938‒1945*, Stanford University Press: Stanford, CA 1995

G. D. Ra'anan, *International Policy Formation in the USSR: Factional 'Debates' during the Zhdanovshchina*, Archon Books: Hamden, Conn. 1983

E. Radzinsky, *Stalin*, Hodder & Stoughton: London 1997

F. S. Raine, 'Stalin and the Creation of the Azerbaijan Democratic Party in Iran, 1945', *Cold War History*, vol. 2, no. 2, October 2001

D. Rayfield, *Stalin and his Hangmen*, Viking: London 2004

C. Read (ed.), *The Stalin Years*, Palgrave: London 2003

E. van Ree, *The Political Thought of Joseph Stalin: A Study in Twentieth Century Revolutionary Patriotism*, Routledge: London 2002

E. van Ree, *Socialism in One Zone: Stalin's Policy in Korea, 1945–1947*, Berg: Oxford 1989

R. Reese, *Stalin's Reluctant Soldiers*, University Press of Kansas: Lawrence, Kansas 1996

A. Resis, 'The Churchill‒Stalin Secret "Percentages" Agreement on the Balkans, Moscow, October 1944', *American Historical Review*, April 1978

A. Resis, 'The Fall of Litvinov: Harbinger of the German‒Soviet Non-Aggression Pact', *Europe–Asia Studies*, vol. 52, no. 1, 2000

A. Resis, *Stalin, the Politburo, and the Onset of the Cold War, 1945–1946*, The Carl Beck Papers in Russian and East European Studies no. 701, April 1988

D. Reynolds et al., *Allies at War: The Soviet, American and British Experience, 1939–1945*, Macmillan: London 1994

D. Reynolds, 'The "Big Three" and the Division of Europe, 1945‒1948', *Diplomacy & Statecraft*, vol. 1, no. 2, 1990

D. Reynolds, *In Command of History: Churchill Fighting and Writing the Second World War*, Penguin Books: London 2005

D. Reynolds (ed.), *The Origins of the Cold War in Europe*, Yale University Press: New Haven 1994

A. J. Rieber, 'Civil Wars in the Soviet Union', *Kritika*, vol. 4, no. 1, Winter 2003

A. J. Rieber, 'The Crack in the Plaster: Crisis in Romania and the Origins of the Cold War', *Journal of Modern History*, no. 76, March 2004

A. J. Rieber, 'Stalin: Man of the Borderlands', *American Historical Review*, no. 5, 2001

A. J. Rieber, *Zhdanov in Finland*, Carl Beck Papers in Russian and East European Studies, no. 1107, University of Pittsburgh, February 1995

C. A. Roberts, 'Planning for War: The Red Army and the Catastrophe of 1941', *Europe–Asia Studies*, vol. 47, no. 8, 1995

Dzh. Roberts, 'Cherchil' i Stalin: Epizody Anglo-Sovetskikh Otnoshenii (Sentyabr' 1939 – Iun' 1941 goda)' in A. O. Chubar'yan (ed.), *Voina i Politika, 1939–1941,* Moscow 1999

G. Roberts, 'The Alliance that Failed: Moscow and the Triple Alliance Negotiations, 1939', *European History Quarterly,* vol. 26, no. 3, 1996

G. Roberts, 'Beware Greek Gifts: The Churchill – Stalin "Percentages Agreement" of October 1944', *Mir Istorii,* www/historia.ru/2003/01/roberts.htm

G. Roberts, 'Ideology, Calculation and Improvisation: Spheres of Influence in Soviet Foreign Policy, 1939 – 1945', *Review of International Studies,* vol. 25, October 1999

G. Roberts, 'From Non-Aggression Treaty to War: Documenting Nazi – Soviet Relations, 1939 – 1941', *History Review,* December 2001

G. Roberts, 'Litvinov's Lost Peace, 1941 – 1946', *Journal of Cold War Studies,* vol. 4, no. 2, 2002

G. Roberts, 'Moscow and the Marshall Plan: Politics, Ideology and the Onset of Cold War, 1947', *Europe–Asia Studies,* vol. 46, no. 8, 1994

G. Roberts, 'Sexing up the Cold War: New Evidence on the Molotov – Truman Talks of April 1945', *Cold War History,* vol. 4, no. 3, April 2004

G. Roberts, 'Soviet Policy and the Baltic States, 1939 – 1940: A Reappraisal', *Diplomacy & Statecraft,* vol. 6, no. 3, 1995

G. Roberts, *The Soviet Union and the Origins of the Second World War,* Macmillan: London 1995

G. Roberts, *The Soviet Union in World Politics: Revolution, Coexistence and the Cold War, 1945–1991,* Routledge: London 1998

G. Roberts (ed.), *Stalin – His Times and Ours,* Irish Association for Russian and East European Studies: Dublin 2005

G. Roberts, 'Stalin and Foreign Intelligence during the Second World War' in E. O'Halpin et al., *Intelligence, Statecraft and International Power,* Irish Academic Press: Dublin 2006

G. Roberts, 'Stalin, the Pact with Nazi Germany and the Origins of Postwar Soviet Diplomatic Historiography', *Journal of Cold War Studies,* vol. 4, no. 3, Summer 2002

G. Roberts, *The Unholy Alliance: Stalin's Pact with Hitler,* I. B. Tauris: London 1989

G. Roberts, *Victory at Stalingrad: The Battle That Changed History,* Pearson/Longman: London 2002

W. R. Roberts, *Tito, Mihailovic and the Allies, 1941–1945,* Rutgers University Press: New Brunswick NJ 1973

N. E. Rosenfeldt et al. (eds), *Mechanisms of Power in the Soviet Union,* Macmillan: London 2000

L. Rotundo, 'Stalin and the Outbreak of War in 1941', *Journal of Contemporary*

History, vol. 24, 1989

L. Rotundo (ed.), *Battle for Stalingrad: The 1943 Soviet General Staff Study*, Pergamon-Brassey's: London 1989

I. V. Rubtsov, *Marshaly Stalina*, Moscow 2006

L. Rucker, *Moscow's Surprise: The Soviet–Israeli Alliance of 1947–1949*, Cold War International History Project Working Paper no. 46

E. V. Rusakova, *Polkovodtsy*, Moscow 1995

O. A. Rzheshevskii, 'Poslednii Shturm: Zhukov ili Konev', *Mir Istorii* http://gpw.tellur.ru.

O. A. Rzheshevskii (ed.), *Vtoraya Mirovaya Voina*, Moscow 1995

O. A. Rzheshevskii and O. Vekhvilyainen (eds), *Zimnyaya Voina 1939–1940*, vol.1, Moscow 1999

V. P. Safronov, *SSSR-SShA-Yaponiya v Gody 'Kholodnoi Voiny' 1945–1960gg'*, Moscow 2003

K. Sainsbury, *The Turning Point*, Oxford University Press: Oxford 1986

H. E. Salisbury, *The 900 Days: The Siege of Leningrad*, Avon Books: New York 1970

A. M. Samsonov, *Stalingradskaya Bitva*, 4th edn, Moscow 1989

G. Sanford, 'The Katyn Massacre and Polish–Soviet Relations, 1941–1943', *Journal of Contemporary History*, vol. 21, no. 1, 2006

D. Sassoon, 'The Rise and Fall of West European Communism, 1939–1948', *Contemporary European History*, vol. 1, no. 2, 1992

A. Seaton, *Stalin as a Military Commander*, Combined Publishing: Conshohocken, PA 1998

S. Sebag Montefiore, *Stalin: The Court of the Red Tsar*, Weidenfeld & Nicolson: London 2003

A. Sella, '"Barbarossa": Surprise Attack and Communication', *Journal of Contemporary History*, vol. 13, 1978

E. S. Senyavskaya, *1941–1945: Frontovoe Pokolenie*, Moscow 1995

O. V. Serova, *Italiya i Antigitlerovskaya Koalitsiya, 1943–1945*, Moscow 1973

R. Service, *Stalin: A Biography*, Macmillan: London 2004

G. N. Sevost'yanov (ed.), *Voina i Obshchestvo, 1941–1945*, 2 vols, Moscow 2004

S. L. Sharp, 'People's Democracy: Evolution of a Concept', *Foreign Policy Reports*, vol. 26, January 1951

H. Shukman (ed.), *Redefining Stalinism*, Frank Cass: London 2003

H. Shukman (ed.), *Stalin's Generals*, Phoenix Press: London 1997

M. D. Shulman, *Stalin's Foreign Policy Reappraised*, Harvard University Press: Cambridge, Mass. 1963

N. Simonov, *Voenno-Promyshlennyi Kompleks SSSR v 1920–1950-e gody*, Moscow 1996

V. Sipols, *The Road to Great Victory*, Progress Publishers: Moscow 1984

B. N. Slavinskii, *Yaltinskaya Konferentsiya i Problemy 'Severnykh Territorii'*, Moscow 1996

S. Z. Sluch, 'Rech' Stalina, Kotoroi ne Bylo', *Otechestvennaya Istoriya*, no. 1, 2004

N. D. Smirnova, 'Gretsiya v Politke SShA i SSSR, 1945 – 1947', *Novaya i Noveishaya Istoriya*, no. 5, 1997

B. F. Smith, *Sharing Secrets with Stalin: How the Allies Traded Intelligence, 1941–1945*, University Press of Kansas: Lawrence, Kansas 1996

T. Snyder, '"To Resolve the Ukrainian Problem Once and for All": The Ethnic Cleansing of Ukrainians in Poland, 1943 – 1947', *Journal of Cold War Studies*, vol. 1, no. 2, Spring 1999

B. V. Sokolov, *Georgii Zhukov*, Moscow 2004

B. V. Sokolov, *Molotov*, Moscow 2005

B. V. Sokolov, 'The Role of Lend-Lease in Soviet Military Efforts, 1941 – 1945', *Journal of Slavic Military Studies*, vol. 7, no. 3 1994

V. V. Sokolov, 'I. M. Maiskii Mezhdu I. V. Stalinym i U. Cherchillem v Pervye Mesyatsy Voiny', *Novaya i Noveishaya Istoriya*, no. 6, 2001

W. J. Spahr, *Stalin's Lieutenants: A Study of Command under Stress*, Presidio Press: Novato, Calif. 1997

L. M. Spirin, 'Stalin i Voina', *Voprosy Istorii KPSS*, May 1990

P. Spriano, *Stalin and the European Communists*, Verso: London 1985

P. J. Stavrakis, *Moscow and Greek Communism, 1944–1949*, Cornell University Press: New York 1989

R. Steininger, *The German Question and the Stalin Note of 1952*, Columbia University Press: New York 1990

R. W. Stephan, *Stalin's Secret War: Soviet Counterintelligence against the Nazis, 1941–1945*, University Press of Kansas: Lawrence, Kansas 2004

W. Stivers, 'The Incomplete Blockade: Soviet Zone Supply of West Berlin, 1948 – 1949', *Diplomatic History*, vol. 21, no. 4, Fall 1997

O. F. Suvenirov, *Tragediya RKKA, 1937–1939*, Moscow 1998

Victor Suvorov, *Icebreaker: Who Started the Second World War*, Hamish Hamilton: London 1990

G. Swain, 'The Cominform: Tito's International?', *Historical Journal*, vol. 35, no. 3, 1992

G. Swain, 'Stalin's Wartime Vision of the Postwar World', *Diplomacy & Statecraft*, vol. 7, no. 1, 1996

W. Taubman, *Stalin's American Policy: From Entente to Détente to Cold War*, W. W. Norton: New York 1982

R. W. Thurston and B. Bonwetsch (eds), *The People's War: Responses to World War II in the Soviet Union*, University of Illinois Press: Urbana and Chicago 2000

J. Tomaszewski, *The Socialist Regimes of Eastern Europe: Their Establishment and Consolidation, 1944–1967*, Routledge: London 1989

P. Tsakaloyannis, 'The Moscow Puzzle', *Journal of Contemporary History*, vol. 21 (1986)

A. B. Ulam, *Titoism and the Cominform*, Harvard University Press: Cambridge, Mass. 1952

T. J. Uldricks, 'The Icebreaker Controversy: Did Stalin Plan to Attack Hitler?' *Slavic Review*, vol. 58, no. 3, Fall 1999

A. A. Ulunian, 'Soviet Cold War Perceptions of Turkey and Greece, 1945–58', *Cold War History*, vol. 3, no. 2, January 2003

R. van Dijk, *The Stalin Note Debate: Myth or Missed Opportunity for German Unification*, Cold War International History Project Working Paper no.14, May 1996

C. van Dyke, *The Soviet Invasion of Finland, 1939–1940*, Frank Cass: London 1997

A. Varsori and E. Calandri (eds), *The Failure of Peace in Europe, 1943–48*, Palgrave: London 2002

A. I. Vdovin, 'Natsional'nyi Vopros i Natsional'naya Politika v SSSR v gody Velikoi Otechestvennoi Voiny', *Vestnik Moskovskogo Universiteta: Seriya 8: Istoriya*, no. 5, 2003

V. V. Veshanov, *God 1942– 'Uchebnyi'*, Minsk 2002

D. Volkogonov, *Stalin: Triumph and Tragedy*, Phoenix Press: London 2000

T. V. Volokitina et al. (eds), *Moskva i Vostochnaya Evropa: Stanovlenie Politicheskikh Rezhimov Sovetskogo Tipa, 1949–1953*, Moscow 2002

S. Walsh, *Stalingrad, 1942–1943*, St.Martin's Press: New York 2000

W. Wanger, *The Genesis of the Oder–Neisse Line*, Brentano-Verlag: Stuttgart 1957

D. Watson, *Molotov: A Biography*, Palgrave Macmillan: London 2005

D. Watson, 'Molotov's Apprenticeship in Foreign Policy: The Triple Alliance Negotiations in 1939', *Europe–Asia Studies*, vol. 52, no. 4, 2000

K. Weathersby, *'Should We Fear This?' Stalin and the Danger of War with America*, Cold War International History Project Working Paper no. 39, July 2002

A. L. Weeks, *Stalin's Other War: Soviet Grand Strategy, 1939–1941*, Rowman & Littlefield: Oxford 2002

A. Weiner, *Making Sense of War: The Second World War and the Fate of the Bolshevik Revolution*, Princeton University Press: Princeton NJ 2001

A. Werth, *Russia at War, 1941–1945*, Pan Books: London 1964

A. Werth, *Russia: The Postwar Years*, Robert Hale: London 1971

A. Werth, *The Year of Stalingrad*, Hamish Hamilton: London 1946

O. A. Westad, *Brothers in Arms: The Rise and Fall of the Sino-Soviet Alliance, 1945–1963*, Stanford University Press: Stanford 1998

G. Wettig, 'Stalin and German Reunification', *Historical Journal*, vol. 37, no. 2, 1994

B. Whaley, *Codeword Barbarossa,* MIT Press: Cambridge, Mass. 1973

J. L. Wieczynski (ed.), *Operation Barbarossa,* Charles, Schlacks: Salt Lake City 1993

W. C. Wohlforth, *The Elusive Balance: Power and Perceptions during the Cold War,* Cornell University Press: Ithaca NY 1993

N. I. Yegorova, *The 'Iran Crisis' of 1945–1946: A View from the Russian Archives,* Cold War International History Project Working Paper no.15, May 1996

M. Zakharov, *Final: Istoriko-Memuarnyi Ocherk o Razgrome Imperialisticheskoi Yaponii v 1945 gody,* Moscow 1969

M. V. Zakharov, *General'nyi Shtab v Predvoennye Gody,* Moscow 1989 (new edition 2005)

J. Zarusky (ed.), *Die Stalin-Note vom 10. Marz 1952,* Munich 2002

I. N. Zemskov, *Diplomaticheskaya Istoriya Vtorogo Fronta v Evrope,* Moscow 1982

E. F. Ziemke and M. E. Bauer, *Moscow to Stalingrad: Decision in the East,* Center of Military History, US Army: Washington DC 1987

V. A. Zolotarev, *Velikaya Otechestvennaya Istoriya Velikoi Pobedy,* Moscow 2005

V. A. Zolotarev et al. (eds), *Velikaya Otechestvennaya Voina 1941–1945,* 4 vols, Moscow 1998–1999

E. Zubkova, *Poslevoennoe Sovetskoe Obshchestvo,* Moscow 2000

E. Zubkova, *Russia after the War,* M. E. Sharpe: New York 1998

E. Zubkova, 'The Soviet Regime and Soviet Society in the Postwar Years: Innovations and Conservatism, 1945–1953', *Journal of Modern European History,* vol. 2, no. 1, 2004

V. M. Zubok, 'Stalin and the Nuclear Age' in J. L. Gaddis et al. (eds), *Cold War Statesmen Confront the Bomb: Nuclear Diplomacy since 1945,* Oxford University Press: Oxford 1999

V. Zubok and C. Pleshakov, *Inside the Kremlin's Cold War,* Harvard University Press: Cambridge, Mass. 1996

옮긴이의 말

이 책은 제프리 로버츠의 대표적인 저서 중의 하나인 *Stalin's Wars: From World War to Cold War, 1939-1953* (New Haven and London: Yale University Press, 2006)을 전문 번역한 것이다. 제프리 로버츠는 영국의 현대사 전공 역사가로 아일랜드의 국립대학인 코크 대학교에서 연구와 교육에 전념하고 있는 세계적으로 저명한 학자이다. 소련 외교 사 및 군사사 전문가이며, 지난 수십 년 동안 특히 스탈린을 비롯한 소련 지도부가 독소 전쟁과 초기 냉전에서 어떤 역할을 하였는지를 국제적 맥락에서 세밀히 탐구하는 많은 논문과 저서를 집필하였다.

사실, 격동의 시대를 살았던 대부분의 국가 지도자가 그렇겠지만, 스탈린만큼 지도자 개인에 대한 평가가 극단을 오가는 인물은 흔치 않다. 한편으로 스탈린은 유럽에서 가장 후진적이었던 농업 국가를 탄탄한 근대 공업 국가로 탈바꿈시킨 〈위대한 사회주의의 건설자〉로서 광범위한 자발적 숭배의 대상이었다. 이러한 평가는 특히 스탈린이 살았던 당대에 두드러졌고, 그가 유명을 달리한 지 70년이 지난 지금도 러시아 안팎에서 그를 찬미하는 목소리를 심심찮게 들을 수 있다. 다른 한편 스탈린은 지금의 러시아가 당면한 모든 국가적 문제를 야기한 근원이기도 했다. 그는 자신의 정적과 수많은 일반 국민을 대대적으로 숙청하고 시민의 기본 권리를 말살한, 오직 히틀러에만 비견될 수 있는 무자비한 독재자였다. 또 자유로운 경제 활동을 불가능하게 하는 국가 주도의 행정-명령 체제를 도입함으로써 러시아 경제를 망친 장본인이기도 했다. 한마디로 〈악의 화신〉이라는, 스탈린에 대한 이러한 평가는 1980년대 말에 고르바초프가 글라스노스트 정책을 실시하면서 소련식 사회주의 체제에 대한 전면적인 비판이 가해진 이후 지금은 거의 주류 해석으로 자리 잡았다. 아마도 냉철한 연구자라면 역사적 진실을 그 중간의 어디쯤에서 찾으려 할 것이다.

제2차 세계 대전과 냉전 초기에 군사-정치 지도자로서 스탈린이 발휘했던 리더십을 집중적으로 살펴보고 있는 제프리 로버츠의 이 연구서는 독자들로 하여금 이처럼 극단을 오가는 스탈린에 대한 세간의 평가를 본격적으로 숙고해 볼 수 있는 기회를 제공한다. 잘 알려져 있듯이 제2차 세계 대전과 그 후 8년은 스탈린의 생애에서 가장 힘든 시기였지만, 전쟁과 냉전이라는 국가적 위기에 대처하는 과정에서 소련의 최고 지도자로서 그의 권력을 확고하게 굳힌 기간이기도 했다. 독소 전쟁에서 승리함으로써 스탈린은 조국을 구한 위대한 영웅으로 소련 국민들에게 각인되었고 그 후 누구도 도전할 수 없는 철옹성의 권력을 구축하는 데 성공했다. 또 전쟁 동안 영국 및 미국과의 〈대연합〉을 통해 국제적인 지도자의 명성을 얻음으로써 전후 처리에서 주도적인 역할도 할 수 있게 되었다.

본문이 총 13개 장으로 이루어진 로버츠의 저서는 책의 핵심 주장을 일목요연하게 요약하고 있는 서론과 스탈린 사후 그에 대한 역사적 평가를 간략히 서술하고 있는 결론을 제외하면, 독소불가침 협정이 맺어진 1939년부터 스탈린이 사망한 1953년까지 역사상 가장 끔찍한 열전과 새로운 유형의 전쟁인 냉전에 휘말린 스탈린의 행동을 시간 순으로 기술하면서 그의 군사-정치 리더십과 주요 정책을 평가하는 형식을 따르고 있다. 그리하여 로버츠의 저서는 앞 8개 장에서는 소련의 최고 지도자로서 스탈린이 독소 전쟁과 극동의 대일 전쟁에서 어떤 역할을 했는지, 그리고 그 사이사이 진행되었던 서방 열강과의 숨 가쁜 외교 전쟁에서 소련의 이익을 관철하기 위해 어떤 노력을 기울였는지를 주요 전투와 국제적 사건들을 중심으로 묘사, 분석한다. 다른 한편 마지막 3개 장에서는 제2차 세계 대전이 종결된 후 스탈린이 새로운 국제 질서의 안정을 위해 어떤 정책을 구상하고 실행에 옮기려 했는지, 그리고 국제 질서의 재편 속에서 그가 추구한 궁극적 목표가 무엇이었는지, 또 이러한 국제 질서의 변화에 조응하여 그의 국내 정책은 어떻게 바뀌었는지를 다룬다.

하지만 종전 이후를 다루는 후반부는 시간상으로만 분리되어 있을 뿐, 내용적으로는 제2차 세계 대전 시기를 다루는 전반부와 긴밀히 연결되어 있다. 바로 이 점이 이 저서의 주요 특징으로, 말하자면 저자 로버츠는 제2차 세계 대전과 냉전의 발생을 연속선상에서 바라봄으로써 제2차 세계 대전 중에 배태된 소련과 서방 연합국 간의 갈등과 대립이 결국 냉전의 발발을 가져왔다는 주장을 특별히 강조하고 있다 할 것이다.

로버츠가 이 책에서 소련의 최고 군사-정치 지도자로서 스탈린에 대해 내린 평가는 매우 분명하다. 로버츠에 따르면, 스탈린은 제2차 세계 대전 동안 〈대단히 유능하고 성공적인 전쟁 지도자〉였으며, 결론적으로 그의 리더십이 없었더라면 소련은 나치 독일과의 전쟁에서 패배를 면치 못했으리라는 것이다. 심지어 스탈린이라는 인물은 총력전이라는 국가적 위기 상황에서 소련을 승리로 이끌 수 있는 다른 인물을 상상할 수 없을 만큼 당시 소련 사회의 운명에 결정적이었다. 또 로버츠가 보기에 스탈린은 전쟁 동안 서방 연합국과의 대연합을 어떻게든 유지하려고 애를 썼으며, 종전 후에도 이 대연합이 계속되기를 원했다. 그런 점에서 스탈린은 정치 지도자로서 냉전의 발발에 기여하기는 했으나 적어도 냉전을 의도하지는 않았다.

저자 로버츠의 다소 도발적인 이러한 주장을 듣고 있으면 눈치 빠른 독자들은 이러한 평가가, 군사 업무에 문외한인 데다 독선적이기까지 해서 전쟁 리더십을 제대로 발휘하지 못했고 또 유럽의 공산화 기도로 서방의 불신을 자초하는 등 전후 냉전의 발생에 주된 역할을 했다는, 스탈린에 대한 우리의 지배적인 통념과는 선명하게 대비된다는 점을 금방 알아차릴 것이다. 그리하여 혹자는 저자가 아무런 근거 없이 대숙청 같은 스탈린이 저질렀던 온갖 악행을 무시하고 위대한 정치가로 그를 무리하게 재평가하고 있다고 비난할지도 모르겠다.

　하지만 로버츠의 의도는 스탈린을 찬미하고 복권시키는 데 있는 것이 전혀 아니다. 그의 의도는 양극단에 치우친 세간의 평가를 지양하고 제2차 세계 대전과 냉전에서 스탈린이 했던 역할을 냉정하게 다시 살펴봄으로써 균형 잡힌 시각으로 그를 더 잘 이해하는 데 있다. 말하자면, 스탈린을 〈초인〉의 크기에서 〈인간〉의 크기로 줄여서 〈전제군주이자 외교관, 군인이자 위정자, 합리적 관료이자 피해망상에 시달리는 정치인 등 여러 얼굴의 스탈린〉을 찾아보는 데 그의 목표가 있는 것이다. 아마도 독자들은 책을 읽어나가면 나갈수록 당대의 문서를 비롯한 1차 사료에 탄탄하게 바탕을 둔 저자의 이러한 시도가 큰 호소력이 있음을 발견하게 될 것이다. 제2차 세계 대전사, 냉전사, 러시아사는 물론이고 세계 현대사 일반에 관심을 가진 이들의 일독을 권한다.

2022년 12월
김남섭

인명 찾아보기

옮긴이 **김남섭** 서울과학기술대학교 인문사회교양학부 교수로 재직하고 있다. 미국 인디애나 대학교에서 러시아사를 주제로 박사 학위를 받았다. 주요 관심사는 스탈린 시대의 소련사이며, 최근에는 냉전기 소련 사회의 연구에도 힘을 쏟고 있다. 스탈린 시대의 노동 수용소와 흐루쇼프 시대의 소련 사회, 소련과 냉전 등 소련사의 다양한 주제에 관해 여러 편의 논문을 썼다. 함께 쓴 책으로 『세계화 시대의 서양 현대사』, 『러시아의 민족 정책과 역사학』, 『세계의 과거사 청산』 등이 있고, 옮긴 책으로 『유럽 1950-2017』, 『러시아사 강의 1·2』, 『레닌』, 『코뮤니스트』, 『얄타에서 베를린까지』, 『실패한 제국 1·2』 등이 있다.

스탈린의 전쟁

발행일   2022년 12월 30일 초판 1쇄
　　　　 2023년 1월 30일 초판 2쇄

지은이   제프리 로버츠
옮긴이   김남섭
발행인   홍예빈 · 홍유진
발행처   주식회사 열린책들

경기도 파주시 문발로 253 파주출판도시
전화 031-955-4000 팩스 031-955-4004
www.openbooks.co.kr

Copyright (C) 주식회사 열린책들, 2022, *Printed in Korea.*
ISBN 978-89-329-2309-3 93300